U0679977

2007年上海市哲学社会科学规划重大项目（2007DTQ001）

上海重点学科建设项目（B406）

美国对华情报解密档案

（1948~1976）

主编：沈志华　杨奎松

第三编　中国政治

主编：张民军

第四编　中国经济

主编：姚　昱

中国出版集团　东方出版中心

第三编　中国政治

目　　录

第四部分　中国的发展政策及其趋势

导　论

张民军

本编收入的文件共 28 件,时间跨度为 1950~1966 年,其中来自美国国务院的情报报告有 13 篇,来自中情局系统的情报报告有 15 篇。这些报告形式各异,既有情报备忘录,也有情报分析报告与评估报告,涵盖的内容五花八门、时间跨度很大,多数文件之间的联系性很弱,更无系统性可言,但出于资料整理及研究的方便,编译者按文件的内容粗略地分为四组:(1)"建国之初的政治运动与社会状况"(9 篇);(2)"政权机构的调整与政权的稳定性"(5 篇);(3)"民众的态度及社会控制"(6 篇);(4)"中国的发展政策及其趋势"(8 篇)。下面对这些文件逐一进行分析。

一、对"建国之初的政治运动与社会状况"的分析

新中国成立伊始,中国共产党就领导全国各族人民开始了创建人民民主政权、恢复国民经济与进行社会改造的繁重任务。1950~1952 年在全国进行了土地改革运动,1950 年 10 月至 1953 年 7 月发起了"抗美援朝"运动,1951 年开展了镇压反革命运动与对知识分子的思想改造运动,1951 年冬至 1952 年进行了"三反"(反对政府中的"贪污、浪费和官僚主义")与"五反"(对资产阶级工商业者开展的反对"行贿、偷税漏税、盗骗国家财产、偷工减料、盗窃国家经济情报"活动)运动。面对新中国的这些剧烈的社会政治变革,美国情报机关的报道与分析总是戴着"有色眼镜",对新政权充满敌视与偏见,并为他们在中国失去的地位与特权倍感失落。

国务院情报研究所在对新中国的新闻媒体进行分析时,就武断地认为中国的新闻界缺乏自由。本编 3-1 文件认为,由共产党员掌控的新闻总署通过新华社对新闻媒体实施垄断,全国的报纸必须采用新华社发表的消息,于是各种报刊的消息都千篇一律。诚然,中宣部、新华总社于 1949 年 8 月 25 日联合发布了关于发布战报的指示,规定凡关系全国性的重大事件的公告、新闻、言论的发布,必须先发给新华总社,由新华总社广播或事先请示中央求得同意再得以发表。[①] 其实这些措施与规定的出台全是出于保护新生的共和国政权,多数带有军管的色彩,不能用和平时期的所谓"新闻自由"的标准来诋毁这些强制性措施。该报告同时认为中国报刊的数量在急剧减少,西方人熟知的《字林西报》也被迫关闭;一些新闻从业人员以"文化帝国主义"、"造谣"、"间谍"和"与人民为敌"等罪名受到惩处。关闭前政权的一些报刊与外国媒体是新生政权的必要措施,对敌视新中国的西方媒体固然绝无自由可言,本不值得大惊小怪。例如 1949 年 10 月 6 日,上海市军事管制委员会发出通告,规定自即日

---

① 徐达深主编:《中华人民共和国实录》第一卷(上),长春:吉林人民出版社 1994 年版,第 34 页。

起,凡与中国没有建立外交关系的各外国报纸、刊物、通讯社、广播电台等在上海的记者,无论其为中国籍还是外国籍,一律停止以记者身份活动。① 在禁止西方记者活动的同时,苏联塔斯社北京分设宣布成立,所以中国的政策是有针对性的,是与当时对苏联"一边倒"的对外战略相辅相成的。

关于朝鲜战争对中国的影响,本编3-2文件认为朝鲜战争带给中国经济特别是财政巨大的负担,后勤上的需求已对中国的铁路系统造成沉重压力,这个结论是毋庸置疑的。在1950～1952年间,中国的军事国防费用支出分别占财政支出总额的38.19%、45.64%、32.23%,经济建设支出被挤到第二位。② 但该报告关于朝鲜战争对中国政治与社会影响的分析就显得有些牵强,认为继续战争会在党的领导层内部引起或加剧潜在的分裂,苏联会介入中国国内政策,公众对政权的敌视加深。实际上中国在朝鲜战争期间实行"边打、边稳、边建"的政策,国内开展了大规模的抗美援朝、保家卫国运动,极大地提高了中国人民的爱国热情与民族自信心,对新生政权的巩固功不可没。

本编3-3文件对"三反"、"五反"运动过程的叙述相当准确,这是因为该报告大量引述新华社、《人民日报》等中国国内媒体的报道,在事实方面基本没有出入。关于"三反"、"五反"运动的意义,该报告称:"中共的这个计划就是摧毁之前的中国社会'基础'。该运动也意欲在中国促进一个新社会的'建设',提高民众对政权计划的响应,实现政府对国家资源的控制最大化;而且认为这次运动最具决定性的影响是对'资产阶级意识形态'的中伤,并通过这种方式来对中国私商进行孤立与恐吓。"这些分析基本合情合理,"三反"、"五反"运动本身就是新中国从国家机关与私营工商业两方面对资产阶级不法分子在经济、政治与思想上的一次打击,它确立了新民主主义的经济秩序,为国家计划性的经济建设和私营工商业的社会主义改造奠定了基础。

在建国之初的各类运动中,特别是在土改、镇反、工矿企业的民主改革以及"三反"、"五反"运动中,动员群众开批斗会是惩处、教育、改造旧社会的各种黑恶势力及其成员的一种普遍实行的方法。本编3-4文件认为:"(把批斗会看作是)对个人的一种外在控制手段将是一个极大的错误。它的目标更为深远——向个人灌输一种精神狂热,造成一种实际的皈依,而正是这种狂热与皈依将使它希望把个人的愿望服从于那些法则并由此服从于国家或党的目标。"这种分析倒也符合实际,简言之斗争会是一种行之有效的教育形式,正如亲身参加土改斗争大会的知识分子朱光潜坦言:"斗争大会的场面是一种情感教育。在这种场面,任何人都要感觉到心像浪一样,要经过几起几伏的情感的激动。我分析我每次当场的情感,可以毫不惭愧地说:我是站在贫苦农民方面,把地主阶级当作对面的敌人来仇恨。……像这样情感的变化不是读书听讲所可得来的,它必须由实际斗争经验才能体验到。"③

本编3-5文件是一篇冗长的资料汇编,详细论述了大陆佛教(不包括喇嘛教)在民国年

① 《中华人民共和国实录》第一卷(上),第62页。
② 董志凯主编:《1949～1952年中国经济分析》,北京:中国社会科学出版社1996年版,第355页。
③ 朱光潜:《从土改中我明白了阶级立场》,《光明日报》1951年4月13日。

间的发展趋势,这也从侧面反映出美国情报系统对中国社会的了解可谓入木三分。本编 3-9 文件则专门谈及新中国的佛教政策,认为:"尽管中共宪法含有保障宗教自由的条款,北平对宗教的政策却是削弱宗教组织的权力和影响,并将其置于严格的国家控制之下。为此中共已系统地渗入佛教机构,并以各种手段来极力削弱传统佛教机构和组织的影响。"这种论断是对新中国宗教政策的一种误解与歪曲。在 1949 年的《中国人民政治协商会议共同纲领》第 5 条与 1954 年宪法的第 88 条明确规定:"中华人民共和国公民有宗教信仰的自由",在实践中则区分不同地区的不同宗教,因势利导,进行宗教革新与民主改革。新中国对佛教和道教进行民主改造,征收了佛教寺院与道教宫观的封建土地,废除其封建特权,改革宗教制度及教义,组织僧道人员参加生产劳动,实现自食其力等。

新中国在成立后实行"一边倒"的政策,加之对巩固人民民主专政与建设社会主义缺乏经验,所以处处学习苏联"老大哥"。于是西方学界与情报界在分析新中国的政权性质及其行为模式时就以"克里姆林宫学"(Kremlinology 或译为"苏联问题研究")为圭臬,到处套用所谓的"极权主义"(Totalitarianism)模式。本编 3-8 文件宣称:"北平政权已建立了一种类似于希特勒-墨索里尼-斯大林模式的极权警察国家,通过该政权,包括共产党精英在内的少数几个人就能够把他们的意志强加于 5.75 亿中国人身上。在四年半的统治中,中共政权已把中国大陆置于一个统一的、苏联型的专制政府之下,并且制定旨在对中国生活的方方面面进行完全控制的措施。"在另一份 3-7 文件中则通过那些被新中国驱逐出境的西方传教士、教师、律师、外交官的一面之词,以所谓的"逼供"为契机,从更细致入微的方面来证明"中共在逼供中主要遵循苏联的技巧,但他们在发展被称为'洗脑'的方法中已增加了一些自己的新花样"。这是 20 世纪 50~60 年代美国情报机关妖魔化中国的常用手段。

本编 3-6 文件更是详尽阐述了中国共产党战后反美运动的全过程(1945~1953),该报告把中共的反美运动分为四个阶段,以 1949 年以来反美运动的演变为重点,指出新中国成立后"仇美"一直是国内的十次政治运动(镇压反革命运动、爱国公约运动、为朝鲜战争购买飞机大炮的捐献运动、救济帮助军属运动、大生产运动、三反运动、五反运动、思想改造运动、宗教改革运动、细菌战运动)的宣传主题,这些仇美主题多达八种,宣传方式五花八门,规模空前。该报告不无忧虑地预言:"迄今,中共政权在诱导中国人民与亚洲其他地区仇美亲苏的这场运动只获得了部分成功。然而,由于中国人民与外部所有的非共产党信息与体验的隔绝,加之中共政权强烈的反美宣传活动终究会使共产党完全摧毁过去一个多世纪在中国与远东累积形成的对美善意。"报告中罗列的事例多数来自当时中国的报刊广播,虽然在今天看来有些反美宣传实属过火,但在当时的历史背景中,在中国从帝国主义手中收回教育主权、宗教主权的民主化改革时期,这场反美运动彻底消除中国社会中普遍存在的亲美、崇美、恐美思想,提高了民族的自尊心与自信心,实质上是一次伟大的爱国主义教育运动。

二、关于"政权机构的调整与政权的稳定性"的分析

随着国民经济的恢复,中国进入有计划的社会主义建设时期,要求加强中央政府的集中统一领导,于是从1952年6月开始,中共中央决定对整个中央人民政府的党政系统作大幅调整。① 8月,"政务院总党组干事会"被改组为"中央人民政府党组干事会",直属于中共中央政治局及书记处领导。11月14日的政务院第158次会议决定将东北、华北、华东、中南、西南、西北六大行政区人民政府或军政委员会统一改为"中央人民政府行政委员会",增设国家计划委员会、体育运动委员会、高等教育部等,其中国家计委的职能是指导中央各部及各大行政区行政委员会、各省市人民政府财经委制订经济文化事业的长期与年度计划,②所以国家计委又被称为"经济内阁"。本编3-10文件对此进行了全面深入的分析,指出中共对国家机器进行重大改组,增设国家计委、改变大行政区人民政府的机构与任务,旨在准备国家计划,"加强中央集权",从军管向民管转变。

不过从现在解密的美国情报文件来看,有关中共领导层的稳定问题与毛泽东的"接班人"问题一直是美国情报机关分析中国政治的一个焦点。从20世纪50年代起,中情局就在其《国家情报评估》与《特别国家情报评估》(SNIEs)的系列报告中对这两个问题进行连续的分析与预测。③ 本编集中收录了1964～1966年间中情局对中国最高领导层加以分析的四份文件。

1964年3月本编3-11文件指出:(1)中共的领导层是相对稳定的,高层的变动很小;(2)中共的最高领导层分为两派,即刘少奇与邓小平领导并得到毛泽东青睐的激进派(或曰教条主义者)与周恩来为首的温和派(或曰实用主义者),激进派近年来明显占据主导地位;(3)领导层日益年迈多病,特别是认为毛泽东的健康状况不容乐观;(4)毛泽东的接班人顺序是刘少奇、邓小平,而中共下一代接班人则是一个多达800人的更加保守的第二梯队。尽管这些观点对错参半,却是中情局对"文革"之前的中国政局进行分析的核心观点。

同年10月本编3-12文件则更详细地谈及毛泽东、周恩来等中共最高领导人的健康状况及其可能患有的疾病,例如说毛泽东有心血管方面的毛病。虽然当时中国党政领导人的健康状况属于最高机密,但中情局还是运用各种方法来分析推测,其中包括中国领导人接见过的外宾的印象,领导人公开露面的频率及其神态以及各种道听途说的消息。事实上毛泽东晚年多病,患有慢性气管炎、白内障、肺心病、脑血管疾病等老年人的常见病,④显然中情局的那些推断基本上符合实情,这也让我们不得不惊叹中情局强大的情报收集与分析能力。虽然该报告谈论的是中共领导人的健康问题,但言外之意还是指向了毛泽东去世之后的中共领导层的稳定与接班问题。

1965年8月本编3-13文件继续就中国最重要的政治问题进行分析与预测。关于接班人问题,该报告认为领导层日益年迈多病,刘少奇、邓小平、彭真是毛泽东的潜在接班人,林

---

① 《为了解联共关于中央机构设置的经验给斯大林的电报》,《建国以来毛泽东文稿》,第3册,北京:中央文献出版社1987年版,第474页。
② 《中共中央关于建立计划机构的通知》,《建国以来重要文献选编》,第4册,中央文献出版社1997年7月版,第62页。
③ 详见本书"第一编　中国综合状况"。
④ 韶山毛泽东纪念馆编:《毛泽东生活档案》(下卷),北京:中共党史出版社1999年版,第698页。

彪因长期健康欠佳则不太可能接班;关于国内政策问题,该报告认为自"大跃进"失败以来,领导层的革命目标与人民群众的目标之间的分歧日渐扩大,现在的领导人愈益"教条与顽固",面对群众的政治冷漠,政权以"社会主义教育"运动来强制改造和教育群众接受其集体主义的计划,其结果是加剧紧张状况。

在"文革"初期,面对中国领导层的剧变,本编 3－14 文件对 1965 年 9 月至 1966 年 6 月期间中共领导层的变动及其未来趋势做了分析。该报告认为随着彭真的倒台,中共将开始一场真正的"权力斗争",而且认为这可能是毛泽东时代谢幕的开始。关于中共最高领导人的动向,报告认为毛泽东可能丧失了能力,其地位似乎已被削弱,其目前的角色是不确定的;刘少奇的地位正在被削弱,其党内的地位已经下降;党的总书记邓小平似乎要取代刘少奇而成为显然的接班人;周恩来似乎在设法远离斗争;而林彪不可能是一位最高权位的竞争者。报告还认为如果这场斗争的过程是漫长的,它将演变为混乱。中情局的这些分析良莠不齐,对错参半,特别是关于邓小平与林彪在"文革"初期的角色分析显得很荒唐,实际上邓小平很快就作为中国"走资派"的第二号人物而被打倒,林彪则成为毛泽东的接班人,并史无前例地写入党章。当然这份报告也有令人称奇的论断:诸如"相信一场争夺毛泽东衣钵的斗争已经爆发,而且将一直斗到毛最后逝去而其接班人能够巩固权力时为止";"领导人间的斗争主要围绕权力而不是问题,其公开表现形式体现在绝对的革命纯洁性与对毛泽东思想的绝对忠诚方面"。我们相信将这些论断与"文化大革命编"中的相关文件联系起来阅读会更有裨益。

三、关于"民众的态度及社会控制"的分析

1956 年是国际共产主义运动的"多事之秋",从苏共二十大上赫鲁晓夫批判斯大林的"秘密报告"到波匈事件的爆发,都给国际共运带来巨大的冲击,也进一步促使中国共产党独立思考与探索社会主义道路。1957 年 2 月 27 日,毛泽东做了题为《如何正确处理人民内部的矛盾》的秘密讲话,认为中国没有发生匈牙利事件的危险,要求把正确处理人民内部矛盾摆在第一位,认为中国的局势只是"风乍起,吹皱一池春水"。3 月 1 日,毛泽东在《在第十一次最高国务会议作结束语的提纲》中提出"百花齐放,百家争鸣",并说:"马克思主义是不怕批评的,应当允许批评,批评政府不犯罪。"[1]3 月 12 日,毛泽东在《在中国共产党全国宣传工作会议上的讲话》中继续就如何正确处理人民内部矛盾、"鸣放"问题、知识分子思想改造等问题进行说明。

本编 3－15 文件对毛泽东 2 月 27 日的"秘密讲话"评价甚高:"北平于 1957 年 6 月 18 日发表了毛泽东在 1957 年 2 月 27 日的'秘密'讲话,该讲话是他自 1949 年以来主要的思想声明,将在共产主义阵营中产生重大的反响。虽然在为发表而对讲话进行的修订中,毛已大大减弱了其论点的新颖性,他的论点是社会主义国家存在人民与其共产党领导人之间的'矛

---

① 《建国以来毛泽东文稿》第 6 册,北京:中央文献出版社 1990 年版,第 361 页。

盾',他坦白承认中国共产主义体系中的弱点。"的确,毛泽东的这篇讲话在理论和实践上都具有重要意义,它指明了社会主义社会的基本矛盾及其特点,明确提出正确区分和处理两类不同性质的矛盾,规定了正确处理人民内部矛盾的一系列方针政策,是对科学社会主义理论的一大贡献。

不过值得注意的是,这份报告没有注意到当时中国正在开展的"反右"斗争。反倒是中情局 1965 年 12 月 7 日本编 3-18 文件弥补了这一缺憾:"北京对知识分子中存在的近乎表面的反共情绪的强烈程度的估计是完全错误的。而且,它错误地相信依靠在许多机关,包括学校中的干部就可以把批评控制在一定范围内,领导人自身在应对其邀请所激起的始料未及的反应时,就显出了最初的慌乱与怀疑。最后,当局在反右运动中显然要努力认定反抗的背后有一个组织和阴谋,并极力指责某些杰出的非共产党人士领导了反抗,这显示出北京在这一事实上的尴尬,那就是如此多的异议人士能够在同时,以相同的方式自发地行动。"近年来学界关于 1957 年"反右"运动的研究基本上证实了中情局的上述论断。①

中情局的文件中有相当一部分是研究中国社会各阶层与政府间的关系问题。该问题涉及三方面:(1) 民众对政府(用美国情报机关的话来说就是中共政权)的态度,(2) 政府对民众的管理与控制方式以及(3) 民众反抗及政权的异己力量对政权的威胁程度。他们期望从民众与政府间的关系来判断中共政权的稳定性。在其中的一些情报报告中,中情局的情报分析人员又将民众细分为工人、农民、知识分子、基层党员干部、军人等不同阶层,分别对这些阶层加以详述。本编就收录了五份 20 世纪 60 年代前期中情局的相关文件。

本编 3-16、3-17、3-18 文件是中情局关于中国的"异议与控制"的三份系列研究报告,旨在关注中国社会存在的消极与积极反抗以及政府的应对之道。正如本编 3-18 文件所言:"除了在西藏、新疆及中国其他一些省份出现的少数民族群体的反抗外,在共产党中国已经发生了三次大规模的群体反抗事件。这三个群体牵涉到——知识分子、青年与农民,虽然每个事件都不相同,但它们均有共同的主题。"

本编 3-16 文件分析的是 1962 年 5 月广东出现的大规模偷渡香港事件,该事件被海外媒体称之为"五月大逃亡"。② 该报告分三部分:(1) 广东边民外逃事件的起因(粤港移民的背景、1962 年削减城镇人口的政策与广州的人口压力);(2) 五月大逃亡的过程;(3) 外逃事件折射出的异议本质与政府的应对措施。该报告认为"1962 年 5 月从广东省向香港的大规模逃亡是一个突出的不容置疑的例证,即异议情绪在华南那个人口稠密的地区是普遍的,并无疑已表面化了。这些异议主要源于广东省业已存在的严重经济状况,但逃亡本身是由极少数情形中的一种所导致,在这种情形下,严格管制被故意放开。这次逃亡达到其显现的程

---

① 逄先知认为:毛泽东原来的估计是,由于中国共产党的崇高威望和执政业绩,中国不会出匈牙利事件,他真诚希望党外人士帮助共产党整风,形成党内外的压力,促使各级领导正视错误,迅速改正缺点,化解社会各种矛盾,形成一个生动活泼的政治局面。但事与愿违,出现了这种异常的情况,使毛泽东感到震惊,从而对形势作出和原来不同的严重估计。《〈毛泽东传〉对建国以来几个重大历史问题的研究》,《党的文献》2006 年第 2 期,第 32 页。亦可参见沈志华先生的相关论述。

② 东山涛:《"文革"前后粤港偷渡风》,《检察风云》2007 年第 12 期。

度则源于北平当时对地方当局实施的监督相对宽松。"

本编 3-17 文件也分为三部分:第一部分是"信阳事件"发生的背景与原因,指出河南的"大跃进"与人民公社化运动的失败导致群众的不满转变为公开的反抗,报告大量引用河南当地的报刊,史料翔实;第二部分是所谓的"反抗",即信阳地区社会秩序的崩溃;第三部分是"控制",即政府派驻军队帮助地方恢复社会秩序与发展生产。特别令人感兴趣的是该报告的资料来源,报告声称所谓的"西藏游击队"(即西藏叛乱分子)在 1961 年末获得了解放军的一批秘密军事文件,正是这些文件披露了 1960 年秋河南农村地区发生的严重的治安失控事件。从历史研究的角度而言,这份报告可以帮助国内学界了解美国关于"信阳事件"的看法。①

本编 3-18 文件是关于中国的"异议与控制"研究系列的总结。该报告对新中国在建国后的十余年间所遭遇的三次大规模反抗(它们分别指由知识分子与学生参与的 1957 年的"鸣放"运动;1960 年在河南发生的"信阳事件",主角是农民;1962 年 5 月出现的广东边民逃亡香港事件,主角是青年)进行了比较研究,归纳出这些反抗事件的一个共同历程:基层控制的薄弱状态——群众不满与异议情绪的爆发——政权反应的迟滞——政权的"镇压"——反抗的销声匿迹。报告认为这些反抗没有对政权造成严重的威胁,群众中的异己分子对武力"镇压"的威胁极度敏感;虽然这些反抗是消极的无组织反抗,但它显示了中国大量未组织起来的知识分子、青年与农民有一种非凡的能力,能够利用政权控制机构的基本弱点来协同行动。同时该报告也详细分析了中国政府的危机应对之策,即在青年中开展"学雷锋"活动并加强共青团的工作;对知识分子则进行政治灌输与思想改造,开展意识形态领域的批判运动;在农村开展社会主义教育运动以唤醒农民的冷漠。

本编 3-20 文件在很大程度上是《中情局关于中国的异议与反抗潜力的研究报告》的一个补充,该报告集中讨论了中共在意识形态领域掀起的批判运动。报告指出:"目前反对知识分子的运动源于 1962 年 9 月的十中全会所做的决定","北京的目的是全面的思想控制——用毛泽东的粗糙的、原教旨主义的哲学教导全体知识分子——但在这方面,政权是失败的。虽然我们对知识分子的心态知之甚少,但现在的所知表明许多人或多数人对中共深感疏远与不满"。而事实也确实如此,在中共八届十中全会上,毛泽东把社会主义社会中仍在一定范围内存在的阶级斗争作了扩大化和绝对化的论述,强调"千万不要忘记阶级斗争",阶级斗争必须"年年讲、月月讲、天天讲"。于是在阶级斗争扩大化的"左"倾思想指导下,学术领域成为意识形态的主战场,大陆官方对文艺、经济、历史、哲学等领域的作品、观点与代表人物纷纷进行错误的政治批判,混淆了学术问题与政治问题的界限,严重妨碍了中国文艺事业与科学研究工作的发展。

本编 3-19 文件应该说是关于中国"异议与控制"系列研究的扩大,该报告关注的对象

---

① 有关"信阳事件"的成因、发展与处理过程在当代史、特别是有关河南的地方史志中论述极多,也很详细。代表性的论著有:张树藩的《信阳事件:一个沉痛的历史教训》,《百年潮》1999 年第 12 期;李锐的《"信阳事件"及其教训——〈信阳事件〉序言》,《炎黄春秋》2002 年第 4 期。

不仅有农民、青年、知识分子，还进一步分析了党的机关与武装部队对政府的态度及其士气。该报告认为："直到1958年，北京政权一直得到多数中国民众的普遍赞同。自'大跃进'的失败与1959～1961年的经济灾难以来，领导层的革命目标与人民的目标间的分歧已经扩大，后者的目标是'个人的、实物主义的'。政权能够博取顺从与服从，但它不能从群众的政治冷漠中唤醒他们。领导层意欲重新采取一些措施来恢复以前的革命锐气，并为此目的一直在开展持续与强烈的'政治灌输计划'。目前，这些计划似乎在很大程度上是无效的。"

四、关于"中国的发展政策及其趋势"的分析

中情局最初的情报评估是由报告与评估办公室（ORE）提供的，不过其评估经常集中于短期分析而不是长期预测。入选本编的3-21文件就是一例，该报告分析由于1949年的普遍干旱与洪灾可能会导致中国大陆在1950年发生严重饥荒，不过它也承认虽然农村地区的动乱可能会妨碍中国稳定的政治和经济建设，但不会对共产党政权造成严重威胁，共产党也不会寻求美国或其他非共产党国家的援助。

到1952年，新中国恢复国民经济的任务胜利完成，并开始了部分重点建设项目，到年底又对国家的行政机构进行大规模调整，为迎接大规模经济建设奠定了基础。本编3-22文件对大陆1952年的发展成绩——党的建设、"三反"、"五反"运动、农村互助组的建立与政府的重组——予以充分肯定，指出："在1952年期间，中共政权实施了一系列措施，旨在创造一种国家活力的局面，这种活力能使中国继续承担朝鲜战争的负担，同时为国家计划和工业化的一个未来规划奠定基础。"

本编3-23文件写于国庆十周年前夕。该报告充分展示了中情局专家的预测能力，正如报告的序言所示："在讨论北平庆典的各种可能时，我们应既明确又模糊地提出我们自己对中共政权历程的评估，对其近来与长远的未来进行预测。因此，在某种意义上本报告是一篇用推测性评估的笔触加以写就的论文，这允许对一件即将来临的事件给予无拘束的预言。"报告从国际共运（特别是中苏关系）、中国的民族解放与政治统一、对中共的赞颂、中国军事力量的展示、经济转型、社会与文化的变化等六个方面来预测与分析国庆十周年庆典，报告认为这是一次对中共及其在十年内所取得的成就的一次赞颂，对一条有中国特色的"社会主义道路"的赞颂，也是国际共产主义团结与活力的一次展示。诚然，中情局的这些预测基本上"应验"了：1959年9月28日至10月1日，中国庆祝国庆十周年的活动在北京隆重举行，以苏联为首的11个社会主义国家党政代表团与60个国家的共产党代表团应邀参加庆典。在国庆前后，刘少奇、周恩来先后发表了《马克思列宁主义在中国的胜利》、《伟大的十年》，高度评价了新中国成立的巨大成就与历史意义。该报告立论的一个基础是："单个共产党国家的外交政策服从于国际共产主义的更高目标。我们相信，苏联或共产党中国的领导人均不会承认在传统上被视为'国家利益'与从事为共产主义运动的世界胜利的活动之间存在任何根本冲突。"但实际上社会主义阵营并非没有矛盾，中苏两党两国间的矛盾竟在苏共总书记赫鲁晓夫参加十周年庆典之际爆发。10月2日，在赫鲁晓夫与中国领导人会谈中，双方就在释

放五名中国监禁的美国犯人问题、中印边界冲突问题上发生了激烈的争论,尽管毛泽东说"在原则问题上、个别问题上的分歧,不应该影响我们的团结"①,但中苏两党间的裂痕却在进一步扩大,这也是中情局的情报分析人员始料未及的。

本编 3-24 文件写于 1960 年 5 月,该报告通篇都是中国威胁论,认为"红色中国日益显现的力量和影响为美国和自由世界提出了一个愈加危险的问题",却对中国"大跃进"运动带来的灾难性后果视而不见,所以其结论经不起考验。但其报告的后半部分则是美国已经或将要采取的针对中国大陆的庞大情报计划,也许上述夸大中国威胁的论调正是为了让"美国政府应更多地关注和推动那些旨在影响红色中国发展并抵制其在海外扩张影响的行动"。

本编收录的 3-25、3-26、3-27、3-28 最后四篇文件具有一定的内在联系。3-25 文件只是对中国 1961 年的国内经济与社会形势进行分析,其论断是客观真实的,报告指出中国大陆正处于严重的国内困境之中:粮食供给不足,苏联专家的撤离与经济管理不善,工业化计划严重受阻,公社试验已经中止,外汇几乎耗尽,民众士气处于 1949 年以来的最低点,干部和地方官员中出现了纪律松懈的现象,献身精神低落,公开反抗地方政权的事件也零星出现。

3-26 文件集中分析中国在三年经济困难时期的粮食问题,并提出了解决中国的人口-粮食危机的办法,即实现农业现代化与实行计划生育政策。该报告认为 20 世纪 50 年代是革命的十年、幻想的十年,而 60 年代则是重建的十年与幻灭的十年,中共必须采取温和、稳定的补救措施,进行实质性的改革才能摆脱困境。但实际上中国的内外政策在 1962 年的八届十中全会后更加"左倾",该报告设想中国大陆会专心于国内事务,在外交上采取一条更温和的路线,这显然是美国国务院的一厢情愿。

3-27 文件继续就"大跃进"失败后的中国经济思想与政策进行梳理,指出中共寻求解决迫切的经济问题已历经了三个明显的阶段:1960 年末和 1961 年的削减开支阶段;1961 年末到 1962 年夏是经济自由阶段;1962 年 9 月后是自由主义的倒退与社会主义正统的回归阶段。虽然报告认为现在政策的走向(后退抑或又一次"大跃进")还不确定,但认为现在的中国领导层似乎坚定地相信严厉的政治指导的效力。

3-28 文件长达 190 多页,本编的译文仅仅是"摘要与结论"部分,正文部分并未翻译,但这并不妨碍我们对全文的解读。该报告也是这四篇报告的点睛之篇,它完整地论述了1949~1963 年 12 月期间中国国内政策的发展历程,归纳出 15 年来中国经济发展的路线就是"跃进"——退却——"大跃进"——"大退却"——经济调整——"大踏步前进"(受控的跃进)。报告认为:"在对共产党中国的国内政策之未来方向的评估中有一个至关重要的问题,即在多大程度上,毛泽东及其副手们从其经济发展的'跃进'方法的失败中得到了教训。"并且一针见血地指出:"他们已吸取了一些教训,但他们并未学到最重要的教训——即'跃进'

---

① 中共中央文献研究室编,逄先知、金冲及主编:《毛泽东传(1949~1976)》,北京:中央文献出版社 2003 年版,第 1015~1016 页。

战略本身是有缺陷的——而且他们因而可能发动另一次'跃进'，或许就在 1966 年。"可惜中情局的这个预言被不幸言中了，1966 年开始的"文革"就是这种"跃进"战略的极端体现。报告还认为中国的国内政策走向深受中苏关系的影响，另外毛泽东倡导的看法与政策在中国的国内政策的制定过程中至关重要，即该报告所言："对共产党中国的国家发展政策的任何评估必须集中于毛泽东的人格与观念，他已承担起一个现代列宁的角色。"而事实上在毛泽东时代中国的发展总是呈现大起大落的局面，大概在某种程度上就是源于"跃进"战略本身的局限性，这也是值得中国学者继续深入研究的一个主题。

余　论

现在呈现在我们面前的这些美国情报报告已经是四五十年前的文本了，这就要求我们在分析、研究这些文本时采取历史主义的态度，尽量将其放在当时的历史语境中加以考察，而不是采取"后事之明"态度，以一位当代中国学人的眼光，以冷战结束将近 20 年后的新语境来苛求美国的情报分析人员。尽管在对上述各个文件的具体分析中发现了不少失误，但我们要对这些失误的原因做具体分析：

第一，情报来源的失误与局限导致的情报分析失误。在本编文件涵盖的期间（1950～1966），中美之间正处于尖锐的冷战对峙状态，中美之间的官方乃至民间往来基本断绝，所以美国对新中国的认识主要依靠其庞大的情报系统。就本编收录的美国情报机关的对华情报报告而言，其情报来源大体上可分为四类：第一类是来自中国大陆的各种公开媒体的信息，如报纸杂志、广播影视等。这是美国情报机关在冷战期间了解中国的主要渠道，在本编的情报报告中被引用最多的是《人民日报》、《红旗》、《解放军报》以及北京广播电台（即中情局所说的北平广播电台，现在的中央人民广播电台的前身），其次是诸如《北京日报》、《河南日报》、《南方日报》、《中国青年报》等中国的省级、地区级的报刊与政府各部委所办的报章杂志。第二类是得自那些赴中国旅行或访问的外国人士有关中国大陆局势的信息。他们在某种程度上承担了中美关系中的"传话筒"或桥梁角色，是美国了解中国的一扇窗户。第三类是来自香港等地的中国大陆流亡者的报告。美国前驻华大使李洁明就指出中情局通过雇佣中国难民与海外华人在中国大陆做间谍，得到了有关中国"大跃进"的灾难性后果的第一手报告，而这些有关中国内部混乱的情报才是有价值的。[①]　第四类就是从其他渠道获得的关于中国的消息。如西藏叛乱分子在 1961 年对中国边防军的一次袭击中曾缴获了一批军内文件，而中情局对 1960 年"信阳事件"的分析就是依据这批解放军的机密文件。

如上所述，美国情报机关获取中国情报的来源如此广泛、复杂，加之其获取的情报与资料有限，所以其分析报告中的许多资料本身就不是很可靠，因而制约了这些报告应有的深度与预见性。例如令人吃惊的是中情局对中共高层领导的个人情报掌握得既不准确也不全

---

① James Lilley and Jeffrey Lilley, *China hands: Nine Decades of Adventure, Espionage, and Diplomacy in Asia*, New York: Public Affairs, 2004, p. 94.

面,这多多少少影响了其评估报告的可靠性与有效性。如在本编3-11文件中,中情局掌握的有关中国最高领导层的基本信息与实际出入颇大,最为可笑的是该报告对邓小平的介绍:"与党的其他高层领导人不同,邓的妻子从来没有与他一同露面。很可能,邓未婚。"不过中情局的专家们也坦承他们对邓小平的私生活实际上一无所知。

第二,情报分析自身固有的缺陷。情报的分析与处理受分析家们过去的经验、教育、文化价值观、角色要求、体制规范以及所获情报的特性的强烈影响,即所谓的心理模式、心理定势、偏见或分析假设。① 在美国情报分析人员对中国大陆的分析中,有一个暗含的"斯大林模式"、"苏联模式"抑或"克里姆林宫宫学"作为分析中国的一个参照。② 例如在中情局的情报分析中往往把毛泽东比作晚年斯大林,或把毛泽东与赫鲁晓夫进行比较,把周恩来比作米高扬等等。

此外,当美国情报界对中国不理解、不了解时,就自然会用他们自己熟悉的文化与知识架构来解读中国,难免不发生削足适履的情况。于是在中情局对中国领导层的分析过程中,会自觉或不自觉地对他们进行派系划分处理。虽然本编3-11文件指出有关中共内部的派别活动实质上是一种基于推测的猜想,但那些情报分析员还是倾向于把中共的最高领导层分为两派,即刘少奇与邓小平领导并得到毛泽东青睐的激进派(或曰教条主义者)与周恩来、陈云为首的温和派(或曰实用主义者)。还有一个因素是美国情报分析人员对新中国的偏见。在我们选出的这些篇章中充满了咒骂中共、恶毒攻击新生政权的言辞,更不用说诸如"共产党中国"、"北平"之类习以为常的政治歧视性用语了。

这些解密了的情报报告是冷战时期中美关系的特殊产物,是当时中国的头号敌人——"美帝国主义"关于中国政治领域的情报分析文本,固然带有时代的局限性与强烈的意识形态色彩。但是当我们今天心平气和地透过"敌人的眼睛"来重新审视共和国曾经走过的风雨历程时,仍可以发现我们在内外政策上的诸多失误与所受的挫折,美国情报分析人员以一种局外旁观者的姿态给我们指出诸多的政策失误与教训,其中有的仍然值得我们深思与反省,这些美国的情报报告或许是共和国历史的另一面镜子。

---

① Richards J. Heuer, Jr., *Psychology of Intelligence Analysis*, Center for the Study of Intelligence, Central Intelligence Agency,1999. p.4. 该书亦可从网上获得,网址为 www.odci.gov/csi.
② 赵建民、蔡文轩:《中共菁英政治的"结构-行动者"模式》,《中国大陆研究》第29卷,第1期,第3页。另外,Kremlinology有时被译为"苏联问题研究"、"苏联政体研究"。

第一部分　建国之初的政治运动与社会状况

3-1

国务院情报研究所关于中国的新闻自由的备忘录

(1951 年 4 月 17 日)

OIR 6000.5

共产党中国的"新闻自由"

按照中共的一位重要宣传员兼该政权的新闻总署副局长刘尊棋①的说法,"中国现在没有出版审查制度",《人民中国》于 1950 年 12 月 26 日发表了刘的声明。时下的中国,一些新闻记者正被处死,其他人则被监禁,党对中国新闻界的控制日益严密。

中共高调宣称他们恪守新闻自由的原则。他们起草了《共同纲领》作为国家的基本法,并于 1949 年 9 月 29 日公布。《共同纲领》第 49 条规定:"保护报道真实新闻的自由",但是它又规定:"禁止利用新闻以进行诽谤、破坏国家人民的利益和煽动世界战争。"

按照只有党才能认定"真实新闻"的推论,党已确保了它自身能够完全、绝对地控制所有的国内通讯媒体以及所有从事新闻活动的人。尽管共产党对中国前任政府的主要批评之一就是新闻报纸与"垄断企业一样",但是北平政权自身已建立起一种更为全面和限制性的垄断。

对新闻媒体的控制集中在文化教育委员会,这是该政权最强有力的机构之一,由经验丰富的党员与宣传员在该委员会的关键岗位上任职。负责管理报纸和新闻记者的出版总署就隶属于该委员会,党员在出版总署也把持着显赫的职位。

出版总署实施垄断的主要堡垒之一就是新华社,它是一家官方的政府新闻机构,拥有在中国进行新闻搜集与报道的独家特权。新华社的总社在北平,但其地区分社和支社遍布全中国。全国的报纸必须利用新华社发布的消息,而这些消息全都是千篇一律。结果是不论

---

① 刘尊棋(1911～1993),原籍湖北鄂州,生于浙江宁波,中国新闻家。1928 年入燕京大学学习,1930 年任中国左翼作家联盟北平分会理事,次年入党。1930～1949 年,先后担任苏联塔斯社北平分社、北平《晨报》的记者、编辑,国际新闻社社长,上海《联合日报》、《联合晚报》社长和香港《远东公报》主编。建国后,任中央人民政府新闻总署国际新闻局副局长。——译注

在中国的任何地方,都对报纸强制实施严格的标准化,(共产党)注定要对所有报纸毫不留情地予以扼杀或摧毁。此外,新华社还分发与负责首先出现在首都主要报纸上的社论、特别报道材料与漫画的再版工作。党的首要机关报是北平的《人民日报》(中共的《真理报》),它的社论受人尊重,因为它披露了官方的政策。地方报纸不允许偏离新华社总社的既定政策,甚至在它们报道仅有地方意义的次要新闻时也是如此。任职于各级新华社的党员监督新华社及所有报社中的非党员职工的活动,以防止其背离党的路线。

在共产党的统治下,报刊的数量已急剧减少。在"解放"之际,许多报刊或被查抄或被禁止,其他则被兼并。例如,据估计在1948年中国有1 450种报刊;到1950年6月,在共产党占领大陆不到一年的时间里,仅剩624种报纸还在发行,其中165种是日报。1949年,广州大约有18种报纸,到1950年,只剩下三、四种。在上海,1947年发行的报刊约有96种,到1950年这个数字已减少到14种。在南京,1947年发行的报刊约有87种,到1950年底,几乎所有这些报刊都已被淘汰。

尽管中共承诺只有"反革命"报刊才会被取缔,但事实上它执行的却是大批查封报刊的政策。"反革命"的定义在一年间已发生了变化,它已包括所有不完全屈从于政权的报刊。"私家"报刊不复存在,那些公然不属于政权的报刊则被严格限制以至于它们几乎与正规的党报毫无区别,英国人所有的上海《字林西报》就是一例。这份老牌报纸享有报道准确的声誉,不妨以它为例来说明在华的外国报刊到底发生了什么。在限制愈益加强的情况下,尽管它竭力谨慎地不去冒犯当局,这份报纸在1950年苦苦挣扎了一整年后,最终还是于1951年春被迫关闭。现在中国报刊中体现出的仅有个性源于一项党的政策,即设法为社会的特殊群体提供"特殊"的报纸。因而,一些报刊主要面向"工人",一些面向"农民",一些针对党员,一些针对少数民族群体。

对新闻工作者和印刷业者的控制是由各种所谓的专业组织促成的,所有从事新闻工作的人必须隶属于这些组织,这些组织进行政治思想教育并充当警察,以监督其成员与党的指示保持一致。由于(新闻)工作完全取决于保留在这些组织中的一名遵章守纪的员工,所以他们制订了强有力的高压手段。在政治思想教育过程中,所有从事报刊工作的人员被迫经历一个"洗脑"过程,用共产党自己的话来说,就是在这个过程中,个人必须"坦白",并要对曾被"帝国主义的"或"封建的"思想促成的任何过去的行为表示"忏悔"。人人被迫以这种方式公开提交其过去身世的详细汇报,这些汇报要充满对"反社会"的行动或思想的忏悔。在公开讨论过去的错误——一次令人蒙羞的折磨后,个人的罪过大概就被清除了。但是,如果在偶尔需要的情况下,当局就掌握了由个人亲自提供的有关其过去行为的"证据"。

为了进一步加强政权的控制,警察、军队和公安力量被授权查禁广大范围内的任何一种作品,这个范围包括从"煽动性语言"到"淫秽活动"。其中最模糊但最致命的指控之一就是所谓的"造谣",这种行为被认为是反革命,可被处以死刑或长期监禁,这其中包括写或说一些甚至可能被生拉硬扯地解释为向"帝国主义敌人"提供帮助和安慰的东西。新闻工作者由于其工作性质,经常面临因作为"造谣者"而犯罪的威胁。在这种情况下,报道"真实新闻"是不可能的，当地的新闻工作者自然更愿意采取相对安全的做法来避免责任，即只发表那些新华社传达的官方认可的报道。

为了恐吓那些仍旧坚持保持其独立希望的中国新闻工作者及其他人，许多从事新闻工作的替罪羊被揪了出来、遭受公开的侮辱、以至被处死或投入监狱。所以，1950 年 12 月仅广州一地，据共产党供认，至少 17 位新闻工作者被提起公诉，其中至少 6 人被游街并当众枪毙，他们的罪行是"文化帝国主义"、"造谣"、"间谍"和"与人民为敌"。共产党也报道了中国其他各城市的许多新闻工作者被枪毙或监禁的情况。他们当中的一些人是自由主义者，他们最初欢迎共产党掌权，相信新政权会履行其承诺，即实现一个致力于服务公众的无拘无束的新闻界。

但共产党及其辩护者宣称中国存在新闻报道的自由，他们自豪地指向了中共中央于1950 年 4 月 19 日颁布的《关于在报纸刊物上开展批评与自我批评的决定》的指示。该指示以及类似的指示已向中国的新闻界分派了一项重要义务，即揭露在党员、干部、政府工作人员、国家机构和经济企业的工作中所存在的缺点与错误。然而，严格的限制条款严重束缚了新闻界的批评权力，只允许"建设性的"批评，不仅"建设性"的定义相对于"破坏性"模糊不清，而且该指示还规定记者与编辑们必须为他们报纸上所发表的任何批评独立承担责任。其次，批评必须被限定在政策的实施上，而决不触及政策本身。第三，决不允许任何针对高层领导人的批评，因为他们的行为是神圣的。

因此，(我们)一点儿也不奇怪中国的新闻界已变得谨小慎微，并且不愿冒党的当局的不悦之险。共产党自己已经抱怨新闻工作者显示出不愿触及有争议的问题的倾向。据说，记者们沉迷于对政权的赞扬，其报道中的那些他们认为上级不悦的事实已被剔除。编辑们寻求安全的手法是尽量让其报纸充满了不伤人的(与枯燥的)会议、游行以及讲话的详细报道。虽然一些记者斗胆象征性地"批评"了一些相对无伤大雅的事件，但中共已不得不承认新闻界基本上无法履行其对国家与人民的"职责"，这种失败可能对那些相信通过扼杀新闻界以获得新闻自由的人来说是一种震惊。

O. S. S. /State Department Intelligence and Research Reports Ⅸ China and India 1950 -1961 Supplement，Reel Ⅰ，pp. 0608 - 0612，University Publications of America，1979

孔晨旭、张民军译，张民军校

国务院情报研究所关于朝鲜战争给中国带来的国内压力的报告

(1951 年 12 月 28 日)

IR 5672

共产党中国的国内状况

相当多的迹象表明朝鲜战争已给中共政权造成新的问题,并加剧了之前业已存在的问题。可以不容置疑地说,因战争而导致军需品产量的扩大可能已不是很大,但考虑到中国经济的局限性,那种因战争而动员额外资源的做法已不可避免地趋于增加国内压力,并因而要求政权调整其政治和经济计划。

在诸多方面,因支撑战争而对中国经济形成的负担差不多既是一个后勤问题又是一个供应问题。最近有关在朝鲜的中共物资的构成情报表明,苏联已承担了大部分所需军需品的供应,中国只负担其部队的衣食供给。在军用纺织品方面,其需求量可能不会超过国内总供给的十分之一,供应问题已经缓解,这是通过原棉与纺织厂生产的恢复以及加大政权对纺织品供应配给的控制来实现的,就粮食而言,北平军队已把中国的主要粮食盈余区——满洲作为其供给基地。

然而,后勤上的要求已给铁路系统带来了沉重的负担。尽管共产党的计划要求 1951 年的铁路运力在 1950 年的水平上增加 25%,但是因战争需求导致的铁路运输平均里程的增加可能会把运输量限制在 1950 年的水平。此外,军事运输需求的继续增加必将降低商业货运,并给业已紧张的铁路养护设施带来更大的压力。

不论是在素质上还是在数量上,军队对人力的需求都造成了另外的问题。为了给在朝鲜的军队补充兵源,加强中国的预备部队,以及给准兵役(如劳改营和内卫部队)提供人力,(北平政权)将不得不继续征兵,并可能扩大征兵的规模。虽然与农庄中达到兵役年龄的总人数相比,上述这些方面所需的额外人数很少,但中国农业的非弹性劳力需求与中国劳力缺乏流动性都表明在满足军队人力需求方面仍有困难,应征入伍者的家庭可能会遭受严重的困苦,农田产量可能会下降。由于认识到农民反对征兵,中共最近已发布措施,由乡村负责照顾士兵的农田与家庭。

或许同等重要的是(中国)急需半熟练与熟练技工,需要他们来管理相对复杂的部队与物资的调遣并充实官僚机构,战争已经加剧了这种需求。(中共政权)把教师与中小学毕业生召入军队和政府岗位,这已要求(政权)重新调整教育计划和政策,有必要全神贯注于合理分配熟练劳力的做法。当前这种受过专门培训的人员的缺乏状况可能会继续限制政权的行政管理能力。

在最通常的情形下,战争对中国经济的影响多半反映在政权的财政活动之中。与 1950 年相比,据估计 1951 年中共的政府总开支已经加倍,而军事支出则增加两倍,结果总预算中的军事份额从 40% 升到 50%。这种支出速度的明显膨胀已迫使税率急增,税收活动明显加强,尤其是在农村地区。(北平)指示干部们要让农民理解增加税收是"抗美援朝"运动不得不付出的代价。在朝鲜的继续对抗与战争财政的需求可能会(使政权)进一步提高税率,更多地依赖强制措施以确保税收,结果就是继续牺牲政权在土改初期赢得的民众支持。

尽管税收增加,1951 年政权的预算赤字很可能要比 1950 年大得多,这种与消费品短缺紧密相联的预算赤字已加大了通货膨胀的压力。1951 年上半年,批发价格上涨了 15%,衣服和纺织成品的均价上涨了 25%。如果在下一个冬天里资源继续被转往支撑朝鲜战争,通货膨胀的压力可能会变得更加严重。

在国内政治和社会政策方面,北平面临的与朝鲜战争相关的最紧迫问题涉及公众士气与国内政治组织。对政权而言,战争已成为一个发动大规模运动的机会,以此来消除其国内的反对派或潜在的对手(不论是在城市还是农村),并迅速把中央政府的权威与机构引入农村层面。我们可以在理智的基础上推断安排这些措施的时机会受战争的影响,在相当大的程度上,北平为满足战争的需要已被迫以更快的速度来加紧其控制。至少北平政治权力的巩固显然已造成许多管理问题:中央统治与地方分权的传统问题、党组织与政府扩张的关系问题、民用技工的短缺问题以及如何充分有力地控制农民的难题,后者是指拥有土地的农民们仍抱有提高福利的幻想。此外,政权与知识分子、城市中产阶级以及合作的改良主义团体的关系在不断疏远,而这正严重地削弱政权最初构建起来的联合政府的表象。实际上,战争似乎已成为政权被迫用行政控制的手段来代替自发的公众支持的一个因素,在这个过程中,其时机的选择可能对中国军队的战斗效率与政权的长期稳定有重要含意。

在党的领导层自身内部,继续战争可能会引起或加剧许多潜在的分裂问题:在继续牺牲国内目标的情况下拖延战争的问题;与苏联军事援助相伴而来的是苏联介入国内政策的问题;在实施战时政策中提高普通党员的可靠性的要求,这可以通过受到良好思想教育的城市党员代替目前不可靠的农民党员来实现;以及如何以牺牲公众支持为代价迅速收紧国内控制的问题。

(我们可以)设想如果战争进入下一个冬天,上述这些考量将会多么立即或有力地影响北平在朝鲜的努力,这当然无法完全预料到。显而易见的是,中共迄今已能够支撑其在朝鲜的战争活动而不必使中国遭受诸如铁路运输崩溃、朝鲜前线兵力短缺、游击活动增加或城市的反共暴乱等严重后果,(我们)可以确切地断言战争再进行一年也不会招致这样的后果。但值得注意的是,毛(泽东)的政府在耗尽其政治、经济和社会资源方面可能由于战争而要比原计划来得更快。战争已使一系列局势处于骚动状态,虽然这些局势现在尚未处于危急状态,但随着在目前规模上继续进行战争,局势可能就变得严重了。(我们)可以合理地预见中国国内压力的迹象如下：

(1) 中共内部在政策上存在着重大争执的迹象。

(2) 价格的继续上涨。

(3) 加强了对"反革命分子"的清洗，与此相伴的是镇压反革命可能比过去更加隐秘。

(4) 计划好的工业生产目标不能完成，于是宣布了不太高的目标。

(5) 公众对政权的敌对迹象更加普遍。

DDRS，CK3100391700－CK3100391703

孔晨旭、张民军译，张民军校

国务院情报研究所关于中国开展"三反"、"五反"运动的报告

（1952 年 3 月 12 日）

IR 5538

共产党中国的反腐败运动

（1952 年 3 月 12 日）

概　　要

　　共产党中国目前正经历着一次重大运动，他们在政府中发起了反"贪污、浪费与官僚主义"的运动，在私营实业家中发起了反"行贿、偷工减料、盗骗国家财产、偷税漏税、盗窃国家经济情报"的运动。除了指导春耕的任务外，这次运动比国内其他的所有活动都重要。运动是在 1 月开始的，现仍在全力进行中，它影响到许多共产党员与政府官员，其中一些是重要人物，它也影响到更多的私营商人、店主与工厂主。中共"大张旗鼓"地"曝光"了这些"腐败分子"，通过奖惩结合的措施来引诱密告者与有罪者放下顾虑，各自揭露或坦白有罪信息以加大社会压力。不把当地的"腐败分子"全部揪出，运动就决不结束，否则共产党员与政府官员就要受到严厉的惩罚，他们对此印象极深。迄今运动给予的惩罚已包括死刑，但至今没有一个地区的运动规模接近去年在镇压"反革命分子"运动期间所达到的规模。然而已实施与将要实施的罚款与监禁将极大地扩展政府对"私营经济部门"的正式控制。

　　反腐败运动的最重要方面是它代表了中共计划的最新重大步骤之一，中共的这个计划就是摧毁旧中国社会的"基础"。该运动也意欲在中国促进一个新社会的"建设"，其方式是让共产党控制机关中的人员提高对政权计划的响应，这些机关必须开展想要的变化；另外的方式是加强公众对施加于他们的官方要求的反应；还有一种方式是政府对国家资源的控制达到最大化。但这次运动最具决定性的影响是对"资产阶级意识形态"的诽谤，并通过这种方式对中国私营实业家进行孤立与恐吓，不过他们的经济活动将在一段较长的时期内得到鼓励与容忍。鉴于以前的共产党声明，就可以预见到中共当前正在极力怀疑与孤立"资产阶级"并清除官僚作风。然而运动的开展可能比最初预计的要更早一些，这是因为战争需要加强对人民与资源的更强有力控制。无论如何，这是北平政府决心尽快开展它所宣布的迅速改造中国社会的一个明证。

共产党中国的反腐败运动

一、运动的过程

共产党中国正在经历一次重大的运动,即在政府中发起反"贪污、浪费与官僚主义"的运动,在私营实业家中发动反"行贿、偷工减料、盗骗国家财产、偷税漏税、盗窃国家经济情报"的运动。在中共建政的最初两年间,政府只不过偶尔关注一下这些腐败现象,但从今年1月以来,这些对中国社会的侵袭现象已成为一次国家重大运动的目标,除了在共产党官员现在必须关注春耕指导的那些城镇外,这次全国运动仍旧支配了共产党中国的所有城市活动。运动显然是自去年10月从满洲地区开始的,但直到11、12月,共产党才发布指示宣布不再特别看待消除腐败一事,而是作为目前"党的中心任务……"来抓。此时媒体报道的腐败案件不断增加,这些案件数字也被用于提醒人民根据《共同纲领》的第八条——"爱护与保护国家财产"是他们的义务。

周恩来在去年12月7日的政务院第114次会议上正式发起了这次运动,全国、大行政区、省以及市各级政府很快召开了开展运动的准备会议。12月19日,共产党的后备力量——中国新民主主义青年团的中央委员会书记冯文彬在北平的一次会议上做了"动员报告",此次会议有1000多名听众,他的报告明确显示了新的"斗争"目的:

"为了迎接祖国即将到来的大规模经济建设,我们必须发起一场增产节约的运动。为了实现增产节约,我们必须反对贪污、浪费与官僚主义,从而堵住国家财产损失的所有漏洞。通过这次运动,我们也不得不消灭资产阶级的反动思想及腐朽社会的罪恶行径对我们的影响,从而改变社会风俗与习惯,建立一种诚实、勤劳与节俭生活的优良工作作风。"冯文彬也指出反腐败运动将被用于"纯洁"青年团自身。

次日,政治局委员、北平市长彭真在首都的党、政与群众组织代表的"总动员大会"上致辞。在此大会上,彭真断言腐败是"一种致命的毒菌",他坦言关于腐败的情况"现在仍然是严重的,原因是我们还没有有系统地大张旗鼓地动员全体群众起来消灭贪污并采取系统的处置"。权威的北平《人民日报》于12月21日重新刊登了毛泽东关于公务员腐败与节约的一些早期谈话。12月29日,中国人民政治协商会议全国委员会在一份给所有省市政协委员会的指示中指出,"腐败与浪费"的危害不仅存在于"增产节约"运动中,也存在于"新生的国家机构"的官僚主义。毛泽东在其新年致辞中的声明提升了运动的重要性:

"我还要祝我们在新开辟的一条战线上的胜利,这就是号召我国全体人民和一切工作人员一致起来,大张旗鼓地,雷厉风行地,开展一个大规模的反对贪污、反对浪费、反对官僚主义的斗争,将这些旧社会遗留下来的污毒洗干净。"

1月9日,政权的最高层对运动的起步做了最后一次推动,当天周恩来与新的节约检查委员会主任薄一波在北平的一次会议上致辞,出席这次会议的有2300多名军政高官、党的高层领导、工厂主、商人、科学家与新闻工作者。他俩强调必须把运动引入"全国社会人士,特别是工商界人士",在这次会议上,周恩来要求政府工作人员与中国人民"迅速地、彻底地、无保留地"参加所有的群众运动以"反对资产阶级的侵蚀与洗净旧社会留下来的污毒"。

周恩来的报告强调"资产阶级"在中国社会的继续存在所带来的危险,(我们)可以适当地把它视为一种迹象,即标志着共产党对包括私营实业家与政府官员在内的进攻几乎悄无声息地开始扩大了。在周恩来的报告之后不久,中华全国总工会的代表听取了他们的副主席刘宁一的主旨报告,报告的题目是《坚决地进行这一场严重的阶级斗争》。刘宁一在报告中提醒听众"现在阶级斗争的严重性"以及反腐败运动与这场"斗争"的密切关系。

二、运动的规模

运动的中心对象是残存的私营工厂主与商人以及那些负责签订与审核政府合同的官员,还有就是负责检举官员与私人违法乱纪的政府官员,既然工厂主与商人们主要在城镇,所以反腐败运动主要是一种城市现象。

在运动的第一阶段,每个公民不论老幼都对运动的长期重要性印象深刻,他们被敦促要在"主动坦白"①与无拘无束的"指控"中充分地"畅所欲言"。中国人被告知要利用这个"史无前例"的机会——"毫不畏惧地揭发政府中所有的违法者"。然而,由于不能坦白与"自愿"交待,包括死刑与充公罚款在内的严厉处罚就可能降临。那些"愚蠢地"拒绝"坦白与悔改"的私营实业家、共产党员与青年团员以及政府官员们将发现"无路可逃",如果他们在"主动坦白"的截止日期过后被揪出来,他们也不能指望政府无论如何会对他们"宽宏大量"。个人可以私下采取这些"自愿"行动——通过拜访当地的公安局或特别"人民检举署",给公安部门打电话,或把匿名信投入为此目的而设置的特别信箱——或他可以在"坦白检举大会"上公开采取这些行动中的任何一种。后面的一种做法是政府更喜欢的,是任何时候都予以鼓励的。为了促使大众"畅所欲言",共产党已争取其群众组织——工会②、中国新民主主义青年团③与"工商界"与"民主妇女"的各个联盟的某些帮助。共产党指导这些组织要让其成员铭记在中国的"新民主主义"社会的规矩,即揭发那些迄今为止被认为只有家庭或行业单位才关注的事情。已经组织起的"检查组"通过调查他们的合法性来检查运动的进展,追随指控与"自动坦白"的洪流。④ "腐败分子"的名单已被公布,并随着特定的指示,政府会在适当的场合全部或部分赦免商人、工厂主或官员的罪行。近来,随着"自愿"证词的确认,"宣判大会"得以举行,在宣判大会上,那些拒绝完全"坦白"者被处以严厉的惩罚,而那些全部与"主

---

① 原注:为这些"主动坦白"设定的截止日期通常提前两三周宣布,北平是 1 月 26 日,武汉与济南为 1 月 31 日。
② 原注:包括簿记员在内的"店员"工会在这场运动中被给予最多的关注。1 月 18 日,中国店员工会致信其所有下属单位,指示他们在"揭发""邪恶的"商人与工厂主中要支持其工会会员。店员代表会经常举行以便加强运动的能量与社会压力,消除他们在告发其雇主时的担心与勉强。
③ 原注:"年轻的店员"再次受到了最大的关注。
④ 原注:在武汉,最近组织了 100 个类似的小组。

动坦白"者则被给予包括许多"无罪"宣判在内的宽大处理。随着腐败规模的广为人知，政府能够制订一个准绳以确定那些"腐败分子"，这些腐败分子是政府特别想要集中火力对准的目标。这些人被贴上"大老虎"或"大腐败分子"的标签，他们盗用或造成盗用的国家资产超过 1 亿元，或其腐败的危害性如此之大，以至于其严重程度不能纯粹以金钱来衡量。一旦大批罪犯得到惩处或"宣判无罪"的处理结果，当地的党政领导人将通过草拟减少腐败案件并予以发现的程序来巩固运动成果。

同时，那些发起运动较迟的官员被告知他们必须在 2 月的后半月取得"突出成绩"。除非得到上一级当局的同意，没有一个市政府能结束本地的运动。如果在他们管辖的权限内后来发现有个别"腐败分子"漏网的话，要求允许结束运动的当地政府部门与同意这种请求的上一级政府部门都将受到"严厉的批评与谴责"。当地的党、政与青年团的负责人也被告知他们会因运动不力而受到惩罚，他们现在的个人地位与过去的功绩不能使其幸免。① 在党、政与青年团组织内部，经常开展与"指控与坦白"相对的"批评与自我批评"活动以揪出那些与"邪恶"的商人与工厂主相勾结的官员。

关于盗用国家资产的数量与在运动期间被揭发的"腐败"分子的人数，我们从北平得到的只是片断的报道。一份政府报告称自 1949 年 1 月天津"解放"以来，商人与工厂主在天津的偷税已达 8 000 亿元，这个数目据说等于平原省的农民整整一年的粮食税收。另一个工业中心太原的偷税据称至少达 100 亿元。据华北的一位中共高层党员所说，该地区的某些地方 80％～90％的政府官员已经腐化堕落。一位最近从上海回来的人声称，在那里任何规模的一个私营公司一定会有一位或更多的经理受到指控。政治局委员彭真宣布北平 65％的商业公司已卷入运动，他坚持能够而且应该采取进一步的揭发行动。从那些宣布了"坦白与指控"人数的零散的官方报道中，我们能够对受到运动负面影响的人数作出某些估计：

天　津	160 000	重　庆	20 000	西　安	5 100	南　昌	1 044
北　平	150 000*	沈　阳	17 225	上　海	4 193**	南　京	1 026
广　州	20 187	武　汉	6 000	无　锡	1 600	常　州	400

　　* 其中，60 位被报道为"大腐败分子"。
　　** 一位报料者估计，到 2 月 15 日，在上海，73 000 人已因"腐败"指控而被捕。
　　这些数字并不必然代表所列的每个城市的"坦白与指控"的总人数，他们代表每个城市所见到的"坦白与指控"者的最高人数，如果可能的话是最近的人数。

在各级政府，在政府的许多部门，特别是在政府的金融、公安与经济运作部门已发现了被怀疑腐败的官员。虽然几位党的高官与非党员的高官②已卷入了腐败，但迄今在任何范

---

① 原注：当在苏联影响似乎仍旧极大的港口旅顺-大连市出现了对"腐败分子"的惩罚予以忽视的事件时，官方甚至对此予以报道。

② 原注：例如，中央公安部的行政处处长宋德贵在 2 月 1 日被枪毙，西北局的公安部队的政委被逮捕，武汉市长吴德峰被免职，东北人民政府的劳动部长唐运超被开除党籍。司法部长史良本人坦白了两件"资产阶级的浪费错误"——自己出钱把一台冰箱从上海运到北平以及在她的办公室养花。

围内,尚无人怀疑这是党内或政府内的一次严重危机。然而"揭发"技巧的阴险必定使近乎恐慌的那种巨大焦虑也被慢慢灌输进那些遵纪守法的政府官员与私营实业家。

三、运动的意义与目的

反腐败运动的最主要方面是它代表了中共计划的最新重大步骤之一,中共的这个计划就是摧毁旧中国社会的"基础"。他们通过无情打击前政权城乡最有特色的部分已经使他们自己与前政权完全绝裂,那些在旧社会有影响的人、那些不能容忍的对国民政府保持坚贞或存有疑虑的人已经被他们多数消灭或置于假释与监视之下。虽然那些人遭到怀疑与孤立,但他们的私营经济活动将不得不被再鼓励与容忍一段时间。

同时,反腐败运动有助于完善那些要求共产党人实施变化的技巧,该运动正被用于提高在共产党控制的机关中的人员对政权计划的响应,这些机关必须开展想要的变化;运动也被用于增强公众对强加于他们的官方要求的反应以及实现政府对国家资源控制的最大化。

鉴于以前的共产党声明,我们就可以预见到中共当前正在极力怀疑与孤立"资产阶级"并清除官僚作风。然而运动比原来设想的要开始得更早些,由于战争导致的需要加速了对人民与资源的更强控制。总之,我们有明确的证据显示北平政权决心尽快开展它所宣称的迅速改造中国社会的目的。

下述的讨论预示了反腐败运动可能会用于共产党指导的经济、政治与社会变革的方式。

(一)对"资产阶级"的不信任。当前的运动是对那些残留在中国城市社会中的人的肉体与心理上的打击,私商、店员与工厂主被共产党视为对实现其长期目标最有害。当前的运动就是对这些人的第一个警告,[①]他们已知政府要消灭他们的意图,作为一个经济与社会集团的代表,他们活动的基础是对共产党人有关财产与政治地位的观念的一个威胁。由于官方对其私营经济职能与阶级地位的看法,这些人现在被作为中国前共产主义社会的诸多传染病的携带者而被挑了出来,因此,无论其单个成员中的某些人在当前可能是多么顺从,他们是注定要被彻底消灭的一个集团。尽管如此,共产党仍对中国的那些"守法的资本家"与"不法的资本家"区别对待,不法资本家试图"从工人阶级手中夺权",而且使用"隐蔽的手段……从内部削弱与控制国营经济"。他们不再区分"民族资产阶级"(反对外国资本家)与"买办"资本家。虽然中共急于保证"在意识形态上,我们承认在新民主主义政权下资本家阶级的合法地位",[②]但整个"资本家阶级"还是被指控试图让政府中的"腐败与浪费"永远存在。

中共已运用反腐败运动来让人民理解另外一点,即"民族资产阶级"不再因为必需而被消极地容忍,这个"阶级"有义务遵守"新民主主义"社会的习惯,该习惯包括愿意使个人利益

---

① 原注:毛泽东在其 1949 年 7 月的《论人民民主专政》一文中提到了最终实现"社会主义",即"当私营企业的国有化将要实行时"。

② 原注:颇具讽刺意味的是,中国对物品的绝对需求是如此强烈,以至于政府经常拒绝一位厌倦了的私营企业家中断其生产活动的请求,将该企业家与一个注定要消亡的"阶级"分开。

与动机几乎完全服从于"服务国家"的新观念。中国的店员、商人与工厂主必须"融入新民主主义的社会"，以便"加强工人阶级的思想领导地位"。

对"大腐败分子"与其他"腐败分子"的处死与监禁减少了私人企业家特别是较大与较强的企业家的数量，这给予了共产党政权一个扩大其对经济活动正式垄断的机会。罚款与税收欠款的收缴再次打击了"资本家阶级"的物资资源。那些在运动中幸存下来的商人与工厂主不但要在政府针对他们的进一步措施的前景前面发抖，而且不论他们可能提出其在中国社会中作为私营经济企业的经营者而继续存在的任何理由，他们也在目睹自己被逐步削弱。当反腐败运动结束时，中共领导人将在城市中确立一种地位，从这种地位出发，他们能进一步打压与消灭私营企业家残存的威望与影响。

（二）增强共产党控制机关内的人员响应。共产党的任何一个主要关注是其成员对其指示的响应。因此，很寻常的是中共正在把反腐败运动作为一次机会，以此来发现与清除具有"个人主义"倾向的不忠与落后的党员，这包括一些相当高级的官员，因此纠正其自1949年以来匆忙招募党员所带来的恶劣影响。运动鲜明地支持共产党为其党员设定的高要求，该要求是在为党服务期间不犯错误，有自我牺牲的行动。在此方面，反腐败运动是对当前"思想改造"运动的一个补充，思想改造运动关注中共党内党员的"正确"观点与"工作作风"。虽然共产党没有运用它曾在土改与工厂的"民主化改革运动"中所采用的方式，即在反"贪污、浪费与官僚主义"运动中以新的与反应更迅速的成员来填补其职位。另一方面，党的后备力量——中国新民主主义青年团宣布它将利用反腐败运动不仅清除其内部的"腐败分子"，而且要吸收"在运动中涌现的所有积极分子"。总体上，政府官员比以前更加敏锐地意识到党对其行为的仔细审查，他们中的卑劣分子被立即从其职位上撤换下来。特别是他们已意识到党决心完全否定其为谋求个人私利而滥用其职位的非正式的与传统的特权。

MF2510407 - 0728，The University of Hong Kong Main Library

张民军译、校

国务院关于中国的"批斗会"的情报备忘录

（1952 年 4 月 21 日）

Far Eastern Notes 1

共产党中国的"批斗会"

如今说共产主义具有宗教色彩,这已是陈词滥调,而要说这些情况不只是一个有趣的类比,而且它们具有重要的政治意义,可能就不是那么普遍地为人所知了。最近来自大陆的中国人所报告的第一手消息生动地说明了这种后果,其后果类似于中共取得的惊人成功的皈依。这个过程值得每一位希望理解共产党控制其臣民及其党员的人做全面的研究。

总之,这些中国人以一种几乎可怕的平静讲述了在他们通常称之为"批斗会"——尽管正式的共产党术语是"教育会"——上的经历。这种批斗会在共产党控制的所有领土上都要召开,参加者在会上对个人进行批评或指责,这些个人要坦白其错误,或者按照强加的共产主义事业的责任与义务的标准进行"改造"。

这些批斗会的力量来自于一个集司法程序的技巧与那些琐碎的线索、心理分析于一体的混合体,其后果至少将留给个人一个持久的顺从烙印,并经常对他的本能进行一次深远的重新定位。

这一过程中的每一要素都是重要的。谴责的方面包含担心惩罚的情绪,同时,它把整个过程带进了公众领域,因而又增添了国家的权威与爱国主义的姿态。然而,行动的范围远比西方认为的法律范围更宽泛,它包括树立崇高和奋发理想的共产主义品格的全部规范,因而它有强烈的道德因素,这个过程旨在影响生活的基本态度和方式。而且,这套规则触及一位教授的思想的最微小阴暗面,触及一位青年的私人性生活的最隐秘细节,也触及一个人的过去,包括他参与的"阶级"邪恶。脱轨者们体验到了这些隐秘之耻及其被曝光的感受,而这种感受被理解为让心理分析的探寻过程多半成为一种折磨。最后,在整个过程中,孤单地面对群体的个人极其强烈地认识到了团体舆论的压力——顺从的压力。

顺从的压力不只限于被谴责者,参与者也具有因参与这种群体行动而产生的内疚感,这是一种把他和共产党政权的命运绑缚在一起的微秒的心理力量。

这种经历的效果在谈论它的中国人的反应中被活灵活现地展现出来。一位青年讲述了他的家人怎样被"批斗"至死以及他如何被"说服""自愿""为人民服务",其他人也讲述了个人遭遇的荒诞故事,以此来证明他们在原本是斗争的心理压力下背叛共产党的合理性。某人倾诉了他的个人癖好,并讲述了他宣称已小心翼翼地隐藏了两年的事情,另一位则说他宁愿被枪毙也不想再经历一次"批斗会"。

这种将技巧应用于控制的做法已为其效果所证实。党员受到集体的批评是常事，当他们违反党的纪律时，要忍受激烈的"批斗"。每当选举一位官员——如一位村长或一个党委的主席，选举本身就采取批斗会的形式。另一方面，当被问到为什么农民要交税或要完全纳税时，一个中国人说在一次斗争会后，没有人胆敢不交。在一次运动中，"不合作"可能会招致一次批斗会。这种控制技巧因此被用来巩固对党的忠诚以及把全体人民控制得井然有序。

然而，这些报告的证词显示把这个过程看作是对个人的一种外在控制手段将是一个极大的错误。它的目标更为深远——向个人灌输一种精神狂热，造成一种实际的皈依，而正是这种狂热与皈依将使他希望把个人的愿望服从于那些规则并由此服从于国家或党的目标。实际上，共产党人正强烈地诉诸他们自己运用那些所有文化共有的内疚感与道德本能。在年轻人奋发的理想主义倾向中，在妇女们对平等的渴求中，他们找到了特别易受感染的同盟，这两个群体乐意带头向反抗的个人施压。

显然，共产党人不会把这种手段仅仅用于一个顺从的社会抽象地改变信仰的过程中，与此同时，他们追求更直接的政治目的。他们努力的中心任务是试图识别反共的罪恶诱因和作为共产党员的道德。他们极力把新中国、强大和没有腐败的概念与共产党视为一体，这主要是把所有软弱或腐败的人看作是反共分子。这个主题在中国人的仇外意识中找到了支持，这种仇外意识易于接受列宁的帝国主义论的信条，其必然结果就是美国是中国所有灾难的主要替罪羊。

通过赎罪进行拯救的想法被有效地用于促使那些赞成共产党的人以增进共产党政策的方式行事。在共产党的计划中，系统地清除了少数被视为没有希望的人。不过，有些人因为剥削而被确信其过去是坏的，但他们被劝导要"为人民"做些事情，因此在朝鲜的许多中国"志愿兵"可弥补他们过去的反共罪孽。

这就是在批斗会上居于中心的"教育"过程，全面理解这种现象显然是西方人努力理解亚洲共产主义力量的关键。因此，（我们在）下面几页提供了批斗会技巧的特有细节，为了加以说明，背景已转换为一个常见的办公室，但其中的每种行为都建立于从直接经历得来的特例之上。

让我们来描述一个普通的商务办公室，强有力的政府当局已决定制订"教育"程序，他们通过一个令人恐怖但又令人尊敬的部门来行事，该部门拥有开展秘密调查的广泛的法定权力。

经过一些计划和对办公室的一次摸底后，委员会就完全熟悉了办公室里的人物及其道德与政治信仰。由"政府代表"指导的调查本身就造成了一种紧张氛围和自我保护的定势，调查将揭示对某些老板的充分批评，以此指定一个合乎逻辑的受害者并确保对这场批判的充分支持。我们将假定第一个目标是一些比遵守一条政治路线更为简单的事，让我们从一个增加工作时间的目标开始。

受害者是一位不太受欢迎但级别相当高的人,他被发现早晨上班迟到,偶尔吃午饭时用时太长,午饭后酒气很浓,并至少有一次在午间买电影票。于是对这位老板的指控是他已"腐败"了,不劳而获。在一次小组会议上宣布了对他的指控,宣读者是一位被所有的人视为"政府代表"中的一员,据称该指控来自低级职员。然后,要求这位老板"坦白"交待。

既然这个小组不熟悉技巧,老板可能会通过如下借口来为自己辩护:指出他的加班时间未得到补偿,有必要与其他政府机关保持非正式的社会接触,不可能在时间允许的情况下吃几个三明治。这是一个信号,在指出这种坦白仅被看作一种"无聊透顶"的官僚主义行为的软弱辩护后,"政府代表"号召每一位与会者对老板的供认发表意见。他指出,一般而言公司因"腐败"而受到"人民"的批判,而且他们都觉察到了对"危害分子"的不当同情,他向级别最低的人与"可靠的"高级员工(在这个案例中是更加拘谨的公司职员)发出呼吁。

原告已预先准备好,并告诉他们在说真话时不必害怕,讲真话是其爱国义务,不过也警告他们,批评必须以事实为依据。最终每个人(以前私下表示怨言的人)都说出了他们的抱怨——对某些雇员的门第偏见、晋升的不公正、固守自己"喜欢的"主张、在办公室里讲粗话、在无休止的会议和讨论中浪费时间以及在"无用的"旅行中浪费出差津贴。在领导的提示下,所有这些都被视为不爱国。甚至要求亲密的私人朋友也要作出批评,否则他们自己将受到同样的批评。("政府代表")呼吁每个人都要如此,一位可敬的官员很可能在第一次批斗会上就提出辞职,而在民主社会中无人会运用这套把戏。然后领导指责他懦弱,并指出如果他在受到批评的情况下辞职,就是明确承认他同情危害分子。除此之外,会议的目的是改过而不是辞职。领导建议受害者要仔细考虑,并准备一份新的"坦白",这份坦白应包括他提出的作为赎罪的内容。

如果领导能找到一些对人的过去(例如一个有名的危害分子从前是家庭的寄生虫)造成特别震撼的东西,那么批斗会可能就令人相当振奋。声音越大越嘈杂越好,如果有妇女哭诉她们受到残忍和粗俗的对待,如果这样就更加有效。在第一次会议期间,听众与受害者之间没有什么区别,受害者应该确信他是有罪的。

既然已注意到指控是真的,尽管或许对指控的意义作了夸大,那么第一次批斗会就应击中要害,在受害者于第二次批斗会上做第二次坦白之前,他和听众将惶恐不安。或许受害者在第二次批斗会上已完全心力交瘁,以至于他将交待一些以前没有提及的事情,而且他很沮丧。在他坦白之前,领导指出仅仅承诺改过是不够的,这些错误是由一些根深蒂固的对待工作的扭曲心态造成的,改过应针对最根本的原因而不是肤浅的指责。如果坦白令人满意,这将包括一份声明,即受害者的整个行为对办公室的道德有灾难性的影响,而且在危机期间,这种行为实际上是以浪费金钱和宝贵时间的方式破坏防务努力,这些同样可被名正言顺地视为一种"对人民敌人的另类同情",其动机是十足的利己主义,对爱国主义和保卫民主的职责漠不关心。为了赎罪,受害者表示他将带午饭,按时上班,努力改正其自私态度。

坦白后,领导要求发表意见。如果巧妙地加以引导,这些意见将包括与最初的受害者相同的交待,他们承认已经犯了自私自利的罪行,没有爱国观念,现在他们将努力纠正这些错误,并承诺更努力地工作。建议对老板施以的惩罚幅度很大,从很轻到极重。最后,领导说既然受害者已明显认识到其错误的根源,那么就无需对其过于严厉,以至于他用袋子带午饭,但他应该加一个月左右的午班。既然受害者已加班,领导建议每人都要制定一个显眼的加班计划表,以至于所有的人都可以看到他们是如何开展似乎人人都赞成的爱国运动的,领导的"合理"建议大体上被接受了。

让大家都安心的是批斗会结束了,但他们可能会感到一丝鼓舞的是办公室"最终"坚定地为自身划定了一条鲜明的道德底线。只是后来——在更多的批斗会以后——他们才认识到现在有多少件行为具有"危害性的"言外之意。同时,这种特殊调查具有长期影响,在此调查的影响渐渐消失之前,它将存在很长时间,例如加班将变得更加习以为常,几乎无人会无拘无束地出去喝咖啡。

共产党中国一直在开这种会。在每周的共产党小组会上,都有自我批评的时间,违反"纪律"的党员经常不得不向几个小组坦白,无论这些小组是大是小,无论其是党的还是非党的小组。如果一个人不交税,如果一位干部吃了普通公民一顿饭,如果一名老人反对女儿在无人陪伴的情况下上夜校,这都将有一场"教育会"。一位"被选"的村长候选人将首先不得不顺从农民协会的批评。如果违反者情节严重,批斗会可能会持续几周,如果一个人终身都是"反革命",他将不得不进入一个特殊班级进行"思想改造"。这些班级可能持续数月——从早到晚几个月的"教育会",只有"劳动改造"期间才中断。共产党称作的"学习"是以相同的方式进行的,不理解一道代数题与不明白马克思主义理论中的一个问题一样,都能被视为一种罪孽。

有一些特别难以解决的案件:如一位士兵偷了衣服,而他是一位众所皆知的英雄,这将成为整个地区讨论的主题,这可以说是对此人进行缺席"斗争"。一位女干部的案件是她没有"坦白交待"并试图以她在党内的地位来"恐吓"其原告,该案件在1951年末被当作讨论的主题,以此在华中地区开始反腐运动。

当然"形式主义"的趋势已经形成,人们很快意识到在坦白和指责中可以使用某些客套话。批斗会经常变得鸦雀无声,因为没有人愿意讲话,领导不能调动起热情。既然指责比坦白更加痛苦,那么指责就成为他们自己内部的批评,它经常遵循第一个指责者制订的模式。一位聪明的领导者在"积极分子"(人民——经常是妇女和青少年——在他人的指导下,可以依靠他们坚定不移的忠诚与要求来胜过发言者)的支持下,在不冒犯大多数人的偏见和信仰的情况下,每次能够通过周密的计划来"矫正"这种趋势。每次批斗会期间,落后者能被拉进意见一致的圈子,先进者则愈加相信越来越大的个人奉献,共产党最终让所有的人都必须参与进来。

O. S. S. /State Department Intelligence and Research Reports Ⅸ China and India 1950 - 1961 Supplement,Reel Ⅰ, pp. 0742 - 0745, University Publications of America,1979

孔晨旭、张民军译,张民军校

国务院情报研究所关于中国本土的佛教机构及其基本情况的报告

（1952 年 9 月 24 日）

IR 5625.6 Supplement（Including 5625.6 Restricted）

限于内部使用的安全信息

当今世界佛教机构的组织及影响①

（1952 年 9 月 24 日）

六、中国本土的佛教机构及其消息

（一）统计数据

1. 信徒

普通中国人与西方认可的排他性宗教信仰的标准相反,他们信仰宗教折衷主义。那些既不是穆斯林也不是基督徒的受过教育的中国人,可能同时参修儒释道而不会发生个人或基本原理上的冲突。既然这三种哲学或宗教都不要求公开表白信仰或保留成员资格的记录,那就不可能准确地计算其信徒的人数。此外,即使有可能核算出来,由于是多重信仰,这三种信徒的总人数大概要比中国的总人口大得多。

中国本土②的大多数佛教徒遵循的是大乘佛教或所谓的北传佛教,但也有一些是小乘佛教的信徒和一些带有几分藏传佛教形式的密宗信徒。不过,所有重要的佛教协会都在非密宗派的大乘教派控制之下。

佛教在公元 6～9 世纪期间空前繁荣,在公元 845 年的武宗灭佛后,佛教再没有在中国恢复其显著的习俗地位。而且到 12 世纪为止,新儒家已广泛地借用佛教,儒家如此彻底地把佛教整合到自己的体系中,以至于在中国作为一种独立生活模式的佛教被挤了出去。宗教丧失活力的一个迹象是在公元 730 年后中国再未创立新的佛教宗派。佛教在明清之际渐渐衰微,并在整个民国年间继续衰落。虽然佛教像中国的所有其他宗教一样,继续维持着中国社会的一种边缘活动,然而它在中国的思想史、文学和艺术中发挥着重要作用。此外,它作为一个重要组成因素进入了构成中国人民间信仰与习俗主体的宗教、哲学和迷信的混合体之中。

---

① 本文是节选。——译注
② 原注：同样是在中国创立的藏传佛教将在 IR 5625.4（限制级安全信息）中单独论述。

　　如果有可能获得准确的数据，仅仅一份中国佛教徒总人数的账目是不能真正反映宗教对中国人的意义的。在20世纪该国的三大宗教（基督教、伊斯兰教和佛教）活动中，迄今为止从历史的观点来说佛教是最重要的，并对中国文化做出了最大的贡献。佛教对艺术和文学的影响已是中国生活和思想的一位有力铸造者，这包括为教导孩子的基本道德而从其童年时代起就讲述给他们的许多喜闻乐见的故事。佛教在唐代达到其影响的顶峰，代表了中国艺术的最伟大和最具活力的时期。随后的中国艺术和文学——至少一直到中共接管中国大陆之际——保持了一种深刻、有力的佛教印痕，这种印痕仍在那些被中国人视为纯粹的中国艺术的建筑、雕刻、肖像画或风景画的范例中可以看到。

　　迄今，估计中国佛教徒人数的困难包含两个主要因素：（1）在一个多重信仰是常态的国家中，任何可用的估计只是一个不完整的计算；（2）除非公布的统计数据对政权明显有利，否则中共是不会自愿披露此种信息的。

　　为了能更好地理解中国佛教徒，那些一般被视为佛教徒的人可被分成三类：（1）那些公开承认自己是佛教徒的人和那些已在一些佛教协会登记的人；（2）那些对佛教生活方式有一种强烈的自觉依恋，而且或许在自己家中完成某些佛教仪式但不一定是任何佛教协会成员的人；（3）从童年起就已感触到佛教影响人们日常生活的许多现象的大批中国人（诸如，佛教组织建造的寺庙和宝塔或绘画——无论多么粗鄙和庸俗——他们能从佛教传统中获得灵感，或是那些实际上曲解了远古佛教徒实践的当前迷信活动）。在这第三类人中，或许只有极少数人将会意识到这个事实，即这些对他们生活产生影响的是佛教徒，而大多数则认为他们仅仅是中国人。对这三类实际人数的估计如下：第一类大约有500万，包括第一类在内的第二类大约有2 000万，包括第一和第二类在内的第三类大约有1.5亿。

　　在中国但不包括西藏的佛教徒，我们可以得到的有关自称是佛教徒的半官方人数统计的最近年份是1930年，当时中国佛教协会公布的数字是460.9万人。1947年该协会声称它有460万成员。中共声称中国的总人口是4.75亿，其中大约4.4亿是汉族，所以总数达500万的一个完全公开承认是佛教徒的群体只占汉族总人口的1％多一点儿。另一方面，如果采用1.5亿这个数字的话，这代表着那些受到佛教强烈影响的人，佛教徒将至少占汉族总人口的33％。显然，许多中国人即使没有直接参与任何佛教组织，也肯定会被破坏佛教诸方面的任何企图搅得心神不宁，佛教已成为中国人生活的一个不可或缺的部分，此类人中的多数无疑是目前共产党政权的支持者。

　　从佛教传入中国即公元初年起，佛教已沿着一种结点状的结构在全国范围内传播与发展，从活动踊跃的中心或结点出发，佛教的影响逐渐传播到周围地区。在新佛教运动的推动下，这种结构在20世纪的佛教扩张中再现，浙江、江苏、湖北、四川、江西和河北省都是新佛教的中心。在20世纪的20年代，由于太虚大师①在武汉成立了一个佛教协会②，武汉地区

① 原注：见附录的《人物简介》第5号。
② 1922年8月，太虚创办的武昌佛学院。——译注

成了最活跃的佛教中心。30 年代,许多这类活动从武汉转移到北平。

西方评价中国佛教的总趋势是低估了作为一种社会力量的现代佛教,并贬低其使自身适应 20 世纪的问题的能力。然而,中国原文资料提供的大量证据表明在 20 世纪的头十年,一部分中国佛教团体开始进行必要的改革和调整。虽然杨仁山(1837~1911)是一位在旧体制下受过培训的佛教徒,但他有机会供职于伦敦和巴黎的中国公使馆,对日本的佛教组织产生了兴趣,于是他在南京建立了一个学院,培训即将去日本和印度进修的传教士和毕业生。到 1912 年,欧阳竟无①成立了中国的第一个全国性佛教组织——中华佛教总会。同样,复兴中国文学的一些倡导者也对佛教产生了兴趣,尤其是梁启超,他在欧阳手下研究佛教,作为他寻求能够团结和鼓舞中国人的一种信仰的一部分。

然而,新佛教运动的真正领导者是太虚大师。他积极参与了 1912 年在南京成立的中华佛教总会的早期活动,并编辑该会的《佛教月报》。作为这次新佛教运动的一部分,他们建立了许多模仿基督教组织的福利机构,而且不仅努力建立全国性的组织,甚至成立了泛亚佛教组织。②

2. 教派

甚至在大乘佛教传入中国前,它的伟大导师和阐释者们就发生了分歧,创立了各自的宗派。其中几支宗派直接传入中国,并被中国的社会风俗所改变。一些中国的本土宗派是后来发展起来的,尽管其信徒通常声称他们与印度有一些传统联系。到 20 世纪为止,下列的七大宗派仍在中国活动:

	中文名("宗"意指教派)	印 度 名	英 文 名
1	禅宗	Dhyana(禅)	Meditation Sect
2	净土宗	Amitabha(阿弥陀佛)	Pure Land Sect
3	天台宗	Saddharmapundarika(法华经)	Lotus Sect
4	密宗或真言宗	Mantrayana(咒乘)	Esoteric Sect or True Word Sect
5	唯识宗或法相宗	Dharmalaksan	Pure Consciousness Sect or Essential Criterion Sect
6	律宗或南山宗	Vinaya	Law Sect or Southern Mountain Sect
7	华严宗	Avatamsa	A Garland of Flowers Sect

近些年来,只有前四个宗派有相当数量的信徒,而小的宗派(据估算有大乘佛教的四个和小乘佛教的两个宗派)太不重要了,尤其是在组织方面,以至于不能保证讨论的可靠性。

中国大乘佛教的各宗派代表的是一个基本教派的不同方面,而不是对立的解释。忠于

---

① 原注:见附录的《人物简介》第 6 号。
② 1924 年太虚大师等人在庐山发起成立了"世界佛教联合会",只有中日两国的佛教界人士参加。——译注

一位特别大师通常是一个单独宗派的基础，该大师偏爱大乘教派尊崇的众多佛教经文中的一部，每一宗派的信徒人数不为人知。

禅宗是最流行也最具影响力的宗派，因为自 11 世纪以来，它成功地在佛教和儒家间形成了一个综合体，这是最令人满意的。它对中国知识分子的哲学性情有着强有力的持续吸引力，它不同于其他宗派，因为它不主张以文本为权威，其方法是口传心授（日本佛教的禅宗派是从这支禅宗直接发展而来的）。禅宗的信徒强调通过聚精会神的精神体验来获得"启蒙"的意义以及提倡从俗务中解脱。

净土宗可能早在 3 世纪就已传入中国，但直到 7 世纪才得到充分发展。它是一个哲学性最少的宗派，或许这也是大多数中国人信奉它的原因。它成为一次有活力的佛教运动的中心，该运动通过其教义迎合了大众的需要，其教义是通过静思在心中保有阿弥陀佛，这样每个人都能达到阿弥陀佛的天堂，阿弥陀佛被祈求给予现世的祝福。据称其创始人是一位来自道教的皈依者，他用中国人的方式表达其理论。它诉诸所传教义中的固有同情，这种朴素的感情诉求在穷苦与未接受过教育的人中间得到了响应。华严宗的文献已被净土宗采用，该派总有大量的信徒，已发展成为日本佛教宗派中最受欢迎的一派。

天台宗的得名源自浙江省的一座大山，其创始人于公元 6 世纪生活在那里。从某种意义上讲，天台宗是从禅宗分裂出来的一个教派，它厌烦对静思的极端强调，并从《莲华经》中获取其教义。从 12 世纪起，它的教条已非常相似于净土宗，这是一个由其教义产生的大乘佛教的不同因素的综合体，它甚至讨人喜欢地引入一些小乘佛教的教义。然而，天台宗之所以受欢迎，是由于它代表着慈悲、仁慈、探寻与拯救失落的人性的永恒之佛。拯救被看作是普世的而非尘世的，虽然在汉语中的观音（流行的称呼是"仁慈女神"）受到中国所有佛教徒的崇拜，她仍是天台宗的特殊菩萨。

最热心参与新佛教运动的两个宗派是密宗与唯识宗。前者在中国的西部，或许更乐意于革新，后者因为太虚大师是其最热情的倡导者，更乐于扩张。

密宗在许多方面都远离大乘思想的主流，对大多数人来说，它通常被认为太玄妙以至于得不到赞同。既然它强调通过用神秘方式替代信仰的声明来获得拯救，那么这就有可能吸引不精通哲学的中国佛教徒。此外，它似乎已响应了新佛教运动的改革和创新，这在香港和华南确实如此，在那里，诸如香港佛教居士联合会这样的组织投入大量时间来学习其教义。对该宗派的笃信更易受到滥用，普通人更易受到该派和尚自称的魔力的胁迫。甚至在新佛教运动的影响下得到复兴之后，中国本土的密宗信徒的总人数可能也不是很多。

太虚大师给予了最大关注的唯识宗是一个哲学导向的宗派，它强调的教义是意识本身代表着真正的现实。或许因为这个原因，那些对现代西方科学感兴趣的人发现从这种学说中较容易获得转向。该宗派的起源和发展是在 4 世纪的印度，中国最著名的朝圣者之一玄奘在 7 世纪把它的教义引入中国。该宗派的学说和教义被认为比诸如净土宗更具有理性，因而在人数上它处于少数派的地位，尽管在新佛教运动的推动下其成员有少量的增加，但该宗派已拥有大量的追随者则是值得怀疑的。

剩下的几个宗派大部分是在 7 世纪进入中国的,只在某些地区进行了传播。把它们与其他主要宗派分开的学说要点在这些宗派组织中并没有任何基本的反映。在新佛教运动推动下的所谓复兴,与其说是佛教徒人数的增加,不如说是现有组织的新生与僧俗信众素质的提升。因而,除非一些其他以及更有力的因素能被引入中国,它们能产生信仰佛教学说的一次大规模宣示,否则在中国自称信佛的人数将日益缩小,这个结论似乎是不可避免的。

虽然新佛教运动在宗派这个术语的严格意义上讲不是一个宗派,但因为它引入了一种新型的组织和概念,从这一点上可以把它作为宗派来对待。20 世纪初,在中国传统上逃避世俗事务的宗派活动被新佛教运动所修正。它采用福音派新教会的方法,除了鼓励每个中心的扩张外,其领袖在中国的主要(佛教)中心经常进行巡回演说,指导现存组织的改革。这种方法显然非常成功,在第二次世界大战期间,从注重"他世"向注重"现世"的革命性转变带来了对慈善事业和战争救济的关注。这种对社会福利的注重使一大批组织在中国得以成立,这比以前存在于佛教团体的组织要多得多。它试图组成另外的组织与协会来发挥领导作用,对佛教事务实施控制。在太虚大师看来,实施控制的必要在于僧侣们忽视了他们自己的宗教史和宗教学说以及世界的其他宗教,这样一来改革势在必行。此外,寺规在向人们提供的宗教服务中已具有一种唯利是图的倾向。经济力量已导致寺庙的收入逐步下滑,以至于僧侣们经常被迫以其宗教礼拜为手段,为其组织筹措经费。太虚大师提倡僧侣进行体力劳动,毫无疑问,部分地是由他们自立的需要所促成的。新佛教运动试图对和尚与尼姑的选拔予以限制与管理,为他们提供教育,推动他们参与社会服务、体力劳动和生产性职业。新佛教运动得以发展,大体上源于它是一次普通信徒的运动,世俗的皈依者不仅资助那些进行了的改革和复兴,而且还承担了负有领导责任的职位。

3. 组织的类型

正像其他佛教地区一样,(佛教)机构的类型分成两种,属于寺规自身的组织与本质上是普通信徒组织的社团。在中国佛教的早期历史中,普通信徒的组织远没有寺庙组织重要,但自从新佛教运动的政策激发了普通信徒后,他们的组织在 20 世纪迅速膨胀。

最近的令人信服的官方统计截止到 1930 年,它列出了属于僧团自身的约 30 万座设施(庙宇、寺院与尼姑庵)。这些数字在各省的具体分布是:江苏 8.5 万座,浙江 5.9 万座,四川 3.9 万座,湖北 1.7 万座。同一统计认为上海市有 6 000 座,南京有 900 座,北平有 800 座。稍晚的一份 1933 年的统计细目报告称杭州有 129 座佛教庙宇和近 400 座尼姑庵。佛教设施的总数目包含如此广的范围,以至于 30 万这个数字变得几乎没有意义。尽管中国的一些寺庙有多达 500 名和尚居住,但这类寺庙的数目相对很少,30 万这一数字所列举的绝大部分设施可能是小庙,在那里经常连一名专任的值班僧侣也没有。或许在 30 万这个总数中不到 10% 是多少有些规模的团体,可能只有 1% 是多少有些真正意义的机构。

现代居士林可能始于 1907 年前后,它是杨仁山(又名杨文辉)在南京建立的一个集流通图书馆、佛教协会与佛学院于一体的体系。十年后,王与辑①在上海发起了佛教居士林,到

_____

① 原注:见附录的《人物简介》第 7 号。

1922年，它已扩大到国际层面，逐渐被誉为世界佛教居士林。太虚大师将这项工作进一步深入，于1925年成立了世界佛教协会，并得到印度、泰国和日本佛教徒的支持。在以后的几年里，太虚大师在游历欧美之际，帮助中国之外的地区建立了世界佛教协会的分支机构。目前的世界佛教徒联谊会与这个老的世界佛教协会的关系不甚明了。

在国家层面上，于1928年在南京成立的中国佛学会代替了具有相似名称的早期协会，它成立后发展迅速。太虚大师是该佛学会的主要提倡者之一，多年来一直是佛学会的会长。到1936年，它有476个分支机构，其中118个在四川。尽管在东部沿海的全国性团体的活动被中日战争所打断，但它们在重庆恢复活动，由12个分支机构组成的两个战时服务团在整个国统区组织起来。该佛学会宣称的目标是参与各种文化活动，主办社会福利企业，保护教会的财产，出版佛教经文。1947年，佛学会宣称有462万名成员。自共产党控制中国后，关于佛学会活动的信息就得不到了。

在1910～1920年间，中国佛学会的省级单位在大多数的城市中心极盛一时。例如，到1927年汉口佛学会的成员超过3 000名，它拥有自己的礼堂、演讲厅、接待室、办公室，并创办了一所男童小学。几年后增设了图书馆、一家医院与一所女童学校。到1933年，其成员增至3万人，并有一家面向穷人的西式免费诊所。在杭州，佛学会的当地事务所向两座寺庙提供财政资助，此外还为穷人开办了一所小学和一家医院。厦门当地的佛学会被称为闽南佛学院，它成立于20世纪30年代晚期，后来的国际组织——世界佛教协会中的41名重要的事务所负责人中有10位毕业于该学院。这些协会决不意味着佛教组织的总数字，然而，它们为这个时期佛教组织的复兴活力提供了一个貌似真实的想法。

年轻人佛教协会（YMBA）至少从20世纪20年代就已在中国存在，年轻人佛教协会中心的组建受到了新佛教运动的极大鼓舞，这些中心的数目和成员总数在今天的中国已不为人所知。

有两个协会具有相当重大的全国性意义，它们是组织饥荒和水灾救济的佛教赈灾会与从事特殊社会福利的佛教慈善会。其他类型的居士协会是研究团体、经文班、特别图书馆、佛教博物馆、医院、孤儿院以及动物的饲养与放生中心。到1930年，大约有1 000个诸如翻译与出版协会、传教组织、学习小组和孤儿院等现代组织。被称为居士林或功德林的一般信众的特别协会在中国的多数大城市已建立起来，这些是虔诚的佛教信众或居士的聚会，他们不准备弃绝尘世而成为和尚，但他们希望在拥有家庭并过世俗生活的同时成为佛教的皈依者。这些协会的成员通常是有渊博知识的中国人，他们有时表现得比许多和尚与尼姑更深刻地理解佛教哲学。在这些协会成员的家中，通常有一个小神龛，在那里进行早晚的礼拜并抽出一定的时间来静思。

红万字会通常被归为一个佛教组织，在它的一些活动中，或许它有理由属于世界红万字会。然而，红万字会的活动可分为许多阶段，其中一些阶段似乎可把它归入对自己的会员给予帮助的中国秘密社团。无疑，许多与诸如青帮、洪帮、哥老会及红万字会等主要秘密社团相联系的个人要么自称是佛教徒要么他们自己被认为是佛教徒。然而这些秘密社团——其总人数可能高达 1 000 万——与真正佛教组织的相互关系还不清楚。

4. 寺庙建筑

佛教庙宇、寺院、尼姑庵与布道厅几乎在中国的每个地方都能找到,可能浙江省最多,它们大部分成群聚集在几个省的所谓圣山中。从前广西省有很多寺庙,但在第二次世界大战前,那个省出现的直接针对和尚与尼姑的穆斯林迫害已摧毁了大部分(佛教)中心。在共产党接管之前,在无数的神山中,下述的几处对中国佛教的意义最为重要:(1)在浙江沿海,普陀山有相当古老的成群寺庙;(2)在四川省,高耸的峨嵋山顶坐落着寺庙和宫殿;(3)在安徽省,九华山上也有许多寺庙,其他如广州附近的白云山、浙江省的天目山、福州附近的苦山、安徽省的黄山与浙江宁波附近的天童山之中也坐落着重要的佛教中心。

西方人最熟悉的是那些坐落在南京、上海、广州与北平的庙宇,不过,较庞大的庙宇是坐落在这些大城市之外的附近小山顶上。已经参观过这些山上的寺庙的外国人对这些场所留有深刻的印象,那里的群山、水流和美丽的森林激起了宗教沉思。因为这些场所很难到达,人迹罕至,它们常常不为不速的游客所知。这些山脚下散布着为寺庙提供粮食和收入的田地,一个典型的寺庙由一处位于居高临下的山顶上的带有围墙的院落组成,包括一座高耸的宝塔、开展早晚仪式的僧堂、图书室、新信徒的教室、静思堂、行堂、库房和厨房、寝室以及一间供方丈和其他高级和尚使用的特别房间。在共产党统治前的日子里,正式的仪式一天两次,一次是在黎明之前,一次是在傍晚。敲击大鼓和大铜钟来宣布仪式的开始,正是这种从山顶飘下来的钟鼓之声让大多数外国人把它与佛教联系起来。

对一位深入中国某处佛教寺庙的观察者而言,给他印象最深的是它们能为静思与个人逃离日常生活提供最大的帮助。寺庙为那些可能希望暂时利用这些深山静修场所的安静与孤独的朝圣者和游人提供住宿,却很少关心那些希望得到精神上的指引而同时继续过其平凡生活的日常家庭。

5. 和尚

关于中国佛教的和尚人数的估计数字在保守的 40 万到高一点儿的 100 万之间徘徊,1930 年的统计给出的数字是 73.8 万人,尼姑的数目可能只是和尚的百分之一。

甚至在中共接管大陆之前,中国和尚的生活与锡兰①和缅甸的和尚的生活迥然不同,在那里和尚们小心谨慎地遵守着古老的规则。气候的不同使其有必要穿着不同的服装,并放弃从正午到黎明的斋戒。在佛教徒不占主导地位与佛教氛围不强烈的地区,很难获得世俗的支持,中国的和尚就有必要全年坚守在他们的寺庙里,而不是每年在路上度过一季。他们也不能从信徒那里乞求每日的饮食,而在一些遵循小乘佛教的国家,向信徒乞食是惯例。因为类似的原因,他们不遵从不许经营财产的规则。实际上他们的赡养不仅依靠普通信徒,这些信徒向其提供金钱以换取盛情或在家人生病或死亡时为寺庙提供的特殊服务而付费,而且他们也从寺庙的土地中获得收入,农民们像为其他地主一样为和尚种地。

---

① 即今天的斯里兰卡。——译注

　　一名中国人想要做和尚首先必须按照佛教的一般原则与寺庙生活的职责接受一位老和尚的指导。在他住地附近的其中一座大寺庙里,他与其他众多的新信徒一起,接受一种相当于神职授任的仪式。不像那些南方的佛教国家,中国的和尚预计要终身呆在僧团里,所以在仪式中,在他剃光的头上要被轻轻地烧上9个或12个点。

　　在共产党统治以前,僧侣团体的组织在中国的大寺庙区是不同的,但总体上它遵循下述路线。资历最深的和尚是方丈,他控制着寺庙区域内的事务,即使在当时可能还住着一位更高资历的退院方丈。方丈之下有诸如事务主事(当家师)、纪律主任(僧值师)、校长(维那师)、接客者(知客师)等各位资深的主事,他们中的每个人控制着寺庙生活的一个特别部门。在他们之下是指望参加某种服务、承担诸如静思、学习或劳动等一种或更多活动的和尚与新信徒。劳动涉及照看客房、库房、厨房、菜园和神龛,准备在静思堂里居住的和尚,每天要经历三次长时间的静思,他们被免去体力劳动。为年轻和尚与新信徒开办的课程包括在写作、阅读与研习佛经方面的指导,大寺庙有时在寺内印刷与复制佛教文献。在日出前,每一天是随着在寺庙的主殿里举行的早课仪式而开始的。由于中国的和尚严格遵守不食肉的佛教禁令,食物由简单的素食构成。大寺庙的纪律通常是严格的,尤其是对年轻和尚,但这些纪律并不试图控制思想,所以在同一座寺庙里,对佛法的解释有不同看法的和尚大有人在。小的寺庙就没有严格的寺规来遵循,以至于和尚们可以随心所欲地自由生活。尼姑庵像寺庙一样按照相同的规则运行,但没有一位尼姑能够得到法师的名号。寺庙欢迎香客们在任何时间来就餐与住宿,但期望香客们视其财力向寺庙布施。实际上,富裕而著名的朝圣者受到的待遇要比穷人好,尽管后者经常对宗教显得更加虔诚。

　　在太虚大师及其弟子将新佛教运动中的改革引入之际,大多数的中国和尚是些懒散、不识字与唯利是图的家伙,他们除了在葬仪上诵经祈祷外,几乎不为信徒做事。然而佛教界能够产生太虚大师这样的改革者,这一事实显然说明在寺庙中还有一些有学问的、无私的和尚与方丈。然而,甚至这些人中的许多人也不理解现代中国所面临的问题,他们如此保守以至于阻碍了将会改善其自身生存状况的尝试。① 自19世纪中期以来,中国政府一直试图限制与压制和尚的活动,也试图利用僧侣组织,由于僧团固有的保守性,新佛教运动只好争取俗家信徒的支持来进行必要的改革。

(二) 成员的社会地位

　　要肯定地指出中国社会的哪个阶层构成了和尚与佛教信徒的主体,这几乎是不可能的。因为宗教在中国甚至被视为一件隐秘的私事,以至于一般无法知道谁是或不是一名特殊宗教团体的信徒。然而在共产党统治中国之前,可以说佛教信徒与任何其他宗教团体中的成员一样,受到同样的尊敬。单个和尚或方丈具有的社会威望和影响完全基于该和尚或方丈自身的个性和行为,许多方丈不仅受到他们自己同宗信徒的尊敬,而且还受到非佛教徒的尊

---

① 　原注:见附录的《人物简介》第8号。

敬,在新佛教运动的高峰期,许多受过良好教育的中国人非常热衷于积极参与这项运动。不过意味深长的是,尽管在中国社会的各个部门中的许多知名中国人在一定程度上认同佛教信仰,但他们中几乎无人会公开宣称理佛,以便在公众心目中将他与宗教联系在一起。例如,现今的中国佛教徒中缺乏相当于卫理公会派教徒的蒋介石和穆斯林的白崇禧那样的领导人。在全国范围内被充分认可的唯一中国佛教领袖是太虚大师,1947 年圆寂的他没有给中国佛教徒留下任何杰出的代言人,尽管有报道称虚云大师大概有志于取代他的位置。

(三) 领导阶层

不论僧俗,缺乏有关佛教领袖生平的特殊个人信息是衡量该领导层在中国不具有重要意义的一个标准,因为它没有博得新闻界的评论或中国当前读物的特别提及。在中国,每一宗派的主要方丈们本身相对而言不是非常重要的,他们只是一般团体所熟知的名人。

佛教领导层的教育水平低于中国其他类似的宗教领导层。这种低层次的教育背景可能存在了多个世纪,所以新佛教运动不可能在一代之内为领导阶层奠定一个适当的教育基础。

关于佛教领导人的阶级出身和地位的信息常常不为人所知。在中国,当新信徒进入僧团后,一个大致趋势是他们失去了家庭的认同。无论如何,中国的佛教领袖似乎出身于一个低于基督教与穆斯林领导人的经济水平的家庭。

在 20 世纪,佛教领导人中已显现的唯一活力是在新佛教运动中由太虚大师及其直系门徒所展示的。他的作为运动主要纲领的计划得到了俗家佛教徒而不是僧团的支持,这一事实本身就意味着甚至他已承认了僧侣领导阶层的无能。新佛教运动确实激励了俗家弟子积极参与他们当地社区的活动,但绝没有一个俗家领袖达到全国性的层面。很可能在受太虚大师榜样影响的年轻和尚们之中,许多年轻和尚会在他圆寂后迈向全体佛教徒的领导地位,但太虚大师的圆寂与接踵而至的中共的掌权并没有为其领导权的任何有活力的延续提供合适的时机。在共产党统治下的中国,可能正在运行中的双重境遇妨碍了对佛教界现任领导层的任何承认,也就是说,真正的佛教领导层可能是隐蔽的,而展示给世界的公开的佛教领导人正在与中共政权全心全意地合作,他们只是傀儡,决不能代表佛教徒的真正心愿。另一种情况可能是在中共接管时,作为共产党计划中的一个策略,知名的最高佛教领袖们或许已被肃清。

(四) 政治地位

从 12~20 世纪,佛教徒与佛教机构本身在中国并没有重要的政治权力。在 20 世纪早期,新佛教运动从事的政治活动寥寥无几,这相对于中国的穆斯林或基督教团体的影响是微不足道的。

在民国初期,佛教是如此的卑微以至于考虑把儒教设立为中国的国教。正是为了发动一场反对把儒教定为国教的斗争,欧阳竟无创立了中华佛教总会。1915 年,当新生共和国的国会正考虑为监督寺庙立法时,中华佛教总会在国会会议厅附近的布道厅组织了一个游说团,他们努力活动以影响民众和代表来反对政府拟议中的行动,政府出于报复查禁了该会。

就后来的新佛教运动参与世俗活动而言，它在 20、30 年代具有间接的政治意义。在 1937 年 7 月日中战争爆发之际，太虚大师致电日本佛教协会以图运用该协会的斡旋来劝说日本政府用和平与外交的手段而不是暴力。在重庆期间，太虚大师及其组织帮助国民政府处理中央与西藏的关系。

在关键的 20 世纪 40 年代，之前一直致力于国际合作的中国佛教领袖们发现自己被置于由不断增强的民族主义与仇外意识的政治团体所结成的险峻联盟之外。于是，随着基于政治意识形态的极左和极右阵营的形成，佛教徒已无机会参与战后的中国政治。事实上两个阵营都以怀疑的目光看待他们，因为当 1937 年日本占领华北时，它发起了佛教复兴运动，许多重要的中国傀儡都是虔诚的佛教徒，他们公开宣称中日同教。因而尽管佛教在自由中国做了有益的战争工作，它仍要为在日本侵华时期与日本的联系而受过。

自中共接管大陆以来，共产主义对佛教机构的主要影响是通过政策进行的，这种政策不是特别针对佛教徒或作为一种宗教的佛教。遭到共产党镇压的"迷信"宗派与宗教社团显然不包括正统的佛教成分，虽然一些遭查禁的团体可能与佛教组织有间接的联系。此外，没有迹象表明共产党计划建立一个半官方的佛教徒组织，以此作为一种像正在对付基督徒那样的惩戒与教化信徒的工具。佛教徒自身似乎尚未被迫参加精心准备的公开忏悔仪式，然而到 1950 年，从共产党中国泄漏出来报告表明虽然佛教崇拜几乎没有被禁，但在一些地区，许多寺庙已被关闭，对圣地和圣山寺庙的朝圣已经停止。

在 1949 年冬到 1950 年春期间，在华北新解放区开展共产党土改计划的狂热中，佛教寺庙经常被焚，神像被亵渎或破坏。留下来的佛教建筑被村政府没收改作学校、农会的集合点或粮仓，不过甚至在中共接管之前，华北和华东的一些庙宇就已被用作学校或店铺。到 1950 年底，当这种狂热减弱以及共军开始进入南方佛教势力较大的地区时，对佛教建筑的肆意破坏被阻止了。然后实施的行动是要么堵塞寺庙的祭坛区，要么劝阻对佛教神像的崇敬。不过为整个社区起见，对佛教设施的征用还在继续，征用的重点则放在对建筑物的更多的生产性利用上。

在寺庙拥有大量土地的地区，方丈或主要的和尚们被作为地主而非任何宗教上的原因而遭到共产党的迫害。一些被引用的事例是部分佛教寺庙被重新分派为军队总部与兵营，尽管在其他场合下，建筑物与僧人都未曾遇到麻烦。

共产党政权对旅行的限制剥夺了位于不同省份的寺庙间的往来活动，朝圣已不可能。从共产党当局获得特殊许可的必要性甚至在一夜间就无影无踪，共产党有可能切断城市居民赴附近深山静修场所的游览，结果是以前个人开展的任何跨地区交流可能已行不通了。

中共政治控制的完整模式，尤其是就它们运用于宗教团体而言，我们尚不完全清楚，或许它们尚未得到充分发展。在 1949 年召开的声称代表中国人民的民主团体的中国人民政治协商会议上，662 名代表中的两位被认定为佛教徒。① 除了这两位代表，当其他的和尚、尼

---

① 原注：见附录的《人物简介》第 1 号、第 2 号。

姑与俗家信徒声明支持共产党的计划时,他们也被偶尔提及。例如,在镇压"反革命"运动期间,佛教界的政协代表之一在上海声明:"对反革命分子执行死刑与佛教要求的不杀生并不矛盾,因为通过处死一小撮反革命分子,大多数的民众将会得救,将会阻止罪犯犯罪,这就是善。"广州的进步尼姑也发表了类似的声明,一小部分和尚与佛教俗家信徒长期以来强调社会改革的必要性,只要中共实施类似于它早期的主张,就可以想到这个小团体会积极支持共产党政权。

佛教徒对共产党唯物主义的修改不可能比他们在克服国民党的唯物主义方面走得更远,而另一方面则确定无疑的是共产党政权在打击佛教方面,要比国民党更有手段和活力。共产主义对佛教机构及其实践活动的蚕食不断加剧,这无疑是向中国佛教提出的有史以来最严峻的挑战。可以预料到的是,对佛教的镇压最终会变得比中国先前朝代的毁佛运动更彻底,因为它们不仅对准了佛教机构的经济基础,而且还指向了佛教本身的哲学、宗教信条、文学与艺术。

然而,对中国佛教的根本破坏对共产党来说并不容易。很可能迫害将有助于佛教复兴,所以残存的佛教徒的中坚分子更难以消灭。此外,由新佛教运动引入中国佛教机构与思想的社会改革将有可能使许多人坚信佛教,同时在不完全丧失其佛教徒身份的情况下,他们会积极参与共产党发起的一场社会革命。

(五) 经济地位

在共产党统治前的中国,佛教机构的经济地位与诸如泰国或甚至是锡兰等国形成鲜明对比,这些国家的佛教机构在很大程度上或部分地由国家赡养。在中国,他们被迫依靠其土地财产或为俗人举办仪式来获取收入,以及依靠那些参观或作为寄宿膳者在寺庙居住者所给予的少量布施。俗人乐意为寺庙的建造、维护与装饰以及僧团的生计志愿捐献的程度可以相当准确地衡量宗教在社会中的力量。在泰国,平均每个泰人家庭用来供养寺庙、赠予僧团礼物与食物的花销超过了他们用于家庭成员衣食的费用。几乎没有中国家庭愿意贡献出其家庭收入的一大部分来供养佛教机构,最终结果是中国本土的佛教机构很少有富裕的,它们常常是如此贫穷以至于不能开展其固有的宗教职责。

在国民政府时期,以及在更早的历史时期,方丈不总是因其虔诚和学问而被任命,而常常是因为他们拥有阻止省政府或军事当局侵占庙产的足够的地方权力。

中共通过其土改计划已把佛教机构的经济支持缩减到前所未有的严峻程度。1950年6月28日的《土地改革法》规定:

"征收祠堂、庙宇、寺院、教堂、学校和团体在农村中的土地及其他公地。但对依靠上述土地收入以为维持费用的学校、孤儿院、养老院、医院等事业,应由当地人民政府另筹解决经费的妥善办法。清真寺所有的土地,在当地回民同意下,得酌予保留。"

虽然法律对如回民这样的"少数民族"做出了某些让步,但对那些依靠其慈善活动而未被判定为十分有用的佛教寺庙而言,法律并不提供救济。在一些从土地中获得的收入被用于供养村里的寺庙的场合中，报道表明共产党已制定了规则，允许暂时继续向寺庙提供一部分收入以此来缓和当地的情绪。共产党对旅游的限制也影响了寺庙的收入，因为它切断了来自临时香客和经常一年一度外出的朝圣者的布施。

共产党禁止和尚在疾病或死亡的场合因开展宗教服务而收取费用，这也破坏了僧团收入的来源。寺庙的另一项收入来源是在通俗的宗教仪式上售卖熏香，共产党政权也对熏香征税，这令普通的礼拜者望而却步。同时，烧香被中共解释为一种迷信行为，任何从事这种行为的人都被污蔑为反动分子。因而，阻止出售与使用熏香的命令如此强大，以至于大部分中国人不敢逾越。

除了那些虔诚的佛教徒，多数世俗的中国人显然不赞同僧侣生活，认为和尚过着不事生产与非中国式的生活，因而他们对社会是一种经济负担。以这种态度为基础，人们就一点儿也不会惊讶每当政府征用佛教的土地或寺庙用于非军事目的时，几乎不会遇到世俗的反对。由于一个相似的原因，一般公众也不太反对最近共产党政权的命令，该命令要求和尚必须从事生产性劳动，认为和尚自身的宗教职责对新政权并不适当。

（六）军事地位

与藏传佛教地区的和尚形成对照的是，中国本土寺庙里的和尚不从事任何准军事活动。佛教俗家弟子也没有免除兵役的特殊待遇，因此佛教徒与非佛教徒之间在这方面并无区别。但和尚的相对人数与中国可资利用的男性人口总数相比是微不足道的，无需任何特别的法律或规定。不过在重庆大轰炸期间，和尚作为担架手参加急救与抢险工作，这部分原因是他们否则将被纳入军事规划中。

（七）教育和公共知识特征

1. 国家提供的教育程度

中国佛教教育机构的地位远不如东南亚国家的类似机构重要。尽管中国寺庙开办学校，但这些学校几乎只限于对佛教僧侣的培训，虽然男童通常受教于寺庙学校，这在小乘佛教国家非常普遍，但在中国却不为人所知。甚至在共产党政权接管中国大陆及对教育制度进行严格控制之前，几乎很少有中小学得到佛教徒的支持，不过在新佛教运动的推动下，在发展僧俗佛教徒的教育机构方面取得了一些进步。

1907 年杨仁山在南京创立的佛学院被太虚大师在武汉建立的佛教学院所取代。后者于 1934 年迁往北京，在华北事变期间又从北京疏散到华西。在 1922～1933 年期间，佛教团体创办和赞助了 22 所学院、学会和讲习班（其中四所是为女性开办的），截至 1937 年，在中国本土共有 45 所。在第二次世界大战期间，四川省成为佛教教育机构的主要避难中心。对藏传佛教特别感兴趣的太虚大师加强了在重庆附近的中藏佛学院的活动，那时，中国国民政府在改善与西藏的关系上利用了该学院。自 1949 年以来，在共产党政权统治下，关于各佛教学院与学校状况的准确信息已被禁止传入非共产主义世界。

在前共产党时代,寺庙里保有图书馆和课堂,这可能为新信徒与和尚提供一定程度的教育设施。不过在总体上,中国佛教中枢的和尚与尼姑的知识水平已处于一种下滑状态,情况就是这样,每天背诵经文的大部分中国和尚甚至不理解佛经的意思。尽管有例外,但本世纪初存在的这种对僧侣的适当教育水准的普遍忽视与缺失现状遭到了太虚大师对僧团的批评,他试图通过培训具有较高教育背景的佛教居士来纠正这种局面。

2. 公共知识活动

中国民众普遍是文盲的状况使中国佛教徒的知识活动必然主要以口传进行。那些参观寺庙与寻求和尚与方丈建议的佛教徒自然易受某种程度的佛教宣传的影响,但与其他佛教国家相比,这做得远远不够,以至于不能说中国的僧团作为一种知识媒介具有首要意义。

尽管有许多困难,新佛教运动能够对期刊的发行提供一定的支持,第一份现代佛教期刊于1912年发行,在随后的15年里,发行了500多部各式著作和50多种期刊。在新佛教运动的支持下,北平、南京、扬州、杭州、常州、宁波、济南、成都以及少数几家寺院都成立了佛教发行社。到20年代末,这些出版社发行了多达900种各类书目,强烈的需求反映在佛教出版物的专营书店急速增加。主要的顾客是俗家信徒,最大的书店坐落于北平和上海。这些期刊中最著名的是太虚大师的《海潮音》,从1918~1947年,它比中国其他佛教期刊定期发行的时间都要长。在20世纪以前,从寺院到寺院的旅行者讲述他们在每一场所的所见所闻,他们是知识传递的主要渠道之一。佛教徒使用的最现代的通讯方式是一家位于上海的由佛教净业社管理的无线电台,通过它播放佛经读物与僧侣的布道。然而,共产党对旅行的限制与对无线电设施的独家使用可能已消灭了那些佛教徒从前的社区间交流,佛教机构的出版活动大概也被限制到只发行僧侣自己使用的书籍。

补遗:(八) 作为颠覆渠道的佛教协会[①]

附录

中国佛教徒传记概略[②]

O. S. S. /State Department Intelligence and Research Reports Ⅸ China and India 1950-1961 Supplement,Reel Ⅰ, pp. 0752-0785, University Publications of America,1979

孔晨旭、张民军译,张民军校

---

① 略去未译。——译注
② 同上。——译注

国务院情报研究所关于中国开展的"仇美"宣传运动的报告

（1953 年 1 月 15 日）

IR 6156

安全信息

共产党中国的仇美运动

（1953 年 1 月 15 日）

概　　要

自 1952 年初，中共政权的反美宣传已发展成为一次运动，其目的是：（1）在国内民众中制造仇视美国的同时使群众相信与苏联友好与合作的好处；（2）使亚洲人民相信与美国人及美国政策发生联系会有"危险"相伴，即旨在离间西方与其亚洲盟国。

此次新的仇美运动是自第二次世界大战结束以来已渗透到中共全部宣传路线中的反美宣传的最新发展。在正常的情况下，来自一个共产党国家的反美宣传不值得大惊小怪；的确，如果没有反美宣传反倒是值得注意的。然而，中共反美宣传的新阶段异乎寻常地广泛、激烈与充满敌意。中共趋于抛弃美国政府对美国人民这个主题，而是集中于把美国的一切与一个新主题联系起来，这个新主题就是美国不仅对中国人民而且对亚洲全体人民唯利是图、残忍与阴险。

迄今，中共政权在诱导中国人民与亚洲其他地区开展的仇美亲苏的这场运动只获得了部分成功。然而，由于中国人民与所有来自非共产党的外部渠道的信息及经验相隔绝，加之中共政权强烈的反美宣传活动终究会使共产党完全摧毁过去一个多世纪以来在中国与远东累积形成的对美善意。

一、反美运动的发展阶段

中国的反美运动经历了四个阶段，虽然每个阶段都显示了明确的计划与方向，但都囿于当时环境而有所发展。尽管每个阶段都增加了新的主题，但旧的主题在必要的情况下还会继续沿用。这些阶段是：

（1）内战时期（1945～1950）形成了强大的共产党反美浪潮，由于美国对蒋介石的军事援助,美国被指责阻止把联合国善后救济总署的救济发放到共产党地区。

（2）共产党权力的巩固时期（1949年1月至1950年10月）,当共产党为了获得对其政权的完全效忠,发现有必要铲除存在于中国的受美国影响的领域,特别是在教育、宗教与医疗领域。

（3）在"中国人民志愿军"卷入朝鲜战争（1950年10月至1952年2月）时期,当反美运动随着"抗美援朝"委员会的成立而陡然升级。

（4）自1952年2月以来,随着对美国细菌战的指控,反美运动进入其当前时期,成为一次干脆的"仇美"运动。

（一）1945～1950年6月：内战时期

现在共产党的反美运动的根基是在第二次世界大战结束后由在陕西延安的中共宣传者奠定的。这一时期有三条宣传主线,每一主线由无数的次级主题补充。[①]

1. 美国正在对中国进行侵略,并且使用蒋介石的部队去进一步加强这个目的。

（1）美国在干涉中国内政。

（2）对蒋介石的军事援助正在把中国变为美国的殖民地。

（3）伪装中立的马歇尔使团实际上是支持蒋介石政权的工具。

2. 美国正计划对远东进行侵略,计划使用中国与其他亚洲国家的战争基地去增进这一目的。

（1）美国正在把中国作为反苏反共的基地。

（2）美国正把印度演变为美国在远东政策的工具。

（3）美国正在扶植日本成为远东侵略的战争基地。

（4）美国正计划单独占领日本,正在复活日本的军国主义。

（5）美国拒绝召集对日和会。

3. 美国是一个战争贩子,并开始奴役全世界。

（1）美国抵抗民族"解放"运动。

（2）美国追随帝国主义的剥削政策。

（3）马歇尔计划是一个剥削计划。

在这个阶段,这些主题被不断重复,其中几项通常被混入各种宣传声明。此时的宣传虽然还未发展到后来的恶毒语气,不过它旨在减少美国在中国人民大众中一般所享有的威望与信心。

此时,美国援蒋的主题作为美国干涉与控制中国的手段被不断重申。美国被刻画为中国人民及其他"民主人民"的主要敌人,而蒋介石则被描绘为一个只是执行"美帝国主义战争贩子"命令的傀儡。

美国被谴责运用经济援助来支配中国。通过这个工具,共产党指责蒋介石被迫允许美

---

① 原注：除了对这些宣传主线仅仅作局部的调整外,这些主线与次级主题仍被中共继续使用。

国"剥削台湾岛、海南岛、广东与整个华南……"，而且，这种援助"……把南京政府置于美国的监视之下，使其服从美国的外交政策……"。① 他们不断向中国人民灌输美国给予蒋介石的援助正在被用于毁灭他们：

"成千上万的中国人非常清楚地记得他们的家庭或朋友如何被标有'美国制造'的武器所屠杀……"②

甚至由联合国善后救济总署给予中国的援助也被称为"……支持蒋介石发动内战的幌子"。③

中国宣传员提供的美帝国主义操纵中国的另一项证据是美国对即将来临的内战的调停。马歇尔使团在此问题上的努力被看作只是"背信弃义的阴谋与欺骗，反映了这只纸老虎的怯懦"。④

此时还可以听到的指控是美国旨在把中国作为在远东的一个反苏反共基地。一则典型的抗议是由一个共产党的前线组织发布的：

"（我们）坚决反对美国现在对中国的政策，反对美国把中国作为在远东反苏反共的基地，反对美帝国主义直接或间接侵犯中国主权的任何行径。"⑤

按照共产党人的说法，美国必须继续占领日本并在军事上扶植日本，直到日本也能够作为远东的一个侵略基地。由于美国的这个所谓险恶用心，共产党宣传员声称美国拒绝举行对日和会。

"美国政府在对日和约问题上的顽固立场是基于执行一项美帝国主义对战后日本的既定政策。该既定政策制定了垄断日本，把日本转变为美帝国主义在远东开展冒险侵略行动的一个重要的帮凶与主要基地，把日本变为美国垄断资本榨取超额利润的殖民地。"⑥

不仅美国的对日政策遭到批判，而且共产党声称美国正试图通过反对亚洲的所有解放运动来扩大它的权力，美国积极援助在马来亚的英国、在印度支那的法国，指挥"南朝鲜的傀儡政权阻止朝鲜人民共和国的统一"。

1948年11月，中共卓越的理论家刘少奇发表了一次讲话，他在讲话中描述了美"帝国主义者"的行径。他指责美帝国主义为了执行其计划，感到必须在国内镇压和平力量，在国外抑制苏联领导的民主国家：

"为了实现他们奴役世界的计划，美帝国主义不得不使出浑身力量来动员本国的民众支持其计划，不得不残酷反对全球一切抵制其实现计划的力量。他们不得不反对苏联，反对东欧新的民主国家，反对中共和中国人民的解放事业，反对希腊、越南、印度尼西亚、马来亚、缅甸与菲律宾的民族解放运动，反对全球所有国家的共产党与人民民主力量。他们不得不搜

---

① 原注：新华社，1948年8月3日。
② 原注：同上，1950年4月2日。
③ 原注：同上，1950年5月7日。
④ 原注：同上。
⑤ 原注：同上，1950年4月2日。
⑥ 原注：同上，1949年6月22日。

寻世界各国的执行与支持其实现其计划的同伙与代理人,搜寻各国的民族的败类与叛徒去镇压各国人民的抵抗运动,反对苏联。"①

1949 年末在北平举行的亚澳工会代表会议把"美帝国主义在远东"作为讨论的主要议题之一,工会会议通过的决议指出:

"南朝鲜、缅甸、马来亚、越南、印度尼西亚与菲律宾的人民正在进行反对美国、英国、法国与荷兰帝国主义掠夺者与国内反对派的英勇斗争,他们企图破坏这些人民的民主果实,恢复或保持殖民统治。"②

同时,中华全国民主妇女联合会副主席邓颖超在北平召开的国际妇女民主联合会的会议上发言,声称在第二次世界大战后获得独立的国家仅仅是帝国主义的傀儡:

"菲律宾与缅甸的所谓独立,印度与巴基斯坦的主权,与印度尼西亚哈达集团的所谓共和国政府只是这种有害阴谋的具体体现而已。"③

经济援助,特别是马歇尔计划的援助被孙中山先生的夫人(宋庆龄)描绘为经济侵略。孙夫人在《人民中国》1950 年 1 月号的一篇文章中指出"帝国主义"的援助对远东意味着什么:

"它将意味着……对原料开发的强化,损坏人民的现在福祉与其未来的建设努力……当工厂接连被美国商品蚕食了国内市场后,到那时马歇尔计划的'援助'将进一步意味着大群的失业工人与其家庭生活水平的降低。"

虽然这些主题在国际事务的每一次讨论中都被一遍遍地重复,但它们并未达到在后来的反美宣传活动中所占的比例,它们只是为即将来临的反美运动的扩大与强化奠定了基础。

(二) 1949 年 1 月至 1950 年 10 月:政权的巩固时期

随着共产党在中国的胜利,反美宣传进入了一个新时期。该时期的特别标志是竭力清除美国文化、宗教与经济在中国的影响。然而,这个新时期并不意味着美国对远东干涉与侵略的早期主题的终结,相反,新的主题加入了旧主题之中。二者继续发挥着一种宣传的配合旋律,有时合并,有时重叠,有时单独出现。

为了清除美国在中国的影响,首先需要赶走美国人并尽可能地赶走美国开办的机构,特别是那些直接帮助中国人民的医院、教育与宗教机构。

然而,在反感的美国人中他们竟然首先针对外交与商务人员。上海的副领事威廉·奥利弗(William Olive)因轻微违反了交通规则而被监禁与殴打。稍后,美国驻沈阳的总领事安格斯·瓦尔德(Angus Ward)被指控虐待仆人与操纵一个间谍网而被投入监狱达一个月。他与其全体职员随后被驱逐出境。此外还发生了美国商人因被指控虐待员工而受到攻击的案件。在某些情况下,他们因被指控虐待而被唤入法庭,在另一些情况下,他们被囚禁在营

---

① 原注:新华社,1948 年 11 月 10 日。
② 原注:同上,1949 年 12 月 3 日。
③ 原注:同上,1949 年 12 月 12 日。

业场所直到他们答应其部分员工的无理要求。《人民日报》对瓦尔德事件的评论表明这些事件正在被用于鼓吹这么一个主题,即(他们)将不再容忍对中国人民的"外国傲慢":

"半年来,帝国主义分子们在上海、天津、南京曾经不止一次地露出了原来的嘴脸和爪牙,但每一次都得到了他们应得的惩罚,这是在人民自己作主人的国土上维护人民权利的必要步骤。瓦尔德事件的判决再一次警告了帝国主义分子。"

这时发表的大量文章与讲话旨在进行新旧社会的对比,即对比在"美国支配"的岁月中的受压迫地位与自从"解放"后所获得的新自由,宣传者声称在各类传教士举办的机构中的学生与员工是"第一次自由地表达意见",他们现在正参与机构政策的制定。在医院,医疗人员拒绝使用美国药品,这些人所写的证词证明中国与苏联的药品优于美国的产品。

曾经在美国生活过的学生与知识分子撰文谴责美国的艺术、教育与生活方式(见附录一与二)。

在反美运动的这个阶段,"美国侵略"的年表被不断出版,大概是作为对过去"帝国主义者"行径的一种持续提醒。1950年11月2日的《人民日报》发表了一份年表,该年表概述了从1839年到仁川登陆的所谓的美国侵略行径。(见附录三)

在这一阶段,美国教会与医学的传教士活动被抨击为"文化侵略"。大使奥斯汀(Austin)1950年9月在联合国的讲话概述了美国对中国的友谊,他的发言被揪住成为猛烈抨击美国传教士在华活动的一个借口。

1950年12月31日,教育部长马叙伦抨击了美国大使的发言:他把奥斯汀刻画为"一个美帝国主义者,奥斯汀在联合国安理会的一份无耻的声明中喧闹地把'中美两国人民的长期与密切友谊描绘为文化上连接中美两国人民的一条金线',这是对中国人民与中国文化的十足的侮辱与诽谤"。

然而,马叙伦的这份声明只是对"美国文化侵略"的更大规模控诉的一部分。马说:"百余年来,美帝国主义不但和其他帝国主义一道,对中国肆行军事、政治和经济的侵略,并且较之其他帝国主义更加狡猾和阴险地实行侵略,对中国人民恶毒地实行奴化教育。它把用武力镇压中国人民反抗帝国主义侵略运动、劫夺去的中国人民所耻恨的'庚子赔款'中和经济侵略榨取去的财富中的一小部分,用在中国'资助'学校、图书馆(如以前的清华大学、北京图书馆)和教会办的学校、医院等。特别在国民党反动派统治期间,美帝国主义从中国取得了更多的特权,更加积极地从事文化侵略。根据不完全的材料,在全国二十所教会高等学校中间,受美国津贴的就有十七所;三百余所中学中间,受美国津贴的约近二百所;小学方面受美国津贴的约一千五百所左右,约占全部教会小学的四分之一。美帝国主义把这种'资助'作为对中国'亲善'的表示,实际上正如过去它的伊里诺大学校长詹姆生坦直自供的,'为了扩张精神上的影响而花一些钱,即使只从物质意义上说,也能够比用别的方法收获得多。商业追随精神上的支配,是比追随军旗更为可靠。'因此,它对接受美国津贴的学校,派遣帝国主义分子公开或在幕后把持校政,传播亲美、崇美、恐美的恶毒思想,鼓吹腐朽、堕落的'美国生活方式',摧残中国的民族文化,戕害中国儿童和青年的灵魂,并进一步勾结国民党特务,打击和迫害进步同学,甚至以学校为掩护,从事危害中国的间谍破坏活动。新中国成立以来,美帝国主义看到它在中国的政治、军事、经济的侵略着着失败,企图更加加剧其文化侵略的活动,特别从我国人民抗美援朝保家卫国的伟大运动开展以来,它的这种破坏活动竟更变本加厉。九月二十八日,美帝国主义者沃恩·奥斯汀,竟在联合国安全理事会上公然把这种文化侵略罪行,厚颜无耻地称之为'美国对中国的传统友谊',称之为'在文化方面联系着中国人民和美国人民的金线'。这是美帝国主义对中国人民与中国文化的最大侮辱和污蔑。十二月十六日,美国政府又宣布管制中国人民在美的资产,有的教会学校且已接到美国基督教联合托事部的通知,说是补助费已无法汇寄,企图借以制造中国人民政府办理教育的困难,威胁一部分教会学校员生的生活,这就更加暴露美帝国主义在中国的所谓'资助'学校,决不是什么'传统友谊',或'文化联系',而仅仅是为的实行侵略。当它的侵略成为不可能了,它就要以停止'资助'来恫吓了。"①

在宗教领域,共产党竭力切断中国教会与其国外发起人的联系。罗马天主教会被指控通过梵蒂冈受"美帝国主义"指使,作为美国间谍活动的一副面具。中共成立了一个独立于罗马的天主教会,号召罗马的神职人员与教友去谴责与断绝与罗马天主教会的一切联系。

基督教的传教士也受到谴责,为了保护他们自身及其中国同事,许多传教士发现必须离开中国。许多不愿离开中国的基督教教士连同天主教的神职人员遭到了囚禁与虐待。

所有这些压力导致了共产党在 1950 年 7 月发起了"三自运动"。该运动号召中国的基督教徒"断绝与帝国主义者的关系,实行自治、自养、自传"。(见附录四)

(三) 1950～1952 年:朝鲜战争,第一阶段

在中国参加朝鲜战争之后,反美运动急剧强化并最终转化为"仇美运动"。1950 年 10 月 27 日,抗美援朝运动开始,中共组建了中国人民保卫世界和平反对美国侵略委员会来管理这项运动,每个县与乡都建立了委员会。庞大的共产党宣传机器的所有资源都转向了朝鲜战争,所有的新活动都注入了抗美的主题。演讲、游行与集会谴责美国,各种政治团体都列队向美国抗议。1950 年 11 月 4 日,中国的"民主"党派发表了一份联合声明,声明宣称:

"帝国主义者的侵略野心是无止境的。美帝国主义者在今年六月二十五日发动侵朝战争,他们的阴谋绝对不止于摧毁朝鲜民主主义人民共和国,他们要并吞朝鲜,他们要侵略中国,他们要统治亚洲,他们要征服全世界。"②

甚至所谓的"和平讨论会"与各种会议也把它们的大部分时间投入反美主义的主题。按照共产党的宣传,美帝国主义是亚洲一切麻烦的根源,倘若美国不进攻北朝鲜,占领台湾,鼓动在越南、老挝、柬埔寨与马来亚的战争,重新武装日本,中国将能在和平中生活,从事经济重建事业。

---

① 原注:新华社,北平,1950 年 12 月 31 日。
② 原注:《人民中国》,1950 年 11 月 16 日。

这场运动中形成的核心反美主题在 1950 年 11 月 8 日的《时事手册》中明确地加以规定：

"在已完全明白美国的真相后，每一位爱国的中国人必须仇恨美国，轻视美国与蔑视美国。"（见附录五）

（四）朝鲜战争，第二阶段（细菌战）

共产党开展的最广泛持久的诋毁美国声誉的运动真正始于 1952 年 2 月 21 日，在这一天，美国被指控在朝鲜进行细菌战。北平的报纸、广播与莫斯科一致努力来扩大这种指控的覆盖面。首先，关于所谓的细菌战袭击细节的故事、关于中国人民的抗议及全世界的傀儡组织的附和性抗议的报道以及美国准备细菌战的"支持性证据"出现了，最终，北平于 3 月 12 日宣布了中国和平委员会对指控进行"调查"的计划。

3 月 6 日，北平指控美国已经把细菌战扩大到了满洲。3 月 14 日，共产党声称美国已把细菌战扩大到中国本土。

之后就是一系列的调查，不仅有中国人的，也有一个共产党集团的傀儡组织——国际民主法律工作者协会（IADL）的调查，这些调查发现了"无可争议的"证据表明这些指控是真实的。国际红十字会（ICRC）、世界卫生组织（WHO）或其他国际组织要求援助或公正调查的提议被拒绝了，拒绝的理由是这些机构是美国的工具。

4 月 1 日，在奥斯陆召开的世界和平理事会发表了"反对细菌战的呼吁"，并要求再来一次"公正"的调查。在 4 月期间，中国委员会与国际民主法律工作者协会的报告发表了，5 月 5 日，出现了进一步支持这些指控的活动。共产党制造了两名美国飞行员（中尉伊纳克与中尉奎恩）的"招供"，据称这些证实了共产党的指控。这些"招供"显示美国从 1951 年 8 月就开始准备现在的细菌战行动，第一次实施细菌战是在 1952 年 1 月 3 日（而共产党以前声称细菌战的第一次实施是在 1 月 28 日）。

随着运动进入这个阶段，苏联与中国在 3 月 12 日与 13 日召开了抗议集会，反美宣传活动达到新高。不仅铁幕内的国家与苏联的一切机构，而且在非共产党国家的共产党组织也被号召行动起来。他们命令所有的媒体要给细菌战宣传以"全面优待"，以企图把这些国家的人民转向反美。在中国自身则有与所谓的细菌战相关的游行、集会、示威与展览，广泛的宣传机器的每一部件都行动起来以激起对美国的仇恨。在运动的过程中，美国被用最可怕的字眼加以描述。1952 年 4 月 16 日《人民中国》的一份声明展示了大量宣传的调子：

"最近几周来，世界目睹了一幕令人作呕的演出。美国侵略者——对妇女儿童也不留情的战争专家，朝鲜利迪泽的犯罪者，'盎格鲁-撒克逊'殖民主义者与种族主义者，用凝固汽油弹、核武器与细菌武器实施人类灭绝以实现征服世界的典范——以对中朝人民的生活'深表关切'的'人道主义者'自居，正在进行虚伪的掩饰。"

在 6、7、8 的三个月里，运动有所减弱，但中共组织了一个所谓的"公正的"国际科学委员会开展调查。这个"客观"的科学委员会开展的调查没有通知联合国，联合国已经要求允许国际红十字委员会展开一项调查,这是国际红十字委员会在多伦多开会的时候提出的。出席此次会议的中共代表并没有提到委员会的工作,虽然他们试图在多伦多会议上把细菌战列为一个主要议题。

国际科学委员会在9月中旬发表了一份完全基于中国科学家提供给他们的证据的报告。委员会的成员后来承认他们自己从未见过任何细菌袭击,从未见过任何传染的昆虫或其他带菌体,从未见过任何因细菌袭击而导致染病的人;然而,这些科学家找到了美国在中国与满洲发动细菌战的"无可争议的证据"。两位美国飞行员中尉伊纳克与中尉奎恩的"招供"更证实了对美国的指控。这个"公正"的科学委员会在如此"无可争议的证据"的基础上得出的结论是:

"中朝人民的确是细菌武器的目标。美国武装部队已经运用多种不同的方法实施了细菌战,其中一些似乎是日军在二战期间实施的细菌战的改进。"[1]

非常有趣的是,该报告恰好在亚洲及太平洋区域和平会议召开之前发表,因此细菌战成为会议的主要议题之一,几乎所有通过的决议都谴责美国正在发动所谓的细菌战。这次反美宣传不仅指向中国人民,而且号召亚太地区的全体人民"与世界上其他地区的全体人民紧密团结,努力阻止美国政府发动的细菌战"。[2] (见附录六至十八)

二、运　　动

自从中共夺取政权以来,反美主题已成为其全部宣传的基本要素之一。反美主题在下述的所有宣传运动中昭然若揭:

(1) 镇压反革命运动;

(2) 爱国公约运动;

(3) 为朝鲜战争购买飞机大炮的捐献运动;

(4) 救济帮助军属运动;

(5) 大生产运动;

(6) "三反"运动;

(7) "五反"运动;

(8) 思想改造运动;

(9) 宗教改革运动;

(10) 细菌战运动。

虽然每次运动都有其自身的基本目标,但是在受到责难的异常情况下,每次运动也会被导向指责"美国人、帝国主义者、法西斯侵略者"。

---

① 原注:"关于在中国与朝鲜的细菌战事实国际科学调查委员会"的报告结论,引自新华社,1952年9月20日。
② 原注:陈文贵博士,中国细菌学家,引自新华社,1952年10月11日。

目前构成的反美运动大概有四个基本目标：

（1）改变大多数受过教育的中国人的普遍亲西方特别是亲美的基本趋向，与毛泽东声称的"一边倒"政策相一致，即倒向苏联；

（2）不信任被政权认为是危险的个人或机构；

（3）为中国人民对现在状况的厌恶与不满提供一个外在的心理目标；

（4）为中国人民在进行当前及可能扩大的战争、增加工农业生产、实现政权认为必须要开展的社会改革等方面提供了一个战斗口号。

这种宣传努力的基本语调是一种极大的愤怒，它趋于包括大多数的单个美国人，但是承认存在一部分正直的美国人，这些美国人已经被"华尔街的主人"令人痛心地误领、误教与误导。对这些可以挽救的美国人，北平政权发出其和平呼吁，北平政权也逐渐坚持共处的可能性，多次要求自由贸易与取消禁运。

三、主　题

在中国有许多导向中国听众的反美主线的主题，我们对其中一些经常重叠的主题要配以适当的例证列举如下。这些主题的环环相扣性使得确立任何一个主题作为某一特殊时期的一场特殊运动的指针变得很困难。

主题一

反革命分子是"帝国主义的走狗"与国民党"反对派"，同样必须予以消灭。

在1951年春的镇压反革命运动中，中共发出了诸如下述的一些声明：

"……现在，已经遭受严重打击的反革命分子，其中一部分死心与人民为敌的家伙，正企图或正在进行垂死挣扎，进行完全疯狂的无人性的破坏活动。在其彻底的冷酷无情中，他们企图把遵义全市人民一次毒杀干净……他们企图一把火烧光遵义全市房屋，把整个城市化为一片瓦砾，把人民的全部财产……化为灰烬……这种凶残的毒谋，并不是个别的。现在，东北、华北、华东、中南、西南、西北各地，都已发现反革命分子放毒事件。敌人的这一全国性阴谋，是在美帝国主义和蒋介石残余匪帮直接指挥下，有计划有组织地进行的。要粉碎敌人的这种阴谋，不仅要靠各地人民公安机关全体人员的不懈努力，继续加强调查研究工作，同时还必须坚决依靠人民群众，继续提高人民群众反特务防奸细的积极性，使全国人民都具有高度政治警惕性，使反特务防奸细成为人民生活中的重要组成部分，并使之经常化，以便有效地保卫人民和国家的利益，消灭反革命野兽的一切穷凶极恶的鬼计。"（新华社，北平，1951年6月3日）

一份关于1951年5月上海镇压反革命运动的报告强调中共控诉"美国特务是反革命的骨干分子之一"。

"自从镇压反革命运动在上海如火如荼地开展以来，各阶层人们的政治信心已被调动起来，反革命分子被连续声讨。仅在五月一个月，全市包括美蒋特务、城乡恶霸、土匪头子、惯

匪与反动会道门在内的一万一千四百多名反革命分子被揭发与逮捕。"(新华社,上海,1951年6月17日)

在镇压反革命运动期间,另一则来自上海的报道宣称反革命活动正"在宗教外衣的掩护下进行"。

上海的基督教徒谴责福音传教士赵世光诽谤祖国

(新华社,上海,1951年6月8日)——"中国基督教灵粮世界布道会在上海的各教堂牧师和教徒一千多人于三日举行控诉大会,控诉该会前会长赵世光和著名的美国特务顾仁恩以传教为掩护进行反革命活动的罪行。该会代理会长周福庆及灵粮堂执事刘淑兰控诉赵世光在香港散布反苏反共言论,并企图破坏国内基督教徒的三自革新运动。他们指出:赵世光曾于一九四九年三月离开上海潜往美国;同年五月上海解放后,又于九月二十六日突然回上海,十月二日又潜往舟山,经台湾转赴香港。他在香港主办《灵粮周刊》,专门制造反动荒谬的宣传。例如该刊第五期曾发表了一篇题为《起来,往南走》的谬文,公开煽动国内教徒离开祖国,向南洋逃亡,并且歌颂美帝国主义给予中国人民的'恩惠'。赵世光并造谣诬蔑中国基督教徒爱国的三自革新运动。'对这个披了宗教外衣进行反革命活动的赵世光,我们还能容忍吗?'"

主题二

"美帝国主义者"正在朝鲜与中国大陆施行难以言表的暴行。

共产党关于美国的暴行宣传运动覆盖了从战后美军在中国城市的行径到美国在朝鲜犯下的"暴行"以及韩国军队在其帝国主义主子怂恿下所犯下的暴行。……①

主题三

打败美国侵略者要求全体民主的中国人民誓言对朝鲜战争予以物质的、道德的与金钱上的支持。

1951年6月1日,新华社播发了中国和平委员会②的下述声明,该声明号召开展捐献飞机大炮运动。

"全国各界男女爱国同胞们:

我们伟大的中国人民的抗美援朝运动,由于全国各界的一致努力,志愿军全体指战员的英勇斗争,已经取得了巨大的胜利和成绩。现在为了进一步在全国更普遍地发展与深入抗美援朝运动,为了加强国防,加强支援中国人民志愿军,使他们更有力地配合朝鲜人民军打击美国侵略强盗,早日取得战争的最后胜利,以保卫我们的国家,保卫亚洲和世界的和平,我们谨向大家提出以下的号召,希望大家一致热烈地响应:

一、普遍开展爱国公约运动。在这次伟大的反对帝国主义的高潮中,各地各界群众已经订立了成千成万的爱国公约。这些公约,是中国人民政治协商会议共同纲领的具体化,是

---

① 原文此处举出了几十个事例,略去未译。——译注
② 即"中国人民保卫世界和平反对美国侵略委员会"。——译注

各订约单位的一种具体的爱国行动纲领。它使各阶层人民把自己的日常业务,生产、工作和学习与爱国的总任务,与抗美援朝、镇压反革命和消灭封建土地制度的斗争,密切结合起来,成为绝大多数人民步伐整齐的进军;它是结合各阶层人民共同活动的一种重要的形式。我们全国人民要抓紧这种形式,充分运用这种形式,来把我们的团结提高,把我们的爱国运动,把我们的抗美援朝运动提高,并且推进我们的生产、工作和学习及其他各项革命斗争和建设事业。

我们建议在性质相近的订约单位间,开展实现爱国公约的竞赛运动。并于明年一月普遍检查这种爱国竞赛的结果,评定优劣,奖励模范,以保证大家所订立的公约,能够圆满地实现。

二、开展捐献飞机大炮运动。根据前线的报告,根据我们的赴朝慰问团回来的报告,我们中国人民志愿军和朝鲜人民军的战斗力,在一切方面都能完全压倒敌人,困难的只是我们的飞机大炮等武器还不够多。为了使我们英勇善战的志愿军,能够以更小的牺牲,消灭更多的敌人,早日取得战争的最后胜利,我们必须迅速以更多的飞机、大炮、坦克、高射炮、反坦克炮等武器供给前线。我们建议全国各界爱国同胞们,不分男女老少,都开展爱国的增加生产、增加收入的运动,用新增加的收入的一部或全部,购置飞机、大炮等武器,捐献给志愿军和解放军,来加强他们的威力,巩固我们的国防。各地捐献的飞机、大炮、坦克等,将冠以捐献单位的名字,作为光荣的纪念(关于捐献武器问题,本会另有具体通知)。

三、做好优抚工作。我们的伟大的人民志愿军、人民解放军和公安武装的指战员和工作人员们,是为了抗美援朝、保家卫国或在国内肃清反革命,即为了我们大家,才踊跃英勇地离开了家庭,光荣地参加了军队,进行流血的斗争。有些指战员为了我们的共同事业,已经光荣地捐献了自己的生命,或者丧失了健康,变成了残废。我们全国人民应该对他们负责,应该切实而经常地做好优待烈属、军属,优待残废军人的工作。在乡村中要及时做好代耕工作,在城市中要帮助他们的家属就业。无论在城市和乡村,我们都要帮助他们的子女入学,帮助他们的家庭解决各种困难。为了保证经常做好这种工作,我们希望各人民团体协助各级政府,对优抚工作,定期加以动员、督促与检查;建议县、市及区的各界人民代表会议注意这项工作。

爱国增产捐献武器运动和优抚工作,都应该订入各单位的爱国公约,并且成为它的重要内容。

为了做好这些工作,为了使抗美援朝运动深入和经常化,我们建议全国各市、县都在六月份内召开一次抗美援朝代表会议或工作会议,来制订在今年下半年内做好这些工作及整个抗美援朝运动的宣传教育计划,并加以贯彻。

全国各界男女爱国同胞们,现在我们的抗美援朝战争,正处在剧烈紧要的阶段。一方面,我们已经连续地给了美国侵略者一系列的严重打击,取得了辉煌的胜利;另一方面,尚须大力克服摆在我们面前的一些严重困难,才能彻底消灭敌人,解放朝鲜全境。关于帝国主义侵略者的腐败、野蛮、丑恶、无耻的罪行,关于英勇的中国人民志愿军、朝鲜人民军和朝鲜人民不断克服困难、打击敌人、歼灭敌人,着着胜利的情形,新近从前线归来的赴朝慰问团,即将分赴全国各市、各县、各旗去向你们作详细的报告。我们希望大家高度地发扬爱国主义的热忱,再接再厉地发展爱国公约运动,开展增产捐献武器和优抚运动,以便更加有力地支援前线,争取抗美援朝战争的最后胜利。"

主题四

人民必须改善与增加国家的生产潜力以便能够抵抗美帝国主义者策划的未来侵略。

财经委计划司的司长宋绍娃在1952年4月1日的《人民中国》的一篇文章中把中国工业化的全部困难归咎于美帝国主义者的阴谋。

"任何国家工业化的先决条件之一就是资本的积累。自然,中国也面临着这个必需条件。既然懂得这项工作的至关重要性,美帝国主义已尝试了每一个毒招——禁运、封锁与军事挑衅——来阻止其完成。但是在过去的两年半中,中国人民已成功地解决了这个问题——甚至同时发出号召,要求发挥他们的聪明才智以应对当前建设和国防的需要以及抵抗美国在朝鲜的侵略。

正当中国人民决心促进这项运动之际,他们将不再容忍根植于旧社会的那些偷盗与浪费国家财产的行径。这就是为什么他们现在开展一场消除贪污、浪费与官僚主义的伟大运动——这是封建主义、帝国主义与官僚主义统治的罪恶遗产。"

主题五

政府与官场的浪费、腐败与官僚作风是从前与美国剥削者交往的遗产,必须予以铲除。

这是"三反"运动的主题,"三反"运动打击了许多在以前美国资助与管理的机构中的知识分子。共产党发现尽管经过思想教育,教授与知识分子仍旧"坚持英美资产阶级的反动思想",于是决定把"三反"运动与思想改造运动合并,以克服知识分子的资产阶级思想。1952年7月的《人民教育》上的一篇文章宣称:

"(在燕京大学的)运动主要对准亲美思想,对腐败案例只要稍微关注一下即可。因为虽然燕京确实存在相当严重的腐败,但主要问题是该校许多美国培养的教师的严重亲美倾向。"

在此期间,教师与知识分子被要求忍受最透彻、最耻辱的自我批评与指控。一些人因缺乏思想热情而被从其岗位上开除,大概被投入监狱。最突出的例子是燕京大学校长陆志韦(Lu Chih-wei)博士,他是一位优秀的学者,虽然他真诚严肃地努力与共产党政权共事,但还是被解职。4月14日的《新燕京》(燕京大学杂志)发表了五篇关于陆志韦自我批评与谴责的文章,包括他的女儿陆耀华的一篇指控。这个案例可被作为大学正在发生的事情的典型,这不仅发生在美国资助的大学,而且发生在诸如清华与北京大学(北大)等院校,虽然北大曾受美国的强烈影响,但它是由中国人管理的。(见附录十九)

主题六

中国商人与其他受资产阶级玷污的团体由于与美国资本家的长期联系正在腐蚀与剥削中国人民,必须予以管制,赋予他们正确的阶级观。

由于他们以前的交往,共产党控诉这些商人是"人民志愿军的敌人、祖国的叛徒、世界和平的破坏者与美帝国主义者的追随者。"

主题七

美国正在把日本作为在远东进行侵略活动的一个基地,正在扶植日本的重建,使其成为一支侵略性的力量。

1951年8月16日,在对日和约签订前,中华人民共和国外长周恩来向美国国务卿提交了一份声明,该声明随后成为主要指向日本的反美宣传的基础:

"……美英对日和约草案在领土条款上是完全适合美国政府扩张占领和侵略的要求的。

美国占领当局不是在毁灭日本的制造战争的力量,而是违反远东委员会的政策,扩大日本的军事基地,训练日本的秘密武装,复活日本的军国主义团体……

美国政府和日本吉田政府正在互相勾结,阴谋重新武装日本,奴役日本人民,将日本再度推上曾经使日本濒于毁灭边缘的侵略道路,并且是服从于美国侵略计划并为美国政府火中取栗的附属国和殖民地化的道路。"

自1951年9月对日和约签订以来,日本已成为中共宣传中一个日益突出的角色。在1952年10月召开的亚洲及太平洋区域和平会议上,日本是讨论的一个中心主题。此外,中国和平委员会的主席郭沫若在致日本人民的一封公开信中说:

"……根据一年来的发展情势看来,你们的祖国在代表美国利益的吉田政府管制之下,是愈来愈深入地为执行美国的侵略政策而走上重新军国主义化的道路了……

……日本人民,在过去被占领的六年间,已经负担了四十九亿七千万美元的军事占领费。在获得所谓'独立'以来,日本政府执行重新军国主义化的政策,使日本今年的预算比去年又增加了百分之三十,直接和间接军费达到预算总额百分之七十。因此,使得日本人民的生活愈见困难,听说每人每日食物所含的热量比起标准数来已减少了百分之六十。和平工业遭受着极大的摧残,已经有六万七千多家中小企业被迫破产了……

……什么叫'防范共产主义的侵略'呵?谁不知道那不外是'贼喊捉贼'的老调门吗?希特勒、墨索里尼和东条英机在生的当年也天天都在唱着这样的调子。然而发动了大规模的侵略战争,使世界人民(德意志人民、意大利人民、日本人民都包含在内)有好些一直到今天都还没有从战争的创伤中恢复转来的,到底是谁呢?

……美国的官员们经常在夸说什么'自由世界'。话出自他们口里,倒还合乎身份。因为他们究竟有的是'自由'。他们有在别人的国境内扩充军事基地的'自由',有使用细菌弹、化学弹、原子弹大量屠杀和平居民的'自由',有任意践踏国际协定、违背人类道义的'自由'……"

主题八

美国是一个彻底反动、彻底黑暗、彻底腐败及彻底残酷的国家。……①

---

① 原文此处列举了一些事例,略去未译。——译注

四、方式与规模

虽然所有的媒体都用于开展这项宣传,但报纸、小册子、小人书与"人工宣传员"是最重要的。据 1951 年 6 月宣布,仅新华书店在 1951 年就将发行 1 亿册反美出版物(新华社,1951 年 6 月 4 日)。下述的一则大连宣传员的逸闻将使人想到人工宣传员被运用到了何种程度。

水坑里的一只脚

在清晨,雨后的天空依旧是昏暗的。上班路上的工人们正走在狭窄的街道上。一位工人没有太留心,一脚踩进了一个泥泞的水坑。他把脚从泥浆里拔出来后非常生气。

我(宣传员本人)赶紧向他跑去,问:"怎么啦?"

"他妈的!我踩进了水坑!"他生气地答道。

"我也刚刚摔了一跤,我确实诅咒了一通!"

"你诅咒谁?"

"我诅咒美国鬼子。"

"为什么你摔倒了反而诅咒美国鬼子?"

"如果美国鬼子不侵略我们,不轰炸我们东北,要不是我们不得不防备空袭,总是处于灯火管制中,我们将让我们的街灯一直亮到早晨,那么我们就不会摔跤或踩进水坑了。你认为除了那些该死的美国鬼子外我应诅咒谁?"

我立即接着说:"如果我能诅咒死他们,我一定在家整天咒他们。但仅仅靠诅咒无济于事。这就意味着我们要更努力地投入生产。"

这时,这位泥泞的工人说:"你说得对。"

[人民出版社编辑部编,《沈阳的宣传员》(如何成为一名宣传员)(北平:人民出版社,1951 年),转引自《共产党中国的宣传机器》,1952 年 2 月 15 日,第 11～12 页。]

中国反美运动的范围已被逃出中国的西方人简要地加以说明。一位 1951 年离开中国的意大利天主教牧师做了如下的回顾:

"共产党的反美宣传令人难以置信,到处都是无数的布告,这些布告通常以一种表示轻蔑的卡通形式来侮辱美国而吹嘘新中国。我看到的其中一则布告画着一个美国兵与一个中国人,那个美国兵像一个真正的野人,正在吃一具死去的北朝鲜战士的尸体,那个中国人正费力地从美国大兵的嘴里撕扯那位死去战士的一条胳膊……所有那些都被留作美国人的饭!"

无线电广播在城市地区是非常重要的,因为在其他地区缺乏接受设备。绘画艺术可能是在影响并被大众理解方面最重要的媒体。不管其中心主题主要是描绘反美思想(诸如一个杜鲁门或艾奇逊的卡通人物,正被一名勇敢的共产党战士追得落荒而逃)的宣传海报还是许多卡通小人书,都展示了对美国人与中国人之间关系的生动污蔑。

　　宣传手册为政府宣传人员提供了老套的反美符号与口号,诸如美国政治领袖与美军士兵以及坐在钱袋上的"资本家"的漫画。手册也提供了处理细菌战、美国/联合国暴行与原子战争的卡通模型。

　　为了纠正中国人民中普遍存在的亲美思想,中共在城市里举行大规模的控诉会,在农村则举行"斗争会"。这两种类型的集会对受害者而言是一种毁灭性的经历,他们被迫在一大群同胞面前站起来,坦露其内心思想,为其离经叛道的罪过忏悔,在反美的背景下,这些罪过包括"热爱美国"、"羡慕美国的生活科技方式"等诸如此类。他必须进一步接受同事的指责,然后表明他对为什么这些态度是错误的理解,答应不再这么思考。

　　政权强烈的反美、反帝宣传以及它成功地切断了大部分外界信息使得那些人(主要在城市团体中)铭记在心,他们倾向于把中国的经济与政治落后归咎于西方的入侵。甚至那些倾向于不相信共产党宣传的人也受到影响,以至于对美国政策的批评越来越激烈,这在很大程度上源于政权对反日与反国民党态度的利用。另一方面,我们从最近离开中国的外国人的报告来判断,那里似乎还残留着相当大却无法衡量的亲美情感,反美宣传乃至"仇美"已经明显地在青年人中获得了极大的认可,青年在集会、游行与抗议美"帝国主义"的运动中发挥了领导作用。

附录……①

O. S. S. /State Department Intelligence and Research Reports Ⅸ China and India 1950 -1961 Supplement, Reel Ⅰ, pp. 0815 - 0827, 0829, 0836, 0839 - 0842. University Publications of America, 1979

张民军译、校

---

① 该报告的附录有 22 个,共计 179 页,略去不译。——译注

国务院情报研究所关于中国采取所谓的
逼供方法的报告

（1953年2月19日）

IR 6198

中共为政治目的进行逼供的方法

（1953年2月19日）

摘　　要

　　被俘美国飞行员的所谓招供贴切地验证了中共逼供的方法，招供的大意是说在朝鲜的联合国军发动了细菌战。

　　在共产党国家，招供在治国术中发挥着重要作用。已形成的方法能够摧毁最坚强者的精神，被迫供认政府当局可能需要的任何谣言，不论这些谣言是多么虚假和荒谬。招供是共产党的刑事程序的真正核心，尤其是与装模作样的公审相联系。此时它就是一种为实现政治目的而提供法律借口的工具，诸如为清洗共产党中堕落的个人与团体提供借口，为指控国外列强提供"尊重法律的"证明，为推动国内的宣传主题提供依据。尽管中共在逼供中广泛遵循苏联的技巧，但他们在发展被称为"洗脑"的方法中已增加了自己的一些新花样。尽管我们怀疑中国人迄今是否已获得了苏联方法中的一些"精髓"，但他们的秘密警察一直在更高级的心理技巧方面接受苏联专业人员的培训，他们似乎在仿效其俄国教员方面进展迅速。

　　自从联合国战俘仍被中朝共产党拘禁以来，我们就无法得到关于战俘审讯方法的直接报告。然而，有关中共的招供技巧的材料在迅速增加，这些材料来自在长期监禁后被从中国驱除出境的欧美传教士、教师、律师甚至是外交官所提供的报告。我们从这些人身上可以获悉中共在逼供中所用方法的细节，这些手段主要包括长时间剥夺睡眠，在这期间会产生一种类似于毒品的中毒效果，还包括向脊椎注射使人吐露实情的血清以及强制长期保持一种僵硬的姿势；中共的招供也使用心理方法：使犯人屈从于可怕的群众谴责；在犯人脑海中造成一种孤立与抵抗无用的感觉；利用犯人同伙作为密探；采用宽严交替的待遇；强迫犯人写下数百页自我揭发的材料；以及欺骗和诡计；他们也经常使用更为传统的殴打方式。

　　既然中共已把（联合国军的）暴行宣传作为战争战略的一个主要部分，大肆宣传其虚假的细菌战指控，那么他们在诉诸这些方法时可能不会犹豫不决，他们能借此非常容易地获得支持其谎言运动的"招供"。可以肯定,中共无论如何都有机会和动机把那些已用于平民逃亡者与被驱逐者的相同方法用于战俘身上,前者能够最终启迪自由世界。

一、序 言

被俘美国飞行员的所谓招供的大意是在朝鲜的联合国军发动了细菌战,该招供的可信度必须根据共产党通常使用的方法进行衡量,尤其是中共从其牢牢掌控中的个人进行逼供的方法。

(一)招供在共产党治国术中的作用

在苏联及其卫星国的耸人听闻的虚假公审和招供让自由世界困惑不解,这是始于1937年的苏联大清洗审判,延至去年11月的布拉格诉讼①以及莫斯科医生在最近的招供②。几乎在每个案例中,涉案者都是众所周知的狂热与虔诚的共产党人,除了被法官的偶尔插话打断外,这些人是如何被劝诱得像机器人一样滔滔不绝地说出其显然精心编排的独白,公开承认他们是帝国主义者、资本家、犹太复国主义者和资产阶级的背信弃义的呢? 一项基于对逃亡者、前罪犯的访谈以及现在有关这一主题的大量文献的仔细研究和分析已揭穿了这一模式,通过此种模式,共产党国家的秘密警察成功地摧毁了最坚强的人类精神,并迫使这些方法的受害者单调地讲出国家的主人们所需要的任何故事。

在西方的法律体系下,刑事案件中的主要依托是被带入公开法庭与被告对质的证人,反之,被告通过自己选择的独立辩护律师被赋予交互审讯的权利。在英美法律中,在陪审团考虑口供前,他们必须肯定地证明口供是自由与自愿作出的,不受威胁利诱,也不受欺骗;坚持这些安全措施以确保招供是自愿、真实与可信的。

在共产党的刑事诉讼程序中,尤其是在虚假的公审中,供词的作用完全不同。招供是这个体制的真正核心,它是一种为实现政治目的而提供法律借口的工具,诸如为清洗共产党中堕落的个人与团体提供借口,为指控国外列强提供"尊重法律的"证明,为推动国内的宣传主题提供依据。因而,招供为执行一些因为国家而预先决定的行动提供了法律"认可",个人为此要做出牺牲。这个让必须要做的事情形式化(俄国人称之为 oformlenye)的过程似乎满足了某种荒谬的共产党"井然有序"感,并为暴政的专断行为提供了正规与"适当程序"的虚饰。③ 共产党的法庭不会探究供词,任何供词不论它们是如何榨取的,都有其用处。共产党

---

① 即斯兰斯基案件。捷克斯洛伐克共产党中央总书记斯兰斯基(1901～1952)于1951年被撤职、开除出党,并被逮捕,次年11月以"进行间谍活动"被判处死刑。——译注
② 指犹太医生案。1952年11月,克里姆林宫医院的犹太籍女医生季马舒克致信斯大林,揭发克里姆林宫医院的维若格拉多夫等苏联医学界的权威、专门负责党和国家领导人保健的医生,用不当的治疗方法使病人逐渐死亡来谋害党和国家领导。该信引起部分苏联领导人的惊慌,斯大林下令调查,逮捕了一些犹太籍医生并进行逼供。斯大林去世后不久,该案得到平反。——译注
③ 原注:F·贝克(F. Beck)与W·戈丁(W. Godin):《俄国的清洗与逼供》,纽约:维金出版社,1951年,第234、235页。

既定的程序是：被告简单地被捕，他们从公众视野中消失一段时间，这个期限是不确定的，在此期间他们受秘密警察的单独监管，秘密警察在被告身上发挥他们执著与不受约束的天才。然后，正如他们从视野中突然消失一样，被告又突然在一个特定的时间在一次虚假的公审中重现，承认最过分、最荒谬的指控。

1952 年 11 月 20 日，布拉格法庭对已故的鲁道夫·斯兰斯基(Rudolf Slansky)进行了审问，捷克的国内机关同样加以广播，该逐字逐句的审问报告中的一个细节可以说明共产党口供的基本目的与本质。主持法官通过如下仪式开始了对斯兰斯基的审讯：

"被告斯兰斯基，走到<u>麦克风</u>前，你为四项被指控的罪行而感到内疚吗？（下划线是我们加的）"

不必说，斯兰斯基不仅对每一项指控认罪，而且背诵了一段冗长详尽的供词。麦克风的细节完全泄漏了宣传的重点和整个公审的目的，尤其是由于那句描述——"捷克斯洛伐克各部门的劳动人民的代表"被召集起来"跟踪审判的全过程"。

共产党无情地利用"坦白招供"一事被所报道的认错人的事例揭露出来，在这些事例中人被错抓了。一般在几周或数月后，苏联警察释放了这些人。然而在一些案件中，在发现错误之前，被混淆了的受害人已招供为间谍或受到其他一些严厉的惩罚。尽管他们招供了，这些人可能因权宜之计而被释放，这显示原告意识到"招供"与事实的真相关系不大或毫无关系。①

不断出现包括诸如红衣主教明曾蒂(Winzenty)②这样的意志坚强的人物，可怜地承认虚构的罪行，像被施了催眠术的机器人那样机械地背诵着他们的审问者已判决的任何谎言，这证实了那个可怕的事实，即除了极少数的例外，共产党的机构能够摧毁最坚强的人类精神。

1. 苏联招供技巧在共产党中国的适应。中共的逼供技巧大体上仿效了苏联的样板，但他们在发展被称之为"洗脑"③的方法中已增加了一些自己的新花样。与苏联相比，共产党接管中国仍是一件新近的事情，因此，那里的共产党已发现有必要大规模地驱除中国人民的传统观念与价值，这就是洗脑阶段。它由置于制度基础之上的组织团体组成，在组织团体中持续开展强人接受的喋喋不休的教化，渗入团体成员的内心精神，并辅以一套精心制作的心理监视体系，该体系旨在迫使那些被置于教导之下的人承认并摆脱过去意识形态的错误。"换脑"(Brainchanging)超出了这个阶段，这个术语是由中国人创造的，它描述了个人被征服的过程。它包括从臣服者的心中根除对真实过去的特别记忆，并因而代之以当局想让他"记住"的观念。这是欧洲共产党人在虚假的公审中曾使用的方法，比如对红衣主教明曾蒂的审判。爱德华·亨特(Edward Hunter)在《红色中国的洗脑》(*Brain-Washing in Red China*)

---

① 原注：《俄国的清洗与逼供》，第 152 页。
② 明曾蒂(Mindszenty Jozsef,1892～1975)，匈牙利红衣主教，1915 年为神甫，1919 年因反对匈牙利苏维埃共和国革命政权而被监禁，第二次世界大战中因反对德国占领而受囚禁，1947 年赴美国活动，阴谋推翻匈牙利共和国恢复君主制，1949 年被匈牙利政府以叛国罪判处无期徒刑，1956 年 10 月获释，11 月逃入美国驻匈大使馆避难。——译注
③ 原注：爱德华·亨特：《红色中国的洗脑》，纽约：先锋出版社，1951 年，第 10、11 页。

一书中，对中国人迄今已将他们的技巧完善到换脑的程度表示了怀疑。不过，中国的秘密警察一直在这些高级的心理技巧方面接受苏联教官的培训，毋庸置疑的是中共在模仿其俄国导师方面正取得飞速进步，尽管中国的方法要比苏联拙劣。

2. 把招供方法运用于联合国战俘。直到被中朝共产党监禁的联合国战俘现在获释后，（我们）才能获得有关战俘审讯方法的第一手资料。不过有关中共招供技巧的材料迅速增加，这些材料由在长期监禁后被从中国驱除出境的欧美传教士、教师、律师，甚至是外交官所提供的报告构成。值得注意的是，这些报告的提供者是：曾是上海首屈一指的律师小罗伯特·T·布赖恩（Robert T. Bryan, Jr.）①、诸如约翰·D·海耶斯医生（Dr. John D. Hayes）②和弗朗西斯·奥林·斯托克韦尔医生（Dr. Francis Olin Stockwall）③等新教传教士、诸如约瑟夫·希金斯神父（Father Josef Schijns）④、希查德·塞奎特神父（Father Hichard Cequyt）⑤、查尔斯·德里克神父（Father Charles De Ryck）⑥、厄德尔·勒布龙神父（Father Ulder Lebrun）⑦、艾伯特·范·里尔德神父（Father Albert Van Lierde）⑧等比利时牧师、爱尔兰传教士莫里斯·卡万诺神父（Father Maurice Kavanaugh）⑨与美国耶稣会教士尤金·法伊神父（Eugene Fahy）⑩。甚至美国外交官威廉·M·奥利弗也屈从于这些程序之下，⑪其他许多人也都遭受了同样的对待。对他们的经历进行分析就会揭示中共对政治犯逼供所用的方法，可以肯定中共有机会和动机对战俘使用同样的手段。我们应该记住的是北平政权已断然拒绝国际红十字会的代表或任何公正的团体进入其战俘集中营，以便于他们能按照1949年的日内瓦公约和文明国家的惯例来报告联合国战俘的待遇，从他们拒绝对其战俘待遇进行的任何追查中，世界就有权利做出最不乐观的结论。

既然共产党已把暴行宣传作为战争的一个重要组成部分，那么只要需要，就可把虚假的公审方法扩展到战俘审讯中，这完全是符合逻辑并且的确是必然的。通过这样做，中共已能够从战俘那里得到口头"招供"来支持他们对虚假的细菌战的指控，这种加强其穷凶极恶的宣传的机会是绝对不容错过的。

因而，为了说明制作任何想要的证言并用一卷录音带或一段有声电影来合成以欺骗轻信者和不谙世故者是多么简单，我们应详尽地回顾中共在逼供时所用的真实方法。这里有数以千计的战俘可供挑选，完成这个任务远比像红衣主教明曾蒂这样的特殊人物来得简单，

---

① 原注：小罗伯特·T·布赖恩（Robert T. Bryan. Jr.）：《我从一间红色死囚牢中回来》，《星期六晚邮报》，1953年1月17、24、31日，2月4日。
② 原注：约翰·D·海耶斯医生1952年11月6日的宣誓书。
③ 原注：弗朗西斯·奥林·斯托克韦尔医生1952年12月9日的宣誓书。
④ 原注：《我们如何被迫招供》，《路线报》（De Linie），1952年10月17日。
⑤ 原注：1952年9月8日来信的附件《与共产党人在学校的370天》。
⑥ 原注：香港《标准虎报》，1952年9月18日，《中国传教士通讯》。
⑦ 同上。
⑧ 同上。
⑨ 同上。
⑩ 原注：尤金·法伊：《活埋》，《生活》杂志，1952年9月8日。
⑪ 原注：威廉·M·奥利弗先生在1953年2月6日的宣誓书。

后者具有的道义勇气和意志力的那些显著特点则是必须要对付的。只需找到一位最脆弱的，并把他摧毁就够了，然而，正如我们所看到的，只要有充分的时间和耐心，几乎任何人都能被迫招供。而且，无需实际的身体折磨，因为心理折磨甚至更有效，更可能得出结果，我们将列出可能导致这种结果的方法。

二、技　巧

（一）长时间剥夺睡眠及不断地打断休息

如果长时间妨碍睡眠将给一个人带来像毒品一样的效果，它能产生幻觉，瘫痪意志力，最终使折磨者将其意愿强加给他的受害者。只有通过睡眠人体才能消除正常的疲劳，《俄国的清洗与逼供》一书中这样指出：[①]

"连续缺乏睡眠会导致一种严重的中毒后果，对睡眠的需求最终取代其他的所有感觉，甚至是饥饿和口渴，并克服所有的抵抗和全部精神注意力。在中国人中间以及在中世纪，妨碍睡眠被视为最坏的折磨方式，经受住了所有其他折磨的康帕内拉（Campanella）却屈服于睡眠不足。"

当睡眠不足加上小组的持续审讯以及被迫保持一种规定的姿态或姿势时，有时连续好几天这样，人的意志力将被摧毁，个人成为其俘获者顺从的对象。

1952年9月18日的《中国传教士通讯》报道了五位传教士的遭遇，报道说：

"虐待是从他们被拘留的第一个星期开始的，以迫使他们承认是'间谍'和'特务'。所有的牧师讲述了他们缺乏睡眠后产生的幻觉，那时他们连续数天数周一直站立或蹲坐。53岁的神父德里克推测他20天没有睡觉，尽管他承认他完全丧失了时间的概念。20天的大部分时间是站着的，唯一的休息就是他被允许坐在地板上，他的头被悬在空中，而他的胳膊则被紧紧地拷在背后。"

神父希金斯说他被强迫40多天不许睡觉。

（二）使用毒品与注射剂

小罗伯特·T·布赖恩说在他的案件中，为了强迫他在一份口供上签字，他被注射了毒品。他说：[②]

"……突然，我被蒙上了眼罩带入另一房间。在那儿我被猛推到一张桌子前，脸朝下，他们扒下我的裤子，一个用于皮下注射的针头粗暴地扎进了我的脊柱。然后，我又被带回预审室，在那里我记得看到了杜（Doo）、张（Chang）以及面对我的警官。

几分钟后，我似乎失去了所有的思考能力。我感觉自己好像正坐进桌旁的一把高高吊

---

① 原注：见该书第53、54页。
② 原注：《星期六晚邮报》，1953年2月7日，第117、118页。

在空中的椅子里。在我下面,我能听到杜的声音,仿佛在梦中一样单调地叫喊:'你必须说实话,博良(Bo Liang)①,你必须如实交待,写,博良,写事实。'我听到他的声音渐渐远去,然而我就完全失去了知觉。直到第二天早晨我才醒来,躺在我牢房的地板上,剧烈地头痛。

我又一次被带到杜先生面前,现在他向我出示了他所说的我供词上的我的签名,总之,他看起来很高兴。我请求他允许我看看这份文件,我想知道是否我真的写了什么,如果是我写了,我写了些什么。

不要傻了,杜先生说:'你已经说出了真相,很好。每个人最终都会说出真相,那就是为什么我们给你吃了CHENG YEN YAO——'测谎药',你已告诉了我们真相!'

(三)延长小组审讯

把犯人隔离起来,没有辩护律师、剥夺他的所有权力,对犯人的连续审讯就成了折磨。依据案件和审讯对象的重要性,审讯的严厉程度各不相同。《俄国的清洗与逼供》一书的作者列举了一个长达11天连续审讯的案例和一个在48天内临时中断两小时的案例。② 海耶斯医生说他被连续审讯了40天,每次审讯持续三至九小时,审讯经常在晚上进行,犯人有可能被迫坐在小凳子上或笔直地站着,两眼直视他的审讯员。他也可能面对刺眼的灯光,在这个令人冒冷汗的过程中,审讯员经常对倒霉的受审者大声责备、咒骂与威胁,有时在这没完没了的审讯期间,他被长时间禁止上厕所。许多侦探可能同时审问受害者,或审讯员轮番延续审问过程。拷问的改进与补充是无穷的,为达到其恶魔般的目的,他们狡诈地构想出折磨方式。受审讯策略的控制,它们可被加大或者减小。最终,如果这种审问坚持下去的话,没有一人能经受得住这个过程,这种力量悬殊的竞赛只能有一个结果——投降。

(四)长期的强迫姿势

除了相对简单地命令长时间站立不动或斜靠着一堵墙外,中共在其拷问方式中已展现了某种创新,三位比利时神父遭受了被称为坐飞机的折磨。③

"棍子放在他们的双膝和双肘背后,并被牢牢地捆在那里。然后他们被悬挂在一根两个人抬的杆子上。当勒布龙神父在这种折磨下大喊大叫时,看守们把一些破布塞进他的嘴里以不让他出声。以这种方式被悬挂了两个多小时后,范·里尔德神父的手几个月都软弱无力,他被迫像动物一样吃饭,因为他不能用手把食物送到嘴里。一年后的今天,他的胳膊和腿还留有被绳子磨破的伤疤。"

在卡万诺神父④拒绝承认他是一名"间谍"与"特务"的指控后,同样的残酷折磨也用到他身上。

---

① 原注:布赖恩的中文名。
② 原注:《俄国的清洗与逼供》,第54页。
③ 原注:《中国传教士通讯》,1952年9月18日。
④ 原注:同上。

"……他的胳膊被铐在背后,被强迫保持站姿达四天而未活动,他的胳膊和手以及脚和腿都肿了。1951 年 9 月 18 日,狱警强迫他以中国人的方式蹲坐,只许他的脚着地。由于他早年折断了膝盖骨,他一直遭受了膝部硬化的痛苦,这种姿势尤其累人。一旦共产党人发现这个秘密,他们就会强迫犯人片刻不停地保持那种姿势达 84 个小时。为了让他站直,他们在他的脖子上套上了绞索,当他要前倾跌倒时,他们揪住他的耳朵和头发将其拉回原位。在卡万诺神父失去知觉前,他已神志不清了。"

神父希金斯讲述:①

"他们命令我坐在一把翻转的四条腿椅子上,因而,由于我的腿伸了出来,于是我的双脚被挂在另一把(同样翻转的)椅子上,然后在我绷紧的双膝上堆放很重的石头。"

但神父希金斯把吊起来形容为最痛苦的折磨:

"随着我的胳膊被绑在背后,我不得不登上一小摞砖,然后一名士兵用一根拴在我手链上的绳子拉起我的胳膊,并把绳子拴在一颗钉在墙里的钉子上,钉子稍稍高过我的头顶,随后石头从我脚下被踢开。偶尔你会认为你正被挂在深渊里,体重要把肩、肘和手腕撕裂,手铐钻进肉里,我痛苦地尖叫……"

这些折磨还要加上鞭打、棍打、用连枷打和踢打,目的是让你说出共产党理解的"真相"。

(五) 心理方法

1. 群众控诉会和聚众示威。条件作用过程的一部分采取在一群暴徒面前传唤被告的方式,在那里,对被告进行大喊大叫式的谴责。法伊神父描述了他被迫参加的群众控诉会(哭诉会)②的情形。

"我们在舞台的一边列队站在卫兵中间,舞台中央坐着许多城市官员,在他们面前摆着一个讲台和麦克风。我们直到控诉会开始才被允许坐下——当时'人民'中的一员要求我们站着'以便看到中国人民的力量'。我们站着并在接下来的三个小时一直保持站立以目睹'人民'的力量。

暴徒们要求神父们摘下他们的眼睛,该命令是'投票'决定的。然后'改革小组'的领导们登上舞台,发起了对法伊神父和其他牧师们的谴责。"

使用聚众示威是一种强有力的工具,利用它去恐吓单个人,并让他相信反抗是无用的。煽动这样一次针对被俘飞行员的暴徒狂乱是很简单的,这些飞行员被指责对平民发动了细菌战。

2. 制造孤立和抵抗无用的感觉。中共针对犯人所用的方法均在蓄意向犯人渗透一种孤立和无望的感觉。他被捕了,他被无限期地扣押,他未被提出任何指控,他没有辩护律师或忠告,他也没有任何援助与营救的希望,他被与外部世界彻底隔离,所有的补救渠道都被

---

① 原注:《路线报》(De Linie),1952 年 10 月 17 日。
② 原注:尤金·法伊:《活埋》,《生活》杂志,1952 年 9 月 8 日。

切断。然后,他终于被传唤到他的审讯者面前,屈从于一次审问、辱骂和折磨的冗长攻击,在这期间,警察、检举人和法官的角色融为一体。最后,犯人得出的结论是除了提供要求他提供的任何供词外,他别无选择。这个过程可能需要数月或数年,在这期间犯人被单独囚禁。一些受害人将会比其他人更早地得出这个结论,斯托克韦尔医生承认他招供了,因为他相信只有这样做,他才有希望逃脱狱卒的魔掌。①　其他人被关押的时间更长,直到他们的精神和肉体被摧垮。无论在那里,共产党决心要将其做法进行到底,最终的结果是同样的。

3. 利用犯人同伙作为诱饵和密探。被告被长时间单独监禁,然后在某些情况下,他与其他犯人一起被关进一间牢房,通常这些犯人都是中国人。这些同牢的犯人已经看到了共产党的光芒,他们已准备好、愿意并渴望帮助当局。他们劝诱的方式是建议被告只有自我批评和坦白,他才能有希望最终获释或得到较好的待遇。他们在牢房里开展洗脑活动,他们汇报被告的情况,同时向他传达加速其精神崩溃过程的报告、谣言和威胁。

4. 步调的调整：恩威并施。通过改变待遇能够极大地有助于招供的进展。如果犯人表现得乐于合作,那么他的待遇可以改善,可以允许他从外面购买生活福利设施,停止折磨并给予暂缓,他可以得到更多的休息,或得到较好的食物或更多的水用来洗澡,他被允许刮胡子和领受干净的衣服,有时向他虚假承诺他很快会被提审或获释。然后,这种承诺被撤回,并暗示如果犯人表现出一种更合作的态度,揭发更多的情况,那么一切将好转。通过在他面前许下亦真亦假的承诺,他能更有效地服从于其俘获者的目的,因为至此他已被制服了。

5. 强迫用文字自我揭发。在被告屈服于"软化"过程后,他被要求写材料,并被命令写出他曾经做的每件事,彻底交代他的整个过去生涯。希金斯神父被迫写出有关自己的材料,这些材料用打字机打出 500 多页,关于其他人的材料他写得更多。海耶斯医生被迫写下大量材料来给他自己的审讯做总结。在每次审讯后,这些手写材料都要上交,并作为更多新发现的基础。这个乱写阶段能持续数周数月,在对相同的情节进行撰写与重写时并未保存副本,一些差异必然悄悄混入,要对他们的叙述仔细搜索以发现这些矛盾,材料中的每个纰漏都被夸大并充分加以利用,无害的事实被扭曲、误解并放大到严重的指控。因而,希金斯神父连同数以百万计的其他人目睹了共军开进北平的事实就成为搜集军事情报和间谍行为的指控的基础。在海耶斯医生的案件中,传教人员拥有的一些普通无线电接收装置被扭曲为操纵一架强大的发射台从中国用无线电发送情报报告的指控。布赖恩有一位女婿在美国海军服役,这足以使他成为一名海军间谍。除了已描述的强制外,共产党利用每一个可以描述的伎俩来混淆和诱骗证人,他被告知同事已经招供,把所谓的控告文件在他面前一晃,而他是不可能看或检查这些文件的。在欺骗和谎言不足的情况下,他们总能依靠强迫来实现所渴望的结果。

6. 在获取招供证据中的谎言和骗术。他们交给希金斯神父一份中文起诉书,要求他将其译成法语。译文长达 17 页,在每一页上希金斯神父都被命令摁上他的手印和签名。译文

---

① 原注：弗朗西斯·奥林·斯托克韦尔医生 1952 年 12 月 9 日的宣誓书。

由当局保存,它被炫耀为一份已签字的"供词"。据报告,被告被命令大声朗读对他的指控——这是他写的,包括一份拒绝认罪的声明,不过在同时,他们已录制了一盒录音带,无罪的抗议被简单地删除了,剩下的录音带只是被告明明白白的招供。

三、结 论

英国作家爱德华·克兰克肖(Edward Crankshaw)很好地表述了从对共产党逼供手段的研究中合理得出的极好结论:[①]

"除了一小部分的例外,在他们的精神崩溃前,其身体就将死亡。正如我们所知,每个地方的男女能被彻底的身心疲惫完全阉割,并转化为一种震颤性的条件反射,不是勉强而是急切地扑向无形的折磨。"

除此以外,我们还可以加上维辛斯基(Vishinsky)先生的权威,他作为一名苏联起诉人阅历丰富,在第七届联合国大会上,他生动真实地说明了这一过程。他极力指责驻朝的联合国司令部对共产党战俘使用的那些伎俩,这在铁幕后边已是老生常谈,他在 1952 年 11 月 24 日的政治委员会上发言嘲弄印度的建议,印度的建议是战俘可以被带到非军事区,在那里他们将自由决定是否被遣返。他说:[②]

"那真是一首完美的田园诗:战俘走来了,他将发问,他将被告知……他可以去他想去的地方。太好了!但梅农(Menon)先生忽视了一小点:即那些已经历过了美国强制审查程序的严酷考验的中朝战俘将来到那个(非军事)区,由于残暴的审查程序,他们来时精神完全崩溃,他们将带着在那个过程中被植入的恐惧颤抖地走来,以至于他们完全不能问任何问题或期待任何回答——因为所有的问题均已问过,所有的答案均已提前出现。"

适当考虑到这种畸形的本末倒置,这可作为一位无可争议的权威对本主题所做的一次明确陈述。

O. S. S. /State Department Intelligence and Research Reports Ⅸ China and India 1950 -1961 Supplement,Reel Ⅱ, pp. 0004 - 0019. University Publications of America,1979

孔晨旭、张民军译,张民军校

---

① 原注:爱德华·克兰克肖:《共产党"招供"的技巧》,纽约《先驱论坛报》,1952 年 12 月 10 日。
② 原注:联大第一委员会第 529 次会议,1952 年 11 月 24 日。

国务院关于新中国政权性质分析的备忘录

（1954 年 5 月 14 日）

Far Eastern Notes 9

共产党中国的极权主义

（1954 年 5 月 14 日）

问　　题

中共一直宣称他们的政权是民主的，是真正代表中国人民的。本文件试图反驳这些主张，表明北平政权已建立了一种类似于希特勒-墨索里尼-斯大林模式的极权警察国家，通过该政权，包括共产党精英在内的少数几个人就能够把他们的意志强加于 5.75 亿中国人身上。

在四年半的统治中，中共政权已把中国大陆置于一个统一的、苏联型的专制政府之下，并且制订了旨在对中国生活的方方面面进行完全控制的措施。这种高度中央集权与独裁管理组织的主要特征是：

（1）命令可以直达到省、县和村以及所谓自治的少数民族地区的"一元"行政区域结构。

（2）"宪政"活动领域与"民间"活动领域的区别是前者由一个官方政府"管理"，而后者由拥有 2 亿多成员的近 90 个群众组织来"动员"。

（3）各种系列和层次的命令被一个"非官方的"精英集团——共产党加以整合了，共产党的领导和决策功能通过在所有正式组织与党组织中的一套党支部系统得以实现。

（4）一个检查、监督和威压的结构体现于治安力量与当地警察、军队与民兵、"治安委员会"与大量的非正式协会之中。

（5）发展了一个劝导体系，该体系包括运用法律的、经济的、社会的与心理的压力以及操纵一个广泛和高度协调的宣传机关。

共产党观念中的政府领域

对中共来说，政府是一个工具，不仅是为了政治控制或完成行政任务，而且还要执行一项改变传统社会价值和制度并创建一个全新社会的庞大计划。完成该计划制定的宏伟目标必然意味着政府活动和控制的一次庞大扩张,这就侵入了从前民间的或半民间的个人和团体活动的领域,这种国家行为的扩张要求一个庞大的政府机器,使其能够在空前的规模上动员和配置人力和物质资源。

结果在共产党中国,个人已没有人身安全,没有迁移的自由,没有独立的社会生活,无法免于任意的逮捕,对生计几乎没有选择余地,甚至连沉默的权力也被否定了。他必须坦白自己的缺点,检举家人和邻居,无论何地他都要屈从于铺天盖地的连续宣传——在他必须属于的组织中、在他的工作岗位上、在大街上,高音喇叭高声宣读最新指示和宣传路线。

为满足其计划所强加的要求,中共已建立了一个较从前任何一个中国政权更强大的政府机器,它在人员配备上更多、所涉社会团体的数量更广、控制程度更深。

随着他们扩大政府的官僚上层建筑,共产党通过尽量吸收各个少数民族和社会团体虚假地参与政府活动来努力扩大其社会基础。这种政策与党领导的"群众路线"策略相一致,由此,党试图在一个民主党派与类似大众化的群众组织的外表下掩饰其专制统治,到1953年,中共已组织了近90个各种"人民的"组织,参加者总数超过2亿人。

在共产党政权里,表面上被代表的众多政治和社会团体在政府事务中几乎没有真正的发言权,由于其弱小和软弱,他们很容易被共产党操纵、渗透和控制,导致他们致力于追随共产党确立的政策路线。此外,受权力地位的许诺而诱使其合作的许多前国民党人和无党派人士随后就被清算或被孤立于活跃的政治生活之外。因此,中共领导人已不满足仅仅增大政府的规模及扩大其基础,他们也企图创建一个更有效的中央集权控制体系,将这种控制深入社会,把政府的影响直接对准每位中国人,在过去相对不受政府控制的中国人现在已被极大地限制了其行动的自由。出于监督、生产和教化的目的,中共把所有的老百姓分组到各个基层单位,通过建立诸如"学习组"、"互助组"和"生产组"这类群众组织的组织技巧,共产党已获得了几乎无限的权力,它可以积极干涉数以百万计的人民的日常生活。

控制的一体化

这个国家机器的中心是中国共产党,它是一个由富有经验的职业革命家领导的组织严密、纪律严明的党,约有600万党员。这个党组织为政权提供方向和目标,给它前进的动力,协调与支持其多种多样的活动。由于不直接承担管理任务,党的统治是通过一个复杂的军事、民事和群众组织进行的,其中的每个组织都以多种方式与它相联系。党的核心领导人控制着国家机关各个部门的关键职位,提供政策指导和方向。党的地区和地方组织与政府的下级民事和军事机关平行,在每个领域内直接监督政府行为。普通党员被编入遍及军队、民事政府和群众组织的基层小团体中,传达党在重要问题上的路线,确保党的政策的贯彻执行。

中共政府的一个特点是它具有浓厚的军事色彩，在民事与军事的管辖界线间缺乏明确的划分。军队不受一个部级机关控制，而是受到一个最高军事机关——人民革命军事委员会（PRMC）的控制。党对武装力量的控制有几种方式：（1）通过党来支配人民革命军事委员会；（2）把可靠的党的官员分配到所有重要的军事职位和指挥岗位上，诸如中共军队的最高统帅和各级军区的指挥员；（3）通过一个附属于各级武装力量的政委体系；以及（4）在军队中通过建立党小组、支部和委员会，它们要对来自党的领导层的集中指挥作出反应并确保与党的政策相一致。政府的军事和民事分支机构通过党主导的中央人民政府委员会在最高层被整合为一体，党的其他各级资深官员在军事和民事的指挥链条上兼职，而且是协调和整合军事与民事活动的党的部委的成员。

检查、监督、威压

中共政权的权力源于暴力，其领导人誓言要消灭不服从其指挥的所有人。高压和镇压的工具包括军事的、准军事的和司法的机关以及为此目的而特别组织的庞大"治安"部队。

为了执行他们广泛的权力并打开与平民联系的领域，警察越来越依靠诸如街道或社区协会、专业与职业团体、城市的社会治安保卫委员会与农村地区的农民协会等辅助性组织。通过这些准官方机构，共产党能够把民众分解为可控制的团体，增加监督机构，并通过它们对每个人实施直接的压力。党员在许多这些组织中占据关键职位，所有事情均由共产党认为忠诚的人来管理。

在紧随共产党征服中国后一个阶段，中共并未实施严格的警察管制，为了赢得民众的信任并从而推动对前国民党组织的吸收，共产党发现遵循一项"慢慢走"的政策是有利的。但在共产党巩固了其军事征服并把国家的大部分置于其戒严令下之后，警察变得更残忍，镇压更严厉，为了"劳动改造"而建立了战俘集中营。

共产党仁慈的简短间歇甚至与最初的公开声明也不一致，毛泽东在其 1949 年 7 月 1 日的讲话——《论人民民主专政》中，已相当坦率地预见了共产党的手法：

"'你们不仁。'正是这样。我们对于反动派和反动阶级的反动行为，决不施仁政。我们仅仅施仁政于人民内部，而不施于人民外部的反动派和反动阶级的反动行为……"

1949 年 9 月 29 日通过的《中国人民政治协商会议共同纲领》甚至对不予容忍的那类人作了进一步的详细阐述，其第 7 条规定：

"中华人民共和国必须镇压一切反革命活动，严厉惩罚一切勾结帝国主义、背叛祖国、反对人民民主事业的国民党反革命战争罪犯和其他怙恶不悛的反革命首要分子。对于一般的反动分子、封建地主、官僚资本家，在解除其武装、消灭其特殊势力后，仍须依法在必要时期内剥夺他们的政治权利，但同时给以生活出路，并强迫他们在劳动中改造自己，成为新人。假如他们继续进行反革命活动，必须予以严厉的制裁。"

1950 年 7 月,北平发布了一项关于镇压反革命活动的指示,这为中共从肉体上清除反对派提供了一个类似法律的法令,也是中共到那时为止走得最远的一步。该指示特别批准对那些"武装反抗人民政府"的团体首领处以死刑判决,而没有上诉的权利。

1950 年 10 月标志着共产党第一年执政的结束,也标志着中国在朝鲜公开侵略的开始。中共稳步趋向更严厉控制的标志是对西方赞助的机构采取更公开的攻击方式,宣布扩充民兵以及更积极地努力扩大最高人民法院的地区分院。

巩固"革命秩序"的努力伴随着对外国国民和外国赞助的组织的更多公开攻击。12 月,共产党发起了对接受美国津贴的教育、宗教、商业和医疗组织的攻击,并加大了施加于单个美国公民身上的限制强度,以此对美国的禁运进行报复,在"抗美援朝"的口号下实施排外措施。

终于在 1951 年 2 月 21 日,北平用大喇叭公布了《惩治反革命条例》,该条例有 21 条,它为警察活动提供了一个"法律框架"。该条例在适用上溯及既往(一个类似于苏联法的特征),它们较管理警察工作的以前的所有指示更严厉。死刑、终身监禁或长期徒刑为一长列严重的"反革命犯罪"的清单开列了处方,那些"藏匿和保护反革命罪犯"的人要处以十年徒刑,对那些煽动分裂、搅乱金融市场或挑起"对征粮、收税、劳役、兵役和其他行政命令进行彻底抵制"的人处以罚金。其他没有列举的罪行适用于最后一款(也使人想起苏联的法律),它规定:以反革命为目的之其他罪犯未经本条例规定者,得比照本条例类似之罪处刑。

共产党解释需要新的、更严厉的措施,其理由是受朝鲜战争爆发的鼓舞,匪徒及其他颠覆性力量正在兴起,骚扰后方。

这些条例的颁布标志着正式开始了残忍与血腥的消灭首要"反革命分子"的历时五个月的运动。主要受害者是前国民党官员、早期背叛共产党的国民党军人、地主、知识分子、有海外关系(特别是美国)的中国人以及游击队员,来自一个东部沿海城市的目击证人报告说:"红色警车日夜不停地呼啸而过……载着将被屠杀的人。"

在 1951 年 10 月与 11 月,共产党要求实施更严格的行政管制,准备对那些自由职业者、商界与政界人士发动全面进攻,这些人是在之前的土改运动、"民主改革"及其他搜捕"反革命、帝国主义和反动"分子的运动中的漏网之鱼。不到两个月的时间里,在"反腐败与思想改造"的口号下开展了全国范围的激烈运动,公布了新的指示清单。这些针对自由职业者和商业团体的措施与另一场增产节约运动相联系,仍然体现了中共消灭潜在异议、摧毁所有苟延残喘的独立精神的更大努力。

在 1952～1953 年期间,共产党稳步加强了他们对中国大陆的控制,与此同时把"反革命"的定义逐渐扩大到包括不积极支持政权及其政策的每件事。土改热情的逐渐消退、偷逃粮食税、政府及工商业中的腐败——实际上任何间接妨碍了共产党计划执行的犯罪或疏忽行为——均可被视为反革命,不管其真实的意图如何,罪犯要遭受贴上那个标签所带来的严厉惩罚。

劝　　导

在一个基于认可残酷暴力的体制中，劝导发挥着美化国家政策的作用，发挥着引导那些还抱有人民的乐观情绪的少数人向国家期望的方向前进的作用。共产党通过中共政府结构中的一个主要管理机构——文化教育委员会来指导和控制宣传活动，该委员会的成员在政务院也任职，因此确保了宣传活动将反映政权的基本政策。

文化教育委员会协调教育部、文化部、卫生部、新闻总署、出版总署和科学院的行动，并通过这些部门对教育、文艺与科学的正统派学说以及信息的传播实施绝对控制。

和威压一道，劝导被中共用于：（1）帮助党巩固其对中国的控制，掩饰其极权与独裁的特征；（2）激励公众对政权的国内外政策的支持；（3）攻击中国的传统社会价值，为导致社会的完全集体化的其他变革奠定基础；（4）混淆和瓦解这些变革的所有反对派。

这些考虑的基础是共产党长期与最终的目标，即改造中国人的社会准则和态度。毛泽东在 1937 年写就并于 1951 年再版的《实践论》中阐述了党期待的目标：

"无产阶级和革命人民改造世界的斗争，包括实现下述的任务：改造客观世界，也改造自己的主观世界——改造自己的认识能力，改造主观世界同客观世界的关系。地球上已经有一部分实行了这种改造，这就是苏联。他们还正在促进这种改造过程。中国人民和世界人民也都正在或将要通过这样的改造过程。所谓被改造的客观世界，其中包括了一切反对改造的人们，他们的被改造，须要通过强迫的阶段，然后才能进入自觉的阶段。世界到了全人类都自觉地改造自己和改造世界的时候，那就是世界的共产主义时代。"

……①

O. S. S. /State Department Intelligence and Research Reports Ⅸ China and India 1950 –1961 Supplement, Reel Ⅱ , pp. 0093 – 0096. University Publications of America, 1979

孔晨旭译，张民军校

---

① 原文最后一段字迹模糊。——译注

国务院情报研究所关于中国佛教政策的情报报告

（1955 年 11 月 10 日）

IR 7081

中共的佛教政策

（1955 年 11 月 10 日）

摘　　要

尽管中共宪法含有保障宗教自由的条款,北平对宗教的政策却是削弱宗教组织的权力和影响,并把它们置于严格的国家控制之下。为此,中共已系统地渗入佛教机构,并以各种手段来极力削弱传统佛教机构和组织的影响。

报　　告

中共对宗教与宗教团体的政策已在理论和实践上显现出了巨大的差距。在理论上,宗教自由在中共政权于 1954 年 9 月通过的宪法中得到保障,然而实际上中共对宗教的政策仍依据列宁主义的观点,即宗教是"人民的鸦片",它违背了马列主义的"科学真理"。

一般而言,中共不对宗教实行直接的迫害。替代直接迫害的是北平政权遵循另外的政策,这些政策旨在削弱有组织的宗教团体的权力和影响,并把它们置于严厉的国家控制之下,宗教团体只有在接受中共领导的政治规定下才被容忍。

到此为止,相对于中国的基督教团体,中国佛教徒显然受到了不甚苛刻的处置,这可能是因为中国的佛教徒组织(除西藏外)的组织化程度相当弱,与西方没有联系。然而,佛教寺庙并未逃过共产党政权的迫害。

……①

O. S. S. /State Department Intelligence and Research Reports Ⅸ China and India 1950 –1961 Supplement,Reel Ⅱ , pp. 0417 – 0418. University Publications of America,1979

孔晨旭译,张民军校

---

① 　原文此处三段字迹模糊。——译注

第二部分 政权机构的调整与政权的稳定性

3－10

国务院情报研究所关于1952年中国政府机构调整的分析报告

（1952年12月5日）

IR 6116

安全信息

中共政府结构的重组

（1952年12月5日）

摘 要

1952年11月15日，作为共产党中国的最高行政机关的中央人民政府政务院在北平颁布措施，要求在1952年年底前对中共的国家机器实施重大改组。根据官方的新华社消息，这些变化旨在统一与集中中央政府的领导，以"迎接新的全国形式与1953年开始的即将来临的大规模全国范围的计划经济建设的新任务"。新华社也宣布"省级与市级政府也将加强，以强调在这些岗位上的领导责任……"。

在重组中，预料中的最重要的变化是设立国家计划委员会，它由17名重要的共产党员组成，包括3名政治局委员与其他9名中央委员。① 这个新的计划机构是唯一的完全由共产党员组成而不含有"民主人士"的主要中央政府机构。国家计委很可能将成为一个强有力的权力机关，它将承担指导共产党中国的国内计划包括它最终的"社会主义"发展的重要职责。

---

① 中央人民政府国家计划委员会的组成人员：主席：高岗（时任中央人民政府副主席），副主席：邓子恢（时任中南军政委员会副主席），委员十五人：陈云（时任中央人民政府政务院副总理）、彭德怀（时任中央人民政府人民革命军事委员会副主席）、林彪（时任中央人民政府人民革命军事委员会副主席）、邓小平（时任中央人民政府政务院副总理）、饶漱石（时任华东军政委员会主席）、薄一波（时任中央人民政府政务院财政经济委员会副主任）、彭真（时任中央人民政府政务院政治法律委员会副主任）、李富春（时任中央人民政府政务院财政经济委员会副主任）、习仲勋（时任中央人民政府政务院文化教育委员会副主任）、黄克诚（曾任人民解放军湖南军区司令员，1952年10月，调任人民解放军副总参谋长兼总后勤部部长和政治委员，主管全军后勤工作。）、刘澜涛（时任中央人民政府政务院华北行政委员会主任）、张玺（曾任中国共产党河南省委员会书记）、安志文（时任东北人民政府工业部副部长）、马洪（曾任中国共产党中央东北局副秘书长）、薛暮桥（时任国家统计局局长）。——译注

另一个重要的变化是一些地方部门与局署的责任被转移到中央政府的部委,在大行政区建立了中央任命的"管委会",这显示了之前在地方实施的广泛权力被急速削减。

重组是一系列最近步骤中的最新动作,这些步骤明显是在为及早开始的综合性的全国范围的经济计划,可能是以五年为基础的经济计划做准备。而且,重组似乎旨在取得中共管理的更大一致与集中,进一步实现在中国的大部分地区从军管转为民政。

中共政府结构的重组

1952 年 11 月 15 日,共产党中国的最高行政机关中央人民委员会宣布了一系列措施,这些措施包括中共政府结构在组织方面的广泛变化。这些措施中规划的重组预定在 1952 年底前完成。

这些措施的全部愿意尚未明确,但所有的迹象似乎指向加强中央与省级政府的权力与责任,剥夺以前赋予的大区行政机构的广泛权力与职能,这些大区行政机构成立于 1948~1950 年间,曾作为中央与省级行政部门间的一个中间机构。

一、变 化

(一)国家计划委员会

在国家层面上,最重要的机构变化是设立被称为国家计划委员会的最高级的计划机关,国家计委由中共的政治局委员高岗领导,高岗迄今为止是共产党在东北的第一负责人。这个新机构大概取代了政务院下属的财经委的中央计划司,它的设立似乎在行政层次上把中央政府的计划职能提高到一个更高的水平。

新的计划委员会不同于中央政府的其他重要机构的一个显著特点是它没有包括粉饰门面的"民主人士",完全由经验丰富的共产党员组成。(在计委的 17 名成员中,3 名是政治局委员,其他 10 名是中央委员。)这种党的一流领导人的高度集中显示了计委可能将被赋予在政府活动的各方面的广泛权力与职责,这包括设计中国的经济发展,用共产党的行话来讲就是它最终"转向""全面社会主义"的阶段。

我们按照他们在其他政府机构兼任的职位来对计委的人员配备做一分析,该分析显示了他们在中央与地区的高层管理机关的广泛代表性。他们体现在:

两位政务院副总理

政务院下属的财经委的主任与三位副主任

政务院下属的政治法律委员会的一位副主任

政务院下属的文化教育委员会的一位副主任

除了主要关心民政的这八位成员外,计委的三位成员主要负责军事事务,其中两位是人民革命军事委员会的副主席,而另一位最近被任命为副总参谋长。六大行政区都有代表,其中四个委员职位分配给了曾在中国的工业中心——东北任行政或党务职位的人员。

计委的结构将暗示它的职能之一将是协调最高行政机关——政务院与最高军事机关——人民革命军事委员会的工作。到那时,计委将不仅仅限于经济计划,也包括军事事务、文教事务与法律事务等领域的计划。

(二)其他国家机关

除国家计委外,还成立了另外三个国家机关——由前教育部部长马叙伦①领导的高等教育部、由共产党的贺龙将军领导的国家体育运动委员会与由政治同路人楚图南②领导的扫除文盲工作委员会。这三个委员会似乎没有国家计委重要,可能在国家的权力阶层中占据类似于政务院下属的那些通常的部委所拥有的位置。

高教部似乎是这三个部委中最重要的,它的设立可能是中共受日益关注的问题所刺激,该问题就是建立一个受过专门培训的技术与科学人才的蓄水池,以用于未来的经济与科学发展。

扫盲委员会可能是暂时性的"工作委员会",用以指导提高识字率的一个全国运动。③

体委可能将具有苏联与东欧卫星国的类似机构的那些职能,可能将负责开展全国体育事业,安排与外国运动员的交流,派遣运动队参加国际竞赛。

(三)地区委员会

在地区一级,在中国本土(华东、西南、西北与中南)设立的四个军政委员会与东北的"人民政府"将被中央任命的称之为"行政委员会"的民事机构所取代,这些行政委员会可能在结构与职能上类似于1951年12月成立的华北行政委员会。同时,以前对应大行政区的行政部门的一些业务部门将被直接对应于北平的中央部委。

大行政区的行政部门中的中间层(即负责财经事务、政法事务、文教事务与监察的分委员会)将予保留,他们与新的行政委员会的关系将类似于他们之前与旧的大行政区委员会的关系。最高法院与检察署的地方分支机构将不受重组的影响。

(四)省级权力的加强

在省级层面,发生了两处主要变化。华北的两个省——察哈尔与平原被撤消了,它们的

---

① 马叙伦(1885～1970),浙江杭县(今余杭)人,教育家、书法家与民主革命家,1949～1952年任中华人民共和国教育部的第一任部长,1952～1954年为第一任中华人民共和国高等教育部部长。——译注

② 楚图南(1899～1994),云南文山人,早年加入共产党,以中学教师为职业掩护从事党的工作。1930年底被捕入狱,1934年出狱后与党失去组织联系,但继续坚持革命民主活动,1942年开始参加中国民主政团的活动,1948年底进入解放区,次年出席新政协第一届全体会议。建国后先后担任西南军政委员会委员,文教委员会主任、文教部长,同时担任民盟中央西南特派员、民盟西南总支部主任,1953年调任中央人民政府扫除文盲工作委员会主任。——译注

③ 原注:1952年8月发动的一场消灭文盲的运动,华北行政委员会的主任刘澜涛在1952年8月5日的一份报告显示消灭文盲的运动最初将集中于基层政府职员与"百分之八十多的文盲或半文盲产业工人"。(北平《人民日报》1952年8月26日)

版图被重新调整到河北、河南、山西与山东省。平原省的撤销取消了共产党在中国本土设立的唯一新省份。① 同时,省级政权巩固的过程已经随着单独的江苏省政府的组建而完成,江苏之前是由两个单独的行署管理的,这场省级政权巩固运动始于 1952 年 8 月的四川与安徽的重新统一。

这些省级行政机构的调整似乎显示了中共方面的一个大趋势,即回到国民政府统治时期就业已存在的传统省级边界。同时,九个省的主要官员被重新调整,这是一次可能与当前加强省级领导权相关的人员大变动。

二、管理调整的意义

(一) 国家计划的筹备

在很大程度上,政府组织中的上述变化显然是为了促进全国范围内的中国经济管理与发展。到目前为止,部分原因是共产党的计划在全国总体上的不平衡发展,计划一直是地区性的以及与特殊行业相关的计划,而不是适合于国家的计划。中共几乎没有致力于整合各地方政府的经济活动,这些地方政府的经济活动几乎总是以一个独立的经济体运行,每个经济体都有其自己的生产与贸易体系。

地区性的计划编制在满洲最先进,那里的经济管制比其他地区更深远,那里自 1948 年起生产目标都要每年规划。但从 1950 年起,共产党中国的其他一些地区也宣布了其年度生产计划,制订出了最主要的工农业产品的国家商品生产目标。显然,只有在本年度才能制订出这种类型的更长期的计划,因而同时宣布了始于 1953 年的满洲五年农业发展计划与中南地区的灌溉发展计划。华东的情况是一个四年的总体经济发展规划预定于 1952 年末开始实行。

按照北平对计划编制问题的逐步解决,1952 年夏的发展事态预示了当前的行政机构调整,这显示了中央政府的经济职能日益专业化,日益强调经济活动的统一与集中的必要性。这些发展事态最显著的是增加了五个处理经济事务的新的中央部委——粮食部、地质部、建筑工程部和两个机械工业部。同时,贸易部被解散,其职能被分配给两个新的部——曾山②领导的商业部与前贸易部长叶季壮③领导的对外贸易部。这些新部的人员配置显示了可靠的共产党员占很高的比例,他们多数是特殊的经济或技术领域的专家。

与这些部委的调整相伴而来的是共产党领导人的公开声明,即强调中国的经济管理必须进一步集中与统一。东北(满洲)的一位重要的共产党官员李富春要求"通过集中与统一

---

① 原注:1952 年 11 月 16 日新华社的一份官方报道暗示,平原省的撤消与其版图的重新调整可能与华北地区的治河工程有关。

② 曾山(1899～1972),江西吉安人,土地革命时期在赣南地区和中央苏区从事革命活动,抗战时期在中共东南分局、苏南地区与华东局工作,建国后,被任命为政务院政务委员、财经委员会副主任、纺织工作部部长。1952 年出任中央财经委员会副主任兼商业部部长。——译注

③ 叶季壮(1893～1967),广东新会人,1929 年参加了百色起义,曾任红七军政治部主任、红军总后勤部部长兼政委等职。抗日战争中任八路军军需处处长、八路军总后勤部部长兼政委,解放战争中任东北人民政府财政部部长,建国后担任对外贸易部部长。——译注

在生产、计划、原料调配与管理方法方面的工作,"来加强工业管理。① 同时,财政部长薄一波表示需要进一步紧缩财政管制,需要对"重大建设工程"进行更有力的指导。②

8月,在薄一波就1952年的预算进行汇报时,他说中国的经济状况已"根本改观",经济稳定的基本条件已提前一年实现,已达到这种经济稳定的阶段,薄声称中国现在差不多准备开始一个经济进步的新阶段,他简要地把这个新阶段描述为"长期、大规模的经济建设"之一。这份声明与共产党高层领导人的其他声明显示中国(据他们看来)现在已达到经济发展的一个重要转折点,因此按照国家计划的现在与未来要求,需要对管理模式进行重新评价。

中共的官方评论充分解释了中共领导人对经济计划的这种日益关注与重组当前的管理之间的关系,伴随该评论的是中央人民政府委员会在11月15日决定的声明:

"为了适应一九五三年即将开始的全国大规模的有计划的经济建设与文化建设的新形势和新任务,中央人民政府对各项工作的领导,应该更加统一与集中,中央人民政府的机构应该大大地加强;同时,省、市级人民政府的组织也应加强,以加重省、市级领导的责任……"③

(二) 中央政府直接控制的延伸

现在的重组明显是北平迈向权威与管理控制的中央集权化的一步。在新的管理体制下,中央政府将在每个大行政区设立特别的管理局,这些管理局将接管以前赋予大行政区管理机关的许多权力与职能。

设立在大行政区的新的行政委员会可能比旧的大区政府要小得多,也不太复杂,他们的权力与职能将更有限。在许多重要事务方面,他们可能会被中央政府的部委及其地区的管理局绕开,部委及其地区管理局将不必通过大区行政委员会而直接与省市级政府打交道。这似乎是迈向行政过程更加简化的一步,也是迈向建立以中央政府为一方与以省市政府为另一方的直接工作关系的一步。

(三) 迈向更大统一的一步

重组也可以被解释为朝向更加统一的地区模式的一步,迄今各地区在其发展中呈现出不均衡、局面各异的现象。东北地区由一个选举产生的"人民政府"管理,华北地区的"人民政府"已被一个"行政委员会"所取代。中国本土的其他四个区则由半军事委员会所控制,这种半军事委员会由北平集中任命,但也留有自治行动的余地。现在的重组计划要求在各地成立由中央任命的"行政委员会",因此这是实现一个统一的地区体系的一步。

(四) 从军管向民管的转变

地区重组也可被视为从军管转向民管的一步,显然早在1950年党的领导人就考虑过这

---

① 原注:新华社,1952年9月29日。
② 原注:《人民日报》,1952年8月26日。
③ 原注:新华社,1952年11月16日。

种转变。1950 年在华东、西北、西南与中南成立了军政委员会,那时,军管阶段被显示为一个暂时的阶段,当完成土改、恢复了公共秩序后,就要最后终止军管。①

O. S. S. /State Department Intelligence and Research Reports Ⅸ China and India 1950 –1961 Supplement,Reel Ⅰ,pp. 0786 – 0795. University Publications of America,1979

张民军译、校

---

① 原注:正如刘少奇宣称军管阶段终止的条件是:(1) 土改结束;(2)国内军事行动的结束;(3)反革命代理人的消灭;
(4) 全国范围内的"群众组织"与"人民会议"的建立。

中情局关于中国领导层与接班问题的分析报告

(1964 年 3 月 20 日)

SC 00611/64B

秘　密

中共领导层与接班问题
(1964 年 3 月 20 日)

　　那些统治共产党中国的人全是第一代保守的党的革命家。在他们寻求解决中国难以处理的问题的责任异常沉重之际,这些资深公民开始失去活力。政治局——党的精英统治集团——中的 18 名委员多数已 60 或 70 多岁,所有这些委员的党龄至少 30 年。他们多数在抗日战争与解放战争中一起出任政委或军事指挥员。他们都是强烈的民族主义者,似乎对共产主义的好战色彩深信不疑,但一些人似乎在某些特别的问题上采取一种稍微温和的方法。

　　领导层内部的分歧看来不会大到当毛泽东去世或完全退休后会爆发一场权力斗争。即使如此,因为其他领导人不具备毛的地位与威望,他的一元化感召力的丧失可能会带来一个时期的混乱,其特点是削弱性的清洗。该政权深深关注着接班问题,因为毛——他在 1963 年 12 月 26 日已经 70 岁了——近年来在精神与身体上已经衰弱。

　　毛指定的接班人是刘少奇,他已担任政府——但不是党的最高职务。在刘少奇之后,接班路线明显指向党的总书记邓小平,他是激进集团的一员,该集团控制着党的机器——共产党中国的主要权力机关。

　　外界对第二梯队的情况几乎一无所知,他们填补仅次于政治局的官僚机构中的高级职位,这暗示着他们可能与其上级一样专注与偏激。据报道,他们的核心是一个多达 800 人的群体,他们参加了 30 年前的那次长征,当时毛被从他在华中的根据地赶到了西北的延安。当时,这些人多数是下级军官,现在他们年近 50 或 50 多岁。一位北平的西方外交官评论道,第二梯队的领导人在其整个生涯中都服从于教化与严格的党纪,在与外界的联系方面甚至比最高领导层更加隔绝。

领导层的稳定

　　北平引以为豪的是领导层相对稳定的纪录。因为这个纪录,据称中国比苏联更适合领导世界共产主义运动。毛泽东自 1935 年起就是中共无可争辩的领导人,他在中共 1921

年成立时就是党的发起人。刘少奇与周恩来自 20 年代中期以来就身居党的领导层。在目前的权力等级中位居第四的邓小平相对而言是个新人,他在 30 年代进入前列,于 1956 年晋身常委——那个超级政治局。

尽管高层的变动的确很小,中国人还是通过简单的安排试图使这种变动看上去更见微小,那就是除非他们去世,否则不会把不活跃的成员剔除出政治局。几位政治局委员由于年老、生病或失宠而不活跃,不过,甚至在 1959 年被革职而明显失宠的前国防部长彭德怀仍位列政治局委员。

照片 《毛泽东同志和他的亲密战友》①

除了他们职位的长期稳定外,中国最高领导层的另一个特点是在面临内外问题时他们能够形成统一战线。在某种程度上,这个特点反映了毛泽东选择下属总是很谨慎,而且也是他能够鼓励忠诚的一份回馈。在过去的 25 年里,只有核心集团(毛的最亲密副手)的三位真正成员被从有影响的职位上清除,他们是 1953 年被清洗的高岗、在 1959 年同时失宠的彭德怀与顶级经济专家陈云。

偶尔有关派别活动的报道似乎实质上是基于推测的猜想。这种派别活动是由严格守纪的集团在积极竞争的意义上展开的,这种推测认为一定有一些领导人认为毛发动大跃进与挑战苏联的决定是不适宜甚至是灾难性的。然而,这些有限的可用证据并不表明观点的不同已经演变为派别活动。

尽管该政权的反苏立场对中国的国家利益形成损害性的影响,却得到了毛所有的亲密下属的强烈拥护。苏联自己承认他们几乎找不到中共高层愿意和解的迹象,苏联对中国的言论抨击已经点了毛、刘与周的名,表明莫斯科看不到鼓励中共高层分裂的可能。在对内宣传上,莫斯科暗示中国领导人现在敌视苏联的原因之一是在过去的岁月中,毛已直接清洗了任何成为苏联朋友的领导人。

分　歧

毛对任何重大政策路线的持久反对从未容忍过,而且现在也不存在积极反对的迹象。然而高层领导早已展示了喜怒无常的分歧,这往往把他们截然区分开来,虽然不必分为激进与相对温和的对立集团。这两个集团的影响能够在当前的国内外政策中被发觉,其国内外政策是一种教条主义与实用主义相折中的混合物。

由刘少奇与邓小平领导的激进集团近年来已经明显地占据了主导地位。它牢牢控制了党

---

① 原注:中共的团结在这张广为展示的全体常委的照片中得到了强调,这幅照片题名为《毛泽东同志和他的亲密战友》,从左到右依次是党的元老朱德、总理周恩来、靠边站的陈云、刘少奇、毛泽东、党的总书记邓小平与长期患病的林彪。(照片略去。——译注)

的机器，往往是毛喜欢的集团。这个集团的人持有原教旨主义者的好战观点，在许多方面像斯大林。他们本质上倾向于雄心勃勃的工业化目标，但是1960与1961年连续的经济灾害使得他们不情愿地从这种目标后退，把重点放在安全与意识形态问题上。因此，他们通过开展反对"阶级敌人"的运动与清除军队与党内的不可靠与动摇分子，全神贯注于保护他们所认为的真正马列主义，"阶级敌人"在他们看来仍是一个主要的威胁。他们对苏联领导人的敌视有几分是源于表面上的深信，即苏联是意识形态的倒退者与世界共产主义运动的叛徒。

周恩来似乎领导着一个温和的集团，在政治局层面，该集团被认为包括外交部长陈毅、财政部长李先念与政权的最高经济发言人与计划者李富春。（它也包括未失势前的陈云）把周形容为一位温和派，应该考虑到这个事实，即作为总理的他，不允许像党的其他领导人那样有更多的机会去表明自己的意识形态狂热，而且他总是忠实地支持甚至非常激进的毛的政策。然而，从他公开与私下声明的长期纪录来看，他显然一贯不如毛、刘、邓那样诉诸激进的解决方法。

周的实用主义——当他被允许实施的时候——给领导层提供了一个有用的平衡。他比其他人更愿意修改那些运用于中国的非常不切实际的教条。例如，在承认人口过剩对中国而言是一个长期严重的问题上，在正统的马克思主义者看来只有在资本主义社会，人口过剩才会成为问题的争论中，周显然比其他领导人更易理解这一点。周是唯一曾公开支持生育控制的最高领导人，他也是1963年开始的计划生育运动的主要支持者。这个运动一定得到了其他领导人或者至少毛的暗中支持，但同时这些人无疑比周在该运动的反马克思主义的污点方面更敏感。1963年9月，苏联的宣传机关利用这点指责当前的中国人口控制措施，包括男性的绝育是"与马克思主义的方法相矛盾的"。

周恩来比他的同事们更久经世故，对外部世界知晓得更多。结果，他对外国人有特别的说服力，对中国的知识分子有特别的吸引力，这些特征是与他在政治局中最重要的副手陈毅所共有的。长期以来，周与陈在展示着一种为中国在海外创造友善氛围的才能。对照他们最近对非洲与南亚的成功访问，则去年春天刘少奇对东南亚的出访旅程就显得平淡、无效。毛从未出访过一个非共产党国家，邓小平自从他在巴黎的学生时代结束后也是如此。当政权想安慰知识分子时，周与陈经常被选为政治局的代言人代表政权出场。

周近年来自发地反对苏联可能主要是基于民族主义的考虑——即，在领土争端中、在苏联极力控制中国的外交政策与军事力量方面、在苏联拒绝支持中国反对印度与美国方面。他虽然反苏，但他不可能在争论的意识形态方面像毛、刘与邓一样感觉强烈，他也不可能认同他们对莫斯科的领导层的论断，即莫斯科正让苏联危险地倒退。苏联的官员说他们更愿意与周而不是毛或刘打交道，因为他更灵活与睿智，这点反映在苏联的宣传上，他们对待周不像对待毛或刘那样粗鲁。

逐渐年迈的领导层

最高的领导们可能各有差异，但他们有重要的一点是共同的：他们都是保守的第一代共产党人,他们正在接近一个年纪,即他们必须认识到新一辈的领导人即将来临。领导层的最新成员于 1958 年当选,自那以来,两位政治局委员已经去世,其他几位因年龄太大不再发挥积极作用。后者包括党的元老朱德与董必武、落伍的元帅刘伯承、可能还有元帅贺龙。56 岁的国防部长林彪是政治局最年轻的委员,他患有慢性肺结核。鉴于他们的年龄,即使那些仍活跃的领导也将因疾病困扰而日益边缘化。最高经济发言人李富春在 1963 年莫名其妙地长达五个月没有公开露过面,可能是他生病了。

毛泽东的精神与身体健康状况已被讨论了多年,他的健康状况与中国的国内政策及中苏关系密切相关。虽然北平的宣传机关一直把他描绘为精力充沛与身体健康,但有力的证据显示他在 1950 年代中期生了几次病,可能包括一两次中风,自 1957 年以来,他在身体活力与精神敏锐方面已显著下降。在 1960 与 1961 年,莫斯科发起一场反毛的谣言运动,表示他正在衰老。他经常公开露面——自 1962 年以来已减少了——以掩饰指责。然而,可能莫斯科认识到轻视其对手是危险的,已经放弃了这种攻击路线。毛看上去相当健康,然而他对细枝末节的掌控看来在下降,他的领导权显然不容争论。

毛衰老的最好证据除了在 1957 年后他在国内与反苏政策决策上显示出的差劲判断外,还在于他的多产纪录。毛曾是有力的演说家与多产高效的作家,但自 1957 年以来他没有重要的作品问世。(虽然莫斯科现在断言他就是 1960 年 4 月发表的那篇关键的反苏论战稿——《列宁主义万岁》的作者,他可能只是给他的写作班子提供了一个论战的大纲而已。)毛最近署名的主要文章是在 1956 年,他最近做的一次公开讲话是在 1957 年 11 月,自那以后,他只是偶尔向闭幕的党的会议致辞。

欢迎外宾与给外宾留下印象已成为毛首要的也许是最有用的活动。通常他不向来访者说什么,主要依靠他的存在与威望打动他们。当他确实详细要谈的时候,他反倒令人印象淡薄。例如,印度尼西亚外长与毛于 1963 年 1 月会谈了 90 分钟,印尼外长报告说毛说话缓慢,且有困难,似乎对时事不熟悉,经常不得不就一些事实向其顾问发问。

自 1957 年以来,北平已经出版了大量毛在 1949 年前所写的关于政治与军事教条的著作,这作为对作者伟大的一个暗示。然而,毛在 1958 年 6 月发表了一篇一页长短的文章后,一直没有新的作品问世。直到 1963 年年中,他才开始发表一些谴责美国政策各方面的简短个人声明,发表的这四份声明全是一系列的陈词滥调,它们分别抨击了美国对美国黑人的待遇(1963 年 8 月 8 日)、美国在南越(1963 年 8 月 29 日)、美国在巴拿马(1964 年 1 月 12 日)与美国在日本(1964 年 1 月 27 日)的行动。[①] 另一次显示毛依旧有创造力的尝试是党报《人民日报》于 1964 年 1 月 4 日发表了他的 10 首短诗,其中 9 首标注的日期是在 1958 年后,旁边是一幅描绘毛非常健康的大照片。

---

① 《毛主席接见非洲朋友发表支持美国黑人斗争的声明》(1963 年 8 月 8 日)、《反对美国—吴庭艳集团侵略越南南方和屠杀越南南方人民的声明》(1963 年 8 月 29 日)、《毛泽东主席对〈人民日报〉记者发表谈话中国人民坚决支持巴拿马人民的爱国正义斗争》(1964 年 1 月 12 日)、《毛主席就最近日本反美大示威发表谈话中国人民支持日本人民伟大的爱国斗争》(1964 年 1 月 27 日)。——译注

中国共产党的政治局
(按党内地位排列)

常务委员会

委员	年龄	主要角色	最高职位
毛泽东	70	党	主席,中共中央委员会
刘少奇	66	党	主席,中华人民共和国
周恩来	66	政府	总理,国务院
朱德	78	不活跃,年老	委员长,全国人大
陈云	59	不活跃,失宠	无
林彪	56	不活跃,疾病	军委委员;国防部长
邓小平	64	党	总书记,中央委员会

董必武	78	不活跃,年老	监察委员会书记
彭真	64	党	中央书记处书记;中共北平市委第一书记
陈毅	63	政府	外交部长
李富春	64	政府	国家计委主任;中央书记处书记
彭德怀	65	不活跃,失宠	无
刘伯承	72	不活跃,年老	军委委员
贺龙	68	不太活跃,年老	军委委员
李先念	57	政府	财政部长;中央书记处书记
柯庆施	64	党	中共华东局第一书记;中共上海市委第一书记
李井泉	59	党	中共西南局第一书记
谭震林	61	党	党的书记处书记;国务院农林办公室主任

候补委员

乌兰夫	60	党	中共内蒙古自治区第一书记
张闻天	66	不活跃,失宠	无
陆定一	63	党	中宣部部长
陈伯达	59	党	中宣部副部长
康生	65	党	中央书记处书记
薄一波	57	政府	国家经委主任

接 班 问 题

像中国这样的极权主义政体从历史上来讲就在安排政权有序转移上存在困难,北平似乎意识到它将很快不得不应付这个问题。政权承认它最关注的问题之一是当第一代人去世后保持革命精神与防止它宣称的苏联已经发生的那种倒退。

北平一直在专心地挑选一位毛的直接接班人,一直尝试培养可以依靠的继续执行其政策的第二代领导层。毛公开指定的接班人是刘少奇,刘自1945年以来就是毛在党内的第一副手。(北平)在1959年采取了加强刘的声望的重要一步,那年毛把中华人民共和国主席的职位让给了刘——而保留了党的主席这个更重要的职位。虽然国家主席的职责很大程度上是仪式性的,但是这次转让通过把他确立为名义上的国家元首与授予他迄今只有毛独自使用的"主席"称号,加强了刘的威望。

刘作为中国仅次于毛的最重要的意识形态代言人,除了毛,要求党员阅读其著作的唯一中国人就是刘少奇。可供学习的主要文件是一本刘于1939年写的小册子《共产党员修养》,该书于1962年被掸去灰尘,以修订版再次发行。普通党员被告知在这部著作中,刘对马列主义作出了"杰出的贡献"。当前发起的一项运动是要求党的官员学习刘于1963年10月的一篇讲话,这篇讲话抨击了"现代修正主义"与苏联。这篇被北平广播称为"重要的"讲话并未发表,可能是因为它太过火了,将会给莫斯科的宣传机构提供指责中国领导人过分好战的口实。

刘几乎没有明显的领袖特征。他是一位平淡的、缺乏幽默感的人,也没有毛的超凡魅力。自从与刘密切相关的大跃进政策在1960年遭到惨败以来,他已不再公开谈论国内的经济事务,有迹象显示他已变得痛苦与惧外。据说一些苏联人把他作为所有中国领导人中最不妥协的反苏人士,刘1963年对北越与北朝鲜的访问是其强烈反苏演讲的场合,与刘会谈的非共产党人士经常会听到他针对印度与美国的长篇大论。

因为现年66岁的刘几乎与毛一样年老体弱,政权面临着确立接班路线上的第三人的问题。多数的西方观察家,包括驻北平的外交官,相信在毛与刘之后,接班人将传给党的总书记邓小平,而不是传给他名义上的上级,相对温和的周恩来。邓似乎受到毛与刘的喜爱,他在党内处于有力的地位,可能包括对秘密警察的管理,他比周要稍微年轻一些。

虽然老革命们可能还会掌控几年,但他们将很快不得不开始接纳年轻的领导人进入决策者的核心圈子。他们可能不情愿这么做,因为他们不信任那些尚未完全分享其革命经验的人。近年来,几乎没有新的血液进入党、政府或武装部队的最高梯队。

我们几乎对构成下一代领导人的个人一无所知。关于他们特性的看法差异很大。北平已嘲笑美国的预言,即当年青一代掌权后领导层的态度可能会软化。然而在面对国内听众的宣传中,显然北平担心新的领导层将是一个相对实用主义的集团,该集团趋于把国家利益完全放在意识形态的考虑之上。当运用于新一代领导人身上时,这些担心将会应验。然而,领导层的第二梯队的核心仍由第一代人组成,他们是1930年代初的长征中的低级军官。一位驻北平的西方大使相信这个第二梯队就像现在负责的梯队一样教条。他注意到第二梯队的领导人甚至与外部世界的联系更少,完全在党组织的思想教育氛围中成长。

尽管北平小心谨慎,但接班问题的结果可能是混乱无序的。人们一直乐意掩盖他们的分歧以便在毛的领导下工作,所以他们可能不愿接受一位有着不同看法的给人印象不太深刻的人的领导。一位不稳固的新领导人可能会感到(正如赫鲁晓夫那样)他不得不迅速行动来清除潜在的反对者。

一个不稳定局面可能会以几种方式出现。迄今为止,毛的权势可能在削弱,刘尝试着在毛愿意自动退休前把他晾在一边。即使刘按照预定的安排接班,他可能会遇到邓小平——一位可能不愿意坐等其接班顺序的野心勃勃的人——的挑战。刘或邓也可能会受到周的挑战,虽然这似乎不可能。周总是给人这种印象,即他满足于发挥一种从属的角色,但他可能被迫为了甚至保持这种地位而投入自卫的争斗。刘与邓可能会轻易地赢得这么一次竞争,因为他们控制着关键的权力工具——党的机器与武装力量——但也存在一种可能性极小的机会,即在一次党内的争论中,周可能会获得温和势力特别是军内温和势力的充分支持,压倒刘与邓掌控的力量。

无论如何,在未来的几年里几乎不存在中国领导层恢复生机的前景,而这个复兴的过程只有到毛泽东离开舞台后才能开始。然而毛的去世可能会导致一场旷日持久的权力斗争,会出现派别活动以及可以想象得到的削弱国力的清洗。

附录

管理共产党中国的人

毛泽东

毛,中共父亲般的人物,一位被广泛爱戴的仁慈与睿智的领导人。在党内,他被称誉为中国历史上"最伟大的革命家与政治家",当今世界上杰出的马克思列宁主义者。

毛是一名中农的儿子,1893年出生于中国中部的湖南省。他于1921年帮助创建了中国共产党。他在随后的几年里发展了现在与他名字相联的理论,即在像中国这样一个农业国家里,农民的支持是至关重要的。毛的看法受到了党的领导层的反对,他们按照苏联的建议行事,他们试图通过组织城市无产阶级来夺权。在随后的党内斗争中,毛最终于1935年赢得了胜利。

之后,从建在中国西北群山之中的延安根据地出发,毛指挥他的农民军队从事抗日与反对国民政府的战争。1949年,他成为共产党中国的第一任国家元首,1959年,这个职位传给他指定的接班人刘少奇。毛保留着更有权力的党的主席一职。在中国的外交官与难民报告说尽管有1958~1960年所采取的决策的灾难性后果,毛的威望仍旧很高,在那些年里他发起了激进的经济政策并挑战苏联。

毛的唯一国外出访是1950年与1957年访苏。他结了三次婚,据认为他有4个孩子。

刘少奇

刘少奇是中共第二号领导人。作为政府的主席,他也是国家元首。刘现年66岁,像毛一样,他也出生于一个富裕的湖南农民家庭。

他于1921年加入了中共,当时他还在莫斯科学习。一回到中国,他就专门从事工会运动,并在上海与其他地区组织了数次重大的罢工。虽然北平的宣传员们现在以一种改写历史的方式宣称刘早在1921年就"给予了坚定与有力的领导",实际上他直到1931年才进入最高梯队——政治局,在1927年前他甚至都不是中央委员。

在1930年代,刘专注于党的组织工作。他于1942年深深卷入了党的第一次"整风运动",到1945年,他已成为毛的第一副手,从那时起到现在,他一直占着这个职位。

刘总是把自己与政权最好斗的国内外政策紧密联系起来。当"人民公社"在1958年被作为中国社会的"基本单位"加以组建时,刘预言中国将"很快"实现共产主义——这是一位中国领导人在此问题上曾经提出的最极端主张。刘被认为是反对苏联"修正主义"的中国意识形态论战的主要表述者,他率领中国代表团于1960年11月赴莫斯科,在那次共产党的国际会议上非难了苏联共产党。

除了1921、1952与1960年赴莫斯科的旅行外,刘对其他地区的唯一一出访是在1963年,那次他访问了北朝鲜与北越,并对缅甸、柬埔寨与印度尼西亚进行了一次友好访问。

他在东南亚访问由其第二任夫人陪同——这是一位年轻、有魅力的女人,他于1960年迎娶了她①——她给东道主留下的印象要比刘少奇好得多。

周恩来

总理周恩来是迄今中国最高领导人中最温文尔雅与彬彬有礼的。他对外国人而言是非常有名的,通常被选出来代表北平在外与共产党阵营打交道。

周1898年出生于华东的江苏省一个上流社会家庭。1917～1924年他在国外,在日本、德国与巴黎留学,在巴黎他帮助建立了中共巴黎支部。在1924年后的一个短暂时期内,周成为黄埔军校的政治部主任,当时在蒋介石的领导下。在1927年国共分裂后,周迅速跃升到中共的最高层,并自1928年起一直留在政治局。他在一段时期内居于刘少奇之上,但在1930年代他滑落到第三位,这是一个他似乎心甘情愿的职位。

周自1949年北平政权建立以来一直是总理,他同时兼任外长,直到该职位于1957年移交给陈毅。

周娶了邓颖超,邓颖超凭借自身的资格成为一名中央委员与一位杰出的党内人士,他们没有孩子。

邓小平

邓小平身材矮小、脖子粗短,他在休息的时候像彼得·洛②。他精力旺盛、敢作敢为。像刘少奇一样,他也主要与激进政策相关。邓于1954年晋升到最高层,那年他被任命为党

---

① 这里指的是刘少奇的夫人王光美,但刘与王光美结婚是在1948年8月,而不是1960年。——译注
② 彼得·洛(Peter Lorre,1904～1964),美籍斯洛伐克演员,主演的主要作品有《魔鸟》(the Raven)、《地球危机》(Journey to the Bottom of the Sea)等。——译注

的总书记,他在这个职位上监督党的运行,能够做出重大的任命与解职。显然,邓被委以此任是作为他在揭露高岗与饶漱石的活动中所发挥作用的一种回报,作为大行政区领导人的高饶在1953年试图夺取最高权力。当由七人组成的政治局常委会于1956年组成时,邓位列其中。

邓大概于1902年生于中国西部的四川省。① 他于1919年在"勤工俭学"运动的感召下远赴法国,这场运动也吸引了周恩来、陈毅与其他激进学生。他在1920与1930年代是一名党的低级官员,直到1945年他才进入中央委员会。

邓在策划与执行反苏战略中发挥了最重要的作用。在1960年的莫斯科会议上,邓小平在一次大型国际会议上批评赫鲁晓夫,坚定地捍卫毛的声誉反击苏联的指责。1963年7月,邓率领中国代表团赴莫斯科勇敢地面对一个高级的苏联意识形态专家组。

实际上我们对邓小平的个人生活一无所知。不像其他领导人,他没有一位抛头露面的妻子,可能他未婚。

DDRS,CK 310035525 – CK 310035538

张民军译、校

---

① 邓小平生于1904年,而不是该报告所说的1902年。——译注

中情局关于中国领导人健康状况的情报备忘录

（1964 年 10 月 27 日）

OCI 2252/64

中共领导人的健康

（1964 年 10 月 27 日）

1. 虽然偶尔谣传毛泽东或他的主要副手们中的某一位患了重病,现在他们看起来至少都健康,身体足以履行正常的仪式性职责。然而,毛在 12 月将年届 70 岁,他过着艰苦的生活,据信他的心血管有问题。他可能随时去世,如果精心护理并且幸运的话,他可能维持几年。那些围绕毛的高官组成的核心集团——刘少奇、周恩来总理、总书记邓小平以及彭真——全都 60 多岁,因而这是个易于患病的年纪。

2. 第二梯队的人并非略微年轻一些,政治局——党的统治集团——的 24 名委员与候补委员的平均年龄是 65 岁。疾病与上了年纪已迫使几位靠边站。这个集团中包括党的元老朱德与董必武、落伍的元帅刘伯承与贺龙,以及国防部长林彪,56 岁的林是政治局最年轻的委员,他患有多年的慢性病肺结核。

3. 毛的去世将在领导层中失去一个强大的团结力量,但预料该政权的态度不会立即发生显著的变化,因为接班序列似乎趋向刘与邓这样的人,他们就像毛本人一样献身于共产主义而敌视美国。相对温和的周恩来几乎没有继任领导职务的可能。虽然下一代领导人的态度可能会软化一些,但只有多年后这个集团才能占据最高职位。

4. 至少从 50 年代中期起,毛明显有心血管的毛病,据可靠的报告,他有过一两次中风,这种情况对于他这个年龄与过度肥胖的人而言是正常的。曾经作为一位雄辩的演说家与多产作家的毛,在 1958 年突然变得不活跃了,但在过去两年里他礼节性露面的次数增加了。这段经历与逐步、缓慢的康复过程相一致,这是在一次没有并发症的中风发生后通常出现的情况。

5. 在所有的公开露面中,毛现在由一名护士陪伴并加以护理,特别是在上楼梯时,这对一位精心照料自己的心血管病人而言是正常的预防。

6. 近年来近距离见到毛的大多数外宾报告说毛显出了年老与憔悴的迹象。据报道,毛在 1962 年末已向一位挪威的共产党领导人承认他已精疲力竭了。一位在 1963 年 1 月见到毛的印度尼西亚外交官认为他看上去将近 80 而不是 70 岁。1964 年 6 月,一位意大利社会党领导人认为他显得苍老与臃肿。法国大使于 1964 年 9 月在一个度假区拜访了毛之后说,毛不停地颤抖,似乎患上了帕金森氏症,他不停地抽烟,一脸的倦怠,话音中带着哮喘。

7. 近年来关于毛患有肝癌或食道癌的谣言显然是假的。今年夏天有关毛患有心脏病的谣言不绝于耳,这与两位意大利心脏专家的访华相巧合,但这个谣言也被毛经常的公开亮相所揭穿。这两位意大利人受邀协商慢性心脏病问题的可能性似乎也不大,一位显然是与一个意大利的医疗设备展览有关,另一位则是出席国庆节庆典的政治客人。

8. 周的繁重工作量——他既是中国的总理又是中国对外的主要亲善大使——显然正把他折磨得疲惫不堪。他在去年1月参观埃及的阿斯旺大坝时晕倒了。偶尔在北平见过他的外国人报告说他看上去很疲劳。他保持着比任何其他最高领导人更繁重的公开出席的日程,因此周恩来在去年夏天长达6周从公众视野中的缺席在北平的外交界引起无数评论。报道现在表明,他可能在接受了一次小手术后,在那期间的多数日子正在海滨胜地北戴河疗养。

9. 偶尔也有关于刘少奇的报道,他似乎很疲劳,但显示没有大碍。党的书记邓小平与北平市长彭真在公开场合中给人以非常健康与精力充沛的印象。

DDRS, CK 3100364744－CK 3100364746

张民军译、校

中情局关于中国政治问题及其前景的评估报告

（1965 年 8 月 5 日）

NIE 13－7－65

共产党中国的政治问题与前景

（1965 年 8 月 5 日）

问　　题

分析共产党中国最重要的政治问题并评估其在未来几年的政治特点。

结　　论

一、统治中国的这些具有献身精神的、严谨的教条主义者通过迅速统一了混乱中的国家而在最初赢得了中国人民的拥护。但他们冒险主义的"大跃进"计划招致了灾难性的失败,这大大削弱了领导层中的普遍信念及对其计划的广泛支持。尽管他们失败了,一群日益凋零的年迈领导人依然决心要贯彻那些政治与社会计划,这些计划旨在创造一个现代化的中国与一代"共产主义新人"。

二、该政策是由相当小而稳定的一群人制订的。毛泽东与其副手们在过去的 30 年间避免了重大的内部分裂,拒绝接纳更年轻者加入他们的行列。近年来,领导层已与外界隔绝,它实际上摒弃了正式的党的会议与代表大会,转而更秘密地掩盖其活动。

三、虽然党能够强求服从与顺从,但尽管其周期性的运动,人民还是试图改善他们的物质利益而避开政治,这种态度已广泛地感染了党组织的下层。政权当前正在发起大规模的运动来"改造"或清除犯了错的党员干部,"教育"群众接受政权的集体主义计划。据宣布它将发起另一次生产高潮,但此次高潮可能完全不同于注定要失败的大跃进,其前景将是加剧紧张。

四、毛泽东已年届 71 岁,他的十多个亲密副手也大多 60 多岁了。毛的去世可能不会造成领导层的分裂,政策可能会继续沿袭现在的教条主义路线。虽然毛的继任者不会有他的权威,但总有一天,这将导致党内宗派主义的形成。

五、毛泽东的副手们将依次被现在 50 多岁的老党员接替。虽然这些人没有表现出一种更宽广、更温和的观点，他们将不得不对付诸多累积的压力，可能必然要更灵活、更实际。然而至少在未来的几年内，中国内部的政治与社会问题不可能阻挡经济与军事的发展或迫使中国软化其外交政策。

讨　　论

一、领　导　层

1. 毛泽东已成功地指导中国共产主义 30 多年了，在这期间，他至少从两次派系的挑战中存活下来，清洗或抛弃了他的许多副手，然而核心集团或者 10 名或 12 名领导人是相当稳固的。这个集团经历了岁月的磨炼，现在已接近消失。毛泽东本人已 71 岁，精力在明显下降，还可能患有重病。几乎其他所有那些只要是快上了年纪的人似乎都存在健康问题。政治局成员的平均年龄是 65 岁，中央委员的平均年龄是 61 岁。自 1958 年以来，当对 195 名中央委员的调整最后完成时，15 人已经去世，剩余的约三分之一似乎因年龄或健康的原因而失宠或不活跃，但这些失势者尚未被取代。

2. 与领导层基础的收缩相伴而生的是一个更加秘密地处理党务的趋势。例如，党的六个中央局的机构在 1960 年进行了一次重大调整，但对其活动与人员配置的公开宣传则极少，政权显然日益显现出偏好几个最高领导人的特别商议而不是正常会议。按照党章的规定，上一次党代会自 1961 年就已过期，党代会将组成新一届中央委员会。因此党组织的形式与权力实体之间的不一致在扩大，而那些直接掌握党的机关的人的作用与影响却在扩大。

3. 中苏论战的紧急状态可能会对这种行为作一些解释。一些失宠者可能反对与莫斯科的分裂，而那些鼓吹对莫斯科实行强硬路线者的地位或许已得到提升。毛通过对那些持不同政见者的非正式解职与替换，保持了一条牢固的战线，不给苏联一次论辩的机会。

4. 毛担心与怀疑的是没有经历过战争与革命斗争考验的未来领导人将会在斗争中畏缩。有迹象显示他对批评日益敏感，越来越关注于对他自己的个人忠诚。甚至资深的党的领导人现在也倾向于复述毛的声明与党的路线中的章节与词句，而他们曾在其讲话中有过些新意。"对毛的崇拜"也有助于神化他及其著作，中共用这种方式来阻止未来偏离毛泽东的政策。然而，崇拜已达到如此高的水平，以至于使人想起毛的自我主义正变得像晚年的斯大林一样自负。无论如何，在毛努力将其所想象的"革命"拉回到正规的过程中，为了寻求对付现代问题的方法，他似乎变得愈加顽固与武断，并显示出一种回顾他当年作为一个游击队领袖的怀旧倾向。

5. 自从 1959 年国防部长彭德怀及其同情者被清洗后，几乎没有直接的迹象显示在核心集团内存有不同政见。虽然有一些值得注意的职位调整的迹象，但我们仍不能很有把握地确定领导集团中的任何派系或集团。然而,常识与党的历史使我们相信个人憎恶与竞争依旧存在,基于地域来源、早期的党内经历、战时服役与政策上的分歧所形成的友谊与结交都趋于把这么一群人分组。

6. 自共产党政权建立以来,党的领导人各自倾向于集中在一两个主要的活动领域——党、中央政府或军事部门——并且可能趋于代表这些领域的特殊利益。已有偶尔的报道涉及在北平的党组织与政府部门间的竞争,刘少奇与周恩来一般被视为这两个集团的各自的捍卫者,而刘少奇显然是毛的接班人。多年来,刘、党的总书记邓小平与政治局委员彭真一直是强硬的国内政策的倡导者,有力地推动了北平与莫斯科的争吵,而周与外交部长陈毅似乎更温和与实际。

7. 毛泽东一直在准备着权力有序地转让给政府的现任主席,67岁的刘少奇。刘似乎至少像毛一样是一位好斗的教条主义者,虽然刘是有能力的,且对工作专心致志,但他缺乏几乎是传奇色彩的毛的魅力与威望。如果刘没有毛活得更长的话,党的总书记邓小平与政治局委员彭真似乎是最高职位的最有力候选人,他们两人大约均是65岁。虽然现年67岁的周恩来有资力、地位与声望,但他可能认识到他在党的组织内缺乏足够的力量去接管最高职位。最高的军事领导人林彪长期健康欠佳,因此尽管他相对年轻(57岁),却是一位不太可能的候选人。

8. 我们不能确定随着毛的去世,在幸存者们之间将不会出现权力斗争。但我们也看不到有任何迹象暗示最初的权力转移将不会相对顺利或者在政策上将出现即刻的剧变。然而,像毛这样杰出的人物的去世将不可避免地产生深远的后果。他的接班人将是一位声望相当低的领导人,将不得不与较大的派系压力作斗争,至少在其巩固地位之前,继任者可能在发布与执行极端主义的计划上存在着更多的困难。他将比毛更易于因任何政策的失败而招致批评。把新鲜血液引入衰老的权力阶层的问题可能将交给继任者来处理,这几乎必定将引起来自下层的压力渐增,他们要求对特殊利益与观点予以更多的体现与迁就。

9. 在未来的一段日子,中共仍有足够多的50多岁的党员允许"老革命"的传统与政策继续下去,这些党员的关系可追溯到长征时期(1934～1935)。在未来的几年,这些人可能将承担具有充分权力的职位以确保他们的接班,他们将要面对政府的技术专家与官僚或年轻军官的任何针锋相对的接班要求。这代过渡性的领导人可能比现任领导更教条,在视野上可能更狭窄;他们将可能努力继续奉行毛泽东主义的政策。是否他们具有坚持这一计划所必需的能力与耐力是另一件——与不可预知的——事情。

二、政 治 问 题

10. 直到1958年,政权一直得到一大部分民众的狂热支持,至少得到了大部分中国人的普遍赞同。自1959年的大跃进失败与接踵而至的经济灾难以来,领导层的革命目标与人民的目标之间的分歧日益扩大,后者的目标是个人的、实物主义的。政权能够博取顺从与服从,但它不能从群众的幻灭与政治冷漠中唤醒他们。虽然中国经济已呈现出了实质性的恢复，而且人民普遍感到经济将再度发展，但以前的革命激情将不再重现。

11. 虽然中国巨大的经济问题将严峻考验任何类型的一个中国政府，但共产党政权通过教条主义的无节制行为，已极大地加剧了问题。面对即将来临的经济崩溃前景，中共政权不得不停止它的迅速工业化计划，被迫从它的极端集体化计划后退，转向那些适应中国有限资源的更现实的计划。然而，人均粮食产量仍远低于"大跃进"（1957）前的水平。除了军事与其他一两个受到优待的工业部门外，工业扩张并没有恢复它的早期发展速度。甚至现在，政权也只能向人民提出关于未来十年的严峻与痛苦的社会变革的前景。而且，为了使党的持续权威合法化，政权必须对它的新政策给予合理的解释并沿着教条主义的、并可能是矛盾的路线来执行其新政策。

12. 在过去两三年里，农村地区巨大的经济改善要归因于大集体被分解为较小的集体单位，归因于来自个人为他们自身利益而开展的自留地与家庭手工业的生产。尽管有相应的生产收益，中国领导人为这种"自发的资本主义"的复活而灰心，不打算让它成为未来农业政策的模式。当然，这些"走资派"的实践与政权的教条主义观念相左，它们也干扰了为国家投资而吸取资源的进程，削弱了政权重返大规模集体生产计划的能力。政权显然急于收紧对公社的管理，恢复它在农村的控制，但因为担心破坏生产，迄今为止，它在缓慢而谨慎地推进。

13. 随着始于1960年的工业生产急剧下滑，数百万城市工人已被遣返农村。那些幸运得足以保住其工作的产业工人的士气仍旧是沮丧的，虽然他们的士气无疑比一年多前要好。有迹象显示工人对近年来的各种运动反应欠佳，前往共产党中国的访问者为他们所参观的工厂里的工作慢节奏与工人表面上的冷淡所震惊，这显示了民众脱离政权及其目标的程度。

14. 北平的主要政治问题之一来自低层的党的干部特别是农村地区干部的不满。这种情况源自置于他们身上的繁重与自相矛盾的要求，要求他们执行不受欢迎的政策，需要他们树立个人朴素的榜样，也来自他们作为政权错误的替罪羊的危险。由于他们的不幸处境，一些干部因财务腐败而犯罪。许多干部开始与他们理应控制的群众打成一片，他们通过诉诸高度官僚主义的方法，形成一种逃避责任的趋势。

15. 去年在共产党中国最显著的重大事件之一是发起对中国知识分子的猛烈批判。据可靠的报告，毛说"知识分子从未与我们结盟"。从政权的宣传运动来判断，这些顽抗的知识分子希望淡化阶级斗争，结束党的控制，他们喜欢适应经济发展与改善生活水平的更温和的实际计划。在外交政策上，他们似乎赞成赫鲁晓夫的"和平共处"观念，希望调解中苏论战的分歧，减少中国对国外叛乱的支持。这些观点已在党的上层得到任何重要的支持值得怀疑，相反，政权明显担心的是在毛与老革命们去世后这些看法将获得影响。

16. 青年的幻灭可能比其他居民群体中的幻灭感更大。青年曾经是建设一个"新中国"的非凡与热情的先锋，他们的最初期望很高。现在，他们发现自己的教育与就业机会严格受限，他们似乎显露了实际与非革命的思想。政权在1963年发起了一场全面运动旨在用革命精神重新教育中国青年，让他们浸透在自我牺牲的自觉自愿中，但运动失败了。青年不是以所期望的在运动中起领导作用来回应，反而嘲笑这次运动，展示了使政权感到震惊与沮丧程度的一种玩世不恭。

17. 自 1959 年国防部长彭德怀被解职以来,尚无公开迹象显示党与军队之间存在严重紧张状况。彭被解职是因为他反对大跃进与人民公社计划,反对政治教化与非军事的生产任务对军队的干扰,反对那些招致苏联撤消军事与技术援助的政策。自那以来,政权采取措施旨在加强武装力量的忠诚。这些措施包括增加定量配给,优待军属与发动一次持续的政治思想教育运动,这次运动伴随着强化党的控制。最终,中共在军事计划上的高水平投入以满足专业军人的需求可能有很长的路要走。然而,在 1965 年 5 月突然废除军衔一事暗示了党对武装部队的"革命纯洁性"并不完全满意,也暗示它可能担心专业主义的复活。

三、政 权 的 计 划

18. 1962 年秋,政权决定停止从大跃进与人民公社的最初集体化的目标后退,发动了一场"社会主义教育"运动。这场运动的目的用毛的话来说就是"重新育人与重组我们的革命队伍",它含蓄地承认政权与党的政治荒废。它所要求的政治重建的程度体现于这一事实,即这场运动被设想为持续五至七年。现在,显然在 1964 年的年中,政权决定把它的国内运动与反苏运动提升到一个新的强度——这是一场"在国际与国内战线上的尖锐与复杂的阶级斗争"。虽然在很大程度上,阶级斗争主题的复活是精心策划的,但它是以前政策失败的一只"替罪羊"("阶级斗争"),为其好斗、僵化的国内政治计划作辩解,在毛式共产主义的纯洁性与苏联堕落的"修正主义"之间制造了更大的反差。

19. 虽然政权的运动涵盖所有的阶级与集团,但这次运动最初集中于农村地区,特别是对准基层干部。政权的手法是派遣一群外来者进入一个地区,这群外来者包括一个由纪律严明、处事果断的干部组成的核心,他们调查罪行,把犯了错的干部带到"批斗会"前,在那里他们必须坦白其罪行,进行自我批评。对那些(他们占大多数)犯了轻微罪行并愿意坦白的人,惩罚通常只不过包括返还盗用的资金或交罚款,虽然也可能包括免职。对那些犯有更严重的罪行或拒绝坦白者,惩罚将是贴上一个"阶级敌人"的标签并被送往劳改营,或者在最极端的情况下被判处死刑。越来越多的证据显示这场运动正在削弱而不是加强干部的热情,他们的权威、效力与威望已被腐蚀掉,许多干部声称他们想辞职,一些人甚至自杀。自去年春天以来,对农村地区的压力似乎已减轻,这可能在很大程度上是服从于生产的要求,但也可能反映了政权对这些反生产性情况的某些承认。

20. 政权已经解释了它意欲恢复其农村控制,把乡村地区的革命拉回到正规上来。北平已恢复了在土改时期(1950～1952)被用于威逼与镇压地主与富农的农民协会。上一年,贫下中农协会与大会已经组建,以"监督"干部,密切注视可疑的农村阶级,包括更积极与能干的"上中农"。这些组织可能被用于迫切要求增加向国家售粮与扩大投资资金的积累,克服富裕农民与那些赞同给公社社员以更多收入的干部们的反对。

21. 在另一项旨在扩大党的控制的组织措施中,政权正在模仿人民解放军中的政治委员体制，在所有的工业、金融、贸易与交通组织中成立政治部。北平已声明这项措施旨在建立一支为一次新的生产高潮做准备的纪律严明的劳动"大军"。

22. 政权对付它与青年及知识分子难题的计划是强调"通过劳动改造"的观念。成千上万的学生（仅 1964 年就有 30 万）已被送往边疆与农村地区，他们在那里的居留是无限期的。这些措施至少可以部分地解释为就业机会的缺乏。然而政权的政治目的在这项新政策中可以看得更清楚，那就是中断大学生（除了那些在自然科学领域的学生）的学业长达 18 个月来让他们参加"社会主义教育"运动。这被认为向学生们提供了宝贵的革命锻炼，除掉在中国的高等教育机构中"资产阶级知识分子与专家"对学生的腐朽影响。这些不被信任的成年知识分子也通过在群众中的长期体力劳动来经历"改造"。因此，政权正在尝试一项几乎不可能的任务，即在提供对经济与技术发展至关重要的良好教育的同时制造一个善于接受单纯与教条的意识形态的知识阶层。

23. 中共政权虽然没有寻求挑起一场国际危机来转移人民对国内问题的关注，但是它正在运用越南战争去煽动民族主义情绪。这方面的一个很好实例是当前加强与复兴民兵的计划。政权正在仔细筛选民兵成员，小心翼翼地把政治教化置于军事训练之上。尽管民兵有其军事目的，但它的主要职能之一是给政权提供了另一个用于政治教化与控制的工具。北平的反苏运动也在被用于国内目的，政权已给土生土长的"修正主义"倾向贴上另一恶名，即他们认同被蔑视的苏联堕落者。

24. 政权已号召开展一次新的"生产高潮"，当前中国的许多计划暗示北平可能再次运用大跃进战略的基本理论，暗示中国的基本财富是其人力，而这种人力资源通过政治教化而不是物质刺激是可以用于动员与管辖的。同时，许多迹象显示政权对大跃进的灾难记得清清楚楚，倾向于更加谨慎与现实。例如，政权已在生产政策中强调质量与效益重于数量，对生育控制与农田发展给予优先考虑，所有这些都与马列主义的原则及大跃进的根本观点背道而驰。如果即将到来的第三个五年计划（1966～1970）的目标被透露的话，我们将有一个更可靠的基础来判断政权的战略。如果正如看来可能的那样，该计划号召工人与农民来一次更彻底的集体努力，人民的反应也将给予我们一个关于普遍幻灭程度的更清晰的看法。我们判断即使是经济发展中的一次可控的跃进，局势也对其不利。

四、前　　景

25. 这些统治中国的教条主义老人们或许会坚持并可能强化他们的政治计划，该计划旨在培养一代将像他们那样看待世界的新人。我们相信这种计划不可能恢复以前的团结与革命热诚。社会各部门对"大跃进"灾难的反应仍旧强烈，似乎有一种普遍与未言明的感觉，即感到政权的压力将不会达到无法容忍的程度，政权的更多极端要求能够被避免或经受得住。然而，如果告诫与劝说的方法失败了，政权将要么不得不放弃其革命目标，要么日益依靠强制与镇压的方法。我们相信现在的领导人将不会让步，他们似乎日益教条与顽固。因此,未来几年的前景是(政权出台一些)造成日趋紧张的经济与社会计划。

26. 虽然政权对它的许多计划胡乱处置,但它在加强对国家的基本控制方面异常有效。我们几乎看不到这种控制在未来两三年内有巨大削弱的可能性。一旦发生战争,中国人民几乎必定会凝聚在政权下战斗。北平意识到了这种爱国主义的蓄水池,正日益频繁地运用在越南的危机为其计划与强化政治与社会控制来辩护。

27. 一个像毛氏政权一样的倾向于极端主义冒险的领导层易于受到派系分裂的影响,我们也不能排除在高层内部的严重斗争的可能性。然而,我们还没有很好的证据显示那些足以破坏纪律的政策分歧或个人争斗,高层领导长期以来就在这些纪律之下活动。因此,我们相信即使毛去世,最高领导们的团结在随后的两三年里将基本保持稳定,内部的分歧也不太可能迫使北平改变它好斗与傲慢的对外政策。相反,前景将是某些未来的领导人不得不解决的一大堆困难与压力,现在看来,这样一个领导层可能还是多年以后的事。

DDRS, CK 3100130716 - CK 3100130727

张民军译、校

中情局关于中国领导层人事变动的情报备忘录

(1966 年 6 月 17 日)

IM 1578/66[①]

共产党中国的领导层的剧变

(1966 年 6 月 17 日)

概　　要

在某种意义上,共产党中国甚至在毛未辞世之前就已进入了一个过渡期。毛在公共舞台上的缺席越来越多,这暗示他的那些可能日渐加重的疾病在复发。虽然我们对于他在去冬今春五个半月的缺席情况不甚明了,但不可思议的是,如果毛对党的掌控没有旁落,时局就会照过去的样子发展下去。

毛泽东或许仍是最有影响力的领导人,大概他能强制推行其意志,但至少从去年 11 月以来,毛并未对时局施以持续的可靠掌控,而这正是一位党的领导人旨在争取的。他较过去更依赖其主要副手,但在他的执政期内并不是所有的副手都完全可靠。此外,他那些野心勃勃的同事可能正在逼迫他,强迫毛向他们移交越来越多的党的机关与内政外交决策的权力,这或许是我们正在目睹的漫长的毛时代谢幕的开始。

目前的局势非常不稳,透露出来的事情已让人们注意到邓小平展开了一次政治高压攻势,这位强有力的党的总书记似乎企图取代刘少奇而成为毛在党内的代理人并因而成为显然的接班人,在这点上他可能成功在望。邓可能正在配合或利用林彪,林在军队的地位将使其成为一个有用的盟友。邓可能策划了导致彭真最近被免职的事件,彭真是毛的顾问核心圈的一位竞逐者。邓可能正在试图把忠诚的追随者安置于遍及党、安全与军事机关的关键岗位之上,邓的一位门生已经取代了彭真在北京市机关的职位。

邓小平处于一个关键的位置,作为党的总书记与书记处的第一书记,他控制了党的机器的日常事务。邓今天的位置与斯大林、赫鲁晓夫当年争夺最高权力时所处的地位非常类似。

这场斗争的持续时间及其后果是可以推测的。党的力量已经涣散,可能很难再凝聚起

---

① 原注:由当前情报办公室编写,并与国家评估办公室协调。

来,如果这场斗争的过程是漫长的——可能必然如此——它将演变为一场混乱。人们在毛泽东的统治下掩盖了分歧与野心,他们在毛的继任者统治下将不必再遮遮掩掩。局势甚至可能已恶化到地方分治,传统上当中央权威削弱时就会出现这种现象。

在斗争方酣之际,我们不希望看到(中共)国内外政策的突然转变。所有的角逐者——刘少奇、邓小平、周恩来与林彪——都是持强硬路线的中共党员,政策的迅速变化是不可能的。然而即使政策的变化只是对抗毛暮年的墨守成规,那么在政策的方式上可能会有些修正,例如,任何新的领导层可能会把国家的注意力转向其国内面临的问题,竭力使中共的革命再次活跃起来。

彭 真 的 倒 台

1. 中共长期以来是共产主义世界中最稳定与紧密团结的党组织之一,它正在遭受史无前例的一系列事件的折磨,这已持续了六个多月或更长(详细的年表见附录一)。这些事件的内部真相的外在表现是凌乱的,而且常常是迟到的,要对实际上正在发生的事做出严格的结论是一种冒险行为,因为已知的事实导出了几种解释。

2. 令人信服的是,毛泽东可能要对一两位犯错的同志的清洗完全负责。如若这样,他正以一种极其异常的方式行事。过去,毛开展其罕见的清洗方式是行动在先,向中国大众解释在后。他已显示了对领导层家丑外扬的厌恶,在现在的情形下,主要的党刊已公开且持续地相互抨击长达数月。我们把这视为党内高层班子的混乱的真实写照,通常控制出版物内容的严格指导方针是他们发出的。

3. 我们可以假想一场真正的权力斗争已经且正在北京进行,该假设非常符合一点以及去冬今春期间中国政治形势的其他非同寻常的特征。这种解释的核心是彭真事件及自从他 4 月倒台后一些党的领导依旧不满,彭真直到 3 月还是五六名最高层的中共党员之一。彭是控制党的机关的一位关键人物,北京谣传他是毛去世之后问鼎党的领导权的一名主要角逐者。同样,他是邓小平的一位自然而然的对手,邓也被置于相似的地位且拥有同样的野心。

4. 彭真是迄今唯一被公开开除的重要人物,邓策划的这起针对彭真的案件揭示了可能用于打倒其他官员的策略。

5. 彭的权力主要来自于他在政治局与书记处的资深地位,书记处是负责处理党的日常事务的机构。作为北京市委第一书记与北京市长,他也履行大量的仪式性职责,正是通过这些职位,他受到公开攻击。

6. 对彭真的主要指控是他企图为一场政变铺路,这种指控虽然对准了他,却从未特别言明。据传闻,他指示北京市委发行的党刊在 1959～1962 年期间发表了无数的随笔与文章来讽刺与诽谤毛泽东以及党,这就是他的政变。他利用的作家们现在被描绘为最坏的修正主义叛徒,他们包括诸如邓拓①与吴晗②等人,前者是北京的一位市委书记,后者是北京的一位副市长。

7. 被算作彭真抨击党的主要作品是吴晗于 1961 年 1 月写的一部历史剧《海瑞罢官》。这部历史剧描写了对明朝(1368～1644)一位有德官员的审判,他试图帮助受压迫的农民,却被一位昏庸的皇帝因其苦心孤诣而罢官。自 4 月以来,所有的主要党报均把这作为一出影射剧,剧中的主角指代前国防部长彭德怀,他于 1959 年 8 月被当作一位"右倾机会主义者"而遭到清洗;当然,那位昏庸的皇帝被认为影射毛泽东。指控继续声称吴晗撰写剧本不但是为了抗议彭的罢官,而且是为了鼓励其他幸存者等待机会夺取党的领导权。为右倾机会主义者服务的吴晗躲过了 1959 年的清洗。

8. 关于"海瑞"的真正含意及其他所谓的诽谤性材料如何逃过党的注意这么多年,指控并未详细解释,所以外行很难在字面上接受这些指控。彭真长期以来就是那群最高领导人中的一员,这是一群最有影响的教条主义者,他有良好的声誉,近年来得到提升。1964 年,彭真进入了作为毛的"亲密战友"的精英集团,被授予这一称誉的其他人是刘少奇、周恩来、邓小平与林彪。作为一位强硬路线者,彭处于政权几年前发起的反知识分子运动的最前线。

9. 上海的《文汇报》于 11 月 10 日打响了攻击的发令枪,用的是姚文元③的一篇文章,他的名字后来与攻击势力直接相连。姚把"海瑞"称为一株大毒草,《解放军报》于 11 月 29 日转载了该文,并配发了一篇支持姚的观点的编者按,该报后来称此编者按语是一个"重要的、战斗性的、正确的"观点。彭的党委出版的《北京日报》也于 11 月 29 日转载了姚的文章,但配以一篇中立性的编者按,指出"海瑞的"事态未定。该报的立场立即得到《人民日报》的明确拥护,也受到《红旗》的暗中支持,《红旗》本身就是一家声望极高的中共中央机关刊物。

10. 这两家机关报所持的立场意味着彭实际上正被当时负责的党的领导人保护起来免于挨批,在毛缺席的时候,党的领导人将是刘少奇。从去年 11 月到今年 3 月,彭繁重的公开露面日程也显示他的地位是安全的。在那期间,他做了无数次的演讲,其中一些以显要版面刊登,他也接见了许多外国代表团(见附录二)。1 月 1 日,《红旗》发表了一份重要声明,声明要对"文化"敌人采取了极端严厉的路线,并把这条路线归功于彭真、毛与林彪。彭的最后一次主要活动是主持接待了于 3 月 22～25 日访问北京的越南共产党第一书记黎笋,黎笋可能仍在为那次访问而困惑。

11. 在 4 月期间,针对彭真的案件开始在党的新闻舆论中逐步形成,它是通过如下的方

---

① 邓拓(1912～1966),福建闽侯人。1933 年加入中共,曾任中共上海南市区工委委员、晋察冀日报社社长兼总编、中共晋察冀中央局宣传部副部长等职,建国后历任北京市委政策研究室主任、宣传部长,《人民日报》总编辑、社长,中共北京市委书记处书记。——译注
② 吴晗(1909～1969),浙江义乌人,历史学家。1934 年毕业于清华大学,曾在云南大学、西南联合大学等校任教,1943 年参加中国民主政团同盟,从事民主运动。建国后历任北京市副市长、北京市政协副主席等职,1957 年加入中共,1958 年当选为民盟中央副主席,生平致力于明史研究。——译注
③ 姚文元(1931～2005),浙江诸暨人。1948 年加入中国共产党,1949 年后曾在中国作协、上海卢湾区委宣传部工作,1965 年 2 月,江青、张春桥、姚文元策划由姚执笔写一篇文章,经过七八个月的准备,写就了《评新编历史剧〈海瑞罢官〉》,得到毛泽东的认可后于 1965 年 11 月 10 日在上海的《文汇报》公开发表,揭开了"文革"序幕。——译注

式显示出来的，即彭真大约在 3 月底已处于党的高层圈子的猛烈批判之下。4 月 5 日出版的《红旗》最终承认"海瑞"的确是一株反党的毒草。[①]《人民日报》在 4 月 8 日软化了立场，承认自去年 11 月以来发表的"所有"标有"海瑞"是一株毒草的文章是正确的。

12. 然而，这两份机关报随后在 4 月间摇摆不定的立场可能暗示彭仍处于最高领导们的保护之中，这些领导试图减轻对他的控诉。也许一个更好的解释是他们已把彭送入虎口而正忙着企图自保。

13. 彭真案件接下来的重大发展是《北京日报》（彭的刊物）在 4 月 16 日的可怜招供，这是抵抗幕后攻击的一次最后关头的绝望尝试。《北京日报》承认它在 1961～1962 年间发表了许多"反党"材料，承认主要作者——邓拓、廖沫沙[②]与吴晗，均为彭的下属——是"反党集团"的成员。《人民日报》与《红旗》均未注意到这些忏悔，《人民日报》于 4 月 19 日抨击了一位与北京党政机关没有瓜葛的作者，这可能是为了转移注意力。《红旗》于 4 月 29 日再次抨击吴晗，而不是邓拓与廖沫沙。

14. 到 5 月初，彭真的命运似乎已定了下来。早已处于批判前沿的《解放军报》于 5 月 4 日宣布党正在与党内未指名的"右倾机会主义者"进行一场"生死攸关"的斗争，这是第一次公开显示这些敌人在当前很活跃。5 月 8 日，《解放军报》对《北京日报》与邓拓发动了一次猛烈批判。

15. 军队报刊的猛攻预示着异常强烈的一次全国性运动的开始。在三个多星期里，包括《人民日报》与《红旗》在内的所有党报充斥着对邓拓"黑店"的批判。全国都在举行集会与座谈，谴责邓拓及其"支持者"，要求揭发"后台老板"的呼声日渐高涨。因此，对 6 月 3 日公开彭真已被免职一事，中国百姓已有所准备。彭被公开剥夺的只是他作为北京市委第一书记的职位，但新闻界一直认定的一个既成事实是他的所有政治角色均已消失。

16. 在这些公开披露的事态后面隐藏着问题的真相：那些反对彭真的人运用不断加强的反知识分子运动来收拾他，该运动是毛在 1964 与 1965 年间推动的，他们精心设计了一个反彭案。纪录显示彭在其 3 月 29 日的最后一次公开露面后不久就被打倒，可能在 4 月经过了一次幕后的审讯，5 月初他被正式剥夺了权力。

权力斗争在继续

17. 可能是毛的病态怀疑，毛被说服彭真不再可靠，因此仅出于这个原因而宽恕了此次

---

① 关锋、林杰：《〈海瑞骂皇帝〉和〈海瑞罢官〉是反党反社会主义的两株大毒草》，《红旗》，1966 年第 5 期。——译注
② 廖沫沙（1907～1991），湖南长沙人，1930 年入党，1934 年加入"左联"，抗战时期供职于《抗战日报》、《救亡日报》等多家报刊，任重庆《新华日报》编辑主任。解放后先后任中共北京市委宣传部副部长、教育部部长、统战部部长、市政协副主席、全国政协委员。1962 年加入中国作协，《人民日报》曾为他和夏衍等人开《长短录》杂文专栏；北京市委刊物《前线》曾为他和邓拓、吴晗开《三家村札记》杂文专栏。1966 年 5 月与邓拓、吴晗一起被定为"三家村反党集团"，遭到残酷迫害。——译注

清洗,然而这是不可能的。批彭的逐步发展,其他关键人物随着彭真而倒台以及还有人被置于批判之中的迹象日渐增多,这些都强烈暗示着这不是一个在毛的统一领导下开展清洗的局面,而是一场真正的权力斗争。

18. 对彭真的两项虚假指控——他是一位反对毛泽东思想的资产阶级修正主义分子以及他窥伺高位——是令人难以置信的。彭真的履历清晰地显示了他是一位教条的强硬路线者,在权力结构中位居第六的他也没有足够的权力资本单独赢得一场政变。

19. 正如已指出的那样,在过去,当毛发现有必要开除一位错误的同志时,他行动隐秘,甚至没有暗示一场清洗已在进行中,直到它既成事实。

20. 假如这是一次对不能被委以执行毛氏革命路线者的清洗,那么犯了错的领导人已被打倒。彭真与在嫌疑名单上逐渐增多的其他人都是顽固的老革命,没有丝毫的懦弱,在同毛一样的模子中成型。他们大部分是党与军队的控制机关中的关键官员,是任何人都期待看到在一场真正的权力斗争中被及早剔除的那类人。(见附录四)

21. 去冬今春高层的混乱迹象——而不见毛的踪影——也表明领导层一直在争论。这种高层争论首先在2月份被外界察觉,即派周恩来出国的计划于3、4月间再三推延,到了3月,关于中国是否出席在莫斯科召开的苏共二十三大似乎也不确定。

22. 派系间不停争论的最清晰证据是主要的党刊自去年11月以来采取的不同路线,这些路线有时是对立的。《解放军报》处于批判的最前沿,这导致了彭真的最终倒台。从去年11月到今年3月,《人民日报》与《红旗》一直试图软化批判的调子,偏离批判的方向。虽然这两家报刊在5月1日后加入批判的行列,但仍存在着意见分歧的迹象,而军方的报刊则继续处于批判的最前线。军方刊物的批判一直都比那两家中央委员会的刊物要尖锐,而这些刊物在其他方面的歧见依旧。

23. 迄今,虽然《解放军报》尚未像它对待彭真的《北京日报》那样点名批判《人民日报》与《红旗》,但它批评了这两家报刊所持的立场,暗示了它们落后于斗争。5月17日,军方的报刊猛烈批评了《人民日报》在4月14日提出的"荒谬"观点,该观点认为政治挂帅的目的是为了抓工作,而按照《解放军报》的看法,政治统帅的目标应是使人民的看法革命化。

24. 6月6日,《解放军报》刊登了一栏关于斗争的主要声明,这些声明曾刊登在党的各种报刊上。随着《红旗》在2月、《人民日报》在6月加入争论,《解放军报》把自身与上海的《文汇报》描绘为处于1965年11月发起的批判的前沿。然而,批判过程的这种看法在6月11日的新华社广播中立即引起争论,广播承认上海的《文汇报》发起了批判,但认为《解放军报》直到5月才发挥作用。新华社提到的追随上海批判的第一批文章已于4月初在《红旗》与《人民日报》上刊载。

25. 到如今相当清楚的是,一个控制着《解放军报》与上海《文汇报》的集团一直在批判另一个集团,后者掌控着中央委员会的主要机关报《人民日报》、《红旗》与新华社。批判者似乎到5月初已赢得了第一回合的胜利,但斗争远未结束。

26. 《解放军报》近来被描绘为中央军委的一份机关报,因为它负有向武装部队教化的责任。总政治部(从属于邓小平的书记处)可能实际上发行该报,无论如何,该报的总编是邓的一位老伙伴。

27. 上海的《文汇报》由华东局出版。华东局自 1965 年 4 月以来就缺少一位公开宣布的负责人,极有可能由书记处直接领导。

28.《人民日报》与《红旗》是党最权威的报刊,一直由最高领导层掌控。它们在推动对党的"敌人"的批判中扮演着次要的角色,有时是辩护的角色,但意义重大,这显示毛与刘的稳固最高领导层没有支持那些批判。

29. 毛本人可能不必受到批判,然而他可能处于强大的压力之下,要求他以一位更非凡的副手取代刘少奇,在毛缺席时代理其职责。

30. 近来《人民日报》与《红旗》表现出太多的优柔寡断,这可以被解释为毛不愿与他的老伙伴刘少奇作对。否则,推测起来既然毛容忍对彭真的免职,彭是刘少奇的一位被保护者,他大概已同意让刘引退,但刘的替代人选尚未确定。

31. 无论怎么解释,我们可以期待的是领导层剧变的最新暴料。既然彭在 6 月 3 日被宣布解职,北京的新闻界已多次暗示那些"党内的南霸天"与"位居高位"的敌人不会隐藏太久。

毛泽东与其他人的角色

32. 由于从北京透露出来的信息有限,所以我们评价最高领袖们的角色及其彼此间的关系就极其困难。

毛泽东

33. 毛的个人状况是很难预测的。当他在 5 月初接待一个阿尔巴尼亚代表团时,他看上去很健康,在拍照时他反应很迅速。然而,已年届 72 岁的毛是一位烟瘾很大的人,我们怀疑他有心血管疾病方面的病史,很可能在去冬今春的一个时期他病得不轻。他从公共视野中缺席的时间越来越长,从去年 11 月 26 日到今年 5 月初,他没有单独公开露过面。5 月 10 日,北京宣布他最近接见了一个来访的阿尔巴尼亚代表团,不过迄今他再未露面。

34. 这次会见是在关于毛已被剥夺了权力的外交谣言与新闻传说甚嚣尘上之际进行的,中共外交部发言人已在 3 月 26 日与 5 月 3 日两次愤怒地否认了外国媒体带有这层意思的推测。

35. 毛对党的事务的掌控在其缺席时显得很弱,许多事情间接表明了此点。当毛泽东于 11 月 26 日走出人们的视野后,党的报纸几乎立即开始对导致彭真下台的问题采取相反的立场。中共在 3 月间关于中国是否出席在莫斯科举行的苏共二十三大上显得摇摆不定,在三、四月间关于派遣周恩来出访的计划上又出尔反尔,这些我们已谈过了。

36. 从去年 12 月到今年 3 月,作为一种惯例,中国的新闻界出现了一次对毛泽东大献殷勤的高潮，今年 6 月，当全党企图用毛的斗篷来包裹自身时，对毛的奉承再掀波澜。

37. 在他长期缺席期间，自 11 月起就浮现出太多的领导层乱象。特别是在他缺席的前几个月，他可能被剥夺了权力，但自从他重现舞台后，他已能够施加一种更大的一体化影响，不过他的地位总体上似乎已被削弱，我们一定要记住他当前的角色是不确定的。

刘少奇

38. 刘少奇的角色同样可疑，他在党内是毛的副手并于 50 年代中期以来就被选为接班人。我们很难想象刘如何能够避免正在被削弱的困境，他的困境缘于去年 11 月到今年 3 月间的优柔寡断的领导以及彭真的倒台。从 1949～1954 年，彭一直是刘在党内的副手，当邓小平 1954 年进入后才把彭挤出核心圈。近年来彭地位的恢复大概至少有刘少奇的部分功劳。

39. 自彭在 3 月被打倒以来，刘的露面以及北京新闻界对待刘的方式的变化暗示了他在党内的地位已经下降，新闻界的这种变化是细微的，但可能意义重大。从 3 月 22 日到 4 月 20 日，这是北京的一段激烈的政治混战期，刘不在城里。在这期间的多数日子里，他在国外，但他也在和田、乌鲁木齐与昆明等省级城市总共逗留了 15 天，而没有明显的理由。当他返回北京时，官方既没有迎接他甚至也没有承认他已回来。这种疏忽还是没有先例的，甚至低级官员在他们回国后也要受到公开的欢迎。在他 5 月重新露面的仪式上，刘没有与毛一起出现，刘在毛右手的位置被邓小平占据。

40. 在他作为国家元首（中华人民共和国主席）的礼仪角色上，刘继续例行公事地露面，但新闻界将他作为一位领袖兼意识形态权威的关注自 3 月以来已逐渐减少。通常因全部关注焦点都集中于毛一人身上，所有的高层领导人因而都显得相形见绌，但有几年，刘高出其同事，被允许分享一小部分聚光灯。他的著作《论共产党员的修养》与毛的著作一起被推荐为思想学习材料，刘已被刻画为一名事实上的领袖，一位可以信赖的毛的解释者，并且与毛一起成为国内政策的权威。去年冬天，刘的名字以这种方式每月会被提到二三次，但自 3 月以来这种提法就几乎不见了。（见附录三）

邓小平

41. 表面上，继续留在最高权力结构中的三位——邓小平、周恩来与林彪——似乎状态良好或因最近事态的发展而获益。他们均随毛泽东在 5 月初露面，那次会面的照片显示邓、周与林按照这种次序站在毛的右边。

42. 此刻，邓似乎在受益，一位潜在的对手彭真的免职加强了他的地位。代替彭出任北京市委第一书记的是华北局的党魁李雪峰，他可能是邓的一位被保护者。那些与彭一起退出视野的要员中几乎无人与邓有过重要的旧日联系，邓可能用自己的亲信来代替他们。罗瑞卿是地位仍存疑的最重要官员，他是军队的总参谋长兼最高安全首脑。罗自 11 月 27 日起就再未露面，据北京的外交谣言，他于 3 月被免职。一个可能代替罗的人将是公安部长谢富治，至少在安全岗位上是这样，谢长期以来就是邓的人。

周恩来

43. 从灵活性方面讲，周恩来是中国的米高扬，迄今为止，他似乎设法远离斗争。他是一名值得称道的专家，同样极有可能幸存下来。

林　彪

44. 与西方新闻界的推测相反，国防部长林彪可能不是一位最高位置的竞争者。他的名字有时被用于加强毛的权威，但这种做法可追溯好几年。自1965年9月林的一篇重要文章发表以来，①倡导学习林彪与毛的指示已日渐频繁地出现。

45. 林彪可能正在与邓小平合作，而邓大概是这场批判背后的推动力，林在军队中的地位将使他成为一个有用的盟友。由于他长期的疾病与缺席公众生活，林本人真心追求高位是不可能的，这一点与林在党内几乎毫无力量的事实可能就是邓愿意与他共事的原因。很可能毛现在认为林彪是一位合适的临时接班人，假如这样的话，邓可能会默许，相信他能够把林作为一位挂名负责人。

46. 作为一名革命的战地司令员，林有着辉煌的履历，他是核心圈中唯一的军人。这本身就使他不可能在一个党指挥枪的国家里成为最高职位的候选者。

即将到来的阶段

47. 因此，在所有我们已知情报的基础上，我们相信一场争夺毛的衣钵的斗争已经爆发，而且将一直斗到毛最后逝去而他的接班人能够巩固权力时为止。虽然斗争进行很迅速，其速度之快一定让在北京的一些人非常震惊，但斗争的持续时间与结果在此时尚不能预测。

48. 这个过程可能要比它迄今所展现的更加无序，我们不能期待这些人会同样愿意为另一位领袖也这么做，他们在毛的严格掌控下已掩藏其个性与雄心好多年。毛在去冬今春缺席了五个半月，在这期间的一段日子里他可能病了。他的缺席似乎已提醒党的官员他不会永远在外徘徊，混乱的迹象看来不会长久。

49. 毛的辞世的确有可能使分歧更公开化，这可能会导致公开的派别活动，影响政权的凝聚力与走向。如果斗争继续拖延的话，我们可能甚至会看到地方主义的复活，当中央权威被削弱时，中国在传统上就会出现地方主义。

50. 如果精力充沛的邓小平能够在毛去世前将其党内的主要对手打倒的话，这一系列事件将更不可能发生。邓小平在彭真的倒台中贡献颇多，在此过程中，他可能削弱了刘，可能甚至削弱了毛。他尚未掌握整个局势，如果他的潜在受害人积极地批判他，并在工作中与他作对，他仍可能会受阻，然而，趋势现在似乎对他有利。

---

① 林彪：《人民战争胜利万岁·纪念中国人民抗日战争胜利二十周年》，《人民日报》1965年9月3日第1版。——译注

51. 正如我们现在所见，领导人间的斗争主要围绕权力而不是问题，其公开表现形式体现在绝对的革命纯洁性与对毛泽东思想的绝对忠诚方面。批判者们以这两者忠贞不渝的拥护者的姿态出现，他们愿意并且能够发现离经叛道的蛛丝马迹。那些挨批者在这些材料中则呈现出另一种形象：他们多年来试图玷污真正的革命者，削弱毛泽东思想，复辟可恨的资产阶级。这些反党分子受到"愚蠢的"党的领导人的庇护，这些领导人分不清香花与毒草。

52. 然而，如果批判者最后胜出，对他们实际所描绘的东西与将要采取的行动而言，正统派的这种指控与证明是拙劣的向导。在苏联，批判者有时窃取的正是他们批判与压制对象所赞成的政策，现在推测在特殊政策方面的斗争结果还为时尚早。

53. 我们也许可以作些特别的评论，似乎可以坦言的是，在斗争的整个期间，北京高层人物的注意力将集中于个人的存废问题。政策上的突然转变——甚至在既定政策的执行上——不论内外政策似乎都不可能，已有证据显示上层的混乱正在引起下层的混乱。

54. 所有领导权的竞争者均是坚定的、虔诚的、教条的共产党人，无论谁登上权力顶峰，这也不可能改变。然而，如果只是对毛在垂暮之年的墨守成规的作些后退的话，可能在方法上会有些变化，毛的墨守成规在国内几乎没有给中国人带来任何益处，在国外则导致一系列的挫折。未来的中国领导人肯定希望好于这个纪录，可以想象的到，他们将把注意力转向使国家再次前进的事业之中，国内的任务将是艰巨的，特别是由于权力斗争的后果，党的组织可能受损且效力低下。

55. 我们既没有理由期望中国现在对美国的那种不共戴天的敌视有任何改变，也看不到中国领导人在迅速行动以便与苏联人言归于好。当然，从长期来看根本的改变是可能的，但这种转变需假以时日。

附录一

领导层斗争的年表（1965 年 9 月 1 日到 1966 年 6 月中旬）[①]

附录二

彭真自 1965 年 10 月 1 日以来的活动

附录三

自 1965 年 11 月以来中国媒体对刘少奇报道的处理

[①]　本附录及以下附录略去。——译注

附录四

中共领导人的状况

DDRS，CK 3100127217 – CK 3100127261

张民军译、校

第三部分 民众的态度及社会控制

3-15

国务院情报研究所关于毛泽东 1957 年 2 月 27 日秘密讲话的分析报告

（1957 年 7 月 1 日）

IR 7532

仅限官方使用

毛泽东的"秘密"讲话

（1957 年 7 月 1 日）

概　要

　　北平于 1957 年 6 月 18 日发表了毛泽东在 1957 年 2 月 27 日的"秘密"讲话，该讲话是他自 1949 年以来重要的思想声明，将在共产主义阵营中产生重大的反响。虽然在为发表而对讲话进行的修订中，毛已大大减弱了其论点的新颖性，他的论点是社会主义国家存在人民与其共产党领导人之间的"矛盾"，他坦白承认了中共体系中的弱点。他承认农业中的严重困难，声称至少需要 5 年去劝说农民相信共产党中国在 1955～1956 年创立的集体农庄体系的优越性。他承认在知识分子与技术人员中出现的问题，他们中只有极少数人成为共产党员。他承认，马克思主义在学生中现在似乎"不太流行"。

　　毛透露了去年的匈牙利事件在共产党中国具有深远的影响，导致一些中国人希望在中国出现类似的事件，另一些人则希望采取一种"观望的态度"。毛声称只是因为之前对中国大陆的所有潜在反抗势力的成功镇压，那种"风浪"才得以避免。然而，他承认在学生与工人中的确发生了一些罢工事件。

　　毛号召中共的领导人与干部通过发动一次广泛的运动来"纠正"党政官员以及政权的非党合作者的"工作作风"来处理问题或"矛盾"。作为这次整风运动的一部分，毛敦促要加强鼓励思想的多样性，在"百花齐放"的口号下，以激起对政权开展的运动的一种更积极反应。

　　在毛的 2 月讲话之后，政权开始鼓励非党人士的坦率与表面上自由的批评，这些非党人士之前一直没有"偏离"党的路线。毛讲话的修订版的发表标志着这个发牢骚阶段的结束，因为它制订了严格的标准,指出批评何时超越了允许的界限,回归到了 1949 年公布的"自由言论"的标准。毛现在声称只有"人民"即那些"支持社会主义"的人才有言论自由,于是除非这种自由推进了共产党的事业,加强了党的专政,巩固了"国际社会主义的团结",否则决不行使这种权力。北平政权按照这些标准,已发动了一次巨大的"反批评"运动,该运动对准的那些人过于拘泥于允许自由言论的早期保证的字面含意。

中共对毛泽东讲话的公开发表的文本的修订有几个目的。在国内,他们制订了严格的限制,超出此限制,政权鼓励多样性的政策就禁止进行下去。在国际方面,修订稿把毛的意见在几点上置于与莫斯科的声明几乎一致的水平上,该讲话已被莫斯科与阵营其他成员国出版。然而,事实上毛已阐明了一个在重要方面不同于苏联所述的教条,这在克里姆林宫看来有某种危险。尽管该讲话文本已作了修订,并且它针对那些将破坏社会主义或阵营团结的人做了批评,这次讲话无疑将继续为阵营内部的"修正主义"分子提供一个"经核准了的"文本,特别是在波兰,它能用于为一条非苏联式的道路辩护。

一、绪　　论

毛泽东的《关于正确处理人民内部矛盾》的讲话是他自 1949 年以来最重要的理论声明。当毛于 1949 年宣布了共产党的极权主义方法,他打算用这种方法按照苏联的模式①重组中国社会。毛在 1957 年 2 月 27 日讲话的修订稿于 1957 年 6 月 18 日由新华社发布。该讲话试图按照马克思的辩证法为某些坦白辩护,他们坦承当共产党中国进入"社会主义"阶段,基本弱点已经在中共体系中发展起来。与苏联文件在承认失误方面的相当犹豫相比,毛的讲话在许多方面非常坦率;它对自由争论的空口应承可能给那些追求一种比苏联模式更好的共产主义的人留有深刻的印象。

然而,很明显,毛的讲话在其动机、基本论点与最后结论上都未与苏联解释的后斯大林的马克思主义有重大冲突。在其公开发表前,毛讲话的一部分已被波兰共产党人引用,援引为与苏联路线相左的一种路线做理论上的辩护。毛显然对该讲话的发表版本做了修订,以使讲话不易于如此运用,也确保讲话主要面对的中国听众将不会曲解其"百花齐放"的号召。讲话的修订版加入了抨击,抨击的对象是那些破坏毛称之为"国际社会主义团结"的人,以及用其自由讨论的号召作为许可证来批评政权基本政策的那些人。

(一) 对 6 月 18 日文本的评论②

毛论点的本质与许多细节在中共的宣传机关发表该文之前是能得到的,或者因为其他渠道包括从波兰共产党透露给西方媒体与驻北平的外国记者的情报而广为人知,而其中的

---

① 原注:见毛泽东《论人民民主专政》,1949 年 7 月 1 日。
② 原注:关于毛讲话的公开发表前的早期事态发展的讨论,可见 IR－7505《共产党中国的"矛盾"》,1957 年 5 月 13 日,仅限官方使用,与 IB－2130《北平鼓励对政权的克制批评》,1957 年 6 月 12 日,仅限官方使用。

一些细节在发表的版本中不见了。在它发表前，毛的论点是共产党中国全国宣传的主题与显然是向东欧苏联领导人传达的讲话的摘要。虽然一些被认为是毛的评论可能来自他在1957年3月12日就同一主题所作的第二次讲话，他的第二次讲话依旧未公开，从毛的最初文本中加以删节显然是为了让讲话适于发表。据北平所说，毛也对他的最初文稿做了某些增订，显然是为了更严格地明确其"矛盾"论点的局限性。

在中共公开该讲话的次日，苏联的媒体就突出地发表了毛的这篇讲话，但未作评论，这种处理是遵循苏联为一份中共关于毛的论点的早期文件而制订的步骤。4月13日的《人民日报》社论《怎样对待人民内部的矛盾》，大概是基于毛讲话的最初版本。

（二）发表的时间选择

毛的讲话被北平用于为一次强烈的"整风"运动定调，该运动旨在纠正共产党的国内政策的过去失误与缺点，为共产党的干部提供处理群众动乱的较赤裸裸的恐怖更有效的技巧，而那种恐怖只有在政权仍处于巩固其政治、社会与经济控制时才使用。2月的讲话代表了毛把东欧的"教训"用于中共局势。

在"整风"运动的第一阶段，北平鼓励空前自由地批评政权的重要政策。这种鼓励走得如此之远以至于中共发表声明，声明说一些非党人士的担心是毫无根据的，他们的担心是如果他们暴露其真情实感，领导层将知道"他们的马脚"，"请君入瓮"，"一网打尽"。

这个最初的"发牢骚"阶段现在已随着毛讲话的当前版本的发表而正式结束，该讲话包含的言论自由只是给予"人民"，而人民被定义为那些支持社会主义的人。毛在2月不可能完全意识到"整风"运动将要展开的进程，实际上，运动最初计划在1958年开始。然而，我们显然从中共的声明中可以看出其意图从一开始就是发表讲话的修订版，这个修订是在对他的"矛盾"论点的全国讨论的普遍反应基础上展开的。苏联对毛的论点的反应可能在修订中被加以考虑，但发表时间的选择显然主要基于中国大陆已展开的"整风"运动的进程。一个事实是毛的讲话在华沙正被一种相当断章取义的形式加以散发，而这可能是加速该讲话发表的一个因素。

二、国　内　问　题

（一）矛盾

毛泽东的讲话主要提出一种尝试，即用马克思的辩证法来处理在共产党中国不可否认地存在的问题或"矛盾"，即使现在被说成是"激烈的阶级斗争大体上已经结束"，但矛盾依然存在。毛说甚至在社会主义制度下，数不清的"矛盾"不可避免地存在，实际上，矛盾使进步成为可能。这个论点在马克思主义里是不新鲜的，斯大林首先在20世纪30年代就说过，毛在1937年的一篇文章中把它捡起来。在1957年2月的讲话中，毛补充并详细阐述了具有重大意义的另外一点：即群众与其共产党领导人之间存在矛盾是可能的。这点在1957年4

月 13 日的《人民日报》社论中得到发展,该社论据说是基于毛的讲话①。在 6 月发表的修订的文本中,这点被掩盖了,没有详述,而且认定群众与领导间的任何潜在矛盾在利益上基本一致。这个变化的做出可能部分是源于中国大陆的非共产党人士已利用了那个早期承认,即承认党在中国社会的某些领域要限制其角色的要求是正当的,部分源于使莫斯科与北平在这点上的明显的意识形态分歧最小化,这种分歧反映在赫鲁晓夫的电视访谈中。

甚至在现在的版本中,讲话包含了一些令人吃惊的东西,即坦率承认共产党中国在工业化与公有化计划中的困难。毛说中共的社会主义体系"刚刚建立",尚未完全巩固,他特别谈到刮起的关于合作化的"小台风",一些人持有合作化"出了毛病"的看法。毛声称 70% 的农民支持合作化,但考虑到他所说的将要用五年或更长时间来完全显示合作化的"优越性",甚至这个数字也可能被夸大了。毛承认对城市工商业的社会主义改造中存在类似的问题,不过显然规模不太大。他声称需要在经济政策中厉行节约,只要计划证明与现实不相适应,就要坚决地修订计划,他要求充分强调不太雄心勃勃的工农业计划。毛承认中国大陆迅速增长的人口不但是力量,也是一个弱点——这是一位资深的中共领导人第一次公开承认这个问题。关于这个问题的细节显然要么出现在最初的文本里,要么更有可能出现在毛的 3 月12 日的讲话中,但这不可能公开发表,这是因为毛在此刻不愿意公开与马尔萨斯的理论联系起来,马尔萨斯的理论被正统的马克思主义批判为不适用于社会主义社会的一种"资产阶级"经济理论。

在讨论社会各阶层的忠诚与共产党的信仰时,毛对此做了极其重要的坦承。他特别关注知识分子与技术人员的问题——这个问题已经考验了北平政权一年多。毛说只有极少数的知识分子加入了共产党,许多人对社会主义保持怀疑。他注意到在以前是政权最强大的支持者的学生中存在的严重问题,声称这看上去"似乎一度盛行的马克思主义现在不时髦了"。在 3 000 万少数民族中存在的问题也得到了承认,特别是在西藏,那里被描述为进行改革的条件"不成熟"。毛说在 1956 年发生了学生与工人的罢工,但现在的文本省略了对罢工的详细讨论,其他报告中关于罢工的详细讨论要归因于毛的讲话。

毛声称他描述的"矛盾"主要是"非对抗性的",要求用说服与教育的政策代替那些适宜于早期的更残酷的方法。不像在华沙透露给《纽约时报》的讲话的那个版本,现在的文本没有包含公安机关到 1954 年处死了 80 万人的数字(即大概不包括那些被除了公安机关之外的机构诸如土改时期的"人民法庭"所处决的人)。毛委婉地承认过去的方法的确残忍,有时甚至是"有害的"。然而,他把共产党中国现在的"团结"与其在匈牙利叛乱后能够避免"风浪"归功于在镇压"反革命"中的早期成功。

---

① 原注:社论说矛盾来自这么一个事实,即领导人"能够看到长远与整体的利益而容易忽视人民群众的具体情况和切身要求",而群众趋向于"从当时当地的局部情况去观察问题,比较重视目前利益和局部利益"。与斯大林在 1937 年 4 月在一次中央委员会的全会上所做的一个发言相比,这对一位马克思主义者来说是一种意义非凡的承认。斯大林在那次为其清洗所做的辩护的全会上说:"我们领导人只从一方面看事情、问题与人,我要说是从上面看。因此我们的视野或多或少是受局限的。相反,群众则从另一方面看事情、问题与人,我会说是从下面来看。因此他们的视野在某种程度上也是有限的。为了得到一个对问题的正确答案,这两种经验必须统一。只有在这种情况下,领导才是正确的。"

(二)自由化

毛的讲话,特别是他的"百花齐放"口号,在中国已被广泛地解释为共产党政策的一个自由新阶段的一则宣言。实际上,它的确给共产党中国带来了一个猛烈的、几乎毫无限制的讨论与批判的短暂期,在这期间,主要的党外人士激烈地批评了共产党制度,完全暴露了在共产党中国的所谓"统一战线"的闹剧。然而,正如公开的那样,毛的讲话仅仅是一则民主的文告。毛敦促实施他的"百花齐放"口号,但为自由讨论的设限确立了标准,这实际上重新施加了以前的限制。这些标准显然代表了对毛最初讲话的随后增补,反应了北平最近关注在批评共产党的政策与制度中产生的"过火"现象。

毛声称必须允许讨论与批评,马克思主义不能像一盆温室的花一样被宠坏了,但是"反革命分子与社会主义事业的破坏者"必须被剥夺言论自由。(我们)绝不允许这个特权,除非它有利于团结中国人民,有利于帮助社会主义建设,有利于加强政权的"民主专制"与"民主集中",有利于加强党的领导,有利于"国际社会主义的团结"。毛把政权的两个主要功能定义为(1)"镇压反动阶级与分子"与(2)"保护我们的国家免受外部敌人的颠覆活动与可能的侵略",这几点与以前的共产党专政的任务的学说定义没有区别。虽然毛宣称是一个"非对抗性"斗争的阶段,但在他修订的讲话中,不仅保留了外国颠覆的威胁,而且保留了"阶级斗争"可能再次以一种"非常尖锐"的形式复活的威胁,有必要回归到统治的恐怖主义方法。

毛对允许自由批评的条件的修订本身就构成了一个重要的坦白。在2月,毛显然号召中国人民包括党外知识分子去自由地批评政权及其错误。在那时,毛显然相信相对不受限制的批评将揭露错误,加强官僚议事程序与普遍的支持,给予不满的党外人士在政权的政策中一个显然更有意义的角色。

然而被毛的号召所激发的批评超出了政权允许的限度,导致了对政权基本政策的强烈控诉,特别是指责它的"统一战线"政策本质上是无意义的。甚至毛泽东、周恩来与苏联显然都不能免于批判。随着毛修订了的讲话的发表,政权现在已制订了明确的标准,超出这个标准的批评是不允许的,与此同时,政权将自身政策的许多过失转向党外人士("右派分子")的"错误",这些右派分子在"整风"的第一阶段是最畅所欲言的。

这个插曲是共产党在路线上发生象征性转变的例证,在这期间,同样的讲话以一种形式被用于说明鼓励批评的"右倾"政策的合理,在随后的形式中则被用于证明限制过分批评的一项"左倾"政策的合理性。然而更重要的是,这个插曲标志着中共对待"民主人士"的一个重要阶段的结束。这些党外的合作者在显示政权的虚假"联合"特性上发挥了重要的象征作用,他们被特别用于北平对台湾与中国国民党人士的宣传。这些"民主人士"在作了七年的装饰设施后,在去年被中共答应在"长期共存、互相监督"的口号下发挥更有意义的作用。这些承诺显然在毛最初的讲话中得到特别有力的声明,但随后的讲话文本粉碎了"民主人士"可能曾拥有的所有希望。

(中共)已发起了新的一轮"批评与自我批评"运动,在此运动中,那些侥幸躲过被作为替罪羊的人正被卑鄙地要求重申他们对政权的忠诚,承认其个人的"错误"。据说随着"整风"

运动的开始,结果几乎不能在党与非党人士之间建立信任。相反,虽然统一战线的组织框架可能会被保留下来,但"民主人士"的作用因此将几乎必定不留任何有意义的痕迹。结果,政权将更无法调动这个集体的积极忠诚,这种积极忠诚是与消极默许截然相反的。这个集体中的一些重要人物,他们被引诱在"整风"的第一阶段发表损害性的讲话,可能已转为政权的反对者,结束了他们甚至作为政权粉饰性人物的功用。

反应在毛的修订讲话中的路线变化的动机不是很明确,很可能政权故意开始引诱非党人士暴露他们对共产党计划的态度,也可能是毛泽东意欲在中共的政策中倡导一个更民主的阶段。不论是这两种情况中的哪一种,很可能使共产党领导层真正惊恐的是对共产党体制的不满程度,我们可能会推断出中共将要求更强有力的方法而非仅靠"整风"来维持统治。

三、国际问题

(一) 东欧局势

正像公开的那样,毛的讲话包含的只是对去年匈牙利事件的一般性评论,没有涉及波兰或非斯大林化。"矛盾"论的现在版本由北平首先于 1956 年 4 月而后于 1956 年 12 月推出,作为对非斯大林化与随后东欧危机的一个"马克思主义的解释"。毛可能在其讲话的最初文本中重申了北平对这些事件的立场,立场如下:

(1) 斯大林既有正面性也有负面性,前者大于后者;

(2) 斯大林主义者的"大国沙文主义"加上当地共产党领导人的错误要为东欧危机负责;

(3) 的确很幸运,哥穆尔卡为波兰找到了一个不损害"社会主义团结"的解决方法;

(4) 尽管可能很遗憾,一旦纳吉政权在"帝国主义代理人"的影响下决心走"反社会主义"的道路,那么除了苏联对匈牙利的干涉之外就别无选择。

然而,为了更有力地强调讲话的关注焦点是在国内,这次重申可能被省略了。然而,发表的版本揭示了匈牙利叛乱在中国大陆的深远影响。毛说许多中国人对起义"欣喜若狂",希望在共产党中国发生类似的动乱,其他人则持"观望的态度",不过,他声称大多数的群众不支持那些企图"欺骗"他们的人。毛说匈牙利事件的"积极"方面之一是其他社会主义国家吸取的"教训"。

(二) 中苏关系

毛泽东的"矛盾"论对中苏关系构成了一个潜在的刺激,毛的口号已经在东欧被反苏分子断章取义地加以利用。世界的媒体,不论是共产党国家还是非共产党国家均关注毛的论点,这将无疑把北平的地位提升为共产主义意识形态的第二个中心。具有决定性的是,中国人比莫斯科在承认社会主义制度的缺陷上更坦率,不过,这些因素与共产党中国和苏联间的根本利益一致相比而言是次要的。

自斯大林去世以来,苏联领导人似乎已愿意给予共产党中国在阵营中"共同领导"的名义上的地位，可能是苏共承认在面临这种不可避免的情况下，给予中共"共同领导"的地位是明智的。甚至赫鲁晓夫在声明不同意毛的论点适用于苏联时，他也在哥伦比亚广播公司对其的电视采访中承认北平有权提出那些考虑到共产党中国"特殊情况"的新观点。北平与莫斯科都急于把意识形态上的分歧最小化，这似乎体现在莫斯科对有关赫鲁晓夫采访文本的删节，删除了他关于"领导人与群众间的矛盾不适用于苏联"的谈话，也体现在北平对毛讲话的修改，修订的讲话缓和了对那些"矛盾"的讨论，并加上特别强调的一点，即毛的论点未必打算现在适用于不同于共产党中国的场合中。意识形态的分歧实际上现在不是北平与莫斯科的一个重大问题，这点似乎表现在苏联媒体给予中共声明的突出宣传，不仅毛讲话的现在修订本，而且《人民日报》的早期社论均予以突出报道，而后者大概是按照毛泽东讲话论点的最初形式刊发的。

四、前　　景

毛被修改了的讲话的发表将无可非议地进一步提升他在阵营内作为一个共产党理论家的地位。即使做了修订，毛的讲话将继续为"修正主义"的共产党人提供一个"被认可了的"理论解释，特别是在波兰，他的讲话对那些寻求一个替代莫斯科作为马克思主义"真理"来源的政治同路人而言也是如此。同时，修订了的版本正在被阵营的正统成员国用于显示"百花"的主题是有限的，毛支持他们对"反社会主义的修正主义"进行批判。

无论毛的讲话的影响是什么，都没有理由相信他打算对马克思主义做根本的修正或打算挑战苏联作为"社会主义阵营"的领导地位。毛显然想对"马列主义的宝库做一重大贡献"，不过特别是在修订的版本中，他小心翼翼地强调其理论不是作为普遍适用的药方提出的，而只是适用于共产党中国现在不完全的"社会主义巩固"阶段，它们既不能被看作是挑战莫斯科的一个执辞，也不能被视为质疑基本的共产主义理论的许可。

在中国大陆，讲话的发表似乎预示着"整风"运动的一个新阶段，在这个阶段，对政权"错误"的批评将受到共产党更仔细的监督与控制。对思想多样性的鼓励可能将继续，但将限制在毛确定的范围内。尽管以前对反对派的保证，政权可能要压制它的那些批评者，他们在"整风"第一阶段超出了允许的限度。政权可能将继续尝试坦率地面对其政策执行过程中的错误，但它将不再允许揭露中共制度自身的基本缺陷。

……①

MF 2510409 - 0040，The University of Hong Kong Main Library

张民军译、校

---

① 原文此处一段字迹模糊。——译注

中情局关于 1962 年 5 月广东边民
外逃香港事件的研究报告

(1965 年 2 月 23 日)

OCI 0543/65

1962 年的广东逃亡，关于共产党中国的异议与控制的系列研究之一

(1965 年 2 月 23 日)

摘 要 与 结 论

中国居民在 1962 年 5 月（见地图）从广东省向香港的大规模逃亡是一个突出的不容质疑的例证，即异议情绪在华南那个人口稠密的地区是普遍的，并无疑已表面化了。这些异议主要源于广东省业已存在的严重经济状况，但逃亡本身是由极少数情形中的一种所致，那就是在这种情形之下当局故意放松了严格管制，这次逃亡达到其所显现的规模则源于北平当时对地方当局实施的监督相对宽松。

在共产党一侧的边界从 4 月末开始被放开后，被批准移民的受控移居演变为一股 10 万多人涌向香港的洪流，这些移民来自人口特别稠密的广东城乡地区。尽管香港警察仓促设置了障碍，但已有 5 万多人在 5 月底之前设法越过边界进入香港，之后共产党重新加强了有效控制。

广东的官员们在收到北平要求削减省内城市人口 30％——不要诉诸暴力——的命令后不久，他们就决定冒一次失控的居民外逃之险。官员们在应付这个无法解决的问题时部分地企图鼓励主要是华侨的失业亲属们更多地移民。当他们发放了意想不到的大量出境通行证并因而完全解除了控制之后，边界拥堵的问题就出现了。那些政府大概想留下的人员，诸如工厂与农场的青年工人几乎马上开始利用放松了的边界管制，并很快成为移民群体的主体。广东的官员严重低估了年轻人中普遍存在的不满程度，不过几周后重新加强了边界控制。

负责的大行政区①与当地官员并未因此受到清洗。然而，随后的国家政策决议表明广东的逃亡有助于向北平显示在中国的普遍异议的本质与程度，向其显示自大跃进失败以来

---

① 指中共中央中南局。——译注

出现的全面控制机制的恶化。

一、背　　景

（一）从共产党中国向香港的移民类型

通常，共产党中国与过度拥挤的英国殖民地香港已承认了在控制大陆"难民"流向香港方面的共同利益，很早以前，双方政府就制定了一套关于这个棘手问题的非正式规则。除了1962年5月的这个非常月份，北平实际上遵循着这些规则。

流向香港的合法与非法移民的存在并不必然意味着共产党中国实际上比其他极权国家更宽松。除了少数例外，出境通行证只发给那些在香港与其他华侨社区中有亲戚的失业者。那些川流不息的非法逃亡者大多数乘坐雇佣的小渔船出走，只要不禁闭华南的渔业，这种非法逃亡现象将很难阻止。有效的陆地边界警戒行动通常把经由陆地的非法移民潮降为滴滴细流。

港英政府志愿接纳来自中国的移民可追溯至1842年的《南京条约》，但在1950～1951年，来自共产党治下的难民压力导致英国把合法流入的中国人限制在每天50人，这些人通常从陆上边界乘火车进入香港。然而，这个数量的限制很容易被规避，因为中共只需把赴澳门的出境通行证视为有效即可。长期存在的走私者从那个近在咫尺的葡萄牙殖民地通过偏僻的水路把中国移民载入香港，据报道他们在1962年初的最低费用是150多港元（25美元）。

澳门政府的政策继续沿用允许持有适当身份证件的中国人自由进入的政策。那些成功进入香港或在某一水路被逮捕的非法移民一般被允许留在英国殖民地，实际上，他们被鼓励通过简单的注册手续融入当地，通过正常的就业成为自食其力者。

当中共稍微自由地发放出境通行证，而且共产党中国的官方旅行社推动移民与在澳门的走私集团进行联络时，流入香港的非法移民从1961年年中开始稳步增加，结果在1961年大约总计4万～5万名非法移民进入香港，这可能大大超过了往年的入境人数。由于陆上边界在共产党的严密控制之下，这些额外的移民多数通过水路进入。然而，与整个中国在1961与1962年初实行的相对宽大的政策相一致，那些年里那些企图从陆路边界逃亡而被抓获的人所受的严厉惩罚比早期的逃亡者要轻，一些人只是被警告下不为例即被遣返回家。结果，企图从陆上逃亡的人数大增，到1962年年初，香港警察每月就要抓获几百名非法越境者，相比较而言，1961年之前月平均的非法越境者远远低于100人。

（二）1962年年初的国家政策

1962年春共产党政权对其国内政策的信心降到一个低点。自然灾害已经拖了三年，"大跃进"的失败招致大范围的失业，普遍的不满在蔓延，党的威望急遽下降，甚至在普通党员中也是如此。

面对着1961与1962年初的普遍冷漠与大众怨恨，政权实行的政策总体缓和。政权降低了对轻微罪行的惩罚,放宽了旅行限制,把公社分解为由 20～30 户组成的叫做生产队的集体单位,恢复自留地,允许粮食与其他生活消费品的某些自由买卖活动,鼓励华侨的失业亲属移民。

此时政权最紧迫的任务之一是削减大约 3 000 万城市失业人口,以使人口降低到便于管理的比例,这些失业者是从 1957 年作为工业就业而从农村招入的。劝告他们返回农村的努力证明是非常无效的,农村的条件比城市要差得多,村民们也不愿意分发他们本已紧张的口粮。许多市民拒绝离开,或者回到农村后又返回了城市。

削减城市人口的问题在 1961 年底仍被当局半心半意地执行着。于是,在 1962 年 4 月,周恩来总理告诉全国人大"大跃进"已停止,他不期待过早的经济复苏。他要求进一步压缩工业,他告诉全国人大把多余的城镇工人转移到他们的乡村去增加农业劳动力已经成为国家的首要任务。粮食短缺与城市失业问题相结合已增加了城镇地区安全状况的潜在危险,政权对农村地区异议的早先担忧随着河南与华中、华东其他地区在 1960～1961 年的公开反抗而加重。

(三) 广东的局势

那些在 1962 年 5 月离开广东的人有很好的理由对那里的状况表示不满。1962 年春,广东的粮食供应不论在数量上还是质量上都接近相当低的水平。即使来年粮食状况好转,几个月的干旱已把这种前景几乎打碎,这场持续干旱在 1962 年 5 月底才结束(当时是洪水)。虽然广州的粮食配给要好于广东的乡村,但这些口粮仍不足以为正常的工作提供力气与保持健康。去年夏天的霍乱已经夺去广东几千人的生命,预计 1962 年霍乱还会爆发。

工作与教育机会的减少促成了广州及市郊的严重局势。像中国的其他地区一样,广州的许多工厂已被关闭,其他还在运转的工厂也在降低开工率。许多初等学校在 1961 年已关闭,显然,到 1962 年年初之前,广州许多中学的关闭将很快增加失业的人数。

当局也很清楚的是 1961 年计划只削减广州人口 20 万是不够的。一个削减 60 万人口的新目标(广州的人口是 250 万)被采纳了,但是,像中国其他地区一样,政策的执行非常困难,当局依然不愿对不合作的市民动用暴力。

在广州,公安局与街道委员会清楚那些在 1958 年后在市里登记的人完全理解精减的规定。假如要求他们离开广州回到出生的乡村一个月,许多人会选择留下来,他们由于被没收了城市口粮供应卡,成为"流浪者",依靠亲属生活或自谋生路。许多人卷入黑市活动,正常的就业当然不会给予他们。

许多愿意离开广州的人也很难被他们的村庄接纳,当申请新的登记证与口粮本遭到无休止的拖延后,他们返回了广州。在这里,市里的官员故意逃避对他们现实存在的责任,这些返回者陷入绝境。

在这些情况下,1962 年 4 月,北平进一步放宽移民规则的决定受到了城乡官员的欢迎。他们不失时机地对过去申请出境通行证予以鼓励,甚至怂恿新的申请,放松管制与放弃管制不是一回事，然而，5月的剧变显然是中国的有关官员们始料未及的。

二、逃　亡

在1962年5月期间，边界管制的突然放松与随后广东的10万多中国人涌向香港在当时使外界的观察家十分困惑，仅对许多当事人的审问以及利用现在能够得到的其他消息来源，我们就可对事件本身及在其中起作用的因果要素作更可靠的陈述。

1962年4月，广东的官员得到北平的允许，作为城市精减工作的一部分，进一步加大向香港的移民。假设广东当局将防止出现严重的安全局势，具体的计划与执行就留给了他们。

许多新的出境通行证被迅速下发，远远超出了每天50名的香港配额，而且交通问题也很快出现了。通行证的持有者首先转到澳门，但平常带他们入境的走私集团无法对付日益增加的人流，特别是在香港水警提高了警惕之后，许多即将成行的移民变得失望而返回广州。

正在此时，大约在1962年5月1日，广东官员决定放开沿香港的陆上边界的管制，明显是缓和澳门路线与广州自身的拥塞。控制来自广东的移民潮的阀门的进一步打开是可以预见的，但当局对离开广东的出境通行证并不是完全放弃了任何必备的条件。

虽然共产党的官员并未宣布，但这些政策变化的消息确实希望被传播开来。然而，在此情形中仍存在暗含的因素，即或许希望把人潮控制在安全的范围内。虽然共产党的边防警卫仍在岗位上，但是他们中几乎无人采取任何制止越界者的行动，一些警卫甚至为人们指点最佳路线。但崎岖的山丘成为一道令人生畏的障碍，另外，人们能够预料到的是香港政府在陆上边界与水路对非法移民的阻拦将随着人流的涌入而加强。更具决定意义的是，在共产党官员已尝试在全中国实行管制的大氛围——在这种氛围下，人民在没有首先试图得到一张通行证时是不愿违规而前往边界的。

然而，很快就清楚的是北平与广东的官员大大低估了将抓住这次机会而离开的人数。根据那些随后被审讯者多人的交代，"边界开放了"的消息通过口头在几天内传遍了广东东部，到五月中旬前，原来打算的一次人数有限的获批移民的受控移居演变为一次失控的逃亡，他们主要由工农业中的青壮年组成。

据香港警察说，5月初的大多数非法越界者持有出境通行证，但在5月17～24日的那一周之前，那些被围捕在靠近边界的香港新界的人大多数没有这种通行证。他们是男性农场工人，年龄在15～30岁之间，居住在距香港边界两三天的步行行程之内。据估计，如果边界开放的时间更长一点儿的话，在邻近香港的五个县的将近10％的强壮男青年试图在5月离开广东，来自这些地区乃至更远地区的更多的人将加入到逃亡中去。

在5月的第三周，越界者的持续增加仍未使共产党对边界的控制重新加强。然而，在5月21日，中国正规军代替了一些边界警卫，有迹象显示中共在更远的内陆实施旅行限制。当地谣传边界将在几天内关闭，5月24～25日，在大雨中，与香港接壤的中国一侧的边界重新得到有效管制。移民的主流成功地被分流到通过澳门偷渡,移民的数量迅速回落到对广东不产生严重安全威胁的一个水平,移民团体的构成人员再次受控于必须拥有出境通行证。

在7月中旬,香港当局警告殖民地仍面临着一次重大危机,即源自澳门的水路非法移民在持续流入。在陆地边界关闭后的两个月里,2万多人成功地躲避水上巡查而渗透到香港,这促使香港政府组建一支扩编了的海陆军特别联合部队来巡逻香港的水域与海岸。香港政府通过了一项向逃跑的舢板开火与摧毁那些被捕获的舢板的临时管辖政策,这迅速加大了走私者的费用,并使一些偷渡者潜伏下来躲避风头。最终,在9月,因中国加紧控制,非法移民的浪潮急遽跌落。

到1962年底,香港对新居民的登记统计显示在5月有5万多人从陆路非法进入香港。可能至少有同样数量的人到达边界,但是他们无法越过已加强了的香港边界守卫,或者在边界将要关闭前一听到令人沮丧的谣言就中途折返。在逃亡期间,另外可能还有3 000名从水路源源不断地逃亡的移民。我们可以得出的结论是10万多广东居民通过在1962年5月前往边界的举动显示了他们的不满。

三、异议的本质

在逃亡的事件中有些矛盾之处。对许多转身回家的人而言,朝向香港的长途跋涉异常艰难;然而,当他们在边界的对面折返并最终被遣返回出发地时,他们十分顺从。而且,逃亡的宏大规模及其迅速扩大与控制重新加强后运动就马上崩溃之间存在着鲜明的对照。但是进一步审视逃亡表达出的异议的本质就会解释这些矛盾只是表面上的。

民众对广东严酷的经济与社会状况的普遍不满无疑在与香港的明显对比中加大了,但这个本已人口稠密的殖民地的实际吸引力是有限的。1962年春,香港的就业前景是暗淡的,英国预计加入欧洲共同市场而造成"帝国特惠"的长期丧失与面向美国市场的生产削减已经给这个殖民地的工业投下浓重的阴影,这导致了1962年初数千工人被临时解雇。

到1961年年底前,香港大约有44万擅自占住者已经在政府建造的房屋中重新定居,但其他52万人在丘陵旁的小屋与屋顶的阁楼安身。能够有效防止1961年危险的霍乱流行的医疗设施发挥了极大的作用。香港政府普及基础教育的目标已在1961年实现,但接受基础教育的9万名孩子中只有五分之一能升入中学,其中只有二十分之一能盼望某种高等教育。在香港个人思想与行动的相对自由对广东人而言是一个公认的目标,也只是一个茫然的目标而已。

由于香港居民持续的大规模来往于广东以及大量的往返信件,香港的这些状况可能笼统地对广东的人民而言非常熟悉,许多人的不满已加深到足以促使他们在5月离开广东。然而,他们不是不顾一切的,香港的吸引力尚未大到足以使他们抵制被遣返广东。他们在与广东地方当局的不合作中找到其不满的发泄场所,但甚至这种形式的消极反抗也主要出现在不合作者的绝对人数完全压倒当局之时。

那些没有持出境通行证而前往边境的人这么做是预料其他人也将同样如此,或了解到其他许多人已在动身。群众运动的无计划性出现了,在他们于路上相汇之前,人群几乎没有组织,即便是任何形式的组织都没有。口头联络就足以使群众确信,在他们不可预测的状态下,当面对数以万计的人流在一个狭小的空间同时涌向一个共同目标时,当局将发现至少在一段时间内很难采取行动。

这种方式的消极反抗在中国有长期有效运用的历史,因为在过去存在庞大的人口与中央权威软弱的情形。然而,重要的是强调这种反抗的消极性与实际上的机会主义本质。

当这种数以千计的群众涌动在广东一隅时,在另一种情况下就是骚动的5月,而广东居然未发生公开骚乱。据报道,在5月的第三周有几起小事件,但在关闭陆上边界的随后一周并没有发生任何事件。6月1日,爆发了反对当局的唯一一次示威,在广州东站排队的约1000人被激怒,因为他们被拒绝载往香港边界地区,他们就以示威来回应公安局官员给出的解释。石头乱飞,车辆被掀翻,警察与公安部队开了枪。围观者使人群增至数千人,增援部队被调到现场。虽然一些人流了血,数百人被监禁,但不费太大的困难当局就恢复了秩序。为维持治安,车站被置于重重保卫之下,售票服务暂时被转移到该市的另一角落,旅客只有在发车时间才被允许进站。

这些安全措施与公安部队另行的街道巡逻在广州持续了至少一周,显示潜在的力量是很强大的。在此之后被报道的唯一重大事件是6月12日约100人强闯在香港陆地边界的罗湖桥。共产党当局几乎毫不困难地控制所有事件的能力得出一个结论,即在1962年春的公开反抗绝非真正"流行"并蔓延到有理由采取行动的首先行动群体之外。

到此为止,共产党以明确决心与牢固权威的显示来压倒群众的努力大体上是成功的。广东的大逃亡是群众能够利用政权控制的失误的一个极好例子。然而,当权威最终重新恢复时,口头信息的有效性与速度、无组织却相互协调的大众活动的趋势是有利于政权的。

四、控制措施的分析

共产党政权在广东控制异议的表达经历了三个截然不同却有相互联系的阶段:(1)在4月末正常移民程序的放松带来的是广州市的城市人口压力而不是所预期的下降;(2)为了释放这种压力,当局在5月初取消了正常出境程序的必备条件,这导致了始料未及的从农村与城镇地区涌向边界的人流激增;(3)然后到了5月末,大逃亡就被控制住了,这是通过力量的有效组合并增加广州及其周边地区被允许出境者经由水路前往香港的机会。

当局在4月末决定实质性增发出境通行证,这就把责任的重担放在那些无法承担的相关干部肩上。这些党政干部要承受自大跃进失败以来来自上层与下层的批评冲击。3、4月间,刊登在《红旗》与《人民日报》的文章与社论要求干部密切联系群众并准确汇报当地的状况,警告在城市精简人口工作方面裹足不前的责任可能也要推到干部的头上。在广州,继续存在着如此众多的被精减者以及他们自由参与黑市活动则意味着有关干部可能面临腐败的指控。

可以理解的是,在逃亡的第一阶段,干部们关于运用移民作为精简人口手段的谣传可能不太确切。局势的发展显然要比高层机关所意识到的情况快得多,(高层)不能指望那些在各自的农村公社或城市公安局受理出境通行证申请的干部们会注意到迅速发放大量通行证所造成的急速扩大的后果。即使他们已预见到其行动的复杂后果,基层干部是否会更坚决地抵制日渐增大的压力也是值得怀疑的,压力来自那些想获得通行证而离开广东的人。党政干部的这种防御姿态突出了在控制机制上的一个严重缺陷。在逃亡的第一阶段,人们前往申请出境通行证,他们几乎对审查与拒绝的可能后果毫不顾及,而之前他们是会考虑这种后果的。

来自北平的模糊指示似乎是在逃亡的第二阶段放松全部边界管制的原因。这种行动可能得到了北平的默许,政权领导人需要全神贯注的问题太多了:持续的经济下滑、党政干部锐气的全面衰退、在群众中非共产主义倾向的复活、与莫斯科的决裂,以及台湾的战术进攻能力的迅速加强。中南局的官员们可能密切关注着逃亡局势的形成,但局势在第二阶段实际上继续被作为一个省级问题来处理。

北平在安全问题方面优柔寡断的另一个证据是它对同时发生在新疆向苏联的大规模逃亡事件的处理。一份单独的研究将回顾新疆安全局势的细节,但众所周知的是这两起事件的相似性包括中国方面放松管制以及在逃亡开始之后与决定阻止之前所延误的几周。

在决定放松所有的边界控制上,广东当局按照他们对相关人员的实际与潜在的异议及广东控制机制的实际与潜在的效力的评估来作出这种决策。他们正确地估计了防止局势失控的能力,却严重低估了普遍不满的程度。就当时广东存在的管制氛围的效力而言,官员们也明显在自欺欺人,当他们知道或感觉到其他许多人正朝边界走去,许多人完全是毫不犹豫地同样如此。

第三阶段始于可能是中南局第一书记陶铸做出的决策,即关闭陆上边界与回归到正常的移民模式。那些持有通行证的人则大大促进了经由水路离开广东的局面,广东当局很清楚他们能够获得阻止同时逃亡的压倒性力量,而且他们乐意利用它。

北平明显超然于广东事件之外,以及随后并未对任何相关的当地与地方官员①加以清洗的事实已趋于模糊现在被认为存在的重要关系,即广东大逃亡的异议与控制的教训与政权随后做出的政策决策之间的关系。

当他们认识到统计数字的全部分量时,大逃亡的迅速发展一定使先是省级后来是北平的相关官员震惊。这次事件显然为政权贡献了一些有决定性意义的证据,使政权确信对控制机制的检查与重新强调全面的社会主义教育不能再推迟了。向这些阵线推进的决策在随后于1962年9月举行的党中央十中全会上正式显露出来。

在1963年随之而来的党的整风的步伐飘忽不定,加之政权现在通过全面的社会主义教

---

① 原注:见附录人员变动的传记分析。

育来重新恢复失去的阵地的大规模努力使得很难估计这些纠正措施的效果。在1962年5月广东大逃亡中所暴露出的异议的原因不限于这个省,然而,在可预见的将来这些原因也不可能消失。而且,大逃亡暗示着即使在精心设计的控制体系下,判断失误也能打开一个可能在相当长的时期内存在的缺口。大逃亡代表了广东人民能够而且的确公开表达其不满情绪的一个时期。

附录

1962年广东省的人员变动

1. 我们对能得到的传记材料的一个细查显示在1962年后半年,广东省主要负责的职位没有因1962年大逃亡而发生剧变。

2. 正如下表所示,广东的人事变化在1962年末的确出现过,但这种变化很小而且遵循正常的模式。

3. 在广东主要职位上约60%的全部相关人员至少自1962年1月以来在任上。

4. 在1962年7月到12月期间,广东省的主要职位有33人新近履职。

5. 自1962年8月,以前在广东占据主要职位的49人没有得到确认。

6. 虽然自1961年1月以来,广东省主要职位中的79人未被确认,这并不必然意味着这些人不再占有他们各自的职位。近几个月来,有几人在广东的职位上缺席五年多后才被重新确认。

	广东省政府	广东省委	广州市政府	广州市委	总　　计
新的身份确认					
1962年7～12月	12	5	11	5	33
1963年1～12月	34	9	29	3	75
1964年1～7月	16	4	2	1	23
自1962年8月以来的变化					
免职	7	0	2	2	11
调任	2	1	1	1	5
自1961年1月没有信息	20	12	0	7	39

续　表

	广东省政府	广东省委	广州市政府	广州市委	总　　计
自 1962 年 8 月没有信息	23	7	7	3	40
在职的人数					
自 1960 年 1 月	34	13	8	8	63
自 1961 年 1 月	18	4	6	2	30
自 1962 年 1 月	22	8	16	3	49
自 1962 年 7 月	7	5	11	5	28
自 1963 年 1 月	12	5	12	3	33

地图　非法进入香港的移民：1961～1962①

DDRS, CK 3100367291 – CK 3100367301

张民军译、校

---

①　地图略去。——译注

中情局关于 1960 年"信阳事件"的研究报告

(1965 年 9 月 17 日)

OCI 2508/65

1960 年河南的反抗，关于共产党中国的异议与控制的系列研究之一

(1965 年 9 月 17 日)

摘 要 与 结 论

1960 年的后半年对中共政权而言是一个全国范围的紧张时期。农村公社的过度发展、构想拙劣的"大跃进"计划的破产以及普遍歉收导致几乎各地都出现了纪律败坏、法律与秩序局部崩溃的局面。在多数地区，当地的治安力量能够应付动荡的局面，但是在河南省——这是后来从缴获的机密军事文件中得知的——治安状况变得如此严峻，以至于政权被迫动用正规部队来恢复秩序作为最终的解决办法。

这些机密文件——关于河南局势的主要情报来源——显示在该省的许多地区，大批群众自发地积极反抗当地的党政当局长达几个月。最终在 1960 年 10 月，信阳地区显然爆发了大规模的骚乱，①军队在镇压中可能造成了重大的生命损失。

我们关于反抗本身的细节几乎无法得到，但文件表明反抗是由不受约束的民兵支持或煽动起来的，这也说明了迫于重压下的河南民兵所显示出来的不可靠性成为那年冬天当局做出的一个重要决定的原因，该决定事实上不仅在河南而且在全国解散了民兵体系。

这种规模巨大的持续反抗的出现、恢复秩序的进程以及随后降低普遍不满的努力暴露了省级控制机制的基本弱点。在"信阳事件"后对"灾区"的高层调查集中于获取关于各种问题的准确信息，这些问题包括困难的程度、未经授权却持有武器以及士气受挫的低级干部未能有效上报的其他基本问题。对河南的重新深入控制要求部队不仅要开展广泛的救济措施，而且要接管一些地方干部的基本管理职能。一些被派往灾区的军队工作小组的低落士气与"思想上的同情"使这种状况复杂化了。

回想起来，河南的控制虚弱状态似乎已与正在遭受严峻缺粮局面的人民的绝望相关联，这种缺粮局面到了只有公开反抗才是唯一出路的程度。然而，1961 年初北平决定对整个控

---

① 1959 年 10 月至 1960 年 4 月发生在河南省信阳地区的大批农民群众饿死的事件。——译注

制体系进行重大调整则反映了当局对远远超出一省范围的异议与控制问题的关注。

一、序　论

　　西藏游击队在 1961 年末缴获了一系列秘密的中共军事文件,这些缴获的文件中揭露出来最重要的事情之一是证实了 1960 年秋在中国中部的省份河南的农村地区发生了治安控制的严重崩溃。这些被认为非常可靠的证据是在《工作通讯》的各期中发现的,这是由国防部的总政治部向团级及团级以上的军官发布信息而发行的一份机密期刊。没有其他信息渠道在事件的当时或之后提供有关河南许多地区的大批群众在 1960 年秋积极反抗当局的线索。缺乏证实并不削弱机密文件提供的证据,反而进一步显示了有关中国内陆省份的农村地区状况的直接信息在共产党政权的统治下已少到最低限度。

　　来自河南省的难民的报告不能很好地解释 1960 年反抗的本质或程度,以及相伴而来的控制崩溃,那些难民都来自城市。

　　对河南事件的下述研究旨在分析机密文件中的信息,这种分析将借助后见之明的优势以及当时有关河南政治与经济状况的间接信息的优势来进行。

地图　中国华东①

二、背景与原因

　　1960 年的后半年,河南省的人民遭受了严重的粮食短缺,过度劳动又使他们精疲力竭。位于中国东中部的河南通常是中国数一数二的小麦与棉花生产大省,但它易于遭受旱涝灾害,而且有五千多万的稠密人口。河南在 1958 年年初享有丰收的条件,这可能是北平在当年把它选为全国范围的公社运动中发挥先锋作用的一个因素。河南在 1959 与 1960 年意外的歉收只有部分原因可归咎于恶劣的天气,但歉收也反映了在农业集体化中的一段长达五年的管理不善的历史。

　　在河南,省级权力机构的高层竞争可能极大地促成了河南调整的不利模式。主要涉及的两位是潘复生②与吴芝圃③。1948～1949 年,潘担任冀鲁豫区的党委书记,随后,他的权限转为单个的新省——平原省,吴芝圃是该省的省长与省的第二书记。当 1952 年平原省被

---

① 地图略去。——译注
② 潘复生(1908～1980),山东文登人,1931 年入党,曾参加学生运动而入狱五年。抗战和解放战争时期先后任山东分局秘书长、苏鲁豫区党委书记、湖西地委书记兼军分区政委、冀鲁豫区党委书记兼军区政委。建国后任平原省和河南省省委书记兼军区政委。——译注
③ 吴芝圃(1906～1967),河南杞县人,1925 年入党,1926 年参加广州农民运动讲习所学习。领导了豫东农民武装起义,抗战时期任中共河南省委委员、豫东游击第三支队司令员、新四军第四师兼淮北军区政治部主任。解放战争时期,任豫皖苏军区政治委员、豫皖苏边区行政公署主任兼开封市市长等职。建国后任中原临时人民政府副主席,河南省政府副主席、主席,河南省省长,中共河南省委第二书记、第一书记。——译注

撤消时,这两人的相对地位保持不变,而他们管辖的权限变为现在的河南省。潘作为省的第一书记与河南军区的政委,仍居于更有实力的地位,但他反对随后的农业集体化运动为吴的晋升铺平了道路。

1958年的《河南日报》的一系列文章详细报道了吴与潘在长达五年间所持的对立立场。

早在1953年,潘复生就公开批评了一项提议中的计划,该计划要求迅速从互助组——它不过是劳动、农具与役畜的传统共享合作而已——转向社会主义化农业的更激进形式。潘那时卷入了关于农业组织与发展的党内争论,该争论在随后的两年愈演愈烈。1954年,全国范围内"半社会主义"的农业合作社①的数量激增,但到1955年初,面对粮食产量的下降以及党员与农民的反对,农业合作社的增速放缓。一大批所谓的低级合作社在那年春天被解散,但在同年7月,由毛泽东亲自点燃的一场新的集体化运动被发动起来。1954年,潘从活跃的行政角色上离开,这源于他以前反对集体化以及他显然是真的生病了,于是身为省长与党的第二书记的吴芝圃成为河南省的第一把手。吴投身于1955年后期的集体化运动,一年后,作为回报,他赢得了高于潘复生的党内地位,他们在1956年9月召开的党的八大上各自当选为中央委员与候补中央委员。

在吴的领导下,河南进入了推广半社会主义合作社运动的主流省份,该运动是依据毛泽东1955年7月31日的指示进行的。到10月,全国的合作社与入社农户的数目据称增加得如此壮观,以至于定于1960年基本完成初级合作社的日期被提前到1958年。到1955年年底,令人鼓舞的秋季收成与新的合作社在提高粮食征购方面的明显成效致使毛泽东迈出了走向完全集体化的最后一步。

1955年12月,他号召把初级合作社合并为更大的"高级"单位,称之为农业生产合作社（APCs）。毛声称这些农业生产合作社通过获得对全部农田、工具与牲畜的所有权以及把农民组织起来,能够改变农村落后的经济与社会条件。在河南,当局迅速把初级社合并到数量是原来一半的高级社（大约有2.5万个,每社有100～1 000户）中。吴芝圃很快让这些农业生产合作社中的许多社在灌溉与水土保持工程方面展开竞赛。后来,当号召在河南全省将农业生产合作社进一步扩大为公社时,吴本人谴责许多这样的工程的失灵及其造成的困难,这些困难是由修建拙劣、不太大的沟渠堤坝引起的。例如,他引证在西峡一个县（在河南的南阳专区）大约80%因洪水造成的损失可归咎于80个工程。

到1956年夏末,毛泽东预言的无法实现已大大加剧了北平的高层领导人在经济政策上的矛盾,一年前毛自信地预言"全国性的生产大发展"。虽然中共在首都建设与工业生产上取得了成绩,但农业产量几乎没有增加。国家在1956年上半年的粮食征购实际低于1955年的水平。这反映了农业生产合作社在农民中遭到普遍的反对。许多农民吃掉他们私有的存粮,屠宰了他们的牲畜以防止被农业生产合作社征用。管理的混乱与失误是农业困难的

---

① 原注：在一个"半社会主义"或"初级"的合作社里,社员不仅按劳取酬,而且按照他入社的土地、牲畜与工具的数量分取红利。一个"高级合作社"是一个成熟的苏联型的集体农庄,在那里社员只有按劳取酬。

原因之一,但最主要的因素是农民不像所期望得那样在新的组织体系下辛勤劳动。这主要源于政权无法坚持它的承诺,即在集体化中保持农民以前的消费水平。到 11 月,北平的意见不一致已用党中央的一则正式公告遮盖起来,该公告赞同"适当收缩"。

政权侧重点的这次变化给了潘一个在河南重获其领导地位的机会。他成功地扭转了吴芝圃非常认同的运动,潘的成功由他的两位长期助手所推动,这两位是在河南居于主要职位的杨珏与王庭栋,分别是省委的秘书长与副秘书长。这些人掌握了大量的信息,这些信息包括河南在 1955~1956 年的集体化的冒进、农民因集体化而招致的困难、省内党政各级官员的卷入等。有这些材料在手,潘(他仍有省委第一书记的头衔)重新开始积极履行职责,在 1957 年 5 月更自由的氛围中,他无情打击了省级及更低级的党委的许多委员们。他迫使吴芝圃亲自在党内做批评,可能清除了五个专区中至少十个岗位上的领导干部,而当时河南只有六个专区。到 1957 年夏末,河南的 2.5 万个农业生产合作社已被分解为五万多个初级合作社,在这些合作组织中实际参加的农户已急遽减少。

然而到了 1957 年 8 月,反右运动强劲,吴芝圃开始恢复原位。当月,潘受到省党委的责难,同年 9 月,吴依托党中央的决策,重新采取经济发展的劳动密集方法。新计划控制中国农民的时间、生活方式与劳动,以便用这种方式来确保农业产量与国家征购的增加,在某种程度上是为了投资于一个更加分散的工业经济体系。吴芝圃并没有在未来的六个月实际取代潘作为党的第一书记,但在那个时期,他把河南置于朝向完全集体化的全国运动的最前列。

北平选择河南作为这次农村集体化的新特点的先锋显示了一种期待,不仅期待这个关键省份克服不利于农作物生产条件的根本弱点,而且也期待它消灭之前政策的游移不定的不利影响。在 1957 年的年中政权轻率地解散了大合作社以及强烈的公众批评严重动摇了党政相关干部的信心。在农民中,投机性的土地买卖与黑市活动随着对自留地与各种形式的个体农业生产的重视而走了很长一段回头路。1958 年 6 月,吴芝圃陪同毛泽东在参观模范的"卫星"公社时视察了河南信阳专区。这个公社(覆盖了几乎整个遂平县)成立于 1958 年 4 月,合并了 27 个先前的农业生产合作社(它之前把大约 310 个初级合作社聚拢起来)。在其新形式下,有 9 369 户家庭(约 4.3 万人)的卫星公社通过农村生活的各个方面紧密地凝聚到一个中心权威。

1958 年下半年,整个中国在工农业领域都展开了超强度的运动。很可能河南在经济与人力资源的利用上超过了其他多数省份。到 1958 年 8 月,当建立农村公社的运动在全中国展开时,河南的信阳专区已经组建了 216 个公社。在河南省北部的新乡专区宣布有 337 个新的公社,河南省的其他五个专区据说到 8 月将达到同样的发展水平。在前面引述的 1958 年 7 月《河南日报》的一系列文章中,在吴芝圃对其前任潘复生的公开批评中进一步显示了吴在河南农村公社化运动中所制定的高速度。这种在省级最高层的个人竞争的前所未有的展示是衡量过分自信氛围的一个尺度,这种自信在当时的全中国开始发展。

随着 1958 年 9、10 月份的"土法"(或"后院")炼钢的群众运动的深入,吴芝圃公开宣布了下述惊人的进步:铁的产量要从 1957 年的 3 600 吨增加到 1958 年的 200 万吨,钢则要从实际上的零起点开始,1958 年达到 4.8 万吨。吴声称为了实现这种快速发展与帮助满足其他省份所需,河南的煤矿数在 1957～1958 年间要从 300 个增加到 3 640 个,他宣称在 1958 年一年将因此增产煤炭约 1 200 万吨。他也宣布在秋收后深耕了 8 000 万亩农田。

稍后,在 1958 年 12 月,吴芝圃本人谴责了虚假的汇报,而他的那些声称就是以这些虚假的汇报为基础。但即使考虑到了这些数字有很大程度的夸大,河南仍有可能在全国规模的运动进行前已成立了过半数的公社,它最终要组建 1 200 个公社。接踵而来的是河南在农业与工业生产上承受着相应的巨大压力,至少在直接相关的新公社是如此。

为了全中国的农村公社的有效组建与工农业的成功跃进,政权要求建立一支庞大的民兵部队作为控制人民反应的国家机制的一个必备的组成部分。在河南,1958 年的民兵发展计划包括征募约 1 800 万人(约占全省人口的三分之一),在"生产前线"组成 329 个师。作为民兵部队,要求这些人在"基干民兵"的指导下,经常训练,参加演习,基干民兵通常是部队退伍老兵。在 1958～1959 年间,主要要求民兵努力生产,加快工农业生产的步伐。随后的事件与对 1960 年反抗的高层调查显示河南民兵的这些发展多数停留在纸上。

到 1958 年 12 月,农业产量无法实现令人欣喜的增长,工业部门的严重混乱与人民近乎精疲力竭促使北平再次扭转集体化的努力,大幅降低生产活动的速度,并为缺乏成功寻找替罪羊。首先,最高领导们指责低层干部在之前的数月浮夸经济成绩,在执行党的计划上过分热忱。当这些批评开始使全国的低层干部气馁时,北平在 1959 年春转向一种缓和政策,许多干部的反应则是耷拉着脑袋,回避更深层次的责任。

然而,到 1959 年夏,这些干部在猛烈的政治-意识形态运动中被彻底收拾干净,这次运动先于人民公社与"大跃进"运动的复苏。他们再次因政权计划的先前失败而受到指责,屈从于公开批评,并被要求参加劳动。仅在河南一地,1959 年可能有 10 万多名干部被从城市发配到乡村。

政权强制恢复它之前在农村集体化与分散工业化中的过分做法并加以强化,加之农作物的收成差强人意,使中国在未来三年遭受了普遍的经济衰退。河南及其他个别省份遭受了特别沉重的打击。河南—山东—安徽地区从 1959 年夏就开始遭受粮食短缺,据那些随后离开河南地区的医生们的报告,到 1960 年春,因营养不良而导致的疾病在这些省份蔓延。在河南,城镇的粮食供应早在 1960 年夏就开始缩减,反映了周围农村地区更加紧迫的状况。不利的农作物状况是造成这种局面的部分原因。虽然普遍大旱,但在 1960 年的 5 月中旬,河南的部分地区却发生了严重的涝灾;而且,河南及周边省份在 1960 年的春天与初夏时节显然遭受了一次严重蝗灾的影响。粮食短缺也是农业生产力低下的结果,河南的许多农田因农业试验而严重受损,但更主要的是,群众已不愿辛勤劳作,而这在很大的程度上是因体力无法支撑他们那样的辛劳。

三、反　抗

在这种严重的粮食匮乏与严酷的经济前景下,1960 年的后半年,河南的普遍不满在高涨并转变为积极反抗。1960 年 10 月,在河南的南部地区发生了一起特殊事件,这要求用武力镇压骚乱,导致北平在河南全省调查严重的治安状况,并考虑实施国家管制政策。

据 1961 年 1 月 11 日发行的秘密的部队《工作通讯》所述,1960 年 11 月 12 日,隶属于人民解放军总参谋部的动员部部长傅秋涛①将军开始在河南的一些地区进行调查,这些地区"因重灾发生了更严重的问题"。傅秋涛调查组的 40 位成员(包括来自总参的 22 人)深入到河南省的六个专区与郑州市,逗留了几周。调查报告于 1960 年 12 月 30 日上报给中央军委,报告提到了"灾区"的严重缺粮与正常权力机关的崩溃,但没有谈及群众的反抗。

傅秋涛说他的调查集中于信阳与开封地区,他的报告包含了如下所述的在信阳专区商城县的民兵领导层中滥用权威的情况。在那个县的 13 个公社的民兵部队的领导中,11 个公社的民兵领导被指控有"犯罪与扰乱治安"的行径。该县民兵部队中的 41 名团领导中的 31 名以及 224 名营领导中的 165 名被指控"严重违法"。这些官员就其行为被说成是镇压人民,破坏农村的"生产建设",败坏了民兵的"光荣传统","严重影响了中共的革命事业"。特别需要指出的是,这些"坏人"被指控亲自卷入或率领民兵参与了谋杀、强奸、抢劫、殴打以及其他方式的虐待群众的活动。虽然在傅秋涛报告的公开文本中,对该县或信阳或开封的任何其他地区的局势未加详述,但他确实提到了对两个重点地区所做的单独报告。

在《工作通讯》的其他各期中提到的"信阳事件"以及在难民报告谈及该事件的发生显示了把调查集中在信阳(也可能是开封)的原因。在 1961 年 4 月 19 日的《工作通讯》第 16 期中提供了关于《农村现在的大好形势》的学习材料,把农民当中的"满意的新气象"归功于彻底贯彻党中央的 12 号指示(见后面的第 3 章),文章说:"甚至在遭受了阶级敌人如此严重破坏的河南信阳专区,正在向喜人的方向发展。"1961 年 5 月,武汉军区司令员陈再道②将军在河南省对民兵工作进行了后续调查。在他的报告中,陈谈到从"信阳事件"中吸取的重要教训,提到了在重组河南的民兵系统与纠正"诸如组织中的不纯分子、不稳定因素与工作中的职能不健全等诸多偏差"中所取得的进步与遇到的问题。难民报告确认在信阳市的邻近地区发生了一起重大"事件",他们指出该事件牵涉至少几千人的骚乱及其被军队所镇压,但没有提供更多的细节。始于 1960 年 11 月的官方调查的涌现表明这次公开反抗发生在 10 月或可能更早。

北平把"信阳事件"附属的重要意义更多地放在严重的治安状况的最显著部分,这种治安恶化的状况显然在河南全省已存在了几个月。陈再道在其 1961 年 5 月 26 日的报告(见上文)中谴责"在信阳事件被揭发前,各级主要权力机关更关心已获的成绩,而没有意识到存

---

①　傅秋涛(1907～1981),湖南平江人。1929 年加入中共,历任中共湘赣省委副书记兼省工会委员长、中国工农红军湘鄂赣军区政治部主任,在 1934 年红军长征后坚持湘鄂赣边三年游击战争。抗战时期任新四军第一支队副司令员、司令员兼政委等职,解放战争时期在鲁南军区、中共山东分局工作。建国后历任山东军区副司令员、中央军委人民武装部部长,总参谋部队列部部长、动员部部长等职,1955 年被授予上将军衔。——译注
②　陈再道(1909～1993),湖北麻城人。1927 年参加黄麻起义,次年加入共产党,曾任中国工农红军第四军排、连、营、团、师、军长,参加了鄂豫皖、川陕苏区反"围剿"与长征,抗战时任八路军一二九师副旅长、冀南军区司令员,解放战争时期任晋冀鲁豫野战军纵队司令。建国后历任河南军区司令员、解放军武装力量监察部副部长、武汉军区司令员。——译注

在于民兵业务工作中的问题。"在1961年上半年刊行的几期《工作通讯》中，包括上面已提到的几期，都有关于16个县发生了骚乱或困难的报道，这些县遍布河南省（见地图）的所有专区。例如在武陟县（新乡专区），据报一个摩托化的民兵排经常在通往詹店火车站的路上实施抢劫，以至于人们不敢上路出行。在永城县（开封专区），据传民兵因类似的非法行径而遭到农民的谴责。在许昌、洛阳与南阳等其他专区的案件也报告了关于民兵所用武器的管理崩溃、民兵从他们的单位开小差，民兵训练与工作报告的弄虚作假。

这些关于河南权力滥用或崩溃的报道表明许多人参与其中。在傅秋涛对河南的治安状况进行调查后，国防部的总政治部几乎立即向驻扎在"重灾区"的部队单位发布一项指示，该指示标注的日期是1960年12月2日。指示要求部队把协助地方当局维持社会秩序与确保这些地区的治安作为一项非常重要的责任，继续要求保持高度警惕。同时，战士被告诫不要过分严格，不要随意开枪与不加区别地捕人。万一粮食被群众从部队单位抢去，也绝对禁止士兵去捆绑、吊打或用其他"军阀作风"恐吓他们。陈再道在"信阳事件"后对河南局势所做的调查指出某些地区"甚至在维持地区治安与保护生产也不敢使用民兵力量"。军队被再次警告不要"粗暴对待群众，而且也不要对群众使用武力"，相反要"采取教育与劝说的方法来阻止群众实施抢劫与其他不法行为"。与此同时，在灾区的部队单位被要求采取一切防范措施，"在反动派实施破坏活动之际，给他们以沉重的打击"。

河南发生普遍反抗的更多证据将在1961年1月12日召开的一次军委电话会议的纪录中被发现。傅秋涛主持了这次会议，在会上，林彪元帅关于重组与加强民兵工作的指示被传达给多位省级军区司令员与相关的中央政府官员。军委清楚地意识到在民兵组织中的"不可靠现象"不仅存在于河南，也存在于其他地区，在解放军动员部的参谋分部指导下，对这些地区"的背景进行初步挖掘"。解放军的副总参谋长杨成武注意到"现在，我们无法确切地知道每个省有多少枪，由谁保管这些枪"，要求与会者"确保每一支枪、每一发子弹都要由可靠的民兵掌控"。他警告如果省级司令员们不特别注意这个问题，将引起大麻烦。杨要求对民兵武器立即进行一次全国范围的检查，在开展这项检查中，他建议用检查、修理与保养的借口来收缴"被坏人控制的那些公社、生产队与民兵组织的武器"。

解放军总政治部1961年1月与2月下发的其他报告显示它关注武汉军区某些单位的士气，在这些单位中，生活在灾区的家属的比例很高。总参谋长罗瑞卿在给军委的1月份的报告中提到这些部队中的多家单位，高达70%的士兵在这些地区有家属。在驻扎于河南的第一军内，据报10%的士兵的家庭有"非自然死亡"。罗瑞卿确认第一军的一个工程营有50%的家属在信阳专区，另一份报告指出信阳专区的新蔡县是在军队家属中进行大量粮食救济活动的中心。

政权指示要坚决处置"灾区"的"群众"却不与他们为敌以及关注驻扎在这些地区及邻近地区的部队士气，从政权的这些行动中我们可以作出如下的推断，即很多人参与的公开反抗与1960年在河南信阳及其他地区出现的正常权力机关的崩溃相联系。发表在《工作通讯》上的调查报告的重点放在民兵领导们的非法行为与直接谈到"群众"的事实似乎避免趋于认定这个结论。在一些案例中,饥饿暴民的骚乱可能激起了负责保卫粮仓与粮食运输的民兵采取极端行动,在其他案件中,民兵可能领导了"群众"或支持他们反抗其他政权机关。

在河南各地几乎同时发生的成群结队的积极反抗及其持续了数月而未受到镇压,这需要用不同于普遍不满的术语来解释。河南的反抗活动几乎确实没有组织上的联系,但一个县的人民可能意识到邻近县的动乱并受其鼓励而自己也行动起来。同时,他们认识到并存的反抗可能有一种抑制性的影响,促使其推迟行动或限制他们,他们关注的将是避免迫使地方官向中央政权乞求压倒性的控制力量。如果这种动机在1960年夏末初秋的河南是有效的,那么它们将有助于解释为何反抗拖延这么长时间,并控制在局部化的范围内。

当1960年10月在信阳的群众反抗超出可以容忍的限度后,震惊中国领导人的可能不仅是反抗的直接威胁,这种威胁仍是可以控制的;而且是他们的发现,即如此积极的反抗已进行了这么长的时间而他们却不甚了解。虽然政权的生存并未受到河南反抗的威胁,但北平得出的全面控制机制恶化的结论与政权纠正这种局面的随后努力使1960年河南的反抗成为一个重大事件。

四、控　　制

对1960年秋河南的积极反抗的控制涉及部队使用的一种方式,这种方式暴露了省级控制机制的基本弱点。在信阳地区,可能在河南的其他一些地点,军队不得不向骚乱者开枪,可能总共死伤几千人。根据《工作通讯》的说法,当前的计划是"扑灭一个点的反抗,巩固一个点,然后转向另一个点"。在河南全省,军队最终进入正常权力机关已瓦解的城乡,承担起许多通常由非军方的干部与民兵处理的控制职能,军队向最急需的地区分发粮食、药品、冬衣与其他必需品。不可靠的民兵单位被解除了武装,在一些情形下被解散。军队工作小组承担了社区食堂的工作,在许多地区分发食品、收集储备化肥与粮食。

仅仅通过他们即刻现身,这支压倒性的军队就能够在河南的大部分地区恢复秩序,但其积极控制的努力不是很成功。在城乡占据职位的军队被命令与群众一起吃、一起住、一起劳动与一起讨论的"四个一起"活动。实际上这些部队不太与外界交往,采取占领者的态度。直到1961年5月,武汉军区的指挥官才报告说:"河南军区最终吸取了过去经验的教训,完全澄清了民兵工作的局面。"

在1960年动用这些军队工作小组不仅要控制积极的反抗,而且要试图赢得普遍的支持,政权声称它正在诉诸其著名的八路军榜样,但到11月底,显然至少河南的局势与他们在20年前所处的局面大不相同。12月2日,解放军的动员部对部队工作小组的成绩做了评价,这些工作小组于11月12日接受了中央军委的派遣命令,在全国"深入生产前线"。据报道,被派往灾区的部队工作小组与其权威正在旁落的当地党委立即产生了摩擦。这必然要考虑军委下达的指示:"一方面,工作小组的同志应坚定地服从当地党委的领导与全部工作计划;另一方面,他们仍应该向当地党委传达局势,提出想法,找出新方法,当好'顾问',做好民兵工作。"在某些地区的结果是责任的非正式划分,部队工作小组只接管某些公社的管理,而把其他公社留给地方党委去监督。

1960年的部队态度也与20年前他们的先辈截然不同。据报,在部队中存在许多疾病以及不能在野外艰苦工作的现象。在某些地区,据悉工作小组每天只是被派往他们的"蹲点"监视人民干活,或全身心地投入训练工作。在这些地区,缺乏来自军分区领导干部的"巡回调查",他们"下命令,却不走出去投入战斗。"结果,许多部队工作小组方面的行为未被发现与纠正,直到在许多灾区形成了对人民及其问题的一种普遍冷漠。

解放军的动员部在其12月2日给中央军委的报告也再次清楚地说明了思想教育的类型,11月,部队工作小组被指示向灾区的群众进行思想教育。11月的指示要求对公社体制作一次重大的后退,权力被转入生产队并向农民做出一些特别的让步;这些让步包括自留地与家畜饲养,在"自由市场"出售的自由,退还被公社征收的财产与牲畜,有保证的节假日。首先,该指示告诉人民全国形势一片大好,如果没有"三面红旗"(人民公社、大跃进与依靠群众)即党的政策如此有效,他们地区的灾难后果将坏得"无法想象"。其次,灾难的出现将主要归咎于自然与"坏分子"违反了毛泽东的政策。最后,人民将被告知政府救济努力的巨大程度与"完全的新气象",这种新气象是在全国的其他地区正确执行了党中央于1960年11月3日下发的12点"紧急指示"所创造的。

要求与群众进行讨论的这份指示显然除了要求他们与群众在一起吃、住、劳动外并没有导致更实际地运用部队工作小组。在开展这次思想教育的工作中,指示要求部队工作小组的领导干部让人民谈论他们的困难,但"不要鼓动群众去流血与斗争",他们将扎实与耐心地开展群众的教育,既不对群众动粗,也不让群众遭受"惩罚"。动员部12月2日的报告显示人民不接受对他们进行的思想教育,他们在躲避教育上取得一些成功。例如,报告抱怨在讨论会期间"关心他们的供应品"或"在家中照顾病人"的人数。

部队工作小组在灾区恢复秩序方面采取的消极控制措施对削弱当地的基层干部的士气有影响。干部中的"危险分子"被认定而后调到其他地区,认定过程包括鼓励人民批评那些有"错误观念"的党政或民兵干部。军事权力机关在河南的基层暂时处于支配地位,可能在1960年秋,那个省的许多民兵干部被送去劳改,他们无法聚拢其成员或动用这些成员去阻挠正常的权力机关。在那个期间,为了按照军委下达的指示煽动阶级斗争,许多作恶者被揪出来公开批判,被贴上诸如"反动分子"或"地主"的标签。许多公开批评对准了省级党政机关内的低级干部,因为这些干部实行了"五风"(共产风、浮夸风、命令风、干部特权风与对生产瞎指挥风)。干部们持有的这些感情已阻挠了政权的基本政策,很大程度上加剧了许多地区正在遭受的困难。

政权对民兵系统问题的处理方法以及民兵与管制结构的关系解释了这种瘫痪,这种瘫痪已打击了那些以前有助于民兵健康发展的因素。首先,至少在河南,我们有必要得到关于民兵的数量、构成与装备的可靠的基本统计。例如,在1961年1月12日的军委电话会议上承认在军区、军分区、市与县的民兵单位所拥有武器的确切数字完全不存在,这就是无法委派个别的人从事控制武器工作的原因,但总参谋长罗瑞卿在后来亲口说从他所能看到的"统计数字只是估计"。在"信阳事件"后所进行的早期调查已揭示出在河南的许多民兵单位只是名义上存在,其他单位的许多人也不被要求开展太多的预定训练。在这次会议上,郑州市纺织机械厂与郑州第三国棉厂的民兵部队被举出来作为民兵系统已变得松散与散漫的例子,这是由于忽视民兵工作的缘故。

在负责民兵工作的军事干部中的瘫痪现象显然已达到省级并越出了军区。傅秋涛在1960年12月30日的报告中显示他极为关注一个情况,即在1960年1月的全国民兵工作会议或稍后于4月举行的全国民兵代表会议上,来自每个县包括河南的那些县的几位代表都不知晓河南民兵的严峻局势。1961年3月《工作通讯》上的一篇坦率分析的文章指出了支撑民兵发展活动的基本弱点,"领导干部思想上仍未抓紧民兵工作,把它看作是一种玩具,一般认为民兵活动不像与正规军共事一样有利可图。"在给军委的几份报告中有对民兵的糟糕状况的抱怨,如果当局决心在早期阶段开展例行调查的话,这些情况就有可能被揭露出来。报告也指出,在连级层次的许多场合,军事干部对较小的民兵单位开展的诸多例行监管在1960年后半年甚至没有进行。在确实开展调查的地区,根据解放军总政治部的说法,在该受罚的党员与干部方面的集体掩饰活动经常阻止他们被曝光。

除了相关干部的不负责外,从1958年起党员的无条件过度扩充也造成了民兵系统不能在一个健康的基础上发展。政权要求干部在工业上开展"跃进"并且要组织与管理人民公社,这种要求实际上到1960年年中已经肢解了解放军基层的党的梯队。在其1961年4月30日通过军委递交给党中央的报告中,解放军总政治部登记在册的军队基层有229 000名新党员。这种激增与1960年年中的局势形成对照,那时解放军中大部分的班还没有党员,大部分的排没有党小组,在7 000个连(超过连的总数的一半)中没有党支部,这种党员与干部的缺乏可以归咎为解放军对团级以下的党的教导的普遍忽视。扭转这种局面的努力最终始于1960年7月,在上述的解放军中开展为期七个月的军事整风运动并吸收新党员。

在解放军内打破官僚主义的障碍并恢复部队的锐气是一次复杂与深远的运动,它从一开始就与经济需要做了妥协。1960年3月,在党中央的会议上提出反"五多"的主题①,会议认定了太多的报表、文件、会议、组织与日常事务的负面影响。同年10月,当运动重点从中高层干部转向包括那些负责民兵的基层干部时,又增加了其他主题——"五好战士"、"四好连队"②、"两忆"与"三查"③。此时部队的士气非常低,许多老兵的服役期限因那年的经济困

---

① 1960年3月30日,中共中央下发了《中共中央关于反对官僚主义的指示》,根据山东省历城县的材料,指出关于官僚主义严重存在的问题。即官僚主义消极方面的突出表现是五多五少:会议多,联系群众少;文件报表多,经验总结少;人们蹲在机关多,认真调查研究少;事务多,学习少;一般号召多,细致地组织工作少。——译注
② 1960年,中央军委在全军开展创造"四好"连队(政治思想好,三八作风好,军事训练好,生活管理好)和"五好"战士(政治思想好,三八作风好,军事技术好,完成任务好,锻炼身体好)活动。——译注
③ 忆阶级苦、忆民族苦、查立场、查斗志、查工作。——译注

难对征兵的限制而不得不被延长。1960 年 8 月，军队的粮食配额被削减，部队在服装与燃油方面的供应也进一步被压缩，士兵中的病号持续增加。

解放军中的骚动可能是一个把反抗曝光的重要因素，这种反抗已经在河南的许多地区消极地开展了两年多。整风运动可能涉及全国 50％以上的省军区干部及军分区与县民兵部的人被贬到农村地区，这种大规模的干部轮换对那些参加民兵的人而言是一个信号，即控制将更加严格，但它也带来一个相对混乱的时期。在河南，有主见的民兵单位可能是在此情况下行动的第一批——一些民兵单位抢夺他们能从群众中抢走的东西，其他单位则率领群众积极反抗正式权力机关。

当解放军自身正在进行这样一种彻底的整风运动时，北平不得不要求解放军去镇压在河南的积极反抗并帮助降低普遍的不满，这显示了 1960 年秋存在于正常的控制结构中的缺陷是根本性的。这种缺陷的更多显示是随后对民兵的处理以及党中央在 1961 年 1 月召开的九中全会对几个决议的修订。那时，《工作通讯》仍在谈及民兵应发挥的关键角色，即他们应在诸如生产与国家动员方面控制人民的正面回应，但民兵的一项警察职能被明确否定了。同时，对除基干人员外的所有人员的民兵训练被延缓了，当局决定通过征兵与整风，必须对民兵系统进行一次彻底的检查，并要与培养可靠干部的充足后备人员的三年计划密切协调。《工作通讯》上报道的这些建议导致了这项决议，这些建议也解释了关于继续开展民兵活动的各级报道将被大大收紧。九中全会发起了党内的一次重大整风运动，在 1961 年 1 月 20 日的会议公报中，全会正式宣布重建党的大行政区局①，暗示大区局有监督省级的所有党、政、军活动的责任，负责从各省向北平反映更准确的信息。

虽然没有证据显示其他地区的反抗可与河南相提并论，但这些纠正性措施反映了北平对超出河南省界的严重治安状况的关注。1960 年在山东、安徽两省的粮食短缺几乎毫无疑问与河南一样严峻，《工作通讯》显示党与军队的高级官员对山东及其邻近省份的灾区进行了与河南省同样的调查。在"信阳事件"后的 12 个月内，山东、安徽、甘肃的第一书记与河南的吴芝圃被降职或调离，吴芝圃成为中南局的一位书记（潘复生成为中华全国供销合作总社的主任）。

河南局势的独特性是一个各种因素的汇合，当时这些因素在当地至少与中国的其他地区同样严峻，我们将用河南局势的独特性来解释 1960 年的反抗。到 1960 年，粮食短缺在河南已经一年了，1960～1961 年的歉收已变得很明显，对河南民兵的控制已恶化到这种程度，即许多农村地区的武装单位胆敢恐吓群众或率领群众公开反抗公社或县当局。这种正式权力机构的崩溃及发生积极反抗的信息显然没有被士气低落的基层干部迅速明确地传达给河南省当局，至少，北平在"信阳事件"之前似乎没有对局势的潜在严重性做出正确的评价。而且，驻扎在河南灾区的正规军的士气也非常低落，可能这也是北平根本不愿意求助于这些部队去镇压群众反抗的一个因素。正如在稍后的 1962 年广东大逃亡的

---

① 1961 年 1 月 18 日，中共第八届中央委员会第九次全体会议通过了关于成立中央局的决议，把 1954 年废止的各中央局与中央分局重新恢复并加以调整，成立华北、东北、华东、中南、西南、西北六个党的中央局，以加强对六个战略性地区的各项工作、特别是建立区域性的比较完整的经济体系工作的领导。——译注

事例一样,1960 年河南的严重治安形势持续了相当长的一段时期,而北平却关注于全国
范围的紧迫问题。

地图 河南省的反抗,1960 年的地图①

DDRS,CK 3100127217 - CK 3100127250

张民军译、校

---

① 地图略去。——译注

中情局关于中国的异议与反抗潜力的研究报告

(1965 年 12 月 7 日)

OCI 3088/65

共产党中国的异议与反抗潜力

(1965 年 12 月 7 日)

概 要 与 结 论

除去在中国少数民族地区的麻烦不说,共产党政权在过去十年里已遭遇了三次不同场合下爆发的反抗。这些反抗是发生在 1957 年的"百花齐放"运动、1960 年严重的粮食短缺期间发生在河南省的反抗以及 1962 年 5 月越过粤—港边界的逃亡,它们绝非严重威胁政权强大与无孔不入的安全控制。在每次场合中,群众中的异己分子都显示了对武力镇压威胁的极度敏感。

然而同样是这些事例显示了在中国大量未组织起来的知识分子、青年与农民有一种非凡的能力,能够利用政权基层控制组织的根本弱点来协同行动。

在 1962 年年中,当北平开始了一直持续到今的广泛的思想再教育活动时,它认识到反抗势力的这种能力与控制弱点的存在。过去三年的群众运动集中于上述群体,①对基层的农民干部更是特别加以防范。

有力的证据显示北平无法降低遍及中国的异议的总体水平。高层领导人已异乎寻常地坦承大量的异议在继续发展,过去三年的政治运动的速度与内容已反映出干部中存在着一种挫折感。

鉴于反抗的初期爆发,也许过去三年中最重要的发展是基层控制组织的过度膨胀与紧张,这已涉及政权的思想再教育努力。这也导致了对控制青年与知识分子的党组织的高层调整,也复活了作为基层农村干部补充的农协,②但很可能那些基本弱点依旧存在。

如果政权继续存在控制弱点,可能再加上粮食短缺或领导能力不足,将引起异己分子们的公开反抗。只要共产党政权仍掌握有压倒性的力量,即使当这种情况发生时,缺乏组织的反抗以及中国人在集体行动中的天生的自我局限性很可能会阻止一次匈牙利式的起义。

---

① 即知识分子、青年、农民三类人。——译注
② 即贫下中农协会。——译注

虽然政权现在能获得顺从,但它无法唤醒大众的政治冷漠。自"大跃进"的失败与1959～1961年的经济灾难发生以来,横亘于领导层的革命目标与人民的目标间的分歧在扩大,后者的目标是个人的、实物主义的。政权想要恢复平民与低层干部曾经拥有的革命热情,为此一直进行持续与强烈的政治思想教育。然而这些计划显然非常无效,异议仍保持着很高的势头。

异议:对政权不满意或疏远的一种心理状态。

反抗:异议转化为行动。

有组织的反抗:一群个体展开的反抗,他们已接受一个共同的目标,在领导权方面取得一致,并制订出一套信息联络系统。

无组织的反抗:由个人或松散联合的群体展开的反抗,这些松散联合的群体为某些有限的目标自发形成,没有全盘计划或战略。

消极反抗:有组织或无组织的反抗,它在反抗者的正常生活与职责的框架内展开,包括故意不履行或错误履行将有利于政权的行为,或与政权制订的行为标准故意不一致的行为。

积极反抗:有组织或无组织的反抗,它在反对政权的实际行动中表达自己的思想。它可能涉及或不涉及暴力,既可以公开行动,也可以秘密行动。它可以采取诸如情报收集、心理战、破坏、游击战、帮助逃亡、公开蔑视当局等形式,或为上述任何行动而采取的预备活动。

一、序　言

反抗中共统治的过去实例为研究异议与潜在的反抗提供了一个有用的背景,异议与反抗似乎成为当前北平的主要关注。[①] 在过去十年的三次场合中——1957年5月的"鸣放"运动;1960年秋的河南省与1962年5月在粤—港边界——异议群体积极反抗当局,在一段相当长的时期内相当有效。[②] 在每次场合下,未遇太大的困难就得以恢复控制,共产党政权的基层控制组织的基本弱点并未被暴露。过去的三个异议群体——知识分子、青年与农民同样是政权当今最重大的思想教育活动的对象。

在中国认定反抗的工作是一件困难的事,特别是在它发生之际。在1957年5～6月学生的反抗过去几个月后,难民报告才予以揭露。1960年秋在河南发生的大规模公开反抗被镇压,在这个消息通过被缴获的中国军事文件传到外部世界时,已经过去了一整年,对难民的审讯几乎得不到关于这次反抗事件的额外消息。当然从广东到香港的大逃亡一开始就被密切观察着,但却得不到有关中国其他地区的可能有所反响的早期情报。为了更好地预见与确定在共产党中国出现的反抗,现有的定义需要通过对实际反抗的分析加以补充。

此处分析的三个案例已被借助后见之明的优势详细研究过了。下面的概述试图用简洁

---

① 原注:见迎面页上的主要术语的定义。

② 原注:本项研究并不涉及在西藏、新疆与中国其他地区的少数民族的异议与反抗问题。

的文字显示北平在多大程度上对相关群体的异议的整体状况毫不知情，以及在多大程度上最初对正在形成中的反抗规模不甚明了。（我们期望）通过对这些个案的研究得出在共产党中国发生反抗的基本因素的某些结论。

二、反抗（1957～1962）

知识分子与学生的反抗（1957 年 5～6 月）

在 1957 年 5 月初，北平发动了一次重大的"整风"运动，邀请知识分子批评党的干部的工作作风。结果批评严重失控，导致学生以暴力反抗当局。运动的第一步是在党外的"反对"党领袖、杰出的专业人士与学者中召集讨论会。这些集会的规模很小，政权可能假定被批评的只有诸如官僚主义、主观主义与党的宗派主义等错误而不是共产党的基本政策与计划，开始时批评的确很谨慎，但保持在通常限度内的批评只持续了几天。到 5 月中旬，它已成为一股坦率批评的洪流，大批知识分子对政权的基本政策与计划及其官员的工作作风提出批评。批评中的最坏部分被限制在讨论组中，但大部分则被刊登在全国的报纸上，这使所有人都明白北平对本国知识分子的温顺性做了严重的误判。

学生的批评引起北平的极大尴尬与麻烦，因为它完全是自发的并很快导致了暴力，暴力活动从北京大学迅速蔓延到各地的大中院校。学生并未被鼓励参与批评党的干部，也没有为他们组织特别的讨论会。然而北京大学的学生从 5 月 19 日开始张贴大字报，诉说他们对学校管理的反对意见，这迅速导致了对基本政策与计划的公开批评，而这些批评对象与中国知识分子正在批判的对象相同。校内的惩戒性行动引起学生示威并导致暴力，这些暴力活动最终在几个地方遭到暴力镇压。随后，武汉一所中学的三位学生领袖被公开处死①，这显示了政权所关注的是防止中国学生在反抗中的传统角色的任何复活。

到 6 月中旬，知识分子与学生的批评已经沉寂下来，但随后猛烈的反右运动尖锐地指出导致整风运动失控的那些基本差距与弱点。北平对知识分子中存在的反共情绪的强烈程度的估计是完全错误的，这种情绪近乎表面化。此外它错误地相信依靠包括学校在内的许多机关的干部，就可以把批评控制在一定范围。领导们自身在对付始料未及的回应时就显出了最初的慌乱与怀疑，而这些回应正是他们邀请来的。最终，当局在反右运动中显而易见的是要努力认定反抗的背后有一个组织和阴谋，并极力谴责某些杰出的非党人士领导了这次反抗，这显示出北平在这一事实上的尴尬，那就是如此众多的异议人士能够同时以相同的方式自发地行动。

河南省的农民反抗（1960）

在 1960 年的夏末秋初，由于严重的粮食短缺，河南省的许多地区爆发了反抗。大批群

---

① 1957 年 6 月 12～13 日，汉阳县第一中学的学生因听到当年要压缩招生的消息后，上街游行并冲击了县委，此次事件被定性为暴乱事件。汉阳县第一中学副校长王建国、语文教师钟毓文与武汉民盟的杨焕尧三人被作为暴乱事件的现行反革命首恶分子而判处死刑，其他四名积极参与者被分别判处十五年到五年的有期徒刑。——译注。

众参与其中,但他们的反抗本质上是无组织的、可以控制的。在一些情况下,不满的民兵单位起了带头作用,而在其他场合,民兵转为强盗则激起了农民的反抗。在多数情况下,反抗包括洗劫国家粮库,公开蔑视当局。河南只是 1959~1960 年严重缺粮的几个省份之一,但河南的农民在作为国家样板的集体化剧变与工农业试验下,遭受了极大的损害,另一方面,河南的困难大概要回溯到省级当局的高层竞争。

1960 年 10 月,河南一个地区的反抗达到了招致对全省实行强力镇压的规模。"信阳事件"可能涉及数百农民被杀,它促使北京对河南全省的治安状况进行一次高层调查,并向"灾区"派遣了军队工作组。在河南与其他省份的调查暴露了民兵的堕落状况,这种状况震惊了北京,于是在全国解散了民兵组织。在河南恢复控制的过程中产生了严重的士气消沉,而这种士气消沉早已在低层的各级干部中出现了。它也显示了正是地方权力机关的衰微使农民胆敢在几个月内用反抗表达他们的异议情绪。

年轻的产业工人与农民从广东到香港的大逃亡(1962 年 5 月)

1962 年 5 月,广东省减轻城市人口压力的计划失控,这揭示了在年轻的工人与农民中的异议既普遍又易于外露。北京命令广东的官员把全省的城市人口精简约 30%——而不要诉诸武力。官员们试图通过鼓励更多地向香港移民来部分地应对这个无法解决的问题,移民主要是失业的华侨亲属。

当把过剩的城市居民迁移到农村的计划在他们的反抗下陷入困境时,自 1961 年秋以来,当局稳步增加向一部分挑选出的人口发放广东的出境许可证。1962 年 4 月,为精简城市人口而实施的新的高限额促使广东当局鼓励更多移民,有关干部大量发放出境许可证堵塞了从广州经陆路赴澳门与经海路赴香港的正常移民通道。为了加速被批准的移民的迁移,当局鼓励出境许可证的持有者越过陆上边界进入香港,越境人数远远超过香港政府可以接纳的半官方的配额。这条出境道路上的所有官方限制于 5 月 1 日被共产党取消了,这则边界通行限制发生变化的消息迅速在毗邻香港的各县传播,在三周内,约 10 万人潮水般涌向边界。同时,没有出境许可证的青年成为移民群体的主力,他们来自边界地区的农业县份。在香港方面对边界的控制大大加强及广东当局取缔出境的谣言引起人潮下降之前,总共来自广东的 5 万多人越过了香港一侧管制脆弱的边界。

在 5 月 24~25 日,当局突然切断涌向边界的人潮完全没有太大的困难,但到那时,显然北京对人民的行动意愿存在最初的错误估计,而省级控制机构的基本弱点也已很明显。当广东方面再次设置陆上障碍时,许多拿着出境许可证想要成为移民的人被整顿过的澳门路线吸引了过去,尽管香港警察加大了阻止从水路非法入境的力度。那些没有出境许可证却希望离开的人出境受挫,这种挫折导致了广州在 6 月的第一周发生暴乱,但正规治安部队的行动与正规军引人注目的现身使那里的局势得以控制。从邻近的农村地区向边界涌动的人潮的迅速平息往往更加确信农民基本上是温顺的,加之陆路的天然困难与香港方面的有效阻拦,农民的温顺在最初决定开放广东边界一事上可能被看得很重。政权显然没有预料到如此众多的年轻人会自发地冲向边界,在逃亡中事态发展的清晰情况不太可能被迅速传达给北京的最高领导人。他们此时显然全神贯注于其他问题，但当局在随后的9月发起了重要的思想再教育活动，这显示广东的大逃亡已被北京视为中国的异议与控制问题的一个重要事例。

　　反抗的基本因素

　　上述的反抗案例有某些共性。在这三起事例中，北京的领导人既错估了人民违背政权期望的意愿，也误算了他们把握这种行动机会的敏锐性，而这种机会是由当地环境决定的。在每次事件中，高层对人民活动程度的认识迟滞可能源于他们不愿承认对正在显示的异议规模的基本误估，但也可能部分地源于错误的信息。

　　在上述的三个事例中，相同的基本因素引起了反抗的发生、发展与平息。参与者的趋向是用同样的方式同时行动，但缺乏计划、组织，或充其量不过是口头协调。在"鸣放"期间，知识分子与学生感到他们的机会来了，即批评政权的基本政策而不会受到相关的惩罚。一旦链式反应开始，参加者迅速增加，同样他们一旦侦探到政权反击的信号，集体本能促使反抗的氛围消失。这个过程在广东的逃亡事件中也可以看到，许多人寻找通往边界的路，他们假定其他人也将同时这么做，而地方当局将被暂时制伏。然而当取缔的谣言开始传播，时机似乎即将失去，人潮涌动的压力突然下降。在河南农民的反抗事件中，幸存的本能可能对限制该省许多地区的群体活动有影响，但是当农民中的绝对饥饿与相互鼓励的链式反应仅仅完成就遭到有力的镇压，除"信阳事件"外无疑那里还有其他事件。毕竟暴徒在世界的任何地方都是暴徒，然而上述事例显示在面临更强的力量时，自我限制的群体本能在中国可能发展得特别好。

　　在上述事例中，反抗的放大与限制的结果显示了"消极反抗"与"积极反抗"的术语被运用于共产党中国时可能具有特别的含意。在这些事例中，持有异议的个体带着有限的直接目的参与了必不可少的胡乱作为或公开抵制当局，但作为一个群体，他们对控制机关弱点的敏感性极大地放大了他们的抵抗活动。然而，一旦强大的镇压行动的迹象出现，基本上消极的个人本能加速了群体"积极"反抗的收缩。

　　这些事例显示共产党政权的控制机关已有效地防止在中国形成重要的反抗组织，但它在某种情况下不能阻止异议演变为反抗。在这三起事例中，引发反抗的环境涵盖从政权自己的误判到严重的粮食短缺，所有的事例都有一个共性，即与人民直接联系的基层党政干部中出现了弱点。

三、异议（1962～1965）

　　在过去三年中，控制过程的主要进展已关注到中国人口中的那三部分，这三部分以前已显示了他们的反抗意愿。另外共产党政权已显示它担忧那些不可靠与无能的干部可能再次为某些地区发生大规模反抗提供机会。政权对个体的关注要低于对群体的关注，北京最担心的群体是青年、知识分子、农民与干部。本报告对青年的分析最具体，部分原因是过去有关他们的情报分析远远少于对知识分子与农民的分析。本报告不把干部作为一个单独的群体来研究,但作为在青年、知识分子与农民中的优秀领袖分别加以考察。

青年

1962 年 5 月从广东到香港的大逃亡中有大批青年,这有助于北京把注意力集中于全国青年中存在的日益增加的幻灭。政权在"大跃进"期间创造的普遍教育机会使得把全国的青年视为一个群体很有意义。当"大跃进"与人民公社这两件大事在 1962 年春明朗之后,青年中弥漫着共同的幻灭情绪。1958 年政权曾给了大多数学生就业的希望,但经济挫折已无限期地推迟了这种希望,那些大多数尚未就学的青年不再期待受教育了,因为从 1961 年起,整个中国的中小学被大量关闭,大学招生锐减。1961～1962 年度的大学新生削减了约 50%,造成一种中学毕业生在大专院校找不到席位的局面,这是自 1949 年以来的第一次。多数在校的大学生被允许继续学习直到毕业,据 1963 年 4 月 25 日北京的一份官方声明所说,在 1962 年的 17 万大学毕业生中,约 10 万人被要求返回乡村就业。与这些变化相伴而来的幻灭致使 1.1 万名大中学生中的约 1 万名在 1962 年夏末滞留香港,他们与其亲属正在香港度假。这与前几年形成了鲜明的对照,那时每年夏天只有几百人决定不返回中国。

在试图阻止中国青年在 1962～1963 年间存在的这种幻灭并恢复其革命热情的过程中,共产党政权发动了一次重大的思想教育运动。北京的问题是双重的,首先有必要在青年中培养一种接受挫折与平凡的心态,因为近来青年已孳生了急躁与梦想成真;同时对作为共产主义革命接班人角色的中国青年必须加以鞭策。为了实现这个双重目的,政权发动了一次重大运动,该运动旨在为中国青年树立一位新榜样。

1963 年 1 月 7 日,随着解放军—共青团联合指示要求组织战士与青年学习已于去年 8 月死亡的年轻工程兵班长雷锋的"英雄事迹",辽宁省发起了学习雷锋[①]的运动。一个月后,解放军总政治部与共青团中央指示共产党中国的所有青年学习雷锋的"不朽事迹"与精神。《人民日报》在 2 月 7 日头版报道了学雷锋事迹的活动,北京广播电台则称早在 1962 年 10 月,学习雷锋运动就已在辽宁省深入开展。雷锋被推举为中国共产主义青年的一个楷模,他欣然放弃学校教育返回农场,在农场他生活俭朴,不知疲倦地劳动,直到成为一名模范战士。在运动的早期阶段,雷锋的尽职尽责被归因于他以前受革命环境的影响。据称他的父亲被日本人活埋,他的母亲被一地主强奸并因而自杀,雷锋自己则被一地主刺伤,他参军的哥哥死于战斗。

对雷锋本人牺牲环境的澄清及对其"革命"背景的淡化标志着运动的一个转折点。2 月末,以前被掩盖的雷锋死亡的细节得到澄清,据称他被一根杆子击中头部而死于医院。由于当杆子被一辆打滑中的卡车撞倒时,他一直在指挥交通,他的死被说成"因公殉职"。但从 1963 年 3 月开始,宣传的重点显然放在事故的非战斗性与平常性上,大约在同时,带有资本

---

① 雷锋(1940～1962),湖南长沙人。出身贫苦,七岁成为孤儿,解放后入学读书,1956 年高小毕业后在乡政府与望城县党委当通讯员与公务员,后在团山湖农场与鞍钢等地工作,多次被评为劳动模范与先进工作者。1960 年参军,多次立功受奖并入党,他积极学习毛泽东著作,全心全意为人民服务,1962 年 8 月 15 日因公殉职。——译注

家—帝国主义暴行的雷锋童年经历开始被轻描淡写。（对难民的）审问报告显示这种变化反映了在中国青年中对该运动的逆反响应，显然在讨论会上经常被提起的一点就是和平环境下的奋斗与个人牺牲比战时更难。

3月初，《中国青年报》用了整整一期对运动加以报道，声称不管他们涌现的时期，英雄都是相同的，对青年奋斗而言要紧的事情是匿名。该刊在同一期介绍了来自雷锋的日记、报告与其他"文件"的许多新"证据"，以显示虔诚地研读毛泽东著作是雷锋成就的"不竭源泉"。雷锋的材料开始强调对毛、毛的著作以及中共的盲从，总参谋长罗瑞卿将军在3月5日的社论中强调对"精神原子弹"与"永不生锈的螺丝钉"——雷锋的学习只是通向正确学习毛主席著作的一种方式。

到4月中旬，当引用雷锋所说的"革命需要像我这样的傻瓜"时，泛滥的宣传纷至沓来，报告显示为了一次仿效型的运动，与该运动相关的组织活动已达到史无前例的高度。参与学雷锋讨论的与会者描述了会议中的一些不服从事件，这显示在青年中盛行玩世不恭以及对运动内容的一些大胆曲解与批评，当然这些事件也显示了在负责指导运动的基层干部方面的某种纵容。因此，运动的史无前例的发展速度很可能是这些干部自我防御的一种重要表现。

共青团及其下属的少先队组织在那时存在着根本性问题，这进一步显示了在学雷锋运动中表现出的干部弱点。它们各自拥有2 000万与5 000万成员，是在1.3亿中国青年中开展运动的主要依靠力量，也是把他们最终培训为党员的一个组成部分。虽然共青团及少先队中的干部实际上操纵了讨论会，但绝大多数这些共青团员与少先队员被寄予厚望，希望通过他们的热情参与来帮助推动运动。1962年秋，政权对青年组织中的士气的特别关注已变得很明显。同年9月，党中央在其十中全会上宣布在一条广阔的战线上恢复政治与意识形态教育，团中央在12月20日开会处理青年中存在的幻灭问题，少先队的一次全国大会也同时召开。共青团领导层的会议比通常的会期延长了10天，几乎一定是在对付其团员中存在的消极问题。这个问题的严重性体现在官方发表的无数文章中，这些文章批评形式化的共青团课外活动，会议的低出席率以及共青团干部的无能。

在共青团内将要对付的一个难题是超龄团员的问题。1962年9月6日的《光明日报》谴责了超龄团员对共青团活力的负面影响，9月8日，《中国青年报》指责超龄的共青团干部"对工作没有激情，缺乏与青年共同的兴趣。"在共青团中央全会于1963年1月11日闭幕后不久，《人民日报》（1月23日）发表了一封有启迪性的"给编辑的信"，这封信来自一位团员。他在信中抱怨"当我在将来退团而未入党时，我的老师与同志们必定会蔑视我，而且也没有组织来关心我。"

在学雷锋运动达到狂热顶峰一年之后，共青团对其组织与行动进行了调整，这些调整揭示了以前存在的弱点的严重程度。这些调整在共青团第九次全国代表大会上正式确定，这届大会于1964年6月11～29日在北京举行，按其章程的规定已经晚开了三年。会议提出了一份修订的章程，该章程包含一些新的重要规定。首先，特别宣布毛泽东思想为共青团的官方指导方针，第一书记胡耀邦在其声明中赋予此变化以极为重要的意义。第二，规定对团下属的 100 万个青年基层小组（支部）实施更集中的监督。第三，修订了的章程要求吸收新成员，所有超过 27 岁的团员要（逐步）退出来为新人腾地方，但那些拥有"领导职务"的团员除外。

对共青团全国大会上所作的这些调整的官方评论解释了它们反映出的团的局面。对只有党的指导的强调显示了共青团已不仅仅是"党的助手"；强调县与公社的监督者发挥"极端重要的决定性角色"，要求他们"必须自始至终牢牢掌握工作"，这种强调与要求揭示了共青团的低层梯队一直具有相当大的独立性。号召老的团员与干部要"打破保守的思想和习惯势力"，同时对在开展青年活动中采取"强迫或鲁莽的方式"要"特别谨慎"，这些要求与谨慎显示了共青团既需要新鲜血液又需要较严厉的控制。这些调整中最具决定性的是要求团员"对过去要引以为戒"，要坚决揭露、斗争并清除团内的坏分子与蜕化变质分子。然而更重要的是承认了团员所犯错误的性质是严重的，并严厉警告"如果任其发展下去，资本主义势力就要在团内泛滥，团的组织就要变色"。

许多其他意见与共青团的新章程条款要求团的活动要联系当地具体环境并向他们准确报告，希望对毛泽东著作的学习是一个重质不重量的渐进过程，对其他团员的憎恨与在"斗争会"中指向共青团的愤怒，严格纪律的要求：所有这些进一步证实了共青团内的基本弱点。

虽然政权的计划或对青年的动员已经加大，但关于过去一年共青团情况的信息还是很少。在 1965 年 2 月前的某一时间，长期担任共青团领导人的胡耀邦被调任陕西省委第一书记，在此情况下，暗示着这是一种流放。另据今年的报道，将在试验的基础上组建两个新的青年组织以补充少先队的工作，特别是在农村地区。同时政权一直在稳定地扩大其计划，那就是将往届学生永久性地迁出城区，仅在 1964 年，约有 30 万这类青年被迁往新疆、西藏与其他边疆地区从事长期的农场与建筑工作。在过去的 12 个月里，共青团的团员与干部已投入到繁重的动员学生运动中去，成千上万的学生被动员深入农村地区几个月，开展务农或积极参加社会主义教育运动。为了从"真正的阶级斗争"中获得经验而派遣与领导学生"突击队"，这种活动包括他们从农民中收集有关干部过失的信息，从干部中收集有关农民恶行的消息，参加批评与惩罚方式的"改造"活动。报道已承认了这种因在农村地区用学生进行耕作与思想教育所引发的普遍摩擦，也承认了许多这类青年对以这种方式来打断其学业的反感。

除了这些任务，政权已号召共青团去帮助推进"一次在中国农村地区具有深远政治意义的深刻教育革命"。1965 年 7 月 22 日，北京的《光明日报》报道了在十多个省举行的一系列关于农村教育的会议。作为在发展新的"半农半读体系"迅速取得进步的事例，各省引证他们在开办新校或额外招生上的成绩。山西省宣称在 1964 年农业中学已从 133 所增加到 1 244 所，广东省宣布县办的"劳动大学"在不到一年的时间里从 4 所增加到 87 所。关于基础教育，当局宣布的成就甚至更加引人入胜，被评选为中国其他地区学习榜样的广东省湛江专区宣布(见 1965 年 7 月 7 日的《南方日报》)其小学的在校人数一年内已增加了 30％。

"业余"小学的发展恰好暴露了政权对识字这个实际问题的关注以及结果现在映衬出的脆弱教育结构,而识字是开展有效的政治思想教育的前提,政权正在号召共青团促进这种小学的发展。《中国青年报》在 1964 年 12 月 5 日的一篇社论中指出,国家与农村集体办学的发展状况以及半工半读、半农半读体系的引入:

"仍然不足,共青团必须广泛地开展农村业余教育,建立各类业余学校,各级团组织要明确认识到他们在发展业余教育中所担负的重任。"

举办识字班,在秋收与春耕期间把农民的孩子收进班级,甚至在农家开展巡回辅导,这些长期以来都是为促进农村地区的共产党思想教育而指望共青团员开展的活动。在过去的六个月,政权一直在施压,它不仅大大提升了这种有组织的教学活动,而且通过"尽量少花钱"与完全采用简单的本地设备来开展这项活动。《中国青年报》承认仅仅依靠专职干部"我们将发现很难推动工作",所以要求"农村团支部在党组织的领导及其帮助下,放手发动他们的工作。"

我们可以断定当前这些思想教育运动与参与型的控制活动给一个关键组织——共青团带来了沉重的压力,而共青团仍深受以前过度扩张、监督不够与普遍退化之苦。在共青团第九次全国代表大会闭幕六个月之后,《中国青年》登载了一系列关于六月改革具有"极其重要的历史意义"的文章,文章抱怨改革"像一阵风"似的已被忘记。该杂志刊登了来自农村与城市的共青团支部"给编辑的信",杂志将这解释为大会的精神"传达的面不够广,仅仅限于积极分子的圈子"。从 1965 年 6 月 1 日起,《中国青年》将其大部分的版面投入对上一年全国代表大会的深度回忆,引导性社论强调"从始至终在开展团的工作的过程中,必须以毛泽东思想为指导,"社论也强调认真学习毛主席著作的精神:

"必须体现在我们每季、每月甚至每天的工作日程中,体现于每件工作、每次会议、每项活动与我们中的所有人。只有这样,我们的共青团才会成为一所学习毛泽东思想的活力四射的学校。"

政权在其对一次特别颠覆活动的愤怒反应中显示了它对中国青年中存在的异议与潜在反抗的担忧。1964 年 12 月,作为共青团官方出版物的《中国青年》翻印了一幅共产党风格的绘画,该画融入了明显的反政权宣传。在当局下令全部收回它们之前,不但该杂志在全国已发行了数百万份,而且已经过去了几周。既然对绘画的修改在前共产党中国是一种历史悠久的颠覆方式,很可能共青团在其组织中有一个常设的管理部门来防止这种方式的颠覆。而且几乎可以肯定的是,如果对原因不知晓的话,杂志中的呼吁引起对原因的广泛推测。在决定召回杂志一事上的耽搁显示了要么是政权犹豫不决,要么是管制偶然事件的消息在向更高阶层传达时的缓慢。总之,政权对此次泄露事件的后果显示了高度的关注,这预示着共青团的改革仍被视为一个关键问题,也预示着北京认为中国青年对颠覆的敏感性非常高。

知识分子

自 1949 年共产党胜利以来,构成中国学术、艺术与管理的知识阶层的 400 多万专业人士一直是他们政治灌输或思想改造的一个主要对象。自知识分子在 1957 年 5 月发动了始料未及的激烈"鸣放"以来,党一直密切地监督着他们的活动。然而,过去一年多的时局已显示知识分子中的异议现象非常严重。1964 年春,北京流露了它对戏曲改革运动进展缓慢的苦恼,该运动始于一年前。据承认,剧作家、演员、批评家与观众都对传统戏曲服务于阶级斗争予以抵制。1964 年 6 月,党的宣传部长陆定一严厉谴责全国数千个剧团复活"鬼戏",称之为"资产阶级和封建势力对社会主义猖狂攻击的一部分"。恰在此时,据报道毛泽东向艺术界的全体干部传达了他对这些人在"四清"运动中的结果表示不满,要求把运动的重点从调查干部的腐败转向澄清其思想立场。

在北京处理学者与作家的过程中,旗帜鲜明地支持政权的反修正主义路线的需要变得特别强烈。这种处理方式的转变始于 1964 年 6 月,是随着对哲学家杨献珍①的公开批判开始的。杨是党的中央委员,之前是政权的高级党校(用于干部培训)的校长,现在他被指控从1963 年年中以来一直宣传"合二而一"的理论,该理论暗示着与苏联的和解,杨的理论被批判为直接反对毛泽东的"一分为二"的基本教义。随着这次对一名中央委员的很少见的公开批判,全面的思想灌输运动开始了。整个中国的知识分子都被召进讨论会,"讨论"的具体主题类似一个社会中的阶级斗争是不可避免的、世界共产主义运动中的分裂是自然的,以及可归结为毛泽东与杨献珍的两个象征性主题。到 8 月底,已发表了 90 多篇文章,文章讨论这些主题的意义以及要把运动导向何处,在那些参加运动的大多数人的头脑中,几乎必定是一堆混乱的矛盾术语。

在 9 月的一期《红旗》中,该杂志开始推测在杨的"论战挑衅"的背后存在一个阴谋。据称他的"调和矛盾与否认斗争的观点在很久之前已经形成",他在高级党校"反复地、不辞辛苦地"宣传其观点现在可以从 1961 年 11 月(当时他在党校仍是一名讲师)追踪到 1963 年 11月,直到 1964 年 4 月。最终杨献珍与德波林类似,被认定为中国的一个"反党集团",据指出,德波林的反辩证法的观点后来成为托洛茨基与布哈林的意识形态武器。9 月的《红旗》继续宣称杨恰好在中共政权"在城乡开展一次普遍的社会主义教育运动"之际宣传其理论,这不仅"正好故意帮助现代修正主义者",而且"通过给他们提供所谓的理论武器来帮助国内的资产阶级与残余的封建势力反抗社会主义教育运动"。

同时,当局对杨献珍的批判在扩大,批杨运动与一次更新了的遵循毛泽东个人领导的运动融合起来。首先,高级党校的其他教员被认定为共谋,于是几位杰出的学者开始受到公开谴责,对北京大学哲学系副主任冯定的批判持续时间最长。在几个月的批判中,党的报刊将冯定在 1957 年前出版的三部著作逐字逐字地挑出来,以证明他不仅宣扬过修正主义者的思想,而且批评个人崇拜。11 月 21 日的《红旗》杂志投入将近整期的篇幅来批判冯,指责他蓄意离经叛道,在毛泽东于1958年已"坚持阶级斗争继续存在"之后,他并未将支持阶级调和的观点从其1959与1960年出版的著作中删除。在批判冯定期间,在反驳修正主义者的观点中,各种出版物中论及毛泽东著作的次数急增。到1964年年底,随着几乎所有的识字者被迫购买各种版本的毛著并被迫学习以备思想灌输会之用,号召学习毛著已成为一项主要运动。当时出版物的一个抽样显示毛的思想正被奉为各类活动的指导力量,这些活动的类别令人吃惊,包括飞行训练、天气预报、手榴弹投掷与低产稻田的高产改造。

1964年12月,高层异乎寻常地坦率表露了对改造中国知识分子思想这个持续性问题的苦恼。是月,周恩来在向全国人民代表大会致辞时相当具体地批评了顽抗的党员与异议的知识分子。这显然反映了毛泽东个人的苦恼,据说大约在同时,毛表示了他对知识分子中的反共情绪的严重程度的苦恼。周恩来在其向全国人大所做的工作报告中声称"离开无产阶级的阶级斗争的立场来观察和对待资产阶级、民主党派和统一战线问题,是完全错误的",他继续强调"对资产阶级分子的改造过程,是长期的、复杂的、反复的阶级斗争的过程"。他也解释了"民主党派同共产党长期共存、互相监督的过程,就是逐步改造成为在共产党领导下为社会主义服务的政治力量的过程"。最后,周恩来号召"巩固与发展人民民主统一战线"。

中共统战部长李维汉缺席了12月的全国人大,其后他旋即被解职,这证实了周给人们留下的印象,即负责指导中国知识分子工作与思想的部委大综合组正在接受一次彻底的调查。

1965年1月,北京再次向所有的作家、艺术家、剧作家与音乐家发出指示,要求他们在作品中展示强烈的革命主题,自那以来,出现了一股各类知识分子特别是党政干部深入农村地区参加劳动的洪流。6月,政权用杰出的火箭专家钱学森来号召中国的科学家要更认真地学习毛著,参加体力劳动,科学家与工程师们以前在很大程度上已经免去了这种思想教育。钱学森被要求为他已成为一个专与"红"的冲突的象征而公开道歉,这个事实可能是政权担忧知识分子微妙抗拒的一个重要暗示,知识分子已经显示出一旦控制他们的机关出现纰漏,他们将投入反抗。

农民

自1960年在河南的反抗发生以来,虽然中国的农民没有参与类似的反抗,但可能大批个体农民并未按照国家要求他们的方式来执行各种生产任务。就农民群体性的故意怠工同时共同期待这种怠工能产生另外的反抗效果而言,这种形式的拖沓是需要分析的一件要事。这必须通过评价当前农民中异议与基层的控制状况才能实现。

（我们已有）一些关于个别生产队怠工的直接报道,（我们）可以合理地认为,政权在全国范围内要求努力务农的强烈规劝反映了中共对在直接有利于国家而不利于个体农民自身的工作不太满意。明显的证据显示在直接负责控制农民的干部中存在着弱点,一方面,共产党政权对这个控制弱点的主要担忧是真正害怕由于未来的粮食短缺,在河南或中国其他地区的大规模公开反抗会再次发生;另一方面,北京可能关注大量的集体怠工现象,这种集体怠工会妨碍进一步动员农民从事集体生产。在任何一种情况下,正如上述三个实际反抗事例所示,异议转化为反抗的程度往往与基层相关干部的弱点成正比。

北京在加强各级干部的努力中所遇的困难反映了基层干部地位的演变,这种演变始于共产党统治中国。几乎具有积极分子资格的农民一被委以干部职位,他们就开始被共产党政权的领导需要从其农民伙伴中分离出来,这些农民在 1950 年优先被大规模地提干。首先,在 1950～1951 年间激烈的土改运动与 1951～1952 年间的"三反"、"五反"运动中,他们的手上沾满了"地主"、"富农"与"反革命分子"的鲜血。然后,基层干部在 1955～1957 年间的集体化运动中受到了农民伙伴与中层党员干部的左右夹攻,这次集体化运动经历了曲折的冒进与后退。1958～1960 年的"大跃进"要求农民干部实施违背其同伴意愿的无数创新与开发,于是,农民与北京的政权把这些尝试改变人与自然的灾难性后果部分地归咎于这些干部。出于自我防御与担心再次被要求实施破坏性的农业计划,一些干部已变得高度官僚化,而在基层的其他人则放弃了其积极分子的立场。大体上,这对他们的农民伙伴而言是一个巩固与加强自身而反对恢复集体主义者的要求的绝佳机会,而后者的要求则是共产党政权反复预先设计的。

正是这些妥协了的各级基层干部,北京从 1962 年以来就一直派遣所有其他级别的干部来调查或通过"参加劳动"改造他们,结果在很大程度上是消极的。其他农村地区的较高级别的干部与城市基层干部的到来几乎总是与当地的农民干部发生摩擦,这是根据已经收到的许多关于该问题的报告得出的。这种在基层"注入新鲜血液"的结果已导致许多当地干部与他们的农民伙伴走得更近。许多城市干部与中层干部已对他们在农村遭受的冷遇、搜索信息的困难与艰辛劳动作出了反应,他们的反应是显示其从下乡伊始就蔑视体力劳动以及不遗余力地逃避这种义务。从 1962 年年中到 1964 年年中,一个清晰的结果是一个时断时续型的驱使干部参加劳动的运动。

自 1962 年以来,政权已认识到基层农民干部是其诸多挫折之源,这些挫折包括试图增加集体农庄的生产力以及通过劳动改造其他干部与党员,政权已努力采取一些行动来纠正这个困难的根源。在某些重要地区,诸如福建省,政权早在 1962～1963 年冬就瞄准了农民干部,一套缴获的颇有价值的党的文件揭示了政权在根除腐败与社会关系上的力度,这些腐败与社会关系已经严重损害了那个省的基层干部的管制立场。1964 年春,总书记邓小平在几个地区进行了视察,显然他大为震惊,以至于他强烈地影响了毛的决策,毛泽东决定不仅要毫不迟疑地处理全国的基层控制弱点,而且要扩大与加强社会主义教育运动,以改变中国每个人。

社会主义教育运动始于 1964 年年中,该运动节奏的剧变及其采用的多种形式往往隐藏了政权对农民干部的持续关注与栽培。运动的进程及其术语不仅被自然界的波动弄得模糊不清,而且允许当地官员把运动灵活地运用于当地问题也污损了运动的名誉,这种自然界的波动与农作物生长周期及农民、工人能够出席思想灌输会的时间相联系。大体上,下述事项据说在过去的 12 个月里受到彻底的调查:

1. 非共产党的或反共产党的言论、思想与倾向;

2. 工作不力，包括怠工、过分热诚与官僚主义；

3. 诸如黑市活动、渎职、挪用、浪费与不道德等犯罪行为；

4. 阶级状况——在意欲控制的地方出于重新划分阶级的目的。

在对这些问题的调查过程中，各地的官员要么强调当前的指控与早先的"三反"与"五反"（那些人在1951～1952年间受到严厉的惩罚）类似，要么他们用"四清"这个说法。卷入运动的大多数此类官员提出了具有地方意义的特别指控，例如在广东就强调"反逃亡香港"。然而，在来自中国的关于社会主义教育的诸多报告中贯穿着一个主题，即对基层干部的集中攻击。

这个主题在许多关于贫下中农协会（PLMP）的报告与出版物中非常鲜明，贫协是作为政权正在农村地区尝试运用的一个控制的补充单位。农民协会的演变异常重要，不仅是因为它们加强了基层控制机构，而且也是因为在这个过程中暴露了基层控制问题。

从1963年年初开始，政权似乎用了一年多的时间才使这些协会真正运转起来。这可能部分源于它们在1950～1951年间所获得的恶名，当时它们是用于威逼土改运动受害者的工具；一个更重要的障碍可能是政权的明显意图，即最初运用这些贫协是为了检举揭发干部的缺点。为了让那些真正满足这个目的的农民进入贫协，政权不得不仔细挑选。对干部报复的担心几乎必定成为这种不愿积极参与调查与检举的一个原因，政权在寻找新的可靠的农民积极分子时遇到了困难，造成这种困难的一个更为重要的原因可能是农民已普遍卷入了腐败活动。

四、推　　论

除了在西藏、新疆及中国其他一些省份出现的少数民族群体的反抗外，在共产党中国已经发生了三次大规模的群体反抗事件。这三个群体包括知识分子、青年与农民，虽然每个事件都不相同，但它们均有共同的主题。（1）1957年5月，整个中国的许多知识分子与学生抓住一次机会，滥用政权的"鸣放"之邀，这导致了北京采取较其原先打算的更为严厉的思想灌输活动。（2）1960年夏秋之际，河南许多地区的农民阻挠地方当局控制粮食储藏与配给的活动长达几个月，直到动用正规部队才恢复了秩序。（3）1962年5月，在南方的广东省，农民与城市工人特别是青年在他们突然涌向香港边界期间，曾一度压倒了广州的地方当局。

在每次事件中，真正的反抗都与中国人口中的一个特殊群体的异议情绪有关，这种异议情绪以相同的方式在同时表达出来。当反抗在共产党政权安排的一些正常计划进行期间爆发或展开时，在这种意义上反抗是消极的。卷入反抗的人们采取行动，期待着这种集体努力至少在一段时间内妨碍或扰乱官方，从这种意义上讲反抗是积极的。值得注意的是这种协调产生于毫无组织的反抗，更重要的是在每个案例中，群体对控制机关的薄弱状况非常敏感，这种薄弱状况为反抗的爆发提供了机会，而这种薄弱状况在控制基层的干部中始终存在。

自 1962 年以来,北京已特别认识到在上述三个群体中蕴藏的潜在反抗,它已将注意力集中于加强这些群体中的各级基层干部。在农民干部中,这已是一次特别令人灰心的努力,在农村地区的失败已对政权的其他计划产生了反作用,这些计划是通过参加农村劳动来改造各级城乡干部。

控制机构中面向青年的部门在基层干部层面上一直薄弱,这可能意味着中国青年能够抓取的反抗机会更多。就青年群体而言,异议可能比它从中国外部看上去更具爆发性。全世界的学生已多次以他们公开反对极权主义政权的行动震惊了观察家,学生们已在诸多场合显示了一种公开反抗的深刻使命感,在这种场合下他们知道其他人不会或不可能采取这种行动方式。北京的现政权不断地在其宣传中强调青年,而且它一度给了所有中国青年虚幻的教育与就业的希望。在过去的两年间,北京的领导人一直在再次尝试装点一个教育机会的门面,再次试图使中国的多数青年忙碌起来,即使不是有收入的就业。把注意的焦点放在毛泽东的个人领导之上可能是在迎合中国青年中的一种特殊需要,但即便如此,他的去世可能会在青年中形成一个更加不确定的时期。在这样一个阶段,毛泽东的诸多可预知的接班人为了稳定,将不得不部分地依靠控制机关中同样面向青年的部门,而这些部门在 1957、1962 与 1963 年暴露了其薄弱,它们也是现今北京的诸多忧虑之源。

在未来的某时,基层控制的薄弱可能会再次与不满结合,在中国引发一个或多个上述群体的大规模公开反抗。值此发生之际,只要压倒性的力量对共产党政权依旧是有效的话,一次匈牙利式的起义就不可能出现,这是由于反抗缺乏组织与中国人在集体行动中的先天性自我局限。

地图　华东地图①

DDRS, CK 3100367393 – CK 3100367413

张民军译、校

---

① 地图略去。——译注

中情局关于中国民众的态度与士气的特别报告

(1965 年 12 月 17 日)

SC 00701/65B

共产党中国的大众态度与士气
(1965 年 12 月 17 日)

直到 1958 年,北京政权一直得到多数中国民众的普遍赞同。自"大跃进"的失败与1959～1961 年的经济灾难以来,领导层的革命目标与人民的目标间的分歧已经扩大,后者的目标是个人的、实物主义的。政权能够获得顺从与服从,但它不能将群众从政治冷漠中唤醒。领导层意欲重新采用一些措施来恢复以前的革命锐气,并为此一直在开展持续与强烈的政治灌输计划,目前这些计划似乎在很大程度上是无效的。

农 民

资本主义在农村公社的迅速蔓延是一个令人触目惊心的局面。(党的总书记邓小平在1964 年夏的秘密讲话)

中国 6 亿农民的士气与他们当前的生活状况紧密相联,也与其对政权政策的态度相关,这些政策直接影响到他们。普通的中国农民过着一种斯巴达式的被限定于当地的生活,他是某个公社的一员,在那里,他在集体的农田里劳作,并侍弄自己的一小块自留地。一般的农村居民一天大约消费 2 000 卡的热量——远多于 1960～1961 年,但仍比诸如 1957 年那样的"正常"年份要稍微少一些,这其中的约 20% 是他自己种植或购自公开市场的补充粮食。虽然他几乎不挣什么现金,但除了买粮以补充其口粮外,他也几乎不需要现钱。他最大的物资需求可能是布,在过去的几年里,供应给他的棉布限量每年不到 5 英尺。他的福利在很大程度上取决于收成情况,收成自 1962 年以来仅仅是一般水平。

"大跃进"的失败以及政权随后对历史悠久的方式与个人进取心的让步已摧毁了农民本来可能拥有的任何信念,即认为政权是一贯正确的。实际上,他可能对政权极力鞭策他去实现更大的政治与经济成绩充满了怨恨,而他从这些成绩中几乎得不到个人收益。这些情绪本质上是消极的,然而只要他能够以某种方式设法活下去,他就不可能采取任何行动来表达其不满。如果他紧邻香港或澳门居住,而且逃亡的机会出现的话,他就有可能利用这个机会。除了当他被号召要更加努力之外,例如为了越南战争,他可能既不考虑外交事务,也对外交事务一无所知。一般而言,他可能对政权的宣传有些怀疑,这种怀疑态度可能会延伸到关于美国的软弱与敌对意图的宣传上。

政权想要克服农民的冷漠,并为此目的投入巨大的宣传与组织努力。在 1965 年春夏之际,政权恢复了贫下中农协会,这意味着这些组织将在当地的农业计划中拥有一些发言权。这些组织由最"进步"的农民组成,与公社组织本身相分离,它们既能制衡当地党的干部,又能唤起农民的号召力。它们似乎隶属于一个被称作农林政治部的新的中央部委,该部成立于 1965 年 8 月。[①]

青 年

青年与农民是具有强烈修正主义倾向的问题群体(毛泽东在 1965 年 9 月对一位到访的外宾的谈话)。

青年必须听老人的话(1964 年 9 月,毛泽东对法国驻华大使佩耶的谈话)。

毛泽东自己承认中国的 1.3 亿青年(年龄在 15～24 岁之间)对北京的领导人而言是一个烦恼之源,主要因为下一代缺乏革命热情,而正是革命热情使现任的领导层掌权。更糟糕的是,大部分的年轻人显然不支持政权。他们在 1962 年 5 月从广东涌向香港的难民逃亡中很突出,而且 1962 年夏在香港度假的 1.1 万名大中学生中的 1 万名选择不返回中国。从那以后,共产党把学生的出境许可证控制在每年夏天几百名。

中国的青年可能是最不满意的,因为对他们而言在大陆似乎没有前途。上学的机会非常有限,例如北京的一所中学,在 1965 年想继续其学业的初中生中只有 20% 能够升入高中,而在持同样想法的高中生中只有约 30% 能够上大学,这些升学比例在其他城市可能要低得多。北京自身就在 1963 年 4 月宣布,要求 1962 年的 17 万名大学毕业生返回农村地区就业。

对那些学校教育已经终止的年轻人而言,几乎没有工作机会。政权努力提供给他们的机会是向诸如新疆等边远地区迁移,或把他们招入"半工半读"学校,在那里作为一名农民或工厂工人是他们最大的企盼,目前工业活动的停滞排除了工厂的任何扩招青年计划。

这种暗淡的前景使人们对政权的智慧与目标丧失了信心,同时也有个人的失望。与更多的简陋教育设施相伴而生的是指导水准的下降与向农村地区的强制移民,这受到学生—难民的批评,这些批评也出现在私人信件中。青年对政治思想教育的不耐烦在蔓延,政权尝试的补救措施似乎无效,这些补救措施包括修补与扩充附属于党的青年组织,加强思想教育

[①] 中共中央农林政治部是中共中央直属的各系统政治部之一,主任是张修竹,代理主任先后由秦化龙、江学彬担任,副主任为秦化龙、江学彬、王振阳。——译注

活动。

就青年人而言,既没有证据显示近来有任何普遍的公开不满表示,也无证据显示他们能够表达自己的不满而不必考虑政府的疯狂报复,然而政权也不可能驱使他们成为真正的"革命接班人"。

知 识 分 子

知识分子总是反对我们(毛泽东的一种当前信念,据文化部的一位高官在1965年1月提交的一份秘密简报所述)。

一个修正主义的幽灵在中国的政界与知识界盛行(周恩来总理在1964年12月向全国人民代表大会所作的工作报告的秘密部分)。

自1949年以来,组成中国学术、艺术与管理知识阶层的四百多万专业人士已成为思想灌输的一个主要目标,他们大概也回敬了政权对他们的不信任。他们在中国的地位由低到高,在1957年的"百花齐放"运动后其地位相当低,到60年代初获得了相对高的地位,这时政权公开承认需要他们并告诉他们即使没有"红",其专门技术也足够了,该政策于1964年再次开始转变。近来的迹象是政治思想教育可能再次加强,1965年6月,中国第一流的火箭专家、美国培养的钱学森公开为其过去轻视政治而道歉,他劝告科学家们要更认真地学习毛的著作。

这些人一定会发现政权反复无常的工业与经济政策令人灰心。他们也一定抱怨时间都"浪费"在政治思想教育与在农村的劳动定额之中,党对他们工作的严密监督与他们不断受到怀疑也是私下牢骚的源泉。

既然所有的顶级中国知识分子要么受教于西方,要么其老师在西方接受过培训,赏识西方财富与实力的是他们而非中国社会的其他群体,他们能够以此来对照中国的极端落后状况。然而,他们保持非常强烈的中国中心观,并进一步倾向于认为至少现政权能够把中国重建为一个世界强国。

党的基层组织

一些干部已日益腐化,而且滑向错误的道路……一些干部已经丧失了他们伟大的革命传统精神……这已成为一个非常可耻与严重的问题(党中央1964年11月发布的关于对干部进行"社会主义教育"的秘密指示)。

党的中低层干部是这样一些官员,他们必须执行政权的政策,同样也是经常因成败而受到人民与政府毁誉的最直接的承受者。自1962年末以来,他们在政治教化方面一直受到中国领导层的特别关注。

政权最显著的活动是在社会主义教育运动的"四清"阶段,社教运动的中心在于揭发干部的错误与罪行,它将一直持续到 1972 年。地方干部的大量违法行为被揭露出来(在广东的一个县有 4 000 件),包括资金的挪用、渎职、不正当男女关系等等。政权已报道了几起堕落干部的自杀事件,这表明至少一些案件已经达到极其严重的程度。

处于工作层面的党员干部的信心严重受挫,他们相信对党绝对忠诚是有回报的,这种信心受挫来自政权矛盾的国内政策与他们亲眼所见的农民艰辛。在经济困难期间,诸如在 1960～1961 年冬严重的粮食短缺之际,有报告称干部对从田里偷粮的案件故意予以忽视。干部们日益倾向于抛弃早期苦行僧式的自我牺牲,赞同赤裸裸的机会主义,而这正是当前社会主义教育运动意欲纠正的。然而有迹象显示运动起了反作用,实际上它已削弱了低层官员的士气与效率。

迄今为止,四清运动主要针对工厂与集体农庄的官员。自 10 月中旬以来,县级官员首次成为"社会主义教育运动"的目标,《人民日报》已发表了几篇社论,批评县级领导的"失衡",要求其实现"革命化"。

一般而言,干部对所有主题的官方宣传可能比群众更玩世不恭。然而在很大程度上他们如此忠于政权,以至于他们对严重背离党的路线的任何想法都不会认真接受,也不会采取有违党的路线的任何行动,在逃亡香港的难民中很少能发现他们的身影。

武 装 部 队

党的影响渗透到 250 万武装部队的各个层面。政治与军事的资深领导人由长期革命战争中结成的同志之谊而团结起来,直到连级的每一级指挥部都配有政委。虽然士兵是应征入伍的,但他们因政治上可靠而入选,并接受持续不断的政治思想教育。

然而在军官团中似乎存在着与党的不断摩擦。几位资深的军方人士在 1959 年被清洗,他们显然怀疑党的政策。据报道当局于 1962 年在空军开展了另一次清洗。1965 年 6 月 1 日当局废除了军衔制,其公开宣称的目的是为了加强人民解放军的"革命纯洁性",随着废除军衔制而来的是加强对团级以上军官的思想教育。这些措施反倒影响了士气,许多军官大概认为党的干涉过多,认为党对毛泽东的游击战理论关注太多而对现代化问题重视不够。

不过武装部队中的总体士气与纪律大概不错。士气在 1959～1961 年的歉收年份有些消沉,这是对口粮削减与来自家乡地区的负面消息所作出的反应,但是政权通过在加强纪律与党的控制的同时给士兵优待的办法,有效地抵制了这种反应。在 1962 年中印边界冲突中的战斗胜利以及 1964 与 1965 年中国的核试验也是一次心理上的鼓舞。军方的叛逃者极少。

前　景

繁重的政治思想教育运动不可能有令人希冀的结果,而政权正以此来抵制中国社会中的消极心态与低落的士气。只要政权坚持"政治统帅经济",强调政治上与治安上的控制高于物质激励,拒绝个人目标的发展余地,以免它取代国家导向的目标,那么普遍的不满就不可避免。中共政权的当前领导人显示出他们不能从其意识形态的桎梏中逃得太远,以至于无法用他们的方式实现重大的转变。

在此情况下,来自群众的要求增加了,他们要求改善艰苦的生活,要求缓和为政治上的一致而造成的持续压力。由于军事与警察的控制过于强大,这些要求不可能在不远的将来会导致更多的积极抵抗,但将出现冷漠、磨洋工与消极抵抗政权要求的现象。

考虑到当前领导人的僵化观点,中国可能会出现一种螺旋式上升的反压力。随着大众士气的低落与消极心态的蔓延,政权甚至可能尝试更大的政治压制,这将随后招致更大的不满,这种循环将不会遵循一个纯粹的算术级数。当政权计划的重累已证明远远超过了人民承受的限度时,政权已显示了其暂时缓和的能力,然而经年累月的最终结果是镇压的逐步升级。

虽然即使面对日益增多的公众消极反抗,现政权似乎也不可能改变,但新一代领导人可能会采纳一种更实际的观点,实际上这就是苏联在斯大林去世后所发生的事情。虽然类似的发展不会必然在共产党中国出现,但是毛泽东本人已多次阐明,他最担心的是那些可能取代现任掌权者的人接受苏联的"修正主义"。

DDRS,CK 3100367427 – CK 3100367438

张民军译、校

中情局关于中国"压迫"知识分子的特别报告

(1966 年 4 月 8 日)

SC 00764/66A

机 密

共产党中国对知识分子的压迫

(1966 年 4 月 8 日)

现今在共产党中国盛行一种反知识分子的、几乎是奥威尔式①的氛围。这是一个历时三年的运动的产物,该运动反映了毛泽东个人的信念,即知识分子作为一个认同苏联"修正主义"观点的群体,他们将一有机会就反对政权,因此严厉的"改造"是必须的。

中国人嘲笑苏联对几位持不同政见的知识分子的惩罚是软弱的。北京想当然地认为所有的知识分子都是异议人士,正在强迫几乎所有的重要精英去从事艰苦的体力劳动,这是长期且累人的定额劳动。知识分子必须将他们绝大部分的"自由时间"用于政治说教与有监督的毛泽东著作的学习。他们被反复告知其唯一的关注是颂扬毛泽东与共产主义,为毛对"国内外阶级敌人"的具有战斗性的抨击辩护。中国禁止知识分子自由表达,不言而喻,现今的中国没有产生任何有艺术价值的东西。

(中共)允许那些被认为是"必需的"知识分子——科学家、技术人员与一些政府干部——工作而对他们干涉较少,但是甚至这些群体现在也要每周花费很长的时间开展体力劳动与学习毛的著作,即使这被认为是宣传。

运 动 的 开 展

目前反对知识分子的运动源于 1962 年 9 月的十中全会所做的决定。头两年是一个松懈期,当政权的威望由于大跃进与反苏政策的灾难性后果而跌入低潮时,政权降低了意识形态的调子,允许知识分子对文化与经济政策开展"建设性的"批评。这个宽容期止于 1962 年 9 月,是月北京宣布它打算把中国变为一个纯正马克思主义的堡垒,想要对国外的"修正主义与帝国主义"以及国内的"修正主义者"、资本家与资产阶级倾向发动一次全面斗争。北京

① 乔治·奥威尔(George Orwell,1903~1950),英国小说家、记者,早年一度信仰马克思主义,后鼓吹社会民主主义,主要作品有反映乌托邦政治的讽刺小说《动物庄园》与《一九八四》。——译注

再次开始坚持知识分子必须又"红"又"专"。

是否政权那时了解它在改造知识分子的过程中其进程有多么快，这是令人怀疑的。在1962年年末与1963年的一整年，政权都在为文艺工作者精心制定新的指导路线，在党内与文化期刊中，他们被反复告知尖锐的"阶级斗争"要求一种崭新的、全面的"革命"方法。以前赞同的文学与哲学概念被宣布为异端，政权谴责未被点名的作家们企图刻画"真正"有血有肉的人物，他们被告知要坚持党满意的典型——资产阶级坏蛋与革命英雄。西方音乐被宣布为"资产阶级的"音乐，甚至中国的"文化遗产"——受人尊崇的古典小说与喜闻乐见的传统戏曲——也遭到了污蔑，北京感到这些小说与戏曲刻画的封建人物太招人喜欢了，与当前的问题无关。诸如哲学家与历史学家等社会科学家因忽视了阶级斗争而受到批判，他们被告知今后其主要任务将是为更加严苛的社会控制的必要性作"辩护"。

中宣部副部长周扬[1]概括了对知识分子日益强硬的态度。他在1963年12月26日——毛泽东的70岁诞辰日发表了一篇讲话，他把知识分子的"战斗任务"定为反驳"现代修正主义与资产阶级意识形态在文艺战线的所有表现"。这次讲话阐明了毛的一句格言"一分为二"，该格言很快就广为宣传。这句格言已被用于"解释"日益扩大的中苏分裂与对中国内部的"阶级敌人"加强抨击的决策，这种抨击对准的是所宣称的敌对的"阶级敌人"。

随着周扬讲话的发表，改造知识分子与文化活动的运动走出了讨论阶段。1964年初，中共政权下令传统戏曲全部禁演，代之以一种用传统手段刻画革命主题与人物的混合形式的戏剧。乡村的说书人被告知要将他们那些由通俗故事组成的保留节目替换为讲述以前地主犯下的暴行或者革命英雄无私行为的榜样，比如像雷锋烈士那样的英雄。近年来，在党的出版许可下发表的小说、上演的戏曲与发行的电影被谴责为缺乏"革命现实主义"而被打入冷宫，北京告诉戏迷们，如果他们批评新剧，这就证明他们"反动"。

在1964年年中，党对知识分子的态度变得愈加敌视，其部分原因是中苏论战的恶化。就在同时，北京加强了在国内与国际共产主义运动中反对"修正主义者"的斗争，其国内外政策愈益僵化。这些政策可能源自于1964年6月的一次中央委员会"特别工作会议"[2]做出的决策，毛泽东主持了这次会议，这次会议被宣称是自八届十中全会后的第一次党的高层会议。

回顾过去，1964年年中似乎是党对知识分子政策的一个分水岭。迄今政权一直认为他们是可以改造的，但现在当局似乎深信知识分子作为一个阶级是不可救药的"修正主义者"，并且他们反对毛泽东思想。这种对知识分子政策的变化反映了毛自己的看法，在1964年年末，与毛泽东会谈的外国人报告说他强烈地抱怨学生与学者们不可靠。一位文化部的高官在1965年初报告指出毛宣称"知识分子从未与我们结盟"。

---

[1] 周扬（1908～1989），湖南益阳人。早年留学日本，1930年回国，任中共左翼作家联盟党团书记、中共上海中央局文委书记，主编左联机关刊物《文学月报》。1937年到延安后任陕甘宁边区教育厅厅长、鲁迅艺术学院院长等职，1946年任中共晋察冀中央局、华北局宣传部部长。建国后任文化部副部长、全国文联副主席，中宣部副部长、中国作家协会副主席等职。——译注

[2] 1964年5月15日至6月17日，中共中央在北京举行工作会议。——译注

1964年年中,政权开始指责那些名人故意传播"修正主义者"的思想。最著名的受害者是杨献珍,他是一名低级的中央委员,他直到1961年一直担任高级党校的校长。1964年8月,权威的党刊《红旗》杂志指责杨献珍宣传反毛泽东思想的"合二而一"学说,该学说为调和国内的阶级斗争与国外的国际冲突提供了哲学基础。《红旗》说杨企图扮演与哲学家德波林在苏联扮演的支持"托洛茨基—布哈林反党集团"的相同角色,这是贴给1937年斯大林清洗的受害者的标签。

在1964年的整个夏秋,被当局批评为鼓吹"修正主义思想"的其他人包括北京大学辩证唯物主义教授兼哲学系副主任冯定[1]、杰出的历史学家兼农工民主党中央副主席周谷城[2]、中华全国文艺界联合会副主席阳翰生[3]、1949年前著名的小说家欧阳山[4]以及中国作协副主席邵荃麟[5]。

这些人都是杰出的知识分子,他们在50年代与60年代早期写了相当多的党认可的材料。例如,冯定是《共产党人的生活观》的作者,该教科书于1956年出版,发行量达数百万册。在挑出这几位之际,党正在暗示全体知识分子,这些人显然代表了1963年之前的文化工作的主流。

虽然党总在强调体力劳动的道德价值,但是"劳动改造"在过去通常只属于那些被认为是落后的"右派"。但在1964年年中,政权发布了指示,命令所有从事"脑力劳动"的学生、学者与政府职员一年至少要参加一个月的艰苦的体力劳动。这些指示被立即严格执行,实际上大多数的劳动任务似乎长达三个多月,而且大学生在毕业后要参加一整年的体力劳动才予以分配工作。

周恩来总理在其1964年12月向全国人大所做的报告中进一步暗示了党对知识分子的政策。他在谈及已在哲学、历史、教育、文化与艺术领域开展的"大讨论"中,周宣布在与错误理论的斗争中已取得"初步"成效,这明确暗示着党准备争取更大的成绩。按照周的说法,"革命的洪流"不允许知识分子在努力改造自身的过程中有丝毫松懈,周把"长期"深入工农

---

[1] 冯定(1902~1983),浙江慈溪人,哲学家。1926年入党,1927~1930年在苏联莫斯科中山大学学习。回国后曾任上海赤色总工会秘书,中共江苏省委宣传部党刊编辑,抗战时期在新四军皖南军部工作兼《抗敌报》主编。1947~1952年任中共华东局宣传部副部长兼华东军政委员会文教委员会副主任。后任马列学院第一分院副院长,北京大学教授、副校长。——译注

[2] 周谷城(1898~1996),历史学家,湖南益阳人。建国后历任复旦大学教授、教务长,中国史学会常务理事,农工党中央副主席等职。著作有《中国社会史论》、《中国通史》《世界通史》等。——译注

[3] 阳翰笙(1902~1993),作家,四川高县人。1925年入党,参加过南昌起义,1928年到上海从事左翼文化运动,曾任中国左翼作家联盟党团书记,左翼文化总同盟党团书记等职。抗战时期任中华全国文艺界抗敌协会理事,中国电影制片厂编导委员会主任委员。1946年在上海领导进步文艺事业,拍摄了多部电影。建国后历任政务院文化工作委员会党组书记兼秘书长,总理办公室副主任,中国文联党组书记、副主席兼秘书长,中国影协第一届主席,中国人民对外文化协会党组书记、副会长等职。——译注

[4] 欧阳山(1908~2000),作家,湖北江陵人。1933年参加左联,并任中国左翼文化界总同盟宣传部部长。1940年入党,1941年到延安,后任中共中央文化工作委员会常委、中央研究院文艺研究室主任、华北文艺协会常务理事。建国后任中共中央华南分局宣传部文艺工作委员会副书记,广东文联主席,中国作协副主席等职。

[5] 邵荃麟(1906~1971),作家,文艺理论家,浙江慈溪人。1926年入党,长期在国统区工作,曾任中共中央东南局文委书记,中共中央香港分局文委书记等职,主编《大众文艺丛刊》。建国后历任政务院文化教育委员会副秘书长,中宣部副秘书长兼教育处处长,中国作协党组书记、副主席,《人民文学》主编。——译注

兵规定为改造的主要方式。

新华社的一位资深官员对周的言论予以详述,他于1965年1月告诉在巴黎的新华社职员,新的反对异己知识分子的惩戒活动已在1964年12月召开的高层领导人的会议上获得通过。这位新华社官员说政权不愿意流血,代之以决定发动一次"和平的斗争运动"。他说毛已下令对文化组织进行彻底的改组,毛抱怨说他在1942年就首先提议的文化运动并未得到"某些领导"的支持。大概政治局委员兼中宣部部长陆定一负责开展这些改组事宜,1965年1月,陆定一被任命为文化部部长,取代了沈雁冰(茅盾),沈雁冰多半是中国最卓越的小说家,他自1949年起就一直担任文化部部长一职。按照这位新华社官员的上述说法,茅盾之所以被撤换,是因为他不能制服知识分子的反抗。

1965年,党自"大跃进"以来首次开始公开关注科学家与技术员的政治态度。同年1月,《红旗》要求科学家像其他每个人一样,把"阶级斗争"作为他们最重要的任务,并警告那些远离政治的科学家,党将不能充分利用他们的服务。6月,这一主题因钱学森①而加强了效果。钱学森是美国培养的火箭专家,可能也是中国最重要的科学家,他为自己过去轻视政治而道歉。钱警告科学家们千万不要把他们自己视为一个精英群体,而且他们必须谦虚地学习毛的思想,参加体力劳动。

1965年夏,《红旗》发表了几篇抨击西方著名科学家的文章,这些科学家包括尼尔斯·波尔、沃纳·海森堡与莱纳斯·鲍林,他们因其哲学上的缺点而遭受批判。科学家们被规劝要更少地依赖西方科学,更多地依赖毛的革命路线作为其研究工作的指针。

在1965年年中,反知识分子氛围的另一迹象是党的中南局的强势领导人——陶铸②发表的一份声明,该声明为中共政权压制文化活动进行辩护。陶铸注意到多数人因"焚书坑儒"而总是谴责"始皇"(秦始皇),他声称任何政权为加强其控制而有权做这种事,他说"我们,无产阶级"有同样的权力。

当　前　政　策

党在1966年的一系列声明已清楚地说明了当前党对知识分子的态度,这是用可能

---

① 钱学森(1911～　),力学家,浙江杭州人。1934年毕业于交通大学机械工程系,1939年获美国加州理工学院航空与数学博士学位,在加州理工学院、麻省理工学院任教。1955年回国,历任中科院力学所所长,国防部第五研究院院长,第七机械工业部副部长,国防科委副主任等职。组织参与了中国导弹、卫星等的研制与航天科学研究机构的组建与人才培养工作。——译注

② 陶铸(1908～1969),湖南祁阳人。1926年入黄埔军校,先后参加了南昌起义与广州起义。1929年后在福建从事地下工作,1933年被捕。抗战时期参与创建鄂中游击区,1942年任中共中央军委秘书长,总政治部秘书长兼宣传部长。解放战争中任中共辽宁、辽吉、辽北省委书记,四野政治部副主任等职。建国后任中南军区政治部副主任、主任,中共中央中南局常委,华南分局代理书记,广东省省长、广东省委第一书记等职,1960年任中南局第一书记。1965年任国务院副总理,1966年在中共八届十一中全会上补选为中央政治局委员、常委、中央书记处常务书记兼宣传部部长。——译注

最严厉的字眼来表述的。迄今为止,最具决定性的声明是 1966 年 1 月 1 日《红旗》发表的一篇强烈反知识分子的宣言。[①] 像 1963 年一样,发言人还是中宣部的副部长周扬。周扬附和了毛早已私下阐述的看法,他指责绝大多数的知识分子,甚至包括党员,接受了资产阶级的教育,他们的世界观中保留着资产阶级的观点,周扬认为他们强大得足以向党发起挑战。

周扬声称自 1949 年以来,文化工作者已经对党的领导发动了五次不成功的反抗,时间分别为 1951 年(《武训传》)、1954 年(《红楼梦》)、1954~1955 年(胡风)、1957 年("百花齐放")与 1961~1962 年("第二次百花齐放")。周扬把所谓的 1961~1962 年知识分子的进攻形容为五次反抗中最强烈最危险的一次,他誓言党的严厉反击将是史无前例的。当然,周忽视了一个事实,即党在 1961~1962 年实际上放松了对知识分子言论的限制,而且所有的证据表明知识分子在当时实际上非常小心,并没有越过言论的界限。

周扬通过比较 1956 年的匈牙利与中国当前的局势,企图把知识分子刻画为潜在的叛国者。"一九五六年匈牙利的反革命分子搞暴乱,要颠覆无产阶级专政,有个裴多菲俱乐部,就是一批修正主义的、资产阶级的文艺家和知识分子的团体,扮演了打先锋的角色。"周扬警告知识分子可能被用作资产阶级的工具,他们妄图通过"和平演变的阴谋"来颠覆革命。按照他的说法,阶级敌人的阴谋在苏联已经得逞,所以"前车之覆,后车之鉴"。

1966 年 2 月 1 日,北京首次——自 1957~1958 年的反右运动以来——开始点名,指控那些重要的文化人物正在故意扰乱政权。《人民日报》指控田汉与吴晗以历史剧为手段攻击党,田汉是中国剧作家协会主席兼国歌的作者;而吴晗则是著名的历史学家,自 1949 年起任北京市的副市长。"反党"的指控含蓄地指向了一般知识分子。在整整一版对田汉作品——一个关于唐朝(618~907)的虚构的女主人公的故事——的解剖中,《人民日报》指责他在 1961 年说过这样的话,即党的利益与人民的利益是不一致的,党是压迫人民的。[②]

2 月 24 日,《人民日报》通过暗示田汉与蒋介石的勾结,更是给知识分子加上叛变活动的污名。值得注意的是,1956 年田汉撰写的两篇文章于 1957 年被在香港的国民党宣传人员翻印散发,政权可以把这两篇文章解释为对共产党政权文化政策的严厉抨击。[③]

在 12 月的一份很长的自我批评中,吴晗为使其受辱的一部 1961 年的剧作《海瑞罢官》作了辩护,他辩称他只不过是"忘记"了"阶级斗争"而已。吴晗承认他赋予了明朝官员主人公以美德,并未把资产阶级全部抹黑。自 12 月以来,《人民日报》与《红旗》已发表了无数文章,把吴晗的自我批评谴责为企图向党反攻倒算。根据北京的看法,吴晗已"积极加入到反马克思主义与反社会主义的大合唱",被质疑的剧本是故意想宣传这些观点。

[①] 周扬:《高举毛泽东思想红旗 做又会劳动又会创作的文艺战士——一九六五年十一月二十九日在全国青年业余文学创作积极分子大会上的讲话》,《红旗》1966 年第 1 期。——译注

[②] 云松:《田汉的〈谢瑶环〉是一棵大毒草》,《人民日报》1966 年 2 月 1 日第 5 版。——译注

[③] 《评〈谢瑶环〉》,《人民日报》1966 年 2 月 24 日第 5 版。1956 年 7 月、11 月,田汉在《戏剧报》上发表《必须切实关心并改善艺人的生活》和《为演员的青春请命》两篇文章,次年这两篇文章被在香港的国民党翻印,在各剧院散发,于是这两篇文章就成为田汉向党攻击的罪证。——译注

迄今，虽然党的愤怒更多地落在社会科学与艺术领域的知识分子而非自然科学家与技术人员身上，但党对后者的不信任与日俱增。这个群体的一部分——医药卫生人员——近几个月来遭受了令人吃惊的严厉处理。中宣部部长陆定一于1966年2月解释了对医药卫生人员的新政策源于政权的结论，即医药卫生界是一个知识分子集中的队伍。他说医药卫生人员"因支持个人主义、轻视劳动人民、害怕困难、骄傲自大和主观主义这些通病而臭名昭著。"

政权为医药卫生人员指出的解决办法是在农村地区度过更长时间，一边服务于巡回医疗队，一边与农民并肩下田劳动。1965年初，政权已开始指派城市医生加入巡回医疗队，在农村服务二至五个月。虽然当时宣布的目的主要是为了提高农村健康水平与改善党-群关系，而医药卫生人员思想的改造倒在其次。

对科学家的政策显然在1966年初大体上没有进一步的变化。党刊继续喋喋不休地数落他们在意识形态上的缺点，重复老一套的抱怨，埋怨科学家们对西方科学"盲目信仰"，不与"群众"协商，没有坚持不懈地运用毛的思想。

面向所有人的体力劳动

周扬在其1966年1月反知识分子的谩骂中宣布了强烈的报复性措施，以反击知识分子形成的所谓威胁。他说他们将参加比以前更多的艰苦体力劳动，实际上成为"业余知识分子"，同时将其大部分的剩余时间消磨在政治灌输会或毛著的辅导学习中。

《人民日报》于2月22日宣布16万名文艺工作者正在参加不定期的工农业劳动，这个数字不包括长年活动在农村的电影放映队以及其他基层文化队伍。《人民日报》进一步报道说当局正在采取步骤建立了一个经常化的制度，使所有立足于城市的作家与艺术家每年可以有三分之一到一半左右的时间从事体力劳动。按照《人民日报》的说法，过去知识分子下农村与工厂只是为了"收集素材"；现在他们深入生产队和生产大队，"不怕脏，不怕累，真正放下架子"。

一项针对大学的社会科学院系的更加严苛的政策现在也明朗了，据报道北京大学——长期以来政治运动的中心——的哲学系与历史系、中国人民大学的哲学系与北京师范大学的中文系刚刚被永久性地迁到农村。据传闻，外交部部长陈毅于1965年11月在上海告诉一群研究者，中国的整个教育结构已经腐烂，教师必须下放农村，学习与实践毛泽东思想。书信显示除了在少数几个重要专业受训的人员外，现在所有的大学毕业生在毕业后的第一年要参加体力劳动，这种体力劳动一部分是给予他们实践培训，但主要是为了他们自身的思想目的。甚至在毕业前，学生们就经常被分派到农村公社，每次长达整整一个学期。例如去年秋天，一名在北京的清华大学学生写信说4 000名学生——几乎全体在册的学生——在农村劳动了六个月。由于写信者"幸运地"有肺结核的病史，他成为800名借口健康原因而免于劳动的一员。

1965 年 10 月,据报道卫生部部长钱信忠①在成都告诉一群医生,一个医生在农村的正常巡回医疗以前是二至五个月,在 1966 年将延长到十个月。

1965 年 11 月,在广州举行的一次公共卫生会议上宣布城市所有医药卫生人员中的三分之一将被分配从事农村卫生工作,其中一些人是"长期的",会议还声称"许多"与会代表已发誓要在农村度过他们的一生。

医生们私下批评这些计划,一名广州医学院的新毕业生在信中抱怨他不理解为什么他及其 80% 的同学正被分配到公社的卫生所。另一名医学院的毕业生说他的多数毕业同学已被派往农村地区,尽管中国存在迫切的卫生需求,在允许他行医之前,他自己将不得不从事一年的体力劳动。

2 月 25 日,一篇新华社的广播稿给我们描绘了一幅生机勃勃的图画,北京的学生、教师、科学家、艺术家与政府工作人员对各种又脏又累的活儿表现出了"极高的热情"。据广播,包括两位副市长在内的 10 万名北京知识分子参加了积肥、挖渠、除雪与清扫街道的活动。一群实验室的技术员受到了点名表扬,他们不再满足于一年只有一个月的体力劳动,而是同意定时为城市供暖设备的管道除锈。这些研究人员在汗水中浸泡,在泥泞中打滚,从地下管道中爬出来很"高兴",这不仅是由于新鲜的空气,而且在清洗管道的过程中,他们从心中除去了其"可憎的资产阶级思想"。

政权正在向科学家施压的一个手法是要求他们公开承认毛的思想在其研究中的价值,对一个明白其听众认识到这听起来是多么可笑的人而言,这无疑是一件丢脸的事。2 月 24日,中共高等教育部政治部在北京举行的一次座谈会受到国家的重视。在座谈会上,受过西方培训的物理学、机械工程学、土壤化学与石油领域的教授们卑鄙地把他们的科学成果归功于学习毛的政治路线,一位热工学的副教授讲述了他在研究与改进氨合成塔中如何运用毛的《实践论》与《矛盾论》。

一位理论物理学教授讲述了他与北京大学的其他物理学家在他们的基本粒子研究中如何通过运用毛的思想取得突破。这位教授也不得不诋毁西方的研究,他把西方的物理学研究描绘为一种停滞状态,因为西方的物理学家在坚持资产阶级的哲学观念。相反依其所述,他与其物理学同事们运用辩证唯物主义,已在科学上开辟了新路。

在座谈会上,一位美国培养的著名土壤化学教授奴性十足地忏悔说他过去经常局限于外国文献和实验室,在受到毛著作的鼓舞以及在田间长期劳动的净化后,他已放下了"专家教授的架子",在田间劳动中学到了许多土壤知识,他表示要下决心长期到农村去,到生产中去。

① 钱信忠(1911～　),江苏宝山(今属上海)人。同济大学肄业,1932 年参加中国工农红军,1935 年入党,曾任鄂豫皖苏区总医院所长,八路军 129 师、华北军区卫生部部长、第二野战军卫生部部长等职。建国后任西南军区卫生部部长,总后卫生部副部长、卫生部副部长等职,1965 年任卫生部部长。——译注

运 动 的 结 果

　　北京的目的是全面的思想控制——用毛泽东的粗糙的、原教旨主义的哲学教导全体知识分子——但在这方面,政权是失败的。虽然我们对知识分子的心态知之甚少,但现在的所知表明许多人或多数人深感疏远与不满。多数人在内心可能是"修正主义者",出于对政权的同情而努力使"阶级"对抗继续下去,他们宁愿集中精力于中国很大的发展问题而不管世界的其他地区。

　　知识分子间与日俱增的不满将对北京的科学计划非常有害。迄今尚不清楚政权打算在政治侵扰自然科学方面要走多远,但迹象显示当局希望中国的科学家今后以政治与科学的标准来决定西方科学理论的适应性。这种危害将取决于在多大程度上科学家们被允许继续从事其严肃工作的同时只对政治口令予以口头应付。当然,医疗工作与高等教育想必已遭受了损失,这是因为政权敌视这些领域的知识分子。

　　虽然知识分子没有进行公开反抗的能力或意愿,但北京针对他们的当前运动可能已严重削弱了其专业精英的效率。(机密,不得向外散发)

DDRS,CK 3100369820 - CK 3100369826

张民军译、校

第四部分 中国的发展政策及其趋势

3-21

中情局关于中国大陆 1950 年可能发生饥荒的分析报告

（1950 年 2 月 3 日）

ORE 89-49

共产党中国的粮食前景①

（1950 年 2 月 3 日）

概　　要

　　1949 年的普遍干旱和洪灾将导致中国在 1950 年发生严重的饥荒，在收成差的农村地区，严重的粮食短缺是可预知的结果。尽管饥荒在中国是一种寻常的历史经验，但把 1949 年的收成与近年来在国民党统治下的更喜人的收成作任一比较，共产党新政权都将处于一个不利的局面。此外，粮食短缺还将耽搁共产党履行其对农村人口的承诺。尽管农民的叛乱既非组织严密，也不是受意识形态的鼓动，但政权已报道了几个地区发生了农民叛乱，饥荒可能会进一步激起这种暴动。虽然农村地区的动乱可能会妨碍中国稳定的政治和经济建设，但不能将其视为共产党政权力量的一个严重威胁，不过持续的农民叛乱可能会迫使共产党保持较其原来预计的还要庞大的武装部队。

　　尽管共产党努力确保主要城市地区有充足的粮食供应，但短缺问题已趋于挫败共产党控制城市价格的努力。由于工资报酬要适应粮食价格的变化，饥荒将会导致制成品价格上涨。

　　共产党不希望利用他们稀缺的外汇资源从西方购买粮食，它也不可能认真地向美国或其他非共产党国家寻求援助，以应付他们目前的粮食短缺。

　　1949 年 7 月缔结的苏满贸易协定②规定满洲的粮食要向苏联出口。然而为了回击令人

---

① 原注：国务院、陆军部、海军部和空军部的情报机关已对这份报告达成一致，它包含的中央情报局的可用情报截至 1950 年 1 月 23 日。

② 1949 年 7 月 30 日，东北商业代表团在莫斯科与苏联政府签订为期一年的地方贸易协定。东北向苏联出售大豆、植物油、玉米、大米等，换回工业设备、汽车、煤油、布匹、医药器材等。——译注

不快的中国人的反应，苏联可能会放宽这些粮食出口的要求，更有可能的是高调宣传对中国的象征性救济输出。

共产党中国的粮食前景

由于1949年的普遍干旱和洪灾，中国将在1950年迎来异常严峻的饥荒。尽管一些地区已获得了好收成，但其他地区将遭受严重的缺粮，许多地区将面临饥荒的局面。①

华北在1949年严重歉收，干旱和洪灾也影响了满洲、华中和华南许多地区的收成，并使数百万个家庭流离失所。1949年华北粮食作物的生产比前年的水平低了约20%，这是由于黄河下游地区和河北东部在当年夏初遭受重旱、稍后又受到严重的洪涝。中国遭受歉收的其他地区包括长江中游的湖泊地区、苏北、皖北、湖南部分地区、山西、察哈尔、满洲北部及辽河下游，由于它们相对闭塞以及现代交通设施的不足，许多灾区将不能指望来自粮食盈余地区的足量的商业或救济输入。（关于受灾地区的更详细讨论，见附录。）

中共因而可能在1950年面临农民骚乱。尽管农民叛乱既无严密的组织也不是由意识形态所激起，但在几个地区已有所报道，由粮食歉收而导致的对生活水平的失望和压力可能会进一步促成叛乱。在一些地区，农民的敌视将采取消极抵抗和不合作的形式，在少数地方，对增税负担的抵抗可能会采取诸如谋杀征税人和公开暴动的公开形式。在传统上就是土匪横行的地区，由于对其管制的成本很高，共产党将不得不推迟对这些地区的彻底平定。

尽管存在这种动荡的局面，但中共的政治控制可能不会受到严重威胁。饥荒在中国是平常的事情，随之而来的混乱传统上也相应地局限在地方。不过共产党必然要遭受将当前的收成与在国民党统治下的近年来的收成做对比之苦，对倾向于严肃看待征兆和预言的中国农民而言，将不可避免地做出比较。粮食短缺将既推迟共产党履行对农民的承诺，也耽搁其农业计划。为了对付土匪地区周围的农民骚乱，共产党政权必须付出一些代价来维持一支庞大的武装力量，以便利用他们来对付可能出现的任何反抗。在他们关注城市人口和增加了的军队的供应之际，共产党可能被迫向农民增税。

1948年，中国救济联合委员会(CRM)与美国经济合作署(ECA)缓解了困扰国民党向城市供应粮食的困难，中国救济联合委员会与经济合作署供应了中国所需大米的四分之三及大部分的进口面粉。由于这种援助现在被切断了，共产党必须从农村调动和运输供给——不过他们正在以高于国民党的效率来完成这项任务。很可能1950年最严重的缺粮不是出现在城市，而是发生在那些遭受歉收以及因缺乏现代交通设施而相对孤立的农村地区。

---

① 原注：最近共产党的无线电广播对饥荒的程度与严重性进行了一些说明。据10月的一份北平的报道，仅在华北地区就有约1000万农民受到干旱、暴风雨、洪灾与虫害的影响，在满洲和华中的几个地区，灾难正在影响数百万人。为了应付饥荒的威胁，据报道共产党正在动员妇女和儿童收集草，其激励口号有"把糠和草混合起来度过饥荒"和"今年吃叶和草，明年就可吃到粮"。

一些由粮食短缺导致的困难能够通过进口商品粮而得以减缓,然而由于其外汇资源短缺以及他们决心运用这些外汇尽量进口工业品,共产党将把粮食进口维持在最低的限度。如果国民党的封锁在1950年继续发挥适度的效果,它也将成为粮食进口的一个障碍。共产党极不可能严肃地向美国或其他非共产党国家寻求援助,以应付他们目前的粮食短缺。

共产党在城市面临的最严重问题可能是那些涉及价格管制的问题。中国的粮食短缺已趋向于挫败共产党控制价格的所有措施,1949年初秋的价格上涨压力被掩盖了,这部分源于当前正值收获的作物正被运进城市这一实情,部分源于共产党熟练地积累存货并且当价格可能快速上涨时向市场抛售。不过随着供应变得越来越稀缺,抛售作为控制投机的一种方式已变得无效。粮价的上涨在中国尤其意味深长,因为工资报酬与粮价密切相联,因此歉收将往往会增加产品的成本,并削弱诸如纺织等中国出口商品的竞争地位。

此外,歉收将妨碍共产党启动工业计划。随着农业出口不可避免地削减,中国挣得外汇的能力将被削弱,对外采购将不得不推迟。如果削减了的出口按照比世界市场上更为不利的条件大部分转向苏联,中国的外汇收入将进一步减少。

1950年的饥荒可能对中苏关系产生一些影响。按照1949年7月签订的苏满贸易协定的条款,要求满洲向苏联运送粮食。尽管这个协定在中国的新闻报道中被宣传为互惠的中苏贸易典范,但有证据显示许多中国人怀疑该条约实际上牺牲中国而有利于苏联,如果苏联坚持继续从满洲运走粮食,将加大这种怀疑,并使越来越多的中国人怀疑苏联的整个对华政策。不过为了回击令人不快的中国人的反应,苏联可能会放宽这些粮食出口的要求,更有可能的是高调宣传对中国的象征性救济输出。

Tracking the Dragon National Intelligence Estimates on China during the Era of Mao, 1948 - 1976, pp. 63 - 66. National Intelligence Council, 2004

孔晨旭译,张民军校

国务院情报研究所关于中国 1952 年
发展趋势的分析报告

(1953 年 2 月 4 日)

IR 6143

1952 年中共政权的成绩

(1953 年 2 月 4 日)

摘　　要

回想起来,我们可以把 1953 年①共产党中国的主要发展模式视为中国共产党革命的一个更"高"阶段——"有计划的国家基本建设"阶段——作准备的过程。随着他们朝这个预定于 1953 年启动的新阶段的推进,共产党领导人采取了一系列旨在加强和净化其党政机关的措施,以加紧其对经济资源的控制并"训练"起关键作用的那部分人。

随着上年的结束,共产党领导人忙于努力简化和进一步集中其行政机关,目的是使它成为国家计划的更有效工具。同时他们也在创造更持久的"法治"形式以替代现已过时的行政安排,那些安排是在 1949～1952 年间在一个临时的基础上制定的。

报　　告

在 1952 年期间,中共政权实施了一系列措施,旨在创造一种国家实力的局面,这将使中国能继续承受朝鲜战争的负担,同时为国家计划和工业化的一个未来规划奠定基础。

这些措施中的第一步是努力简化和改革共产党组织自身,共产党因吸收新党员已膨胀到将近 600 万人。党的这次改革运动所定的目标是"巩固和强化党的组织,以便使它能更好地完成中国工业化和社会主义建设的任务"。② 党的整顿从 1951 年正式开始,预定于 1954 年完成,党组织将通过在共产党原则方面的进一步教育,并接着按照 1951 年发布的共产党

---

① 应该是 1952 年。——译注
② 原注:安子文,《共产党和工人党情报局公报》,1952 年 7 月 25 日。

员八项新条件对每名党员进行评价,以努力提高普通党员的素质和表现。整党计划的一个重要但不太明确的目标是使普通党员更紧密地响应党的领导,从而改善党和政府体系内的行政指挥链条。迄今为止整党主要关注的是对农村地区党员的再教育,并进一步加紧党对农村合作社和"互助组"的控制。与此同时在城市,党一直在加快其吸收城市工人的步伐,并极力通过把大批党员干部分配到关键的产业车间来建立对工业更严密的控制。

当这次整党进程正在党的精英内部展开之际,党的领导层发动了另外两次影响人口中的关键群体——官僚和商人阶层的改革运动。党的领导人视这两次运动为一个持续的社会整肃过程中的一部分,这将为中国社会开始工业化和国家计划做好准备。

这些运动中的第一个被称为"三反",它旨在消除官僚的浪费和腐败,导致了包括一些共产党员在内的几位高级官员被免职。第二个运动被称为"五反",它宣称的目的是消除"贿赂、漏税、盗骗国家财产、偷工减料和盗窃国家经济情报",这些被归因于各个私商及其在政府中的帮凶。随着对资产阶级以及党和政府中的"资产阶级思想"的严厉的意识形态批判,"五反"运动导致大批私营的商人和企业主被重罚和判刑,许多私营企业破产。尽管"五反"运动给某些地区的生产带来了暂时性的破坏,但它在羞辱和削弱私营商业阶层以及进一步强化中央政府对中国城市经济的控制方面有着更重要的影响。此外,它允许政府开辟另外的税收渠道,而这些税收证明对平衡预算和满足朝鲜战争的开支非常有用。

在共产党领导人进一步加紧控制官僚和城市经济之际,他们同时也在开展中国农业生产的逐步集体化计划。随着土改在全国的完成,除了一些少数民族居住的地区外,中共领导人能够对土地革命的下一阶段——前集体型的农业组织的组建给予更多的关注。在1952年间,中共不断强调在更长久的基础上组建互助组,这包括共享工具、牲畜和劳力。同时在几个地区出现的把几个互助组合并为"生产队"的趋势在上升,这是一个更高级的农业组织,土地和其他资源可以共享,同时保留一小部分个人所有权。政权也宣布成立300多个国有农场,表面上看来是打算让它们作为华北和满洲的农业机械化的核心。像城市地区的"五反"运动一样,这些对中国农村经济进行重组的更多措施与共产党加紧经济控制的总目标密切相关,以便为一个全国规模的有计划的经济建设规划奠定基础。他们通过使国家掌握更多的农业资源,促进了农业剩余的增加,以投资于工业项目。

1952年的第四个重大发展是对中央和大行政区的共产党政府进行调整——调整的明确目的是"为了适应一九五三年即将开始的全国大规模的有计划的经济建设和文化建设的新任务"。[①] 成立国家计委与建立从北平到各省级政府的更直接的行政渠道为这次调整定下了基调,这次调整显然是中共在行政过程中迈向更强大的中央集权与更统一的一步,可以把它解释为创建一个政府机构的一次有意识的努力,使它能够作为执行中国第一个五年计划的有效工具,该计划于1952年12月正式宣布。

随着1952年接近尾声,中共看到自己正走出其革命的初始阶段——一个政治巩固和经

---

① 原注:新华社,1952年11月16日。

济复兴的时期——进入第二个也是更高级的"国家建设"阶段,这被他们定义为"以经济建设为基础,增强国民经济、国防和民族文化"的进程。[①] 在这个革命的新阶段,他们计划放弃在1949～1952 年间采取的许多临时性行政安排,赞同更为持久的政治和经济形式。在此新阶段期间,北平的《人民日报》——中共中央的机关报在其元旦社论中对可能发展的未来模式做了预示,它提出来年要完成三项重大任务,即(1) 继续进行朝鲜战争;(2) 开始国家建设的第一个五年计划;(3) 召开全国人民代表大会,以通过一个五年计划与一部新的国家宪法。

DDRS,CK 3100391712 - CK 3100391715

孔晨旭译,张民军校

---

① 原注:《人民日报》1953 年 1 月 1 日的元旦社论。

中情局关于中国国庆十周年庆典的预测分析报告

（1959 年 9 月 1 日）

CIA/SRS－12

秘 密

中华人民共和国十周年庆典

（1959 年 10 月 1 日）

序　言

1. 1959 年 10 月的头几天将见证中华人民共和国建国十周年的庆典。迄今为止，中国的宣传相对而言几乎没有"加大"对这个重大事件的报道，结果其含意尚未引起世界的注意。这次庆典肯定会对公众关注的一系列"壮观场面"构成一次有力的挑战，这些"壮观场面"使 1959 年的最后几个月——艾森豪威尔与赫鲁晓夫的会见以及一次可能的"峰会"—— 特别突出。

2. 在 1959 年 8 月的大部分时间里，中共领导人总体是沉默的，我们甚至不知其行踪，但 8 月 2～16 日在庐山举行的中央委员会全会的公报和决议①的播送打破了这种沉默。这两份不寻常的文件要求（我们）仔细分析，然而就本报告的目的而言，它们提供了某些迄今缺乏的关于政策调整的重要线索，在过分夸大的"大跃进"、公社体制的仓促发动以及 1959 年上半年的国际危机的骚动之后，中国领导人已着手进行政策调整。

3. 尽管如此，我们在试着对十周年活动进程的性质加以预测时，仍缺乏诸如苏联的七年计划、教育纲要等意图的基本暗示，而这些都先于苏共二十一大（1959 年 1 月 27 日至 2 月 5 日在莫斯科举行）。诚然，我们猜测由于中共领导人自身的心理原因，他们将会把悬念保持到最后一刻。在决定最后的路线之前，这可能更是出于一个谨慎决策的动机，即等待赫鲁晓夫的访美结果。

4. 对诸如十周年这样一件大事的任何预测必须依赖于对过去成就的评价以及一个决策，该决策基本上是直觉的，即决定是否凭已有资料继续对他们的总体统计曲线进行推断，还是立即打破这种外推，对其作出高涨或低迷的判断。从而在讨论北京庆典的各种可能时，

---

① 1959 年 8 月 2～16 日，八届八中全会在庐山举行，会议通过了《为保卫党的路线、反对右倾机会主义而斗争》的决议及《关于以彭德怀同志为首的反党集团的错误的决议》。——译注

我们应既明确又模糊地提出自己对中共政权历程的评估，对其最近及更长远的将来进行预测。因此，在某种意义上本报告是一篇用推测性评估的笔触加以写就的论文，这允许对一件即将来临的事件给予无拘束的预测。

周年庆典与国际共产主义

5. 第一个要提的问题为是否十周年将主要是一次展示，即展示作为一个国家的共产党中国或者是展现作为一个整体的国际共产主义。在这里，我们的先例只有莫斯科：苏共二十大（1956 年 2 月）、十月革命 40 周年（1957 年 11 月）与苏共二十一大，每次都不同程度地代表了苏联和整个共产主义运动的胜利和预兆。北京没有先例，然而共产党仪式的逻辑暗示这次集会将同样有助于让人深感需要展示"社会主义阵营"的力量和团结。同时，它几乎肯定会包括一次秘密会议，这是一个遍及世界的共产党领导人的内部战略理事会。但是它最强烈的直接效果将是北京自己的"炫耀"，对一条有中国特色的"社会主义道路"的赞颂。

6. 如果从国际共产主义的角度看，正如我们所料，赫鲁晓夫与来自（社会主义）阵营和自由世界的共产党——一些是社会党——的大多数领导人将要出席庆典，那么该场合就有两个方面：(1) 阵营内的其他 11 个成员国对共产党中国胜利的十年致以兄弟般的祝贺；(2) 由60 多个来自社会主义阵营与自由世界的成员参与的一次共产党和工人党的会议，它已被描绘为"社会主义联邦"①或"世界社会主义体制"的架构，描绘为共产国际的继承者。②

7. 我们无法确定是否十周年将像莫斯科的十月革命 40 周年一样发布对内和对外领域的宣言，但是我们倾向于预料他们将发表国际共产主义的一些重大的正式声明。在其挑战、挑衅和伴装胜利的不祥记录中，确实没有比莫斯科宣言与和平声明更好的东西了。他们可能会作出一些策略上的缓和，旨在利用赫鲁晓夫—艾森豪威尔的互访作为一次更全面的"峰会"的前奏。虽然"和平共处"是一个中心旋律，但衬托它的将是对"帝国主义者、好战者、复仇主义者和垄断者"等不死悔改"群体"的一次连续谴责的伴奏，因为他们总是在那些寻求"缓和紧张"的人的道路上设置陷阱。（我们）几乎不可能预料这种苛刻的论调将有多么刺耳，正如过去经常发生的那样，很可能出现一曲对比鲜明的管弦乐，其中中国的声音突出的是不和谐主题，而苏联突出的是和谐主题。我们不应该被误导，因而认为这些编排者不一致，（其实）中苏都一致认为"和平共处"仅仅是长期"斗争"的环境。

8. 我们确信十周年的国际方面将证实一个经常被自由世界所忽视的原则：即单个共产党国家的外交政策服从于国际共产主义的更高目标。我们相信苏联或共产党中国的领导人均不会承认在传统上被视为的"国家利益"与从事为共产主义运动的世界胜利的活动之间存

---

① 原注：Cf. SRS-10，《"国家的社会主义联邦"：共产主义世界组织的模式》，1959 年 6 月 18 日。
② 原注：Cf. 美国参议院调查国内安全管理法的小组委员会：《共产国际的复活及其对美国的含义》（1959 年 5 月）。

在任何根本冲突。诚然,共产主义世界的策略是错综复杂的,它不时会让(我们的)分析落空,有时诱导我们得出如下的结论,即轴心伙伴正在寻求单独的,即使不是真正有分歧的路线。因此(我们)认为莫斯科经常对具有冒险主义倾向的北平施加一种抑制性影响,相反却坚持认为毛泽东很妒忌,正试图限制赫鲁晓夫自由地驶向"峰会"。

9. 无论怎样的摩擦与敌对因素或自相矛盾的权宜之计都可能渗入共产主义的内部理事会,据我们判断,他们不会提供公开的线索,以至于我们能不加批判地将其作为我们自己政策的一个基础。如果共产党的协调行动在内部受到威胁,那么其对外立场上的团结就变得更有必要。如果不是因为要展示看法的基本一致,仅仅出于这个原因,作为一次在世界事务中故意展示的(中共建国)十周年几乎肯定是一次"友好聚餐"。

10. 世界政治布景的标准图景可能会引入新的或再次出现的变数,按惯例这些都会在这种会议中呈现出来。中国已在西藏问题的处理上冒了风险,招致愤怒和敌视,它可能要么选择一种厚颜无耻或和解的论调,要么以看似矛盾的方法选择一种间乎两者之间的论调。例如它可能宣称"反动的封建主义"在西藏已被推翻,很快将赋予西藏和其他少数民族地区真正的自治和平等的权力。另一方面,这将符合它通常对待少数民族的强硬做法——它可能宣布开放西藏的广大不发达地区及其他边远省份用于定居和耕种——换句话说就是殖民,由来自人口稠密的中国本土的数以百万计的更"先进的"人民来垦殖。

11. 在亚洲对违反潘查希拉——万隆会议的五项原则——的指控仍很敏感,甚至被(中国)深深冒犯了的尼赫鲁也不情愿将其用于对西藏的干涉。周恩来认定进攻是最好的防御,他可能会通过尖锐地抨击美国在远东的"存在",以寻求开辟亚洲外交的一个新阶段。他可能提议召开某种形式的亚洲峰会来讨论在老挝的"侵略"或在本地区更普遍的"缓和紧张"问题。尽管要求在亚洲举行一次广泛峰会的任何呼吁可能会遭到回绝,但中国人仍会厚颜无耻地提出某些像赫鲁晓夫——毛泽东——尼赫鲁——苏加诺版本的倡议,因而它会故意怠慢其他东南亚国家,并进一步显示中国在本地区的优势。

12. 共产党中国可能会采取新的策略来寻求扩大其国际影响,它甚至可能会炫耀其也能像苏联一样扮演仁慈的太阳而非狂风的角色。我们可以想到的中国的和解行动有:对世界讨好的微笑,对"万隆精神"的祈祷,提议在解决台湾问题中考虑放弃使用武力,赞成在越南和朝鲜举行自由选举,努力争取解决阻碍中国被普遍承认和进入联合国的其他问题。然而这种和解意图的暗示几乎就没有出现过,我们感到很难相信莫斯科和北平会认识到率先采取灵活行动的好处,灵活行动能提供一种可以在伙伴间分摊的软硬兼备的辩证法。

"民族解放"和政治统一

13. 正如我们上述表明的那样,尽管十周年在国际上虚张声势,它将主要是对共产党中国的一次赞颂。它要表达的是把党、国家和群众三个基本要素融为一体的一个雄心勃勃的潜在大国的自豪,同时它将坚持不懈地要求对"资产阶级"敌人保持持续的警惕。

14. 首先,十周年将是在长达一个世纪的外国统治结束后的一次独立庆典,与亚洲其他国家近来赢得的独立相比,中国是从"帝国主义"那里赢得了自己的"民族解放"。然而,这不同于其他类似场合,解放与胜利之感在这种场合下要更大。中国拥有其独特的文化和势力的历史延续性,但遭受了屈从于外国"蛮夷"长达一个世纪控制的巨大挫折。与它继续被世界大家庭的最高化身——联合国排斥相对照,这种爱国主义和仇外意识的激情交织将被鼓动到最高点,聚焦于中国主权与在世界事务中分量的异常。内战的"未竟事业"——台湾将交替受到威胁和嘲弄,而且可能会传达惊人的未来发展的模糊暗示,一次新的军事进攻或一次和平回归大陆的"交易"随"蒋介石集团"的那些重获新生的成员的体面安置而摇摆。

15. (共产党)无疑将努力争取1 200多万华侨的忠诚。共产党中国意识到了激烈的公社运动第一阶段已对外汇的主要来源——海外亲属的汇款造成不利影响。它也对近来在印度尼西亚和南越针对当地华人社会不断攀升的压力很敏感,北平可能会发起一场运动来加大海外学生返回祖国接收高等教育,并鼓励移居海外者回访其家乡和家庭。这样一场运动的成功将依赖于北平的高超选择,也就是把它限定到一个能够展现相对繁荣与社会和谐景象的公社。

16. 共产党中国作为一个国家的崛起,加之它自身特殊的利益和目标,将被说成是与不可动摇的历史进程相一致,即走向"世界社会主义制度"的胜利。它将在新解放的与仍未解放的"殖民地"国家中寻求领导地位,举起"斗争"的中国模式以供效法。

对 党 的 赞 颂

17. 中华人民共和国的特别分量在于获得了政治统一,党和国家被看作一个双重实体,体现在"社会主义"革命对"资产阶级"革命的胜利。① 同时令人信服地说明党优先于国家。

18. 我们自信地认为整个场合将是一次对毛泽东的赞颂,看起来很可能一种具有鲜明中国形式的"个人崇拜"将献给革命领袖,而且很可能他将以多重权威现身,作为慈祥睿智的父亲,作为全中国人民意志和志向的化身,作为胜利的将军,作为至高无上的思想家,更不用提及他作为诗人、学者、哲学家、工人甚至是运动员。当然我们不可以走得太远以至于无法推测党的领导人最近召开的秘密会议的主要任务是草拟"国家建设"的一些新计划与意识形态上的大跃进,这些与他的名字及历史角色视为一体。我们难以准确预测的是如何调和毛泽东作为"列宁的继承人"的主张与赫鲁晓夫对同一头衔的急迫要求权。我们会设想在两位领导人之间的"社会主义竞赛"的一个微妙过程将以尊重的姿态为特点,再加上每人都明显

---

① 原注:一个为纪念中共一大而建立的革命博物馆预定于国庆节在浙江开放,他们也可能会发布中华人民共和国与中共的新的官修历史。

地努力展示更大的风采,这种相互影响的细微之处可能会要求分析家解释深奥的共产党人的沟通。

19. 那些次要的领导人将展示各种姿态的协调与"战友之谊",正如看来极有可能的那样,如果刘少奇被坚决地指定为显然的接班人,那么将出现一些他居于周恩来之上的新的有趣迹象。

20. 总体上中共将被夸大为一个有力的、生机勃勃的、富有战斗性的、不断壮大的有机体。它在过去十年里的疯狂扩张被描绘为一个充分征召无产阶级中最优秀分子——具有朝气蓬勃精神与严明纪律的干部的过程。在呈现党所面临的巨大挑战时,主要的论调将是激励性的,但狂热的主旋律可能会在反对"冲动"、"乌托邦"与"胜利冲昏了头脑"的进一步警告下加以调整,上述这些在 1958 年 12 月发出的警告就是对早期公社计划的无节制的一种反应。这些甚至有需要清洗或惩戒行动的暗示或警告,包括把过分热诚或缺乏经验的干部指派到群众生产劳动的补救阶段。(庆典中的)发言者们将详细阐述摆在干部面前的任务,强调要克服他们与人民群众之间的"矛盾",需要不断努力来改进"工作方式"、"理论联系实际"、"密切联系生活"、缩小"体力劳动与脑力劳动间的差别"。

21. 在党的亲切关怀和英明领导下,在国家机关的支持下,中国将被描绘为一个政治团结的模范。在几个世纪以来首次得到确认的是中央控制稳固地通过媒介延伸到基层,军阀统治已成为不幸过去的回忆,北平的书面命令迅速传遍辽阔的领土,无数的地方庆典将贯彻这些中心主题。

军 事 胜 利

22. 十周年可能会成为一次军事力量大展示的场合。人民解放军将显示其力量和纪律,现代化武器将得到检阅,并特别强调那些中国制造的现代化武器。[①]

23. 不过其间可能仍有很多抑制因素。"和平共处"总路线与艾森豪威尔即将访苏,或许还有随之而来的其他峰会可能会导致对武力宣示作一些限制。对苏联军援的持续依赖以及这种援助迄今远未扩大到核武器的事实,将抑制对中国特殊能力的过分吹嘘。人民解放军的角色与苏联红军的角色截然不同,其角色可能在重新评估当中。过去及(现在)或许继续进行的武装力量裁减可能与一个愿望联系在一起,该愿望就是加强公社的生产性劳力及为当地民兵的训练提供装备。很可能这预示着正规军与民兵之间关系的一些新的基本原则,"人人皆兵"的计划可能会定位在经济而非军事上。

24. 十周年也有可能是中国阐述关于裁军问题的一些看法的时机。北京已显示了对赫

---

① 原注:一幢新的高达七层的中共军事历史博物馆已在北京落成,其正式开放可能与十周年有关。(该博物馆即中国人民革命军事博物馆。——译注)

鲁晓夫提议的亚洲"无核区"的一种矛盾态度，但是这可能让位于毫不含糊的支持。如果北京断定它将不得不在核武器领域内"单干"及这种前景在未来几年里毫无希望的话，那么它可能会主动支持那个主张，即将核俱乐部的成员资格限制在目前的成员国。不过这在总体上似乎是可疑的，如果要有什么区别的话，我们倾向于认为中国将宣布它正奋力获得自己的核能力。当然也有可能，只是未必中国会宣布苏联事实上提供了核武器或后者保证支持推进中国自己的（核武器）发展计划，更有可能的将是中国宣布已经可以制造导弹及在苏中的联合控制下为它们配备核弹头。

经 济 转 型

25. 十周年在经济方面的论调已由在庐山举行的中央全会发表的公报和决议所确定。美国新闻界以相当得意的态度对待这些文件，全部强调的是中国对计划和统计报道错误的承认以及降低过高的目标。我们倾向于对这种处理方式的适当性表示怀疑，北平对错误的承认确实是坦率的，但是没有明显的挫折感；相反，谨慎甚至是不经意的宣告似乎构成一次勇气的展示。即使不太可能的话，共产党政权也有可能通过坦率地承认缺点，尝试着让中国人摆脱在竞争中"丢脸"的担心。这个古老的观念不适合唯物主义与辩证法的心理学，也有悖于一个"社会主义"社会，它只能妨碍从苏联引入的自我批评的宣泄。确实，我们应料到"丢脸"这一陈词滥调在中国大陆会逐渐消失，取而代之的是能够弥补而不必永久失去社会或政治地位的内疚观念。

26. 中共对海外威望损失的关注可能也不是很大。中共会料到而且的确似乎经常会激起"资本主义"世界怀有敌意的批评。在他们更敏感的亚洲，中国可能要指望两个最重要的国家——印度和日本，这两国冷静地注意到大跃进已取得的令人难忘的进步，（这些进步）甚至是在虚假的开始被制止之后取得的。在这里，传统意义上的"脸面"可能不大会引起中国领导人的注意。

27. 在评价这些不同寻常的一连串经济事件中，我们自然要问中共领导人是否已经了解他们一直进行的活动，或者是否认识到他们自己就是自我陶醉的牺牲品，即他们在干部中声讨过的"被胜利冲昏头脑"。（我们）很难相信领导人实际上被不断涌向他们的夸大了的统计数据所蒙蔽，相反，由于充分认识到通货紧缩会随之而来，我们得出的结论是他们允许浮夸继续下去，并暂时支持这种浮夸。因而问题是为什么他们要把1959年的计划目标推向完全荒唐的高度，来做办不到的事呢？有可能他们是故意这样做，带着一种我们很难揣摩但可能是合理的心理意图。在这里我们论述一种经济动力学，它几乎没有案例——苏联在新经济政策（NEP）后的强制集体化可能是一例，但这可能证明是中国跃进冲动的关键。我们不能牵强地断言毛泽东已把他典型的行动原则——"不平衡——平衡——不平衡"发挥到极致，毛肯定比其国外——或许国内的批评者更了解中国农民。粮食产量从1.75亿吨跃升到

3.5亿吨,不料把这两个数字加到5.25亿吨后又后退到2.5亿吨,这是一次惊险的杂技表演。当参与者和观众屏住呼吸时,它所留下的是部分地认识到以及可能最终完全认识到的中国农业扩张,它将改变亚洲的整体经济平衡,数百万吨可供出口的大米的威胁笼罩着东南亚,这可能是未来的噩梦。

28. 因而,如果我们按照中国的国内动力来观察跃进与后退,我们可以断定它们肯定将在周年庆典上被反映出来,共产党中国将表现出坚定地朝完善了的"社会主义建设"目标前进。尽管现在纯粹的狂热稍稍降温,但是统计数据被滥用,他们既把自然灾害、洪水、干旱与虫害当作一只替罪羊,同时又把它们作为更大努力的一种刺激,并将继续赞扬政府为克服它们所做出的努力。他们将会承诺有限地改善可得到的消费品、现代卫生、福利和教育服务,并承诺最终减缓强劲的工作节奏。然而,道路并不平坦的警告将谨慎地避开对这种美好前景作出正面回答,牺牲和节俭是必需的。值得注意的是,是否毛泽东在1958年所做的承诺被再次确认或默默地放弃了,毛的承诺是真正超人般的苦干阶段将只持续三年。我们倾向于认为他们将提议停止过劳,或许就(把劳动时间)限制在最初的时限内,但需要继续努力将成为支配性主题。

29. 至于诸如小钢铁炉等那些毫无价值但壮观的地方项目在计划与执行中的"错误",国庆十周年对它们的论调可能就是庐山会议公报的语调。中共以一种几乎随随便便的方式,把是否继续沿着大跃进的早期路线前进的决定留给地方来决断。如果通过后院的熔炉能生产出有用的产品,那还过得去,但不要让公社浪费人力或扰乱运输系统。北京将负责为长期的工业计划提供基础的大型中央工厂与装备。或许在对十周年经济分析中最引人注目的特点将是让人们认识到计划中的中型省级工厂,特别是水泥和化肥厂,可能正是在这个领域,中国的特殊"模式"将非常鲜明地不同于苏联模式,并努力为其他不发达国家所接受。

30. 看来很可能大跃进将提出新的口号,与过去激荡的两年里的那些口号相比,这些新口号同样夸张,但少了些吸引力。过渡性的口号"整个国家一盘棋"带有对前进步骤深思熟虑的暗示,它可能会转变为更具激情的某物,但仍旧强调计划。当局可能突出的主题将是对当前"两条腿走路"口号的一次详尽阐述,该口号以中国劳动者的典型形象而显得更加生动,即劳动者在挑水时要小心地平衡两只水桶并使其步伐适应水桶的摆动,特别是它意味着在推动现代大规模建设的同时,要继续维持传统的小型工农业。①

31. 中国的主要优势将依然是其庞大的劳力,即使缺乏高素质,它在数量上也是独一无二的,并具有很高的潜力。中国有可能会发出一则自信的声明,宣称人口的迅速增长不仅没有危险而且是预期的巨大进步所绝对必需的。这实际上不是中国领导人的真实信念,他们可能会有些忧虑地观察生产力和人口之间的竞赛,至少从长远而言是这样。由于这个原因,中国可能存在一些不同意见,或许反映了对公社的家庭生活要进一步限制的暗示,这将意味着最终重新强调当前受阻的人口控制运动。

---

① 原注:其他可能继续使用的口号是"政治挂帅"和"增产节约",后者似乎需要"更易记住"的简洁表述。

32. 他们也会歌颂中国的自然资源比人们的需求更充足。中国人有可能像赫鲁晓夫一样会提及重要的地质调查，展示迄今为止确信无疑的矿石、石油和天然气矿藏，赫鲁晓夫就是通过宣布发现了新的自然资源已使得第六个五年计划过时，从而证明废弃该计划是正确的。

33. 同时，中共在解释那些不能被隐瞒的失败时，也会承认基本的匮乏和普遍的落后，这种承认部分地是通过宣布加大努力来消除它们的方式实现的。因而他们似乎有可能自由地讨论不完备的运输体系，并宣布有力的措施来继续扩展铁路和公路网。（中共）可能会承认建材短缺，特别是因为在许多地区，这种建材缺乏的证据是逃不掉的。①

34. 很难预知（中共）将会制定什么样的未来特殊经济计划。（中共）显然没有诸如在苏共二十一大前以及会议期间大肆夸耀的"控制数字"，我们甚至可以怀疑是否还存在一个类似于未来十年的稳定经济计划，我们所知的都是"赶上和超过"之类的含糊承诺和激励。中国高强度的投资模式与现在实际上成熟的苏联经济相比必然更具尝试性与弹性，虽然中国经济或许已达到"起飞进入自我持续增长"②的阶段，然而其运行至今仍是不稳定的，很大程度上取决于苏联及其欧洲卫星国继续为其提供基本资金的规模。（中共）可能会宣布阵营为祝贺这次庆典所做的一个特别贡献以及对一个长期发展的支持保证。无论如何，中共几乎肯定要对苏联表达深刻而不过分的感激，对社会主义体系内次要的成员国表示更有分寸的感谢。苏联的支持采取有偿贷款的方式，这个事实将被引证为支配"社会主义联邦"经济关系的自尊和相互尊重的证据，（中共）可能会宣布与经互会（CEMA）更加紧密的合作，甚至宣布将中国由该组织的观察员地位转变为正式成员国。

35. 中共将极力强调中国在世界范围内积极参与经济活动的潜力。中国与社会主义阵营和自由世界间在过去几年间迅速扩展的贸易可能会以更快的增长速度表现出来。与苏联的情况相比，中国对不发达国家的援助一定会对其可资利用的资源形成更大的压力，因为可能存在不利的国内反应，所以不能强调得太突出。不过北京至少会以间接的方式寻求在经济老大哥的集团内仅次于莫斯科。无论如何，中共都会坚持其"大跃进"，把它作为不发达国家的一个样板，或许正在暗示它比高度综合的苏联经济更适合不发达国家的需求和渴望。然而我们不能由此推断这种断言完全令苏联讨厌，苏联和美国一样意识到其先进模式和科技是世界上大多数落后国家所远远达不到的。诚然，正好在这个容易达到的中国模式与仍难以企及的苏联模式的互动中展现了共产党经济攻势的诸多效果。

36. 令人怀疑的是北京是否要为"建立社会主义"的前景制定比过去更明确的时间表。可能一些模糊的暗示会提到一个在 20 或 30 年内实现社会主义的某些基本事项的阶段，但在经历了去年秋天苏联的冷酷无情之后，中国还会过于明确、过分热情地声称它将提前走上通往共产主义的道路吗？这是值得怀疑的。

---

① 原注：最近的报告表明，大工厂的竣工已被基础材料的短缺所延误，甚至在北京的许多准备为十周年添彩的新建筑也将无法完工。

② 美国经济学家罗斯托（Rostow，Walt Whitman，1916～2003）提出的社会发展必须依次经过六个阶段：传统社会阶段、起飞准备阶段、起飞进入自我持续增长的阶段、成熟阶段、高额群众消费阶段和追求生活质量阶段。——译注

37. 中国似乎在经济思想阵线上没有显著的创新。中国表面上欣然接受了赫鲁晓夫的有力责难,他反对在"社会主义建设"中把激励的作用最小化,但是在公社食堂里主要由餐券构成的所谓"免费供应"体制可被认定为一个"按需分配"原则的预兆,该原则将在遥远的将来成熟的共产主义中流行。用目前的实际术语来说,实际上这与旧的劳动工分制和实物支付密切相联的薄计方式没什么差别。

38. 毫无疑问,十周年将对中国公社的未来作些解释。我们相信1958年的武汉决议①引入的"调整"步骤将被宣告到现在为止是成功的,然而,中国将会出现进一步向公社之前的合作社形式的任何后退则是值得怀疑的。已报道的各种改革——把有限的地方分权运用于乡村或合作农场层面、缓解对家庭生活的压力、保留自留地与私人财产、减轻军事化的纪律与普遍的过度劳动——可能完全降低了最初混乱的共产化热潮在农民中所引起的敌视和挫折。这不是把公社估计为一种制度的场合,但我们斗胆预测十周年将会坚定地宣布公社是中国社会走向共产主义的桥梁。

社会和文化的变迁

39. 过去十年促成的社会转型将被赞颂,他们对未来的计划呈现出一片光明。他们将竭尽全力地提高革命热情和历史命定感,在时间地平线上隐约出现的共产主义社会美景将被描绘为未来"共产主义新人"的诞生。有些可疑的是,是否此人的中国形象将遵循以"社会主义的人道主义"②这个术语来表述的当前苏联路线。尽管赫鲁晓夫和苏共领导人似乎正在暂时探索在集体主义与个人主义间保持完全的平衡,个人主义在很大程度上继承于俄国和西欧的早期传统,而毛泽东及其庞大的干部组织的努力似乎大大偏重于集体主义一方。

40. 在某种程度上,这既是对儒家伦理和中国传统家庭中所体现的典型道德准则的抵制,又是对它的接纳。十周年将讨论在根除旧式中国家庭中"荒谬与封建的"专制中所取得的进步,而且将把妇女从繁琐家务中解放出来引证为个人实现与生产活力的一个重大源泉。(中共)将向年轻妇女们发出特别呼吁,要求她们像苏联姐妹一样挑战在诸如工程、医疗和教育领域中的创造性事业。

41. 毫无疑问,十周年的一个首要主题将是中国的教育进步,有关建立的高等院校的统计数字将与进一步扩大的承诺联系起来,这些院校由从北平直到各个公社的各级部门所建。同时"又红又专"的路线将得到重申,并且像苏联一样,教育和生产性劳动间的重要联系将被宣称为马克思主义社会的本质。在此联系中,他们将阐释与"反动的资产阶级"传统相反的"社会主义"在道德、精神和文化方面的价值。

---

① 1958年4月1～6日,中共中央在汉口召开工作会议。——译注
② 原注:中情局的国际共产主义高级研究部(SRS)正在准备一份关于这个概念的研究报告。

42. 更为特别的是，令人印象至深的统计数字将要证明扫盲运动的进步。中共可能会有一些声明宣称在汉字简化中取得了更多进步，同时也会宣传拉丁字母化运动（拼音方案）。拼音方案的优点将会在普遍交流方面予以强调，而不是在那个不太惬意的事实方面，这个事实就是政权能够改写适于大众消费的中国文学，在这个过程中对它们进行适当的校订。

43. 在广阔的文化领域，十周年可能要宣布一个即将到来的共产主义文化复兴。① 毛泽东实际上用"百花齐放"运动诱骗了知识分子，并因此镇压了那些受骗者，毛可能觉得他现在可以采取更类似于赫鲁晓夫的相对宽容的立场。因而北京可能会在十周年庆典上宣布警惕仍是必要的，修正主义和"右派"倾向依然存在，但绝大部分具有创造力的知识分子现在充分理解了他们的地位，因此可以再次允许他们"鸣放"。对我们而言，这似乎将是一个相当安全的提议，几乎没有知识分子会如此莽撞，以至于把它视为一种邀请来恢复1957年的放纵批评并招致一场随之而来的"反右整风"运动。

44. 在知识分子中，他们可能会把科学家挑出来给予特别的鼓励。过去十年来研究院所的建立与科学成就的取得将被引证为在这些领域取得一次高潮的保证，该高潮就是在一个相对短暂的期间内把中国带入一个与一些更先进的西方国家相当的层次，（中共）将强调在核研究、控制论与其他复杂学科方面的进步。在科学和文化领域，肯定会有大量关于中苏团结、友谊和合作的声明和展示。一些引人注目的科技事件有可能在中国的土地上进行，并有中方人员参与，诸如把人发射到太空或进行一次月球探测。在一个不太引人注目的规模上，他们可能会第一次放映彩色宽银幕影片《风从东方来》，该影片由中苏摄制组于7、8月间在中国完成。苏联的宣传已支持中国人发起的"东风压倒西风"的主题，连同诸如"帝国主义和一切反动派都是纸老虎"等其他反西方主题，整个十周年庆典可能都会强调它。②

45. 青年可能是要特别赞颂的目标。那里将出现有组织的游行、体操运动与向毛泽东同志和政权的集体效忠宣誓。他们可能会宣布下一届世界青年联欢节将于1961年在北京举行，中国可能会采取一些行动来抵制最近的维也纳青年节③留下的普遍令人不快的印象，尽管这可能要留给时间来淡化。

结　　论

46. 我们对十周年庆典的预测是基于一个假设，该假设是共产党中国目前在"世界社会主义体系"中享有与苏联共同领导的地位。无论如何，一山不容二虎，但我们相信在目前的

① 原注：除了在这种场合下普遍开展的不计其数的周年特别展览、照片、电影、图书和演出外，北京可能还宣布要出版一部与《苏联大百科全书》相匹敌的《人民百科全书》。既然这项工作要用几年时间才能完成，它可能用拼音体系来出版，为正在接受教育的那代人做准备。
② 原注：在一段时间，我们认为用"东"和"西"这两个术语来对照共产党与自由世界对我们的事业不利，尤其是在亚洲。
③ 1959年6月，在奥地利维也纳举行了第七届世界青年联欢节。——译注

局势下问题不是很尖锐。毛泽东与中共领导人已再三顺从于他们的资深伙伴在意识形态的首要地位、丰富的"革命经验"及其出众的力量,赫鲁晓夫和苏联领导人也恰好明确坚持中国的相互平等及其无限潜力这个现实。

47. 在大国间的任何关系中——无论是受制于传统的军事联盟还是"单一的社会主义"阵营——必然都有摩擦、争执和利益冲突,中苏关系与北约一样也不能摆脱这些。然而在我们看来,自由世界和美国方面把重大分歧归咎于莫斯科-北京轴心的伙伴,并从这种判断出发对国际共产主义运动呈现的威胁不以为然,这将是严重的轻率行为。相反,我们应该把目前的任何"紧张"迹象视为整个"社会主义竞赛"运动的一部分。

48. 我们尽管强调中国大陆的政治和经济问题,但仍要把它放在国际共产主义政策的框架之内。因此我们认为十周年将是一次有关共产党团结与活力的令人难忘的展示,它应展示"社会主义建设"计划的广阔轮廓,在此计划中,按照赫鲁晓夫最近的理论"创新","阵营"的所有成员国将大致同时实现目标。除此之外,它将预示着"过渡到共产主义"仍旧很遥远,长达整整一代,但作为历史和"生命"发展的不可动摇的进程,共产主义正在更清楚地迫近。

49. 因此,十周年将被阵营看作共产主义革命的另一个巨大里程碑。当毛泽东和赫鲁晓夫并肩站在一起时,他们将真诚地把他们自己看作"战友"。他们每人都意识到他指定的"斗争"几乎结束,其他人将打起这面旗帜,但他们两人将显示出毫不动摇的极大信心。

DDRS,CK 3100215121 - CK 3100215142

孔晨旭译,张民军校

海外情报活动总统委员会关于中国未来发展趋势及美国对策的报告

（1960 年 5 月 23 日）

PCIAA 11

共产党中国

（1960 年 5 月 23 日）

局势与可能的新情况

红色中国日益显现的力量和影响为美国和自由世界提出了一个愈加危险的问题。

经过十年的掌权，中共政权牢牢地控制了中国大陆。自 1958 年年中以来，政府似乎已开始采取解决经济和政治问题的诸多有力措施：这包括"大跃进"计划和公社组织，对外政策的好战性显著增强，在阵营内过分自信以及在共产党中国内部严格要求意识形态的一致。在过去两年里，北平的动机强调它决心奋力推进工业化及沿着共产主义道路转变体制和人口。中共领导人是第一代革命家，必定会非常严肃地看待带有其印记的共产主义及其想法的继续革命。

在未来的几年里，共产党中国将面临难题，但可能会成为世界第三大国。尽管出现了人口膨胀和公众不满，政权似乎有能力调教国家活力，并能取得经济的高速增长，而公众的不满源于它向前猛冲时带来的强制步调与节俭。

红色中国的教育、科学和技术正取得相当大的进步，在接下来的几年里，中国可能会试验核武器与发射实验性的太空飞船（可能在苏联的帮助下），这些发展将在全世界产生巨大的影响。

严峻的国内问题与其对外政策的侵略性已使红色中国成为亚洲担心和恐惧的一个对象。不过尽管出现了诸如它在西藏的行动这类事情，红色中国的国际地位可能会在非亚洲地区大幅上升。在未来的几年里，许多其他非亚洲国家可能会承认红色中国，所有这些发展都将为红色中国进入联合国及其他国际组织加压。随着中国国际影响的扩大，它的宣传——渗透——颠覆行动的机会也将得到发展。

红色中国的对外广播自 1958 年 12 月以来已增加到每周 238 个小时，在播音的总时数上现已超过美国之音。新华社——等同于塔斯社——是一家公开的通讯社，也是一个秘密机构,目前在 30 个国家设有办事处。1959 年,红色中国在 24 个非共产党国家举办展览会,出版了高质量的外文杂志,在 50 个国家发行了数百万册,电影生产以及与欧洲及拉美国家的影片交流在 1959 年也取得重要进展。去年红色中国的颠覆机关在亚洲、中东和拉美进行扩张。

在世界舞台上的这支不祥的新兴力量——它对美国的敌视是其最耀眼的特征之一,我们在安排情报和行动计划方面是一件特别令人丧气的事。在情报部门的实际雇佣方面,存在着巨大的困难。中共对舆论和信息流通的国内管制极其严格,虽然被信赖的中共党员从非共产党渠道那里得到一定数量的消息和评论,并因而可能受到一定程度的影响,但平民除了政权通过新华社、中国人主办的其他出版物和中共官方广播的宣传外,总体上得不到什么信息。中共偶尔也会允许一些数量有限的独立的国内评论,如在"百花齐放"时期,但那些在这种场合敢于自由表达其思想的人已受到惩罚或已经消失。

中共运用大规模的教化节目来使公众接受政策和计划,中共领导层的意图很明显,就是控制舆论以使它只能充当一件由党的命令单独决定政策的外衣。

红色中国国内的反美宣传是严重的、恶毒的与持续的,它对红色中国的青年的影响可能最为严重。

中共对来自非共产党世界的无线电广播的人为干扰似乎在增加,尽管关于干扰的证据是自相矛盾的。有线收音机和公共收音机的使用进一步限制了听众收听国外的广播,显然未经许可收听国外广播以及散发传单或传播来自外部的其他信息要受到惩罚。

被派驻北平或在这个国家访问或学习的外国人士被精心地控制起来,受邀人士是那些政权希望操纵的人,以及那些被认为最不容易形成(对中国)不利印象的人士,或者那些被认为最不容易对他们在红色中国接触过的人产生无法接受的影响的人士。不过尽管存在语言障碍的困难,这些人士的增加将为非共产党的影响提供另外的机会。

因此,我们与大陆的人民只有一条非常纤细的交流渠道。除了外国无线电广播、散发传单和外国游客外,人民获悉的几乎有关世界发展的一切信息都经过了敌对的共产党媒体的过滤。

中 苏 关 系

有证据表明在可预见的将来,苏联和红色中国会保持针对西方的坚定同盟,他们肯定意识到同盟的互利之处以及任何严重的分裂会给共产党阵营带来灾难性的后果。

另一方面,有几个因素可能总有一天会使中苏关系变得更加复杂和困难。红色中国的增长(人口、经济、工业、军事)及其对一个世界强国地位的追求,肯定会引起苏联的长期担忧。例如在公社问题上,中共在教条的应用上向苏联发起了意识形态的挑战。中国特有的傲慢和对外国影响的敏感可能会阻止与苏联的真正亲近,并可能呈现为一个形成中的问题。中国对非共产党世界的敌视态度以及一条更为革命的道路似乎与赫鲁晓夫的政策相抵触,赫鲁晓夫的政策至少在峰会①前强调"和平共处"的路线。在赫鲁晓夫对付苏联统治集团中批评他的"修正主义"政策的那些人时,红色中国较强硬的路线似乎成为赫鲁晓夫的难题。中国在中东、亚洲、非洲和拉美等不发达地区的革命斗争中追求一种更大的发言权和角色,这将导致一些问题,在红色中国生产或从苏联获得核武器的问题上无疑会发生摩擦。

美国目前的计划

美国目前继续采取下列直接针对大陆听众的情报计划:

1. 无线电广播

美国之音每周用广东话广播 21 小时,用普通话广播 30 小时 30 分,用闽南话广播 7 小时。此外,对大陆的英语广播是每周 43 小时 45 分。……②在台湾的中国国民党的无线电台每周对大陆广播 299 小时,大约用八种中国方言。

联合国军司令部之声用普通话和广东话每周播送约 28 个小时,尽管表面上这是一个联合国军的无线电台,但它实际上是由驻扎在朝鲜、冲绳和日本的美军操作的。

英国广播公司(BBC)和其他 11 家非共产党的无线电台分别从日本、菲律宾、南朝鲜、澳大利亚、印度、纽约(联合国)、意大利和西班牙对红色中国进行广播,这些无线电台每周大约总共播送 137 个节目小时。此外,香港、台湾和东南亚对内的汉语广播在中国大陆也可以收听得到,一则最近的报道称梵蒂冈无线电台正考虑在远东建立一个新广播站,以增加到它目前的广播中去。

2. 其他行动

……③

……④美国新闻署……⑤计划旨在识别、揭露和抵制红色中国在非共产党世界的活动以及利用赴红色中国的游客。

美国新闻署在亚洲非共产党地区的计划与国际合作署的部分计划,强调美国及其盟国在反对共产主义世界中进行联合的实际优势,美国新闻署和国际合作署都宣传台湾正在取得的经济进步。

国防部通过第七舰队与在该地区广泛存在的美国军事力量以及武器展示等,在亚洲人的看法方面发挥着重要的影响,并是在亚洲抵制红色中国影响的一支重要力量。

---

① 意指 1959 年 9 月赫鲁晓夫与艾森豪威尔总统在美国戴维营举行的会谈,鼓吹"戴维营精神",倡导美苏缓和。——译注
② 原文此处数行未解密。——译注
③ 原文此处一段未解密。——译注
④ 原文此处数个词未解密。——译注
⑤ 原文此处数个词未解密。——译注

针对红色中国的美国新闻署/美国之音的计划有三个主要目标：建立一种对自由世界道德标准的信仰；传播美国的政策；通过暗示和更好的抉择的实例来制造与鼓励对共产党政权的怀疑、幻灭与厌恶。……①

评　　估

我们极难获取关于在中国的无线电收听的准确情报，1958 年 9 月，美国新闻署最新的评估报告估计美国之音在中国大陆的听众"人数至少好几万，或许是几十万"。……②认为在危机时期或当重大的世界事件发生之时，大陆人民就会为收听国外的广播做出更大努力。

（我们）几乎没有有关……③国民党的中文电台或其他非共产党电台收听状况的当前数据。……④只是红色中国的官方监听员在收听，但是相信……⑤收听台湾无线电广播的听众是一个无法确定其在总人口中所占比例的庞大群体。

一般估计在中国大陆约有 350 万台收音机。

……⑥

时间不允许对美国之音或源自台湾的电台……⑦的广播内容做出全面评论，然而我们认为美国新闻署/美国之音在目前情况下有关广播的政策是正确和现实的。

以台湾为本部的无线电广播……⑧是在中国国民党当局的控制之下，这些……⑨反映了中国国民党的宣传政策（光复大陆，起义推翻共产党压迫者等），这在某种程度上消极地影响了其可信性。

……⑩

目前尚无关于联合国军司令部之声或其他面向中国的非共产党无线电广播的政策或效果的情报。

……⑪旨在揭露中国宣传——渗透——颠覆的行动是在一个相对小的规模上进行的，利用第三国与红色中国接触的行动正处于发展的起始阶段。

美国新闻署分配其总预算的 1% 用于美国之音对中国大陆的广播，想简要地说明美国新

---

① 原文此处数行未解密。——译注
② 原文此处数个词未解密。——译注
③ 原文此处数个词未解密。——译注
④ 原文此处数个词未解密。——译注
⑤ 原文此处数个词未解密。——译注
⑥ 原文此处一段未解密。——译注
⑦ 原文此处数个词未解密。——译注
⑧ 原文此处数个词未解密。——译注
⑨ 原文此处数个词未解密。——译注
⑩ 原文此处一段未解密。——译注
⑪ 原文此处数个词未解密。——译注

闻署用于遏制红色中国扩大其国外影响的行动开支数额是不可能的。……①

尽管在特别事务方面，相关机构间存在着密切的工作关系，也进行跨机关协商，但在华盛顿的行动急需一个更好的全面计划与协调。更为重要的是，在……②（与）美国新闻署中似乎存在一种强烈的感觉，即应在较高层次上推动美国情报——行动的所有努力，以对准红色中国并抵制其在海外的宣传——颠覆活动。美国新闻署认为国防部和国际合作署、……③国务院和美国新闻署在处理这些问题上应共享他们的观点与资源。

结　　论

1. 在可预见的将来，我们看不到红色中国政权可能会改变对美国的敌视。

2. 一个新兴强国的红色中国及其在拉美、中东、非洲与亚洲进行的文化、宣传及颠覆活动正呈现出可怕的规模，加之苏联的行动与当地共产党的活动，美国与自由世界在未来几年里对付红色中国的攻势将极为困难。

3. （我们）需要美国政府中的某种机制，该机制能在所需的规模上加强美国的资源以更有效地对付这个致命的严重问题，在将其作为一个中苏问题来加以处理时，看来将有巨大的价值。

4. 虽然美国通过情报计划来影响中国大陆内部发展的可能性很小，但我们应尽可能地利用它们，探索每一种可能，包括新的通讯技术。

5. 通常，美国对"中国问题"及亚洲的政策和行动要比美国的情报计划对红色中国的发展及其海外影响的扩张更有影响。

建　　议

我们建议，美国政府应更多地关注和推动那些旨在影响红色中国发展并抵制其在海外扩张影响的行动。

我们建议这些行动应包括：

1. 要更有效地组织美国政府的所有计划和行动，以对付这个严峻问题中的情报——行动情况。

2. 这应包括下述考虑：

（1）研究和情报要对准那些影响红色中国内部发展、其国际活动以及中苏紧张的可用

---

① 原文此处数行未解密。——译注
② 原文此处数个词未解密。——译注
③ 原文此处数个词未解密。——译注

的机会。

(2) 所有可能与大陆的人民和精英进行交流的途径包括:

① 一份关于当前美国及其盟国对红色中国的无线电广播的分析要包括听众,不论是潜在听众还是产生了影响的听众、干扰的效果、收音机的接收能力、信号的强度和覆盖面等,目的是让这种广播尽可能地有效。

② 回顾通过第三国接触来影响其发展的行动的规模与速度。

③ 研究其他通讯方式的可能性(例如……①、通讯卫星。)

(3) 要尽可能加强对中共在非共产党世界进行渗透和颠覆活动的揭露和抵制。

(4) 要在一个持续的基础上动员美国新闻署、……②国防部、国际合作署、国务院与其他能促成该活动的相关的官方与私人组织的意见与资源。

(5) 要额外培训在中国事务和中苏关系领域的人员,这可能包括考虑援助在这些领域的大学项目。

(6) 要对有关机构在获得充足的资金与合格的人员方面进行必要的支持,这些无疑在执行上述的一些任务中是必需的。

(7) 与外蒙古交换使节团。

DDRS,CK 3100122359 – CK 3100122383

孔晨旭译,张民军校

---

① 原文此处数个词未解密。——译注
② 原文此处数个词未解密。——译注

中情局关于中国 1961 年局势的分析报告

（1961 年 7 月 27 日）

中国大陆的局势

（1961 年 7 月 27 日）

概　　要

1. 共产党中国正处于严重的国内困境之中。粮食供给不足——一些地区特别严重，这是由于 1959、1960 年的歉收以及错误的计划和管理。由于苏联技术人员的撤离与经济管理不善，政权迅速工业化的计划已严重受挫，其经济计划必须做大规模的调整。尽管公社的组织框架还保留着，但广为宣扬的公社试验已经中止，政权持有的外汇已几乎耗尽。

2. 由过去两年的粮食短缺所掩盖的长期穷困、严格的统一管理、过度劳动已导致普遍的身体疲惫、营养不良、幻灭和冷漠。民众士气处于 1949 年以来的最低点，干部和地方官员中出现了纪律松懈、献身精神低落的现象，公开反抗地方政权的事件也零星出现。

3. 然而（我们）获得的证据显示普遍的公众情绪是一种绝望和顺从，大陆的中国人远未达到叛乱或者对政权普遍反抗的程度。中国没有出现类似其整个历史中周期性地经历的那种普遍饥荒的迹象，盛夏的作物正在收割，这将暂时缓减粮食短缺的状况。政权已谨慎地放松了它对民众的心理压力和身体要求，更为重要的是，我们没有看到共产党中国的困难已严重削弱了民众的忠诚或政权的控制机关——军队和党，民众对中国国民党的一次解放行动的普遍响应是极不可能的。

4. 不过中国大陆的短期前景是黯淡的。1961 年已再次发生了自然灾害，而且本年度的收成可能更加不足——连续第三年歉收，如果出现这种情况，到明年春天为止，对政权的漠视和零星爆发的积极反抗将越来越多。如果 1961 年农业收成正常，将会极大地减轻国内局势的压力。然而，中共至少需要连续两年持平或较好的收成才能克服目前的农业危机，恢复工业的发展，使共产党政权获得更大的安全以应付它在来年可能要承受的国内不满。

讨　　论

5. **粮食危机。** 共产党中国的农业生产在 1959 和 1960 年急剧下滑，已经几乎不能与人口增长保持同步,这是由于恶劣的天气条件、把中国农村完全重组为大公社的尝试所导致的严重混乱,以及对劳力和资源的管理不善造成的。1958 年末,政权为一次重大的粮食危机埋下了祸根,在因当年粮食大丰收而迸发的新的信心下,它允许通过公社食堂的免费供应而且以一种中国无法维系的速度来消费粮食。甚至在 1959 和 1960 的歉收年之前,粮食储备就已很低,全国的许多地方已出现了地区性粮食短缺。

6. ……①

7. ……

8. 工业计划。始于 1958 年的"大跃进"计划已陷入严峻的困境,它要求以可能的最高速度来扩大和发展工业。由于对成本、产品质量、设备维护以及士气关注不够,人员和机器在令人疲惫不堪的速度驱使下已开始筋疲力竭。可能是出于与中苏争论相关的原因,当 1960 年年中苏联突然全部撤走正在共产党中国帮助建设和操作现代化工厂的2 000~3 000 名苏联工程师、设计师、生产专家和其他技术人员时,局势更加复杂。不断加剧的粮食短缺进一步恶化了局势,导致工人生产下降,剥夺了中共出口粮食来为工业进口筹措资金的能力。结果积累了很多问题:机器迅速磨损和损坏,劳力增加,原材料和备件短缺,工业计划和规划瓦解,许多无法使用的材料和产品过度生产,新的工业建设和机器进口急剧减少。

9. 政权仅公布了 1960 年经济活动状况的不完整数据,对 1961 年的经济成绩则保持一种官方沉默,其前景是 1961 年工业总产量要低于 1960 年,轻工业遭受的打击尤为严重。政权可能正在对其整个经济计划进行一次重大的重新评估,估计其工农业中存在的问题,并努力适应已变化了的中苏经济关系。

10. 中共政权在过去已证明它在重新调整计划与应对问题时的巨大灵活性。从长远看,如果它设法克服目前的经济困难并使当前的混乱局面恢复秩序,实现工业生产 6% 或7% 的年增长率的长期前景是光明的。它有作为国民生产总值一部分的一个高投资率(目前约 30%);受过培训的管理人员、科学家和技术人员的数量在增加;政权有决心和控制手段将所有可得的资源集中用于强制性经济发展。不过农业生产将继续带来大的问题,政权将发现很难保持与人口增长率相当的农业产量的增加。

11. 与苏联的经济关系。苏联对共产党中国的工业进步贡献巨大,然而苏联没有提供大量的长期经济信贷和赠款,中国在一种实质上"量入为出"的基础上通过出口农产品和原材料来偿还苏联的工业品。按照 1967 年才到期的协定,苏联已承诺为中国装备 291 个工厂,在苏联技术人员撤走时,这个数目才完成一半。

12. 自苏联技术人员撤走以来,苏联向共产党中国的固定设备出口已急剧下降,这种出口在 1961 年可能只是 1959 年水平的 50%。对这种下降的解释可能是一个多种因素的综合:中共无力吸收较高水平的固定设备,中共无力付款,以及苏联希望将对华出口与中苏论

---

① 原文此处缺页,故缺"6"及以下"7"两段。——译注

战相一致,指望以此向中共施压。

13. 在经过长期的谈判(从 2～6 月)后,一份新的苏中经济和技术协定最近已在莫斯科达成。我们没有关于协定细节的情报,但谈判的延期与双方宣布缔结时的低调方式都强烈地暗示中苏关系将继续保持冷淡,除非局势变得更糟,否则苏联不可能帮助共产党中国摆脱其目前的困难。

14. 经济局势的政治影响。在高度兴奋的三年间,政权宣称取得了经济史上空前的成就,随之而来的是在农民和无产阶级大众中的两年困苦与饥饿,以及经济计划中的两年混乱和无序。这种逆转无疑已造成了深远的政治和心理后果,贫困和痛苦已加大了农民与工人对政权的不满,他们现在的情绪是冷漠和绝望,或者如中共报纸所报道的那样"群众缺乏积极性"。人们在倾诉其苦衷时一般已变得更勇敢,这种勇敢已导致了几次地方性的反政权宣示,然而若没有政权的主要控制工具——党和军队——起码的消极支持的话,中国的农民和无产阶级大众不能把不满转变为有效的反抗。

15. 有关党员干部和军人的态度的情报是浮浅的。证据确实暗示幻灭在日益增长,纪律和士气受到普遍的侵蚀,尤其在那些因群众的贫困而遭罪的低层党员干部中间更是如此。此外,低层干部还充当由党的更高层决策而导致失败的替罪羊。军队的粮食配给已经缩减,但他们仍比平民的定量供应要高得多。在军队的普通士兵中出现了一种对平民问题日益同情的现象,然而目前的证据不支持这个结论,即党的干部甚至那些低层干部会领导反对政权的群众或加入其中,军队继续忠于政权。

16. 当局对他们的问题非常清醒,进行大量的思考和再思考,也采取了一些补救行动,例如从海外购买的今年交货的粮食就达 500 万吨,这就是北平评估其严重窘况的证明。当局也正在采取许多措施——以缓和过激压力的形式——来缓解局势。例如,为了有助于个人消费,分配用于投资的国民产值的比例正在降低;与重工业相比,农业和轻工业正得到更高的优先地位;一些工业化的强制规划项目正在下马;工作压力被降低。最近大陆报刊中的几篇文章显示北平对有必要加大对农民的激励深表忧虑,有证据显示至少在一些地区,正允许农民照料私人菜园。

17. 北平也在思想阵线上做了后退。党的官方措词不再强调毛泽东的原则,即人能创造自己的环境,今天强调的反而是需要在制订目标和计划前研究客观环境。刘少奇总理①已公开承认政权在计划中的"错误",为稍微的自由讨论而提出的"百花齐放"运动已正式复活,尽管这被限制在技术和艺术的主题,但它显然是努力赢得中国大陆的知识分子和技术人员对政权及其目标的更大支持。总而言之,一种程度更适中的共产党强制已经确立。

18. 1961 年恶劣天气的偶然性。迄今的时局并不是今年收成的吉兆,1961 年农业歉收,连续第三个这样的年份将给政权提出极其严峻的问题,它可能不得不从根本上重新改变其长期经济计划的结构及方向。除非大量进口粮食,否则营养不良和疾病将变得普遍,并可

---

① 应为刘少奇主席或周恩来总理,这里可能是执笔者的疏忽。——译注

能导致相当数量的人饿死。党的凝聚力、效率与士气将会下滑,公众的不满可能会成为政权的主要问题,并可能发生积极的反抗。如果公开反抗蔓延的话,领导层几乎肯定会采取大规模的镇压运动。尽管其控制机关的反应与效率可能仍会进一步降低,但公众的不满不可能威胁到政权对中国的控制,不过饥饿和普遍的消极抵抗将成为中共与中国发展计划的严重的经济和政治问题。

致国家评估委员会谢尔曼·肯特主席

DDRS,CK 3100369372 – CK 3100369387

孔晨旭译,张民军校

国务院情报和研究署关于中国 20 世纪 60 年代初的粮食危机及其影响的研究备忘录

(1962 年 7 月 9 日)

Research Memorandum RBB - 125

粮食危机对北平政策的影响

(1962 年 7 月 9 日)

为了响应国务院远东司表现出的兴趣,我们准备了关于中国大陆目前的粮食形势及其未来前景的如下概要。

概　　要

北平目前的粮食危机已迫使中共领导层重新检讨其为数众多的基本政策。尽管政权尚未稳定局势或实现农业恢复,但危及其生存的任何直接威胁似乎已经走开。粮食危机的威胁已经降低,北平在……①计划上达成了一致,并开始了一些为恢复生产而进行的实质性改革。

然而从长远来说,近来的危机可能标志着政权的结构和前景开始了一个根本性的变化。政权不再能够获得热忱、乐观和尊重,这些使它能在 20 世纪 50 年代的连续的剧烈运动中彻底改变社会秩序并释放了用于发展的大量资源。当局现在提议的纠正经济平衡的补救措施也更为温和,强调稳定、缓慢增长、改进计划和提高技术,反映这种修正方法的 1961 年的两项重大政策可能是(1) 通过一次大规模的努力来实现农业现代化,这将是一个缓慢和代价高昂的过程;(2) 通过一次持续的运动来降低人口出生率与人口增长。北平总体的经济困难可能会鼓励它把注意力集中于国内事务,这有助于它在 1960 年代的外交政策上采取一条更温和的路线。

一、最近的粮食危机

(一) 粮食短缺的影响

北平目前的粮食危机是由它在 1958 年秋到 1960 年年中采取的偏激与不合理的农业政

---

① 原文此处一段字迹模糊。——译注

策促成的。1959 与 1960 年收成的急剧下滑把国家带到了饥饿和混乱的边缘,在 1960/1961 的粮食年度(1960 年 7 月~1961 年 6 月)期间发生了普遍的营养不良,工业产量和投资大幅下滑以及管理混乱,这种混乱的管理听任粮食短缺甚至影响到军队。政权被迫采取紧急措施:停止粮食出口,在粮食年度末之前支付现金以加速粮食进口,中止了所有不必要的工作计划,削减了重体力工人和其他受到优待的群体的较高口粮配给,以便使所有人获得一份生存的口粮。在许多地区,医校被临时关闭,目的是让师生员工充实到公共卫生队伍中去,鉴别与治疗遭受严重营养不良折磨的受害者。

在 1961/1962 的粮食年度,看起来局势已稍微改善并稳定下来。贫困、对饥饿的担心与公共秩序的恶化依然是个难题,不过大部分地区的报告显示营养不良有不同程度的降低,而公共卫生则有不同程度的改善,这表明在平均饮食方面可能增加了 5%。这种增长部分地来自于粮食进口,由于进口活动的延迟,北平在 1960/1961 粮食年度(相反 1959/1960 年度出口了 300 万吨)只能安排 200 万吨的进口,但随着时间的推移和信贷援助,它能够在 1961/1962 粮食年度把进口提高到 600 万吨。这些微不足道的改善也来自于农业产量的适度增加,特别是来自自留地的增产。

(二) 自 1960 年以来的农村政策

1960 年 11 月,政权发布了一个"十二条"指示,随后又扩大为一个六十条的公社"条例草案",①它制定了一个公社分权管理的计划,这显然是要建立比旧的合作社更小的单位,恢复农民的生产积极性和干劲。这些文件并未公布,但在秘密的干部会议上进行了广泛讨论,这可能是因为政权没有能力立即启动所有提议的改革,或者是因为希望通过宣传逐渐使公众为即将到来的变化做好准备。

考虑到令人绝望的粮食状况和混乱的农村管理,政权除了在 1960/1961 年冬停止了农村发展工作计划以及在 1961 年春把自留地分给农民外,在最初几乎没有采取什么措施。随着粮食状况在 1961 年的缓减,北平逐渐能够分散公社的管理权,并把它下放给生产队,然后再下放给生产组。激励分配机制也被建立起来,在个人劳动贡献的基础上,把一部分农产品分配给农民生产者。

在 1961 年的收成中,自留地提供了一个小额但是重要的增长,这必须要归功于 1961/1962 粮食年度的农村粮食供应有了很大改善,1961 年集体生产的粮食产量显然只是少量增加。农业改革对 1962 年粮食产量的影响仍能看得到,最初的迹象表明农民赞同改革,但是改革却伴随着一些管理混乱、方向迷失以及农村地区生产者的产品分配不当。看来北平 1962 年的农业产量有可能增加一些,但是要到更晚的年份才能感觉到它近来措施的全面效果。

---

① 1960 年 11 月 3 日,中共中央发出《关于农村人民公社当前政策问题的紧急指示信》(即"十二条"),1961 年 3 月 14~23 日,中共中央在广州召开工作会议,会议通过了毛泽东主持制定的《农村人民公社工作条例(草案)》(即"农业六十条"),继续解决农村人民公社的"平调问题"。——译注

（三）政权当前的形势

通过对自1960年年中以来两年间的粮食状况加以总结，（我们发现）北平只在农业产量上取得了微不足道的增长，贫困依旧，至今没有出现即将复苏的明显迹象。同时，它对其姿态做了重大调整，这些姿态趋于确保其眼前的生存。它已适当缩小其发展项目，安排粮食进口，减轻对国民健康的威胁。政权也采取了一些适当的恢复农业生产力的固有措施，尽管粮食短缺和农村的瓦解已降低了这些措施的直接效果。简而言之，政权已避开了社会崩溃的威胁，并显然已达成一致，领导层在农业恢复政策的总路线上并未出现深层的分裂。

二、北平与粮食-人口平衡的斗争

北平政权从一开始就已意识到粮食-人口平衡的问题。然而在1949年为了回应美国《对华白皮书》，[①]该白皮书嘲弄北平将像所有的前政府一样，在粮食-人口问题上摔跟头，毛泽东激烈地反驳说人口问题是不合理社会制度的产物，在北平将要实现的迅速发展下不会出现。这种自夸是一种自信，因为毛有雄心勃勃的计划，并且人口专家承认自1937年中日战争爆发后中国人口几乎没有增长，要不人口学家就认为过去20年间的人口年平均增长率是0.5%～1.0%多一点。

（一）粮食供应和工业计划

1949年的粮食产量比战前水平大约低15%，然而北平凭借其对地方的强大控制，能够在1950年稳定经济，收集余粮，为全体人民提供一种低档却充足的饮食。这与战前粮食供应的分配极其不均形成了对照，而当时的中国处于运输不畅和政治动荡的局势之下。随着粮食产量到1952年已迅速恢复到战前水平，北平发现自己处于一个能大量出口粮食和启动一项重大的工业发展计划的地位。

北平最初的经济战略是集中精力在前三个五年计划（1953～1967）发展工业，目标是建立一个大型的、现代化的、自给自足的工业联合体，同时利用当地资源和廉价的科技创新，实现农业的适度增长。到这个时期末，北平计划实施农业集体化，并将其作为一个大规模的机械化和现代化计划的一部分。

（二）人口增长震惊了政权

在1954年末，北平意识到其计划失去平衡。农业产量没有超过1952年的水平，而且北平为1953年的人口普查结果和初次登记的重要统计数据所震惊。人口的数量不令人吃惊，这在以前的评估中已经预想到了，政权也不吃惊于人口的结构，因为这与人口在过去增长的

---

① 美国杜鲁门政府于1949年8月5日正式发表了《美国对华政策白皮书》。——译注

先前评估一致,却被 1948 年以来显示的人口急增所震惊。这个数据①表明 1948~1953 年间的人口年均增长率为 2%,它反映了人均寿命从先前不足 30 岁的水平跃升到 40~50 岁间的水平的一个显著增长。

(三) 纠正集体化

1950 年年中,毛泽东采取了一个引人注目的步骤以打破僵局,要求提前立即实行集体化。他认为在亚洲范围内,通过动员未充分就业的农村劳力参加农业发展项目,(集体化)这个组织能在没有实现机械化的条件下刺激农业生产。1955 年秋,大部分农民加入了集体化。在 1955/1956 年的冬春季节,为增加产量,(政权)组织了一次重大的发展行动,倡导广泛的种植革新,但结果令人失望。生产的成功被失败所抵消,发生了普遍的混乱和农民骚乱。到 1956 年年中,政权已取消了生产运动,正拼命地寻求能够实现稳定和新制度被接受的方法。

(四) 生育控制的努力

随着这次表面上的失败,政权在 1956 年秋——带着一些疑惧——批准开展一次重大的控制生育运动,以此希望放慢人口的增长。这次运动是全面的,它不仅试图提供控制生育的手段以及使公众熟悉其使用方法,而且通过教导向一个习惯于大家庭的民族灌输限制家庭的愿望。1957 年,(政权)准备了用具,培训了大批宣传干部,在一些大城市的最初宣传努力的强烈和直率程度也令人吃惊,然而 1958 年 4 月的一份进展报告默认这次努力几乎没有引起公众的响应。宣传运动于 1958 年年中被停止了,但是当局继续广泛散发避孕用具,对堕胎和绝育的限制甚至也进一步放松了。政权的官员私下解释说该(生育控制)计划尝试得太早,大约在第三个五年计划末(1967 年)将会重新开始,即那时社会变革、发展中教育和医疗设施将会提供更大的成功率。在 1948 年后出生的幸存者开始大批步入生育年龄并加快人口增长之前,对希望降低人口出生率的认识可能也影响了这次(生育控制运动)时间的选择。

(五) 1958 年大丰收的影响

停止(生育控制运动)的另一个可能更恰当的原因是发生了变化的农业前景。北平在 1956/1957 年冬已听任农民自行其是并在 1957 年实现了农村的一些稳定,在 1957/1958 年冬天,北平重新发起一次农村发展运动。不像以前的那些努力,这次运动进展顺利,在 1958 年春,(形势)日益明显的是农民们即将获得一个前所未有的收成。② 毛泽东兴奋地接受了这条消息,把它作为其最初想法的一个证明。在 1958 年春夏之际,党和政府兴奋地投入行

---

① 原注:许多人口统计专家研究了北平的人口普查和登记方法,对北平利用这些方法已获得了完整而精确的人口、出生和死亡数据表示怀疑。这些数据可能是对有限样本的估算,然而,北平在调查结果的基础上感到被迫要冒大的风险,采取了令人厌恶的政策,这个事实有力地证明了它对这些数据可靠性的信心。

② 原注:1958 年 4 月,政权预测粮食产量将超过以前的记录 20%,随着后来统计数据的恶化,后来的估计声称增长超过 100%。1959 年 8 月,北平将其增长要求按比例压缩到 35%,美国的情报评估把实际增长定为 20%。

动,寻求扩大和强化剥削仿佛无限的未充分就业劳力的方式方法,由此发展为"大跃进"运动那种极端形式与1958年秋的公社化计划。

（六）北平加大农业的优先地位

如上所述的随之而来的灾难再次打乱了粮食-人口间的平衡。北平在其1961和1962年的政策声明中含蓄地承认了这个事实,这在他们无限期的农业优先于工业的任务安排中已愈加明确。诚然,自1960年年中以来,农业投资已经下滑,除化肥外,农业生产原料的产量似乎已陷入普遍的工业衰退之中,稀缺的外汇资源已被转向粮食进口而不是化肥的进口,农村的发展项目已被缩减,以保存农民的干劲并把这些干劲集中于当前的农作物生产。北平显然首先追求的是恢复农村的稳定和农民的生产力,这可以提高农业产量的10%～15%,然后按照一项农业现代化的重大计划行事,该计划涉及机械化、灌溉、增加使用化肥等。

（七）北平恢复人口控制政策

也有迹象显示北平正计划恢复控制人口增长的行动,这已在毛泽东1961年9月接见蒙哥马利子爵时做过暗示。几位难民也报告了控制人口一事,中共的新闻近来也刊登了许多提倡生育控制和晚婚的文章。毛(对此事)的谈及与近来难民的证言表明政权可能深感过去几年的贫困和社会变化已扭转了公众对家庭限制的态度,并将倾向于强调社会压力而非直接劝说来开展生育控制的实践。

难民报告了一个普遍的舆论,即认为大量儿童已成为城乡地区家庭的一大经济灾难。口粮分配方案歧视儿童与老人,那些家庭成员年龄不均衡的家庭也发现自己处于严重的窘境,而且处于合作社组织下的农村地区,儿童直到其成年才能挣得收入,在大多数地区父母被迫把他们送进学校并付一定的学费。然而一般而言,显然(政权)没有采取限制农村人口出生率的措施,尽管有个别报道显示了晚婚以及一些堕胎、绝育和避孕的有限做法。相反来自城市地区的许多医生、护士和外行的报告表明堕胎、绝育和避孕等做法显著增加,尽管很难确定其数量,这种做法在1961年可能将城市的出生率降低了10%～20%,然而在农村出生率没有发生任何变化的情况下,这样的降幅可能仅将总出生率降低2%～4%。

三、北平的长期前景

（一）粮食产量

共产党中国的农业发展将主要是一个提高现有耕地的产量的过程。由于还有适于耕种的土地,北平可能会在垦荒上投下巨资。然而其成果是有限的,因为垦荒涉及沼泽排水、灌溉、改良盐碱地等昂贵且复杂的工程,这些努力每年增加的农业产出可能不到1%。

1. 农业增长的必要条件。既然已是精耕细作,在现有的土地上提高产量将要求增加投入,其中三项最关键的因素是水、肥和劳动。肥料是补充每亩高产所带走的土壤养分的重要因素,改善灌溉可以带来较高的作物产量,转向更集约化的种植以及在某些情况下的增强型多熟种植。尽管劳力就业不充分是中国农业的一个特点,限制产量的劳力短缺在劳力需求的高峰期出现了,例如在六月的后两周,用镰刀收割一亩小麦所需的劳力要多于美国。因此,与更为集约的种植相随的是劳动力在劳力需求高峰期的减少与在淡季生产性工作机会的增加。

2. 扩大灌溉。增加灌溉投入的前景是可观的,因为水利工程已构成近来发展的一个重要因素。尽管政权极力夸大其成就,但当局已充分增加了灌溉设施,虽然由于农村的混乱和缺少肥料,还不能对它们进行最佳的利用。此外,由于存在大量未竣工的工程,政权可能会毫不费力地进一步扩大灌溉设施。近来开始大规模生产机械抽水设备也迅速保证了改善现存设备的灌溉工作,也保证了把灌溉扩大到那些用传统的脚踏泵不能浇水的丘陵地区。

3. 增加化肥。增加化肥供应的前景也相对很好。北平在其12年的农业规划(1956～1967)[①]中制定了1 500万吨化肥的要求,以实现人均农业产量的一个相当大的提高。据中华民国农村重建联合委员会前美方成员、美国驻华大使馆农业专员欧文·道森(Owen Dawson)[②]估计,在1972年前,中国需要增加1 100万吨化肥以维持人口年增2%所需的最低生活水准。尽管北平最初倾向于通过扩大国内产量(1959年是200万吨)来满足其需求,但它近来的工业挫折表明自身不能完成这个目标。不过既然北平能够进口1 000多万吨化肥,这低于它目前用于粮食进口的花费,在它现在优先考虑的事项中,北平将通过进口来弥补国内生产的任何不足,这似乎是可行的,也是可能的。

4. 机械化和农业劳力。考虑到在集体化下役畜的急剧减少与当前农民的虚弱和漠然状态,政权现在高度关注农业地区的劳力。在集体化的组织中显著地增加役畜的前景看起来渺茫,政权转而建议转向机械化。北平认识到在一个劳力廉价、交通不便以及机械与燃料昂贵的经济中,机械的应用是有限的,于是它提议只有在降低高峰期的劳力需求、比手工劳动更好地完成农业任务、或显示了比手工劳动明显的较高效率的地方才能使用机械。这可能说起来容易做起来难,因为北平在反复试验中已发现其他国家使用的农业机械不易适应中国的环境。最初的机械化可能集中在条件相对有利的北方平原地区,受到质疑的是水田和梯田里有多少农活能够实施机械化。在未来的十年里,农村劳力可能会增加四分之一,这个事实暗示实际上在此期间并不会要求大规模机械化来维持生产的增长。

5. 技术发展是问题的关键。在获取增加农业产量所必需的生产投入方面,北平应该没有大的困难,但有效地利用这些投入将要求农村的稳定、农民的充足干劲以及大幅度增加科技指导。获得这些条件可能是政权多年来的一个主要问题,这表明政权在农业现代化上的最初努力可能会放慢、中止以及不会获得显著成功。

尽管政权可能会理解(农村地区)需要稳定和激励,但其思想上的强制与急于求成似乎

---

①　1956年1月,中共中央政治局通过《1956到1967年全国农业发展纲要(草案)》。——译注

②　欧文·L·道森,美国农业专家,曾任驻华大使馆农业专员长达17年,1949年回国后继续研究中国的农业问题,著有《共产党中国的粮食与农业》(1966)、《共产党中国的农业：其发展与未来潜力》(1970)等。——译注

可能在农村地区残留了令人不安的因素。而且其他国家在农业方面的技术进步一般也要经过试验和推广努力，北平已建立了这种设施，但其人员配备不足，他们的工作也受到迅速多变的计划的影响。农村干部对农业工作的指导也少得可怜，这些干部像大多数中国人一样是好农民，但他们获取农业知识是通过老一套的方法而不是理论。由于政权谨慎地提防地方主义，其方式是把干部分配到他们家乡之外的地区，经常是分配到那些不同耕作环境的地区，这些干部对农业计划的积极领导似乎在许多场合下已降低了产量。

（二）人口增长

1. 近来的人口趋势。受近来粮食短缺的影响，共产党中国的人口增长无疑已急剧减缓。毛泽东告诉蒙哥马利，北平估计人口的自然增长已从每年的 1 500 万（在 1956 和 1957 年）降到 1960 和 1961 年的 1 000 万。尽管这些数字显然是粗略的，但它意味着增长率已从 2.4％降到了 1.5％。

把这次人口增长率的降低完全归咎于死亡率，这可以从联合国的标准死亡率表计算出来，即人口增长的降低与人均寿命从 50 岁降到 40 岁多一点的趋势相一致。然而考虑到营养不良的严重程度，毛泽东的数字可能对这次下降有意轻描淡写。例如由于在口粮配给上的歧视，如果假定青年和老人的死亡率与平均寿命 30 岁相一致，同时假定其余人口的平均寿命是 40 岁，那么死亡人数的增加将是 800 万而不是 500 万人（0～4 岁这个年龄组有 350 万，在 5～49 岁与 50 及 50 岁以上这两个年龄组各有 200 多万）。如果考虑到出生率下降 2％～4％（出生 50 万～100 万人），那么人口自然增长就降到 600 万～650 万人，或每年低于 1％。

无论下降程度如何，这在很大程度上是暂时的。北平发现粮食短缺使其在政治上无法容忍，并正在集中力量解决这个问题。当它这样做的时候，在出生率没有发生重大变化的情况下，人口又恢复了迅速增长，并将再次对粮食供应形成压力。

2. 北平的人口问题。北平发现自己在人口方面处于一个更大的困境中，比那些在中国之前已实现了现代化的社会还要严重。后者的社会已能至少接纳其原有人口的四倍，随着仅仅是其死亡率的逐渐下降，他们已能用三代或四代人的时间来等待社会态度与实践的转变以及低出生率的到来。由于其农业资源有限，北平几乎不能泰然自若地考虑它的人口增加一倍以上。自从医学进步，尤其是针对传染病的医学进步导致死亡率急剧下降以来，北平正面临着必要要降低当前一代人的出生率，如果做不到这一点，粮食短缺将会再次发生，并通过较高的死亡率痛苦地把人口削减到粮食资源所限定的水平。

3. 北平的人口控制政策。北平的声明和行动为所设想的实现较低人口出生率的一般社会结构提供了一些线索。在最终的分析中，人口出生率是由每名妇女在其整个育龄期所生育孩子的平均数决定的。一些工业社会听任相当一部分妇女保持独身与不生儿育女来降低这个平均数，但是按照传统及农村风俗，北平特别反对这种做法。对已婚妇女而言，生育孩子的数量取决于开始分娩的年龄、孩子出生间隔与停止生育的年龄。北平似乎正在考虑一个综合性计划来影响这个生育周期的所有阶段,以期达到出生率必须降低约50%,使人口的自然增长保持在一个可控的水平。

北平希望通过教导以及社会与经济的压力把结婚的平均年龄提高2到4岁,现在是18岁以上,这样就能把出生率降低10%～20%。它也在极力增大生育的平均间隔,更可取的是实施避孕和流产,把平均出生间隔从六个月扩大到1年同样将降低出生率10%～20%。最后,北平推荐一种通过绝育来及早并有效地中止育龄期的方法。既然北平似乎正把注意力集中于已生育了两三个孩子的20多岁或接近30岁的夫妇,他们的绝育将对出生率产生几乎最大的累积影响,已婚夫妇(200万～400万)每年2%～4%的绝育能在五年里降低出生率10%～20%。

4. 人口控制的前景。就政权保持那种惩罚生育大量孩子的家庭的社会政策而言,公众将易于接受这一计划。不过据猜测,难民们所报告的当前民众态度源于极度的粮食短缺,而且是暂时的。如果是这样的话,政权似乎不可能在不识字的农民中鼓励晚婚和实施避孕方面取得很大成功。尽管堕胎是对不完善的避孕实践的一个有效补充,它仍是一种控制人口出生率的低效手段,如果完全依赖它的话,它在医疗服务方面就变得相当昂贵。同样,当它面对较小的年龄群体时,对绝育的日益依赖将会减小其降低出生率的效力,增加医疗成本。

如果伴随着社会压力的堕胎和绝育被证明是控制人口出生率的主要有效方式,那么这种影响农村人口的措施将要求大力扩充农村地区的医疗设施。北平目前有约10万名受过西式培训的医生,能够在城市地区提供相当高水平的医疗服务,但在农村地区仅能提供基本的医疗服务。预计在未来十年内,大约有15万名医生将从五年制的医学院毕业,他们大部分将被分配到农村地区,有可能在下一个十年末,大规模的堕胎和绝育可能就成为共产党中国控制人口增长的实用方法。

(三) 对政权的影响

1. 革命的20世纪50年代。近来的危机可能会加速中共革命转向一个新阶段,影响到政权的前景、结构和政策。50年代的巨变是社会革命,在这场革命中,共产党的领导打破了地方的权力中心,把国家融为一个听命于北平的单一体。政权的意识形态热情与怀有单一目的前进的这个最大国家所蕴含的可怕力量,用一种无所不能的气氛围绕着领导阶层,包括所有群体都要接受他们的指令。这也是幻想的十年,在这十年间,雄心勃勃的卫生和教育计划与工业产量和投资的最初迅速增加预示着一次向现代化社会的转变,这是一次快速与看起来无痛苦的转变。

2. 20世纪60年代的重建。然而,1960年代恐怕会成为一次所谓的管理革命,在这次革命中,政权必须努力将其已释放和集中的力量整合到一个有效的操控机制中。公社的失败已标志着一项通过国家的严格控制为现代化提供动力的政策在实践上是有限的。因外国科技援助与工业进口的缩减而导致的工业生产崩溃已揭露了其结构的脆弱性,由此政权认识到落后的农业生产不能通过在现有的生产模式中增加劳动来纠正,而是要求一次谨慎的体制改革。

20 世纪 60 年代可能也是幻灭的十年。当局可能无法控制人口的迅速增加与快速提高农业产量,这预示着单调节俭的日子要延长一段时间。那些从扩大了的教育体制中不断毕业的学生正在感到,他们中只有一部分人获得了具有权力与相对富裕的职位,而大多数正被分配到条件艰苦的农村和边疆地区工作。那些坚忍不拔的未受过教育的干部在 50 年代忠诚地为政权服务,他们发现在管辖日益加强与国家权力扩张的情况下,其地位和威望在上升,但现在他们感到政权因其不能应付社会对技术的需求而对他们越来越不耐烦,而且他们可能会发现自己正不断失去权威,被更多受过技术培训的人所代替。

3. 前景。这些情况向领导层施加了新的要求,迅速的社会变革的时代已经结束,那种社会变革带有政权的超凡力量所强加的社会秩序。对增强经济一体化、扩大技术控制以及宣泄幻想的要求,需要通过巩固和加强他们现有形式的制度来努力实现稳定。节俭和缓慢的发展将趋于减少信心和乐观主义,造成动荡,对政权指示的响应在逐渐降低。政权可能将不得不借助"强硬"政策,通过暴力强加社会秩序,但是这些政策将指向确保与既定的制度相一致,而不是激起社会变革,在过去越发是这样。

因而,政权在 60 年代的政策似乎可能在本质上构建一种旨在适应现代化阶段的制度和管理的持续性工作,以期通过提高农业产量与降低人口增长来解决粮食-人口的不平衡问题。后者是个难以处理的难题,它暗示在 1960 年代的十年里,任何一项计划都不会有大的结果。同时,看起来越发有可能的是政权将用政治力量来经受住这个时期,尽管它将在国内外呈现出一个黯淡的形象。到 70 年代,它可能会接近解决其粮食-人口问题,随着它通过扩大了的教育体制来培养大批受过技术培训的人员,加上大量未开发的自然资源,它能够在一个更加合理的基础上恢复工业的快速增长。

上述讨论的一次重大危机不能不影响北平对外政策的立场,尽管这个主题超越了本文的特定范围。有人会推测随着这些困难和现实主义意识的增强,政权可能会专心于国内事务,接受一种不太强硬的对外政策,按照这种分析,它将试图改善对外经济关系并降低海外军事卷入的危险。

DDRS,CK 3100419186 - CK 3100419198

孔晨旭译,张民军校

中情局关于中国 20 世纪 60 年代初的
经济思想与实践的特别报告

（1963 年 5 月 24 日）

共产党中国的经济思想与实践

（1963 年 5 月 24 日）

自"大跃进"在 1960 年年中失败以来，中共一直在试图改正行为，从而使人忘掉他们被作为不切实际的激进分子的名声。他们不再诉诸速成的计划，反而回到 1957 年实行的相对稳健的管理方法。他们在寻求解决迫切的经济问题的过程中已历经了三个明显的阶段：第一阶段是 1960 年末和 1961 年的削减开支阶段；经济思想上的自由阶段始于 1962 年初；对自由主义的抵制导致了 1962 年 9 月以后加强控制。现在看来可能在每个方向上都没有发生根本的变化。

基本经济体制

1957 年的经济体制中存在的基本要素到如今已被恢复。

在农业方面，现在正像 1957 年一样依赖小的集体农场来种植主要的农作物。这些农场在 1957 年被称为农业合作社，今天基本的集体单位是生产队，它在公社组织的管理序列中处于最低层，生产队必须以税收和低价销售的形式将其大部分产品交给国家。（政府）鼓励农民利用空闲时间来耕作小块自留地，允许他们在农村集贸市场和城市的农民货摊上出售其产品，与 1957 年一样，现在自留地的产量占国家的猪肉、鸡肉或许还有蔬菜生产的大部分。

共产党中国的工业几乎完全是国家所有。与苏联一样，中央的（或地区的）计划制定者分配工业企业所需的资金、劳力与重要的原材料来完成指定的产量计划。

由于北平现在认识到合理的计划需要良好的统计——这一点在"大跃进"中被忽视了——从 1960 年起，它已做出重大的努力来重建统计汇报机构。同样，政权已通过国家预算和银行系统加紧了财务监督，并命令企业采取和遵循正规的经济核算制度。

尽管这已提高了效率，但是由不切实际的价格引发的问题继续存在。价格由国家确定，隔很长时间才加以调整，它们几乎既不能反映全部成本也不能反映相对不足的原材料和资金。因而在一个合理的基础上，计划制定者难以分配、经营者也难以使用这些产品。

削 减 经 费

1960年末形成的普遍饥荒与民众起义的威胁致使经济计划完全破灭,中共被迫转到"消费第一"的政策上来,该政策降低了对重工业的强调,动用稀有的外汇进口粮食,工厂努力纠正大跃进的错误,弥补被延期了的设备维修,重建1957年的经营标准。

在农业方面,全部中止了农村的建设活动与大跃进的极端耕作方法。1961年,多数农民或以传统方式耕种田地或允许他们在新近恢复了的自留地里自由劳作。到1961年,公社已成为地方政府中相当次要的一级,农业生产的权力被委派到公社管理的较低层——生产大队和生产组。

自 由 阶 段

尽管1961年的政策特征是很彻底,但它还没有给工业或农业带来重大的恢复,这显然使北平确信甚至有必要作进一步的退却。从1961年年末开始并一直持续到1962年夏,经济学家讨论——政权部分地执行——广泛的政策,这些甚至比1957年的政策还要自由。

这是领导层内一个明显的优柔寡断阶段。(他们)对经济发展没有坚定的方向,工业产量继续下滑。北平对农民干劲的日益关注反映在1962年后缩小集体农业单位的规模,鼓励农民扩大副业活动,诸如照料鱼塘,1962年年中的报道讲述了广东和安徽省的单干试验。

随着城市失业人数的上升,政权允许个人从事街头叫卖和服务性行业,在许可的情况下经营修理店。在上海,医生开始恢复私人营业,对工人参加工作之余的思想教育会的政治压力减轻了。

1962年初,政权对知识分子的良好意见表现出异乎寻常的关注,而知识分子到那时已对党完全幻灭。周恩来总理游历全国,努力劝说科学家和知识分子继续在党的领导下工作,他承认党的高官已犯了错误,被来自下面的夸大其词的报告所误导,但他坚持认为他们的意图一直是好的。

官方鼓励知识分子更自由地畅所欲言,这开始引起一些踊跃的讨论。经济学家们在一个短暂的时期内展开了一些相当自由的讨论,诸如使用价格和利润机制来提高经济效率这类有争议的问题。

在经济讨论期间出现的建议非常类似于"自由主义"的提议,近年来这些提议已在苏联讨论过,并在南斯拉夫得到了部分运用。中国人自己承认这种观点在共产党中国被广泛宣扬还是第一次。

中国的讨论提出了许多非正统的建议——例如,价格的制定与维持要反映现实,按照收益率而不是政治决定的标准进行直接投资,让企业追求利润最大化的单一明确目标。实际上,这些建议允许市场力量在经济中发挥较大的作用,一名经济学家指责那些对利润存有偏见的人,因为它有资本主义的内涵,他通过引用毛泽东 1944 年的一篇文章来求助于毛的权威,毛在那篇文章中说:"我们不能饿着肚子谈论原则。"

自由主义的建议主要在党外的刊物上发表,这是一个它从未得到党的完全赞同的迹象。尽管如此,《人民日报》确实在去年 7 月发表了一篇文章,它提出了"试探性"的看法,即作为企业经营成功的评判标准,利润和成本指数要优于产量和劳动生产率指数。

也是在 7 月,一本经济杂志提到了那位自由主义的政治局委员陈云,他自 1959 年初表露了对"大跃进"政策的公开反对以来就不活跃。一项按照其质量来制定商品价格的政策被恢复了,而这只是陈云在 1956 年赞同的诸多自由主义政策中的一项,陈云被明确地引证为权威,该杂志引用陈的话说该政策将鼓励工厂生产高质量的商品。

坦率的经济讨论与经济管制的放松在知识分子中激起了使经济体制进一步自由化的希望。8 月,广州谣传周恩来和陈云一直在强烈建议一种有限的自由企业制度。

重新肯定正统

1962 年 9 月召开的八届十中全会扑灭了建议者的经济自由化希望。此次全会发布的公告指出,党已不太担忧经济形势,打算加紧控制与限制它所认为的资本主义倾向。中共将继续执行 1961～1962 年的稳健措施,但它明确打算支持在大跃进之前所遵循的正统的极权主义原则。

9 月,中共的宣传开始把新的重点放在一个主题上,即中国在国内和国际政策上都是纯正马列主义的捍卫者。北平逐步增强了对南斯拉夫的抨击,因为南斯拉夫让资本主义复活,它引证了南斯拉夫的一些做法,如采取价格改革,给企业更多的自主以及允许更多的私营农业与手工业的存在,所有这些措施都是中国的自由主义经济学家所赞成的。

十中全会的一个结果是发动一场反对"资产阶级影响"和"资本主义倾向"的全国范围的"社会主义教育"运动。有迹象显示这场运动正在被一次更具强制性的"五反"运动所代替,后者涉及对投机者和腐败官员的镇压。

这不是意味着"大跃进"政策的一次回归,但却承担了 1957 年那种程度的正统义务。自十中全会以来,政权的意见是继续强调良好的统计、成本会计和现实主义计划的重要性,这些均在正统原则的框架内,服从于强大的政治控制。政权继续容忍那些存在于 1957 年的自由主义制度,诸如自留地和小规模的私人交易。

中共政权通过自去年 9 月以来的宣传与行动,已明确说明它不会在损害其他确定目标的情况下采取重大行动来使价格反映实际或鼓励企业经营者追求利润最大化,企业经营者将继续缺乏所需的激励与信息以有效地把投入显示出来。

虽然经济研究可以继续公开进行,但这些研究几乎很少是争辩性的。经济学家们被不断告知要理论联系实际,他们对此的印象是这意味着政治和经济现实。为了使他们的研究有用,他们必须接受这样的事实,即经济是由一个庞大的党的机构所指导的,而该机构由具有强烈意识形态偏见和极权主义信念的人所领导,这些人将仅仅出于权宜之计而容忍自由主义的政策。

前　　景

自十中全会以来,北平一直在显示其对国家基本经济制度总体满意。这看起来不像是在任何特别的压力下开始激进的变革,这些变革的方向是要么后退要么是另一次"大跃进"。

政权明显不打算放弃社会主义化的农业,它对社会主义化农业的意识形态承诺非常深,然而它对农民干劲的关注将阻止复活大公社的任何趋势。管理工业的强大中央集权体制可能也没有什么变化,这种体制对中国领导人具有吸引力,因为它在将资源导入政权最优先的目标上非常有效。

可以想象的到,未来的中国领导人可能会逐步相信通过允许经济体制更自由地运行,会更好地实现其政治目的,这是对苏联进行预测的一种可能。不过,现在的中国领导层似乎坚信严格的政治指导的效力。

DDRS, CK 3100494406 - CK 3100494418

孔晨旭译,张民军校

中情局关于新中国成立 15 年来
国内政策走向的分析报告

（1964 年 7 月 31 日）

OCI 1949/64

共产党中国的国内危机：走向 1964 之路

（1964 年 7 月 31 日）

这是 DD/I 研究人员的一份工作文件。它分析了在过去 15 年间中国国内政策飘忽不定的发展，并试图对这个问题、中苏关系以及中国领导人间的争论事项给予新的阐释。

本文件试图在其他事情中回答一个问题，即毛泽东及其亲信已从他们的"跃进"失败中学到了什么。这个结论就是他们已吸取了一些教训，但他们并未学到最重要的教训——即"跃进"战略本身是有缺陷的——而且他们因而可能发动另一次"跃进"，或许就在 1966 年。……①

序　　言

在评估共产党中国的国内政策之未来走向的过程中有一个至关重要的问题，即毛泽东及其副手们在多大程度上从其经济发展的"跃进"方法的失败中吸取了教训。在着手回答这个问题的过程中，本文将努力再现中共在对一个人口稠密的不发达国家实行工业化的经济状况下所经历的痛苦的受教育过程。

一直处于这个受教育过程的中心是中共领导层内部在经济与军事政策上的一场持续争论，在这场争论中苏联经验的实用性与苏联援助的作用成为一个有重要意义的问题。本文将运用对资料的透彻研究所获得的新认识，试着对这场争论做进一步的解释。……②

本文始终强调毛泽东倡导的看法与政策，毛泽东似乎在支配他的党与政府方面比苏联的赫鲁晓夫要强得多。我们认为对共产党中国的国家发展政策的任何评估必须集中于毛泽东的人格与观念，他已承担起了一个现代列宁的角色。

---

① 原文此处一段未解密。——译注
② 原文此处约三行未解密。——译注

摘 要 与 结 论

"跃进"的背景

在共产党中国有关经济发展的方法中，从一开始就存在着模糊与矛盾的因素。一方面，他们意识到在从事这项新任务中缺乏经验，意识到自然需要依靠苏联的建议与援助，另一方面，在中国的共产主义中存在着一种强烈的民族与种族的成分（例如，中共早在 1946 年就宣称毛泽东已"创建了一种中国式或亚洲式的马克思主义"），这妨碍了苏联领导人（甚至是斯大林）向中国提供经济、科技与军事援助，而这些援助对于中国的现代化至关重要。……①毛泽东已抛弃了经济发展的苏联模式，寻求他自己的解决办法，以解决发展中国落后经济的令人吃惊的问题。

在 1949 年末与 1950 年初发表的声明中，毛泽东表达了他对中国人口问题的战略性轻视，并发出一个号召，要求"三年准备"，"用十年时间把我们的国家建设成为一个现代化的社会主义国家"。这些声明较早地流露了毛泽东的革命乐观主义以及他倾向于提出不切实际的经济目标，这成为共产党中国在经济发展中采取"跃进"方法的一个重要先兆。

由于一系列挫折与失望，共产党中国的第一个五年计划（1953～1957）在准备阶段就被耽搁了，直到 1955 年 7 月才公布。与毛的早期预言相反，该计划把经济的工业化与合作化描绘为"一项长期艰巨的任务"（即需要三个五年计划才能实现基本成功，四五十年才能达到一个高度工业化强国的地位），它强调"苏联的今天是我们的明天"。然而大约在几周内，毛主席就在 1955 年 7 月 31 日举行的一次省委书记的会议上提出取消这个方针，妄自尊大地指向了另一条路。②

第一次"跃进"与退却

毛泽东对苏联模式所提供的发展速度与方法不满意，显然他在此时决定设计一种解决中国经济发展的特殊问题的新方法。正如在他 1955 年下半年与 1956 年年初的一系列讲话与文章中所概括的，这个新方法实质就是尝试把"群众路线"——这在中国革命的政治与军事斗争中已被证明非常成功——运用到更加复杂的社会主义建设的过程中去，相信意识形态在指导与激励中的力量，相信政治工作的效能，相信群众的"无限创造力"——这些都是毛泽东此时提出的解决中国经济的社会主义化与建设的"跃进"方法的主要成分，尽管是一种试探性的、不完整的形式。

众所周知，毛泽东在 1955 年年中关于中国农业合作化的一个"高潮"的号召导致了原定的时间表从三个五年计划（1953～1967）被急剧缩短到一年多一点儿。毛在此时加速合作化的根本原因对理解共产党中国的国内政策的随后演变极其重要，中国的特殊国情（人口重

---

① 原文此处一行未解密。——译注
② 1955 年 7 月 31 日，中共中央召集省、市、自治区党委书记会议，毛泽东作了《关于农业合作化问题》的报告，他在报告中强调"在发展问题上，目前不是批评冒进的问题"，认为农村不久将出现一个全国性的社会主义改造高潮。——译注

多,耕地短缺,不断的自然灾害与落后的耕作方法)第一次被提出来为一条与众不同的农业发展的中国道路辩护。这条新道路的核心是毛的观点,即适当地组织与激发劳力(在初级与高级合作社及随后的公社当中)能够在一个迅速的农业发展计划中代替拖拉机与其他机械。

得意于合作化的成功加速,毛主席在1955年12月号召在经济发展中开展另一个平行的"高潮"。中国的领导们把他的号召建立在一个几乎难以令人理解的信念之上,即群众的"无限创造力",而且强调"政治工作是全部经济工作的生命线"这个原则。他们此后就立刻着手起草中国的农业十二年发展纲要(包括那个虽然不切实际但令人鼓舞的粮食生产翻番目标)与一项类似的科技十二年发展规划纲要(包含同样不切实际的目标,即到1967年在科学研究方面到达世界水平),并且为了实现毛的预言,即在农业集体化之后会出现生产大发展,于是在乡村开展了大批投资与建设项目,这些随后被描绘为共产党中国在经济发展中的第一次"跃进"。

将这个计划与赫鲁晓夫在1956年2月举行的苏共二十大中提出的计划加以比较是有益的,赫鲁晓夫将成为毛的未来对手。第一个重要的对比是毛强调意识形态与政治工作是经济发展的关键,而赫鲁晓夫则降低理论的重要性,赞成"实际工作"与"物质刺激"。此外,既然北平政权在此后不久将把"自力更生与完整工业体系"的概念并列起来,那就有理由相信毛泽东已在抵制阵营经济一体化,而这是赫鲁晓夫在那次党代会上提倡的。回顾过去,中苏在经济政策与经济关系中的分歧的主要问题似乎在1956年春以前已经出现。

1956年的下半年对北平政权而言是一个幻灭与警告的时期,他们既对经济发展的第一次"跃进"的失败(特别是在农业方面)产生了幻灭情绪,又对共产主义阵营内非斯大林化的反应惊惶失措。该是对(中国)国内政策进行重新评价的时候了,在这个过程中,苏联关于经济发展的观点似乎与中国领导层中一群温和的政府管理者与经济专家的看法一致,毛泽东显然为恢复中国紊乱的经济秩序而转向他们寻求建议与帮助。周恩来总理作为这个温和群体中最显眼的成员,他在党的八大上所做的报告阐述了许多上述看法,该报告是关于共产党中国的第二个五年计划(1958~1962)的建议草案。

尽管在国内政策上出现了这种温和倾向,在1956年秋,已有迹象显示中苏关系间的摩擦在增加。首先,有迹象显示赫鲁晓夫已被毛泽东的要求激怒,毛要求在世界不发达地区的领导权。而莫斯科更直接关注的是共产党中国此时在东欧的干涉,他们在初期鼓励波兰人与匈牙利人要求更大的独立,而对那里骚乱的指责更多地归咎于俄国的"大国沙文主义"。虽然中国人在1956~1957年的冬天帮助苏联遏制了阵营内的麻烦,而这些麻烦是他们助长形成的,中国宣言的累积效应显然大得让赫鲁晓夫无法容忍,他们鼓吹经济独立、政治独立(也鼓励其他国家)与教义独立。正是在这点上,苏联第一次威胁要从共产党中国撤走其专家与技术员。……①在1957年年中,中国的知识分子发起了一场反对中共的破坏性的"右派进攻",而前一年建立的大规模农业合作化体系也开始瓦解,就在此时,毛泽东似乎依靠中国领导层中一个温和的"管理者-经济学家"集团的时期突然中断。

---

① 原文此处数行未解密。——译注

"大跃进"与大退却

毛泽东既不满意温和的经济政策的结果,又被"民主"政治的政策结果所震惊,于是在1957年年末与1958年年初发起了一系列激进的政策决议,这些政策在"大跃进"与中苏关系的一场严重危机中达到了顶峰。面对迅速增加的人口、相对停滞的粮食生产、日渐缩小的粮食储备、一个不服气的知识分子阶层以及农民与乡村干部中的日益不满,毛泽东的反应是复活与扩大"跃进",复活与扩大中国经济发展的劳力密集型方法,他已在1955～1956年冬以尝试性的、不完善的形式提出这个方法。

在"大跃进"与人民公社化计划的发展中,我们难以夸大这种决策的重要性,这是利用劳动力的经济因素的一种决策。这个基本前提非常简单——解决经济发展问题(首先是农业的发展)的方法在于充分与彻底地运用中国充足的劳动力,不必诉诸物质激励,这种惊人地增加劳力的努力就会令人放心;激励政策已被试过并发现与期望不符,为了使利于未来增长的储蓄与投资达到最大化,无论如何要把物质激励取消。在这种情况下,设计一种机制就势在必行,有了它,党就能够有效地动员与控制农村劳动力而同时限制消费,这种机制将以人民公社的形式及时出现。

在紧随中共中央全会之后,1957年11月的莫斯科会议的一系列行动(及围绕它进行的谈判)也将对1958年的中国内外政策施以强烈的影响。……①

共产党中国独特的发展计划三部曲——"总路线"、"大跃进"与人民公社——于1958年春被孕育并发展起来。在5月召开的党的八大二次会议上,刘少奇正式提出了中国自己的"社会主义建设总路线",并以"一天等于二十年"这个描述时代的用语来概括"大跃进"精神。正是在这次会议上,一群党的机器的负责人展现了新的支配性角色,他们将与毛泽东一起支配与控制"大跃进"与人民公社运动。刘少奇是这个集团的最显要成员,当他断言"通过制定与实施正确的政治路线……通过提高工人的社会主义自觉性与激发群众的热情,我们能够生产更多的粮食、煤炭与钢铁",他是在为党夺取中国经济发展的权威与管理做辩护。

随着公社在7月的亮相,共产党中国的国内发展计划的非正统三部曲就完整了。它代表一种回归到社会主义建设的"群众路线"的方法,他们号召对所有可用的资源进行彻底的动员,以打破中国经济与社会发展的难以克服的障碍,特别是由薄弱的农业基础支撑的庞大人口。尽管赫鲁晓夫将在1959年年中强调缺乏"必要的物质条件"已注定了苏联早期的公社试验的命运,毛主席却在1958年得出截然相反的结论——在一个贫穷落后的东方经济的情况下,公社本身就会成为实现经济迅速发展的一种手段。

由于结果是众所周知的,我们将简单概述在接下来的数月里,北平为实现各个部门的经济"大跃进"所开展的疯狂举动。第一个目标是实现农业的一次"大跃进",通过贯彻农业生产的八项基本规则(毛泽东的"八字宪法"),并特别强调深耕与密植是在生产中实现一个技术性突破的方法。当党的狂热者们以疯狂的决心贯彻大跃进时,按照典型的斯大林主义者

---

① 原文此处数行未解密。——译注

的传统,首先是农业计划,然后是农业统计,最后是农业科学均要服从于政治目标。这次实践的最终结果就是毛在 10 月份的声明,宣布共产党中国不但在 1958 年而且在 1959 年都要实现粮食翻番。

紧随大规模的农业建设与生产之后,这些计划的第二个目标是依靠劳动密集的"土"技术来促成一次工业发展的"大跃进",这种土办法要由"世界上最大的劳动大军"来实施。毛泽东在 8 月末号召"在 9 月 15 日前发起一次钢铁生产的大跃进",受此号召的激励,一支超过 5 000 万人的农民劳动大军被组织起来在整个中国农村建立了几十万座"后院"炼钢炼铁炉。1958 年中国经济活动狂热加速的第三个目标是加快农业的机械化与电气化。在当地生产"小型"拖拉机、"土法"生产球轴承与公社建设小型水电站的短命试验之后,中共在 9 月宣布已发现用绳索牵引机替代"那些复杂的大机器"(例如拖拉机),那些大机器很难生产也很昂贵,因此这是"在我国具体的条件下,实现农业机械化与电气化的一条捷径。"

当时这些过高的经济与意识形态要求最初却是为共产党中国在 1958 年夏秋的公社与"大跃进"计划而设定的。在随后的数月里,这些要求所潜藏的谎言被戳穿,这是一次中共尚未恢复的创伤性经历。作为对事态压力以及苏联与国内日渐升高的批评潮流的回应,中央全会于 12 月在武汉召开,中共开始了一个"大退却"阶段。

对研究中共政治的西方分析家而言,1958 年秋到 1959 年夏的这个阶段,在许多方面是自中华人民共和国成立以来最有趣、最有启迪作用的。正如最近的报告日益表明的那样,这是一个苏联积极干涉中共领导层的政策思考的阶段,从赫鲁晓夫对毛泽东的直接劝诫到威胁与制裁,直到与中国党内的异己分子密谋,这也是毛泽东政策的国内反对派赢得上风的一个时期。这些力量的集中与具体化是国防部长彭德怀在 1959 年年中试图劝说中共中央改变路线,它不仅对毛的领导权形成一次严重的挑战,而且也促使中国对中苏关系进行基本决断。

出于对苏联与国内压力的回应,中共领导层被迫在"大跃进"与人民公社计划上实施一次丢脸的根本性后退。因为政治考量将使毫无希望的、不切实际的"跃进"目标苟延残喘到 1959 年,中共后退的幅度更易在公社计划本身得以呈现。……①

显然是按照这种假设行动,莫斯科的反应是于 1959 年实质性增加(对华)军事与经济援助。在国内政策总退却的这个阶段,另一个重要特点是中共领导层内温和分子的地位重新凸显,他们大概赞成中苏间更密切的经济与军事合作。象征这种发展趋势的是总理周恩来的复出,作为中共政权的一位首要发言人,他被委托在 2 月的苏共二十一大上做了一次和解性的演讲,随之而来的是周在莫斯科缔结了新的苏联经济援助协定,在 4 月召开的全国人大会议上周恩来用更温和的措辞重新定义"大跃进"。

在 1959 年年中在庐山召开的中央全会期间,毛泽东与国防部长彭德怀发生了冲突,虽然有关他俩之间"激烈对抗"的报道仍有很多模糊之处,但我们对下述的判断还是有几分

---

① 原文此处二行未解密。——译注

自信：

（1）彭在 7 月的庐山会议的第一阶段上散发了一份备忘录，攻击"大跃进"与人民公社，敦促"一次大逆转"；

（2）彭在一封（大概是提前）给苏共的信中表达了类似的看法；

（3）这些看法与赫鲁晓夫的看法一致，赫鲁晓夫可能在彭德怀访苏期间极力鼓励他尽力而为；

（4）虽然彭把他的火力集中在国内问题上，彭与毛之间的真正问题是军事政策与对苏让步的可取之处，这些让步是为了确保苏联在军事、技术与经济上的继续援助；

（5）苏联对继续援助的要价包括放弃"大跃进"与人民公社，实际上否则就是在名义上还包括接受一个远东联合防务体系，该体系的特点是苏联控制在中国的核武器及其运载系统；

（6）彭赢得了许多中央委员的不同程度的支持，其中包括政治局常委陈云，甚至周恩来总理大概也表示了一种有限的支持；

（7）8 月，在庐山会议的第二阶段，毛泽东于是召集其支持者、反击并获胜，结果彭及其亲密的支持者被作为"右倾机会主义反党集团"的成员而受到惩罚。

回顾过去，看来毛泽东与"党的机器"或"本土急进派"在庐山的胜利在共产党中国的内外政策发展中是一个决定性的转折点，特别是在中苏关系的发展中。作为对苏联制裁……①及其颠覆的反应……②，处于优势的领导人显然在庐山决定与苏联结盟的军事与经济利益要服从于更大的政治与意识形态目的。庐山会议的另一后果是严重削弱了共产党内的温和势力，虽然在中共领导层内部将继续存在重大的政策分歧，但在这次决定性的党的会议之后，（中共）将严格划定对可容忍的异己分子的限度。

　　继续"大跃进"与拖延了的退却

在共产党中国的国内发展计划中，最近结束的这个前进与后退的周期大约历时 3 年，即从 1959 年秋到 1962 年年中。这个周期始于一个目中无人的预言，终于一个史无前例的承认，当时预言"在 60 年代的整个十年间都会是一个持续的跃进"，而最后不得不承认中共中央在制定经济政策中"迷了路"。当然，决定性的转折点是在 1960 年夏，当时连续的歉收与苏联撤走专家的联合作用导致了"大跃进"的崩溃。不是许诺的持续"跃进"，中国人民在迄今为止的整个 60 年代体验的都是持续的危机。

（我们）通过对这个时期的回顾可以得出非常有趣的结论，其中之一是中共的领导层已认定并承认在 1958 年实施"大跃进"与人民公社化的计划中犯了许多错误，然后几乎是蓄意地、系统地在 1959～1960 年继续犯同样的错误。对这种异常行径的明显解释是它在很大程度上是由政治考量促成的，在内部与不断高涨的外部高声（苏联）攻击下，主要是出于维护毛

---

① 原文此处一行未解密。——译注
② 原文此处一行未解密。——译注

主席的威望与党的领导之需要。

中共对俄国人与彭德怀在庐山的联合进攻立即作了回应,宣布毛泽东是"当代最杰出的革命家、政治家与马列主义理论家"。特别有趣的是,在此时提出毛创造性地发展了社会主义建设的马列理论,第一次把解释"社会主义建设高速发展"的许多原理的发现权归功于中国领导人,特别是他"发现"了在生产过程中人的因素("主观能动性")超过了物的因素,在增加生产中政治思想教育比物质激励更重要。

在1959年秋,复活经济发展的"跃进"方法的第一步是开展了一次全国范围的"社会主义教育"运动,旨在"激发广大劳动群众的热情"。下一步是再次让统计服从于政治目的,当新任命的国家统计局局长在11月宣称统计"必须反映与歌颂社会主义建设的党的总路线的伟大胜利"时,发展就这样以惊人的坦白展示出来。第三步是让"捷径"战略复活到农业富足、机械化与工业化方面,这已成为1958年"大跃进"的一个如此显著的特点。

为了准备农业生产的高潮,中国的农民再次被动员起来,总数达7 000万人的一支庞大的劳动大军在1959年冬从事水土保持工程的建设与积肥活动。此时农业发展的另一个"跃进"迹象是国家农业科学研究工作会议的一份秘密报告(得到党中央的同意),该报告欢呼在农作物品种的杂交(例如水稻与玉米)与家畜品种间的"杂交"(例如牛与猪,牛与羊,羊与猪)上取得了"非凡的成果"。在农业现代化的相关领域内新的"捷径"战略的例子是宣布发明了一种水稻插秧机,它能由采用"土"钢铁的公社工业生产单位制造,而且在1960年将在70%的中国水田内投入耕作。甚至更稀奇古怪的是"超音速"运动(一个给小型炼钢炉装备超音速汽笛的全国性运动),在1959年后半年发起的这次运动是一个提高炼钢质量以及在钢铁工业中保持继续"跃进"的绝望措施。

中共领导层愚蠢的一个同样显著的例证是决定恢复大量的公社最初计划的特色与目标。首先是一场全国范围的运动,该运动旨在恢复公社食堂并因而在农村地区管制粮食的分配与消费,甚至更令农民讨厌的是当局再次决定强迫每个公社社员交出他们的"自留地"。下一个被披露的事情是政权仍坚持最初的时间表,要求在三至六年的时间内对公社的全部生产资料与产品实现全民(例如国家)所有制。最后一个例证是1960年3月的宣言,它宣布中共领导层打算恢复城市公社,而它在1959年秋的实验的最初阶段被证明是非常不切实际与不受欢迎的。

随着中共在1960年4月发表了论战性的列宁诞辰纪念声明,①中共向苏联在国际共产主义运动的思想与政治领导地位发出了一次明确的挑战。现在众所周知的是,苏联在6月的布加勒斯特会议上对这次挑战作了回应,苏联散发一封长信谴责中国人,并威胁除非中共放弃原来的主张,否则就要减少援助。当赫鲁晓夫批判毛泽东像斯大林一样自负与不切实际时,中国人以牙还牙,对赫鲁晓夫进行了人身攻击,指责他已"背叛"了马列主义,接受考验

---

① 4月,《红旗》杂志发表了编辑部的文章《列宁主义万岁》,《人民日报》也于4月22日发表了社论《沿着伟大列宁的道路前进》与陆定一在纪念列宁诞辰九十周年大会上的报告《在列宁的革命旗帜下团结起来》。——译注

的关键时刻就到了。随着苏联专家在 8 月份的大规模撤离,中共被留下来独立地对付长期困难的经济问题,这些问题突然变得更严峻了。

中国人对苏联撤走专家的立即回应是一种大胆的乐观主义。在《红旗》杂志 8 月 16 日的一篇重要文章以及在整个 10 月与 11 月初的其他政策声明中,共产党中国的领导层坚持了一种毫不动摇的自信,相信它能够克服新的经济困难。作为对日益恶化的粮食短缺的一种实际回应,政权把本已不足的口粮削减了约 10%,停止了所有不重要的工作计划以保存人的体力,确定了农业在人力与物资(分配)上日益优先的地位。更引人注目的是,在 10 月的一次党的高层会议上,中共决定对中国的农村公社计划进行一次根本性的后退。……①

虽然官方的乐观主义还持续了一段时间,但警告的迹象于 1961 年初开始出现在公开的议论中。……②

导致警告的基本原因是在 1960 年 10 月与 11 月,几个受灾严重的省份突然发生了大规模的异议,特别是在河南与山东。在河南,民众暴动尤其严重,吞没了全省,远远超过了当地民兵维持秩序的能力。反映这种局面的是国防部长林彪在 1 月的警告,他警告说:"我们应当预料到 1961 年将会比以前任何一年出现更多的政治动乱与事件,特别是在上半年。"他要求采取特别的措施"以确保武装力量不脱手"。

当然,这些民众暴动的根本原因是严重的缺粮——在华北与华东的灾区达到了饥荒的程度。……③,支持了周恩来在 1961 年 2 月承认的"生活条件很严峻"的说法。而且毛泽东自己将要暗示(无意中)在 1960～1962 年间"非正常死亡"的总人数超过 500 万。

当他们最终意识到所面临的政治与经济危机的严重性时,共产党中国的领导层立即采取了一系列紧急纠正措施。其中最要紧的是确保人民解放军在这个国家危急的时期继续保持忠诚,其次是采取紧急行动以应对严重的粮食短缺,1961 年春将达到缺粮的最严重时刻。在国内,这些措施包括鼓励尽可能地在"自留地"种植生长期短的作物;把国家的粮食储备清空来应对紧急销售;动员医疗人员下乡救治严重营养不良的病人。在对外方面,终止一切粮食出口,耗尽有限的外汇储备以便在 1961 年 5、6 月前突击进口约 200 万吨粮食。

在开始这些紧急救济措施的同时,北平政权同样要编造一套在经济发展中造成共产党中国"大跃进"的灾难性后果的理由。既然党的政策在理论上是正确的,其必然结果是这些政策(用 1961 年 1 月 20 日召开的九中全会的话来说)被党的农村干部中的"坏分子,即被地主与资产阶级分子""破坏了",因此将不得不在一次全国范围的"整风运动"中"清除"这些"坏分子"……④

在受害不太严重的地区,对干部在执行党的"正确"政策中所犯的错误与过失给予稍稍的谴责。也许在这些干部的错误中最严重是"浮夸风",该风在很大程度上要为"大跃进"的

---

① 原文此处二行未解密。——译注
② 原文此处数行未解密。——译注
③ 原文此处二行未解密。——译注
④ 原文此处数行未解密。——译注

失败负责。当时及后来的标准解释如下：过分热忱的当地干部已经向上一级机关汇报了错误的成绩（尤其是夸大了丰收的数据），导致他们制定了不切实际的计划（周恩来将在 1962 年年中提交更详尽的说明）并让中央"迷了路"。

由于对其国内危机的严重后果作出了这种新评价，共产党中国的领导人在 1961 年年初显然决定采取一种至少在策略上迁就苏联的政策。在那次延长到整个 4 月的拖延了的贸易与援助谈判期间，北平政权作出了许多和解姿态，包括毛泽东与政治局全体常委出席苏联大使馆举行的中苏条约周年纪念招待会，其中最引人注目的是陈毅副总理在 1961 年 3 月接见匈牙利记者时对苏联援助赋予新的重要意义。而在上一年的 11 月，他曾公开贬低苏联援助的价值，陈毅现在承认："虽然我们每个人都竭尽所能，然而对我们有决定意义的自然是我们从苏联得到的帮助。"

正如现在周知的那样，中国人希望在这些谈判中获得的"援助"并未来临。在 4 月初那个令人失望的贸易协定缔结后不久，中共打破了四个月的沉默，向阿尔巴尼亚提供了一笔 1.25 亿美元的贷款作为它在中苏论战中支持中共的回报，而且援引毛泽东的权威来批判赫鲁晓夫的"和平共处"战略。像它在上一年的 8 月开始的那样，共产党中国在国内政策退却的最初阶段在 1961 年年中以一种蔑视的语气结束。

与十年前中共胜利庆祝其成立 30 周年相比，1961 年 7 月 1 日正值其建党 40 周年之际，中共几乎找不到值得庆祝的任何东西。在对当前政策稍作的暗示中，刘少奇在此场合泄露了被过分吹嘘的人民公社（最初被设想为一个经济、政治、军事与社会的综合单位）已被重新定义为一个"农业合作社联合起来形成"的组织。甚至这个非常谨慎的表述也将很快过时，因为就在此时农村公社几乎完全瓦解。随着公社食堂的倒闭，供应与行销、手工业与信贷合作社的重新出现意味着共产党中国在农村已回复到公社前的那种制度。而且这种后退并未停留在紧临公社之前的大型合作社（平均有 250 多户）阶段，而是一直后退到小型合作社（平均 100 户）阶段，小型合作社体现了中国合作运动的早期阶段。

连同在农村政策的被迫后退，政权在此时开始实施一系列强有力的措施旨在合理化改革（重新调整）被严重破坏了的中国工业部门。这些措施包括关闭数以千计的毫无效率的小工厂，它们是在"大跃进"期间被仓促建成的，把过剩的工业劳力大规模地转移到农村地区，1962 年春计划精简的人数（包括家属与从事辅助贸易的其他人）高达 3 000 万。也是在此时，党的领导层发起了一项新政策以安慰被多次诬陷的中国知识分子阶层，尤其是科学家与技术人员，以加速中国本土科技能力的发展。

这些更多的退却反映在 1961 年秋中共领导人与获准的西方访问者的一系列会见中，其中特别引人注目的是准许毛泽东与蒙哥马利子爵的一次相当长的会见。在会见中，中国领导人承认在 1958～1960 年间的经济上的分散经营已造成了浪费与无效（由于基层缺乏经验与管理不善），并引用了一份政府调查的结论，该结论是不要说人口每年正常增加 1 500 万，就是每年 1 000 万的增长已是共产党中国"差不多能够安全应付"的人口了。虽然毛泽东在关于实现人口年增长减少 50% 的特别方法上稍微有些含糊，他还是在这次会见中暴露了中国的人口问题，同时预示着将在 1963 年开展一次大范围的计划生育运动。

恰在此刻，也许赫鲁晓夫认为三年的农业灾害已经耗尽了北平的抵抗意志，决定在苏共二十二大上对中共发起一次新攻势。虽然这次战役表面上对准了小国阿尔巴尼亚，但很快就挑明了真正的目标是毛泽东，毛是赫鲁晓夫在国际共产主义运动中的领导地位的唯一主要挑战者。在长达一年的持续经济压力之后，苏联对中共领导层的攻击在 1962 年 1 月达到顶峰，此时苏联领导层接连威胁要与中共"完全断绝组织联系"，废掉中苏军事同盟。然而苏联并未实施这些最后威胁，而是决定在 1962 年 2 月 22 日向中共发出一封和解信。

在显然相关的事态发展中，此时在中共领导层内部出现了矛盾的迹象，看来相当明确的是，苏联在那封 1 月 22 日发出的党际信件的一个目的是在中国全国人大与中苏贸易谈判缔结前为中共的温和派提供一个杠杆，以便使中共的温和派以此来改变国内外政策，特别是中国对苏政策的改变。另外也相当可靠的是，中国人在 3 月初决定把人大推迟三周，以便举行一次党的高层会议来考虑苏联的这个建议并解决在国内政策上的持续争论，后者是同样重要的。

党的这次高层秘密会议的结果是温和派在国内政策上的一次重大胜利。中共领导层第一次被迫承认它在"大跃进"运动中犯了错误（的确是"严重的错误"），首先是在 3 月 29 日的《人民日报》的一则不同寻常的社论间接承认，该社论总结了乌鲁木齐河水土保持工程的四年工作，它明显地打算对共产党中国在社会主义建设中的"跃进"经验做一次讽刺性的讨论。随后发行的全国人大与全国政协（同时举行）的公报则第一次坦率地承认中共政权在其经济发展计划中犯了"错"。

……①

与国内政策的战略性退却形成对照的是，中共对苏联 2 月 22 日来信的回应公然承认是策略性的、实质上就是敷衍。在私下里继续痛骂苏联与赫鲁晓夫本人的同时，北平政权在 1962 年春夏之际要求停止论战，甚至公开向苏联做出许多和解姿态。虽然有几份报告暗示经济考量促使中国人在此时降低中苏论战的调子，但真正的原因很可能是担心国家安全，此时四面八方都出现了威胁共产党中国的敌对势力。

这种担忧也有助于说明随之而来的"神经紧张"，这种神经紧张在 1962 年初夏折磨着中共领导人。当其武装力量的可靠性受到质疑时，就发生了严重的民众暴乱，除了这种民众暴乱的威胁外，（在北平看来）甚至更严重的威胁是美国支持的中国国民党的入侵，这种威胁在不可能指望苏联的军事援助时就会来临。……②除此之外，紧接着就是印度沿西藏边境重启战端，数以万计的中国难民大批逃亡苏联与香港，以及在几个地区（最著名的事件是 6 月 1 日广州发生的骚乱）爆发了骚乱，这些一系列的威胁也许造成了中共领导层迄今面临的最严峻的内外危机。

---

① 原文此处一段未解密。——译注
② 原文此处数行未解密。——译注

在这个关键时刻即 6 月末,美国通过其驻华沙的代表向北平保证它不会支持国民党"在此时"进犯大陆,而中国国内也有经济与社会状况得以改善的初步迹象。共产党中国的最高领导层的士气似乎突然一振,在两周内,他们召开了高层秘密会议,采纳了一条在国内外政策上的新"强硬"路线,该路线已坚持到今天。

受控的跃进:"大踏步前进"

1962 年 9 月末,中共八届十中全会在北平召开,这次全会通过的一系列决策形成了从那时起直到现在的中共政策发展的路线。回想起来,现在变得日益清晰的是在十中全会上通过的三个基本政策决议——向苏联的"现代修正主义"领导层发动进攻;组织一次全国范围的"阶级斗争"运动;开展一个独立自主的新经济发展计划——是密切相关、相互依存的。而且有相当多的证据显示支撑这些决议的共同战略是毛泽东提出的,在经历了一个相对很少公开活动的阶段后,他再次现身并支配了十中全会的议程,在公共生活中担当起一个更活跃的角色。

我们仍旧很难找到一个充分的解释来说明共产党中国在 1962 年秋的决策,即正值政治孤立与经济虚弱之际的中国为了国际共产主义运动的领导地位而向苏联发动了一场竭尽全力的斗争。然而,此时采取的这一决策在……①公开文件中得到了很好的证明。

北平政权显然判断面对苏联的压力,既无必要进一步的后退与迁就,而且鉴于苏联挑衅的本质,更是无法容忍。在军事方面,美国支持的中国国民党对大陆的入侵威胁已经过去,随之期望得到苏联的核保护而与莫斯科和解的需要也不复存在;经济上,共产党中国似乎正从危机的最坏阶段中走出来,此外在这个危机阶段,苏联的经济援助已减少到了最低程度;在策略上,中国领导层可能已断定争取主动而不是被动等待苏联的又一次攻击将更好。

到 1962 年秋,三年的贫困与从"大跃进"与人民公社化计划的最初目标的不光彩后退已在中国社会的各阶级中播下了普遍的冷漠、幻灭与不满。甚至更令人担忧的是,大部分普通党员已开始对党的计划显示出同样的玩世不恭。既然这些发展的事态已严重损害了中共作为一支一贯正确的力量的神秘感,即它能够在马列主义的基础上把中国建设成为一个强国,所以有必要提出一套新的基本理论来解释过去的失败、平息未来的批评。正如毛主席向十中全会揭示的那样,这套新理论将把党的政策的失败与批评解释为主要是"国内外阶级敌人"破坏的结果,现在必须要对他们发动一次全国范围的"阶级斗争"运动。

虽然"阶级斗争"运动直到次年才发动,但 1962 年秋已有许多迹象显示该运动将持续下去,而且是包括中国社会所有阶级与群体在内的一次全面运动。正如刊登在 12 月份的《红

---

① 　原文此处数行未解密。——译注

旗》杂志中的一篇文章清楚地指出，全体人民都要注意，如果他们坚持任何一种政权认定的"反社会主义"活动，他们就有可能受到批判与惩罚。

迄今为止，这些（反社会主义）活动中最重要的是"资本主义的自发倾向"，在十中全会前的 2 年里，它们已在中国的农村地区发展到一种令人担忧的程度。由于国家的生存危如累卵，政权在此刻为了增加生产被迫向农民作出许多让步，这些让步在损害集体经济的情况下已日益扩大了私营经济的范围（"自留地"的耕种、荒地的私人开垦、私人家庭生产与"自由市场"中的私人交易）。除了这些为公众所注意的让步外，政权也被迫允许大批农民从公社——集体制度中退出，退出的比例至少在安徽一省达到了 20%。（我们）做一个粗略的估计，在退社的高潮阶段，大概高达 25% 的农业生产与农村贸易在"社会主义"体系之外运行。因此用公报的话来说，中国革命已到了"社会主义与资本主义两条道路的斗争"的一个决定性转折点。正如党的领导层所看到的，对中国农村经济的控制是一场生死攸关的斗争，这场斗争的胜利对维系中共革命的存活至关重要。

十中全会通过的第三个基本政策决议是一项新的"以农业为基础、工业为主导"的发展国民经济的"总方针"。日益明朗的是这项新的"总方针"不过是用更明确的语言来重申已经实施了 18 个月的经济"调整"政策，这项经济调整政策是一个临时性计划，旨在支持严重滞后的农业部门，以此为国民经济的一个全面高潮做准备。中共的多篇文章已揭示了这条新的政策路线的根本政治属性，这些文章把该路线的重要意义歌颂为毛泽东对"马克思列宁主义理论的创造性发展"及其对"社会主义建设的马克思列宁主义理论的一次重大发展"。通过把一项实质上的权宜政策提升为一条马列主义的新规律，显然中共正试图再次传达经济政策中的一种目标感与方向感，这种经济政策将为一次新的生产高潮而激发中国人民的信心与热情。

对十中全会的经济政策决议而言，1963 年上半年将是一个重要考验期：（1）重新恢复对经济（特别是农村经济）的社会主义集体控制；（2）在生产中形成一次新高潮（尤其是农业生产）；（3）起草一份"三五"计划，该计划要既充满活力（显示共产党中国有能力独立实现实质性的进步）又切实可行（避免"大跃进"时期的过分举动与错误）。他们被迫显示出一种飞快的、即便是更现实的进步速度，华东局的重要领导人柯庆施在 1963 年 2 月就对这种被迫行为做了极好的说明，他敦促中国人民在生产与建设中要实现一个"新高涨"。然而显而易见的是到 1963 年年中，这种强制速度的承诺不但在短期内（一个令人失望的夏收）而且最终（国家计委不能提出一份可行的"三五"计划）遇到了严重干扰。

中共领导人在 1962 年春经历的信任危机到年底前已扩大到包括绝大多数的中国人。面对公众与党的广泛冷漠，北平政权在十中全会上发起了一次长期的、彻底的"社会主义教育"运动，旨在恢复对党的领导的普遍信心，恢复对党的计划的成效的信任。自共产党中国将在 1963 年实现经济快速发展的希望再次主要寄托于它的那种能力以来，这次运动就愈发必不可少，它的能力就是用政治与思想激励来代替物质奖励作为生产的主要刺激因素。

漫长的再教育过程的第一步是重申中共领导的"伟大"与"正确",特别是党的领导体现为"伟大的当代马克思列宁主义者"毛泽东,他再次被刻画为一位半神化的人物,具有不犯错误与科学远见的品格。恢复群众信心的下一步是十中全会中提出的一致努力,以展示党的经济政策已产生了一个"胜利的新局面",而且"经过一段时间的努力后",将开创"一个社会主义建设的新高涨"。特别值得注意的是,当这次运动的势头在1962~1963年冬加大时,中国至少在农业领域开始显露出一些被修改过的"跃进"运动的特征。

北平在1963年初希望向国内外传递一种轻松乐观的情绪与迅速前进的印象,这种想法在五一节达到顶峰。然而到5月底前,对一个即将来临的国民经济高潮的谈论已经淡出,到了1963年8月,路线已转回到十中全会的极不乐观状态——即在共产党中国进入经济发展的一个"新高涨"前需要"一段时间"。

十中全会决定恢复对农村经济的社会主义集体管制,该决策显然是基于如下的假设,即农业生产已恢复到一个有可能再次挤出经济增长所需资源的点上。既然很清楚的一点是中国农民将会抵制这种剥夺他们来之不易的果实的行动,所以就有必要造成新的思想与政治压力来克服这种抵抗。也许是这种动机而非任何其他因素可以解释全国范围的"阶级斗争"运动(以及类似的"社会主义教育"与"五反"运动)的起源,这次阶级斗争运动于1962年秋发起,其进展到现在已日趋深入。

我们暂时仍需注意的是1963年春"不平凡的普通战士"雷锋在共产党中国的"社会主义教育"运动中的角色,这次学习与效仿雷锋的"革命精神"与"英勇的自我牺牲"运动的一个主要目的是为激励生产的物质刺激提供一种思想与道德的替代物。在这个意义上,自十中全会以来的雷锋运动,甚至进行中的整个"社会主义教育"运动应被视为对毛泽东长期坚持的一个基本原则的一次重申与再述,这个原则就是政治教育而非物质刺激是共产党中国的落后经济迅速发展的关键。

十中全会决定贸然挑起与苏联的公开政治冲突,虽然这个决策无疑会投合许多中国人(即使不是在种族的也是在民族主义的基础之上)的心意,但在1963年春有迹象显示许多人对与莫斯科的决裂及其长期后果感到不安,与苏联决裂会对共产党中国渴望成为一个主要的世界强国产生影响。现在众人皆知的是,赫鲁晓夫大概希望利用这些怀疑与担忧的情绪,在1962~1963年的秋冬之际向中共发出几封和解信以求停战,信中包括恢复提供经济与技术援助以换取中国人停止驳斥性的批判。同样众所周知的是,中共6月14日的回应是提出了"关于国际共产主义运动总路线的建议",该建议实际上号召各地的共产党人把他们的效忠从莫斯科转向北平。具有讽刺意味的是,中共提不出一份可行的三五计划就已显示了它不能制定一条经济发展的自主路线,而在这个节骨眼上,共产党中国竟然宣布了它领导国际共产主义运动的权利。

在1963年的晚春时节,中共的国内政策进入了一个新阶段,毛在此时发表了声明:"阶级斗争、生产斗争和科学实验,是建设社会主义强大国家的三项伟大革命运动。"在这"三项伟大革命运动"中,最重要的是"阶级斗争",它被认为是"推动生产斗争与科学实验前进"的激发力量。随着这次对政治与思想工作（"政治挂帅"的观念）的重申，中共领导层透露了一个被称为中国社会主义建设新计划的重大事实，即这个计划在许多重要方面与"社会主义建设总路线"相似，而后者是刘少奇于"大跃进"的前夜——1958 年 5 月宣布的。

然而，跃进的幻想在 1963 年已不再可能维持下去了，而刘少奇于 1958 年用"苦干几年，幸福一千年"的口号表达了这种幻想。

北平政权显然在 1963 年年中之前就已决定需要更强硬的措施来确保与其政策的一致，这些措施之一是对"阶级敌人"的"阶级斗争"要加强。鉴于加强"阶级斗争"的严厉方针与难民的报告，这次对准中国非常能干的农民的新运动可能给共产党中国的农业生产带来反作用，那些难民报告揭示了在农村地区更多地诉诸暴力。

"阶级斗争"已进入一个新的激烈阶段的最好证据是 1963 年年中出现的"五反"运动。鉴于"社会主义教育"主要依靠教化，而一次新的"反"运动的出现则意味着从思想斗争向政治斗争、从劝说向威压的一次转变。1963 年年末的一系列秘密报告则预示这次运动正在三级（中央、省与县）相继展开，并延续到 1966 年年中，这也显示了其长期性。根据这些报告，这次运动的主要目的是消灭中共内部出现的"现代修正主义"苗头，"现代修正主义"被界定为包括"亲苏"与"资本主义"倾向。

然而与这种日益自信的政治路线形成对照的是，北平的经济政策在 1963 年下半年就显露出混乱与不确定的迹象。与年初声明的自信与乐观口吻相比，10 月 1 日国庆节与 11 月末全国人大的政策声明在为中国的"民族自立"政策辩护时，其语气是谨慎的（即使不是忧郁的），明显带有辩护色彩。作为经济政策不确定的更多证据是 1964 年 1 月 25 日《人民日报》刊载的一篇文章，该文明确承认共产党中国正在寻找"我们社会主义建设中出现的一些没有现成答案的新问题"的新的解决办法。

在评估共产党中国国内政策的未来道路中，一个至关重要的问题是毛泽东及其副手们从其经济发展的"跃进"方法的失败中吸取教训的程度。基于本文的研究发现，该问题的答案一定是一个模棱两可的"既有又无"。一方面，越来越多的证据显示毛泽东以及中共党内占优势地位的领导人仍然坚持那些奠定了经济发展的"跃进"战略的基本理论，另一方面，也有充分的证据表明中共领导层清醒地意识到了在过去将这些理论转变为实践的活动中所犯的严重错误，他们正试图以更现实主义的、更实用的态度来运用这些理论。由于这些"跃进"发展的固执理论与近来失败的记忆之间的冲突，最近中共在经济政策领域的声明就显现出一种摇摆不定的特点。

最近的迹象显示北平政权正忙于一项相当拖拉的调整计划，该计划是为发动一次新的"跃进"——可能就在 1966 年提前行动——做准备，这些迹象有助于解释当前中共政策争论中的这种矛盾态度。北平政权在加强政治活动并巩固其政治控制组织的同时，念念不忘其"大跃进"的失败，提倡谨慎与克制，似乎不愿对目前经济与社会管理的特别模式做任何根本的调整，除非它找到了解决中国社会主义建设中出现的"许多新问题"的办法。

不论最终这些解决办法是什么，（我们）有很好的理由相信塑造它们的将主要是政治与意识形态因素而非经济理性的考量。这个判断部分地基于一个事实，即在过去的 18 个月里，北平政权不但没有采纳看上去最适合共产党中国的经济发展政策，而且似乎在日益反对这些政策。

正如本文试图论证的那样，毛泽东思想的特点、观念与类型也支持这个有关共产党中国未来发展政策的看法。虽然经历显示当危险来临时，毛泽东能够灵活应对，但它更清晰地显示了一种倾向，即用简化了的政治与组织的解决办法（最近在国民经济的各个部门仿照人民解放军建立了一套政治委员制度）来处理经济发展的复杂问题。

在中共发展政策中持续紧张的另一个根源是存在于北平的雄心与其极少的实现手段之间的根本矛盾，它的雄心是迅速成为一个主要的世界强国。似乎正是这种目标与手段间的根本不相容迫使中国领导层采用激进的创新来试验，这种创新是在继续寻求一条工业化与大国地位的捷径。虽然毛泽东与中共党内居支配地位的领导人无疑已从"大跃进"时期所犯的无节制与不能容忍的错误中吸取了许多教训，但他们似乎没有吸取到最重要的教训——即"大跃进"战略本身无法解决共产党中国经济发展的复杂问题。

由于所有这些原因——北平在过去 18 个月中的路线、毛的不变特性以及目标与手段间的根本对立——我们认为，这可以有些把握地预测，至少在毛泽东继续作为中国的领袖期间，未来中国会再次尝试在经济发展中促成一次"全速前进"，或许一到 1966 年就开始。

正文目录①：

---

① 这份报告有 199 页，在此仅列目录，正文未译。——译注

3.“大跃进”与人民公社

（二）大退却（1958 年 12 月～1959 年 8 月）

1.苏联与国内压力

2.大退却

3.彭德怀事件

四、继续“大跃进”与拖延了的退却（1959 年 9 月～1962 年 7 月）

（一）继续与不受干扰的“跃进”（1959 年 9 月～1960 年 7 月）

1.对毛泽东的崇拜

2.“大跃进”的复活

3.人民公社的复活

4.中国的挑战

（二）拖延了的痛苦退却（1960 年 8 月～1962 年 7 月）

1.最初的退却（1960 年 8 月～1961 年 6 月）

（1）目中无人的乐观主义

（2）异议与混乱

（3）对失败的解释

（4）调整与适应

2.进一步的退却（1961 年 7 月～1962 年 7 月）

（1）重新定义与重新评价

（2）苏联的冒犯

（3）国内政策的退却

（4）外交政策的退却

（5）勇气的危机

五、受控的跃进：“大踏步前进”（1962 年 7 月～1963 年 12 月）

（一）中共十中全会（1962 年 7～12 月）

1.决定发起一场反苏斗争

2.决定组织全国范围的“阶级斗争”

3.决定提出一条国民经济发展的新的“总路线”

（二）“大踏步前进”（1963 年 1 月～6 月）

1.生产的高涨

2.阶级斗争：第一阶段

3.反苏斗争：第一阶段

（三）“三大革命运动”（1963 年 7 月～12 月）

1.阶级斗争：第二阶段

2.生产斗争：第二阶段

3. 反苏斗争：第二阶段

六、结论

The CAESAR，POLO，and ESAU Papers，Cold War Era Hard Target Analysis of Soviet and Chinese Policy and Decision Making，1953 – 1973，Polo – 10，pp. i – xxx. http：//www. foia. cia. gov/cpe. asp

张民军译、校

第四编 中国经济

目　录

导　论

姚　昱

本编汇集的文件全部为美国各个情报系统对中国经济的情报文件。根据其主要内容，这些文件被分为两类，一类是关于中国国内经济状况，共 11 份文件；一类是关于中国对外贸易与援助，共 12 份文件。这里需要特别强调的是，这种分类是相当粗略的，读者在阅读时需要注意以下几点：第一，在本编中，第一类关于中国国内经济状况的情报文件的生产时间主要集中在 20 世纪 60 年代，而 50 年代的相关情报评估集中在第一编"中国综合状况"相关文件中的经济部分。之所以出现这种情况，是因为在 60 年代之前中情局并未生产过专门关于中国经济状况的 NIE 文件。第二，在本编第一类情报文件中，有许多文件中都有专门关于中国对外经济联系的论述，但出于文件完整性的考虑而并未加以分割。第三，本编第二类情报文件主要集中在中国与不发达国家的经济联系上，另有一部分相关情报文件见第十一编"中国与第三世界"。20 世纪 50 年代中国与苏联经济关系的文件集中在第九编"中苏关系"。由于美国政府并未生产专门处理中国与西方国家经济联系的文件，而中国这一对外经济关系的大规模展开迟至 60 年代中期才开始，因此从系统性的角度出发本编未做专门整理。这一缺点希望能随着美国政府档案的逐步开放而能在将来进行弥补。

本编汇集的情报相比其他各编有以下两个特点。第一，在情报文件的来源上与其他各编有所不同，本编中许多关于中国与不发达国家经济联系的情报文件是由中情局以外美国其他情报部门生产的。这一点与美国各个情报机构的分工有关，美国的经济情报委员会（Economic Intelligence Committee）、国务院等部门在搜集分析社会主义国家外贸与对外援助方面的情报工作中十分活跃。第二，在情报的内容与层次上，具有多样性。读者们将会看到，既有纯粹是当下信息搜集整理的最初级情报文件，也有就某个经济领域的信息所做的系统汇总与分析的情报，更有以尝试系统把握中国宏观经济并预测未来趋势为主要内容的中长期情报评估。这种多样性虽然可能会使各个文件之间的连贯性较差，但突出反映了美国政府情报文件的丰富内容，有助于读者较为系统地了解美国情报文件的层次与生产过程。

虽然本编的各种经济情报文件都包含了大量经济数据，但读者在使用与处理这些数据时必须谨慎对待。相对而言，中国与不发达国家经济联系的相关数据可信程度较高，因为美国相关情报文件在搜集整理时同时参考了中国与中国贸易或援助对象国双方的数据，因此误差不大。问题最为严重的是处理中国国内经济状况的情报文件所使用的数据，这一点为美国情报机构所承认，并在文件中反复强调读者需要加以注意。美国情报机构在搜集中国经济数据方面的工作可谓煞费苦心，不仅从报纸、电台广播、领导人讲话中搜寻信息，更大量访谈中国离境者、访问中国的外国人。而效果之所以不佳，与中国本身经济统计与信息发布工作十分不足有关。中国经济统计部门于 20 世纪 50 年代初步系统建立，虽然仿效苏联，但统计人才缺乏、方法落后。其后便因"大跃进"引发的经济混乱而彻底瓦解。此后经 60 年代初的缓慢恢复，至 60 年代中期又因为经济政策突变与"文化大革命"而再次陷于停顿之中。相应的统计数据公布工作也只限于 50 年代。在这种客观条件下，美国政府相关情报中的数据质量自然受限，而出现一些误判也在所难免。不过总的来说，美国情报机构搜集经济信息时力求客观谨慎，并不断调整其分析工具与方法，到 60 年代末已逐步缩小可能出现的误差。①

由于美国相关情报文件各项数据复杂难辨，且计算方法并未详细提及，而至今中国关于这一时期经济状况的数据发布情况仍然十分有限，因此很难对其数据加以详细辨别，只能根据其一般结论对其情报评估质量进行约略的判定。编译者个人认为，站在中国经济已经发生巨变的今天，国人阅读这些文件时更应注意的是当时美国情报专家们观察中国经济状况、研判中国经济发展症结的角度与方法。这些情报文件一方面的确展现了冷战与中美两国对立所产生的历史印记，但另一方面，它们的一些分析角度、预测结论却十分深刻，令人不禁感叹中国通向现代经济强国的道路曲折而又艰难。

一、关于中国国内经济情况

20 世纪 50、60 年代是中国经济发展最复杂的时期。在这 20 年中，中国在经济领域中既取得过令世界瞩目的成就，也遇到巨大的挫折。中国经济的这种剧烈起伏不仅吸引了国际社会的广泛关注，更引起了当时美国政府情报机构进行跟踪与分析，后者希望能够了解与把握作为美国对手的中国其经济中长期发展的趋势与经济实力，为美国决策者制定对华战略与政策提供经济方面的参考。根据美国政府近来解密的相关情报评估来看，美国政府内部的情报专家对中国经济的认识虽有不足之处，但也不乏真知灼见。例如，虽然他们未能预料到大跃进的严重后果，却准确地发现 1959 年时"大跃进"并没有要停止的迹象。同样，虽然未能预测到在 60 年代经济困难的情况下中国会强调先进武器的发展，但是他们对当时中国现实主义经济政策可能会被打断的担心不久就变成现实。更令人惊叹的是，相比于中国迟至 70 年代末才开始的改革开放，美国情报专家们在 60 年代中期就已经指出，中国要想改变当时经济发展的困境，必须要从刺激农民生产积极性并对外开放入手。因此无论从学术还是现实角度来看，分析这些情报评估文件并把握美国情报部门观察中国经济的方式与角度，都具有十分重要的参考借鉴意义。

就已经解密的美国政府对华经济情报评估文件以及相关研究来看，对中国国内经济的情报评估工作主要由中央情报局承担。② 从中央情报局生产的各类关于中国经济状况的情

---

① 美国学术界对中国经济情况进行评估所依赖的资料基础及其问题的探讨，可见陈乃伦：《对中国经济资料的估计：可得到的程度、可靠程度和可供使用的程度》，美国国会联合经济委员会编：《对中国经济的重新评估（1975）》，北京对外贸易学院等译，北京：中国财政经济出版社 1997 年版，第 102～134 页。

② 20 世纪 50 年代初期，美国国务院情报部门在评估中国经济情况时作用很大，中情局后来逐步全面承担起经济情报评估的主要责任。但国务院情报部门的评估活动仍然活跃。相关介绍见吴云：《美国中央情报局的经济情报工作简介》，《国际资料信息》，2005 年第 8 期，第 18 页。

报评估文件来看,最为重要的是 ORR 相关文件与 NIE 13 系列文件①。ORR 文件由中情局内部专门负责经济情报工作的研究与报告处(Office of Research and Report,简称 ORR)生产,负责全面评估中国国内经济现状与前景。编者通过比对发现,一般来说 ORR 文件都是更为权威的相关 NIE 文件的基础,但后者更为简练概括,并吸收了其他情报部门的看法。

　　NIE 13 系列文件是以中情局名义向美国情报界提交、并得到美国情报界其他情报机构首肯的最高情报评估形式,专门负责处理中国的全面状况。NIE 13 系列文件除了系统整理有关中国经济的信息以把握中国经济的现实状况之外,更尝试深入分析影响中国经济发展的深层次因素,以求对中国经济发展作出中长期预测。为达到目的,在中国经济数据来源十分有限的情况下,以中情局为首的美国情报机构竭尽所能加以搜集信息,并不断紧跟中国现实情况的变化而调整其分析的角度与看法。这一特点在 20 世纪 60 年代表现得特别明显,每当中国国内外发生重大事件之后,中情局必会立刻完成一份专门关于中国经济状况的 NIE 文件。② 由于缺乏系统完整的信息,中情局的情报评估文件未能对中国经济状况进行量化研究,在初期只能以叙述的方法粗略描述中国经济的状况,并在短期预测方面存在着许多问题。但是经过长期的积累,中情局情报专家们分析中国经济状况的方法日趋成熟,除了对中国经济状况进行较为全面细致的描述与分析之外,更尝试引进新的宏观经济研究方法来观察中国。③ 为了方便论述、突出特点,本导论将相关情报分为 20 世纪 50 年代与 60 年代两个时期加以论述。

(一) 20 世纪 50 年代对中国经济状况的情报评估

　　20 世纪 50 年代为美国政府对中华人民共和国的经济情报评估工作的初步展开阶段。由于相关经济信息搜集与分析工作刚刚开始,因此对中国宏观经济状况的论述与结论都较为简略,只求能勾勒出大致,难以构成专门的 NIE 文件,只能作为对中国整体状况评估的 NIE 文件中的一部分。④ 这些特点在第一次尝试对中国经济进行宏观分析与把握的 NIE 13－54文件中表现得非常清楚。

　　1954 年 6 月 3 日中情局提交了分析中国整体局势的 NIE 13－54 文件,其中的经济部分着重分析中国此时刚刚开始的第一个五年计划。由于当时中国"一五"计划尚未编制完成,因此该文件只能预测"一五"计划的大致目标是实现 1957 年国民生产总值比 1952 年增长 20％～25％左右(年增长率约为 4％)。该文件指出,中国执行"一五"计划的经济基础十分落

---

① NIE 全称为 National Intelligence Estimates,一般译作国家情报评估,其中包括特别国家情报评估 SNIE(Special National Intelligence Estimates) 13 文件。

② 例如 1961 年出现 SNIE 13－61 是因为"大跃进"失败引发经济困难,而 1964 年出现 NIE 13－64 是因为中国核武器即将爆炸。而 1966 年出现 NIE 13－5－66 是因为越南战争,1967 年出现 NIE 13－5－67 是因为"文革"爆发。

③ 就笔者所见,到 20 世纪 60 年代末期,美国政府情报部门已经开始尝试利用产生于发达的市场经济国家、并被世界大多数国家广泛采用的国民账户体系,来考察中国国民经济各部门之间的经济联系、国民投资情况等问题,虽然其分析比较简单与粗略。而中国国民经济核算一直采用产生于前苏联、东欧国家的物质产品平衡表体系。80 年代中期以后,中国在继续实行这一体系的同时,逐步引进了国民账户体统计方法。1984～1992 年国家统计局会同有关部门制定了《中国国民经济核算体系(试行方案)》开始试行国民账户体系。直至 2003 年中国开始全面使用国民账户体系。新华网:"国民经济核算实行新方案　全面系统反映发展水平",2003 年 5 月 7 日,http://news.xinhuanet.com/fortune/2003－05/08/content_861681.htm.美国情报部门对国民账户体系方法的使用情况,尚有待美国政府相关档案文件的进一步解密。

④ 20 世纪 50 年代的这些 NIE 文件全部见于第一编"中国综合状况",下面不再单独说明。

后薄弱,中国国民经济虽然历经三年恢复,但仍以农业生产为主,相比日本还有很大差距。要以这样的经济基础来实现"一五"计划,NIE 13-54 文件认为,作为中国主要经济部门的农业必须同时承担三项任务:喂养日渐增多的人口、向工业提供原料、出口创汇以支付资本物进口。其次中国领导人还必须能够有效地控制消费,以保证将中国的资源尽可能多地用于生产上。再次,中国领导人也必须争取到苏联的大规模援助。此外,避免农业合作化这样的社会经济改革运动影响到经济发展、解决缺乏足够的科研管理人才来建立高效的经济管理机制的问题,也是摆在中国共产党领导人面前的棘手问题。但 NIE 13-54 相信,中国政府可以解决这些问题,并能基本实现 1957 年的预订目标。①

NIE 13-54 关注的这几个问题,的确都是中国此时与今后经济发展中最难以解决的问题。这说明中情局的经济分析专家们对中国经济发展有一定的认识。但是从 NIE 13-54 所表现的形式来看,相关分析十分简略,多属于泛泛而谈,缺乏具体而深入的分析。而且 NIE 13-54 对中国"一五"计划的经济发展速度预计过低。因此在面对中国"一五"计划实际表现出来的快速发展时显得十分被动。另外,该文件也低估了中国政府进行社会动员的能力与农民对社会主义改造的拥护程度,也忽略了社会主义改造在中国实现"一五"计划中的重要作用。同时,NIE 13-54 文件也未能详细论述中共解决上述经济难题的可能手段与措施。

这种对中国经济发展的保守观点也影响到了 1956 年 1 月 5 日完成的 NIE 13-56 文件。NIE 13-56 文件已经意识到原来对"一五"计划的估计过于保守,主要原因是未能料到中国迅速进行了社会主义三大改造。NIE 13-56 文件认为,社会主义三大改造保证了中国政府能够全面控制中国经济资源并加以重新配置以保证重工业的资源投入,同时又提高了农业、手工业与资本主义工商业这些部门的生产效率。再加上苏联的大规模援助以及对中国消费的有效控制,NIE 13-56 文件认为中国有可能实现工业的快速增长,但难以实现农业与工业的预定目标,这是因为 NIE 13-54 文件提出的中国经济发展所面临的长期问题——特别是农业要承担三项重任的问题——仍然存在,同时它还认为农村的合作化运动损害了农民的积极性。而农业发展的滞后会扯工业发展的后腿。②

"一五"计划在 1956 年的提前完成使得中情局不得不在 1957 年 3 月 19 日 NIE 13-57 文件中重新评估"一五"计划。相比 NIE 13-56 文件的看法,NIE 13-57 承认对"一五"计划工业发展的估计过于保守,因为工业发展已经达到并超过了"一五"计划的预计目标。但 NIE 13-57 坚持之前文件对中国农业发展的分析,认为中国农业不得不承担的三项重任以及中国政府对农业的相对忽略,导致了农业未能实现预计目标。③ 该文件强调,如果中国政府解决不好这样两个问题——如何在农业合作化过程中保持与刺激农民的生产积极性问题

---

① NIE 13-54,1954 年 6 月 3 日。

② NIE 13-56,1956 年 1 月 5 日。

③ 后来的研究证明中国"一五"计划时期农业增长指标的确制定得过高,而且农业增长缓慢对整个国民经济产生了严重影响。见[美]R·麦克法夸尔,费正清编:《剑桥中华人民共和国史·革命中国的兴起,1949～1965》,谢亮生等译,北京:中国社会科学出版社 1990 年版,第 166～181 页。

与如何在强调快速工业化的同时加强对农业的投入问题,那么农业生产的增长速度就难以跟得上"二五"计划期间人口消费、工业原料与出口三方面的需要,"二五"计划的农业目标仍然难以实现,同样也会对工业的快速发展形成干扰。NIE 13-57 文件还提到了后来成为中国经济最棘手问题之一的人口增长过快问题,但是强调的是这一问题对中国就业所产生的压力,而人口迅速增长对粮食生产所产生的压力与计划生育问题则是被当作一个不具有紧迫性的长期问题。NIE 13-57 文件虽然考虑到这些问题与其他像消费水平过低、计划协调不够、技术人员不足等问题,但它对"二五"计划的总体前景是乐观的,认为在苏联的援助下中国能够实现"二五"计划的工业目标,农业虽难以完成任务,但也会以相当快的速度发展。①

中情局的专家们也敏锐地注意到中国领导人对中国"一五"计划期间的问题有相当深入的反思。NIE 13-57 文件就已经发现中国领导人准备在 1957 年放缓经济发展速度以避免出现严重的经济发展失衡,并强调消费与对劳动者的经济刺激。② 而 1958 年 5 月 13 日完成的NIE 13-58文件更是强调了中共领导人对农业投入不够、农业发展缓慢的关注,以及在"二五"计划中赋予农业的经济优先性。但中国庞大人口迅速增长的事实令 NIE 13-58 文件对"二五"期间中国农业发展持谨慎态度,认为在人口快速增长的巨大压力下,如果集体化运动严重打击了农民生产积极性并出现恶劣天气,中国农业会遭到重大打击。不过由于相信中苏良好关系会维持相当一段时间,该文件认为即使中国农业出现问题,中国会在苏联的援助下以减少粮食出口并增加粮食进口的措施加以应对。在工业发展方面,该文件更是保持了之前的乐观态度,认为虽然有资本短缺、科技人才不足、部分原料不足、苏联贷款减少的问题,但是仍然可以保持高速发展。③

就"一五"计划而言,上述论述说明中情局经济分析专家们的认识还是具有相当深度,在某些方面丝毫不亚于国人自己的认识。上述 NIE 系列文件虽然只是从长期性问题的角度提出中国人口增长过快问题,但是与以马寅初为代表的中国学者的认识几乎同时。④ 同时,毛泽东 1956 年发表《论十大关系》反思苏联模式的工业化道路在许多方面也与上述 NIE 文件的一些看法不谋而合。⑤ 特别值得强调的是,这些 NIE 文件都指出了这样一个在文件中虽未特别强调、但无处不在的事实,即获得苏联的支持对于中国实现工业化所具有的极端重要性。相比之下,中国领导人对此虽然有所认识,但却未能在实践中加以贯彻,以至于后来的大跃进与中苏政治分歧都干扰了苏联对华援助并致使苏联撤销对华援助,从而对中国经济发展造成了极为深远的负面影响。⑥ 但这些 NIE 文件也说明了中情局相关认识中的一个

---

① NIE 13-57,1957 年 3 月 19 日。
② 同上。
③ NIE 13-58,1958 年 5 月 13 日。
④ 马寅初:《新人口论》,《人民日报》,1957 年 7 月 5 日。
⑤ 关于中国领导人对"一五"计划期间苏联模式工业化道路的反思过程,见薄一波:《若干重大决策与事件的回顾》(修订本),北京:人民出版社 1997 年版,上卷,第 482~514 页。
⑥ 就编者所见,苏联援助对中国经济发展的极端重要性这一论题似乎仍未得到历史学家的普遍重视。目前唯一较为深入探讨苏联援助对 20 世纪 50 年代中国经济发展的重要性的著作仅有沈志华:《苏联专家在中国(1948~1960)》,北京:中国国际广播出版社 2003 年版;张柏春:《苏联技术向中国的转移(1949~1966)》,济南:山东教育出版社 2004 年版。

重大缺陷，那就是未能了解毛泽东对经济发展的看法与态度。这些文件并未认识到1956年中国经济发展过快是因为毛泽东的鼓动而发生的，而周恩来、陈云在1957年的反冒进反而招致了毛泽东的反反冒进批评，并随之引发了"大跃进"。① 直到60年代，中情局的专家们才确定毛泽东对经济发展持十分急躁的态度。

正是对"一五"计划内在矛盾的较为深刻的认识以及对中国领导人政策调整的敏感，中情局十分重视1958年下半年开始的"大跃进"与人民公社。1959年2月10日完成的NIE 13-2-59号文件与1959年7月28日完成的NIE 13-59文件，都花费了很大的篇幅来讨论"大跃进"与人民公社。② 两份NIE文件都将大跃进与人民公社的出现看作是中国领导人探索新的经济发展模式的重要尝试。两份文件认为，"一五"计划期间强调重工业、忽视农业的不平衡发展模式使得农业已经难以承担喂养人口、提供工业原料、提供出口物资的三重任务。而中国人口的快速增长对农业生产产生的巨大压力，以及苏联在"二五"计划期间不再提供贷款这一事实对中国农产品出口创汇能力提出了更高要求，都使这一问题更加严重，并使得中国工业的迅速发展受到影响。在此困境之下，中国领导人发动大跃进、推行人民公社的目的就在于动员中国最丰富资源——农村非熟练劳动力，以加强劳动力投入的方式促进农业、农村工业与地方工业的发展，从而打破苏联发展模式的瓶颈，实现中国经济的全面快速发展。③

这两份文件认为"大跃进"是中国领导人对新发展道路的探索这一观点相当深入，后来已被中国与美国学者普遍采纳，④但是它们对"大跃进"运动中的非理性因素却估计不足。NIE 13-2-59与NIE 13-59文件虽然都发现"大跃进"与人民公社引起了不少问题，如人力储备耗尽、人民筋疲力尽、农业丰产不丰收、统计数据混乱并出现浮夸、缺乏管理技术、经济计划变动大等，却肯定"大跃进"与人民公社对1958年农业丰产的促进作用，并预计中国领导人会在1959年对两个运动进行调整，取消其中的极端行为。该文件认为，这些调整将保证中国经济——包括农业——继续高速发展。⑤

中情局经济情报专家对"大跃进"中非理性因素的误读在随后的相关情报评估文件中表现得更加明显，其中最为典型的是1959年9月1日中情局下属国际共产主义高级研究参谋提交的题为《中华人民共和国十年大庆》的CIA/SRS-12情报文件。庐山会议公报与决议

---

① 薄一波：《若干重大决策与事件的回顾》（修订本），北京：人民出版社1997年版，上卷，第539页以下；下卷，第658～680页。
② 两份文件的分析与结论十分相似，而NIE 13-59更为简练与全面。
③ NIE 13-2-59，1959年2月10日；NIE 13-59，1959年7月28日。
④ 李庆刚：《十年来"大跃进"研究若干问题综述》，《当代中国史研究》，2006年第3期。Alexander Eckstein, *China's Economic Development: The Interplay Of Scarcity And Ideology*, Ann Arbor：The University of Michigan Press, 1975；Victor D. Lippit, *The Economic Development Of China*, Armonk：M. E Sharpe, Inc, 1987；Stephen P. Andors, "China's industrialization in historical perspective", in Neville Maxwell（ed.）, *China's Road To Development*, Oxford：Pergamon Press, 1979；T. N. Chiu, "Urbanization process and national development", in C. K. Leung and Norton Ginsburg（eds.）, *China: Urbanization And National Development*, Chicago：University of Chicago, Dept. of Geography, 1980等。
⑤ NIE 13-2-59，1959年2月10日；NIE 13-59，1959年7月28日。

发布后,美国舆论普遍认为这说明中国领导人已经承认"大跃进"失败。但通过细致的分析,该情报的看法恰恰相反,认为中国领导人虽然承认"大跃进"出现了失误,但这恰恰表现出中国领导人的自信。CIA/SRS-12文件认为中国仍然将坚持"大跃进"与人民公社,同时会对其中的问题进行调整。不过,该文件严重高估了毛泽东对"大跃进"出现的问题的理性认识。虽然该文件也质疑"大跃进"中愈演愈烈的浮夸与虚报,但确信中国领导人——特别是毛泽东——对此有着十分清醒的认识,认为毛泽东之所以鼓励"大跃进"中的浮夸,目的是要通过制定过高的目标来动员人民以实现更为实际的目标,也就是"取乎其上,得乎其中"。令人啼笑皆非的是,该文件反而担心"大跃进"会促进中国农业实现极大的发展,从而打破整个亚洲的经济均衡,而对美国构成挑战:

"中共领导人是否清楚他们自己正在做什么,或者他们自己只不过是自我陶醉的牺牲品,也就是他们在他们的干部中以前谴责的'胜利冲昏头脑'?"

"很难相信,中共领导人事实上被大量夸大统计数据所迷惑。我们宁愿得出这一结论,他们允许继续夸大并暂时对之认可,因为他们充分认识到之后将不得不缩水。因此问题是,他们为什么要将1959年计划的目标制定到不切实际的高以至于不可能? 很可能他们是故意这样做,其心理目的我们很难探究,但是很可能是理性的。我们现在面对的是一种很少有历史例证的经济动力学——可能苏联在新经济政策之后的强迫性集体化是一个例证,但是这也许会被证明是中国前进动力的关键。比国外——也许包括国内——批评者更加了解中国农民的毛泽东,将他关于行动的经典原则'不平衡——平衡——不平衡'以最大的勇敢付诸实施,这一点也许并不牵强。从1.75亿吨粮食跃进到2.5亿吨,这是一个惊人的杂技表演。当参与者与旁观者停下来休息时,留下的是一个部分实现了的——很可能最终可以全部实现——扩张了的中国农业,这将能改变整个亚洲的经济平衡。数百万吨可以出口的大米这一悬在东南亚的头上的威胁将很可能成为明天的噩梦。"①

中情局对"大跃进"的误判似乎十分普遍,因为1960年12月完成的NIE 13-60文件仍然采用了上述看法。虽然NIE 13-60文件较为冷静,已经注意到1959、1960年天气恶劣影响了农业生产并随之影响了中国国内的粮食供应与农产品出口,也发现了中苏之间出现的争吵,但该文件对问题的严重性明显估计不足,认为中国领导人已经认识到人口迅速增长的问题并加强了对农业的投入,即使1961年出现恶劣天气而进一步打击农业生产,中国政府也可以在苏联的援助下加以应对,其影响只是减缓中国工业部门的发展速度。而它对中国工业的发展更加乐观,认为重工业会在1961~1965年有迅速增长,并会在煤炭、粗钢、电力、

---

① CIA/SRS-12,1959年9月1日。

机械等领域取得长足进步。①

（二）对 20 世纪 60 年代中国经济状况的情报评估

随着中国出现了严重的经济困难这一事实在 1961 年初表现的十分明显，原先一直确定中国经济会相当快速发展的中情局专家们显得十分被动。为此，在 NIE 13－60 出台之后不到半年，1961 年 4 月 4 日中情局就迅速完成了第一份专门分析中国经济状况的特别国家情报评估 SNIE 13－61，即本编 4－1 文件其重点在于评估当时中国农业问题的严重性及其对中国整个国民经济所产生的影响。此后，由于中国国内外环境的复杂变化，中情局接连生产了系列 NIE 文件专门处理中国经济问题，以求及时准确的把握中国经济的动态。至此，可以说中情局对中国经济情报评估的工作进入了一个相对成熟的时期。

本编 4－1 文件在分析"大跃进"成因时继承了之前 NIE 文件的基本看法，认为这是中国领导人为了突破苏联模式工业化中农业发展落后这一瓶颈而进行的尝试。但以促进农业发展为目的"大跃进"与人民公社反而引发了中国全国经济管理混乱与农民过度疲劳和政治淡漠，再加上 1959、1960 年的恶劣天气，中国农业生产反而出现了极大的倒退。由于中国农业承担着喂养人口、提供工业原料、出口创汇三项重负，因此农业出现问题动摇了整个国民经济。第一，中国粮食的生产与供应不能满足人口消费的需求，甚至在某些地方出现了饥荒。估计中国的粮食生产从 1958 年的 2.12 亿吨降到了 1959 年的 1.9 亿吨，1960 年估计只有 1.8 到 1.9 亿吨。同时中国人饮食质量下降，肉类、植物油与豆类这样高营养食物的摄入量降低。第二，相比 1958、1959 年的高增长速度，国民经济增长率急剧降低，有些部门甚至出现了倒退。中国国民生产总值在 1958 年增长了 18％与 1959 年增长了 12％之后，估计在 1960 年的增长率只有大约 8％，仅相当于"一五"计划时期的平均水平。第三，农业生产的倒退使得中国出口产品大量减少。在中国为工业化而大量进口各种资本物的情况下，中国农产品以及相关轻工业产品出口的减少以及粮食进口的增加，使得中国外贸的收支平衡出现了严重的赤字。相比之下，苏联撤走技术专家与工业大跃进的失败只是加重了中国的经济困难，其影响主要限于工业领域。前者主要导致了中国一些工业建设项目的拖后，以及中苏贸易可能出现了某种暂时性中断，而后者则引起了生产效率降低、损耗过大、产品质量差、工业管理混乱等问题。

面临农业生产出现的严重问题，4－1 文件分析了中国的补救措施，认为其目的主要在于恢复农业生产。为了减少对农业的压力，中国开始实行严格的食物配给制度并将食物配给数量减少约 10％。同时还采取了降低工业增长指标与重工业投资率、大幅削减工业进口等措施以减轻工业在资本与进口上对农业的压力。为了解决农业已经难以喂养人口的问题，相比"一五"计划期间中国每年平均粮食净出口超过 100 万吨，中国开始大规模进口粮食，仅1961 年上半年，中国已经达成协议要进口价值 2 亿美元的约 300 万吨粮食。同时，为了恢复农民的生产积极性以加快农业的复苏，政府着手给予农民更大的生产自由，一方面调整人民

---

① NIE 13－60，1960 年 12 月 6 日。

公社减少集体控制,另一方面允许农民保有自留地并恢复了自由市场。

即使有这些调整,4-1文件对中国未来几年的经济前景并不乐观。在农业方面,即使中国幸运地获得连续几年的好天气,但中国人口快速增长仍然使得粮食供应问题难以解决。同样,工业化仍然是中国经济发展的核心与重点,在这样政策取向下农业很难获得充足持久的投入以保证长期稳定的发展。而农业前景黯淡与苏联撤销援助也决定了中国工业发展势必要放缓,4-1还预计,在没有苏联援助的情况下中国可能会改变工业发展方向,会放缓甚至放弃发展高精尖工业,而将注意力放在填补中国已经有所发展的领域——主要是冶金、化学与机器制造等基础工业——在技术上的差距。此外,农业出口减少导致的中国外汇收入也影响到中国外贸,该文件预计中国会大大减少从苏东国家的工业进口——主要是机械与设备,并会缓和与苏联的关系以求延缓偿付对苏债务。同时,中国还会加强与西方国家的联系来增加中国的粮食进口并出口创汇。

20世纪60年代初中国缓和中苏矛盾的事实证实了SNIE 13-64文件相关估计有一定的准确性。苏联在此时虽未大规模恢复对中国的援助,但是1961年在米格歼击机等方面向中国提供了援助。同时中国接受了苏联50万吨蔗糖的援助,而拒绝了100万吨粮食援助的提议。1961年4月,中国与苏联达成协议,将1960年中国贸易欠款分五年期分期归还。1961年苏联还向中国贷款3.296亿卢布等。此时中苏之间的争吵也暂时停息。[1]

但是该情报评估在估计中国工业发展方向上出现了严重错误。事实说明,中国非但没有放弃开发高精尖工业,反而决定要加速发展尖端武器的决心,并在60年代中期左右先后在核武器、导弹等方面实现了重大突破。美国情报之所以出现这样的错误,究其原因,依然是中央情报局的情报专家们未能深刻把握到,中国领导人对待尖端武器的态度并不是从经济的角度出发,而是以政治考虑为先。[2]

1961、1962年中情局先后完成了NIE 13-2-61、NIE 13-4-62两份关于中国综合状况的文件[3],在经济问题的看法都采用了SNIE 13-64文件的结论。但到1964年初,上述看法已经急需修正。中国经济到1964年初已经基本恢复,正在着手进行第三个五年计划的编制。同时,越来越多的迹象表明中国正在加紧发展以核武器为核心的先进武器系统,这证明之前对中国工业发展方向的预计出现重大失误。[4] 此外,中苏关系经过短暂的缓和之后已经走向彻底决裂,这意味着中国彻底的失去了获得苏联经济援助的可能性。为此,1964年1月28日中情局完成了第二份专门分析中国经济的NIE文件——NIE 13-64即本编4-4文件。

相比之前的分析,本编4-4文件通过回顾中华人民共和国过去15年经济发展史而简

---

① 沈志华主编:《中苏关系史纲(1917~1991)》,北京:新华出版社2007年版,第284~295页。
② 戴超武:《中国核武器的发展与中苏关系的破裂》,《当代中国史研究》,2001年第3、5期。
③ 见本套书第一编1-8、1-9文件。
④ 关于美国情报部门对中国核武器计划的评估情况,见詹欣:《美国情报部门对中国核武器计划的评估与预测(1955~1967)》,《华东师范大学学报(哲学社会科学版)》,2007年第3期。

练概括出中国经济发展所面临的根本性矛盾——经济资源十分有限，但又要实现快速工业化。中国领导人发动"大跃进"的目的就是为了以群众动员的手段来突破资源限制而实现快速发展，但所导致的农业生产倒退反而加剧了资源有限与快速工业化这一矛盾。为了恢复经济，中国政府在20世纪60年代初采取了一系列补救措施：较之以往给予农业以很大的优先性，缩小人民公社的规模并允许农业方面实行分权，放弃强迫动员大规模劳动，放松对私人经济成分的控制；在工业方面放慢速度，降低生产目标，强调质量，实行严格统计，加强工业管理，部分重建"一五"计划时期的经济管理体制；在社会领域恢复计划生育以降低中国人口的出生率。但这些措施未能从根本上触及资源有限与快速发展这一根本问题。由于中国希望成为世界强国的强烈民族主义情绪，中国领导人非但没有放缓工业化速度，反而更寻求开发先进武器系统，这对中国有限的经济资源造成了沉重的压力。另一方面，对利用外国经济资源（包括苏联）的敌视、意识形态上的集体主义对农民生产自由的限制、政治教育对劳动力时间与精力的占用、中国群众政治上的淡漠，都使得中国领导人缺乏手段来解决资源不足问题。使问题更加严重的是中国庞大的失业与就业不足的人口。

考虑到上述限制因素，本编4-4文件对中国在短期之内解决农业问题的关键——粮食生产问题——并不乐观。虽然1963年粮食总产量很可能为大约1.75亿～1.8亿吨，接近1962与1957年的水平，但是中国人口却增加了几千万。另一方面，中国促进农业发展的政策的重点是农业生产电气化、使用动物驱动机械、加强灌溉、与大力发展化肥工业，这些措施都需要相应的配套发展，其效果要很久之后才能显现出来。而已经开始了的计划生育运动在农村进行并不顺利，而且在短期之内也很难减轻人口对粮食的压力。

1963年整体状况已经恢复到1957年水平的中国工业发展前景也面临许多问题。具有优先性的工业部门（如石油、合金钢、军事工业等）虽然恢复与发展速度很快，但因为中国领导人不愿意从苏联或者西方国家获得大规模经济技术援助，因此技术落后与缺乏关键进口设备与部件成为这些部门进一步发展所面临的主要限制。而不具有优先性（如原钢、轻工业等）的工业，由于原料供应不足或产品需求不大，不仅恢复十分缓慢，其未来发展前景也不乐观。同时中国整个工业发展都面临高级人才缺乏、而人才培养制度十分落后这样一个普遍性矛盾。

本编4-4文件颇有见地地指出后来被中国改革开放所部分实践的中国经济发展最佳路径：一是真正重视农业，并在资源分配上以农业为中心，让其他经济部门的发展服从农业的发展；二是采取鼓励自留地发展、扩大私人贸易、保存私人小企业等办法来使经济刺激与生产效率最大化；三是积极引进外国先进机械设备与援助。这些措施虽然需要两三年才能发挥效果，并且需要推迟中国工业的现代化（可能推迟五到十年），但会使中国农业与整个经济的发展基础更为牢固与健康。但该文件认为由于僵硬的意识形态，中国政府不可能采取这些政策。同时该文件还提出了两个后来被证实了的忧虑：一是中国政府并未改变其工业发展优先的经济取向，因此中国政府非常有可能急于重新调整经济政策以强调工业的发展，甚至会在条件还不成熟的时候就这样作。二是中国领导人中激进主义者力量强大，中国当前的务实主义经济政策很有可能会被打断。① 为此,该文件强调,中国经济未来发展的最大问题来自意识形态方面的限制,认为在既有的意识形态下,中国政府只能选择次优经济政策:为了防止粮食生产出现问题而有限度地支持农业与相关工业,并很可能在农业情况出现好转的情况下停止目前对农业的投入。目前已经开始的与西方的经济联系会继续,但会限制在相当有限的范围之内。在经济发展优先次序上,军事工业的发展仍然占据主导地位,但中国工业发展不平衡问题与技术落后问题仍将难以解决。

1964、1965 年中国与世界发生的一系列事件所透露出的信息让中央情报局的经济专家们对中国经济有了进一步了解。1964 年 10 月与 1965 年 4 月中国两次成功实现了核试验,以及中国在其他先进武器研发领域的飞速进步,使得经济分析专家们已经确定了中国军事工业——特别是尖端武器工业——在中国经济发展所具有的最优先地位。因此分析优先发展军事工业对中国经济产生的影响成为这一时期情报评估的关键。同时中国因为越南战争升级而进行的经济动员也是情报评估的中心之一。为此,1966 年 1 月 13 日中央情报局就提交了 NIE 13-5-66 即本编 4-7 文件。②

本编 4-7 文件认为,中国经济虽然有了进一步恢复与发展,并在先进武器系统方面取得以核试验为标志的重大进步,但是中国经济发展的道路仍然十分漫长,中国副总理陈毅宣布中国将用 30～50 年的时间成为一个强大的大国这一声明证实了这一点。

在该文件看来,越南战争引发的中国经济动员并未对中国经济产生太大的压力。虽然中国在 1965 年加大了对北越的军事与经济援助,并相应地加强了中国南方地区以七个机场、三条铁路干线、若干条公路为中心的军事与交通能力的建设,但这些活动并未对中国经济造成很大的压力,其负面影响主要表现在中国与苏联援越物资的运输使得中国铁路系统产生了一些暂时的拥挤与拖延。不过该文件估计,如果越南战斗持续升级导致中国援助以及中国国防措施的相对升级,将会极大地加重对中国经济的压力。

制约中国经济发展的两个主要因素是中国农业发展的缓慢与中国领导人下定决心要发展费用很高的先进武器计划。在这两个问题之中,农业问题最为重要与复杂。该文件指出,中国农业虽然有所恢复,但是其增长十分缓慢,究其原因,主要是中国政府只愿意将允许农民自由生产的政策限制在非常有限的范围之内,甚至有可能会随时取消。同时,虽然也强调发展化肥、农业机械等工业以支持农业,但已有的农业投入还远远不够。在这种状况下,面对中国人口以大约每年 2.25% 速度的快速增长,农业的缓慢发展不仅未能缓解人口粮食消费的压力,反而迫使中国政府每年花费 4 亿美元来进口 500 万～600 万吨粮食,因此根本谈不上在原料供应与创汇两个方面对工业有所贡献。由于中国农业出口能力有限而外汇储备很少,而苏联已不可能提供大规模援助,1964 年中国只能从西方进口总额只有 2 亿美元的急需

---

① 1964 年 4 月中情局研究报告处的经济情报报告 CIA/RR ER 64-13 即本编 4-5 文件,就发现中国开始展开社会主义教育运动,允许农民有自留地、允许自由市场存在等措施受到了打击。
② 在 NIE 13-5-66 形成之前,1965 年 12 月 11 日中情局研究与报告处提交了 CIA/RR ER 65-32 即本编 4-6 文件分析中国经济状况,内容与 NIE 13-5-66 十分相似,但后者更为精练。

机械与设备，而这一进口额在1959年为10亿美元！

本编4-7文件认为，在农业发展拖后的情况下，中国领导人强调先进武器计划的最高经济优先性使得中国经济问题更加严重。该文件承认中国在核武器、导弹、飞机、潜艇等先进武器的研制开发上取得了突破，但指出中国的代价也是十分巨大的。中苏关系破裂之后，中国不得不依靠自己的力量来发展先进武器。但由于中国科学与工业基础薄弱，这些先进武器的研发工作实际上抽走了中国最稀缺的经济资源——高级科技人才、高级工业原料、高级机械与设备。其中从大学抽走高级科技人才所造成的后果最为严重，因为这直接损害了大学培养新的高级人才的能力。而中国不愿大规模获得外国援助以及缺乏外汇的现实状况也决定了中国不可能从外国获得这些资源的补充，其结果只能是其他不具有优先性的工业的发展被严重滞后，从而致使中国工业基础的发展受到极大的限制。

在上述两个制约因素的影响下，该文件认为中国未来十年经济发展将十分缓慢，虽然中国仍有能力在先进武器领域实现新的进步。除了继续强调农业生产落后与人口快速膨胀之间这一长久的问题之外，该文件还特别担心中国发展先进武器计划的进一步展开会对中国十分有限的经济资源构成更加激烈的竞争，从而会削弱中国经济的稳定性并使中国经济问题更加严重。而历史事实证明，该文件的上述看法过于乐观。此时毛泽东已经开始酝酿发动"文化大革命"。而该文件一直怀疑是否存在的、以继续调整为主旨的"三五"计划也被毛泽东于1964年5月突然否定，中国开始进行以建设军事工业——特别是尖端武器——为核心内容的三线建设。后来的事实证明，从经济角度来看三线建设的确效果不佳，而且曾几度引起国民经济失调，后来于1980年停止。[①]

1966年5月中国的"文化大革命"开始全面爆发，并在1966年底、1967年初扩大到经济领域。中央情报局研究报告处立刻在1967年1月提交了本编4-9文件，专门讨论"文革"对中国经济产生的影响。该文件观察到，到1966年末为止，"文革"对经济的负面影响有限。虽然一些工厂出现停工、运输出现堵塞以及原定涨工资的取消对工人积极性造成了打击，但都影响有限。"文革"产生的破坏性影响表现最严重的是教育方面与经济管理方面：各种学校的关闭以及研究人员被迫从事革命；党的系统在经济管理方面的权威被打倒，经济管理出现了混乱。该文件认为，如果"文革"继续扩散，军事工业与农业会遇到麻烦，而且各种混乱将可能会产生互动而使负面影响进一步扩大，因此中国经济的前景并不乐观。[②]

此后不久的1967年6月29日，中情局完成了60年代最后一份专门关于中国经济状况的NIE文件NIE 13-5-67，即本编4-10文件着重考察"文革"对中国经济发展所产生的影响。[③]中情局的专家们认为，毛泽东发动"文化大革命"有两方面原因。一是毛泽东对经济

---

① 毛泽东否定"三五"计划、转而要求进行三线建设十分突然，连当时负责"三五"计划设计的国家计委主任李富春都感到十分意外。见房维中、金冲及主编：《李富春传》，北京：中央文献出版社2002年版，第619～647页。目前关于三线建设较为全面的研究，见陈东林：《三线建设——备战时期的西部开发》，北京：中央党校出版社2003年版。

② Memorandum: "The Impact of the 'Cultural Revolution' on the Economy of Communist China"，1967年1月10日。

③ 之后1967年8月中情局内部又完成了RR IR 67-21即本编4-11文件，对中国的经济状况进行了更为细致的考察，但其基本看法同于NIE 13-5-67。

发展的看法。该文件指出,毛泽东是一个革命领袖,而不是一个经济计划者。他担心随着中国经济的发展官僚主义也日益发展,因此他强调社会革命,反对物质刺激与专家主义,并不断发动政治运动干扰中国经济。这种运动已有先例,那就是以失败告终的"大跃进"。而"大跃进"之后毛泽东与中国其他领导人在经济政策上的分歧以及毛由此产生的愤怒,是毛泽东发动"文革"的第二个原因。相比"大跃进"阶段NIE专家们认为毛泽东是十分精明的经济专家的看法而言,此时对毛泽东经济思想的理解无疑更为深刻。

不过该文件发现,可能是由于"大跃进"的经验教训,在"文革"的政治运动干扰了经济生产之后,毛泽东立刻下令加以控制。因此到此时为止"文革"对中国经济并未产生太大的干扰。到1967年初,农业尚未受到"文革"的严重影响,工业增长与生产效率因为"文革"而放缓,"文革"对运输、外贸、对外援助领域的影响也有限。"文革"对经济造成的最大损害是,"清洗"党的干部与打到掌权派削弱了对经济的指挥与控制,这使得经济宏观与微观管理都出现了问题,并从长远来看损害了中国的经济基础。该文件颇有远见地指出,如果中国的政治动荡不加以解决,那么中国经济领域的调整就会一直受到政治领域的干扰。这一点后来的确得到了历史的印证。

从长远来看,该文件指出,"文革"造成最大损害的是中国教育。高校被关闭而中小学停课学习毛泽东的著作,这进一步打击了中国原来就十分落后的人才培养。该文件认为,虽然"大跃进"的教训使得毛泽东不太可能发动另一场"大跃进"并导致中国经济出现危机,但中国教育体系的破碎,再加上之前NIE文件指出的两大制约因素——中国农业发展缓慢难以解决人口消费问题,代价巨大的先进武器计划,这决定了中国未来十年经济发展仍然是以缓慢为特征的。从后来中国经济发展的历程来看,虽然中美关系在20世纪70年代初的迅速发展证明该文件关于中国会继续与美国对立的预测是错误的,但是它的其他分析与结论都被证明是极具前瞻性的。

二、中国与不发达国家的经济联系

中华人民共和国是世界上最大的不发达国家,中国与其他不发达国家之间的经济联系,不仅是中国对外关系中的重要内容,更是南南合作的杰出典范,在国际舞台上产生了极为深远的影响。正因为此,一直十分关注这一问题的美国政府对此专门进行了一系列情报搜集与分析工作,以作为其相关对外经济决策的基础。就编者所见,已经解密了的美国政府相关情报评估文件主要集中在20世纪50、60年代。① 从内容上看,美国政府关于中国与不发达国家经济联系的情报评估主要有以下几个特点:第一,就情报评估的内容来看,它们一般将中国与不发达国家的经济联系分为三类:贸易、经济援助(贷款与赠款)、技术援助,并将不发达国家分为以下几个地区而分别加以考察:南亚、东南亚、中东北非、黑非洲、拉丁美洲。

---

① 美国情报所指的"不发达地区"包括:所有南亚和东南亚国家;中东所有国家,包括埃及、苏丹、土耳其、希腊、阿富汗和巴基斯坦;非洲独立国家,不包括南非联邦;南斯拉夫、冰岛、西班牙和葡萄牙;拉美所有独立国家。

第二,从情报评估重点来看,美国情报文件在 50 年代时特别关注中国的对外贸易,而在 60 年代主要关注中国的经济援助。第三,从情报评估的资料来源看,美国这一类情报评估主要以与中国发生经济联系的各国相关统计数据为基础,因此可靠性与准确性相当高。

美国政府情报机构的相关情报搜集分析工作有一个非常明显的演变过程。在 20 世纪 50 年代,美国情报机构是从当时整个社会主义阵营所谓对不发达国家的"经济攻势"的角度来观察分析中国与不发达国家的经济联系,因此主要负责的机构是美国中央情报局、经济情报委员会(Economic Intelligence Committee,简称 EIC)两大情报部门。① 同时中情局与国务院关于中国整体局势的情报评估中也有专门章节进行论述。而随着社会主义阵营在 60 年代初出现分裂,美国情报机构逐步从中国自身的角度出发来分析中国这一对外经济联系,因此负责中国整体局势评估的中情局与国务院承担了重要情报搜集与评估责任,但是经济情报委员会的相关情报工作仍在继续。编者根据美国情报文件所观察到的中国与不发达国家经济联系的巨大变化,将这一时段分为 1952～1958、1959～1962、1963～1969 年三个阶段,以此对美国相关情报文件加以整理总结,以凸显各个时期的特点。②

(一)1952～1958 年美国关于中国与不发达国家经济联系的情报评估

在美国情报机构眼里,新中国与不发达国家建立并加强经济联系始于 1952 年中国参加莫斯科国际经济会议,这是 50 年代初整个社会主义阵营对不发达国家发动的"经济攻势"中极为重要的一部分。美国情报机构的这种看法除了源自其假设的中苏两国在对外政策方面高度一致,也与当时中国与不发达国家之间的贸易为社会主义各国之最这一现实有关。美国情报机构发现,1955 年中国这一贸易总额为 5.5 亿美元,而其他社会主义国家的这一贸易量总和只有 9 亿美元。③ 就地区而言,中国与不发达国家的贸易主要集中在东南亚、南亚地区这两个传统贸易地区。在整个社会主义阵营与这两个地区的贸易总额中,1955 年中国所占比重为 80%,1958 年略有下降,但仍然高达 73%。④ 相对而言,50 年代中国与非洲、拉丁美洲的贸易联系还处在起步阶段,但也有了一定的发展。中非贸易的主要内容是中国分别向北非与热带非洲出口的茶叶与棉纺织品,并分别从这两个地区进口磷酸盐和棉花,这一贸易在 1955～1958 年间迅速增长了 1 700 万美元。⑤ 中国与拉美的贸易从 1958 年开始出现大的增长,当时中国从巴西和古巴购买了大量蔗糖,并从乌拉圭购买大量羊毛。⑥

在美国情报机构看来,中国与不发达国家贸易的迅速发展,主要是因为中国配合苏联发动经济攻势以及西方国家(包括不发达国家)未能坚持对华经济封锁,而中国的"一五"计划

---

① 当时社会主义阵营加强与不发达国家的经济联系被美国政府情报评估文件称为"经济攻势"或者"经济渗透"。关于美国政府对这一"经济攻势"所做的情报搜集与评估工作的介绍,见姚昱:《社会主义国家对不发达地区的"经济攻势"——1956～1960 年美国政府的情报评估》,《华东师范大学学报(哲社版)》,2007 年第 3 期,第 14～18 页。
② 本导论所使用的一些文件分别见本编文件,及本套书第十一编"中国与第三世界"文件。下面不再详细说明。
③ EIC - R - 14,1956 年 8 月 8 日。
④ Intelligence Report No. 7670,1958 年 2 月 28 日。
⑤ Communist China's Political and Economic Offensive in Africa,1960 年 8 月 29 日。
⑥ EIC - R14 - S7,1959 年 8 月 28 日。

加强了中国工业品在国际市场上的竞争能力只起到了次要作用。就中国发动经济攻势而言,美国情报机构认为中国为了配合苏联达到对不发达国家的"经济渗透"目的,采取了积极参加各种博览会、派出各种贸易使团、与各国政府签订官方贸易合同、提供经济技术援助等措施,极大地推动了中国与不发达国家贸易的发展。① 就西方国家未能坚持朝鲜战争爆发以后对中国进行的经济封锁而言,1956年1月5日由中情局牵头、美国政府各主要情报机构参与写作的《到1960年中国共产党的能力与可能的行动方针》NIE 13-56文件估计,如果资本主义各国像美国一样恪守对华贸易禁运,那么中国将失去其1956年出口份额中的20%。②

中国此时对不发达国家的经济援助也引起了美国情报部门的特别注意。到1958年初,中国的经济援助已经扩展到缅甸、柬埔寨、尼泊尔、斯里兰卡、也门、埃及等国,对不发达国家的经济援助(贷款与赠款)总数达到7 600万美元。相比其他社会主义国家,中国对不发达国家的经济援助在规模上不大。根据美国情报部门的估计,到1958年初,中国对远东地区的经济援助只占社会主义国家对这一地区援助的15%。但是美国情报部门还是相当敏锐地注意到中国对外经济援助所具有的独特之处,那就是中国是最早向不发达国家提供无偿赠款援助的社会主义国家,而且无偿赠款援助在中国对外经济援助中占有相当大的比例。美国情报机构发现,苏联与东欧国家虽然已经实现工业化、并有相对较大的剩余资本与黄金储备,但对不发达国家进行经济援助的主要形式是以必须偿还本息为形式的贷款(长期低息)。而经济落后、工业化才刚刚开始、自身也十分需要资本投资的中国此时对不发达国家的经济援助却主要是无偿赠款,③中国的这一特点令美国情报机构感到十分惊奇:

> "共产党中国到现在为止根据协定所提供的援助在数量上不大,只占该集团向自由世界提供的援助总数的大约3%。但是,这对中国共产党来说是真正的经济牺牲,因为他们正在其国内计划上遭受着严重的资本与物资短缺……"④

总的来说,这一时期美国情报部门在资料搜集方面的工作是比较全面的,但在分析中国与不发达国家的经济联系却有偏颇之处。例如,这一时期中国此时与东南亚、南亚地区贸易之所以有迅速增长,很大程度上是美国禁运政策被突破后中国与这一地区长久以来就已存在的大规模贸易的恢复与回升。但是美国情报部门对这一点视而不见,坚持从僵硬的冷战对峙的角度出发,认为中国的这一贸易乃是中国参与"经济攻势"的一个重要表现。同样,虽然美国情报机构发现中国在经济尚不宽裕的情况下毅然向不发达国家提供无偿赠款援助,但是仍然将中国的相关经济活动视为是对不发达国家的政治经济渗透,强调的是中苏在对

---

① NIE 13-2-57,1957年12月3日。
② NIE 13-56,1956年1月5日。
③ IR 7670,1958年2月28日。
④ IR 7670,1958年2月28日。

外经济政策领域的一致性。这些都集中体现了当时美国在认识中国对外关系时所具有的两个明显特征，一是冷战意识，一是从中苏同盟的大角度来对待中国，而未能充分重视中国的独立性。美国政府情报机构这种认识十分僵硬，只是随后中国在这一领域的活动发生了很大的变化之后，美国情报机构的看法才开始进行缓慢的调整。

（二）1959～1962年中国与不发达国家的经济联系与美国政府情报评估

1959～1962年期间，美国情报机构发现由于中国国内外因素的影响，中国与不发达国家的经济联系在内容上发生了很大的变化。就中国国内因素而言，主要是"大跃进"失败所造成的经济困难制约了中国与不发达国家经济联系的进一步发展。就国外因素来说，此时中国与印度、印尼关系的恶化影响了中国与这些国家之间的经济交往。但是从20世纪50年代末开始，随着非洲反殖民运动的兴起与大批新兴国家的出现，中国与非洲各国经济联系日渐加强。不过，美国政府情报机构虽然积极搜集追踪中国这一对外经济活动的变化，但其立场与看法的变化却较为缓慢。

美国情报机构发现，中国国内自1959年开始出现的经济困难对中国与不发达国家的贸易产生了相对较大的影响。经济情报委员会在1959年8月28日的一份情报中指出，中国因国内出现供给困难，与东南亚这个最重要地区的贸易增长速度已经放缓。中国国内经济困难还导致中国未能继续在1959年购买巴西与古巴的蔗糖，从而导致中国与拉美的贸易在1959年出现萎缩。[①] 中国虽然在扩大对非洲新独立各国的贸易方面十分积极，例如中国在1959年加大了从摩洛哥和南非联邦的进口，并在1960年摩洛哥的卡萨布兰卡国际贸易博览会上布置了社会主义国家中最大的展台并引起了广泛注意，并参加了突尼斯在1960年举行的国际贸易博览会，但是受制于非洲经济资源有限以及当时中国的经济困难，中非贸易并未出现太大的增长。[②] 1960～1963年期间，美国政府情报评估文件在贸易方面关注的重点已经转向此时迅速发展的中国与西方发达国家的贸易，这说明中国与不发达国家的贸易在这一阶段缺乏重大进展。

在中国对不发达国家的经济援助方面，情况较为复杂。美国情报部门认为，经济困难也对中国对不发达国家的经济援助产生了一定影响，但主要是集中在1962年。1962年中国新援助承诺数额与旧援助协议的提款额比之前八年的平均水平分别下降了大约40％与10％，分别只有1 700万美元和1 300万美元。[③] 但到1963年，中国对不发达国家新经济援助就恢复到约9 000万美元的水平。[④]

相对而言，美国情报机构认为对中国这一经济援助影响最大的因素是20世纪50年代末、60年代初国际一系列重大事件。1960年中印边界冲突与印尼政府的排华运动，不仅导致了中国与印度的经济交往萎缩，更致使印尼取消了中国1959年提供的3 000万美元发展

---

① 　EIC - R14 - S7，1959年8月28日。
② 　Communist China's Political and Economic Offensive in Africa，1960年8月29日。
③ 　CIA/RR ER 64 - 13，1964年4月。
④ 　CIA/RR ER 65 - 32，1965年12月11日。

贷款。① 但中国对非洲一系列新独立国家的经济援助却在此时取得了长足进步。1959 年中国两次向几内亚赠送大米,并在几内亚的阿加迪尔地区发生地震后,提供了紧急财政援助。1960 年中国又在几内亚脱离法郎区之后提供了 1 万吨大米作为援助以缓解当地出现的严重粮食短缺。1960 年中国还在稻米种植与农业管理方面向几内亚派出专家提供技术援助,并向摩洛哥提供茶叶种植技术援助。② 中国在 1960 年第三季度与几内亚签订了 2 500 万美元的经济与技术援助协议。③ 1961 年中国对非洲的经济援助达到了一个高峰,仅上半年就向非洲国家提供了超过 9 200 万美元的经济援助,为到那时为止半年援助数额的最高历史纪录。④

在分析此时中国与不发达国家经济联系时,美国情报机构依然坚持了之前将中苏视为一体的僵硬看法。正是遵循着这种思路,美国未能充分注意到此时中苏在对外经济政策领域出现的一系列重大分歧。例如,美国情报部门发现在中国与印度、印尼交恶的情况下,苏联非但没有支持中国,反而努力将自己与中国区别开来,与印度和印尼建立了更加紧密的经济联系:为印度的“三五”计划提供了两笔价值高达 4 亿美元的贷款,在印尼取消了中国援助之后向印尼提供了一笔 2.5 亿美元的巨额贷款。但是美国情报机构并不认为这是中苏同盟出现分裂的征兆,反而认为这是苏联采取灵活手段、维持社会主义集团在这两个国家影响力的表现。⑤ 美国情报机构也认识到中苏两国在如何引导第三世界发展方面存在着竞争,但认为由于中苏两国各有所长,中苏在这一领域的竞争是互补与良性的,对于社会主义集团整个“经济攻势”起到了促进作用:

> “不论如何,中国将坚持认为它的大跃进是不发达国家的一个样板,也许这暗示着对于不发达国家来说,这一模式要比高度完整的苏联经济更符合他们的需要和期望。但是这并不意味着苏联对这一声明完全不感兴趣,因为苏联和美国一样知道他们的先进模式和技术远非世界上绝大多数落后国家所能接受。当然,可以使用的中国模式和不能使用的苏联模式之间的互动,恰恰解释了共产主义经济攻势的效果的绝大部分。”

(下划线为笔者所加)⑥

三、1963～1969 年美国政府的情报评估

到 1963 年,中苏分裂的趋势已经变得十分明显与不可挽回,同时,中国对外经济活动的对象国迅速转向了非社会主义国家,并与苏联在对不发达国家援助这一领域展开了积极竞争。美国政府的情报机构对这些变化多多少少都有些意外,并开始全面调整其相关情报评估的立场与态度。从此时开始,美国情报机构不再从社会主义阵营的整体角度来分析中国

① Quarterly Report to the Council on Foreign Economic Policy, No. 12, 1960 年 4 月 1 日。
② Communist China's Political and Economic Offensive in Africa, 1960 年 8 月 29 日。
③ Quarterly Report to the Council on Foreign Economic Policy, No. 14, 1960 年 10 月 1 日。
④ EIC－R14－S17, 1964 年 8 月 1 日。
⑤ EIR－R14－S8, 1960 年 2 月 29 日。
⑥ CIA/SRS－12, 1959 年 9 月 1 日。

与不发达国家的经济联系，相反，中国自身的因素得到了越来越大的强调。因此，随后对中国与不发达国家经济联系的情报评估就纳入了国务院与中情局负责的对中国整体经济局势的情报评估中。

此时中国与不发达国家的贸易并不是美国政府情报机构关注的重点，这主要是因为虽然中国对外贸易在此期间有了迅速的恢复与发展，但中国与不发达国家的贸易不仅比重较小，而且并不稳定。中国与不发达国家的贸易在 1964 年出现了较大增长。1964 年上半年中国与非洲的贸易总额比前一年同期增长了 50%。同时中国还与拉美国家进行了较大规模的贸易，包括从墨西哥和阿根廷购买 150 万吨的粮食、从墨西哥购买了价值可能为 2 800 万美元的棉花，以及从智利购买的铜和硝酸盐。[①] 但之后 1965 年中国这一贸易出现急剧下跌，之后保持在一个较低的水平。[②]

此时美国情报机构最为关注的是中国对不发达国家的经济援助。美国情报机构发现，从 1963 年开始，中国对不发达国家的经济援助有了大幅度的回升与增长，但是起伏很大。中国对不发达国家的经济援助金额从 1962 年的 1 700 万美元急剧跃至 1963、1964 年的 9 000 万与 3.38 亿美元之后，[③] 又回落到 1965、1966 年每年大约 1.2 亿美元的水平，[④] 随后 1967 年中国对不发达国家的援助又达到了 3.5 亿。[⑤] 随着中国决定援助建设金额估计为 3 亿美元的坦桑尼亚-赞比亚铁路项目，1968 年中国对不发达国家的援助达到了一个新的顶峰。[⑥]

1963 年之后中国经济援助的重点地区也发生了变化。1963 年之前，中国经济援助中的超过 75% 给了亚洲国家。而此后中国经济援助的主要对象转向了非洲和中东国家。[⑦] 1964 年中国对不发达国家经济援助的 3.38 亿美元，其中 1.95 亿美元是给了非洲国家，占到了约 66%。[⑧] 美国政府的情报部门估计，加上坦赞铁路项目，到 1968 年为止中国对黑非洲的经济援助金额高达 6.65 亿美元，占了中国对所有非共产党国家经济援助的将近一半。[⑨] 同时，中国对非洲的技术援助也不断增加。1965 年美国情报部门估计，中国已经向非洲国家派出了超过 1 500 名技术工人与劳工，主要帮助非洲国家发展农业与建立小规模的食品加工与消费品生产工业。其中规模较大的援助项目为在马里的蔗糖、稻米与茶叶种植援助计划，加纳的水稻种植援助计划等。而到 1967 年，美国情报部门认为中国在非洲的技术援助人员与顾问已经达到了 3 000 人。[⑩]

---

① Memorandum (OCI No. 1211/65)：Chinese Communist Activities in Africa,1965 年 4 月 30 日；EIC‐R14‐S17,1964 年 8 月 1 日。

② RR IR 67‐21,1967 年 8 月。

③ CIA/RR ER 65‐32,1966 年 4 月 18 日。

④ RR IR 67‐21,1967 年 8 月；NIE 13‐5‐67,1967 年 1 月 29 日。

⑤ Intelligence Memorandum: Some Aspects of Subversion in Africa,1967 年 10 月 19 日。

⑥ ER IM 68‐108,1968 年 9 月。

⑦ EIC‐R14‐S17,1964 年 8 月 1 日。

⑧ Memorandum (OCI No. 1211/65)：Chinese Communist Activities in Africa,1965 年 4 月 30 日。

⑨ ER IM 68‐108,1968 年 9 月。

⑩ Memorandum (OCI No. 1211/65),1965 年 4 月 30 日。

虽然中国此时对亚洲不发达国家的经济援助在规模上要逊于对非洲的援助,但依然十分活跃。美国情报部门指出,这一时期中国对亚洲国家的援助主要集中在巴基斯坦、尼泊尔与缅甸三国。中国一直积极向巴基斯坦提出各种经济援助的建议;帮助尼泊尔建设了高速公路、造纸厂和水泥厂,①并在 1966 年向尼泊尔提供了 2 000 万美元的赠款;同时中国还向缅甸提供了 4 300 万美元的贷款。②

美国情报机构发现,1966 年发生的"文化大革命"对中国的对外经济援助活动产生了一定的干扰。"文化大革命"的发生使得中国更加关注自己的内政问题,而许多外交人员被召回参加"文化大革命"导致了中国减弱了相关方面的工作。同时,非洲一些国家的政治变动——如布隆迪(1965)、加纳(1966)等国的政变——也不仅使得中国与这些国家的政治关系降温,也影响到中国与这些国家之间的经济联系。但是中国与坦桑尼亚、马里、几内亚、刚果(布拉扎维)等国关系稳定,彼此的经济联系仍然不断加强。③

美国情报机构认为,中国之所以从 1964 年开始加强对不发达国家——特别是对非洲国家——的经济援助,这与中苏分裂以及随之而来两国在对外经济政策领域的竞争有关。为了回击苏联指责中国只在口头上支持不发达国家而缺乏行动,中国通过加大对不发达国家的援助而从实际行上证明自己是新兴独立国家的真正朋友。同时,中国经济援助的重点之所以会转向非洲与中东,主要是因为中国领导人决定要与苏联在这些地区的扩张进行竞争。例如,中国之所以向肯尼亚、也门、坦桑尼亚大力提供经济援助,主要是因为苏联向这些国家提供了援助。④

美国情报部门发现,中国对不发达国家的经济技术援助规模有着自己鲜明的特点与优势。首先,中国援助的各种项目符合当地的具体情况,运行情况良好,为受援国带来了实在的净收益,这令受援国十分满意。例如,中国援助非洲国家的工业项目几乎全部都是劳动密集型,因此雇用了当地大量难以找到工作的非熟练工人,不仅增加当地人民的收入,而且还减轻了当地就业压力。而中国援助的农业项目则强调生产人民生活所必需的粮食作物,特别是大米和糖,这既有效地改变了非洲国家以经济作物种植为主的单一出口型农业经济,还大大减小了非洲国家对进口粮食的依赖。同时,中国在援助建设各种项目时会派出中国自己大量的技术人员,因此避免了受援国承受技术人员短缺的压力,并保证了援助项目的顺利进行。第二,中国经济援助的条件要优于西方国家与苏联的援助。中国对不发达国家的经济贷款通常是无息并有十年的宽限期,并允许不发达国家再将支付时间延长十年。中国的贷款允许不发达国家用自己本国产品进行偿付,而不像西方国家援助规定的必须用硬通货币偿付。与西方与苏联通常的程序相反,中国通常资助他们援助项目的地方开支的一大部

---

① EIC - R14 - S17,1964 年 8 月 1 日。
② RR IR 67 - 21,1967 年 8 月;NIE 13 - 5 - 67,1967 年 6 月 29 日。
③ Intelligence Memorandum:Some Aspects of Subversion in Africa,1967 年 10 月 19 日。
④ EIC - R14 - S17,1964 年 8 月 1 日。

分。这些慷慨的条件对非洲国家有限的财政资源压力很小。① 第三，中国进行技术援助时动作迅速。马里的发展部长就提到，要获得技术人员，从美国则要"一年或者根本就不可能"，从苏联则需要"六个月到一年"，而从共产党中国只需要"四十五天"。② 第四，中国派出的技术援助人员保持了艰苦朴素的优良作风、与当地人民保持同样的生活水平并能与当地群众打成一片，而且在工程完成后立刻回国，相对于西方国家与苏联技术援助人员对当地生活条件的高要求，中国援助人员的这种作风赢得了非洲群众的热烈欢迎与好评。③

但是美国情报部门也指出中国对不发达国家的经济技术援助存在着很大的问题。通过对比苏联与西方国家的经济技术援助，这些情报机构指出中国对外经济技术援助的最大问题就是规模有限。以对黑非洲国家的经济援助为例，虽然到 1968 年中期为止，中国对这些国家经济援助已经累计达到 6.65 亿美元，并且 1967 年全年向黑非洲派出了大约 3 000 名技术援助人员，④但是相比苏联还是差得很远。苏联仅在 1964 年上半年就向非洲国家提供了 6.62 亿美元的经济援助，而仅援助阿斯旺大坝项目苏联就在 1964 年上半年向埃及派出了 2 000 多名技术人员。⑤ 由于中国的经济与技术援助在总量上有限，不仅难以与苏联、美国相比，也难以在不发达国家发挥很大的经济影响。同时，中国由于自身技术水平有限，在援建的工厂、提供的设备方面相对落后，这一点成为苏联攻击中国对外援助的借口。⑥

综合美国政府从 20 世纪 50 年代初到 60 年代末关于中国与不发达国家经济联系的评估来看，美国政府观察与分析中国这一对外经济活动的一个重要视角就是中苏两国在这一领域的合作与竞争。1964 年以前美国政府一直认为中国与不发达国家的经济联系是由苏联领导的、整个社会主义阵营发动的对不发达国家的"经济攻势"的一部分。即使注意到中国的独特之处或者是发现了中苏不一致的地方，美国政府的相关情报文件也都倾向于认为中苏的这种差异起到了互相弥补的作用，而不是彼此对立。在分析 1964 年之后中国对外经济活动时，挑战苏联更加成为美国进行分析的一个重要出发点。

同时，美国的情报评估也带有极为强烈的偏见，这一点特别突出地表现在相关情报在分析中国进行发展援助时的动机上。无论是从中苏合作还是从中苏竞争的角度来看待中国与不发达国家的经济联系，美国政府情报文件反复强调的是中国企图利用这一对外经济活动来对不发达国家进行"经济渗透"以打击西方或者苏联。美国这些情报评估即使承认中国这一对外经济活动中的许多现象难以用经济动机或者政治动机来解释，但却一直有意无意地回避中国完全有可能出于道义或者共同的殖民地经历而对不发达国家进行无私援助这一论题。美国政府情报评估文件的这种论调多少反映了美国在看待中国这一经济活动时是有着强烈的偏见的。

---

① ER IM 68 - 108，1968 年 9 月。
② Special Report：Chinese Communist Activities in Africa，1964 年 6 月 19 日。
③ Intelligence Memorandum：Some Aspects of Subversion in Africa，1967 年 10 月 9 日。
④ ER IM 68 - 108，1968 年 9 月。
⑤ EIC - R14 - S17，1964 年 8 月 1 日。
⑥ 同上。

第一部分　中国国内经济状况

4-1

中情局关于1960年中国经济局势及问题的特别评估

（1961年4月4日）

SNIE 13-61

机　密

中国经济局势

（1961年4月4日）

分发单位：白宫，国家安全委员会，国务院，国防部，原子能委员会，联邦调查局

问　　题

为了（1）未来几年，以及（2）考虑到1961年将会收成不好，来评估中国当前遇到的经济困难，特别是在粮食方面，及其在经济和政治方面产生的后果。

结　　论

1. 中共政权现在正面临着自其巩固了在中国大陆权力以来最为严重的经济困难。由于经济管理失误以及两年十分恶劣的自然天气，1960年的粮食产量并不比1957年产量高，而需要供养的人口却比1957年多5 000万人。虽然大规模的饥荒看起来不会立刻发生，但是在一些省份许多人口现在已经仅能维持生存，并在6月收获之前会遇到最困难的时期。大跃进引起的混乱以及苏联技术专家的撤走已经打乱了中国的工业化计划。这些困难已经使得1960年经济增长率急剧降低，并产生了非常严重的收支平衡问题。几乎可以确认，大众的士气——特别是在农村地区——已经达到了中共掌权以来的最低点，一些地方已经出现了公开的不同意见。（第7～25段）

2. 通过更加强调农业、放缓工业的跃进方式、放松对人民的经济索求，中共政权已经对

此作出了反应。也许粮食短缺严重性的最好表现是北京计划在 1961 年进口大约 300 万吨粮食的行动,这将需要从中国有限外汇持有量中花费大约 2 亿美元。(第 26～30 段)

3. 虽然 1961 年的正常天气将会使农业产量极大地高于 1959、1960 年水平,但是想要克服这一危机并让粮食消耗水平恢复到可以忍受的水平,并重建国内储备、恢复对外粮食的净出口,则至少需要两年的一般或者是更好的收获量。如果苏联专家不会大规模的返回中国,工业生产很可能只能每年增长 12%,而 1959 年的水平是大约 33%,1960 年是大约 16%。(第 31～35 段)

4. 如果 1961 年收成不好,这对中国的经济与政治影响将可能是极为严重的。1961 年国民生产总值很可能不会出现增长,而后几年的经济增长前景也会受到影响。除非有大量的食物进口,营养不良与疾病将会变得十分普遍,并会非常可能发生大量的饥荒。公众的不满将会成为中共政权的一个主要问题,也许会强迫它采取威胁性的和恐怖性的群众运动。但是,甚至是在这种情况下,公众不满也不会威胁到当前领导人对中国的控制。(第 38～40 段)

5. 我们相信,即使出现了普遍的饥荒,北京也不会接受美国关于提供粮食的提议。(第 42 段)

6. 我们也认为即使是饥荒也不会导致北京进行直接的侵略。但是这些困难很可能会促使北京避免中苏关系的恶化。(第 40～41 段)

讨　　论

一、介　　绍

7. 中共政权现在正面临它自 1949～1950 年以来最为严重的经济困难。连续两年的农业歉收、苏联专家的撤出、"大跃进"引起的混乱,使得中共领导人不得不大幅度放慢中国经济发展计划的速度①。这些问题中最为严重的是粮食短缺:1960 年粮食产量降到了 1957 年的水平,而人口却比那时增加了 5 000 万。这一状况导致人民不满的增加,并削弱了党的士气。

二、中国的经济困难

(一) 农业危机

8. 北京正统的共产主义经济发展计划,一直是以中国可以快速工业化为基础的,尽管

---

① 原注:自日期为 1960 年 12 月 6 日 NIE 13 - 60"共产党中国(Communist China)"出版以来,关于这些问题的证据使得有必要降低该文件中预测的增长率。

中共在技术上落后,人地比例并不理想。北京对消费进行了控制,并从苏联得到了技术援助与大规模机械进口。农业的发展主要依赖于劳动密集型项目与计划,并承担了三重任务:(1) 喂养快速增长的人口;(2) 向工业提供越来越多的原材料;(3) 为出口提供物资。等到工业有了充分的发展、能为工业增长进一步提供资源并能为农业提供更多的投资之后,农业才能进行现代化。这一计划是一种故意的冒险,尽可能地让粮食生产刚刚满足人口最低需求。越来越多的证据显示,中国领导人现在意识到这一冒险并不成功。

9. 两年前还比人口增长快一点的农业生产,现在已经落在了人口增长的后面。这一形势在占中国人饮食总量85%～90%的粮食方面已经变得特别尖锐。虽然粮食生产估计在中国"一五"计划时期(1953～1957)增长了大约10%,从1.68亿公吨增长到1.85公吨①,但是这一增长被估计增加了12%的人口所抵消,其他食物快不了多少的增长速度使得人民饮食提高很少②。这一局势由于1958年的丰收而暂时得到缓解,当时粮食生产估计达到了2.12亿吨。但是到1958年下半年,中共政权允许粮食在公社食堂以一种难以支撑的速度进行不受限制的消耗。到1959年初,食物储备已经很低,许多地区出现了地方性的食物短缺。

10. 自从1958年以来,这一问题由于接连两年歉收而变得更加严重。1959年的粮食生产估计降到1.9亿吨,1960年估计只有1.8亿～1.9亿吨。此外,中国人的饮食质量下降:像肉类、植物油与豆制品这类高营养食物的消费量降低。因此人均摄入卡路里量在将近两年的时间中一直非常低,但是中国人民却被要求进行很大的劳动量。

11. 普遍的饥荒虽然看起来并不会立即发生,但是在一些省份许多人现在仅能维持生存性的饮食,并会在1961年6月粮食第一次收获之前出现最严重的情况。严重的营养不良疾病,例如脚气、浮肿,会在中国情况最严重的地区广泛传播。此外,食物的缺乏还增加了其他类型疾病爆发的机会,例如肺结核与肝病。很明显,许多工人由于缺乏食物而身体虚弱,难以完成正常的工作。

12. 虽然缺乏牢靠的信息,但非粮食作物在1960年也遇到歉收。重要的棉花作物的产量估计要低于1959年水平,这将会暂时限制棉纺织工业的增长,并导致棉布的定量供给更加紧张。油籽与大豆的生产很可能不会高于1959年,也许还会降低。

13. 最近中国农业的失败一直被认为是主要因为恶劣的天气状况。很明显1959、1960年的确是中国最严重的自然灾害年份。华北的绝大多数小麦主要生长区在1960年都遇到了严重的长时间干旱。1960年长江流域与华南地区的稻米种植区天气一般,稻米生产与1959年水

---

① 原注:所有关于粮食生产的数字都是以公吨计的脱壳粮食,包括了同等的植物块茎。

② 原注:本SNIE中使用的农业与工业统计数字只是近似值。中国共产党的官方数据让外国观察家很难清楚的了解经济运行情况。此外,当前可以获得的关于1960年经济表现情况与1961年计划的官方信息要比以前少得多。但是官方关于1960年与1961年初经济趋势的生命在技术上支持了本SNIE的结论。官方声明暗示,基本粮食作物的生产接近1957年的水平。除了一些工业产品之外,官方承认工业产量落后于1960年的目标。本评估使用的人口数字,是以1953年官方人口统计数字与散乱的官方出生与死亡率为基础的,并与持有类似亚洲文化的其他国家进行了比较。虽然因为十分缺乏关于1960年的数据从而使得对人口、粮食作物的生产以及许多重要工业产品的生产难以作出准确的估计,但是这些数据被认为能够充分证明本评估得出的年度趋势与总的结论。

平大约一致。但是南方一些地区遇到了台风和洪水,产生了严重的地方性稻米短缺。

14. 虽然 1959、1960 年的天气不好,但是看起来中共政权一直故意夸大天气造成的困难来转移对自己的指责。过去两年一些农业上的困难是因为大跃进与公社计划发展过了头以及下列错误管理:公社重组产生的分裂性影响,在私人自留地与家畜问题上来回摇摆的政策,要再提高土地产出的愿望,忽略了实际经验,在不同地方条件下难以很快吸收的各种农业革新措施。

15. 农民的疲劳与淡漠在其中也起了作用。人民在三年中工作过度,他们生活被严格管理,还被强迫做他们认为是无用的工作。最后,共产党政府在对他们过度索取之后并没有任何的物质回报作为补偿。

中苏经济关系

16. 中苏之间 1960 年政治关系的恶化进一步加剧了北京的经济困难。6 月到 8 月期间苏联突然撤走所有或者几乎所有 2 000～3 000 名在中国的苏联工业技术专家。这些技术专家的离开使得一些新工厂的设备安装与开工时间拖后,并很可能使得其他项目暂时取消。

17. 撤回技术专家是在中国公开挑战苏联在社会主义集团中的权威期间,莫斯科进行的经济制裁。中国在 1960 年所欠苏联的短期借款增加到 2.5 亿美元。一些迹象中的一个是苏联并没有将其经济压力扩大到限制一般性对华物资输出的程度。但是撤出技术专家与政治降温很可能引起了中苏贸易的某种中断。

18. 对 1960 年末出现的石油产品短缺的解释并不明晰。这些短缺已经影响到航空与军事活动、食物的汽车运输与主要城市的乘客运输。在过去几年,苏联总是在每年贸易协议中规定的对华石油产品输出量不能充分维持到下一年时,会迅速行动提供补充性的输送。但是在 1960 年苏联并没有进行补充性的输送,虽然当前的输送很明显是正常的。1960 年末出现的短缺也许是中国不愿在政治紧张与贸易困难时期提出提供补充性输送的要求,或者是中国也许要求苏联提供额外的供应,但是被苏联拒绝。

（二）"大跃进"的终结

19. 很明显,到 1960 年"大跃进"事实上已经结束,北京承认不会再继续非常危险的 1958～1959 年工业化速度。自从 1958 年以来人与机械都以耗尽能力的速度被驱使着,对产品费用、质量与种类,设备维持,或者工人与党干部的士气的考虑是第二位的。试图以太少的代价来实现太快的速度,中共政权已经不能维持经济的平衡。生产出机器却没有配件,建设好工厂却没有足够的运输设备。许多建设项目的规模是由地方制定的,与国家计划并不协调。到 1960 年中期,报废的机器数量已经十分不正常,许多灌溉项目是无效的,没有经济使用价值的产品种类越来越多,人民也不能再维持前两年的疯狂速度。

（三）这些困难的经济与政治影响

20. 两年歉收、苏联撤回专家与"大跃进"失败的综合影响已经使得中国经济增长率急剧降低。国民生产总值在 1958、1959 年分别增长了 18％和 12％之后,估计在 1960 年只能增加大约 8%——这接近"一五"计划期间平均水平①。粗钢、煤和电力的产量很明显已经达到了计划的水平。但是工业生产估计只增长了 16%，低于计划的大约 25%，而轻工业几乎没有取得任何进展。需要高水平技术的工业，例如军事工业、飞机、造船和原子能，很可能因为苏联撤回技术专家而遇到困难。总投资估计大约维持在 1959 年的水平，但是工业部分的投资也许已经减少。

21. 在过去三年，中国已经遇到了越来越严重的收支平衡问题。这些问题——源于越来越大的进口以支持"大跃进"工业化计划以及减少粮食出口的必要性——的影响在 1960 年产生了最严重的影响。农业产品的紧缺很可能使得 1960 年下半年的总出口额大幅度减少。到 1960 年底，共产党中国所欠其他共产党国家短期贷款累积达到约 6 亿美元，其中超过一半是于 1960 年形成。此外，黄金与可兑换货币的储备在 1959～1960 年间减少了将近 2 亿美元。

22. 虽然不是很清楚，但同样重要的是中国经济困难引起的政治反弹。尽管经过了三年巨大的努力，中国人民今天却在面对比"大跃进"及其宏大许诺开始时大得多的个人困苦。传统上中国人一直以很强的禁欲主义来接受困苦，许多年纪较大的人在回忆起过去的大规模饥荒时也许认为中共政府阻止了局势恶化到那种地步。但是，在公社体系下，是国家而不是家庭承担了提供食物的责任，因此很可能绝大多数中国人会认为国家应当为他们当前的状况负责。

23. 此外，在巨大的社会变化、令人筋疲力尽的工作压力、政策频繁摇摆与诺言未实现之后，当前出现了食物困难。当前的证据说明，人民中有相当大的一部分已经变得幻灭与冷淡，对该政权的信心已经被极大地动摇。公众士气，特别是在农村地区，已经可以几乎肯定达到了中共夺取政权以来的最低点。不满至少在有些例子中呈现出公开表达不同政见的形式，例如出现了反对该政权的墙报，对干部进行攻击，出现了食物骚乱，以及各种形式的生产怠工。但是，我们认为近期不太可能出现广泛的或者有组织的反对该政权权威的叛乱或者公开反对。

24. 没有证据说明中国的困难已经使得中共领导集团内部出现了严重的宗派之争或者是对毛泽东的挑战，虽然几乎可以肯定的是党内存在非常严重的政策分歧。有可信的证据说明，党内士气已经动摇。干部不得不应付这些互相冲突的压力：党的秩序，普遍观点，以及实际上不可能的假定局势。他们的任务还因为既要解释与执行不断变化的政策而不能招致随后而来的对"左"或者"右"的指责而变得更加复杂。干部很可能特别憎恨领导层将失误归罪于他们身上的尝试。虽然几乎可以确定，中共继续在维持秩序与纪律方面是普遍有效的，但是我们相信干部对领导层的回应将会变得更加迟缓和不合作。

25. 关于正规军事部队与公安部队的态度所知甚少。他们很可能已经与民众一起经历

---

① 原注：中国经济中增长最快的资本物的价格比美国资本物价格要高，而在中国资本相比于劳动力要稀缺得多。如果中国的资本物以美国的价格结构来估价，中国国民生产总值的增长速度将会轻微下降。

着困难，即使他们受到了优待。有报告说，在公安部队中出现了一些较为活跃的不满，但是没有理由认为这些报道代表了整个公安部队的观点，更不要说是正规军事部队。

三、中共政权的补救措施

26. 中共领导人对食物局势的担心已经反映在他们所采取的紧急措施上。主要措施是采取了更加严格的配给制以均衡全国的需要，并保证在1961年收获之前不让当前尚存的有限食物被消耗完。政府已经下令将食物配给平均减少了大约10%，以便将食物供应维持到1961年收获时期①。已经命令用树叶喂养动物，以使得动物吃的食物现在可以由人来消费。农民已经被允许再次拥有自留地，自由市场也在一些地区被允许，并对公社体系进行进一步的调整。还放松了来自香港的食品包裹的限制。

27. 除了拉长食物供应时间的措施之外，该政权还采取了各种步骤来减少短缺的影响。医疗调查队已经组织起来检查营养不良的情况，而额外的配给已经提供给情况最严重的地区。此外，北京还下令动员所有医疗力量来与这个春天预计会出现的感染性疾病作斗争。中共政权还介绍了保存人口能量的措施，例如取消许多政治会议、规定额外的休息日、暂停有组织的体育运动。这些措施虽然很深入，但是它们看起来与其说是反映了该政权的绝望，不如说是冷酷。

28. 中共政权采取的最富戏剧化步骤——这也许最好的反映了食物短缺状况——是北京决定进口数百万吨粮食。根据已经达成的协议，1961年中国进口的粮食将接近300万吨，其中绝大多数将在1961年上半年运抵。中共正在进行进一步谈判，很可能会在1961年底从澳大利亚和加拿大获得更多的小麦——很可能高达200万吨——以及从阿根廷获得玉米——几十万吨。这些进口与中国以往正常超过100万吨的粮食净出口模式形成了强烈的对比。下表说明了这一转变：

（单位：公吨）

	1959 年	1961 年（根据合同）
主要粮食进口（全部从非社会主义国家）：		
小麦（澳大利亚和加拿大）	53 500	1 870 000
大麦（澳大利亚和加拿大）		590 000
大米（缅甸）	3 500	350 000
大米（马来亚）	7 000	

---

① 原注：虽然对于中共政权来说，要将以大米为主食的南方生产的粮食运往以面粉为主食的北方是困难的，但是由于大米可以在以这两种为主食的华中地区作为面粉的替代，该政权还是有一定的努力空间。

续 表

	1959 年	**1961 年（根据合同）**
粮食进口总额	64 000	2 810 000
估计粮食出口：		
向苏联集团	816 000	250 000
向非苏联集团国家	838 000	350 000
粮食出口总额	1 654 000	600 000
估计进(—)出(＋)口额	＋1 590 000	−2 210 000

29. 农业出口一直是中共政权用来支付其工业化计划所需进口的首要手段。迄今所议定的进口数量费用——要以现今支付——大约为 2 亿美元,如果现在正在进行的粮食进口谈判成功的话,到 1961 年全部粮食进口将需要资金超过 3 亿美元。苏联是否为这些购买向北京提供援助现在还不清楚。但无论怎样,北京已经加大了其白银的出售,并从香港的银行获得了有限的短期贷款。此外,北京现在正在寻求从澳大利亚获得一笔为期六个月的贷款来支付将来的购买。但是,这些措施只能为所需的外汇提供很少一部分,主要部分将不得不来自于削减工业进口与包括黄金在内的外汇储备,而估计到 1960 年底中国外汇储备只有 2.25 亿~3.5 亿美元。

30. 北京正将它的国内经济政策转向了克服"大跃进"结束与苏联专家撤走引起的混乱。虽然并没有公布已经修改了的经济计划的细节,但是关于工业政策的声明显示,原来计划的增长速度已经被急剧降低。未来两年或者三年工业建设的精力主要集中在完成已经开始了的项目。工业产品的质量与品种现在要比"大跃进"时期得到了更多的注意力。重工业投资率已经被降低,以便能被轻工业、矿业和运输赶上来。如果这一政策得到实施,1961 年的工业投资也许会减少。

四、未 来 趋 势

31. 中国在克服当前经济困难上取得的进展将主要由天气的变化与中苏关系的发展来决定。无论苏联技术专家是否返回中国,我们相信中苏争论将会使得中国领导人越来越强调实现自给自足。一旦经历了由突然撤走苏联专家引起的混乱,北京不可能允许自己在将来如此依赖这些专家。中国最近提出的邀请意大利和其他西欧国家企业派技术专家到中国工作,意味着中国人现在在利用西方技术专家时变得更加有灵活性。

32. 中国与苏联现在正在就未来的贸易与经济关系进行谈判。我们还不能判断双方谈判结果如何,但是我们相信双方的经济合作不会像以前那样全面。即使苏联专家返回中国,这些专家的活动范围很可能要小于 1960 年中期之前。在缺乏苏联技术专家的情况下，中国人将集中精力在那些已经有所发展的领域来尽可能填补技术差距——例如冶金、化学与机器制造，而放弃更加先进的工业。

33. 即使 1961 年天气正常能使农业产量比 1959、1960 年的水平有极大地提高，还需要至少两年的平均或者更好的收成来克服危机，并将人民的饮食恢复到可以忍受的水平，重新建立国内储备，并恢复净粮食出口。从长期来说，该政权将面临中国在农业生产方面的基本限制，并将发现很难实现与人口增长率一致的产量增长。看起来该政权承认这一事实，并正在调整其投资计划来为农业发展提供一些更多的资源。虽然该政权很可能要保证农业最低程度的基本增长，而超过需求的剩余将会很少，因为基本目标是要使工业扩张最大化。考虑到天气变化以及该政权偏爱应急计划的可能性，农业稳步和有秩序的发展将会遇到困难，农业危机很可能会不时发生。

34. 中国当前的经济问题将会影响到其外贸的数量与模式。1960 年总出口额比 1959 年的水平减少了大约 10%～15%，也许会在 1961 年进一步减少。中国很可能不得不向社会主义集团国家——主要是苏联——提出请求，要求延缓近几年开始的债务支付。尽管中国与苏联之间的关系紧张，我们相信莫斯科将至少会部分同意这一请求。但是，考虑到中国出口能力的削弱以及计划在 1961 年从西方大量进口粮食，机械与设备的进口——主要来自该集团——也许会比 1959、1960 年减少 30%，与自由世界的贸易也许在中国贸易总额中占到更大的比重。

35. 根据这些工业、农业以及中苏经济关系的情况，中国国民生产总值在 1961～1965 年间将每年增长 8%，与"一五"计划期间的增长速度相当。假设苏联技术专家不会大规模返回中国，中国的工业生产可能每年增长大约 12%，而 1959 年为 33%、1960 年为 16%。在工业领域中技术更为复杂的部门增长可能非常有限，这将对中国生产现代军事设备的能力产生阻碍作用。

36. 中国面临的经济困难不可能对北京的外交政策产生显著的影响。我们相信，中国的国内困难自身既不会刺激北京进行对外冒险以转移国内的不满，也不会限制其进行这种冒险。当前经济困难也不会对中国援助自由世界国家的承诺产生大的影响，因为这些援助在中国生产总值中只占了很小一部分。

37. 可以几乎确定，北京最近的失败，特别是在解决食物问题上的无能为力，将会对中国在亚洲的影响与吸引力产生一种有限的影响。对中国的恐惧与尊敬将会是亚洲政治中的主要因素。但是，至少在未来几年，人们可能不会像最近几年那样赞叹中国的经济成就，特别是像日本与印度这样的亚洲国家在最近几年取得了相当不错的经济进步。

五、1961 年出现恶劣天气的可能性

38. 迄今为止的天气并不能预测今年的收成。1960 年的秋耕受到了干旱、迟收夏季作

物、农民的冷漠与计划不充分的影响。其结果是,冬季作物面积与后来的耕种有很明显的减少。在华北平原这个主要小麦产区,冬季降雨低于正常水平使得土壤已经缺乏水分的这一地区的农作物生产条件状况并没有好转。如果在 4 月和 5 月这两个关键月份的降雨充足,还是可以有好的小麦收获。到现在为止,中国稻米生产地区的降雨量与生长条件比平均水平要高。

39. 如果 1961 年成为第三个歉收年,这将非常可能妨碍国民生产总值的增长。中国将被迫以超过现在看起来是必须的幅度来减少未来工业进口。如果像棉花和其他纤维这样的工业作物也不能恢复,工业,首先是轻工业,将在 1962 年遭到打击,在维持现在预测的已经降低了的经济扩张速度方面,该政权将遇到很大的困难。

40. 另一个歉收年将很可能让中共面临极端严重的问题。除非有大量的粮食进口,营养不良与疾病将非常普遍,并很可能产生相当大范围的饥饿。党的凝聚力、影响力和士气将下降。公众的冷漠将很可能成为该政权面临的主要问题,至少在地方水平还很可能发生积极抵抗。如果公开的抵抗变得普遍,几乎可以肯定的是中共领导人将采取一场大规模的威胁与恐怖运动。虽然中共控制工具的反应与影响将很可能进一步下降,但是公众的冷漠不太可能对该政权对中国的控制产生威胁。但是饥饿和大范围的消极抵抗将构成中共面临的尖锐经济与政治问题。我们不相信这些困难自身能让北京进行直接的军事侵略。

41. 但是,这些环境很可能会促使北京避免采取那些会刺激它与莫斯科关系的行动。虽然中国将会极不情愿地承认它不能喂养其人民,该政权很可能会觉得它可以接受其他共产党国家的食物与其他援助而不必太失颜面。除非中苏关系进一步恶化,我们认为苏联在出现这种危机时刻会向中国提供某种援助。

42. 该政权已经很清楚地表示,在当前局势下,不会接受美国的粮食。我们也相信,即使 1961 年歉收中共政权也将继续这一立场。中国领导人很可能继续采用这一路线:中国可以利用自己的资源来克服当前暂时的困难,中国没有饥荒,而西方出于丑恶动机而故意夸大局势的严重性。他们的首要考虑当然是其民族自豪感:接受食物就是承认他们自己的计划在很重要的一个方面已经失败,以及同等重要的是,承认西方对中国人民的幸福有着真诚的关怀。

DDRS, CK 3100130477 – CK 3100130488

姚昱译、校

中情局关于中国 1960 年燃料与电力工业重大进展的备忘录

（1961 年 6 月 21 日）

CIA/RR EM 61－13

机 密

中央情报局研究与报告署经济情报备忘录：
中国 1960 年燃料与电力工业的重大进展

（1961 年 6 月 21 日）[①]

前 言

本备忘录概括了中国 1960 年煤炭、石油和电力工业的重要发展。1958、1959 年这些工业的发展情况已经在 1959 年 5 月 8 日机密的 CIA/RR IM 59－5 与 1960 年 7 月 1 日机密的 CIA/RR EM 60－8 中进行了概括。

中共未能报告或者公开其 1960 年燃料与电力工业的进展，这使得很难确定这些工业的完成情况或者对中共的声明作出评估。因此必须从非常支离破碎的信息来对燃料和电力工业的状况作出评估。虽然一些评估与预测的支持数据非常贫乏，但是这些评估与预测中的错误不会超过 10％。中国并没有对这些工业在 1961 年的生产计划作出任何宣布。

概 要 与 结 论

中国 1960 年的经济与前几年一样，不得不与能源供应与分配方面的短缺与不足作斗争。虽然燃料与电力的短缺的确阻碍了某些经济部门的活动，但是要评估这一短缺对经济增长目标所产生的综合影响却不可能。石油短缺的影响在卡车运输部门的影响特别明显，该部门未能实现其 1960 年目标的一个因素就是缺少汽油。行政方面的错误引起的分配方面的困难，洪水，运输设备不足，这些因素很可能导致了据说的 1960 年煤炭短缺。而生产出来的煤炭越来越差的质量，以及作为其结果的热能值降低，也引起了这一短缺。还没有证据

---

① 原注：本备忘录的评估与结论是本署到 1961 年 6 月 1 日为止最好的判断。

说明基本工业受到了电力缺乏的影响,虽然不时有报道说不具优先性的消费者遇到了电力短缺。

除了电力工业建设项目可能遇到的拖延,燃料与电力工业并没有因为苏联技术专家的撤走而受到严重的影响。而关于中苏争论导致了苏联方面停止了 1960 年对中国的燃料与电力设备的供应的报道,并没有任何证明材料。

中国 1960 年基本能源的生产比 1959 年增加了大约 10%,如表一所示[①]。估计在中国基本能源中比重超过 96% 的煤炭生产,从 1959 年的 3.48 亿吨增加 4.25 亿吨[②],增长了 22%。自然与合成原油的生产,增加了 24%,从 1959 年 370 万吨增至 1960 年的大约 460 万吨,电力产量增加了 37%,从 415 亿千瓦时增加到 570 亿千瓦时。

对煤炭和电力生产的估计与中共自己宣称的 1960 年目标实现这一点相吻合。对原油的产量估计只有中国宣称完成目标产量的大约 90%。

关于 1960 年燃料与电力工业中小型工厂项目的信息非常贫乏,因此我们得出这一结论,即这类项目已经不再被政府强调。并没有报道说小型工厂生产的煤炭或者石油出现了增长,但是这类小型工厂可能在电力方面的有限增长中起了作用。

1960 年中国继续进行煤炭和石油贸易,主要是与其他社会主义国家进行的,进口了大约 340 万吨,占其石油总供给量的不到一半,与 1959 年的数量与比例相当。苏联供应了其中的大约 90%。中国首次公开采购自由世界的石油特别引人注意。中国 1960 年通过伊朗阿巴丹岛、新加坡和香港购买了大约 6 万吨石油产品。但是这一数量并未大到让人觉得中国石油进口的很大一部分转向了自由世界供给者。

煤炭和石油也许将成为中国解决急需外汇的重要商品。由于政治上的分歧,随着 1958 年双方贸易暂停,中国失去了日本这个相当大的煤炭市场。考虑到中国当前的财政问题,有可能中国会尝试克服政治障碍并恢复两国之间的正常贸易。在这种情况下,很大数量的煤炭将会被再次出口到日本市场。反过来,日本现在有充分的精炼能力,能够向中国供应后者现在从苏联进口的一些石油产品。

表一　中国 1957～1960 年基本能源产量估计

能量来源	产　　量	标准燃料等值数(千公吨)	在基本能源总额中的比重(百分比)
1957			
煤炭	130 730 千公吨	120 000	96.3
原油[③]	1 390 千公吨	2 100	1.6

① 原注:表一在第三页。该评估是根据三种基本常规能源——煤炭、原油和水电——的标准燃料等值数作出的。标准燃料值是指每千克卡路里值为 7 000 千卡。认为中国的可用能源只有这三个首要常规能源也许有一些误导性。在中国,建设水坝、开垦土地以及人力运输中大规模使用人力对中国能源与动力供应做了很难测量的贡献。

② 原注:本备忘录中所有的吨都是公吨。

③ 原文此处有注,但字迹模糊,未译。——译注

续　表

能量来源	产　量	标准燃料等值数（千公吨）	在基本能源总额中的比重（百分比）
水电	4 400 亿千瓦时	2 600	2.1
总额		130 000	100.0
1958			
煤炭	270 200 千公吨	210 000	97.6
原油①	2 165 千公吨	3 200	1.5
水电	4 300 亿千瓦时	2 400	1.1
总额		220 000	100.0
1959			
煤炭	347 800 千公吨	270 000	96.9
原油②	3 515 千公吨	5 300	1.9
水电	6.2 亿千瓦时	3 400	1.2
总额		280 000	100.0
1960			
煤炭	425 000 千公吨	300 000	96.3
原油③	4 350 千公吨	6 500	2.1
水电	9 亿千瓦时	5 000	1.6
总额		310 000	100.0

一、煤　炭

中国 1960 年煤炭生产的目标是 4.25 亿吨，要比 1959 年增长大约 22%。中国宣称这一目标已经实现，但是像 1957 年以来的其他年份一样，所声称的 1960 年高水平产量是令人怀疑的（所估计的中国 1957～1961 年煤炭产量见表二）④。已有的证据并不允许对每个煤矿的

---

① 原文此处有注，但字迹模糊，未译。——译注
② 同上。
③ 同上。
④ 原注：Gt Brit, 新华社。Daily Bulletin, 1961 年 2 月 5 日，28 页。未保密。

产量进行分析,对比需求与产量,或者为数据一致性检查短期生产数据。煤炭资源和煤矿在中国分布广泛,考虑到充分的劳动力与投资,中国可以生产它所声明的那么多煤炭。考虑到其生产能力以及没有结论性的证据否定中国的声明,因此本评估同意中国声称的数量。

增加了的机械化与要求更大产量的压力,这些极有可能增加了煤炭中不可燃物质的比例。可能露天煤矿被移走的浮土也被算成是煤炭总产量中的一部分。关于消费者经常抱怨煤炭质量的报道说明,煤炭产量的数据中包含了相当大一部分的尘土、页岩、岩石,正如中共党报报道的那样,近几年原煤中不可燃物质的比例为 10%~75%。至少在一个个案中,供一个消费者使用的煤炭中只有 45% 是可用的①。

几乎可以肯定,总产量数字高估了从煤炭中真正获得的能量。根据关于中国煤炭卡路里值的假设,估计 1957 年煤炭的卡路里值为大约 6 500 千卡/千克,到 1958、1959 年也许降低了 15%,为 5 500 千卡/千克,1960 年更为 4 900 千卡/千克。结果是,如果用能量单位来表示,1960 年煤炭产量大约只有 3 亿吨标准燃料,比 1959 年增长了大约 10%。

中共继续在 1960 年发展洗煤能力,但是不太可能知道比 1959 年底很可能达到的 9 000 万吨洗煤能力增加多少。1960 年洗煤的产量为大约 5 700 万吨,为 1959 年产量的大约 2.5 倍。有证据说明中国借助手动的"筛选台(picking table)"操作来提高其品质②。

表二 中国 1957~1961 年煤炭产量估计*

(单位:百万公吨)

年 份	煤 矿 类 型		总 额
	中 央**	地 方***	
1957****	94.0	36.5(6.5)	131
1958****	157	113(52.0)	270
1959****	209	139(52.2)	348
1960	未知	未知	425*****
1961	未知	未知	510******

* 所有数据都进位为三个阿拉伯数字。总额由未进位前的数据相加得出,因此也许与表中前两项已进位数字的总和有所不同。

** 煤炭工业部下属煤矿以前被称为中央国有煤矿。

*** 包括了由省或者更低行政单位管理的现代与原始煤矿。括号中的数据是对小煤矿(手工)产量的估计。

**** 见注③。

***** 见注④。

****** 这一初步估计是以 1961 年产量可能比 1960 年增加了 20% 为基础的。

---

① 原注:US Joint Publications Research Service. JPRS 2701, 28 页。未保密。同上,887 - D (NY),1959 年 8 月 27 日, 43 页。未保密。

② 原注:同上,1123 - D,1960 年 1 月 21 日,24 页。未保密。同上,5776,1960 年 10 月 10 日,11 页。未保密。

③ 原注:CIA. CIA/RR EM 6 - 8, Significant Development in the Fuels and Power Industries of Communist China, 1959, 1960 年 7 月 1 日,10 页。机密。

④ 原注:Gt Brit,新华社。Daily Bulletin,1961 年 2 月 5 日,28 页。未保密。

1960 年仍在继续努力在中国所有地方发展煤炭生产，虽然工业化的小工厂阶段看起来已经不被强调。利用土办法采煤继续维持在 1958、1959 年的水平上。这些土煤矿的煤很可能为 5 000 万吨多一点。这些地方小煤矿的煤之前用于小钢铁厂，现在很可能许多被用于家庭需要。

尽管中国近几年的煤炭生产有了迅速的增长，但是仍有对煤炭紧缺的不断报道，在 1960 年也有。如果考虑到这一事实，即 1960 年达到的高产量也只不过使得人均年产量达到半吨多一点，而煤炭占了基本能源生产总额的超过 95％，以及许多煤炭在低效使用中被浪费，这些报道很可能是真的。在苏联，煤炭只占全部能源的大约 60％，但人均产量为大约 2.5 吨。除了质量差之外，有证据显示许多被报道的短缺之所以发生是因为运输与分配困难，而不是生产方面出现了问题①。

1960 年煤炭的出口大约为 170 万吨，比 1959 年 150 万吨的出口水平只略有增长。中苏集团其他国家，主要是北朝鲜，进口了 150 万吨，自由世界中东南亚国家进口了大约 24 万吨。在 1958 年中日因政治问题暂停贸易之前，中国向日本出口了大量煤炭。考虑到中国收支平衡出现问题以及中国急需外汇来进行基本进口，中国似乎很可能会采取措施消除中日之间的政治障碍来恢复正常的贸易关系②。如果正常贸易恢复，中国煤炭将恢复其在日本的传统市场，并成为一个更加重要的外汇来源。

二、石　油

中国国产及进口原油及其产品总额 1960 年大约为 800 万吨，只比 1959 年的水平增长了大约 15％。而 1959 年石油及其产品的总额——大约 700 万吨——比 1958 年增长了大约 40％③。

普遍的石油短缺，以及中国第一次在自由世界市场上公开购买石油产品，都强调了中国石油工业在 1960 年的活动。所有石油产品类型都出现了短缺，政府已经采取了严格的保存措施。动力汽油的短缺看起来已经非常严重。已有的汽油燃烧设备很明显已经有了相当大的增长，但是汽油供应方面却没有相对充分的增长。汽油短缺在卡车运输行业特别明显，这与缺乏零配件问题一起，导致了该部门未能实现其 1960 年的目标④。中共将许多汽油燃烧运输工具改成使用天然气与人造煤气、煤炭与木炭。这些变化说明中共预计汽油短缺问题将会持久。

1960 年中国原油及石油产品进口很可能为大约 340 万吨，与 1959 年大致一样⑤。几乎在 1960 年下半年对中国石油短缺进行报道的同时，中国已经经伊朗的阿巴丹、新加坡和香港从自由世界石油供给者那里购买了石油。据估计从自由世界购买的总量只有大约 6 万吨

---

① 原注：香港。China News Analysis，1960 年 1 月 6 日，5 页。未保密。CIA. FBIS，Daily Report (Far East)，1961 年 1 月 6 日，BBB 18～21 页。仅限官方使用。US Joint Publication Research Service. JPRS 887‐D (NY)，1959 年 8 月 27 日，41～42 页。未知保密等级。

② 原注：State，Tokyo. Dsp G‐778，1961 年 1 月 6 日。仅限官方使用。CIA. FBIS，Daily Report (Far East)，1960 年 12 月 19 日，LLL 2 页。未保密。同上，1960 年 8 月 30 日，LLL 5 页。官方使用。

③ 原注：CIA. CIA/RR EM 60‐8（见原注 4），13‐14 页。机密。

④ 原注：CIA. ORR Project 43.3159，Annual Review of Inland Transportation in the Sino‐Soviet Bloc，1960（未出版）。机密。

⑤ 原注：中国 1957～1960 年原油与石油产品的进口见表三。

石油产品。大约330万吨是由中苏集团其他国家供应的,主要是苏联。已得到观察的石油海运达到将近40万吨,其余大约300万吨是通过铁路从苏联运出。中国石油进口的构成现在不能肯定。但是估计进口了大约60万吨原油供中国沿海的精炼厂使用,1959年也出于同样目的进口了大约同样数量的原油。

中国1960年原油产量为大约460万吨,其中330万吨为自然原油,130万吨为合成原油——主要是页岩油。所估计的产量说明比1959年只增长了25%,而1959年比1958年增长了超过60%[①]。中国宣布1960年产量目标是520万吨已经实现,要比1959年增长大约40%[②]。但在1960年间并没有任何声明显示中国在这方面取得了进步,但是有几个原因令人相信中国并没有实现这一目标。石油生产地区的自然灾害很可能限制了生产。此外,中国未能利用这一事实,即产量超过500万吨意味着完成了第二个五年计划(1958~1962)宣布的目标。1959年石油工业被认为是不能提前完成1962年目标的工业之一。

中国自然原油的首要产地是西北的两个地区:甘肃省的玉门地区与新疆的克拉玛依。这两个石油产地向三个主要石油精炼厂提供原油:新疆的独山子(Tu-shan-tzu)石油精炼厂,甘肃的玉门精炼厂、兰州精炼厂。这三个工厂总的生产能力见表五,大约为280万吨。任何在中国西北生产的、超出这一数量的石油都必须被运往其他地方进行精炼,这样中国不足的运输设备就成为一个制约因素。这一情况在克拉玛依特别明显,因为那里的油田最可能多产石油。而克拉玛依生产的石油如果超过独山子精炼厂的能力,就要用卡车运往300英里之外的鄯善(Shan-shan)这个最近的兰新铁路终点。在1960年也许有数量不多的原油被从中国西北运往沿海地区。但是估计中国西北的原油生产与这一地区精炼能力相近,大约为280万吨,占中国自然原油产量的85%。

表三　1957～1960年中国原油与石油产品进口估计 *

(单位:千公吨)

商　　品	1957**	1958***	1959***	1960****
原　　油	380	670	600	600
石油产品	1 500	2 100	2 700	2 800
总　　计	1 800	2 700	3 300	3 400

　* 进口几乎完全来自社会主义集团国家,尤其是苏联,每年只有一小部分从自由世界通过秘密渠道进口到中国,1960年公开进口了6万吨。所有数据约进为两个数字。总数来自未约进数字,也许与约进后的数字的总和略有差别。

　** 见注③。

　*** 见注④。

　**** 最基本的估计以1959年进口水平加上从自由世界进口的数量为基础。

---

① 原注:1957~1961年中国原油估计产量在表四。

② 原注:Gt Brit,新华社. Daily Bulletin,1961年2月5日,28页。未保密。

③ 原注:CIA. CIA/RR IM 59 - 5, Significant Developments in the Fuels and Power Industries of Communist China, 1958,1958年5月8日,12页。机密。

④ 原注:CIA. CIA/RR EM 60 - 8 ,14页。机密。

另一个重要的自然原油产地青海柴达木盆地于 1960 年遭受了干旱,水的缺乏很可能将石油生产与精炼限制在大约 40 万吨。由于 1958 年初四川发现油田后再没有任何报道,很可能是那里的生产没有达到可以进行商业利用的水平。

表四　1957~1961 年中国原油生产估计*

(单位：千公吨)

年　份	自　然　原　油	合　成　原　油	总　　计
1957**	850	600	1 500
1958**	1 500	800	2 300
1959**	2 700	1 000	3 700
1960***	3 300	1 300	4 600
1961***	3 600	1 500	5 100

＊　所有约进为两个数字。总数来自未约进数字,也许与约进后的数字的总和略有差别。
＊＊　见注①。
＊＊＊　最基本的估计以对单个生产设备的分析为基础。

表五　1960 年 12 月 31 日中国主要石油精炼厂能力的估计*

(单位：千公吨)

精　炼　厂　名	年 产 量	精　炼　厂　名	年 产 量
独山子	1 000	兰州(Lan-chou)	1 000
运城(Yu-chuan-tzu)	100	大连(Dairen)	750
冷湖(Leng-hu,青海)	300	锦西(Chin-his)	250
玉门(Yumen)	800	上海(Shanghai)	500

＊ 本表所列数据是估计的各主要原油精炼厂设备安装时的能力。

因为没有关于页岩油与其他合成石油生产设备扩大的报告,因此我们得出 1960 年来自页岩与煤炭的原油并没有出现相当大规模的增长。在茂名的石页岩石油工厂仍然处在建设的早期阶段,在产量上只有名义上的增长。页岩石油生产集中的中国东北出现的洪水影响了那里的页岩开采与有限的页岩石油生产。与早几年相比,并没有关于 1960 年小合成石油工厂计划的公开报道。这些工厂 1959 年的产量很可能不会超过 10 万吨。

---

① 原注：CIA. CIA/RR EM 60 - 8(见原注 4),13 页。机密。

并没有证据说明苏联 1960 年撤回技术专家导致中国石油行业出现了严重的问题。兰州精炼厂的基本建设已经完成,该工厂从 1959 年已经开工。因此苏联技术专家的撤走将不会影响这一重要的工厂,但是可能拖延了将兰州精炼厂基本生产能力扩大到年产 500 万吨的计划,除非能得到外国专家提供的指导。中国人很可能已经有能力来独立进行茂名页岩石油厂的建设工作。

关于苏联将采取单边行动停止向中国出口石油的流言还没有被证实。中国从自由世界的东南亚象征性的购买石油产品是为了方便达成长期购买协议,而不是该协议的前奏。但是根据推理中国也许会与像日本和印尼这样的自由世界国家发展贸易关系,通过提供各种物资来交换这两个邻国的石油产品。

三、电　力

中共宣布中国 1960 年电力生产的计划——555 亿~580 亿千瓦时(kW·h)——已经完成[1]。对所掌握相对较少的信息的分析显示,中国很可能生产了 570 亿千瓦时,因此完全支持其完成计划的声明。这一产量比 1959 年的大约 415 亿千瓦时增长了超过 37%。(1957~1961 年中国电力产量的估计见表六)

表六　中国 1957~1961 年电力产量的估计*

(单位: 10 亿千瓦时)

年　份	水　电**	热　电	总　计
1957***	4.4	14.9	19.3
1958***	4.3	23.2	27.5
1959***	6.2	35.3	41.5
1960****	9	48	57
1961****	12	53	65

* 未包括农村电厂的产量。
** 包括了北朝鲜 Sup'ung 电厂转给中国的部分电力。
*** 见注②。
**** 基本估计是以利用的能力与小时数为基础(水电厂是 5 000 小时,热电厂是 5 800 小时)。

看起来在 1960 年一季度之后电力产量略有下降,虽然在传统上一季度的产量比其他季度要低。中共宣布第一季度的计划——生产全年目标的四分之一——在 3 月 23

---

[1] 原注: CIA. FBIS, Daily Report (Far East), 1960 年 3 月 21 日,BBB 16 页。仅限官方使用。Peking Review, 1961 年 3 月 24 日,17 页。未保密。
[2] 原注: CIA. CIA/RR EM 6-8, Significant Development in the Fuels and Power Industries of Communist China, 1959, 1960 年 7 月 1 日,18 页。机密。

日已经达到①。如果是这样的话，到3月31日中国将生产大约152亿千瓦时的电力，将近全年目标的27％。中国后来宣布，到1960年中，电力产量已经比1959年同期增长了50％，1960年上半年的电力产量达到276亿千瓦时，但是第二季度只生产了124亿千瓦时②。中国后来又宣布头八个月的产量比1959年同期增长了45％，到8月底产量为364亿千瓦时③。之后再没有对产量有任何声明。

根据中国经济中电力消费部门通常在年底出现的活动高峰而很可能导致的消费增加，1960年最后四个月每个月的电力生产可能恢复到第一季度的水平，并可能导致1960年总产量达到大约570亿千瓦时，比1959年的水平有了很大的增长，而且利用率也继续增加。

有几个可能的原因导致1960年第一季度之后电力产量有了很明显的下降。例如很可能发电设备出现了故障。但是如此大规模的设备在这么长的时期内出现了故障看起来不太可能。由于电力生产是一项需求功能，很可能这一时期电力生产下降也许说明1960年中国经济困难的开始。

1960年的发电目标是增加420万千瓦，其中290万千瓦来自热电厂，130万来自水电厂④。对单个工厂已有的信息进行分析说明1960年只增加了大约150万千瓦。其中热电能力占了大约100万千瓦，水电为大约50万千瓦。1960年的完成量与1959年增长了300瓦千瓦形成了强烈的对比。（1957～1961年中国电厂能力估计见表七）

1960年1月和2月期间中国电力产量增加了大约30万千瓦，根据对中国电力设备生产工业的估计数字，第一季度65万到100万千瓦的最低目标可能实现⑤。在第一季度之后，生产能力的增加有了明显的下降，很可能是因为电力设备生产的下降与管理和技术问题导致的。国内电力设备工业的产量很可能受到了下列因素的影响：有色与非有色金属短缺，强调质量而不是数量；将一些设备用于生产零配件，对已经过度使用和忽略了的设备进行保养与维修。许多建设项目中的管理问题很可能导致了原料与设备的错误分配与设备安装上的问题。苏联技术专家的撤走也许加重了技术问题。

1960年两个大型水电厂部分运行：服务广东的新丰（Hsin-feng）电厂，其基本生产能力为29万千瓦；服务上海的新安（Hsin-an）电厂，其基本生产能力为62.25万千瓦。估计前者一个生产能力为7.25千瓦的单位已经运行，后者两个能力为7.25万千瓦的单位已经运行。这些单位由中国国内资源负责供给。

① 原注：CIA. FBIS, Daily Report (Far East)，1960年4月25日，BBB 7页。仅限官方使用。CIA. FDD, Weekly Report on Communist China，1960年3月20日，35页。未保密。
② 原注：State, Hong Kong. Dsp 223，1960年9月。密件。
③ 原注：同上，Current Background，1960年10月26日，9页。未保密。
④ 原注：CIA. FBIS, Daily Report (Far East)，1960年3月21日，BBB 16页。仅限官方使用。Peking Review，1961年3月24日，19页。未保密。
⑤ 原注：CIA. FDD, Weekly Report。

表七　中国 1957～1961 年电厂生产能力估计*

（单位：百万千瓦时）

年　份	水　电**	热　电	总　计
1957***	1.0	3.6	4.6
1958***	1.2	5.2	6.4
1959***	1.6	7.8	9.4
1960****	2.1	8.8	10.9
1961****	3.1	9.8	12.9

　　* 未包括农村电厂的产量。
　　** 包括了北朝鲜水丰(Sup'ung)电厂的 36 万千瓦的产量。
　　*** 见注①。
　　**** 根据单个电厂产量相加,再加上对小电厂的估计。

　　虽然有证据说明水电站的建设与完成中遇到了困难,但是像清理土地、建设大坝这种劳动集约型工作看起来进展不错。但是在电厂的建设完成与生产阶段看起来遇到了长时间的拖延。因为在建设的最后阶段必须需要各种特殊的设备以及高度有序的技术能力。

　　对单个电厂及其设备来源的分析显示,这些电厂 1960 年大约新安装了能生产 50 万千瓦的进口设备。根据早些年进口设备所增加的发电能力来看,1960 年增加的 50 万千瓦为 1960 年计划进口设备总能力的不到一半。

　　中苏政治争吵对中国电力工业所产生的影响很难估计。我们假设在该工业中工作的苏联专家被撤走,这很可能已经拖延了或者是将要拖延一些发电建设项目的按时完成。最近有报道说中国自己计划建设一些原来计划由苏联专家建设的项目[2]。虽然苏联交付的一些设备也许有所拖延,但是没有证据说明这种拖延与两国政治上的争吵直接相关。

　　1960 年经常出现关于家庭和其他不具优先性的消费者中出现缺电的报道,但是没有证据显示几乎消耗掉所有可用的电力的工业部门因为电力缺乏而出现问题。一些证据说明对电力的需求将以比"二五"计划慢得多的速度增长。其结果是,发电能力的增长比原来计划要慢这一点,并不会必然影响短期内中国的工业化计划。中国发电能力估计 1960、1961 年很可能能够支持未来几年中国工业以 5％～10％的速度进行增长。

　　1960 年可能中国农村电厂已经增加了 20 万～30 万千瓦的发电量,到 1960 年底农村电厂的发电能力可能达到大约 65 万千瓦,但是这一能力未纳入关于中国发电能力总值的报道中与表七中。

---

① 原注：CIA. CIA/RR EM 6‐8, Significant Development in the Fuels and Power Industries of Communist China, 1959, 1960 年 7 月 1 日,19 页。机密。
② 原注：State, Moscow, Dsp G‐580, 1961 年 2 月 14 日。未保密。

附录

参考来源

各种评估的分类等级见下：

信 息 来 源	信　　息	信 息 来 源	信　　息
文件	1——由其他来源证明	D——不太可信	5——很可能为假
A——完全可信	2——很可能为真	E——不可信	6——不能判断
B——一般可信	3——可能为真	F——不能判断	
C——相当可信	4——令人怀疑		

文件是指外国政府与组织的原始文件；由参谋人员对这类文件进行的复制或者翻译；或者是由参谋人员从这类文件中节选出的信息。

未有专门标识的评估是来自所引用文件中的评估；标有"RR"的是本备忘录作者作出的评估，没有"RR"的评估意思是作者同意所引文件的评估。

DDRS，CK 3100439996 - CK 3100440014

姚昱译、校

中情局关于 1961 年中国粮食状况的评估

（1961 年 9 月 2 日）

机 密

共产党中国 1961 年的粮食前景

（1961 年 9 月 2 日）

1961 年中国农业前景并不好。估计粮食总产量很可能接近估计的 1960 年 1.85 亿吨水平。

自 1960 年秋天以来，中国许多地区遭受到极为严重的恶劣天气。虽然遭到水灾与旱灾的地区看起来没有 1960 年严重，但在 1961 年遭到最严重打击的地区却是中国粮食生产最重要的地区。使得农业状况更加复杂的其他因素有华北三年干旱所产生的累积效应，农民的不满，以及在 1960 年冬、1961 年春的食物配给短缺导致农业生产力的虚弱。

从 1961 年春开始，中共以悲观的语气报道了天气与农业状况。关于天气与农业越来越多的悲观公开报道也许是故意让老百姓接受 1961～1962 年将会继续的粮食配给短缺，但到 8 月为止的农业状况看起来证明了这种悲观看法。

中共还没有出版今年农业生产的统计数字，但是 1961 年冬小麦的收获量很可能是近几年中最小的。这主要是因为 1960 年耕种情况很差，而华北冬小麦主要产区在整个 1960 年冬、1961 年春出现了持续干旱。50％的小麦作物被迟种导致了许多作物被冻死以及后来产量的极大下降。而湿度很低的冬天以及非常干旱的春天使得产量进一步下降。据信，1960 年用于耕种冬小麦的土地面积是共产党执政以来最少的。《人民日报》1961 年 2 月 15 日的一份社论暗示，冬小麦的播种面积只有 2 000 万公顷，比 1959、1960 年的 2 400 万公顷少了大约 17％。小麦的迟种与减少播种部分是由于种植小麦的土地上的夏季作物成熟较晚造成的。缺乏种子以及农民的冷漠可能也是相关因素。

在华北大部分地区持续的干旱影响了冬小麦，7 月底的大雨对干旱虽有所缓解，但是对于小麦来说已经太晚。虽然这些降雨改善了一些次要粮食作物的生长前景，但是却在山东引发了洪水，并很可能对夏季作物与工业作物——特别是花生——产生严重的损害。

据报道，与雨水一起出现的狂风与冰雹对东北省份辽宁、吉林和黑龙江的农作物——主要是大豆与谷物——产生了相当的危害。

华南的天气状况在春夏相对不错，特别是在广东，据报道其稻米收获要好于一般水平。

1961 年粮食作物的耕种规模将受华中与华东晚稻作物的极大影响，这些作物要到 10 月和 11 月才能收获。分布在长江流域的这些稻米产地包括了湖南、江西、湖北、浙江、安徽和江苏这些省份。据报道这些地区在整个春夏都出现了旱情。这一干旱的严重性从相关的降雨量与土壤湿度可以看出,在生长期最关键的 4～8 月这一阶段,降雨量低于平均水平,土壤的湿度比 1960 年的同一时期要低。湖北这个重要的稻米生产省其状况据说比 1959 年和 1960 年要差。

　　出现另一个配给短缺的冬天很可能会导致人口健康状况的进一步恶化和相应的劳动力效率降低。这一局势将会使得中共的农业恢复计划变得更加复杂,该计划在 1960～1961 年的特点是向农业部分进行了更多的资本投资,下放公社职能,增加对农民的经济刺激。

　　DDRS，CK 3100440015 - CK 3100440016

姚昱译、校

中情局关于中国经济前景的国家情报评估

（1964 年 1 月 28 日）

NIE 13 - 64

机　密

共产党中国的经济前景

（1964 年 1 月 28 日）

问　　题

要评估中国经济的问题与表现，及其未来几年的表现。

注意点

关于中国的确切信息仍然是非常少，难以进行精确的经济分析，甚至是进行粗略的判断也会出现错误，所以应当以这种谨慎来看待本评估。附录一简洁地描述了我们关于中国经济的信息状况。

结　　论

（一）中国经济已经从 1960～1961 年的低谷中有所恢复，但是其前景比 1957 年要差得多①。任何中国政府都要面临由中国庞大而且不断增长的人口、可耕土地不足与低水平的技术所导致的各种问题。而这些问题由于中共自己过去所犯错误、其意识形态强制、与苏联关系的破裂、极端的民族主义而变得更加复杂。（第 1～10 段）

（二）1963 年粮食生产并不比 1957 年高，但是却多出了 7 500 万人口。北京的错误管理以及 1960 年以后苏联援助的减少严重地伤害了工业部门；1963 年的工业总产量仍然比 1959 年的最高峰要低得多。几个具有优先性的工业，例如那些支持农业的工业与石油工业，已经接近全部开工，但是其他许多工业却遇到了发展不平衡、技术不足、配件与原料短缺的问题。外贸降到了 1954 年以来的最低点。与苏联的贸易从 1959 年以来减少了超过

---

① 原注：在下面讨论中，我们将 1957 年作为一个基础年份来进行对比，因为该年份是"大跃进"前夕，而且该年份人均粮食产量是粮食生产水平的一个代表：为农民与工厂工人提供了充分的饮食，不需要进口粮食，允许出口一定数量的粮食和其他农产品。

60％,中国已经成为西方世界食物的一个相当大的进口国。(第 11～26 段)

（三）我们相信中共将寻求并将获得来自自由世界的贷款与技术援助,但是数量不会很多。我们不相信法国与其他西方国家在外交上对中国的承认会很大的改变这一状况。(第 27 段)

（四）我们相信未来几年农业生产增长速度不太可能超过人口增长速度,而工业增长速度将会低于 50 年代中期的速度。中国人有可能继续在国内与进口计划中对农业给予更多的注意,但是很可能不会在合理的基础上从工业与军事计划中抽取足够的资源投入到农业中。我们相信中国人急于将政策重新变为有利于工业发展的政策,并很容易在尚不成熟时就这样做。我们相信困难将在经济中、领导人中、政权与人民之间的累积。因此我们相信中国在许多年内还不能够成为一个现代工业国。因此中国对西方的直接军事威胁仍然有限,但是中国将继续是亚洲的一个重要大国,并是对其亚洲邻国以及西方在亚洲的利益的一个重要威胁。(第 29～39 段)

讨　　论

一、中 国 的 困 境

1. 中国的经济问题与许多不发达国家类似,但是规模要大得多。中国人口庞大、增长迅速,耕地不足,技术水平较低。中国的产量刚刚能将其消费维持在生存的水平上,几乎没有什么剩余来为经济增长提供所需的资本资源。任何中国政府在处理这些问题时都会遇到重大的困难。但是中共政权下述愿望对其经济施加了惊人的重担:希望能迅速成为重要的工业-军事大国,将中国社会转变成马克思主义式的样子,并扮演有影响的国际角色。这使得中国经济现在丧失了方向,政府的政策出现混乱。

2. 在 1959 年内战后的头几年中,中国经济得益于一个控制了中国大陆所有地区的中央政府的建立,以及来自饱受战争蹂躏的、渴望一个"新中国"的人口所产生的很大热情。在苏联的援助下,中国经济取得了很大的增长,这主要是由于对已有的经济能力有了更好的利用。因此,由于不满意于"一五"计划的速度、低估了苏联援助的重要性并有自己的理论,中国领导人将其国家领入了灾难性的"大跃进"。同时,中国领导人开始挑战莫斯科的政策与领导权,这导致了 1960 年苏联撤走全部专家。1958 年丰收年之后连续几年的歉收,仓促制定的、协调性很差的政策使得工业出现混乱,经济灾难在所难免。

3. 农业已经从 1960、1961 年最糟状况中——当时人均饮食热量在有些月份很可能只有每天 1 400 卡路里——有所恢复。此外,过去五年中工业能力有了相当的增长,运输体系也有了极大的改善,受过训练的工业工人供给数量增加。来自苏联的贷款几乎全部偿清,中共的控制体系丝毫未受影响。另一方面,中国已经成为粮食的净进口国,要再养活多出来的大约 7 500 万人口。与苏联的经济合作已经结束,也没有制定明确的经济计划,工业部门也处在混乱之中。中共政权已经不能再期望人民——甚至是干部——能对新的计划作出正面的反应。总的来说，中国经济1964年的前景要比1957年差得多。

二、政策与表现

4. 惊讶于1960～1961年的经济危机，中国领导人已经从之前的政策中作出了重要的后退。他们现在更关注农业，并推后了他们快速发展工业的企图。他们已经放弃了为建设大型项目而强迫动员大规模劳动力的做法。他们实际已经终止了公社制度，甚至允许食物生产中有私人主动性。这些放松，加上大量进口粮食，使得中国经济能够熬过1960～1961年不幸的食物短缺，并使得最近两年的粮食有了一些收获。

5. 北京领导人并没有制定出一个复杂的、长期的经济计划，但是他们规划了总指导路线，给予农业以更高的优先性，建立了更为现实的生产目标，强调数量的同时也强调质量。该政权正在寻求获得更加正确的统计报告和对工业更加严格的管理，并允许农业方面进行更大的权力下放。关于中国领导人愿意重新检查并修改其政策的很好的例子，是他们最近重新恢复了计划生育的运动。

6. 政治与社会因素极大地限制了中国领导人能进行的选择以及任何手段所能产生的影响。他们的意识形态使得他们一直坚持集体原则。他们仍坚持公社制度有助于解决中国的问题，虽然在事实上他们采取了小型集体组织的系统。他们继续将工人与农民用于生产上的时间与精力分出来一部分用在意识形态教化上。

7. 经济进步也因北京领导人过分自信的民族主义及其要让中国成为世界大国的野心而受阻。他们对莫斯科的挑战使得中国丧失了技术援助，考虑到中国人的仇外主义，他们不太可能找到其他类似大规模的外国援助。宏大的民族主义目标超过了经济理性，特别是北京野心勃勃的先进武器计划。

8. 因为过去的滥用，中国领导人尝试动员中国庞大的人力资源已经遇到了困难。他们正试图利用民族主义的吸引力与反苏情感，将经验丰富的农村干部分配到他们有特殊地方联系或者血缘关系的生产单位，并在大规模群众运动非常干扰已有工作的时候撤销群众运动，来克服公众与党内的冷淡。但是很明显，在试图将它的意志强加在已经灰心丧气的人口与普通党员身上时，北京将会遇到越来越多的问题。

9. 该政权必须处理急剧增长的失业与就业不足。工业的倒退使得过去3年有大约1000万工厂工人失业。尝试将过剩的工人安置到农村反而加剧了农村劳动力过剩的问题；农民憎恨流入农村的城市工人，尽管没有中共政权的批准，许多被送往农村的工人又返回城市。

10. 该政权面对的另一个严重问题是来自高等学校与大学招生的严重减少。这样做是为了保持教育的高水平，但是对教育机会的限制却可以预想会产生非常严重的后果。过去两年500万年轻人在完成他们的教育之前涌进了劳动力市场；他们不仅增加了已经很严重的混乱，还宣布了原先将教育作为个人进步关键的希望的破灭。该政权现在特别担心年轻人当中越来越多的悲观情绪。

（一）农业

11. 1963 年粮食总产量很可能为大约 1.75 亿～1.8 亿吨，接近 1962 年与 1957 年的水平。1963 年人民饮食水平在质量和数量上都比前一年有了很大的改善，这反映了 1962 年的农业收获比 1961 年要好得多，而自留地生产的蔬菜与其他辅助性食品也持续增长。1963 年中共政权尝试增加棉花的种植面积与产量，因为 1962 年棉花的产量降到了 1957 年的大约一半。但是我们估计恶劣天气会使得棉花产量的增长不超过 10％，而且总产量会继续要远远低于 1957 年的水平。由于 1963 年的收获不多，1964 年的消费水平将不会改善。

12. 该政权看起来已经得出结论，中国的农业问题不能通过增加劳动力或者是扩大耕种土地来解决，而是需要可能费时数年的提高技术与增加相当大的资本投资，特别是对化肥厂的投资。北京并没有从精细机械化中寻找更大的收获，而是继续强调农业电气化与动物驱动机械、手用工具与水泵的生产。该政权认识到需要增加对蓄水、防洪、灌溉的投资，并且已经采取了许多措施来维修与改善产量潜力最高地区的灌溉设施。良种培育和土地管理的计划虽然不需要大量的资本，但只能发挥长期影响。

13. 中国领导人很明显已经决定化肥厂必须是任何农业扩张中必不可少的部分，并认识到这将是非常昂贵的。中国人已经开始了一项计划来增加国内化肥的供应量，其中一项就是将许多机器制造厂转产来支持化肥工业。中国国内化肥产量从 1962 年的 210 万吨急剧增长到 1963 年大约 290 万吨的历史最高纪录；此外还进口了有史以来最大数量的 170 万吨。但是这些数量相对于中国庞大的需求而言仍然很少，平均每公顷化肥施用量大约为台湾的 5％，大约是日本的 2％～3％。扩大化肥的使用将需要中国人改善他们的耕作技术，更好地利用可用水源，并生产更多的除虫剂与更好更多的良种。

14. 中国也正重新恢复一项计划生育计划来处理粮食-人口平衡的问题。该计划已经缓慢地发生影响，到现在为止还是谨慎的，但也许会在 1964 年春天扩大。作为一个试验，产期津贴与儿童津贴在一些城市已经被取消。虽然公开支持流产与绝育，但现在还没有足够的医疗手段与称职的医生来进行一项大规模计划。政府支持的避孕措施也许会在城市里被接受，但是要对农村人口进行有效的教育却很难。对于在近期内解决中国食物-人口问题来说，计划生育的作用有可能不大。

15. 即使中国人口增长率保持当前每年大约 2％的速度而没有加速，要解决食物-人口平衡问题对北京来说仍然是极度困难的。为了到 1967 年使得粮食的人均产量高于 1957 年水平，中国人将不得不以每年增长大约 5％的速度增加其粮食产量，我们认为这不太可能。即使要达到每年 3％的增长——这将需要十年的时间才能恢复到 1957 年的人均粮食产量——也需要持续不断的高投入和正确的计划来支持农业。

(二) 工业

16. 共产党中国的工业已经受到了很大的打击,工业产量虽然比 1957 年高,但比 1959～1960 年的高峰期还是低了很多。经济部门发展优先性的转变使得对许多基本工业物资的需求量减少,导致了很大一部分生产能力被闲置。在其他工业中,很差的计划工作导致生产流程的不同阶段之间出现了不平衡的能力。一些工厂因为缺乏苏联的技术援助和配件而不能开工或只能部分开工,而其他工厂则缺少原料。

17. 另一方面,一些工业正在得到特别的注意,总的来说其开工率已经非常接近其生产能力。石油、现代矿业、木材与农业工业就属于这类。中国人正在努力减轻对外来石油的依赖。我们估计 1963 年原油的总产量大约为 550 万吨,石油产品为大约 500 万吨——是中国的最高水平。在精炼厂、油田和储存设施方面的建设证明了这一工业获得的高度优先性。虽然并没有出现很明显的短缺,但中国的石油仍然紧张,中国仍然依赖从苏联进口的高度精炼石油产品。

18. 钢铁工业是受到不平衡发展影响的一个例子。1963 年原钢的总产量接近 1955 年的 800 万吨的水平。但是还有 800 万吨生产能力被闲置,这是因为缺乏轧钢设备和消费者——特别是建筑与机器制造行业——需求减少。另一方面,合金钢获得了高度的重视,其生产很可能接近其生产能力。

19. 军用设备的生产由于 1960 年苏联专家的撤走而受到严重打击[①]。该工业获得了高度优先性,但是复杂军用设备的制造由于缺乏技术能力和缺少关键的进口部件而受到阻碍。主要服务军事需要的电子工业正在扩大生产。相比 1960～1962 年的低水平,陆地武器与军火的生产很可能有了一些增长。战斗机与大型海军舰艇的生产与组装已经停止。尖端武器计划的建设在苏联专家撤走后实际已经停止,但从 1962 年开始又重新上马。

20. 1963 年轻工业的总产量低于 1957 年的水平,这主要是因为缺乏原料。最受打击的是使用农业原料的工业,例如棉纺织工业生产能力的三分之二未被使用。使用工业原料的消费品生产其原料短缺并没有这么严重,比 1957 年的水平高了大约 35%;但是这些产品只占了轻工业全部产量的大约三分之一。

21. 需求与优先性模式的转变对水泥、电力和机器制造产生了特殊的影响。水泥行业至少 40% 的生产能力未被使用,因为中国的建筑活动很少。电力生产从 1962～1963 年很可能有了轻微的增长,但是因为需求减少,一般来说电厂的开工率只有大约 50%。机器制造业的生产由于缺乏零配件和苏联技术支持损失很大,远远低于其高峰时期。

22. 中共政权看起来已经认识到要大规模恢复与维持生产必须以技术提高为基础。中国受过相当良好训练的工程师数量超过 20 万名,但是能够设计与改建工厂的科学家与工程师其数量却不足。没有外来训练与援助,中国将不得不花费许多年来弥补这一不足。中国

---

① 原注:是对到 1964 年 3 月时共产党中国军事建设的估计。

现在允许许多科学家与技术专家参加国际科学会议，但是只有几百名中国学生仍在国外学习，绝大多数是在苏联。

（三）对外贸易

23. 共产党中国的经济困难很清楚地反映在其对外贸易上，后者已经达到了自1954年以来的最低点。中国贸易的构成也发生了剧烈的变化。自1959年以来，中国已经从食物的净出口国变成了相当大的净进口国，而到1962年机械进口在进口总量中的比例已经从原来的一半降到只有十分之一。与苏联的贸易自1959年以来降低了大约60%。

24. 几乎可以确定，中国将在未来几年增加机械、设备、原料的进口。中国不太可能从苏联那里寻求或者获得大量的进口。一些进口也许来自社会主义集团的其他国家。但是为了能大量进口这些物资，中国将不得不将目光转向自由世界。中国已经急剧增加了其从西方获得技术信息与市场信息的努力，并对扩大资本物进口表示出很大的兴趣。最近几个月他们已经利用中期贷款来购买设备，特别是化工厂与石油精炼设备。

25. 中国从自由世界增加进口的能力受到了其外汇状况的极大制约。中国到今年年底的自由世界货币储备很可能只有1.5亿美元。中国的黄金持有量也大约是这个规模。中国将发现很难增加其外汇收入。中国最能找到稳定的外国市场的食品通常是那些最少用于出口的。其纺织与矿业的出口虽然很大，但是在竞争激烈的世界市场上不容易销售。

26. 自由世界的许多国家现在看起来非常想要以贷款形式向共产党中国出售机械与设备。中国在过去的粮食购买中已经欠了西方供应者1.25亿～1.5亿美元。这一负债相对于中国的出口来说并不大，而且中国的还债记录一直很好。中国已经大大减少了对苏欠款，并计划到1965年全部偿清。但是除非在未来几年出现丰收，中国将不得不继续进口大量的食物。这可能将在某种程度上限制西方或者中国利用援助来进行资本设备交易的意愿。

27. 我们相信中国共产党将向西欧和日本寻求并获得额外的贷款与技术援助，但是数量不会很多。中国虚弱的外汇状况及其较低的创汇能力削弱了它作为一个贷款消费者的吸引力。就中国方面来说，中国不愿意从西方借款太多，也不愿意接受许多外国专家，而且更广泛的来说不愿意让其经济受到西方的大规模影响。法国与其他西方国家对中国的外交承认将会方便它们与中国的贸易，但是我们不认为这一图景会有很大的改变。

28. 过去十年中，中国的对外援助费用为每年大约1亿美元。其中90%给了社会主义国家，主要是阿尔巴尼亚、北朝鲜和北越。考虑到中国已有的援助与承诺，这一水平不太可能有很大的减少，还有可能会因为中国与苏联为争夺在不发达国家的影响力而有所增加。

三、总 的 看 法

29. 自从"大跃进"瓦解以来，中国经济运作的基础是以纠正过去的过度并让经济回复平稳为目的的年度计划。我们怀疑中国共产党是否会长久的满意于仅仅进行年度计划。只要他们认为最坏的时期已经过去而条件允许,我们认为他们将会制定出一个涵盖数年的新计划并进行更大的投资。在 1963、1964 年,中共认为局势还不足以进行这样的计划。我们没有明显的证据来说明何时会出现一个长期计划,也不能保证这项计划能导致怎样的经济计划。

30. 可以想象,中共政权也许会采取极为严格的节俭与压力来更快的压榨出经济增长所需的资源。但是该政权必须认识到,除了那些让成千上万人饥饿的方法之外,几乎没有什么手段能从中国人口中抽取出资源。该政权将会担心这种过程也许会引起能够威胁其国内统治、其在共产主义世界中的地位及其海外形象的异议。

31. 我们有理由肯定,当前的中国领导人将不会采取那种我们认为能够带给中国保持经济增长的最好选择的政策。其中之一就是在资源分配上,比过去几年更甚的让其他计划服从农业的发展。另一个就是采取进一步措施来让经济刺激与生产率最大化,例如进一步鼓励自留地,扩大私人贸易,保存私人小企业。中国也应当采取能将机械进口与外国援助最大化的对外政策。但我们不相信上述政策能够被采用,这是因为中国领导人所持有的强烈民族主义与马克思观点,以及他们在允许进行必须的放松程度之内所看到的危险。

32. 化肥与化肥工厂的进口,如果加上推进农业发展的有活力的国内计划以及精明的管理政策,将会有助于农业的恢复并会因此对工业增长有所贡献。中共很可能会确保获得相对不多的外国贷款以及相对较少的、必须的外国专家,并且发现这在政治上也是可以接受的。这一给予农业以优先性的、相对不大的计划却需要中国推迟其工业的现代化,因为中国自己绝大多数资源以及有限的外国援助将被用于农业部门。此外,很可能这一计划需要两到三年才能产生效果,除非有未料到的好运,中国还需要许多年才能达到 1957 年的人均农业产量水平。

33. 如果情况相反而主要强调工业,中国人将需要极大的外国技术、资本、设备与原料援助。对于最初的一两年来说,首要的需求是技术专家供应以及工农业原料供应的极大改善;之后在闲置生产能力恢复生产之后,将会出现对资本设备进行新投资的需要。所需的进口将很可能对于中国来说太过于昂贵,北京将会极不情愿的接受所需要的大量外国专家。此外,对农业的忽略将需要进口超出中国财政能力之外的粮食,并将会出现比 1960～1961 年食物短缺更为严重的风险。

34. 上述考虑意味着中共在其经济政策中没有太大的余地,这部分是因为缺乏手段,但也是因为他们自己的政治与意识形态压力。他们所遇到的许多困难将会由于中苏冲突的结束或者与自由世界扩大经济联系而缓解。虽然这两者都不能被完全排除,但是两者看起来都不太可能。

35. 我们相信中国领导人将不会专注于要么只对工业要么只对农业全力以赴的单一行动方针。他们很可能试图向农业与支持农业发展的工业提供足够的资源以防止再次出现 1960～1961 年那样的食物危机,但是会突然停止向农业投入资源而不会使农业获得我们认为是必须的健康基础。中国与自由世界的商业关系将很可能有相当的扩大,但是将不会变得紧密或者是大规模。几乎可以确定，北京将不会放弃其军备计划，并很可能会继续花费相当大的精力与金钱来克服工业发展的不平衡以及技术上的缺陷。我们相信中国人将急于将政策转变成为有利于工业发展，并非常容易在还不成熟的时候就这样做。

36. 未来几年中国经济发展前景黯淡。即使该政权执行了明智的经济政策，但进展将会很缓慢，因为即使是主要的农业或工业计划，从制定到实施也需要一定的时间。在未来几年中，天气将比中国人能作的其他事情都要重要。两三年丰收将会在一定程度上缓解当前的状况，允许中国利用轻工业的过剩能力，并能省出外汇来购买资本设备。但我们认为农业生产的增长水平不会快于"大跃进"之前的水平。我们认为经济发展仍然会缓慢，而这会导致积累性的经济、社会与心理问题。

37. 过去关于经济进步速度与方式的争论已经在中国领导人之间制造了分歧。在1958年中期发动"大跃进"与公社冒险并在1959年中期面临极大反对时仍然坚持的激进主义者，看起来在1960年抛弃了这些政策后并没有丧失影响或者地位。对经济政策的分歧可能将继续，但是这些问题的标志与主角将变得模糊。随着该政权试图制定复杂的发展政策来解决其持久的经济问题，以及团结但却正在老化的领导人中一些人的去世，这些分歧也许会进一步加剧。

38. 我们没有自信对中国长期经济前景进行评估，我们几乎可以确定中国领导人在这一点上也一样。如果环境有利，中国也许能实现一般的恢复与经济增长。如果环境并不有利，我们预计中国前景黯淡。中国的问题就其特点与规模而言前所未有的。最相近的例子是苏联在10年之前的经验，但是中国的起点要更低、面对的困难也更多。我们相信，就严格的经济条件来说，中国大陆有潜力实现很大的经济增长，但是中共领导人的政治与社会倾向使得这一潜力不太可能在可见的未来得到发展。

39. 但是中国经济的命运与中国在世界上的地位之间并没有直接的联系。实现中国的潜力将会加大中国的重要性。中国比较差的未来可能是中国在许多年中都很难成为一个现代工业国家。这也意味着中国的形象与样板将不会具有吸引力。但是这并不意味着中国的世界影响将不会增加，也不意味着中国的表现不佳会使得它不成为对其亚洲盟国以及西方在这一地区的利益的威胁。

附录一

对共产党中国经济信息的评估

1. 用于评估中国经济的信息是零散的，在所涉及的问题上是不平衡的，在可信性上是不能确定的。

2. 对(1)许多大中型工厂的地点、状态以及某些工厂的开工率;(2)中国对社会主义集团以及西方的贸易;(3)中共领导人的声明中所表现出来的经济计划与政策的总路线;(4)根据中苏争论的报道所得出的苏联对中国经济支持的一般历史,我们有相当可靠的信息。

3. 下面的信息是不能肯定的,有欠缺的:(1)粮食与其他主要农产品的当前生产与消费水平;(2)当前主要工业部门的生产能力与生产速度;(3)当前中国运输系统的运作水平及其设备状况;(4)中国人口增长规模与速度。

4. 下列问题缺乏任何可靠的信息:(1)中国领导层掌握的中国经济统计数字及其为经济制定的特定目标;(2)领导层视为是主要的替代经济政策,以及领导层内部对于这些政策优劣的不同看法;(3)粮食、石油以及其他重要商品的储备情况;(4)用于投资与国防的经济资源的特定规模。

DDRS, CK 3100130635 – CK 3100130654

姚昱译、校

中情局关于中国经济发展势头的预测

（1964 年 4 月）

CIA/RR ER 64 - 13

保密,**33** 页

中情局研究报告署经济情报评估:

共产党中国不太可能恢复经济发展势头①

（1964 年 4 月）

概 要 与 结 论

要在未来几年中重新恢复先前经济增长的势头,共产党中国的机会并不大。为了弥补当前食物与衣物的缺乏并为了与年增长率为 2% 的人口保持一致,一两年的丰收并不能解决中国对农业的需求问题。中国缺乏现代工业快速发展所需的大量复杂机器与受过高等训练的工程师,而在未来几年也不能从国外大量获得这些。但是,共产党中国任何经济恢复计划都不得不包括工业设备的某种恢复与扩张,因此必须要增加进口所需的机械与原料。由于严重的中苏分歧——在经济领域的表现是苏联专家在 1960 年中期的突然撤走,中国不太可能向苏联寻求这种进口,很可能会转向日本、西欧和一些欧洲卫星国。北京为解决其最糟糕的经济困难而在 1961 年采取的较为平稳的经济政策中的一些,将会因为 1964 年初整个中国重新开始的"社会主义教育"群众运动而被会破坏。这些因素作用的结果是,可以预计在至少最近几年,中国经济的特点将是工业恢复缓慢与农业表现质量不一。

中国最近几年的经济规划所依赖的基础是不稳固的。经济在 1963 年将继续挣扎不前:几个具有优先性的工业会取得进步,例如化肥与石油工业,但不会抵消农业生产的不足与技术上的持续落后,后两者是过去四年中国经济一直存在的基本问题。1963 年国民生产总值比 1959 年要大约低 20%,而外贸达到了十年来的最低点。许多工厂仍然闲置,一部分运输系统仍然未被使用。相比 1960～1961 年几乎是灾难性的冬天,1963 年中国人的饮食在质上和量上都要好得多,但是每日卡路里摄入的水平仍然比"一五"计划时期要低得多。对于随后的第三年来说,非常稀少的外汇被用来从非共产党国家购买超过 500 万吨的粮食而不是工业进口物资。下表说明的是 1957～1963 年人口增长估计与粮食生产与净进口增长的估

---

① 原注:本报告的估计与结论是到 1964 年 4 月 1 日为止本单位最好的判断。

计之间的比较。

表①

一、经 济 计 划

中共关于 1963 年经济的评论说明,"二五"计划最后两年官方报告中所体现出来的谨慎的观点、对经济效率的强调与经济管制"集权化"的特点并没有太大的变化②。从各方面获得的这一印象,即"大跃进"后的恢复仍不完全,由于 1963 年——连续第四年——北平不愿公布与计划完成有关的特定信息,更不要说关于 1963～1967 年"三五"计划的全面信息,而大大加强。

在正常的环境下,1963 年 11、12 月全国人大会议应当讨论第三个五年计划以及 1963 年年度计划的结果以及 1964 年计划草案。但是,全国人大 1963 年会议却是秘密举行,而关于会议的分散报道说明中共政权很可能在三年中第一次设法按计划执行了一个年度计划。1963 年计划之所以能够实施,是因为北京成功地恢复了在"大跃进"丧失的对经济的协调与中央控制。自 1961 年以来,中共领导人(1)已经重建了负责规划、定价与资源分配的管理机构;(2)已经逐渐放弃了 1958～1960 年间建立起来的分权化工业、商业与财政管理体系;(3)已经建立了具有"一五"计划重要特征的管理体系。虽然这一重组缓慢而不全面,但北京的领导人在 1963 年很可能比 1957 年以来的任何时候都能进行更有效的行政控制。

共产党中国就 1963 年计划的完成情况只发布了模糊的一般性声明,但是在将经济转向更加均衡的产品生产与生产更加紧要的产品种类方面很可能取得一些成功。根据×××③、旅行者与难民的报告,以及其他非官方资料,中国经济被组织的更好,但是其运行水平只略高于 1962 年的水平,比 1959～1960 年的顶峰时期要低得多。虽然农业比 1960、1961 年这两个最糟糕的年份略有恢复,但是粮食生产并不比 1957 年高,但现在需要多喂养将近 8 000 万人④。1961～1963 年每年净进口大约 500 万吨粮食被证明是必须的,而 1964 年进口更多的粮食已经签订了合同。工业能力在过去五年有了相当的增长,运输体系也有了极大的提高,但是没有宣布坚定的经济计划,而且工业部门中有很重要的部分其开工率远远低于生产能力。虽然对苏欠款已经几乎偿清,但是与苏联进行紧密经济与技术合作的计划不得不结束。由该政权支持的新运动从底层官员与一般人口那里获得反应更可能是负面的而不是正面的。"一五"计划期间热情的民族主义已经由于常年的劳累工作与未被实现的期望而大大减

---

① 表略去。——译注
② 原注:"二五"计划原来是从 1958～1962 年,但是被 1958～1960 年的"大跃进"所代替,之后是一个拖长了的恢复时期。
③ 原文此处人名未解密。——译注
④ 原注:1957～1963 年人口与可得粮食的比较,见表一。

少。因此中国经济在许多方面仍然比 1957 年要差得多。

共产党中国的领导人在让整个国家从 1960 年以来严重的经济困难中恢复过来的过程中，一直承受着要展现进步的巨大压力。但国家经济委员会主任薄一波在 1964 年 2 月说，在 1965 年之前中国不会规划要取得经济进步。这一声明说明在未来两年里，北京将继续其当前的稳定政策，之后是从 1966 年开始的"三五"计划。

二、农　　业

（一）1963 年的表现

1963 年中国农业局势很可能并不比 1962 年的一般丰收状况要好。不好的天气，包括华南与华东的干旱以及华中与华北的洪水，使得夏收也许比 1962 年还差，而且也打击了秋收增产的前景。虽然总理周恩来说 1963 年粮食产量比 1962 年增加了 1 000 万吨，但估计产量只有大约 1.75 亿～1.8 亿吨，并不比 1962 年多，与 1957 年产量一样，但是当时人口却比现在少大约 10%①。1963 年大米与马铃薯的产量很可能下降了将近 10%，但是小麦产量的增加超过 5%，其他次要粮食的产量增加将近 15%②。1963 年粮食净进口水平——550 万吨，占全部食物供应的大约 3%——是 1964 年收获不足最强有力的证明③。但是农民对于其私有地的极度关注使得蔬菜、水果、肉类与禽类的供应大大增加，这些辅助性食物提高了中国人 1963 年饮食的质量。

对 1963 年收获的这一评估说明中国粮食状况连续第五年④出现紧张。1963/1964 年的平均饮食量与前一年大约一致，但是仍比 1957/1958 年要差得多。华南地区 1963 年头六个月每人每日从粮食与其他食物中摄取的卡路里只有大约 1 900 卡，而 1957 年的水平为 2 200 卡。但 1963 年的数字说明比华南地区 1960 年最后一个季度人均每日 1 400 卡路里的水平有了很大的增长。

一些工业作物的生产在 1963 年有了轻微的增长，但是轻工业可得的农业原料供应并没有什么增长。棉花产量 1963 年比 1962 年增长不超过 10%，估计不超过 80 万吨，而 1957 年为 155 万吨。结果是棉纺织品以及其他依赖农业的制造品在 1964 年会继续紧缺。

（二）食物人口平衡

1. 食物的生产

农业的停滞是中共继续面对的最严重经济问题。1963 年粮食产量比 1957 年的水平低大约 2 000 万吨。中国人口估计到 1963 年中期达到大约 7.2 亿人，其年增长率为大约 2%，

---

① 原注：见表一。
② 原注：见表二。
③ 原注：见表三。
④ 原注：从上一年 7 月到这一年 6 月。

为了维持当前消费水平这需要每年粮食生产增加 400 万吨。

如果中共试图在五年内将人均粮食产量增长到 1957 年水平①,则需要将粮食产量增加至少 2.2 亿吨,也就是要在 1964～1968 年期间粮食年平均增长率要超过 4％。除非中国人能大大加强他们现在在农业中的努力并有好的天气状况,否则不太可能实现到 1968 年增产 2.2 亿吨的目标。即使中国尝试用十年的时间恢复到 1957 年人均粮食生产水平,这也需要每年大约 3％的粮食产量增长。这一增长也需要好的天气状况与相当大的农业投入。

2. 控制人口增长的需要

总理周恩来曾说过,不受节制的人口增长将会威胁国家的经济福利。人口对食品供应的压力可以由一个持续数十年的、严格强制性的计划生育计划来缓解。1963 年初,党的最高领导人很明显决定要采取这一计划,其具体细节现在正在制定。这一计划很明显将更多依赖强制性的而不是说服性的手段来限制出生,并会同意使用新的计划生育方式——包括流产与绝育。利用各种技术进行的试验看起来正在各地进行。例如,根据 1963 年末一份报告,广州地区有三个孩子的夫妻如果不同意进行绝育将不会得到医疗优惠与家庭补贴。

当前不太可能在计划生育领域广泛使用极端的强制性措施,例如强迫性的绝育,因为这类措施将遇到强烈的公开抵制并很难实施。缺乏合格的医药专业者以及足够的医疗设施使得大规模使用流产不可能。政府提倡的避孕方法在城市地区获得了某种接受,但是占中国总人口 80％多的农村人口却对此不感兴趣。但农村地区的农民对于任何有效的计划生育运动来说都是关键。但不幸的是,直到下一代为止不可能在农村地区进行有效的计划生育运动。

(三) 前景

北京现在对中国农业前景的看法要比以前冷静得多,并相信需要相当长的时间来使农业产量获得充分的增长以提高消费水平、建立储备并恢复出口。中国媒体已经承认,农业增长将不会以农业土地与劳动力的扩大来实现,而是需要增加化肥施用、扩大水利与灌溉项目、提高机械化、进行其他投资并改善技术。最近中国关于农业机械化的讨论强调了动物牵引机械以及中小型农业设备。预计拖拉机并不会被强调,虽然拖拉机的生产很可能继续从最近较低的水平持续增长。将对化肥进行最主要与最昂贵的投入以获得持续性的粮食生产的增加。但因为各种农业投入之间紧密相连,中国还需要使用能让化肥发生作用的各种新种子和更多的杀虫剂,需要提高耕作技术,以及更好地利用可用的水资源。

即使有了相当有利的天气而当前发展政策仍在持续,未来几年农业增长的速度不太可能超过当前估计的每年 2％的人口增长速度。在没有另一次严重的食物短缺或者是成功的计划生育措施的情况下,这一人口增长速度可能会加速。而人口持续增加与农业持续出现

---

① 原注:1957 年人均粮食产量水平为农村人口与城市劳动力提供了充分的饮食,并允许该政权出口少量的粮食来支持机械的进口。

困难的结合,会使得中国到 1968 年面临非常危险的天气变化,并会使当前已经不足的营养水平进一步下降,并需要继续昂贵的粮食进口。

中国农业短期内有所改善的最好希望就是天气恢复正常——这一因素是中共政权所不能控制的——以及较为轻缓的农业管制与刺激方式。共产党中国对私有农业的态度被概括在其"大集体小自由"的提法中,这是一个混合策略,根据需要的不同而调整策略。在大跃进时期,私有农业被废除,大型的农业集体——或者说是"公社",在大肆宣扬中被建立起来。但在最近几年的食物短缺中,为了刺激农民增加蔬菜、水果、禽肉供应,中共政权鼓励自留地与自由市场。但每当农业前景有了很大的改善时,"小自由"就被限制。例如,1964 年 1月,政府在农民中间开展了一个新的"社会主义教育"群众运动,其目的在于消除农村中的"资本主义倾向与封建影响"。在过去两年中通过耕种自留地并在自由市场上出售所得而富裕起来的中国农民,现在被说成是犯有"资本主义自然倾向"并被政府指责和惩罚。一些农民在"阶级斗争"大会上遭到殴打,而努力工作的农民所拥有的自行车被公社没收充公。很明显,北京的理论家被迫在宣传与实践中赞扬集体农场而诋毁私人耕种,但他们这样做却取消了让农民进行生产的各种刺激。如果当前的运动达到了 1952 年"五反"与"三反"运动剥夺商人私有财产那样的程度,将会对农业生产产生严重的反作用。但是并没有暗示说北京计划要废除自留地或者是改变当前以小生产队(由大约 30 户组成)为耕作基本单位的政策。

三、工　　业

共产党中国 1963 年的工业生产有轻微增长,但是比 1957 年的水平只高了一点。但是几乎所有工业的当前生产能力都比 1957 年要大,即使许多生产能力仍然闲置或者是运行状况不佳。1963 年轻重工业的总产量都有增长,但是像造船与喷气式飞机这样的工业其产量根本没有增加。另一方面,化肥、石油的生产也许有了相当的增长①。重工业的运行水平很可能介于 1957～1958 年之间,而轻工业的总产量很可能比 1957 年少,因为棉纺织工业的开工率只有其生产能力的 35％。

军事工业在 1963 年继续获得了优先性,许多提供先进与常规武器的工厂的建设已经得到强调,而相关工业的生产与建设水平也很高。1963 年支持农业的工业所获得的优先性可以很明显的从化肥与农业设备工业产量的增加中看出来。出口工业产品也得到了特别对待,这可以从一些水泥与有色金属工厂的高水平开工率看出。

1963 年重工业的建设水平仍然很低,但石油、化肥、先进武器与采矿工业除外。1963 年工业建设的低水平可以从建筑材料、普通钢铁、木材、制造机械的生产数量较小这一点可以看出,但是总的水平相比 1962 年有轻微增长,其表现是水泥与木材的生产有少量增长,而个

---

① 原注:见表四。

别工业的建设有所增加。

(一) 1963 年重要工业的表现

1. 机器制造

1963 年军用设备的生产获得了最高优先性。但是据信并没有生产海军舰艇或是战斗机,而安-2 飞机[①]的生产有增长,但是比 1960 年的最高峰要低很多。地面武器与军火的生产很可能比 1960～1962 年的低水平有了一些增长。电子工业生产的主要份额是用于军事方面。相当大的投资与原料被用于先进武器计划,但是这一方面的进展还不能估算。先进武器设施的建设一直是中国有限科技资源的一个沉重负担,损害了经济的其他部分。

1963 年中国经济中机器制造部门的生产总和很可能有所增长但仍比 1958 年的水平要低得多。较之 1962 年比较重要的收获很可能是为农村地区服务的发电设备、灌溉设备以及石油精炼设备方面。据信在拖拉机、卡车、运输车辆、电子设备、采矿机械方面也有一些收获。虽然据报告氮肥设备的生产比 1962 年有了很大的增长,但我们相信产量在绝对数字上仍然很小,特别是合成氨制造所需的复杂设备的产量方面。零配件的产量增加,机械与设备维修方面的改善很可能仍在继续。中国宣称的将 100 个机器制造工厂改为化肥设备工厂的计划在 1963 年启动,但是这类化肥设备的供应预计在短时期内不会有太大的改善。

2. 化肥

1963 年化肥生产也许达到了 290 万吨[②],比 1962 年增加了大约 39％,比最高水平的 1960 年 250 万吨增加了大约 16％。1963 年化肥进口估计为 170 万吨,也达到了最高纪录。这一生产的增长主要来自于更好的利用已有工厂的生产能力。虽然投资增加,但 1963 年新工厂的建设进展缓慢。许多技术困难阻碍了自 1958～1960 年开始的、由中国设计的氮肥厂的建设。据报道到 1963 年底这些工厂中只有三个已经投入生产,其中只有一个全面投产。苏联建设的氮肥厂的扩产进展缓慢。

3. 石油

零散的信息显示 1963 年原油总产量也许增加至大约 550 万吨,石油产品的生产增加至大约 500 万吨,为最高生产纪录。大约 650 万吨的总精炼能力被利用了 85％,这很可能接近了当前可以做到的最好表现。一个说明石油工业获得了优先性的迹象是 1963 年的建设数量。……[③]东北新的安大(An-ta)油田[④]得到了迅速的扩展,抚顺东与兰州的储藏能力已经增加,1959 年开始的兰州几个生产设备的建设已经完成。

4. 钢铁

零散的信息说明 1963 年粗钢的生产与 1962 年大约持平,为 700 万～1 000 万吨。这一

---

① 原注:安-2 是一种单引擎运输机,能运输大约七名乘客。
② 原注:氮肥在中国生产的化肥中的比重为大约 20％。
③ 原文此处数词未解密。——译注
④ 即大庆油田。——译注

产量是 1960 年宣布的产量的将近一半，接近 1958 年的 800 万吨水平。1963 年至少仍有 800 万吨的生产能力由于轧钢设备的缺乏与钢铁消费部门——特别是基本建设与机器生产部门——需求减少而被闲置。工业部门唯一明显的建筑活动发生在一个合金厂与铁矿石选矿与处理设施。

5. 煤炭

1963 年煤炭的生产也许接近 2.15 亿吨，比 1962 年令人失望的产量略有增加。这一数字比 1958 年声称的 2.7 亿吨差了很多，但是 1963 年煤炭的质量很可能高了很多。1963 年的生产比 1957 年的 1.31 亿吨要高。虽然绝大多数中央管理的大型煤矿看起来非常活跃，但有证据说明煤炭工业存在生产能力闲置问题。运作费用很高的小煤矿有相当大的生产能力，煤炭的生产可以在相对缺乏重视的情况下实现很大的增长。

有许多报道说有一个要求节约煤炭消费的运动。除了煤炭短缺的专门例证，也有煤炭充足甚至过剩的报道……①。因此，节约煤炭的最新要求要从减少原材料、燃料与各种商品浪费的整体长期运动这一角度进行考虑。

6. 电力

1963 年电力生产也许达到了 310 亿千瓦时，比 1962 年增加了大约 3%。这一产量比 1958 年 275 亿千瓦时的产量略高，但只是 1959 年产量的 75%。1963 年的增长主要来自水电厂生产能力的增长。1963 年各种电厂的开工率为生产能力的大约 30%，正常开工率的大约 50%。自苏联专家在 1960 年撤出，新的生产能力以每年大约 600 兆瓦的速度进行建设，到 1963 年底估计总生产能力达到 12 700 兆瓦。尽管有大量的未使用能力，但由于电力供应上的地区差异以及部分建成电厂有设备与人员，中国继续建设新的发电设备。

7. 建筑材料

建筑材料工业现在运行水平已经大约达到 1957 年的水平，水泥与木材的生产很可能在 1963 年有了增长。估计水泥的产量大约为 600 万～800 万吨，木材的产量大约为 2 650 万立方米。为出口服务的水泥厂其开工水平很高。水泥生产能力中至少有 40% 很可能闲置，这意味着建筑活动总体上来说比 1958～1960 年的水平低很多。新水泥厂的建设或者停止、或者以非常慢的速度进行，这说明当前生产能力在一定时期之内是足够的。

8. 棉纺织业

关于官方定量供应布匹的消息说明 1963 年棉纺织品的产量连续第三年处在很低的水平，虽然也许比 1962 年略有增加。1963 年棉纺织品的生产只有 1957 年的大约 60%，是宣称的最高峰 1959 年的大约五分之二。由于棉花产量很低，当前只有大约 35% 的棉纺织能力被利用。

（二）前景

考虑到当前对军事工业与农业的强调，以及农业生产出现明显改善的前景黯淡，工业生

---

① 原文此处一句未解密。——译注

产未来几年的平均年增长率很可能少于 10%。1964 年 3 月中共宣布下列工业具有优先性：(1) 增加农业设备、化肥、杀虫剂、农具与消费制造品的生产；(2) 重要的原料与国内消费急需的燃料的生产；(3) 所有工业部门需要的机器与设备的制造，特别是高度精密机器与设备；(4) 增加所有产品的种类并提高质量。在扩大这些获得优先性的工业的产量方面，北京的各种努力已经在不同程度上遇到了技术问题。例如化学与石油工业在获得与操作复杂设备方面面临困难。始于 1958 年的小型化肥厂建设计划看起来让路于强调大中型化肥厂建设的计划。但在未来几年中，中国人最能期望的是已经开工建设的工厂能够完工，这些工厂的生产将只能提供中国所需化肥中不多的一部分①。虽然原油与绝大多数石油产品的生产将只能满足中国未来最小的需要，但对现代精炼设备的更多需要将很快出现，并很可能不得不从西欧与日本进口。此外，在几年中中国很可能没有能力生产一些关键产品，例如高辛烷值的航空汽油与高质量的润滑油。

在从现在起的几年内，不具有优先性的基础工业也许会需要某种扩大，但技术问题是快速发展的障碍。例如钢铁工业在获得所需要的精密轧钢与精加工设备方面遇到问题，除非进口大量的设备。电力设备工业将不能生产电力工业产量扩大所需的大型发电设备。

轻工业改善的前景将极大地依赖于粮食生产的增长。例如，棉纺织品的大幅度增长将依靠中共增加棉花产量的能力或者是其扩大棉花进口的意愿。使用工业原料的产品，例如缝纫机器、收音机与自行车，很可能会继续增长，但是这些产品只占了轻工业产值的三分之一。

北京能进行一项研究计划来解决中国工业问题的前景并不好。虽然像那些由中国科学院负责的高水平实验室设备精良，但是低水平的实验室缺乏好的设备。中国长期面临缺少技术人员——包括受过训练的高级工程师与科学家，以及合格的技术人员与管理者——的问题。

四、运　输

(一) 1963 年的表现

中国 1963 年运输体系的表现看起来比 1962 年至少增长了 5%，很可能达到了 10%。1963 年运输总吨数与 1958 年大致一样。运输系统运送这些吨数所遇到的困难比 1958 年要少，并出现了一些运输能力过剩，这主要是因为改善了的组织与效率使得铁路全部车辆、船只、卡车运载量更大。为了与扩大农业生产的全国目标保持一致，所有运输模式都给了农业供应与产品以优先性。

1. 铁路

中国铁路系统在 1963 年可能运输了 3.7 亿吨，可能比 1962 年增长超过 10%，接近 1958 年的水平。

---

① 原注：中国每亩施用化肥的平均数量大约为台湾的 5%、日本的 2%～3%。

铁路系统在 1963 年极大地增加了它对农业的支持。铁路干线上地方火车的数量得到增加以帮助农业分配，火车在小站停靠数量已经增加，一些新的小站建立起来，短距离客货运输都有了增长。总的来说，农业支持计划导致了更慢的铁路运输、更高的操作费用，以及更低的效率。1963 年铁路干线网几乎没有扩展，虽然横跨新疆的铁路到年中已经通行到乌鲁木齐。

在贵阳-昆明线的西南部分，从昆明到宣威以及从贵阳到安顺部分已经完成。从内江到宣威的铁路已经完成了一半。

2. 水路运输

1963 年中国沿海船只运输货物的数量估计达到了大约 3 300 万吨，比 1962 年增加了 10%，比 1961 年增加了大约 45%。1963 年沿海运输中对特许外国船只的使用仍然处在很低的水平，这些外国船只很可能运输了不到 50 万吨，而 1959、1960 年为超过 500 万吨。很明显，内陆水路运输的表现与 1961 年以来沿海水运的趋势一样。1963 年整个水运部分的重点放在了为支持农业而进行的调整上。各种水路运输组织现在必须一起关注短途、小量运输与大量长途运输，而后者在前些年是水路运输的主要部分。从 1962 年开始，沿海船只再次开始了从沿海港口到上至武汉的长江各港口的直接运输而不经上海进行转运。水陆联合运输也已经扩大。很明显这一体系所需手续最少，并且优先用于转运。虽然这些手段显示了水路运输的运行效率有了改善，但是为服务地方而在农村公社开设更多的停靠站并为小量农业供应与产品提供服务很可能产生了反作用。

3. 汽车运输

1963 年卡车运输[①]的表现看起来与 1962 年和 1958 年的水平一样。较之以前，1963 年更大一部分卡车载货量被用于支持农业。此外，中共继续将卡车作为向西藏派遣部队、为道路建设运送原料、营房以及边界地区其他项目的首要运输手段。运行的民用卡车数量 1963 年为大约 12 万辆，而军事用途的卡车数量估计为 7 万～8 万辆。1962 年，很可能也包括 1963 年，中国并未从苏联进口或者自己生产足够的卡车来补充报废的卡车。

4. 民航

中共民航 1963 年并没有明显的增长。并没有开辟新的国内航线，总的计划服务也没有增加。但是中国对西方运输机表现出越来越多的兴趣，并在与非社会主义国家进行航空协议的谈判，这两个发展到时可以扩大中国的航空业。到 1964 年初，中国向英国定购的 6 架子爵式涡轮螺旋桨运输机已经交付中国，来补充中国过时而老旧的机群。1963 年 8 月巴基斯坦与中国签订了由两国航空公司负责两国间航空的协议，但是很可能要到 1964 年早夏才能进行航空服务。

（二）前景

考虑到未来几年整个中国经济活动的增长是稳定但却缓慢的，在满足对增长了的运输

---

① 原注：本部分卡车一词指的是运输能力为 3 吨或者更大的解放型卡车。

需要方面运输系统只会遇到一些小麻烦。随着越来越注意保持与维修各线路与车辆,铁路系统将能够比所估计的 1963 年水平增长许多。据了解一些线路与车辆的恶化已经在过去三年中发生,但是这一状况必须在中国人能够在更持久的基础之上进行更高水平的运输之前进行改正。除非继续建设林业铁路与工业铁路支线,没有迹象显示中国计划在不远的将来恢复新线路的建设。如果必要,沿海船运可以很快得到扩大。当前从事客运的货船可以在任何时候用于货运,而外国船只也可以特许进行沿海运输。有限的港口能力也许会制造不能卸载的问题,特别是如果中国继续扩大其海上运输贸易。汽车运输的未来发展将依赖中国进口与生产卡车与零配件的能力;估计到 1966 年之前仅国内生产不能补充报废的车辆。未来中国可能购买更多的西方运输飞机。这些购买标志着中国在航空设备与供应问题上独立于社会主义集团的开始。与巴基斯坦的新条约显示了中国方面愿意在近期建立一条新国际航线,并同意非社会主义国家的飞机根据规定飞入中国。购买英国子爵飞机也将使中国获得更多的能力来提供国际服务。

五、对外经济联系

(一) 当前的表现

在 50 年代初的志同道合时期,毛泽东支持"一边倒"政策,承认北京要跟随苏联的工业化模式并向中国提供苏联机器与技术专家。这一政策虽在"一五"计划期间被证明是成功的,但却由于克里姆林宫于 1960 年中撤走 1 390 名苏联在华专家而成为中苏争论的一个牺牲品。中国还声称布苏联当局也撕毁了为中国新工厂准备设计图并停止供应重要设备。国家经济委员会主席薄一波将苏联的撤走称为是中国在过去几年中面对的首要困难,并将之称为"饭只吃了一半就撤盘子"。为了迅速发展工业,中共需要大量进口机械与技术。但北京一直选择提前偿清欠苏联集团的债务——到 1962 年已经提前偿清苏联大约 1 亿美元债务[①]。同时中国发现,在过去三年它必须从其非常紧缺的外汇中每年花费超过 3 亿美元来进口粮食。结果是机械、设备、工业原料的进口大幅度减少,而这些都是促进中国工业再次发展的基本因素(还有技术知识)。例如,1959 年从苏联"完整系统"的进口机械与设备达到 4 亿美元,但是 1963 年不到 1 000 万美元。

中国 1962 年的外贸为大约 25 亿美元[②],是 1954 年以来的最低点,估计 1963 年的贸易水平与 1962 年差不多。在中国外贸下降中苏联集团首当其冲:相比 1959 年,1962 年中苏贸易下降将近 65%,中国与东欧贸易(包括与阿尔巴尼亚)减少了大约 70%,与自由世界的贸易仅减少了大约 5%。结果是,自由世界在中国对外贸易总额中的份额从 1959 年的三分之一增长到 1962 年的一半。中国进口的主要重点已经从机械——该项进口在中国总进口

---

① 原注:本报告美元价值为当前美元价值。
② 原注:见表五。

额中的比重从 1959 年的一半降到了 1962 年的十分之一——转向了食物与原料,后者占了 1962 年总进口额的五分之四①。

自 1960 年以来许多贸易与技术代表团往来于中国与西欧、日本之间,北京也签订了进口西方工业工厂的协议,这些都说明中国正在尝试扩大并多样化其与自由世界的贸易。中国已经搜集到了许多技术信息与市场资料来为当前与将来的合同打基础。下表列明了中国自 1963 年 8 月到 1964 年 2 月从西方购买的工业设施:

工 厂 类 型	生 产 能 力	据报道的价值(百万美元)	来 源 国
维尼纶纤维②	每天 30 吨	20	日 本
合成氨	每年 10 万吨	6～8	英 国
尿素化肥	每年 17.5 万吨	6～8	荷 兰
氮肥(两个工厂)③	每年 30 万吨	20(总计)	意大利
石油精炼	未知	9	意大利
酒精④	未知	超过 5	法 国
总计		超过 66	

中国对其他国家的经济援助——从 1954～1962 年提出了 16.5 亿美元,大约 8.7 亿被使用——并未对中国造成沉重的负担,并很可能并未阻碍中国恢复其国内经济的努力。三个国家——阿尔巴尼亚、北朝鲜与北越——一共接受了中国对外援助总值的三分之二。1962 年中国根据新的承诺提供的援助以及用于旧协议援助的花费比之前八年的平均水平分别下降了大约 40% 与 10%。1962 年共产党国家获得了中国 1 亿美元的新援助以及交付使用的 7 500 万美元旧援助,而自由世界国家则获得了 1 700 万美元的新援助以及 1 300 万美元的旧援助⑤。

(二) 前景

到 1970 年之前,中国制定的任何经济计划都将包括工业设备的修复与发展,这应当会增加对进口机械、设备与工业原料的需要。由于中苏争论的加剧,中国不太可能从苏联寻求

---

① 原注:见表五。
② 原注:中国与日本正在举行谈判讨论中国购买第二个价值 2 800 万美元的维尼纶纤维厂。几乎可以确定未来几个月就会签订一项合同,而日本政府将批准此购买。
③ 原注:一个工厂很可能建设在阿尔巴尼亚。
④ 原注:n-butyl 与 2-ethyl-hexyl。
⑤ 原注:见表七。附录 A,31 页。

这些进口,将很可能转向日本、西欧与东欧卫星国。

中苏争论的存在很可能将不会妨碍在未来几年中国扩大与几个苏联卫星国的贸易。中国与共产党国家——如果他们不是完全的修正主义——进行贸易的倾向是很强烈的,并存在中国从与卫星国的贸易扩大中获得政治与经济好处的可能性。北京可能将利用任何机会,通过与这些国家一起采取独立的行动来加强其在中苏争论中的依据。

中国与西方贸易的发展将会由这些因素决定:中国通过增加出口总量和将先前出口给苏联的物资转向西方来增加对西方的出口,继续粮食进口的程度,从西方获得信贷的多少。由于中国的商品结构,中国并不容易在西方市场上获得当前中国对苏出口的总量,因此如果当前尚存的中苏贸易突然急剧减少或者停止,就其短期影响而言至少会导致中国总出口量的下降。对中国来说,在西方出售越来越多的农产品、化学品以及各种制造品不会很难。另一方面,中国很难向自由世界出售纺织品以及一些矿产品,而这些占了中国 1962 年出口总额的一半多。

由于 1963 年农业收成一般,在可以获得粮食的情况下中国有可能会在 1964 年继续其每年大约 500 万吨的粮食进口。但即使农业有了相当的起色,人口的持续增长和将消费水平至少向 1957 年水平的部分恢复都使得很难减少粮食进口。中国领导人也许对人均粮食消费量低于 1957 年水平感到满意,而一旦在农业产量稍稍大于基本消费需求,中国领导人也许会决定要更快的推进工业建设。在这种情况下,通过减少粮食进口而节省下来的外汇很可能被用于从西方购买机械与设备。

自由世界许多国家现在愿意向中国提供中期贷款以出售机械与设备。北京很可能会使这些贷款的总数与中国估计能够承担的支付能力以及其对出口前景的估计保持一致。在北京感到农业已经充分恢复到能扩大出口并减少粮食进口之前,它也许会将来自自由世界的工业贷款限制在大约每年 1 亿~2 亿美元之间,而总额保持在 3 亿~5 亿美元之间。

六、中国经济增长势头恢复的前景

中共政权现在在选择其发展模式时,受到了技术与物资资源不足的限制。根据北京确定的优先性,中国当今资源的主要获得者是:(1)先进武器计划与常规武器;(2)农业与支持农业的工业;(3)消费品工业;(4)外贸需要(特别是进口粮食导致了外汇的持续消耗)。中国领导人很明显给予了先进武器计划以高度优先性;中国总的经济资源中只有一小部分能被用于这一经济部门,但是该部门却使用了中国绝大多数最高质量的资源,后者原本可以被用于工业建设。就剩下的经济部门而言,该政权要作出两个基本决定:(1)究竟推动农业与工业中的哪一个发展,还是推动两个一起发展;(2)从外国获得贷款与技术援助的数量。

中共领导人也许对当前由于强调农业而导致的经济增长缓慢失去耐心,也许会决定要更加强调工业而不是农业。如果中国领导人尝试恢复"一五"计划时期的工业迅速增长速度——平均年增长速度为大约15％，他们将不得不依靠外来的技术与资本设备的援助。中国已经掌握了一些基本工业的技术，例如铝、钢铁与电力，但是仍需要进口现代资本设备来使之尽快发展。其他已经有了相当大生产能力的工业将继续需要外部的技术援助来保持产品、设备与生产技术的进步。一些高度复杂的工业，例如造船与飞机，将完全依赖进口知识与设备来支撑其迅速发展。根据中国"一五"计划期间机械进口方面的信息以及技术方面的可能的变化，如果要让工业产量以每年15％的速度增长，中国每年在知识与设备进口方面的费用可能处于每年5亿～8亿美元之间。中国也许不得不利用出口获得的收益以及外国贷款来支持其工业进口，中国将不得不允许大量的技术专家进入中国来安装并操作新的工厂。而农业的恢复将会被拖延，粮食的进口将持续许多年。

中共也许会决定这样行动：（1）平等对待农业与工业；（2）在实际意义上不要外国贷款或者技术援助；（3）限制与外国的物资交换。这一行动将对那些既不想忽略工业但又反对依赖外部世界的人有很大的吸引力。按照这一方法，中国将几乎完全依赖自己的设计能力与机器制造工业，但是会进口自己不能生产的工厂原型、化肥生产设备、机械与工具。根据这一计划，工业的进步将相对缓慢，食物的生产不仅不能恢复到1957年人均生产水平，而且也许不足以能维持当前较低消费水平的速度增长。

对于中国的统治者来说，这些对经济增长的宏观限制应当是很明显的。当中国领导人考虑他们在农工业中面临的问题以及关于长期发展的各种选择时，他们会同时关心他们决策的政治与经济影响。考虑到中苏争论的严重性，苏联重新向中国工业提供技术与物质援助几乎不可能。几乎可以确定自由世界的国家将不会提供大量长期贷款——例如那种每年贷款5亿美元、十到十五年偿清的贷款——给中国，而在当前情况下中国也同样不能接受这种对资本家的长期承诺。中国所能期望的最好的、也是最有可能被中国接受的情况是，自由世界提供一系列中期贷款与数量不多的技术专家。加上中国国内的资源，这一援助模式将会为北京提供足够的进口来让其在发展计划的几个选择中进行挑选：（1）集中发展农业，工业扮演支援角色；（2）工业发展适当但其年增长率要远低于"一五"计划时期的15％；（3）工农业部门速度都比较缓慢。

如果中国想在没有大规模外来援助的情况下重新获得其经济长期发展的势头，北京必须在持久的发展工业之前解决其食物-人口问题。总理周恩来曾经说，农业是整个中国"社会主义建设"时期中国经济的基础。如果继续维持农业这一优先性，那么中国未来五至十年的经济增长率很可能要比"一五"计划期间的速度低很多，而"一五"计划期间国民生产总值的年增长率大约为6％。如果中国领导人觉得不能忍受将快速工业化拖后五至十年，他们也许会将用于农业的外汇收入与国内资源转向工业。如果未来一两年发生了倾向于工业的明显转向，如果农业不能得到已经承诺了的物质资源，农业产量将会继续停滞。此外，如果北京采取了更加严厉的态度对待自留地以及其他农业刺激，出现比前不久更加严重的食物短缺只是时间问题——至多 2～3 年。

表一 中国 1957～1963 年粮食生产与可得量的估计

	单　位	1957	1958	1959	1960	1961	1962	1963*
粮食生产**	百万公吨	180	200	165	160	165	180	175～180
净进出口***	百万公吨	−0.4	−1.1	−2.0	−1.4	+5.2	+4	+5.5
可得总量****	百万公吨	180	199	163	159	170	185	180～186
年末人口	百万	649	665	679	690	701	713	727
人均产量	千克	277	301	243	232	235	252	244*****
人均可得	千克	277	299	240	230	243	259	252******

　* 初步估计。

　** 包括了按照 4 比 1 的比例换算成粮食的植物块茎。

　*** 1 吨进口粮食比国内多生产 1 吨粮食对食物状况的影响要大，因为进口粮食减少了将近 15% 的喂养、种子与浪费。负号表示净出口，正号表示净进口。

　**** 包括了食物与非食物用途。

　***** 根据上述粮食产量范围的中间点。

　****** 根据上述可得总值范围的中间点。

表二 1957～1963 年中国主要农产品产量的估计

（单位：百万公吨）

年　度	大　米	小　麦	植物块茎*	杂　粮	大　豆	轧　棉
1957	82.7	24.6	21.8	50.9	10.2	1.55
1958	90.4	27.5	37.1	45.0	9.1	1.76
1959	81.2	25.6	20.9	37.3	7.6	1.34
1960	79.0	22.0	22.0	37.0	6.7	1.25
1961	82.3	17.0	25.3	40.4	7.0	0.98
1962	82.3	22.7	29.1	45.9	6.5	0.75
1963**	75.0	24.0	26.5	52.0	6.7	0.80

　* 4 吨植物块茎等于 1 吨粮食。

　** 初步估计。

表三　1957～1963 年中国粮食净进出口估计*

（单位：百万公吨）

年　份	进　口			总　计	出　口	净进出口
	加 拿 大	澳大利亚	其他国家			
1957	0	0	0.14	0.14	0.51	−0.37
1958	0.12	0.011	0.043	0.17	1.3	−1.1
1959	0	0	0.000 5	0.000 5	2.0	−2.0
1960	0	0.000 6	0.028	0.029	1.4	−1.4
1961	2.5	2.6	1.2	6.3	1.1	+5.2
1962	2.1	1.2	2.0	5.3	0.66	+4.7
1963**	1.7	3.1	1.2	6.0	0.5	+5.5

　＊　由于进位，各组成部分的相加也许并不等于最后的合计数字。减号为出口，加号为进口。
　＊＊　初步估计。

表四　1957～1960 年与 1962～1963 年中国重要工业物资生产估计

物　　资			单　位	1957	1958	1959	1960	1962	1963*
粗钢			百万公吨	5.35	8.0	13.35	18.45	7～10	7～10
铝			千公吨	39	49	70.4	80	80	80
飞机	喷气式战斗机	MIG-17	架	1	120	190	90	0	0
		MIG-19	架	0	0	0	20	0	0
	活塞运输机	An-2	架	1	55	95	120	15	50
	直升机	Mi-4	架	0	1	3	21	0	0
海军舰艇			艘	77	84	95	61	4～10	0～10
纸张			百万公吨	1.22	1.63	2.13	2.18	1.0	1.1
水泥			百万公吨	6.9	9.3	12.3	11	5～7	6～8
木材			百万立方米	27.87	35	41	35	25	26.5
化肥			百万公吨	0.80	1.35	1.9	2.5	2.1	2.9
煤炭			百万公吨	131	230～270**	300～350**	330～425**	210	215

物 资		单 位	1957	1958	1959	1960	1962	1963*
石油	原油	百万公吨	1.5	2.3	3.7	4.6	4.7	5.5
	石油产品	百万公吨	1.7	2.7	4.1	4.7	4.3	5.0
电力		10 亿千瓦时	19.3	27.5	41.5	47	40	31
棉布		百万米	5 050	5 700	7 500	6 400	2 900	3 050

* 初步估计。

** 第一个数字为估计数字,第二个数字为官方公布数字。

表五 1957～1962 年中国外贸值估计*

(单位:当时百万美元)

地 区	1957	1958	1959	1960	1961	1962**
总值	3 060	3 765	4 225	3 920	2 940	2 535
自由世界	1 125	1 410	1 325	1 380	1 365	1 255
共产党国家	1 935	2 355	2 900	2 540	1 575	1 280
苏联	1 290	1 520	2 055	1 665	920	750
东欧卫星国***	490	655	625	605	300	200
远东共产党国家****	145	180	215	225	175	130
其他共产党国家*****	10	5	5	45	180	200

* 从 1959 年开始,这些估计不包括中国的数据,而是以中国贸易伙伴的统计为基础。所有数字都进位到最接近的 500 万美元。由于进位,各部分相加并不一定等于最后的总值。

** 初步估计。

*** 包括阿尔巴尼亚。

**** 北朝鲜、北越、蒙古。

***** 古巴与南斯拉夫。中南贸易在 1959 年之后非常小,中古贸易只有 1960～1962 年的数据。

表六 1957～1962 年中国进出口商品构成*

(单位:当时百万美元)

商品构成	1957	1958	1959	1960	1961	1962**
总进口额	1 420	1 790	2 040	2 000	1 470	1 130
食品	20	30	10	40	540	430
加工原料	560	810	810	890	600	480

续　表

商品构成	1957	1958	1959	1960	1961	1962**
其中：POL	90	100	120	130	130	80
机械与设备	630	770	980	900	250	130
其他商品	210	180	240	170	80	90
总出口额	1 640	1 980	2 190	1 920	1 470	1 400
农业产品	900	1 080	1 110	870	400	400
可食用	640	840	830	630	200	200
不可食用	260	240	280	240	200	200
矿物与金属	280	280	270	260	300	260
化学品	120	120	90	80	60	50
制成品	340	500	720	710	700	690
其中纺织品	270	400	620	630	570	560

　＊　所有数字都进位到1 000万美元。由于进位，各部分相加不一定等于表中的总值。

　＊＊　初步估计。

表七　1954～1962年中国经济援助承诺与费用估计

（单位：当时百万美元）

地　区	1954～1962		1962	
	承　诺	已 使 用*	承　诺	已 使 用*
总值	1 649	867	117	88
共产党国家	1 283	779	100	75
阿尔巴尼亚	263	65	100**	25
匈牙利	58	58	0	0
北朝鲜	330	259	0	15
北越	457	297	0	20
蒙古	115	100	0	15
古巴	60	0***	未知****	0***

地 区	1954～1962		1962	
	承 诺	已 使 用[*]	承 诺	已 使 用[*]
自由世界	366	88	17	13
阿尔及利亚	2	2	2	2
缅甸	84	忽略[***]	0	忽略[***]
柬埔寨	50	30	0	8
锡兰	37	5	11	3
埃及	5	5	0	0
加纳	20	0[***]	0	0[***]
几内亚	27	2[***]	0	0[***]
老挝	4	0[***]	4	0[***]
印尼	57	27	0	0
马里	20	忽略	0	0
尼泊尔	43	5	0	0
也门	17	12	0	0

[*] 对 1960～1962 年的估计缺乏中国财政数据的证明。

[**] 一个数量级。

[***] 估计最小化。

[****] 在 1963 年初,中国同意将 1962、1963 年向古巴提供的贷款变成长期贷款。这笔贷款的数额现在还不知道。

DDRS,CK 3100355266－CK 3100355305

姚昱译、校

中情局关于中国经济发展的评估与前景预测

(1965 年 12 月 11 日)

CIA/RR ER 65 - 32

保密,65 页

中情局研究报告署经济情报评估：共产党中国经济前景

(1965 年 12 月 11 日)

中央情报局局长 W. F. 雷伯恩(W. F. Raborn)给国家安全事务特别助理麦乔治·邦迪 (McGeorge Bundy),其他分发单位：国务院,国防部

概 要 与 结 论[①]

　　资源上的限制,政治上的束缚,将稀少的资源用于军事计划,这些都预示着中国经济未来几年增长的前景充其量是缓慢的。由于天气的反复无常以及中国在继续当前实用主义政策上的不确定性,甚至是经济缓慢增长也不能被视为理所当然。中国在未来十年能否重新获得经济发展的一般势头十分依赖于中国能否在刺激农业生产与降低人口增长速度方面取得成功。但是这两方面的前景都不乐观。因此,未来十年中国面临的重要经济问题也许不是何时能重新达到 20 世纪 50 年代的快速增长速度,而是如何能处理好马尔萨斯问题并能让小型的核武器与现代武器发展计划进展良好。

　　中国过去两年已经实现了几个让人惊讶的发展(特别是两个核武器的爆炸),这些都强调了在中国经济正经历着极大的困难时,中国领导人却要将中国最稀少的资源用于开发现代武器的决心。中国领导人已经受到了中国经济略微好转的鼓励,并很明显的相信经济恢复将到 1965 年底大部分完成。他们继续声明中国将在 1966 年启动第三个五年计划。但是农业持续的虚弱表现,与 50 年代相比外来援助对经济发展的贡献很低,技术能力不足以及相当大的工业能力限制,都与这一乐观截然相反。即使"三五"计划仍处于虚构阶段,但中国应该能够在 1966 年——就像它已经在 1964～1965 年做的——继续在下列领域的行动,例如发展现代武器,在石油产品方面实现自给自足,扩大其在亚非与中东的出现。此外,中国支持在越南与印度边界行动的经济能力将继续会很强大。

---

① 原注：本报告的评估与结论是到 1965 年 11 月 15 日为止本单位最好的评价。

对于中国军事、政治与经济前景来说非常重要的粮食-人口问题,其解决只能通过激发农业生产实现每年相当大的增长并减少当前人口的快速扩张。虽然中国在 1963 年中期偏离了共产主义传统而采取了计划生育运动,但该运动对人口增长的影响在未来五年中非常小;甚至到 1985 年底该运动也只能将人口增长数量控制在 7 000 万。食物生产更不确定,最好而言也是不容乐观的。保持当前人均食物消费水平这一任务——更不要说恢复到 1957 年的水平——将需要一个大的支持农业的计划。虽然在过去几年北京已经很强调改善农业——特别是要生产更大量的化肥和对化肥易反应的种子,但据信中国并没有进行任何计划来给予农业这一经济主要部门所应当具有的优先性。即使中国应当进行一项全面支持农业的计划——这将意味着大量减少其他计划,包括军事性的——也需要好几年才能使其主要影响发挥出来。至少在未来五年,中国将非常辛苦地将食物生产增长保持得与人口增长一样快,如果严重的恶劣天气出现,中国经济将出现严重的衰退。

由于食物-人口比例平衡以及农业对经济增长贡献很大的前景并不乐观,因此我们认为至少在五至十年之内,中国不可能恢复 1960 年之前的总经济发展势头,除非能获得大规模的援助,但这是不可能的。此外,中国领导人决定继续将稀有资源用于费用高昂的军事计划加强了我们的看法。

虽然中国一直给予了现代——特别是先进——武器能力的发展以最高的优先性,但几乎确定无疑的是,由于中国高质量工业与人力资源的供应有限,所以在可见的未来这一计划的范围非常有限。因此,在武器计划中以及民用与军事工业之间如何确定优先性与资源分配,并如何将利益最大化,都将继续是中国最难实现的任务之一。民用工业部门专业化原料与人员被集中用于支援武器计划,这一直干扰着民用工业部门的扩展,特别是化学、石油这些直接与现代武器计划竞争资源的领域。将中国质量最好的技术与科技资源的很大一部分分配给军事研发部门,这不仅已经阻碍了中国广泛发展与推广新的本土民用工业技术的能力,还对大学教育产生了影响。对后者的影响也许会大到严重损害中国提供新的、受过良好训练的、能在未来独立处理科技工作的人员的能力。在军事部门,由于导弹与喷气式飞机生产需要许多同样的工程技术、金属与加工设备,因此这两个武器计划之间对资源的竞争比它们与其他计划——例如潜艇或核武器——之间的竞争要大得多。不管怎样,中国在"大跃进"失败之后困难时期继续现代武器计划的成功说明,可以预计这一部分将继续取得进展——很可能不时会由于农业的衰退而被放慢。

一、经济的目标与政策

尽管在过去两年中国的经济事务中注入了更强的政治特点,但中国经济的基本目标与政策与以前一样。随着大跃进在 1960 年的瓦解,北京希望通过苏联援助与制定强迫性工业化而快速成为世界大国的梦想破灭。从那时起,中国一直尝试将其经济调整到一个新的框架,因为中国领导人不愿意为了获得经济援助而屈服于苏联,也不愿意解放经济组织的社会主义形式——事实上，在 1960～1961 年放松了这些形式之后，北京从 1962 年开始再次收紧了它的控制。这些自己施加的限制，再加上要喂养日益增加的人口这一长期问题，中国领导人很可能会得出这一结论，即在相当长的一段时间内不可能恢复工业的快速增长。同时，他们很清楚的拒绝放弃甚至是延后攫取大国地位的努力。北京的领导人很可能相信过去的发展已经提供了一个充足的基础，可以通过将经济资源集中在经济的一小部分上而在一些目标上获得令人注目的进展。获得了最高优先性的领域——现代武器——就是其中之一，中国领导人相信在这一领域即使只取得一般的成就，对于其外部世界来说也是值得的——就像 1964 年 10 月与 1965 年 5 月核设施的爆炸那样。核武器的发展很可能是中国各种目标中序列最高的一个，但是在过去的一两年中，北京对用改良的常规武器来扩大装备部队这一点的兴趣越来越大。当然，相关的支援工业也因此获得了有利的地位。农业、支农工业、石油、消费品工业在获得发展性资源的优先性上属于第二集团，剩下的经济部门只能争取余下的资源。中国一些经济资源也被用于对亚非与中东国家，以及向北越这样的几个友好共产党国家的援助计划中，向北越这样的国家提供援助所具有的优先性很可能仅次于中国的核计划。

在追求实现上述目标时，这意味着中国正在进行着一个小规模的、在范围上比较狭窄的经济发展计划，中国在 1964～1965 年期间并未改变 1963 年已有的政策。但在过去的一年中，社会主义教育运动，各种竞争计划，共产党中央委员会为农业、工业以及其他主要经济活动建立的政治工作部门，导致了质疑当前用相对实用主义方式处理经济事务的表现。尽管在农村地区政治影响扩大，但没有迹象显示中共政权正在计划要废除自留地或者扩大集体耕种单位的规模。工业上继续强调质量、减少费用、提高技术能力来满足当前的需求。1965 年初提出的政治口号"政治挂帅"和"掀起生产高潮"已经让位给最近要求现实主义的和谨慎的工业管理方式。政府控制结构的重新组织仍在继续，新成立了两个机械工业部，使得管理机器制造的部门增加到八个，并建立国家基本建设委员会。甚至是计划生育运动也以其 1963 年中期开始的外表继续进行。

中共在几个有些模糊的声明中提出，当前的目标与政策将在短期内会继续（虽然毛泽东与其他人很明显喜欢在看起来适合的时候通过政治手段来加快经济活动的速度）。例如，周恩来在 1964 年 12 月全国人大会议上的讲话提到"三五"计划在 1966 年开始，并提出该计划是一个经济缓慢增长的计划。随着今年即将结束，以及缺乏长期计划的相关准备（从最近获得一些证据判断），中国要在今年早些完成计划的希望很可能开始变得黯淡，就像美国想要更多了解北京的经济发展计划一样。中国领导人在国庆节的声明强调了经济发展的道路既长又艰巨，并强调将需要几十年——陈毅说要 30 到 50 年——才能建成一个强大的中国。

二、1964～1965 年的经济表现

（一）农业

1965 年的农业看起来并没有比 1963、1964 年好多少，在某些情况下甚至还不如前两年。

但有一点看起来比较确定,即1964~1965年在解决马尔萨斯式的人口对食物的压力以及农业对工业的贡献能力方面并没有改善。甚至是在1964年12月满怀信心预测农业生产总值增长5%的中国领导人,最近也以更加平和——而且是没有量化——的语气谈论1965年的收成。

虽然现在预测1965年粮食收成的规模为时尚早,但看起来粮食生产不太可能比头两年的收成要好(见表一)。秋收作物的前景充其量也只能部分弥补估计1965年早季作物产量减少了的400万吨。

1965年由冬小麦、秋季杂粮、早稻组成的早季作物的收成估计只有4 100万吨,而1964年则有4 500万吨。早稻作物收成良好,因为1964年其生长环境有利而且播种面积扩大。相反,冬小麦与杂粮的收成相当不好,因为1964年整个秋天持续降雨延迟了或者妨碍了许多地区的播种。冬小麦与杂粮的播种面积估计比1964年水平减少了10%~15%。而冬天与1965年春,天气又转向了干燥、温暖以及多风,这使得土壤板结并阻碍了植物的生长。

预计秋收作物收成的增长最好也只能对早季作物产量下降了的400万吨进行补充。中稻与晚稻的生产应当好于1964年,但预计秋季杂粮、植物块茎、春小麦的收成不会超过1964年,因为1965年这些粮食的耕作面积仍然比正常水平低了很多而大多数地区的耕种条件很差。

中共政权针对1964年收成一般以及1964年早季作物收成很差而在1965年采取的措施,与过去在收成很差之后采取的措施一样,虽然规模更加有限。在可能的地方,受灾最严重的地方工业作物被春耕秋收粮食作物取代。其结果是,绝大多数工业作物的播种面积与生产将很可能比前一年少。播种面积的减少以及因此出现的减产使得像油籽作物这样的工业作物的产量大大下降。但华中地区棉花播种面积的增加部分抵消了传统产棉区的面积减少。如果产量良好,棉花的产量很可能维持在1964年的水平。

粮食的净进口已经成为中国经济生活的固定事实,自1960年以来进口量为460万~500万吨之间①。小麦与稻米是政府根据定量计划进行再分配而征收的主要粮食,而净进口的水平一直根据总产量的水平而不同。例如,伴随着1964/1965消费年度②国内稻米与小麦供应的增长,粮食净进口量从1963/1964年的500万吨降到了1964/1965年的470万吨。

预计中国粮食净进口在1965/1966年将为500万~600万吨。到现在为止,中国在1965/1966消费年度已经购买了大约500万吨粮食,而1964/1965年为530万吨,但是在当前这个消费年度也许还要再多购买100万吨。进口继续很高而出口很低。1960年之前中国稻米出口为每年平均超过100万吨,而1964/1965消费年度只有60万吨,1965年到现在只有大约50万吨出口。

虽然食物的消费水平低于被认为能满足中国人需要的1957/1958消费年度水平,但是

---

① 原注:见表二。中国在未来几年大量进口粮食的兴趣表现在中国最近与加拿大签订的合同上,该合同要求在未来三至五年中购买500万~1 850万吨粮食。

② 原注:消费年度从上一年7月1日至次年6月30日。

要比 1960/1961 年消费年度的水平要高，那时营养不良非常普遍。自 1960/1961 年消费年度以来食物消费水平提高中的大约四分之三来自副食产品（猪肉、家禽、水果、蔬菜）的极大增长，这主要来自农民自留地。估计非粮食食物在每日人均卡路里摄入中的比重从 1960/1961 年消费年度很低的 6％增加到 1964/1965 年度的大约 20％。这些食物与粮食（包括进口粮食）一起使得 1964/1965 年消费年度每日人均卡路里摄入量为大约 2 000 卡路里，而 1960/1961 年为大约 1 600 卡路里，1957/1958 年度为 2 300 卡路里。

（二）工业与建筑业

1. 工业生产

工业继续从"大跃进"的崩溃中缓慢恢复，其年生产增长率在 1964、1965 年为 5％～10％[1]。1965 年重工业的生产也许比 1958 年的水平要高，但轻工业产量很可能没有达到 1957 年的水平。自 1959 年以来，用来估计工业产量的信息零散而不确定。因此本报告关于工业生产的数据应被视为仅仅为 1960～1965 年生产总水平与趋势——在累计方面以及商品方面——提供了一种指示[2]。

绝大多数商品的生产水平现在都高于 1957 年的水平，见表四，而那些具有优先性的商品的生产，例如石油与化肥，已经超过了"大跃进"的水平。例外情况是主要用于出口的有色金属、一些机械（例如火车机车与运输卡车）与棉布。

除了一些特别的成就之外，过去几年工业生产只有缓慢的改善。许多工业部门仍然存在着生产能力过剩，特别是那些生产基本物资的部门，而一些优先制成品生产部门则生产能力不足。那些特别的成就主要是在军事与化学工业——例如支持两个核设施爆炸与一个有限的先进武器计划的能力，为现代船只提供绝大多数部件的能力，在试验的基础上石油、尿素、聚四氟乙烯、聚乙烯醇缩纤维生产几乎实现了自给自足。其他工业取得令人瞩目的成就包括了建立了一个顶吹氧转炉用于炼钢，据报道成功制造了用于电力生产的直接水内冷蒸汽涡轮式发电机。

所有这些成就都是在获得某种外部援助——或者是来自社会主义集团或者是来自自由世界——的背景下取得的。不太引人注意的是产品质量与种类的改善，特别是钢铁与机械工业，煤炭，钢铁与有色金属工业中的开采与矿石加工部门。

中国现在在石油产品的供应方面几乎实现了自给自足——1965 年进口只占到全国总供给量的大约 5％。从 1962～1965 年原油生产的年增长速度超过 15％。由于严格的管制，消费的年增长率只略高于 5％。因此中国对进口的依赖明显减少[3]。原油生产的增加以及已有精炼厂运行的某些改变允许中国航空燃油供应的一部分由国内生产。中国仍然依赖航空汽油与某些润滑油的进口，1965 年这类产品的进口数量看起来是中国最小的需求量。在

---

① 原注：对 1965 年工业生产的评估是根据到 1965 年 11 月 1 日为止获得的信息，对 1965 年底各项计划作出评估。
② 原注：就与工业生产有关的当前各种信息问题的讨论，见附表二。
③ 原注：中国生产与进口数量，见表五与表六。

中国飞机总量中只占了很少一部分的活塞式发动机飞机,其重要性正在下降。因此据猜测中国将不会为了实现这些飞机所需航空汽油的完全自足而进行大规模投资,以避免与其他具有更高优先性的需要形成资本竞争。没有证据说明中国计划进口生产高等级润滑油或者生产这类润滑油所需的复合化学添加剂的相关生产设备。

中国关于化肥生产的声明使人联想起大跃进时期——每年增长率要达到 40%～80%。据信生产的实际增长要低于中国所声明的速度,很可能 1964、1965 年的增长率达到 25%。在估计的 500 万～600 万吨生产能力中,330 万～400 万吨为氮肥厂,其余为磷肥厂。虽然大约 65% 的生产能力集中在大工厂,但看起来最近强调的重点是中小型工厂的建设。这一计划将会使产量持续增长,但小工厂的生产效率要比大工厂低得多。

在轻工业方面,棉布生产的低水平反映了农业生产不足,主要是播种面积减少(这反过来是由于强调食物生产的结果)导致纤维产量很低。纸张生产相对较高的水平反映了在原料方面不太依靠农业部门的轻工业部门处在较好状态。

2. 建设

资本建设仍然主要局限在范围相对狭窄的工业部门——化学、石油、军事、采矿与矿石加工设备,以及与军事有关的其他重工业部门。但是过去二至三年基本建设已经在数量与范围上有所扩大,而到 1965 年甚至电厂、纺织厂、食糖加工厂、纸厂的建设都有所扩大。对中国 1965 年投资计划的规模只能进行猜测,也许与 1957 年的水平相当。但考虑到一些通常进入建设/投资计划的工业产品其当前生产水平比 1957 年更高这一点,这一结论看起来未必可信。这一明显异常还得到了下列因素的佐证:中国对军事与农业部门的强调,以及作为其结果的在建设与生产种类上的变化以及进口机械与原料的减少。

就生产价值而言,据信 1965 年机械生产要比 1957 年高 30%～40%,但是可用机械的数量要比 1957 年低,这是因为机械进口水平要低得多。此外,加上生产领域的急剧变化,投资计划中机械国内生产与进口的费用很可能要比 1957 年高得多。像工具、仪表、电子设备、农业手工具这样的机械,当前产量要比 1957 年大得多。而在 1957 年被强调的重型工业机械中,石油机械、采矿机械、化学设备当前被大量生产,但是冶金设备、防治设备、机车与基本机床的生产数量近似于或者低于 1957 年的水平。1957 年许多进口的机械被安装在大型工厂中,而这些工厂的建设费用要大大超出所安装的机械的价值。当前,机械进口的很大一部分是(1) 不构成一项基本投资项目中组成部分的重型设备,例如卡车、飞机与建筑设备;或者是(2) 用于其建设费用中最大部分是设备的实验室或小型工业装置中的专门机械。

1965 年可用钢铁的数量估计要比 1957 年多出 50% 多。但尽管国内高质量钢铁的生产有了增长,但机械生产用特殊高质量钢的生产增长则没有这么多,因为成品钢产品的进口有了极大的下降。据信当前用于农业的钢铁数量要高得多,较少的资料说明可能大约三分之一的可用钢铁被用于农业,主要用于简单的农业工具与设备。农用钢铁的这一增长——从估计的 1957 年 7.5 万吨到 1965 年的大约 200 万～300 万吨——占了钢铁消费增加的绝大部分。而化学、采矿、石油设备与专业化工具这些部门钢铁消费的增长要远远超过其他类型机械生产所需钢铁消费的减少。管道与无缝钢管——特别是用于化学与石油工业——的生产自 1957 年以来也有了极大的增长。这种使用类型，加上军事建设方面更大的使用量，很可能抵消了民用建设与运输行业钢铁消费的减少。钢铁的种类据信只比 1957 年的水平略有增长。

水泥的国内供应估计比 1957 年多了 50%，因为国内生产增加了 30% 并且出口减少。但可用水泥的增长并不说明总投资的相对增长，因为许多水泥被用于像飞机场和其他军事建设这样的大型项目。用于一般工业建设的水泥数量只略高于 1957 年的水平，而石油、化肥与采矿部门水泥消费的增长抵消了金属加工与电力部门可能出现的消费减少。农业对水泥的使用有了极大的增长，但数量仍然很小。

（三）运输与交通

虽然中国运输系统 1964～1965 年期间的表现每年增长了大约 10%，但其运行继续低于运输能力。1964 年现代运输很可能达到 6.9 亿吨，比 1958 年要高但远远低于 1959 年水平。1964 年运输的 6.9 亿吨中，大约 60% 是由铁路运输，25% 由卡车运输，15% 由水路运输，空运数量很少。

1964 年现代运输设备总量增长很小。运输表现的改善主要是由于利用了未用能力并提高了效率——更快的速度，装卸的改善，运输路线更加直接快捷。运输汽车的总量很可能没有增长——估计到 1964 年底为 12.9 万辆。汽车生产很可能又增加了不到 2 600 辆汽车，但可能不足以满足替换旧车的需要。干线机车的生产实际上自 1961 年以后就停止，直到 1964 年才在两个工厂恢复。

自 1960 年以来第一次卡车总量的生产有了相当大的增长，几乎相当于之前的最高水平，而进口也稳步增加。除了商业船队之外，今年年底水运总吨位增加了大约 15%，但船只继续几乎完全只从事沿海航运。在中国总的对外海运中，船队继续只占了很不重要的一部分。

虽然中国运输系统继续能满足民用与军用运输的需要，但相比绝大多数社会主义国家与几乎所有自由世界国家，其技术原始，运作也是劳动密集型。中国对用于短途运输的原始运输方式——扁担、马车、舢板、平底帆船——的极度依赖在 20 世纪几乎是独一无二的。可能大约一半的总运输吨位是由非常原始的运输方式运输的。此外，人、地与路线的比例在现代运输部门非常高。

中国的大部分地区现在仍然没有主要铁路网络，而铁路的延伸与复线建设进展缓慢。铁路运输几乎完全依赖蒸汽机车，而码头与装卸工作机械化程度很低。中国某些地区的铁路系统现在缺乏能力与灵活性。因此在越南冲突期间大吨位的运输很可能在华南与西南制造了拥挤与拖延。

高速公路已经在最近几年有了扩大与改善，但仍不能支撑大型现代车辆进行大规模的运输，即使中国现在已经有了这些现代车辆。装卸设备与海洋港口及内陆水道航道深度的改善正在进行,但进展缓慢。航空服务与运行正处在发展的早期阶段。民航飞机总量中只有很少一部分现代的、表现很好的飞机。

中国仍然缺少一个现代的、完整的电子通讯体系。可以获得的设备将在很大程度上决定该体系改善的程度。尽管自 1960 年以来中国电子工业的技术水平有了明显的改善,该工业绝大部分的产量主要用于满足具有高度优先性的军事需要。对于中国来说,要建设一个现代电子通讯的资源基础,国内生产的设备还不能满足需要,因此中国已经加快了从自由世界获得范围广泛的电子设备的努力——特别是从日本。但是中国委员会①的限制仍然制约了西方对中国的绝大多数类型高能电子设备的出售。

(四) 对外经济关系

1964 年中国对外贸易增长了将近 20%——达到 32 亿美元——并很可能将在 1965 年再扩大 15%或 20%,但仍然低于最高纪录的 1959 年 43 亿美元水平。1964 年中国已经有了大约 3 亿美元的出口剩余,这被用来支付中国仍欠苏联的绝大多数债务,并提前支付对西方的债务。中国也开始在 1965 年通过购买黄金来重新建立其耗尽的国际储备。

1964 年中国在贸易上的较大收入完全来自增加了的对自由世界的贸易,后者增长了大约 40%。另一方面,当年中国与共产党国家的贸易减少了大约 10%。作为结果,自由世界现在占了中国贸易总额的大约三分之二②。与自由世界的贸易预计在 1965 年能达到新的纪录,很可能获得去年的增长速度,这反映了中国决心要减少对苏联的依赖并要获得最先进的技术与资本设备。

中国与自由世界贸易中最为令人瞩目的进展是中日贸易的明显增长,这使得日本成为中国在西方最大的贸易伙伴。中日贸易在 1964 年几乎翻了一倍,超过了 3 亿美元,仅次于中苏贸易③。中日贸易总值 1965 年超过 4 亿美元,比 1964 年增长了 40%多。从那时起,中国看起来正在放松对日贸易的政治条件,并正在对越来越多的进口机械与原料需要——不仅为工业也为农业——而作出反应。

像之前一样,香港是中国获得自由世界外汇的首要来源。仅仅在中国对香港的贸易中(包括再出口),中国于 1964 年获得了 3.35 亿美元的纯收入,其中超过 9 000 万来自对其他自由世界国家的转口贸易。对香港的肉类、蔬菜、水果、特产食物与棉纺织品出口的极大增长占了对香港总出口增长的几乎一半。1965 年头八个月的贸易收入说明全年对香港的商品出口将增长 20%~25%——低于去年增长速度。

在共产党国家范围内,1964 年对苏贸易减少了 25%,跌至 4.5 亿美元,为 1950 年以来

---

① 中国委员会(China Committee,英文缩写 CHINCOM)是自 1952 年起美国联合其他西方主要国家在巴黎统筹委员会下建立的一个分支机构,其目的是要对中国进行经济管制,是当时美国联合西方国家对华进行经济战的主要工具之一。该委员会在 1994 年结束活动。关于巴黎统筹委员会与中国委员会情况的详细介绍,参见崔丕:《美国的冷战战略与巴黎统筹委员会、中国委员会(1945~1994)》,长春:东北师范大学出版社 2000 年版。——译注
② 原注:见表七。
③ 原注:见表八。

的最低点。中国与其他更加独立的、或者追随亲北京路线的共产党国家的贸易，也有增长，但与其他遵守莫斯科意识形态观点的共产党国家（捷克斯洛伐克、东德与匈牙利）继续减少，充其量也只是维持在去年的水平上。

信息的缺乏使得很难估计中苏1965年的贸易程度，但是看起来两国贸易不太可能出现极大增长。如果两国贸易水平保持平衡并维持在1964年的水平——这在相互经济好处上对两国来说都是所期望的，这将要中国将其进口额比1964年增加大约三分之二，而苏联则需要减少进口大约30％。虽然相比过去的贸易而言这一调整规模较大，但这将极大地依赖于中国接受大量苏联机械与设备的意愿。中国与东欧共产党国家的贸易协定，除了保加利亚之外，会使1965年双方贸易增长。

1964年中国对外贸易的商品构成没有什么变化，尽管进出口都有了相当大的增长①。粮食继续占了中国总进口额的大约三分之一——达到了历史最高纪录的价值4.75亿美元的680万吨。粮食进口增长了1.1亿美元，与大米、非粮食食物以及其他农业产品的出口增长值相近。因此中国在相当程度上用高价值的农业产品换取更加便宜的小麦。中国连续第二年纺织品出口降低，从1963年的5亿美元降到了1964年的大约4.5亿美元。机械与各种轻工业产品的出口在1964年继续扩大，据信现在已经达到了大约3.5亿美元，比1960年高出大约75％②。1964年工业原料的出口达到了大约3.25亿美元。生铁的出口占了这一出口增长的绝大部分，但是其他矿产与金属的出口较为落后，这是因为生产困难与国内需求增加。

机械进口反映了最近工业的缓慢恢复，该进口估计1964年达到了将近2亿美元，而1963年为1.35亿美元，仍远远低于1959年的将近10亿美元的进口。金属——主要是钢铁——的进口比1963年至少增加了四分之一。棉花与羊毛进口在从1962年7 000万美元增长到1963年1.22亿美元后，在1964年减少了1 500万～2 000万美元。但是合成纤维的进口增加了将近1 500万。中国将化肥进口从1963年的8 500万美元（220万吨）减少到1964年的6 000万美元（110万吨），但是这只是对1964年欧洲化肥市场高价情况的暂时调整。

中国1965年的商品进口继续了近些年的趋势。粮食进口根据计划到1965年要比1964年减少7 500万美元，但是中国已经就几个其他物资达成了不同寻常的大规模进口合同。例如，很可能已经大部分达成的1965年化肥购买合同金额达到1.4亿美元，比1964年这一进口的总价值增加了两倍多。

自1963年中期以来中国对外经济联系的一个重要特征是从自由世界购买的机械与设备越来越多，这一购买部分由中期贷款资助。除了1963年定购的六个工厂之外，1964年中国还从西方定购了至少八套工业设备（过去两年总价值达到大约1亿美元），并在1965年加快了定购其他工厂的谈判。中国在过去两年还对其他机械进行了几个大型定购，特别是用于建筑目的的重型设备③。

---

① 原注：见表九。
② 原注：1960年总值为2亿美元。
③ 原注：见表十一。

中国要扩展其在亚洲、中东与非洲的决定,使得中国在 1964 年向不发达国家提供了价值总额为 3.4 亿美元的贷款,这一数字为 1964 年之前十年中国向这些地区提供的贷款总额的三分之四。但中国在 1965 年上半年只提供了 4 300 万美元的贷款。与过去一样,自由国家提取贷款的水平仍然很低,1964 年估计总计只有 2 300 万美元。虽然据报告 1964 年没有向共产党国家提供新的贷款,但报告说中国在 1965 年对北越与阿尔巴尼亚提供了一些额外援助。1964 年估计价值为 1.1 亿美元的对外援助的大部分继续给了共产党国家——阿尔巴尼亚、古巴、北越、北朝鲜与蒙古①。

三、越南局势对中国经济的影响

中国经济以几种方式对越南加剧了的冲突作出了反应②。也许最重要的步骤是给予了华南与西南地区国防以及与国防相关的建设以高度优先性,特别是飞机场与铁路干线。此外,自从 1965 年初开始美国对北越进行空袭之后,中国已经增加了对北越所需的许多物资的运输,以补充北越在空袭中遭到的损失。在 1965 年 7 月期间,中国向北越提供了一笔新的赠款援助,要求供应“国防与经济领域所需要的设备、整套设施与其他供应”。

……③

(一) 华南的建设

中国对待越南战争的严肃性可以很好的从 1963 年以来华南地区国防与国防相关建设获得的高度优先性看出来。……④华南地区飞机场与铁路建设获得高度优先性恰逢中国其他地区建设活动缩减时期,这导致了大量的重型设备与高质量原料与工程技术从在经济上更有成果的民用工业部门中被抽走。

1. 飞机场建设……⑤
2. 铁路建设……⑥
3. 公路建设……⑦

(二) 中国对北越的援助

1955～1961 年间,中国向北越至少提供了 4.57 亿美元的经济贷款与赠款——1955 年

---

① 原注:见表十。
② 原注:最近中国对西方国家黄金的购买——到 1965 年 10 月底至少达到了 1.35 亿美元——也许反映了中国要部分防止英镑贬值和面对东南亚恶化的局势而采取的谨慎态度。但更为可能的是,这一购买也许是中国加强其不足的黄金储备的一个行动。
③ 原文此处一段未解密。——译注
④ 原文此处数句未解密。——译注
⑤ 原文此处内容未解密。——译注
⑥ 原文此处内容未解密。——译注
⑦ 原文此处内容未解密。——译注

为 2 亿美元, 1959 年为 1 亿美元, 1961 年为 1.57 亿美元。此外, 中国还提供了一笔数目未详的军事援助, 可能是赠款。由于战争以及北越即将开始的第二个五年计划（1966～1970）对北越经济产生了越来越大的压力, 因此 1965 年 7 月中旬中国授权以"无偿"援助形式提供"国防与经济领域所需的设备、整套设施与其他供应"。虽然没有关于新的赠款的具体信息, 但很清楚在 7 月之前的几个月中中国很可能已经增加了对北越的援助。

北越生产军事产品的能力主要限于手榴弹、地雷、迫击炮与小型弹药。因此北越所有重型军事装备与许多小型武器与弹药都来自进口。虽然并没有关于其进口设备的数量与类型的专门信息, 据信苏联提供了高射机枪、坦克、大炮这样重型设备, 而中国则是卡车、小型武器与弹药的主要供应者。此外, 自从 1965 年初开始美国对北越进行空袭, 为了弥补北越的损失, 中国很可能增加了北越所需许多物资的运输, 包括铁轨、建筑原料、卡车、零配件、医药。此外, 据信中国已经向北越派遣了超过普通人数的技术人员与建筑工程师。

虽然中国向北越运输的数量很可能有所增加, 但据信迄今为止这些出口并未让中国这些物资的供应变得紧张。但向北越运输以及与中国国防建设有关——包括了华南与西南地区的飞机场与铁路建设——的人员物资流动的增加, 可能干扰了华南地区正常铁路运输。

……①

越南战斗不断升级, 如果再加上中国援助运输的相对增长, 将很可能对中国一些物资的供应产生压力, 例如钢产品（包括铁轨）、医药和卡车。此外, 运输困难很可能会进一步恶化, 特别是与华南地区铁路运输有关的部分。

（三）人员疏散与工厂迁移
……②

四、经济问题与前景

（一）总论

因为缺乏关于中国经济当前表现及其经济发展长期计划的信息, 所以对中国经济未来的猜测充其量也只是假设。并不完全了解影响中国经济当前状况的各种变量, 加上中国经济的未来难以预料, 要作出量化预测是毫无意义的。但是对未来十年左右的一般经济趋势的各种主要决定因素进行检查是值得的。相应的, 中国两个最重要的经济问题——食物与人口平衡问题, 军事计划的经济影响问题, 将根据不发生重大战争、没有大规模外国援助、影响经济的当前政策不会发生重大变化的假设而在后面的章节中进行讨论。由于外部资源可

---

① 原文此处一段未解密。——译注
② 原文此处内容未解密。——译注

以弥补重要的差距,也将对获得外国资源的一般前景进行考虑。

(二) 食物-人口问题

食物-人口问题是中国共产党面临的最严重经济问题。尽管农业生产水平比 1960/1961 消费年度的低水平有了改善,但相比 1957/1958 消费年度而言并没有多大提高,但人口却增长了大约 1.1 亿。这意味着即使现在进口了大量的粮食,中国人现在却要比八年前吃得少,而且农业对经济增长的贡献也比 1957 年要低得多。例如,1957 年中国从食物的净出口中获得了 6.2 亿美元的外汇收入,但在 1964 年却不得不净进口了价值 2 亿美元的食物。就未来而言,中国的核心问题是扩大农业生产并减少人口增长速度的能力。这不仅是要保证充足的食物供给的问题,还是农业这个关键经济部门为工业的现代化与增长提供支持的问题。

如果人口继续以当前的每年增加 2.25% 的速度增长,中国共产党在农业部门所面临的问题的规模,就由为了将人均粮食消费水平提高到 1957/1958 年的水平而不进口所必须生产的粮食的数量体现出来,如下:

消 费 年 度	百 万 吨	消 费 年 度	百 万 吨
1965/1966	211	1980/1981	297
1970/1971	235	1985/1986	335
1975/1976	264		

据信今年中国要达到 1957/1958 年人均粮食消费水平,仍短缺大约 3 500 万吨粮食。因此要达到 1957/1958 年的人均水平,就要使粮食生产的增长速度要快于人口增长的速度。而仅仅要维持过去三年人均粮食消费水平,到 1985/1986 年度就需要 2.9 亿吨粮食。

很明显中国人知道人口增长过度所带来的问题,并已经开始采取措施控制人口的增长。

1. 人口控制措施

人口对食物供应的压力可以通过一项在几十年内进行计划生育的强制性计划而被解除。党的领导人在 1963 年初已经作出决定,并于 1963 年中期开始在一些大的城市中心执行一项依靠经济与社会压力的计划生育运动。该政权已经依靠由经济与社会歧视支持的教育运动来反对早婚与大家庭。其目标是要鼓励晚婚,通过避孕或流产来将生育间隔变成三年,并在生育了三个孩子之后进行绝育。

很难对当前计划生育运动的效果进行测量,因为新闻媒体一直被用来刻画与婚姻和家庭有关的理想社会行为形象,而不是来报道相关规定、采取的特别措施或者是已经取得的成就。但是传统观点已经开始转变,特别是在城市地区的年青一代中,但是可能需要另一个 10 年才能使计划生育运动有效的影响农村人口的增长速度。此外,必须认识到允许计划生育运动成功的经济条件也将可能导致死亡率的下降。因此,至少在一开始,成功降低出生率的措施也许不会伴随着人口自然增长速度的降低。

如果假设提高生活水平的前景支持了对控制生育与晚婚的鼓励，并因此开始对出生率产生了可以被察觉到的立刻影响，而总体医疗水平的改善使得在死亡率控制方面取得了进步，到 1985 年预计减少了的人口可以高达 7 000 万。预计在进行与不进行计划生育的情况下年底人口总数的减少情况如下：

（单位：百万人口）

	1965	**1970**	**1975**	**1980**	**1985**
无计划生育	763	852	955	1 074	1 210
有计划生育	763	844	935	1 024	1 140
人口减少	0	8	20	50	70

因此一个成功的计划生育运动在未来 20 年只能对中国提供一定程度的帮助。

2. 食物的生产

中国人已经承认粮食增长将不会以农业用地的很大扩张为基础，而是需要增加已耕土地的产量。由于最近来自自留地的食物极大增长不太可能继续，因此必须与人口增长保持同步的食物供给增长将不得不通过增加主要粮食作物的产量来实现。

看起来农业中中国人已经清楚地认识到技术革新的重要性，并已经注意到农业的现代化是一项重要的工作，需要在很长的一段时间内对人力、原料与资本进行很大的投资。要实现粮食产量持续增长，化肥是最重要的，也是最昂贵的物资。日本与台湾的"农业奇迹"与越来越多的使用化肥有着直接的关系，两国化肥的使用率远远高于中国，见下：

	每公顷耕地化肥使用公斤数（根据营养成分）
中　国	10
台　湾	110
日　本	230

从日本与台湾这两个在近年极大提高了农业产量的例子中得到的关键教训是各种农业投入之间是互相依赖的。如果要让增加了的化肥供应得到最大结果，中国将不得不利用对化肥敏感度高并更能抵抗虫害的新种子品种，提高其农业技术，并更好的利用水资源。日本与台湾用了超过 50 年才建立起对待农业部门生产率的科学态度。虽然中国可以对这些知识中的一些立刻加以利用并获得好处，但要将这些知识深度的运用于地方状况将会是一个费时很长并且相当复杂的任务。

在未来五年中，每日人均可得食物预计不会有任何重要的改善，除非中国经历了非常好的天气。可以预计,使用良种、重新建立作物轮作与更好的工业技术也许会使得农业产量出现轻微的增长,但五年的时间并不足以让这一计划产生重大的影响。未来五年粮食生产的增长将主要依赖增加施用化肥。估计到1970年中国国内将生产700万~900万吨的各种化肥,再加上300万~400万吨的进口化肥。这一估计的1970年可以获得1 000万~1 300万吨的化肥,要比1962年可以使用的化肥量多了大约700万~1 000万吨,而1962年是气候接近正常的最近一年。如果这些多出的1 000万~1 300万吨化肥被用于粮食作物,到1970/1971年度粮食生产要比1962/1963年度的水平多出1 000万~1 500万吨,达到1.9亿到1.95亿吨的水平。这一粮食生产水平将不允许改善当前较低的人均粮食消费水平,并很可能为了维持当前水平而增加粮食进口。因此未来5年食物供应的前景将继续是很紧张的,中共政权将继续不得不面临十分危险的气候变化。

从长远来看,假设当前计划生育运动并没有使得人口比不进行该运动的情况减少7 000万,要实现不进口粮食而将人均粮食消费水平提高到1957/1958年度的水平,中国人将不得不将粮食产量水平从1970/1971年度的1.9亿~1.95亿吨提高到1985/1986年度的3.15亿吨。通过发展新的种子种类并提高耕种技术等计划,化肥敏感比例将从预计的1970/1971年度这一比例为大约1.5∶1提高到1985/1986年度的2∶1[①]。如果这一化肥敏感比例的提高成功实现,那时将不得不施用7 000万吨化肥来生产3.15亿吨粮食。中国化肥的生产现在为400万~500万吨,预计到1970年只能达到700万~900万吨。因此为了在20年后生产出7 000万吨化肥,中国将不得不从1970~1980年每年增加400万吨化肥生产能力。由于一个工厂从最初设计到实际完成需要四至五年时间,这一计划将需要在未来一至二年中启动。如果中国人要求进行这一计划来增加化肥工业的生产能力,为了重新回到1957/1958年度的人均粮食消费水平,可以实现与需要实现的粮食生产数量见下表:

(单位:百万吨)

消费年度	粮食/化肥敏感比例	可使用的化肥	粮食生产	需要的粮食	差　距
1970/1971	1.5∶1	13	195	233	38
1975/1976	1.6∶1	30	223	258	35
1980/1981	1.8∶1	50	265	282	17
1985/1986	2.0∶1	70	315	315	0

到1985年生产7 000万吨化肥对于中国来说将是个难以置信的任务,而为了让这些增加了的化肥得到最好的利用而必须建立的深度农业研究与开发服务也是非常艰巨的。即使中国人只是取消进口并维持当前的低粮食消费水平,仍然需要大约6 000万吨的化肥。化肥工业的确获得了高度优先性,但为了实现1985年生产6 000万~7 000万吨化肥,需要在研

————————

① 原注:1.5吨粮食比1吨化肥。

究与开发上、机器生产上与建筑上投入很大的努力——这一努力要远远高于当前的水平，并需要抽取其他计划——特别是为军队服务的计划——的大量资源。

（三）军事计划的经济影响

1. 军事计划的一般趋势

越来越多的证据说明中共很可能正在计划发展并最终部署一个范围相对广泛的、使用核弹头的先进武器系统。中共在核武器计划、很可能其他相关投射系统与现代军事装备生产计划方面所进行的积极努力都证明了这一目的。

但是，尽管看起来中国领导人非常强调获得现代武器的重要性，但他们将这一重要性限制在能通过中国不足的工业基础将这一目标转化成现实的程度上。因此中国领导人可能会发现，立刻着手集中开发数量较少的先进武器系统在技术上是可行的。此外，中国不太可能生产数量很多的、最终用于实际部署的先进武器系统。在中国看来，通过掌握一项先进武器的能力而获得的价值是通过其政治与心理影响来衡量的，而不是其实际军事重要性。中国人并未产生认为自己能够极大地改变军事大国之间已有的世界平衡这一错觉。但他们可以期望能够获得足够的战略力量来遏制美国在亚洲部署核武器，并因此能加强中国将亚洲的冲突限制在有利于中国的条件之下的机会。

由于很少有关于中国希望获得的核武器类型的信息，因此对核武器计划的可能优先性或者这一计划的协调与速度作出的预测是以假设而不是事实为基础的。

2. 军事建设对经济的压力

就当前花费而言，军事以及与军事有关的计划所产生的经济负担大约为国民生产总值的 10% 左右。这比法国与英国的比例要高——后两个国家的国民生产总值要高于中国但人口仅为中国的十五分之一。武器计划的费用问题并不如该计划所使用的高质量人力资源与原料可以被用于建设民用经济部门这一问题重要。例如，各种军事计划需要的相对大量的专业化资源——科学家、设计工程师、受过高等训练的技术人员，高质量的原料与机械——阻碍了化学工业以及对农业化肥供应的扩大……①。此外，虽然这些费用已经或者是很快就要达到很高水平，但它们将不可避免地进一步增加，特别是当中国要试图将各种武器系统推进到生产与部署阶段。

（1）研究与开发

其他国家的历史经验说明军事研究与开发的费用将会一年比一年多——而在中国这些费用已经非常巨大。就中国先进武器系统计划可被识别的程度而言，这些武器系统看起来是源于苏联②。因此中国人如果愿意仅满足于获得已被证明了的苏联武器系统以及 50 年代的技术，也许能够减少——但不会阻止——研发费用的增加，但甚至是在这种情况下，中国

---

① 原文此处数句未解密。——译注
② 原注：因此已经获得了已得到证明的大多数基础研发。

人仍将面对原料与精细配件供应方面的许多问题,这些问题他们只能自己解决。任何部分或者全部自己进行研发的努力都将导致研发费用的极大增加。

（2）生产与部署

随着中国试图将各种武器系统进行成系列生产并最终部署到部队,经济费用将会增长得更快。即使在未来几年中国仅复制苏联的武器系统,仍将面对掌握其中生产技术的严重问题,在绝大多数情况下这一问题可能由于不能生产专门的部件而变得更加复杂。中国与研发相关的生产费用可能要高于美国甚至法国曾经经历过的费用,因为这些国家有足够的已有工业机械、加工设备和技术来支持他们的生产计划[①]。当然,总费用将以部署单位的每年操作费用的形式继续增长。

重要的是要注意到,其他国家只能通过减少可选择的已有计划来满足其先进武器计划部署阶段出现的军事总费用快速增长。例如,1955～1964年间,苏联削减了用于一般目的的空军的每年费用。中国看起来没有这样的选择,因为当前很明显中国没有军事飞机以及许多其他较复杂类型常规武器的生产。而且有强有力的证据说明许多军事设备的标准产品生产低于所需水平,例如野战炮的部件。

发展军事计划的部分代价是中国工业基础发展的发展,这反过来又减弱了工业对未来军事计划的支持水平。给予经过挑选的军事计划以高度优先性而导致某些经过挑选的技术能力出现某种显著提高,这只能进行部分地抵消上述对工业发展所产生的副作用。

除了与民用计划竞争之外,像飞机与导弹这样的这类军事计划之间还彼此竞争稀缺资源。总的来说,每一类先进武器系统的巨大需求都要面对中国工业基础的能力增长缓慢这一问题,其结果是同时进行的军事生产计划的数量与每个计划下生产的武器数量将会非常有限。

3. 资源基础

（1）技术人力资源

中国与工业和军事发展相关的一个最稀少资源就是技术人力资源。虽然中国非技术劳动力供应非常充足,但却极端缺乏科技、管理与技术人员。据报告近几年为支持像先进武器、石油精炼与化肥工业这样政府强调的工业部门,提高科技水平已经获得了高度优先性。但是,中国国内在物理科学方面受训达到西方博士水平的人员很可能只有数百人,虽然这一数字计划要继续增加。因此中国最好的技术力量仍然是在外国——西方与苏联——受教育后回国的中国人。

在缺乏深度的外来援助的情况下,在未来几年中国进行的先进军事与/或工业计划可能会因为缺乏胜任的高级科技人才而继续非常有限。中共政权有足够的技术人力资源来在任何相对狭窄的目标上取得进展,但其代价是牺牲其他领域的进步。因此中国面临的最紧迫问题是要为了将收益最大化而建立优先性秩序并分配科技人力资源。为了支援开发核武器

---

① 原注:由于这些原因,苏联对中国的援助很明显仅属于组装与生产有限部件这一阶段。中国并没有完全掌握武器制造的生产过程,这一点被中国所有主要军事生产计划在苏联专家离开后不久就停止这一事实所证明。虽然潜艇的建设从那时起已经恢复,但进展非常缓慢。

与先进武器计划——这些计划可归因于中共政权的政治与军事目标——而对最有能力的人进行重新分配,已经导致了这些人员被抽调走的领域的效率下降,并对经济的其他方面产生了直接与间接的、短期与长期的压力。

就短期影响而言,很可能已经是严重的阻碍了大规模开发与介绍新的土生民用工业技术。例如,中国两个最大的钢铁厂自从苏联专家五年前撤走之后一直出于瘫痪之中,因为中国人很明显没有能力来设计与建设高生产能力的精轧钢厂。

即使中国军事研发的努力以某些技术加工与/或新材料的形式很可能为民用工业部门带来了某些溢出效益,但是阻碍还是发生了。

从长期来看,1956年被采用的国家十二年科学发展计划所要求的到60年代末实现在技术/科学上赶上西方的目标,很可能已经被推迟到了一个模糊不清的时期①。这一十二年计划充其量只能在这样的条件下才能实现:(1)苏联继续在1960年之后提供援助,与(2)中国最高质量的人员的主要部分被允许讲授他们的主要活动。但是这两个条件都没有出现。将中国最好的科学人员从大学教育的领域转到军事计划中,一个相关长期代价也许导致未来丧失能够进行独立科技工作的新优秀人才。可以想象,如果继续紧急推进军事计划——特别是先进武器,相比让从事教育的科学家与工程师训练新人并让新人继续从事教育,那么中国在几年后研发计划中有当前水平的人员的数量会更加少。中国扩大与改善教育的最严重瓶颈是缺乏优秀的教师。除非将足够的中国最有能力的人力资源重新投入到教育——或者得到外来援助的补充,中国的人力资源将仍然是不发达的,而许多工业领域专业化人力的短缺情况也许会变得进一步复杂。相关研究说明,美国为了让大学院校教员充足,每年毕业的博士科学家与工程师的一半都必须进入到学术领域。在中国,这一比例很可能应当更高。

(2)工业投入

① 总论

除了对人力资源的高需求之外,现代武器计划还霸占了越来越多的、对中国经济实现缓慢现代化来说非常关键的物质资源。现代武器计划将越来越要求零件与机械部件的生产实现高度精密性,要求高等级质量控制,要求设计与测试必须互相兼容的各种子系统与部件。所需要的原料包括了范围广泛的合金与特种钢、难熔金属(refractory metals)几种陶瓷与化学产品例如聚四氟乙烯(teflon)以及高耐力、高纯度材料。据了解对这些物资的需求已经引起了专门的研制与工程上的问题,并已经证明中国人很难自己解决这些问题。

② 军事电子设备

在一个现代武器计划中所需要的、范围广泛的原料投入中,中国很可能在军事电子设备方面供应情况最好。但很重要的是,电子工业十分依赖进口的原材料、半成品——例如云母、石英与高纯度铜——与高质量的生产机械与测验设备。机械与设备的进口在过去两年

---

① 原注:十二年计划(1956～1967)在1963年被十年计划(1963～1972)取代,但是并没有获得任何关于新计划内容的具体信息。

中有了极大的增长。中国生产了足够的通讯设备来满足其地面、航海与航空部队所计划的最低需要量的绝大部分……①。很可能作为加大研发努力的结果,据信中国现在——特别是自 1960 年以来——能够生产必须的控制与测试设备,这包括了引导与控制短程战术弹道导弹、SAM 导弹与巡航导弹的雷达、计算机与陀螺仪。

③ 矿产与金属

在武器计划与具有高度优先性的化学与石油工业都需要的材料中,中国面临的一个最严重问题就是国内不能生产足够数量的、大范围的合金、特种钢与一些有色金属。中国所需要的、最具军事与工业重要性的金属很可能有:不锈钢、镍基、钴基以及其他高温高强度合金,用于控制系统的铁心硅钢(electrical steels),几种有色难溶金属。中国很可能拥有足够的冶金能力与必要的设备,包括了真空熔制(vacuum melting)设备,来生产数量较少的高温高强度合金,铁心硅钢,不锈钢,包括了淀积脱溶硬化(precipitation hardening)类型。最近几年中国加大了力度来发展不锈钢的生产,因为化学工业扩张的需要与像核反应堆建设这样更加复杂的军事需要导致了需求增加。

④ 机器制造

支持中国发展军事计划的主要责任落在了机器制造这一工业部门上。

自从 1960 年苏联撤走在工程、设备与专家方面的深度援助之后,在支持现代武器——特别是先进——系统方面以及同时向化肥与石油这样具有优先性的民用计划提供足够支持方面,中国的机器生产工业处在十分困难——但仍在缓慢改进——的状态中。苏联援助的丧失迫使机器制造工业在利用其有限的原料与工程师方面建立起一个非常严格的优先性序列,以便于能增加自身在制造与机械设备细节设计方面的自足性。因此在相当大的程度上,这一工业的生产类型已经不得不转向制造像飞机制造厂、核反应堆或者是石油精炼厂这些设施所需要的特种设备。让问题变得进一步复杂的是中国需要从非苏联国家获得或者是自己生产以前主要从苏联获得的所有检测、控制与其他部件。

过去的二至三年中,通过将工业方面最好的人力与设备资源集中在像核开发这样具有高度优先性的计划与略逊一筹的化学工业设备购买上,中国取得了相当的进步。但是很明显中国对国内生产的努力并不满意,这表现在中国增加了与西方的联系,包括购买越来越多的精密与特种机床,像坐标镗床(jig borer)齿轮机器(gear-making machines)与精密磨床。对这些绝大多数直接用于或者支持军事工业的机床的进口,自 1963 年以来稳步上升,尽管中国面临中国委员会的禁运。

因为未来几年能继续获得先进类型的机床,中国的机器制造工业应当能够更好的支持像现代喷气式飞机这样的工业。但是,由于飞机制造需要许多导弹生产也需要的工程技术、金属与机器加工,因此相对于需求来说这一资源还是比较缺乏的。因此,很可能这两个武器计划之间会发生比它们与其他计划——例如潜艇或核计划——之间更高程度的竞争。无论

---

① 原文此处数句未解密。——译注

怎样，机器生产工业中被用于各种武器系统开发的很大一部分都是以民用工业中具有优先性的项目——最令人瞩目的是化学与石油工业——为代价的。

⑤ 化学

许多化学产品在可分裂性物质与核武器生产中起了潜在的关键作用，包括了氢氟酸、氟、氟利昂、钙、金属锂、特氟纶与离子交换树脂。中国很可能生产了——或者在某些情况下进口了——这些材料，但是其总的供给与消费模式现在还不清楚。

……①

⑥ 石油

虽然近些年中国已经极大的增长了石油产品——包括了飞机燃料——的产量，但仍继续依赖外国提供高级润滑油（特别是用于飞机的）与航空汽油。现在从意大利定购并按计划于 1966 年交付的石油精炼设备一旦开工之后，中国对进口航空汽油的依赖也许减少，但不会完全消失。但是，没有证据说明中国将在未来几年拥有生产高级润滑油的能力。

⑦ 电力

无论是在现在还是在可见的未来，核原料工业对电力的消耗都不会影响非军事消费者。

（四）利用外国资源的能力

1. 自己增加的政治限制

外国技术与资源将会对中国未来经济发展产生很大的影响，但中国能在多大程度上利用这些资源将依赖于中国的政治考虑、中国的支付能力与西方的贸易管制。从苏联撤回援助中所得到的残酷教训使得中共政权信奉"自立"政策，将对外国供应来源的依赖保持在最低程度。自 1961 年以来，中国通过提前清算对苏长期欠款、转向西方获取资本设备、极大地减少了从苏联的石油进口而将对苏联的依赖减少到了最小。当前中苏贸易的低水平——1964 年为大约 4.5 亿美元——也许接近了两国贸易关系的最低点。

"自立"政策看起来比一般共产党的自给自足目标更具限制性，但是并没有限制中国从日本与西欧签订合同获取完整的工厂、机械与设备甚至是技术人员。中国已经转向日本与西欧，对于中国需要的技术支援的绝大部分来说，并没有其他在政治上可以接受的替代来源。与美国在政治上的分歧排除掉了美国这个世界上最好的来源之一，而中苏争吵也排除掉了苏联。此外，在化肥、石油化工与合成纤维工厂方面，苏联自己也不得不从西方寻求设备。过去对中国帮助很多的东欧共产党国家很可能被中国看作是——至少在某些情况下——是比苏联更可靠。中国已经要求罗马尼亚与匈牙利提供某种帮助——罗马尼亚主要是在石油工业方面、匈牙利是在地质探测与开采方面。除此之外，中国很明显已经认定日本与西欧是其所需技术最不敌对的来源②。通过获得许多国家的技术帮助，中国很可能觉得这样会使中国不容易受到单

---

① 原文此处数段未解密。——译注
② 原注：并没有坚实的证据证明，除了与进口工厂与设备直接相关之外，中国并未寻求更多的自由世界技术专家作为顾问。

个外国大国制约,并且在这一过程中,这也许会增加西方对中共政权的外交承认。

2. 支付限制

尽管中国不愿意增加外国对经济的影响,但中国利用外国资源的主要限制将是中国支付工业发展所需进口物资与服务的能力。因为中国的外汇储备很小①。要支付这些增长了的进口就必须增加中国的出口物资,或者减少中国从西方的粮食进口,或者两者同时进行。中国对外贸易(既包括进口又包括出口)中农业的重要性,可以通过对比1959年中国对外贸易最高年份与1964年农产品与相关产品的贸易外汇纯收入而看清楚。

1959年这些净收入达到了15亿美元,但是1964年只有大约3亿美元②。农业局势的改善将通过提供更大数量的出口物资并减少进口需要而极大的改善中国支付地位,但对于中国人来说近期前景至少并不光明。虽然农业产品与相关产品的出口也许会继续增加,当前粮食的大量进口却也很可能会继续。来自自由世界的贷款将会缓解这一支付问题,但中期贷款的纯利将很快会减少,而中国也许不会获得大规模的长期贷款——超过五年。迄今为止,中国人在寻求额外的西方大规模贷款方面并不积极。

中国从自由世界获得更高水平进口的能力比较可能来自其总出口的增长,而不是将其对社会主义集团的出口进行进一步转向。虽然中国因为在1964年偿清苏联贷款从而能够将价值大约1.7亿美元的出口物资用作他途,但中国不太可能从对苏出口中减掉这么多。在将原来占1964年中国对苏出口一半的已制成棉布、丝绸、羊毛纺织品转给西方时,中国将遇到严重的市场困难。虽然1965年对苏出口将会减少,但进口很可能会增加。此外,根据中国与东欧共产主义国家达成的贸易条约,中国与这些国家之间的总贸易量很可能会增加。

就未来几年而言,香港看起来将注定仍是中国获得可转换外汇的单个最重要来源。当前的证据说明,中国通过香港从贸易与非贸易来源获得的外汇收入也许在1965年增长了10%～15%,达到了5.25亿～5.5亿美元,占到预计的中国获得的自由世界现今的大约一半。1964年中国从香港的贸易与非贸易来源收到了大约4.75亿美元——比前一年增长了大约30%。最近中国从对香港的出口,以及在较弱程度上对拥有大规模华人社团的南亚与东南亚国家的出口中所获得的收入,在很大程度上解释了中国粮食产品重新进入已有市场以及继续扩大低价纺织品市场。据信中国将在未来进一步从这些国家获得更多的外汇收入,但这些收入不会像1964～1965年时那样令人注目。

3. 西方贸易管制

中国利用外国资源的能力也受到了西方经济防御措施的限制。

……③

---

① 原注:中国外汇与黄金持有量到1964年底为大约2.5亿美元,并很可能自1965年初以来因为从西方市场上购买了1.35亿美元黄金而略有增长。外汇储备在1960～1961年间有了急剧下降,直到1965年为止中国充其量也只能是进行维持。

② 原注:这些数字是来自农业产品与纺织品出口减去农业产品与化肥进口后的净收入。

③ 原文此处数段未解密。——译注

（五）未来十年中国经济增长的可能模式

在未来十年①，如果农业生产的增长速度略高于人口增长速度，而军事计划的压力仍然相对保持不变——也就是说用于军事计划的各种资源在经济中的比重持续不变，国民生产总值与工业生产将很可能以超过人口增长的速度增长，但仍然低于"一五"计划时期大约6%的国民生产总值增长率与大约13%的工业生产增长率②。对于中国来说这将是个很好的成就，并将极大地增加中国制造麻烦的能力。但是这一预测是乐观的——并且是不太可能的，因为这需要各种有利的农业条件，例如好于一般情况的天气，农业投入有很大增长，计划生育措施导致人口增长有了很大的下降。

悲观地看，如果农业的增长低于人口增长——由于劣于一般情况的天气，粮食生产投入的增长相对较小，计划生育计划对人口增长影响很小或者没有影响，而军事计划产生的压力继续增加，预计中国经济会出现停止，或者在生产总量上出现下降，而要求不让人均食物消费水平不下降而导致食物进口的增加。可以想象，这一趋势可以发展——就像1960～1961年间的情况一样，但是不可想象这一趋势可以被长期容忍。

因此问题不是中国领导人是否试图补救这一局势，而是他们是否愿意并是否有能力来这样做。例如，如果中共愿意极大地改变他们的国际政策，他们也许会从苏联或者西方获得大规模的外国援助。同样，如果北京为了扩大农业生产中个体生产的范围而极大的放松集体体系，因此而创造出来的刺激将很可能极大的推动农业生产。上述这些考虑就当前而言看起来是不现实的，但如果经济出现问题，中国领导人也许更愿意放松这些对经济增长的政治限制。

最好论题之一是要考虑当前的、相对而言更加实际的经济政策的长久性问题。去年官方声明表明了中国领导人再次考虑要进行"跃进"的迹象——虽然看起来这些迹象在过去几个月要比今年年初要弱，这使得一些观察家猜测另一场"跃进"正在逼近。是否要发动"跃进"是一个问题，但如果这一跃进开始并且这一跃进——像之前的那次一样——是要不考虑对稀有资源进行替代使用而要极大推动产量的扩大，那么我们预计这一"跃进"将生产许多无用的东西并且扰乱经济价值很大的物资生产，就像1958～1959年大跃进中的情形一样。由于中国经济现代要比50年代末期"弱"，任何跃进都要比只有两年的"大跃进"要短。

表③

DDRS，CK 3100355331－CK 3100355395

姚昱译、校

---

① 原注：根据没有重大战争、没有大规模外来援助、当前影响经济的政策不发生重大变化的假设。
② 原注：甚至五至十年后国民生产总值与工业生产的增长率仍将低于"一五"计划，因为外国对中国经济与军事的帮助，以及农业对资本形成的净贡献——虽然正在增加——将会低于"一五"计划时期。据猜测国民生产总值与工业生产的增长率分别为3%～5%与5%～8%。
③ 表略去。——译注

中情局关于中国经济发展的评估与前景预测

(1966 年 1 月 13 日)

NIE 13-5-66

机 密

共产党中国经济前景

(1966 年 1 月 13 日)

问 题

本评估集中讨论了主导中国经济的两个因素：一个庞大而快速增长的人口，这些人口处在生存的边缘，以及中共政权要投资费用很高的武器计划的决心。

注意点

我们在 NIE 13-64《共产党中国的经济前景》(1964 年 1 月 28 日)中提到，用于评估中国经济的信息就其所涵盖的领域来说零散的、不均衡的，因此在可信性上是不确定的。这一情况现在仍然没有很大的改善；虽然来自公开来源的信息现在正在对生产趋势提供更多的数据，但这些数据仍然是零散的，主要是增长率，但对比的对象并不清楚。情报搜集的很大一部分努力都用于此，但一直持续的努力并没有增加评估的有效性。

结 论

（一）中国在过去五年中已经设法将其经济从灾难的边缘拉了回来，并在获得现代武器的计划方面取得了进步。

（二）越南冲突并没有对中国经济产生严重的压力。但是越南战斗水平的持续升级，如果伴随着中国支援的相对增加以及中国自己内部重大防御措施的升级，将会使中国经济产生很大的问题。

（三）无论怎样，中国经济在未来几年充其量也只能缓慢增长。主要原因是落后的农业生产与人口的快速膨胀，但是这些问题将因为野心勃勃的军事计划与北京意识形态所带来的低效率而更加复杂化。尽管过去几年对农业有了更大的支持，但北京政权仍然未能充分的实现能支持持续经济增长的农业产量。由于北京的计划生育计划将不会很快产生效果，因此人口对食品供应的压力在未来 10 年将会继续增加。这一很小的食物剩余使得中国经济在面临差的作物条件时会变得非常脆弱。此外，对中国僵硬与弹性不足的经济中资源的越来越激烈的竞争，看起来可能会削弱经济的稳定性。

（四）甚至是在面临一个严重的食物紧急事件时，北京也很可能只是对其军事计划进行勉强的与零散的削减。虽然中国将继续是一个危险的与越来越大的军事威胁，但我们相信中国未来的领导人将不得不更加关注中国的经济问题。

讨　　论

（一）当前的表现与政策

1. 自"大跃进"之后进行了极大的收缩以来，北京的经济政策很大部分并未发生变化。中国领导人表现出来的谨慎反映了 1960～1961 年灾难在时间上的接近以及经济萧条所面临的长期限制。北京所采取的不妥协政治立场减少了获得外部援助的可能性，因此迫使北京政权不得不将必须采取的"自立"说成是自愿的。1958 年发动"大跃进"时放弃了长期规划并从那时起再没有制定过；我们对于"三五"计划（1966～1970）所知甚少说明"三五"计划要被完全制定出来仍需要很长的时间。

2. 中国在过去五年已经设法将经济从灾难的边缘中拉了回来，并在获得现代武器计划中取得了进步。很清楚中国领导人并没有放弃要成为世界军事大国的希望。但是，北京的计划越来越被描绘成通往经济发展的长期与艰难的道路；副总理陈毅最近宣布中国将用 30 到 50 年的时间成为一个强大的大国。

（1）农业

3. 很明显，在评估中国粮食收获规模方面，中国人也有我们所遇到的困难。中国人在 1964 年 9 月告诉艾德加·斯诺说，如果他们估计的错误率不超过 10%，他们就会很满意。我们相信 1965 年粮食生产比 1963、1964 年情况一般的粮食生产并没有多少提高。官方的声明只是说明了总的农业生产，而没有提原来制定的增长 5% 的目标。无论 1965 年粮食生产的精确水平如何，看起来很清楚的是，对食品供应的马尔萨斯压力并没有减轻，而农业对工业增长的贡献能力也没有明显增长。

4. 关于中国农业面临困难的最有力证据仍然是中国从西方进口的粮食，自 1961 年以来这一进口平均每年为 500 万～600 万吨，费用为每年大约 4 亿美元。一些进口的小麦替代了中共出口的大米，而另一些被用来建立储备。但是，如果粮食不是一个非常重要的当下需求，北京就不会继续以这样高的水平来使用其稀缺的外汇。关于中国食物消费的已有证据倾向于支持我们的估计，即粮食生产现在大致与 1957 年水平相等。人民的饮食比 1960～1961 年的最低点有了改善，但这一改善主要是因为非粮食食物生产的增加，主要是来自自 1960～1961 年之后留给农民的自留地。这一贡献，加上根据计划进口的粮食，将会阻止

1965～1966年冬天出现任何严重的食物供应恶化。

5. 中国领导人一直很谨慎的不让对已经给予农民的有限自由与刺激进行任何突然削减来危害食物的供应。但是他们并没有倾向要鼓励进一步扩大农民的自由。相反,北京正表现出对农村地区"资本主义复辟"的很大担心,除非面临另一次食物危机的威胁,北京不太可能在集体化上再进行倒退。此外,看起来北京虽然广泛宣布的农业具有优先性,但并未增加对农业所需的稀少资源的投入数量。"自立"仍然被赞扬为解决农业问题的关键,尽管官方对农业的落后表示了很明显的关心,但我们看不到任何证据说明,中国在化肥厂与现代耕作技术上进行了足够的投资来极大的增加作物产量。

（2）工业

6. 工业继续缓慢地从"大跃进"的崩溃中进行恢复。根据零散的数据,看起来1965年重工业的产量也许高于1958年的水平,但仍低于1959～1960年的水平。由于持久的农业萧条导致的原料缺乏,轻工业的水平也许低于1957年。钢、水泥与其他建筑材料工业仍然有一些空置生产力。但是"大跃进"期间的不平衡发展与分配过程混乱已经逐步得到纠正。当前的生产过程要更加协调,更加不会因为命令矛盾与原料短缺而导致停产。

7. 这一改善一直是相当普遍的,但是只有几个具有高度优先性的领域出现了生产急剧增长,特别是石油与化肥。原油的生产从1962～1965年以每年超过15％的速度增长。由于严格的控制,石油消费的增长速度只有每年大约5％,这使得北京能够减少对进口依赖。就当前而言,中国在石油产品方面几乎能实现自给自足。主要是喷气式飞机的军用飞机现在正在由国内生产的飞机燃油供应,其水平能满足和平时期的需求,因此极大地消除了原来对苏联的依赖。中国仍然需要进口一些高质量的润滑油与航空汽油,但是这种依赖很小,因为非喷气式飞机的数量很小,在中国飞机总量中的比重正在下降。

8. 化肥的生产1964到1965年间每年大约增加25％。但是这一增长中主要是因为许多新工厂在经过长时间的建设之后投产,而现在没有重要的新化肥厂正在建设。最近的重点看起来是中小型化肥厂,它们中的许多不能生产更有效率的化肥。

（3）军事生产

9. 除了极少的例外情况,中国生产的主要军事产品是苏联设计的、并由苏联在1960年之前全部或者部分提供的工厂中生产的。尽管军事生产被给予了高度优先性,中国现在仍然努力要开始许多武器——作为苏联1960年之前一揽子援助中的一部分——的生产,其中最令人注目的是中程弹道导弹（MRBM）与地对空导弹（SAM）以及可能的喷气式轰炸机。在过去一年半里,中国的米格-19（MIG19s）飞机数量有了相当大的增长……①。中国最引人瞩目的成就是已经爆炸了两个核设施。建造苏联设计的潜艇在暂停了两年后在1962年或者是1963年开始恢复。

10. 现代武器计划不仅垄断了大量稀少的科学/技术人员,还使用了对中国经济缓慢进

---

① 原文此处一句未解密。——译注

行工业化来说非常重要的工业资源。中国已经通过进口或者临时使用国内原料而满足了一些对高质量原料的需求。例如，虽然云母、石英与高纯度铜严重依赖进口，但军事电子计划仍在顺利进行。最为严重的不足是中国生产许多合金与特种钢的能力有限。另一个不足是像钼、钨、铌与铍这样的有色难溶金属。

11. 中国化学工业看起来能够比冶金与机器制造工业更好的支持先进武器计划。中国或者生产了或者能够进口其分裂性原料与核武器计划所需的绝大多数化学材料……①。中国能生产一定量的双基固体推进物、像液态氧这样的液体推进物与高强度硝酸。中国还能生产足够的像酒精、煤油这样的液体燃料，但是像肼、胺这样的高效燃料的生产数量仍然很少。

（4）对外贸易与外国援助

12. 中国对外贸易继续从大跃进与中苏分裂之后的衰退中恢复。虽然总的对外贸易仍然低于1959年的43亿美元，但是1964年增长了18％并很可能在1965年保持同样的增长速度。与苏联的贸易在1964年下降了25％，降到了4.5亿美元，但是也许在1965年会有所上升。中日贸易在1964年翻了一倍，并很可能会在1965年增长大约50％。日本现在取代苏联成为中国的最大贸易伙伴。中国对自由世界的贸易在1965年已经达到了历史最高纪录，占了中国对外贸易总额的大约三分之二。尽管有了这一增长，但中国与自由世界的贸易依然受到了北京出口能力与外汇储备有限的影响。1965年香港向中国提供了大约5.25亿～5.5亿美元的外汇，占了中国所获取的自由世界货币的大约一半。虽然中国已经参与了西欧与日本的商品展销会，但真正定购的工厂设备与机械只占了早先从苏联购买此类物资的一小部分。

13. 粮食继续占了中国进口主要部分，达到了总进口的大约三分之一。机械进口从1963年的1.35亿美元增长到1964年的2亿美元，但是仍低于1959年进口的将近10亿美元。进口化肥的合同1965年总额达到1.4亿美元，比1964年增长了6 000万美元。为了支付这一进口，中国的出口物资已经增加。纺织品仍然是最重要的出口物资，1964年出口额为4.5亿美元。1964年机械与不包括纺织品在内的轻工业产品的出口比1960年高出了大约75％。原来可以是在有利的世界市场上获利的矿产出口继续落后。

14. 尽管有经济上的困难，北京继续其对外援助计划。1964年提供给自由世界不发达国家的贷款达到3.4亿美元，虽然实际提款率只有2 300万美元。但是中国援助计划的提款一直很低。这部分是因为在受援国还没有表示愿意使用中国援助之前，中国就为了宣传目的而大肆宣传，部分是因为受援的不发达国家缺乏能力吸收援助，部分是因为中国可用于援助计划的原料与设备并不特别理想。因此，北京对非共产党国家的援助计划在实际进行方面状况一般，只使用了中国经济中的很小一部分。共产党国家一直是中国援助的主要接受者，其份额的最大部分给予了北越、北朝鲜与阿尔巴尼亚。

（5）中国对北越的支援

---

① 原文此处一句未解密。——译注

15. 1965 年中国对越南的军事与经济援助有了急剧增长；7 月北京提供了额外的"国防、经济领域的设备、成套设施与各种供应物资"的赠款，以及一笔 12 月中旬签订的贷款，这将进一步扩大中国对北越援助，虽然数量不明。中国援助——加上苏联经中国转运的援助——的运输导致了中国铁路系统某些部分出现了拥挤与拖延。北越的军事生产十分不足，实际上所有武器与弹药都必须进口。我们相信中国提供了大部分小型武器与小型武器弹药以及许多卡车，而苏联则供应绝大多数其他战斗物资。我们相信中国正在增加建设物资、铁轨、卡车与零配件的运输，以补充北越在空袭中的损失。此外，中国还派出了技术专家与建筑工程师来帮助北越。

16. 越南战斗的升级也导致了中国方面更加加强南方地区的军事与物流能力。三个新飞机场的建设与另外两个的扩大很明显在 1965 年获得高度优先性。铁路建设的重点是将中国西南与中国主要铁路网连接起来。这是中国铁路系统当前进行的唯一主要线路建设。尽管复杂的地形需要建设大量的隧道，但可能 1966 年云南省将被联入中国主要铁路网。云南与西藏的公路建设自 50 年以来就一直进行建设。越南冲突并没有对中国经济产生严重的压力。但是越南战斗的持续升级，如果伴随着中国援助以及中国国防措施的相对升级，将会极大地加重中国经济问题。

（二）问题

（1）食物-人口问题

17. 1960～1961 年危机向中国领导人展现了人口对食物的压力可以动摇中国的稳定，甚至会威胁该政权的控制。尽管随后食物供应有所改善，过去三年粮食产量的平均值却并未超过 1957 年 1.8 亿吨的生产水平，而 1957 年要喂养的人口却比现在少了大约 1 亿人。如果人口继续以每年大约 2.25% 的速度增长，到 1975 年粮食产量必须增长 50% 才能达到 1957 年人均粮食消费水平。

18. 中共政权在通过增加生产来满足增长了的需要方面不再有信心。该政权现在专心进行一项计划生育计划。到目前为止，政府一直强调教导的作用，但是也利用各种针对大家庭的经济与社会制裁进行实验。政府鼓励晚婚、鼓励使用避孕与流产来延长生育间隔、并要求在有三个孩子之后实行绝育。北京对口服避孕药、宫内避孕措施这样的新技术表现出非常强烈的兴趣，并且很明显地在寻求一种便宜而又方便的技术来尽量少的依赖个人动机。

19. 当前的计划不太可能会对出生率产生任何近期影响。传统的观点现在在城市地区年青一代中已经发生了变化，但是很少有证据证明在占人口大约 85% 的农村地区有什么进展。农民在家庭问题上很保守，这一计划要对农村人口的增长产生重大影响很可能需要 10 年到 20 年的时间。即使未来 10 年或 20 年计划生育计划取得一些成就，死亡率的进一步下降仍将对人口增长率产生向上的压力。新避孕技术也不能解决问题，除非北京能够同时改变个人的观点，这一在所有国家都依赖于城市化与工业化中的各种改造力量的过程对于中国来说还路途遥远。直接的强制措施看起来也不太可能；这一计划遇到的各种实际困难将会很多,北京看起来已经认识到在它能安全地迫使人民这样做的程度上存在着各种限制。

20. 我们相信要在食物生产上出现突然改善的前景不太可能。自留地副食生产的进一步增加不太可能,因为该政权并不想要将更多的集体土地转给私人耕种。北京已经承认了粮食生产的增长要靠亩产量的提高而不是耕种面积的扩大,因此现在面对如何通过农业技术的现代化来提高亩产量的艰巨任务。

21. 虽然中国人看到了需要进行农业技术革新,但他们是否完全意识到这需要在相当长的时间内投资大量的物资与资本,这一点值得怀疑。亩产量的轻微提高可以通过更好的管理、改善种子、重新建立作物轮作来实现。北京一直在进行复杂的水利与灌溉系统的建设,但是由于其回报问题,要极大地扩大这些计划现在变得越来越昂贵。因此,粮食产量进一步大幅度增加将需要更多的施用化肥。这很可能是实现粮食产量持续增长的最重要——也是最昂贵——的物资。尽管化肥生产获得了高度优先性,总的来说这一计划仍然不能为大幅度提高粮食亩产量提供足够的支持[①]。我们估计到 1975 年,为了达到 1957 年人均粮食消费水平必须要 5 000 万吨化肥,即使假设计划生育计划取得了相当大的成就。这一预计的化肥需要量是当前生产的 10 倍,将需要其他计划的资源。我们没有发现迹象说中国领导人准备以这样大的规模进行这一项目。

22. 此外,日本与台湾的经验说明,化肥自身不是解决中国农业问题的万能灵药。如果要让增长了的化肥供应能产生最大效果,必须使用对化肥敏感的新种子以及更多的杀虫剂;并要更好的利用水资源;必须改进农业耕作。日本与台湾用了 50 年才能为其当前农业的高生产率建立起科学的基础。虽然中国人已经认识到需要将农业现代化,但该政权在痴迷于快速便宜的肤浅方法时却回避了鼓励科学耕作所必需的长期单调的推广工作。

23. 以获得附近有粮食盈余的土地为主要目的而进行军事征服并不是一个有吸引力的选择。中国周边唯一能有经常盈余的地区是东南亚半岛;最近几年这一盈余不足 500 万,这一数字比中国现在从海外购买的数量要小得多。

24. 甚至是不同寻常的良好气候也不会对亩产量带来长期的好处。但如果天气像 1959~1961 年那样,北京政权将再次遭受当时发生的极度营养不良。像之前的食物危机一样,北京将面对丧失士气的人口,他们没有足够的能量来进行正常的工作,而且他们的纪律也被饥饿的威胁所腐蚀。虽然这一时期发生的暴力并不广泛,但是这些已经严重到让北京对私人主动性采取了前所未有的让步。

(2)农村对经济增长的支持

25. 农业当前的落后对经济增长还有其他同样严重的影响。萧条的农业部门当前既未对国内投资提供足够的资金,也未对资助资本设备的大规模进口提供足够的出口收入。出口收入的损失在食物贸易中最大,因为中国 1959 年食物贸易净出口收入达到 8.2 亿美元。相反,1964 年中国不得不进口了净价值 2 亿美元的食物,其变化超过 10 亿美元。这是机械

---

① 原注:中国化肥施用量(每耕种公顷平均千克)与台湾和日本的比较见下:中国——10,台湾——110,日本——230。

与设备进口从 1959 年约 10 亿美元降到 1964 年 2 亿美元的一个主要因素。由于外汇储备有限——估计到 1965 年底只有大约 4 亿美元,工业设备进口的增长只能通过当前的出口来支付。来自自由世界的信贷将缓解这一问题,但是不太可能以大额度或者是有利的条件获得。

(3)军事计划对经济的影响

26. 随着中国人开始现代武器的批量生产与部署,他们将发现直接的经济费用将急剧增长,即使他们能通过其他国家所作的研发工作来避免有些费用。此外,他们并会发现,原来苏联提供的工厂所生产的许多武器已经过时。当中国人离接受苏联援助的时间越远并越来越依靠自己的研发时,进展会更加缓慢并且昂贵。中国人还将发现有许多东西要向富裕与更加发达的国家学习:现代武器的进展几乎一无例外的是一个陡然上升的费用曲线,并需要更加广泛的科学与工业基础。

27. 军事计划对经济的主要负面影响是它们使用了原本可以促进经济增长的高质量人力、设备与原料。虽然中国的科技人力资源对于在相对狭窄的目标上实现进展是足够的,将这些资源的一大部分分配给军事研发工作几乎确定无疑的阻碍了工业新技术的引进。但是,该政权很可能仍然愿意为军事研发与生产付出如此大的代价,除非并且直到像食物生产这样的紧迫问题强迫该政权将更多的经济资源投入用于经济其他部分。

(三)前景

28. 简而言之,加深了的食物-人口问题将会由于将智力与资源用于军事计划而变得越来越复杂。这一环境将使北京面临一系列越来越困难的选择。当前中国领导人并不愿意想要降低其要成为现代军事大国的野心,也不想为了物质刺激与经济效率而在意识形态上作出重大让步。在中国不景气经济中对各种资源的竞争的加剧,看起来可能会逐步削弱经济的稳定性并可能最后将中国带入危机之中。

29. 我们并不是暗示中国将不会继续是一个危险的、越来越大的军事威胁。甚至是面临一个严重的食物紧急状况,当前中国领导人也至多会对其军事计划进行一些零散的削减。但我们相信中国未来一些领导人将可能面临持久的马尔萨斯压力而不得不关注中国的经济问题。

National Intelligence Council (ed.), *Tracking the Dragon National Intelligence Estimates on China During the Era of Mao*, *1948 – 1976*, Washington, D. C. ：Government Printing Office, 2004, 所附光盘

姚昱译、校

中情局关于中国经济发展趋势与前景的评估

(1966 年 4 月 18 日)

S - 1830

机密–不准外传,64 页

中情局研究报告署经济情报评估:共产党中国经济趋势与前景,附 I

(1966 年 4 月 18 日)

概 括 与 结 论

资源上的限制,政治上的束缚,将一些最稀少的资源用于军事计划,这些都预示着中国经济未来几年增长的前景充其量是缓慢的。由于天气的反复无常以及中国在继续当前实用主义政策上的不确定性,甚至是经济缓慢增长也不能被视为理所当然。中国在未来十年能否重新获得经济发展的一般势头严重依赖于中国能否在刺激农业生产与降低人口增长速度方面取得成功。但是这两方面的前景都不乐观。因此,中国未来十年重要的经济问题也许不是何时重新达到 50 年代的快速增长,而是如何能处理好马尔萨斯问题并能让小型的核武器与现代武器发展计划进展良好。

中国过去两年已经产生了几个让人惊讶的发展——特别是两个核武器的爆炸,这些都强调了中国领导人在中国经济正经历着极大的困难时却要将中国最稀少的资源用于现代武器发展的决心。中国领导人已经受到了中国经济略微好转的鼓励,并很明显地相信经济恢复将到 1965 年底大部分完成。他们继续声明中国将在 1966 年启动第三个五年计划。但是农业持续的虚弱表现,与 50 年代相比外来援助对经济发展的贡献很低,技术能力不足以及相当大的工业能力限制,都与这一乐观背道而驰。即使"三五"计划仍处于虚构阶段,但中国应该能够在 1966 年——就像它已经在 1964~1965 年做的——继续朝下述目标前进:如发展现代武器,在石油产品方面实现自给自足,扩大其在亚非与中东的出现。此外,中国支持越南与在印度边界行动的经济能力将继续会很强大。

粮食-人口问题对于中国军事、政治与经济前景来说非常重要,要解决这一问题只能通过激发农业生产来实现每年相当大的增长,并减少当前人口的快速扩张。虽然中国在 1963 年中期偏离了共产主义传统而采取了计划生育运动,但该运动对人口增长的影响在未来五年中将非常小;甚至到 1985 年底该运动也只能将人口的增长数量控制在 7 000 万。食物生产更不确定,最好而言也是不容乐观的。保持当前人均食物消费水平这一任务——更不要说恢复到 1957 年的水平——将需要一个大的支持农业的计划。虽然在过去几年北京已经很强调改善农业——特别是在更大量的化肥以及对化肥易反应的种子方面,但据信中国并没有进行这种计划来给予农业这一经济主要部门以应当具有的优先性。即使中国应当进行一项全面支持农业的计划——这将意味着大量减少其他计划,包括军事性计划——也需要好几年才能使其主要影响发挥出来。至少在未来五年,中国会非常辛苦的将食物生产增长保持的与人口增长一样快,如果严重的恶劣天气出现,中国经济将出现严重的衰退。

替代的经济增长模式将在下面讨论。在讨论最可能的项目时,我们假设将不会发生重大战争,不会出现长期的领导权斗争,而当前影响经济的政策也不会发生重大变化。还假设不会有像 50 年代苏联提供的那样大规模外来援助,但是日本与西欧将是越来越多的工业原料与技术的首要提供者。还假设天气在未来十年保持平均水平,与人口以当前每年 2.25％ 的速度增长。

随着大跃进的瓦解与苏联援助的撤回,中国经济在 50 年代获得的势头已经停止。从 1962 年以来的缓慢恢复在许多方面都是重新收复失地,到现在还没有看到生产能力方面出现大规模的增长。考虑到前面的假设,在影响中国未来经济发展的因素中,看起来没有单个因素或者各种因素的复合能让过去几年缓慢的增长速度有所提高。事实上,经济的缓慢发展也许会持续许多年——但经济的健康状态不会有显著改善——也就是说,不会恢复一般经济势头,但也不会遭到另一次与 1960～1961 年一样的经济灾难。就国民生产总值来看,经济增长也许最多达到每年 3％。在这种情况下,北京可能会继续缓慢地扩大其军费开支。而如果要维持食物的消费水平,这将提高增加当前的农业进口水平。

上述论断十分依赖上述各种假设、就食物-人口问题前景所得出的结论以及军事计划对资源的抽取。但是也有可能中国经济会增长得更快或者更慢。

如要较为乐观地来看,就需要一些或者所有关键增长因素都要变得比当前要有利得多。例如,天气要好过平均水平,或者该政权的政策变得更加有利于获得大规模外来援助,或者政策能刺激农业的个人生产。但是即使考虑到所有这些可能的有利因素,要让国民生产总值增长速度超过每年 4％～5％ 是不可能的。但是,如果中国能够幸运到获得每年 4％～5％ 的增长速度,这将使得食品-人口问题更加容易得到解决,并同时允许军事计划的扩大要超过其他最有可能的项目。

如要悲观地看,一些或者所有的关键增长因素可能是不利的。例如,天气可能会低于平均水平——至少在一个很重要的时期,或者是该政权采取了新的损害经济的政策,包括试图压榨出更多的资源用于军事计划。在这种情况下,经济的增长速度将甚至会低于人口增长的速度,而如果运气特别不好的话,经济生产还有可能会下降。这种状态将使得该政权很难维持食品消费水平,即使增加进口也不行,也许——特别是在令人沮丧的条件下——会导致该政权不得不削减武器计划。在潜在意义上,这一预测不如最可能的估计那样稳定,因此看起来会在相当短的时期内导致政策调整、来把资源更多的使用在中国基本经济问题上,甚至是以军事计划为代价。

经 济 结 构

中国是一个人口众多的大国，但是其经济在总体上却相对较小，以人均生产水平来衡量则更小。这些结论从下表中可以得到证实：

表一 共产党中国：1952～1965 年间某些年份国民生产总值估计

	1952	1957	1959	1962	1965
国民生产总值（以 1964 年 10 亿为单位）	47	65	80	65	72
人口（百万，每年年中）	570	641	673	709	755
人均国民生产总值（以 1964 年美元计算）	82	101	119	92	95

在评价 1964～1965 年间中国大陆经济的状况并预测未来十年可能的经济增长模式，必须要提供一个结构来概括中国的资源，并审查最近几年的经济发展。这就需要讨论经济中的关键部门，并要特别强调那些出现问题的领域。

一、农　业

中国的农业生产占了国民生产的将近 45%，并利用了中国的很大一部分资源，其中包括了大约 80% 的劳动力。从广泛的意义上来讲，整个经济的表现依赖于农业部门的成败。

农业必须首先为以每年大约 2.25% 速度增长的庞大人口提供食物。农业还以很多方式影响包括重工业在内其他经济部门的表现。例如，农业产品在国内外的销售提供了工业扩大所必需的资金的很大一部分。在"一五"计划期间，农业与主要依赖农业原料的工业在国家收入中所占比例超过 50%。当前，中国所有出口中的 75% 或者是来自农产品，或者是利用农业原料的制造品。农业也是消费品工业原料的重要来源，后者从农业部门获得了所需原料的 90%。尽管农业对经济非常重要，但在"一五"计划时期包括国家与私人投资在内的总投资中，只有大约 20% 用于农业、林业与水利。这一投资数字很可能低估了分配给农业投资中的劳动力的价值；但分配给水利部门的很大一部分资源并没有对农业带来多大的好处。

中共在提高农业产量方面遇到了困难，因为中国的土地只有大约 12% 是容易开垦的。要极大地扩大已耕种土地面积将会很难，这在很大程度上是因为占中国三分之二的西部其土壤与气候条件都不好，那里一般是山地或者是荒地，与在经济上更重要的东部隔绝。

农业耕作的特点是劳动密集型。化肥得到使用，但是相比日本与台湾数量很小。

1965～1966 年粮食总产量大约为 4 000 万吨，低于 1957 年喂养人口的所必须产量的水平。中国人口估计到 1965 年底达到 7.63 亿人，其年增长速度为大约 2.25%，这需要每年粮食产量增长大约 400 万吨以维持当前的人均消费水平。

二、工　　业

中国的重工业在 1949～1960 年间由于得到了苏联及其东欧卫星国的援助而得到扩大，其取向服务于建设项目与军民机械和设备的生产。自 1960 年以来，其优先性集中在扩大设备以生产最终产品而不是中间产品上。钢铁、电力和水泥工业的工厂能力只得到了部分利用，也许还需好几年才能全面开工。工业生产的扩大受到了下述限制：国内技术的稀少，中国外汇的限制导致的设备进口受限，北京不愿意引进大量技术人员。

（1）冶金。中国的冶金工业很可能有足够的能力来满足当前对绝大多数普通用途金属与合金的需要。除了像铬、镍、钴这些金属合金物质，绝大多数金属都可以从中国获得，虽然一些矿石的质量很差。中国需要更多的冶炼专家与技术工人，以及更多的生产精密金属与合金的设备和技术。但是这最多只能通过从自由世界进口来完成。

（2）化学。化学工业的技术发展远远落后于西方。虽然在生产基本化学品方面已经有了长足进步，但一些关键部门，如化肥、塑料和化学纤维方面直到 60 年代初期之前一直被忽略，而从那以后得到了更大的强调。

（3）机器制造。共产党中国有能力生产很多种基本类型的机械与设备以服务工业、军事与运输行业，但在工厂能力与技术人才上存在着局限，难以满足更大规模的工业扩张与军事期望。

（4）机床。绝大多数机床是属于一般用途，设计简单。虽然预计到 70 年代精密机床会有提高，但中国仍将部分依赖进口机床或者模型。

（5）石油产品。共产党中国也许在石油方面不会实现完全的自足，包括喷气机汽油。在整个 50 年代与 60 年代初期，北京几乎在所有航空汽油、喷气机汽油与高质量润滑油方面都依赖苏联。但自 1963 年开始，中国开始加大措施发展其石油工业。

（6）电力。此时的生产能力已足够满足未来几年对电力的需求，但是将进行一些新生产能力的安装以满足特别地区对电力增长的需要。

三、运 输 与 交 通

（1）铁路。　**图表**①　中国大陆的铁路网络由大约 2.1 万英里的铁路线组成，是中国运输种最重要的手段，尽管其分布稀疏并且不均。铁路除了在民用经济中起着首要的作用，还是运输军事供应和人员的基本手段，并提供了对苏联、北朝鲜、外蒙古和北越的战略连接。铁路系统几乎完全依赖蒸汽机车，但是其运输车厢却相当现代。

估计 1964 年铁路的货运量为大约 4.1 亿吨，大概多于 1958 年，但是比大跃进时低了

---

① 图表略去。——译注

许多。

（2）公路。　**图表**① 　36万英里的公路系统是补充铁路和内陆水运的首要支线，还是短途货运的主要手段。公路系统可以为中国绝大部分地区提供联运服务，还是唯一的与周边国家老挝、缅甸、印度和苏联的中亚各共和国连接的运输方式。

公路网络的大约一半是由土路与小路组成的。除了主要在大城市周边地区的大约1000英里的由石块为表面的沥青混凝土路外，该公路网主要由沙砾、碎石和土混合铺成的路构成。总的来说，这一公路系统足以满足该国的运输需要。中国东部与东南部的公路状况要好于内陆与西部地区。机动车辆的维修与服务设施看起来一般能满足当前的需要。

（3）汽车运输。1964年汽车运输的表现看起来与1963、1958年的水平一样。1966年军民汽车的数量估计从大约22万辆增加到25万辆。没有证据说明1964～1965年会出现汽车零配件短缺。

（4）内陆与沿海水运。　**图表**② 　以长江和广东地区为中心的10.6万英里的内陆水运系统，是世界上最复杂的，在不要求速度的大宗货物运输中非常重要。内陆水运非常重要，是一个基本的运输中介，在许多地区它是地方运输的首要手段。沿海运输是长距离大宗货物运输的重要手段，特别是在南北运输中。国民党禁止共产党在台湾海峡进行运输这一点，迫使中国的沿海运输被分成两条航路，一条负责上海以北，一条主要以华南广州/黄埔为基地。

（5）海运。　**图表**③ 　上海是中国最大的港口。是外国船只集中的首要港口，还是中国内陆与沿海水运的一个主要中转点。在1964年大约1770艘驶入中国的外国商船中，775艘——或者说是将近45%停靠上海。大连是另一个重要港口，停靠了12%的外国船只，紧随其后的是停靠10%的天津/大浦口/新开港与停靠了8%的广州/黄埔港。秦皇岛、青岛、湛江、汕头和连云港也是外国船只使用的港口。近几年港口设施有了扩大，港口运作的效率一直在上升。

到1956年1月1日为止，共产党中国已经有运载量超过1000英吨的商船172艘，总计运力为70万英吨，自重92.5万吨。这些船只中超过100艘是最近十年获得的。这些船只的加入很大地提高了船队的状况。绝大多数这些船只被用于沿海运输。到1966年1月，用于国际贸易的船只的数量增长到24艘。虽然这些船只远航至非洲和欧洲，但中国海运贸易的很大一部分是由外国船只承担的。

（6）民航运输。　**图表**④ 　民航运输几乎完全限于在有限基础之上的、具有高度优先性的人员与物资运输。几乎所有当前使用的各种引擎飞机都是外国制造的。维护的水平能够让大多数飞机保持运行。在1970年以前不太可能会产生重大的技术进展，但是当前的能力有可能满足当前这种高度优先性使用的需要。

---

① 图表略去。——译注
② 图表略去。——译注
③ 图表略去。——译注
④ 图表略去。——译注

民航飞机由于分得了 1963 年从英国购进的 6 架维克斯子爵号（vickers viscount）飞机和 1964、1965 年从苏联购买的 10 架 IL－18 型飞机中的一部分。未来可能还会进行这样的购买来增加飞机。此外，其飞机中还包括早前购买的 3 架伊尔 8 型、55 架伊尔 12/14 型和 25 架里 2 型（LI-2）飞机，此外还有中国自己生产的 35 架安 2 型飞机。

中国国内民航主要是将北京与绝大多数工业与行政中心连接起来。现在有 51 个城市提供主线飞行服务。

（7）电子通讯。　**图表**① 中共正在建设一个主要服务于行政与国防的现代电子通讯系统。长期的计划与建设在"一五"计划时期就已经开始并得到了苏联援助。正在进行的计划将促进政府拥有的电话、电报、电子打印机、传真电报机进一步发展，以满足中国内部民用、经济与国防通讯的需要，以及与世界主要中心通讯的需要。

当前，基本的电讯是广阔的明线线路与点对点无线电通讯站的混合。具有首要优先性的国防需要维持并控制了一个完全独立的电讯系统，该系统在许多民用系统的安装地平行，并在需要的时候可以纳入其中。这一体系为国防当局在各自地区中提供了通讯，并与其他地区连接起来，并为了控制而建立了与北京的直接连接。铁路、海运、沿海运输、海空及其他政府部门也操作着一个完整的电讯系统。这使得北京当局可以保持全面监控并进行循环分配以满足国防与民用电讯需要。

1964～1965 年的经济表现

一、农　　业

1965 年的农业看起来并没有比 1963、1964 年好多少，在某些情况下甚至还不如前两年。但有一点看起来比较确定，即 1964～1965 年在解决马尔萨斯式的人口对食物的压力以及农业对工业的贡献能力方面并没有改善。甚至是在 1964 年 12 月满怀信心预测农业生产总值增长 5% 的中国领导人，最近也以更加平和——而且是没有量化——的语气谈论 1965 年的收成。

虽然现在预测 1965 年粮食收成的规模为时尚早，但看起来粮食生产不太可能比头两年的收成要好。

图表②

中共政权针对 1964 年收成一般以及 1964 年早季作物收成很差而在 1965 年采取的措施，与过去在收成很差之后采取的措施一样，虽然规模更加有限。在可能的地方，受灾最严重的地方工业作物被春耕秋收粮食作物取代。其结果是，绝大多数工业作物的播种面积与

---

① 图表略去。——译注
② 图表略去。——译注

生产将很可能比前一年少。播种面积的减少以及因此出现的减产使得像油籽作物这样的工业作物的产量大大下降。但华中地区棉花播种面积的增加部分抵消了传统产棉区的面积减少。如果产量良好，棉花的产量很可能维持在 1964 年的水平。

粮食的净进口已经成为中国经济生活的固定事实，自 1964 年以来进口量为 460 万～500 万之间。　**图表①**　小麦与稻米是政府根据定量计划进行再分配而征收的主要粮食，而净进口的水平一直根据国内这两种作物的产量而不是全国粮食总产量的水平而不同。例如，伴随着 1964/1965 消费年度②国内稻米与小麦供应的增长，粮食净进口量从 1963/1964 年的 500 万吨降到了 1964/1965 年的 450 万吨。

预计中国粮食净进口在 1965/1966 年至少为 550 万吨。到 1965 年底，中国在 1965/1966 消费年度已经进口了大约 630 万吨粮食，而 1964/1965 年为 530 万吨，但是在当前这个消费年度也许还要再多购买 100 万吨。进口继续很高，而出口要低于 50 年代末。中国稻米出口 1960 年之间为每年平均超过 100 万吨，而 1965/1966 消费年度只有 80 万吨。

虽然食物的消费水平低于被认为能满足中国人需要的 1957/1958 消费年度水平，但是要比 1960/1961 消费年度的水平要高，那时营养不良非常普遍。自 1960/1961 消费年度以来食物消费水平提高中的大约四分之三来自副食产品③的极大增长，这主要来自农民自留地。估计非粮食食物在每日人均卡路里摄入中的比重从 1960/1961 消费年度很低的 5％增加到 1964/1965 年度的大约 20％。这些食物与粮食（包括进口粮食）一起使得 1964/1965 消费年度每日人均卡路里射入量为大约 2 000 卡路里，而 1960/1961 年为大约 1 600 卡路里，1957/1958 年度为 2 300 卡路里。　**图表④**

二、工业与建筑业

1. 工业生产

工业继续从"大跃进"的崩溃中缓慢恢复，其年生产增长率在 1964、1965 年为 5％～10％。1965 年重工业的生产也许比"大跃进"第一年 1958 年的水平要高，但轻工业产量很可能没有达到"大跃进"之前的水平。

绝大多数主要商品的生产水平现在都高于 1957 年的水平，　**图表⑤**　而那些具有优先性的商品的生产，例如石油与化肥，已经超过了"大跃进"的水平。例外情况是主要用于出口的有色金属，一些机械（例如火车机车与运输卡车）与棉布。

除了一些特别的成就之外，过去几年工业生产只有缓慢的改善。许多工业部门仍然存

---

① 图表略去。——译注
② 原注：消费年度从上一年 7 月 1 日至次年 6 月 30 日。
③ 原注：猪肉、家禽、水果、蔬菜。
④ 图表略去。——译注
⑤ 图表略去。——译注

在着生产能力过剩,特别是那些生产基本物资的部门,而一些生产优先制成品部门则生产能力不足。那些特别的成就主要是军事与化学工业——例如支持两个核设施爆炸与一个有限的先进武器计划的能力,为现代船只提供绝大多数部件的能力,在试验的基础上石油、尿素、聚四氟乙烯、聚乙烯醇缩纤维生产几乎实现了自给自足。其他工业取得令人瞩目的成就包括了建立了一个顶吹氧转炉用于炼钢,据报道成功制造了用于电力生产的直接水内冷蒸汽涡轮式发电机。所有这些成就都是在获得某种外部援助——或者是来自社会主义集团或者是来自自由世界——的背景下取得的。不太引人注意的是产品质量与种类的改善,特别是钢铁与机械工业,煤炭。钢铁与有色金属工业中的开采与矿石加工部门。

中国现在在石油产品的供应方面几乎实现了自给自足——1965 年进口只占到全国总供给量的大约 5％。从 1962～1965 年的原油生产其年增长速度超过 15％。由于严格的管制,消费的增长率每年只略高于 5％。因此中国对进口的依赖明显减少。　**图表**① 原油生产的增加以及已有精炼厂运行的某些改变允许中国航空燃油供应的一部分由国内生产。中国仍然依赖航空汽油与某些润滑油的进口,1965 年这类产品的进口数量看起来是中国最小的需求量。在中国飞机总量中只占了很少一部分的活塞式发动机飞机,其重要性正在下降。因此据猜测中国将不会为了实现这些飞机所需航空汽油的完全自足而进行大规模投资,以避免与其他具有更高优先性的需要形成资本竞争。没有证据说明中国计划进口生产高等级润滑油或者生产这类润滑油所需的复合化学添加剂的相关生产设备。

中国关于化肥生产的声明使人联想起“大跃进”时期——每年增长率要达到 40％～80％。据信生产的实际增长要低于中国所声明的速度,很可能 1964、1965 年的增长率达到 25％。在估计的 500 万～600 万吨生产能力中,330 万～400 万为氮肥厂,其余为磷肥厂。虽然大约 65％的生产能力集中在大工厂,但看起来最近强调的重点是中小型工厂的建设。这一计划将会是生产持续增长,但小工厂的生产要比大工厂的生产效率低得多。

在轻工业方面,棉布生产的低水平反映了农业生产不足,主要是播种面积减少(这反过来是由于强调食物生产的结果)导致纤维产量很低。纸张生产相对较高的水平反映了在原料方面不太依靠农业部门的轻工业部门较好的状态。

2. 建设

资本建设仍然主要局限在范围相对狭窄的工业部门——化学、石油、军事、采矿与矿石加工设备,以及与军事有关的其他重工业部门。但是过去二至三年基本建设已经在数量与范围上有所扩大,而 1965 年甚至电厂、纺织厂、食糖加工厂、纸厂的建设都有所扩大。对中国 1965 年投资计划的规模只能进行猜测,也许与 1957 年的水平相当。考虑到一些通常进入建设/投资计划的工业产品其当前生产水平比 1957 年更高这一点来看,这一结论看起来并不可信。考虑到对军事与农业部门的强调,以及作为其结果的在建设与生产种类上的变化以及进口机械与原料的减少,这一明显异常是可以解释的。

---

① 图表略去。——译注

就生产价值而言，据信 1965 年机械生产要比 1957 年高 30%～40%，但是可得到的机械要比 1957 年低，这是因为进口水平要低得多。此外，加上生产领域的急剧变化，投资计划中机械国内生产与进口的费用很可能要比 1957 年高得多。像工具、仪表、电子设备、农业手工具这样的机械，当前产量要比 1957 年大得多。而在 1957 年被强调的重型工业机械中，石油机械、采矿机械、化学设备当前被大量生产，但是冶金设备、防治设备、机车与基本机床的生产数量近似于或者低于 1957 年的水平。1957 年许多进口的机械被安装在大型工厂中，而这些工厂的建设费用要大大超出所安装的机械的价值。当前，机械进口的很大一部分是（1）不构成一项基本投资项目中组成部分的重型设备，例如卡车，飞机，与建筑设备；或者是（2）用于实验室或小型工业装置中的专门机械，这些实验室与装置的建设费用中最大部分是设备。

1965 年可用钢铁的数量估计要比 1957 年多出 50% 多。但尽管国内高质量钢铁的生产有了增长，机械生产用特殊高质量钢的生产增长则没有这么多，因为成品钢产品的进口有了极大的下降。据信当前用于农业的钢铁要高得多，较少的资料说明可能大约三分之一的可用钢铁被用于农业，主要用于简单的农业工具与设备。农用钢铁的这一增长——从估计的 1957 年 7.5 万吨到 1965 年的大约 200 万～300 万吨——将占钢铁消费增加的绝大部分。

而化学、采矿、石油设备与专业化工具的钢铁消费的增长要超过其他类型机械生产所需钢铁消费的减少。管道与无缝钢管——特别是用于化学与石油工业——的生产自 1957 年以来也有了极大的增长。这种使用类型，加上军事建设方面更大的使用量，很可能抵消了民用建设与运输行业钢铁消费的减少。钢铁的种类据信只比 1957 年的水平略有增长。

水泥的国内供应估计比 1957 年多了 50%，因为国内生产增加了 30% 并且出口减少。但可用水泥的增长并不说明总投资的相对增长，因为许多水泥被用于像飞机场和其他军事建设这样的大型项目。用于一般工业建设的水泥数量只略高于 1957 年的水平，而石油、化肥与采矿部门水泥消费的增长抵消了金属加工与电力部门可能出现的消费减少。农业对水泥的使用有了极大的增长，但数量仍然很小。

三、运输与交通

虽然中国运输系统 1964～1965 年期间的表现每年增长了大约 10%，但其实际运行能力继续低于运输能力。1964 年现代运输很可能达到 6.9 亿吨，比 1958 年要高但远远低于 1959 年水平。1964 年运输的 6.9 亿吨中，大约 60% 是由铁路运输，25% 由卡车运输，15% 由水路运输，空运数量很少。

1964 年现代运输设备总量增长很小，除了机动车辆。运输表现的改善主要是由于利用了未用能力并提高了效率——更快的速度，装卸的改善，运输路线更加直接快捷。运输汽车的总量很可能没有增长——估计到 1964 年底为 12.9 万辆。汽车生产很可能又增加了不到3 500 辆汽车，但可能不足以满足替换旧车的目的。干线机车的生产实际上自 1961 年以后就停止,直到 1964 年才在两个工厂恢复。

自 1960 年以来第一次卡车总量的生产有了相当大的增长,几乎相当于之前的最高水平,而进口也稳步增加。虽然商业船队的船只在数量上没有多少增加,但运输吨位有了很大的增加,这是因为新船只运力更大、速度更快。

虽然中国运输系统继续能满足民用与军用运输的需要,但相比绝大多数社会主义国家与几乎所有自由世界国家,其技术原始、运作也是劳动密集型。中国对用于短途运输的原始运输方式——扁担、马车、舢板、平底帆船——的极度依赖在 20 世纪几乎是独一无二的。可能大约一半的总运输吨位是由非常原始的原始运输方式运输的。此外,人、地与路线的比例在现代运输部门非常高。

中国的大部分现在仍然没有主要铁路网络,而铁路的延伸与复线建设进展缓慢。铁路运输几乎完全依赖蒸汽机车,而码头与装卸工作机械化程度很低。

中国某些地区的铁路系统现在缺乏能力与灵活性。因此在越南冲突期间大吨位的运输很可能在华南与西南制造了拥挤与拖延。但最近完成的重庆-贵阳与贵阳-昆明铁路线,将会为中国南部以及对北越的铁路运输带来更大的能力与灵活性。

高速公路已经在最近几年有了扩大与改善,但仍不能支撑大型现代车辆进行大规模的运输,即使已经有了这些现代车辆。装卸设备与海洋港口及内陆水道航道深度的改善正在进行,但进展缓慢。航空服务与运行正处在发展的早期阶段。民航飞机总量中只有很少一部分现代的、表现很好的飞机。

中国仍然缺少一个现代的、完整的电子通讯体系。可以获得的设备将在很大程度上决定该体系改善的程度。尽管自 1960 年以来中国电子工业的技术水平有了明显的改善,该工业绝大部分的产量主要用于满足具有高度优先性的军事需要。对于建设一个现代电子通讯资源基础来说,国内生产的设备不能满足需要,因此中国已经加快了从自由世界获得范围广泛的电子设备的努力——特别是从日本。但是中国委员会的限制仍然限制了对中国的绝大多数类型高能电子设备的出售。

四、对外经济关系

整个对外贸易从估计的 1959 年的 43 亿美元降至 1962 年的大约 27 亿美元。在 1963 年增长了将近 20%,中国与自由世界的贸易在 1964 年增长了大约 40%,这很明显地反映了北京要减少对苏联集团的贸易。自 1960 年以来的四年中,中国对外贸易的方向完全发生逆转,1960 年与共产党国家的贸易占了外贸总额的三分之二,而到 1964 年自由世界现在占了中国贸易总额的大约三分之二。在 1960 年大跃进崩溃后与苏联专家撤走的头两年中,中国贸易的重新定向清楚地表现在中国从西方进口的粮食取代了从苏联集团进口的机械与设备而成为中国的首要进口物资。自 1962 年以来,这一重新定向的一个很明显的新特点就是北京将日本与西欧看作是它获得外国技术的主要来源。

1964 年中国对外贸易增长了将近 20%，达到 33 亿美元，而 1963 年只有 27 亿美元，并可能在 1965 年再增长 15%，但仍然低于最高纪录的 1959 年 43 亿美元水平。1964 年中国已经有了大约 3 亿美元的出口剩余，这被用来支付中国仍欠苏联的绝大多数债务，并提前支付对西方的债务。中国也开始在 1965 年通过购买最少价值为 1.35 亿美元的黄金来重新建立其耗尽的国际储备。

1964 年中国在贸易上有很大的收获完全来自与自由世界增加了的贸易；与共产党国家的贸易有轻微的减少。　**图表**①　与自由世界的贸易在 1965 年达到新的纪录，增长了超过 20%，这反映了中国决心要减少对苏联的依赖并要从获得最先进的技术与资本设备。中国与自由世界贸易最为令人瞩目的进展是中日贸易的明显增长，这使得日本成为中国在西方最大的贸易伙伴。中日贸易在 1964 年翻了一倍多，超过了 3 亿美元。　**图表**②　中日贸易总值 1965 年达到 4.7 亿美元，日本超过苏联成为中国最大的贸易伙伴。从那时起，中国看起来正在放松对日贸易的政治条件，并正在对越来越多的为进口机械与原料——不仅为了工业还为了农业——的需要作出反应。

像之前一样，香港是中国获得自由世界外汇的首要来源。仅仅在中国对香港的贸易中（包括再出口），中国于 1964 年获得了 3.35 亿美元的纯收入。对香港的肉类、蔬菜、水果、特产食物与棉纺织品出口的极大增长占了对香港总出口增长的三分之一。1965 年中国的贸易收入中比 1964 年增长了 18%，大约为 4 亿美元。

在共产党国家范围内，1964 年对苏贸易减少了 25%，跌至 4.5 亿美元，为 1950 年以来的最低点。中国与其他更加独立的、或者追随亲北京路线的共产党国家如古巴、北越、阿尔巴尼亚、北朝鲜与罗马尼亚的贸易，也有增长，但与其他遵守莫斯科意识形态观点的共产党国家如捷克斯洛伐克、东德、波兰与匈牙利继续减少，充其量也只是维持在去年的水平上。

信息的缺乏使得很难估计中苏 1965 年的贸易程度，但是看起来两国贸易出现极大增长不太可能。如果两国贸易水平保持平衡并维持在 1964 年的水平——这将对两国来说在相互经济好处上都是所期望的——这将要中国将其进口额比 1964 年增加大约三分之二，而苏联则需要减少进口大约 30%。虽然这一调整相比过去的贸易而言规模较大，但这将极大地依赖于中国接受大量苏联机械与设备的意愿。中国与东欧共产党国家的贸易协定，除了保加利亚之外，会使 1965 年双方贸易增长。

在 1964 年中国对外贸易的商品构成没有什么变化，尽管进出口都有了相当大的增长。粮食继续占了中国总进口额的大约三分之一，达到了历史最高纪录的价值 4.75 亿美元的 680 万吨。粮食进口增长了 1.1 亿美元，与大米、非粮食食物以及其他农业产品的出口增长值相近。因此中国在相当程度上用高价值的农业产品换取更加便宜的小麦。中国连续第二年纺织品出口降低，从 1963 年的 5 亿美元降到了 1964 年的大约 4.5 亿美元。机械与各种轻工业

---

①　图表略去。——译注
②　图表略去。——译注

产品的出口在 1964 年继续扩大,现在据信已经达到了大约 3.5 亿美元,比 1960 年[①]高出大约 75%。1964 年工业原料的出口达到了大约 3.25 亿美元。生铁的出口占了这一出口增长的绝大部分,但是其他矿产与金属的出口较为落后,这是因为生产困难与国内需求增加。

机械进口反映了最近工业的缓慢恢复,该进口估计 1964 年达到了将近 2 亿美元,而 1963 年为 1.35 亿美元,仍远远低于 1959 年的将近 10 亿美元的进口。而金属——主要是钢铁——的进口比 1963 年至少增加了四分之一。从 1962 年 7 000 万美元增长到 1963 年 1.22 亿美元的棉花与羊毛进口 1964 年减少了 1 500 万~2 000 万美元。但是合成纤维的进口增加了将近 1 500 万。中国将化肥进口从 1963 年的 8 500 万美元(220 万吨)减少到 1964 年的 6 000 万美元(110 万吨),但是这只是对 1964 年欧洲化肥市场高价情况的暂时调整。

中国 1965 年的商品进口继续了近些年的趋势。粮食进口根据计划到 1965 年要比 1964 年减少 7 500 万美元,但是中国已经就其他几项物资达成了不同寻常的大规模进口合同。例如,很可能已经大部分达成的 1965 年化肥购买合同金额达到 1.4 亿美元,比 1964 年这一进口的总价值增加了 2 倍多。

自 1963 年中期以来中国对外经济联系的一个重要特征是从自由世界购买的机械与设备越来越多,这一购买部分由中期贷款资助。除了 1963 年定购的 6 个工厂之外,1964 年中国还从西方定购了 10 套工业设备,使得过去两年总价值达到大约 1 亿美元。中国在 1965 年加快了定购整个工厂的谈判;并达成金额累计达 8 000 万~8 500 万美元的至少 16 个工厂的合同。中国现在正在与一个西欧工业企业财团就购买一个价值在 1.4 亿~1.75 亿美元的钢铁复合企业进行谈判。如果这项合同达成,这将使中国自 1963 年以来购买的西方工业装置的当前价值几乎翻倍达到超过 1.8 亿美元。中国在过去两年还对其他机械进行了几个大型定购,特别是用于建筑目的的重型设备。

图表[②]

中国要扩展其在亚洲、中东与非洲的决定导致中国在 1964 年向不发达国家提供了价值总额为 3.4 亿美元的贷款,这一数字为 1964 年之前十年中国向这些地区提供的贷款总额的四分之三。但中国在 1965 年上半年只提供了 4 300 万美元的贷款。与过去一样,自由国家提取贷款的水平仍然很低,1964 年估计总计只有 2 300 万美元。虽然据报告 1964 年没有向共产党国家提供新的贷款,但报告说中国在 1965 年对北越与阿尔巴尼亚提供了一些额外援助。1964 年估计价值为 1.1 亿美元的对外援助的大部分继续给了共产党国家——阿尔巴尼亚、古巴、北越、北朝鲜与蒙古。　图表[③]　中国 1965 年的商品进口继续了近些年的趋势。粮食进口根据计划到 1965 年要比 1964 年减少 7 500 万美元,但是中国已经就其他几项物资达成了不同寻常的大规模进口合同。例如,很可能已经大部分达成的 1965 年化肥购买合同金额达到 1.4 亿美元,比 1964 年这一进口的总价值增加了 2 倍多。

---

① 原注:1960 年总值为 2 亿美元。
② 图表略去。——译注
③ 图表略去。——译注

经济问题与前景

一、总　　论

因为缺乏关于中国经济当前表现及其经济发展长期计划的信息,所以关于中国经济未来的猜测充其量也只是假设。并不完全了解影响中国经济当前状况的各种变量,而中国经济的未来难以预料,要作出量化预测是完全无意义的。但是据信对未来十年左右的一般经济趋势的各种主要决定因素进行检查是值得的。相应的,中国两个最重要的经济问题——食物与人口平衡问题,军事计划的经济影响问题——将在后面的章节中根据不发生重大战争、没有大规模外国援助、影响经济的当前政策不会发生重大变化的假设而进行讨论。由于外部资源可以弥补重要的差距,也将对获得外国资源的一般前景进行考虑。

二、食物-人口问题

食物-人口问题是中国共产党面临的最严重经济问题。尽管农业生产水平比 1960/1961 消费年度的低水平有了改善,但相比 1957/1958 消费年度而言并没有多大提高,但人口却增长了大约 1.1 亿。这意味着即使现在进口了大量的粮食中国人现在却要比八年前吃得少,而且农业对经济增长的贡献也比 1957 年要低得多。例如,中国 1957 年从食物的净出口中获得了 6.2 亿美元的外汇收入,但在 1964 年却不得不净进口了价值 2 亿美元的食物。就未来而言,中国的核心问题是扩大农业生产并减少人口增长速度的能力。这不仅是要保证充足的食物供给的问题,还是农业这个关键经济部门为工业的现代化与增长提供支持的问题。

如果人口继续以当前的速度增长——每年 2.25%,中国共产党在农业部门面临的问题的规模,就由为了将人均粮食消费水平提高到 1957/1958 年的水平而不进口所必须生产的粮食的数量体现出来,如下:

消 费 年 度	百 万 吨	消 费 年 度	百 万 吨
1965/1966	211	1980/1981	297
1970/1971	235	1985/1986	335
1975/1976	264		

据信今年中国要达到 1957/1958 年人均粮食消费水平,仍短缺大约 3 500 万吨粮食。因此要达到 1957/1958 年的人均水平,就要使粮食生产的增长速度要快于人口增长的速度。

而仅仅要维持过去三年人均粮食消费水平,到 1985/1986 年度就需要 2.9 亿吨粮食。

很明显中国人知道人口增长过度所带来的问题,并已经开始采取措施控制人口的增长。

1. 人口控制措施

人口对食物供应的压力可以通过一项在几十年内进行计划生育的强制性计划而被解除。党的领导人在 1963 年初已经作出决定并于 1963 年中期开始在一些大的城市中心执行一项依靠经济与社会压力的计划生育运动。该政权已经依靠由经济与社会歧视支持的教导来反对早婚与大家庭。其目标是要鼓励晚婚,通过避孕或流产来将生育间隔变成三年,并在生育了三个孩子之后进行绝育。

很难对当前计划生育运动的效果进行测量,因为新闻媒体一直被用来刻画与婚姻和家庭有关的理想社会行为形象,而不是来报道规则、采取的特别措施或者是已经取得的成就。但是传统观点已经开始转变,特别是在城市地区的年青一代中,但是可能需要另一个十年才能使计划生育运动有效的影响农村人口增长的速度。此外,必须认识到允许计划生育运动成功的经济条件也将可能导致死亡率的下降。因此,至少在一开始,成功降低出生率的措施也许不会带来人口自然增长的速度。

如果假设对控制生育与晚婚的鼓励在得到了提供生活水平的前景的支持后,开始对出生率产生了可以被察觉的立刻影响,而总体医疗水平的改善使得在死亡率控制方面取得了进步,到 1985 年预计减少了的人口可以高达 7 000 万。预计在进行与不进行计划生育的情况下年底人口总数的减少情况如下:

(单位:百万人口)

	1965	1970	1975	1980	1985
无计划生育	763	852	955	1 074	1 210
有计划生育	763	844	935	1 024	1 140
人口减少	0	8	20	50	70

因此一个成功的计划生育运动在未来 20 年只能对中国提供一定程度的帮助。

2. 食物的生产

中国人已经承认粮食增长将不会以农业用地的很大扩张为基础,而是需要增加已耕土地的产量。由于最近来自自留地的食物极大增长不太可能继续,必须与人口增长保持同步的食物供给增长将不得不通过增加主要粮食作物的产量来实现。

农业中技术革新的重要性看起来已经被清楚地理解,中国人已经注意到农业的现代化是一项重要的工作,需要在很长的一段时间内对人力、原料与资本进行很大的投资。实现粮食产量持续增长,化肥是最重要的、也是最昂贵的物资。日本与台湾的"农业奇迹"与越来越多的使用化肥有着直接的关系,两国化肥的使用率远远高于中国,见下:

	每公顷耕地化肥使用公斤数（根据营养成分）
中　国	10
台　湾	110
日　本	230

　　从日本与台湾这两个在近年极大提高了农业产量的例子中，可以得到的关键教训是各种农业投入之间是互相依赖的。如果要让增加了的化肥供应得到最大结果，中国将不得不利用对化肥敏感度高并更加抵抗虫害的新种子品种，提高其农业技术，并更好地利用水资源。日本与台湾用了超过50年才建立起对待农业部门生产率的科学态度。虽然中国可以对这些知识中的一些立刻加以利用并获得好处，但要将这些知识深度的运用于地方状况将会是一个费时巨大并且相当复杂的任务。

　　在未来五年中，每日人均可得食物预计不会有任何重要的改善，除非中国经历了非常好的天气。可以预计使用良种、重新建立作物轮作与更好的工业技术也许会使得农业产量出现轻微的增长，但五年的时间并不足以让这一计划产生重大的影响。未来五年粮食生产的增长将主要依赖增加施用化肥。估计到1970年中国国内将生产700万～900万吨的各种化肥，再加上300万～400万吨的进口化肥。这一估计的1970年可以获得1 000万～1 300万吨的化肥，要比1962年可以使用的化肥量多了大约700万～1 000万吨，而1962年是气候接近正常的最近一年。如果这些多出的1 000万～1 300万吨化肥被用于粮食作物，到1970/1971年度粮食生产要比1962/1963年度的水平多出1 000万～1 500万吨，达到1.9亿～1.95亿吨的水平。这一粮食生产水平将不允许改善当前较低的人均粮食消费水平，并很可能为了维持当前水平而增加粮食进口。因此未来五年食物供应的前景将继续是很紧张的，中共政权将继续不得不十分危险的面临气候变化。

　　从长远来看，假设当前计划生育运动并没有使得人口比不进行该运动的情况减少7 000万，要实现不进口粮食而将人均粮食消费水平提高到1957/1958年度的水平，中国人将不得不将1970/1971年度的1.9亿～1.95亿吨粮食产量提高到1985/1986年度的3.15亿吨。通过发展新的种子种类并提高耕种技术等计划，化肥敏感比例将从预计的1970/1971年度这一比例为大约1.5：1[1]提高到1985/1986年度的2：1。如果这一化肥敏感比例的提高成功实现，那时将不得不施用7 000万吨化肥来生产3.15亿吨粮食。中国化肥的生产现在为400万～500万吨，预计到1970年只能达到700万～900万吨。因此为了在20年后生产出7 000万吨化肥，中国将不得不从1970～1980年每年增加400万吨化肥生产能力。由于一个工厂从最初设计到实际完成需要四至五年时间，这一计划将需要在未来一至两年中启动。如果中国人要求进行这一计划来增加化肥工业的生产能力，为了重新回到1957/1958

---

① 原注：1.5吨粮食比1吨化肥。

年度的人均粮食消费水平,可以实现与需要实现的粮食生产数量见下表:

(单位:百万吨)

消费年度	粮食/化肥敏感比例	可使用的化肥	粮食生产	需要的粮食	差　距
1970/1971	1.5:1	13	195	233	38
1975/1976	1.6:1	30	223	258	35
1980/1981	1.8:1	50	265	282	17
1985/1986	2.0:1	70	315	315	0

　　到1985年生产7 000万吨化肥对于中国来说将是个难以置信的任务,而为了让这些增加了的化肥得到最好的利用而必须建立的深度农业研究与开发服务也是非常艰巨的。即使中国人只是取消进口并维持当前的低粮食消费水平,仍然需要大约6 000万吨的化肥。化肥工业的确获得了高度优先性,但为了实现1985年生产6 000万~7 000万吨化肥,需要在研究与开发上、机器生产上与建筑上投入很大的努力——这一努力要远远高于当前的水平,并需要抽取其他计划特别是为军队服务的计划的大量资源。

三、军事计划的经济影响

1. 军事建设对经济的压力

　　就当前花费而言,军事以及与军事有关的计划所产生的经济负担大约为国民生产总值的10%左右。这比法国与英国的比例要高——后两个国家的国民生产总值要高于中国,但人口仅为中国的十五分之一。武器计划的费用问题并不如该计划所使用的高质量人力资源与原料可以被用于建设民用经济部门这一问题重要。例如,各种军事计划需要的相对大量的专业化资源——科学家、设计工程师、受过高等训练的技术人员,高质量的原料与机械——阻碍了化学工业以及对农业化肥供应的扩大。周恩来在1964年11月承认了这些代价的一部分,当他在与访问者进行一次谈话时谈到中国追求核能对经济产生了很大的负担[①]。此外,虽然这些费用已经或者是很快就要很高,它们将不可避免地进一步增加,特别是当中国要试图将各种武器系统推进到生产与部署阶段。

　　(1) 研究与开发

　　其他国家的历史经验说明军事研究与开发的费用将会一年比一年多——而在中国这些费用已经非常巨大。就中国先进武器系统计划可被识别的程度而言,这些武器系统看起来是源于苏联,因此已经获得了已得到证明的大多数基础研发。因此中国人也许能够减轻——但不会阻止——研发费用的增加,如果他们愿意仅满足于获得已被证明了的苏联武

---

① 原注:对这些因素更详细的讨论,见附录Ⅱ,B,军事工业的状态与未来前景。(附录略去。——译注)

器系统以及 50 年代的技术。但甚至是在这种情况下，中国人仍将面对原料与精细配件供应方面的许多问题，这些问题他们只能自己解决。当然，中国人越来越不得不依赖自己的武器设计能力，以及同样重要的生产设备的生产与制造。因此中国将发现，就像其他更富裕和先进的国家曾经做过的那样，建设现代军事力量的费用曲线是陡然上升的，并需要更加广阔的科学与工业基础。

（2）生产与部署

随着中国试图将各种武器系统进行成系列生产并最终部署到战场上，经济费用将会增长得更快。即使在未来几年中国仅复制苏联的武器系统，仍将面对掌握其中生产技术的严重问题，在绝大多数情况下这一问题可能由于不能生产专门的部件而变得更加复杂。中国与研发相关的生产费用可能比美国甚至法国曾经经历过的费用要高，因为这些国家有足够的已有工业机械、加工设备和技术来支持他们的生产计划。当然，总费用将以部署单位的每年操作费用的形式继续增长。

向军事计划的转向导致了一个恶性循环，因为这部分要以中国工业基础的发展为代价，而后者反过来又降低了工业在未来对军事计划的支持水平。对工业发展所产生的这一副作用，由于给予经过挑选的军事计划以高度优先性而产生的某些经过挑选的技术能力出现某种显著提高只能进行部分的抵消。除了与民用计划竞争之外，像飞机与导弹这样的这类军事计划之间还彼此竞争稀缺资源。总的来说，每一类先进武器系统的巨大需求面对中国工业基础的能力增长缓慢，其结果是同时进行的军事生产计划的数量与每个计划下生产的武器数量将会非常有限。

2. 技术人力资源

中国与工业和军事发展有关的最为稀少的一个资源就是技术人力资源。虽然中国非技术劳动力供应非常充足，但却极端缺乏科技、管理与技术人员。据报告近几年为支持像先进武器、石油精炼与化肥工业这样政府强调的工业部门，提高科技水平已经获得了高度优先性。但是，中国国内在物理科学方面受训达到西方博士水平的人员很可能只有数百人，虽然这一数字计划要继续增加。因此中国最好的技术力量仍然是在外国——西方与苏联——受教育后回国的中国人。

（1）对技术人力资源的需要

虽然知道中国对技术人力资源的总需求很大，但是不能量化。但自 1960 年以来，由于苏联撤走技术援助，而受到最好训练、拥有最好经验的人员被转到支持中国现代先进武器计划中，很可能技术人员的短缺问题变得更加复杂。分配给军事计划的科技人员总数还不知道，但是从参与核计划的人数我们可以看出一些迹象。

因为替代性问题①，实际上不可能估计一个核计划所需的工业原料投入的范围与数量。

---

① 原注：中国也许能够生产一种产品，例如高锰钢，从而可以将就着作为许多非常重要的机械工具生产所必须而中国又不能生产的某种不锈钢。

但是各种研究可以估计所需人力资源的数量与种类。一个相对较近的研究估计,一个大致类似于中国核计划所需的科技人力资源的数量为:大约 475 名科学家(150 名物理学家和 325 名化学家),125 名冶金学家,和大约 1 200 名各类工程技术专家①。1965 年收到的未经证实的报告说,中国参与核计划的科学家与工程师的真实数字也许从至少 300 名到最多 1 000名,这意味着本研究独立计算出来的数据是在正确的数字范围之内。本研究的数字仅仅提到了那些与研究、开发、设计、测试、建设、运行与炸弹测试有关的专业人员,如果将核设施所需的原料与制成品的生产所需要的工程师与科学家计算在内,这一数字可能会翻番。同样,该计划的各个阶段都需要大量熟练技术工人。

在中国经济的其他部分中,一批相对多但是不知道数量的科技人员也参与了与相关核弹投射系统以及现代常规武器相关的开发工作中。此外,很多科技人员被分配到民用工业部门,特别是具有高度优先性的化学与石油工业。

(2)可用的技术人力资源

① 中国国内教育。共产党中国国内毕业生的质量因为其所受训练的时期不同而具有很大的差别。1949～1954 年毕业的学生受到的训练不好,因为当时国内的局势尚不稳定。质量最好的很可能是 1954～1958 年期间的毕业生,因为当时教育计划被坚定的执行,而苏联专家制定了严格的学术规范。在"大跃进"(1958～1960)期间,由于政权对学生教师以及科研机构的成员施加压力要求参加政治会议、劳动或者其他非生产性活动,教育体系处在混乱当中。1962 年围绕教育与研究的气氛开始恢复到 1958 年之前更健康的状态。特别是采取了措施,通过放松许多牵制精力的压力来最大可能的利用已有的、数量很少的技术人力资源供应②。此外,中共政权还采取了步骤来保证国家对资产阶级科学家与专家实行特殊待遇,包括提供小型的西式住宅和小汽车。

自共产党夺取政权后,超过 135 万的学生从中国大学毕业③,其中大约 80 万是科技专业的,包括医药和公共卫生。但这些数字并不能真正显示中国的研发能力,因为毕业生的平均质量并不高,而许多人才有几年的经验。根据官方声明,中国只有"数千名高级科技人员",其中包括了海外归来的人员以及数百名在国内受训达到博士水平的人。

据信,在克服能够从事高水平工作——例如设计与指导研究——的科学家极度短缺问题上,中国的进展十分缓慢,但是现在正在进行的计划意味着这类人员的增长速度也许会在 60 年代末会有所提高。到 1970 年,正式训练计划也许会增加 3 000 名新的受过四年本科训练的科技人员。

② 在外国受教育的华人。大约 3 000 名华人已经在海外——西方与苏联——接受了博

① 原注:可以进行相关比较。1945 年在生产美国第一颗原子弹的洛斯阿莫斯(Los Alamos)科学实验室,在高峰期雇佣了 3 000 名科学家与工程师。
② 原注:该政权现在正踌躇于如何提高科技人员的效率但同时又在这些人中维持意识形态教条的问题,这一点反映在 1965 年下半年《红旗》的文章中,这些文章现实科学家也许会再次发现他们要遭到政治干预。
③ 原注:中国现在有大约 150 万名活着的高等院校毕业生。

士教育,并很可能是中国研发力量的一个重要来源①。在此背景下,1965年中期做的一份汇编显示,在中国以外受教育的华人中,大约147名物理学家,313名化学家和90名冶金学家——其中四分之三达到博士水平②——返回中国。就这三个领域的回国者而言,在西方受教育的人——占总数的60%——的绝大多数是在1960年之前回国的,而绝大多数在苏联受教育的是在之后1960～1963年回国的。此外,到1965年5月为止,据了解大约48名物理学家在苏联杜布纳(Dubna)的联合核研究所接受的一至五年的教育③。将这三类回国者的数字与之前提到的中国核计划所需的数字进行比较,显示了中国很可能在该计划的研究领导人方面有着充足的供应。但是,考虑到发展其他武器系统——先进的与现代的常规武器——很可能也需要的大量这类人才时,看起来可能中国最高级的技术力量中的很大一部分被分配到武器开发活动的其他部分。因此,×××④显示,1965年5月北京的中国科学院化学所的350名科研人员中,只有25名具有高等学位。此外,×××⑤在1961年发现,他所熟悉的三个大学的数学领头人当时都在参与"机密"研究。他说,在1964年末未能与他在西方知道的中国物理学家进行交谈,并因此得出这一印象,即他们参与了中国原子弹的开发。

③ 外国援助。自1964年以来,随着放弃了依赖其他共产党国家的传统政策,中国一直转向自由世界来获得技术援助,除了购买至少许多完整的工厂与技术出版物之外,还包括了与西方交换科学家、学生和教师。作为填补苏联专家撤走、缺乏苏联技术信息、两国技术合作中断后留下的空白的努力之一,一小部分但人数越来越多的中共科学家与技术人员已经访问了西欧和日本的实验室与工厂。此外,中国也越来越多地参加共产党集团国家之外举行的国际科技会议。反过来,自由世界科学家也已经访问了中国的实验室,并就不锈钢、物理学和化学各专业发表了演讲。

中国人已经加大搜集大范围的外国科技出版物,并鼓励学生学习英语与其他西方语言。此外,在上海、北京和西安建立了新的语言学校,而数量不多的自由世界语言教师已经前往中国。

就自由世界提供的援助能扩大中国可用技术资源——包括人力资源——的程度而言,这将减轻因为军事工业在资源分配上占有的高度优先性而对民用经济施加的沉重压力。这种援助将为几个民用工业领域提供为数很少但却很可能是非常重要的技术知识,此外,这将满足——在某些例子中已经满足了——包括先进与现代常规武器计划在内的军事生产中几个对原料与技术能力的关键性需要。

对外国技术出版物与技术训练的获得,加上与自由世界的各种交流,这将有助于提高中

---

① 原注:有经验的工程师与技术人员也非常缺乏。
② 原注:在苏联留学的人获得了物理学博士候选人资格,这一学位等于西方的博士学位。
③ 原注:1965年6月7日,中国撤销了对联合研究所的参与,而当时还留在那里的47名中国科学家被召回。杜布纳研究所注重基础研究,据了解其工作并不能被直接运用于核武器,但是该所是中国科学家接受宝贵训练与研究经验的一个中心。中国科学家在那里接触到在中国没有的先进研究设备。中国每年负责该所运作费用的20%,仅次于提供47%的苏联。但中国在1965年7月中旬撤销了对该所的支持。
　　另外,一些中国核物理学家也参与了丹麦的先进研究,其中包括了1965年秋到达的两名科学家。
④ 原文此处信息来源未解密。——译注
⑤ 原文此处人名未解密。——译注

国技术训练与整体技术的水平。但是,在供应能规划与执行先进研究的高技术科学家和技术人员方面,西方援助的影响可能很小。为了克服这一科技领域的核心问题,中国很可能将需要外国专家在未来许多年中提供建议和援助。

(3) 结论

在缺乏深度的外来援助的情况下,先进武器与/或工业计划的进行数量在未来几年可能将继续十分有限,因为中国缺乏有能力的高级科技人才。该政权已经有足够的技术人力资源来在几乎任何相对狭窄的目标上取得进步,但是却要以其他领域的缓慢发展为代价。因此,为了将收益最大化而建立科技人力资源的优先性秩序与分配原则是中国当前最为紧迫的问题之一。考虑到这一点,根据北京政权的政治与军事目标而将最有能力的人用于核武器与先进武器项目的开发这一选择,已经不可避免地引起了这些高级人才流出领域的效率降低,并对经济的其他部分产生了直接和间接的压力。这些压力既有长期的也有短期的。

就短期而言,这一影响很可能已经严重阻碍了很多新的国内民用工业技术的开发与推广。例如,中国两个最大的钢铁厂自从苏联专家5年前撤走之后一直出于瘫痪之中,因为中国人很明显没有能力来设计与生产大能力的精轧钢厂。即使中国军事研发的努力很可能以某些技术加工与/或新材料的形式为民用工业部门带来了某些溢出效益,但是这种阻碍还是发生了。在这种背景下,国防部门对民用部门的反馈在中国可能比一个经济基础雄厚的国家要少得多。

从更长远来看,从长期来看,1956年被采用的国家十二年科学发展计划所要求的到60年代末实现在技术/科学上赶上西方的目标,很可能已经被推迟到了一个模糊不清的时期①。这一十二年计划充其量只能在这样的条件下才能实现:(1)苏联继续在1960年之后提供援助,与(2)中国最高质量的人员的主要部分被允许讲授他们的主要活动。但是这两个条件都没有出现。将中国最好的科学人员从大学教育的水平转到军事计划中的一个相关长期代价也许导致未来丧失能够进行独立科技工作的新优秀人才。可以想象,相比让从事教育的科学家与工程师训练新人并让新人继续从事教育,继续紧急推进军事计划——特别是先进武器,这会使得在几年后研发计划中有当前水平的人员的数量会更加少。中国扩大与改善教育的最严重瓶颈是缺乏优秀的教师。除非将足够的中国最有能力的人力资源重新投入到教育——或者得到外来援助的补充,中国的人力资源将仍然是不发达的,而许多工业领域专业化人力的短缺也许会变得进一步复杂。相关研究说明,美国为了让大学院校教员充足,每年毕业的博士科学家与工程师的一半都必须进入到学术领域。在中国,这一比例很可能应当更高。

3. 工业投入

关于军事工业的这一方面,见附Ⅱ,B部分,军事工业的状况与前景。

4. 支援军事的经济组织

负责核武器与所有军事硬件——包括电子——的生产与分配的工业部,是从第二到第

---

① 原注:十二年计划(1956～1967)在1963年被十年计划(1963～1972)取代,但是就新的计划的内容没有得到任何具体信息。

七机械工业部。第七工业部与很可能生产农业机械的第八工业部是在1965年1月新建立起来的。自1960年初以来,机械部的数量从两个增加到八个,这反映了职责的不断再分配和几乎可以确定的对现代与先进武器发展的日益重视。这里不能提供关于所有机械部功能的详细列表,因为缺乏对第三、第五和第七机械工业部的信息,据信它们负责常规武器、导弹和飞机的生产。下表展示了八个机械工业部的可能责任、建立日期:

机 械 工 业 部	当 前 责 任	设 立 日 期
第一	民用	1960 年以前
第二	核能源	1960 年以前
第三*	可能是常规武器和/或者飞机	1960 年下半年
第四	电子;导航	1963 年 5 月
第五	可能是导弹或者常规武器	1963 年 5 月
第六	造船	1963 年 5 月
第七	可能是飞机和/或者导弹	1965 年 1 月
第八**	农业机械	1965 年 1 月

　　* 于1960年下半年重建后到1963年5月,第三机械工业部很可能负责所有军事设备的生产与分配。第四到第七机械工业部据信是从第三工业部分出去。

　　** 据信第八工业部只是之前农业机械部的重组。

四、利用外国资源的能力

1. 自己增加的政治限制

外国技术与资源将会对中国未来经济发展产生很大的影响,但中国能在多大程度上利用这些资源将依赖于中国的政治考虑、中国的支付能力与西方巴统组织的贸易管制水平。从苏联撤回援助中所得到的残酷教训使得中共政权信奉"自立"政策,将对外国供应来源的依赖保持在最低程度。自1961年以来,中国通过提前清算对苏长期欠款、转向西方获取资本设备、极大地减少了从苏联的石油进口而将对苏联的依赖减少到了最小。当前中苏贸易的低水平——1964年为大约4.5亿美元——也许接近了两国贸易关系的最低点。

"自立"政策看起来比一般共产党的自给自足目标更具限制性,但是并没有限制从日本与西欧签订合同获取完整的工厂、机械与设备甚至是技术人员。中国已经转向日本与西欧,因为对于中国需要的技术支援的绝大部分来说并没有其他在政治上可以接受的替代来源。与美国在政治上的分歧排除掉了美国这个世界上最好的来源之一,而中苏争吵也排除掉了苏联。此外,在化肥、石油化工与合成纤维工厂方面,苏联自己也不得不从西方寻求设备。过去对中国帮助很多的东欧共产党国家很可能被中国看作是——至少在某些情况下——是比苏联更可靠。中国已经要求罗马尼亚与匈牙利提供某种帮助——罗马尼亚主要是在石油工业方面、匈牙利是在地质探测与开采方面。除此之外,中国很明显已经认定日本与西欧是其所需技术最不敌对的来源①。通过获得许多国家的技术帮助,中国很可能觉得这样会使中国不容易受到单个外国大国制约,并且在这一过程中,这也许会增加西方对中共政权的外交承认。

2. 支付限制

尽管中国不愿意增加外国对经济的影响,但中国利用外国资源的主要限制将是中国支付工业发展所需物资与服务的能力。因为中国的外汇储备很小,②要支付这些增长了的进口就必须增加中国的出口物资,或者减少中国从西方的粮食进口,或者两者同时进行。中国对外贸易(既包括进口又包括出口)中农业的重要性,可以通过对比 1959 年中国对外贸易最高年份与 1964 年农产品与相关产品的贸易外汇纯收入而看清楚。1959 年这些净收入达到了 15 亿美元,但是 1964 年只有大约 3 亿美元③。农业局势的改善将通过提供更大数量的出口物资与减少进口需要而极大的改善中国支付地位。对于中国人来说近期前景至少并不光明。虽然农业产品与相关产品的出口也许会继续增加,当前粮食的大量进口也很可能会继续。来自自由世界的贷款将会缓解这一支付问题,但中期贷款的纯利将很快会减少,而中国也许不获得大规模的长期贷款④。迄今为止,中国人在寻求西方长期贷款方面并不积极。

中国从自由世界获得更高水平的进口的能力比较可能来自其总出口的增长,而不是将对社会主义集团的出口进行进一步转向。虽然中国因为在 1964 年偿清苏联贷款从而能够将价值大约 1.7 亿美元的出口物资用作他途,但中国不太可能从对苏出口中减掉这么多。在将原来占 1964 年中国对苏出口一半的已制成棉布、丝绸、羊毛纺织品转给西方时,中国将在遇到严重的市场困难。虽然 1965 年对苏出口将会减少,但进口很可能会增加。此外,根据中国与东欧共产主义国家达成的贸易条约,中国与这些国家之间的总贸易量很可能会增加。

就未来几年,香港看起来将注定仍是中国获得可转换外汇的单个最重要来源。当前的证据说明,中国通过香港从贸易与非贸易来源获得的外汇收入也许在 1965 年增长了 10％～15％,达到了 5.25 亿～5.5 亿美元,占到预计的中国获得的自由世界现今的大约一半。1964年中国从香港的贸易与非贸易来源收到了大约 4.75 亿美元——比前一年增长了大约 30％。最近中国从对香港的出口,以及在较弱程度上对有大规模华人社团的南亚与东南亚国家的出口中所获得的收入,说明了中国粮食产品重新进入已有市场以及继续扩大低价纺织品市场的绝大部分。据信中国将在未来进一步从这些国家获得更多的外汇收入,但这些收入不

① 原注：并没有坚实的证据证明,除了与进口工厂与设备直接相关之外,中国并未寻求更多的自由世界技术专家作为顾问。

② 原注：中国外汇与黄金持有量到 1964 年底为大约 2.5 亿美元,并很可能自 1965 年初以来因为从西方市场上购买了 1.35 亿美元黄金而略有增长。外汇储备在 1960～1961 年间有了急剧下降,直到 1965 年为止中国充其量也只能是进行维持。

③ 原注：这些数字是来自农业产品与纺织品出口减去农业产品与化肥进口后的净收入。

④ 原注：贷款期限超过五年的贷款。

会像 1964～1965 年时那样令人注目。

3. 西方贸易管制

中国利用外国资源的能力也受到了西方经济防御措施的限制。目前巴统 14 个成员国[①]对中国禁运大约 165 项战略"产品（items）"[②]与相关的技术信息，而美国实际上对所有物资以及相关技术信息实行了禁运。在某些情况下，美国扩大了其他自由国家用美国技术生产的制成品的出口管制。巴统的禁运并不是绝对的，允许对某些民用产品采取例外程序，但是不对战术性军事产品实行例外。对中国的例外出口很少：1962、1963 年这类出口的总值之和只有大约 70 万美元。巴统的统计数字显示，列入"监视清单"[③]上的产品的对华出口，从 1960 年的 2 000 万降到了 1962 年的 300 万，1963 年的 160 万，到 1964 年轻微上升至 510 万。1964 年之所以比 1963 年有很大的增长，主要是因为法国向中国出口了 250 万美元的镍合金。1963、1964 年处于监视清单上的首要产品是镍合金、电子设备、齿轮加工机械与工业钻石。尽管巴统的成员国与合作的非成员国一般都遵守巴统的程序，但毫无疑问中国与自由国家之间的非法贸易一直发生；但是相对与管制水平很高时的 50 年代早中期，近几年很少出现违反的例子。

五、到 1976 年中国经济增长的可能模式

1. 假设

在讨论下面最可能的预测时，我们假设不会出现重大战争、没有持久的领导权斗争当前影响经济的政策不发生重大变化。我们还假设不会出现向苏联在 50 年代里提供的那样大规模外来援助，但日本与西欧将提供越来越多的工业原料与技术。预计天气在未来十年处于平均状态。人口假设继续以当前每年 2.25％的速度增长。

2. 最可能的经济增长模式

随着大跃进的崩溃与苏联援助的撤走，50 年代中国的经济势头现在已经停止了。自 1962 年起开始的缓慢恢复实质上是以各种方式来恢复之前的损失；但现在还看不到生产能力的大规模增长。考虑到前面的假设，没有任何影响中国未来经济发展的因素或者复合因素能够有力到足够让过去几年的缓慢速度加速。事实上，一些因素甚至意味着最近的工业生产增长速度也许很难维持，而人口增长可能超过食物生产的增长速度。这些因素有：（1）工业中未使用的生产能力与中国相对较小的工业基地的有限技术能力——在受训程度较高的人力资源和工业设备的多样性这一意义上——逐渐减少；（2）将稀少的资源中的大部分——并有可能越来越多——分配给军事计划，其代价是工业基础的发展；（3）对农业支

[①]　原注：成员国为美国、加拿大、英国、法国、西德、意大利、比利时-卢森堡、葡萄牙、荷兰、丹麦、挪威、土耳其、希腊和日本。瑞典、瑞士与奥地利与巴统合作，对其对共产党国家的战略物资出口进行管制。

[②]　原注：涵盖了几百个工业原料和设备、军事装备以及一些核能源原料和设备。

[③]　原注：这些产品刚被解除禁运不久，但其出口仍须向巴统报告。

持不足；(4) 计划生育计划不可能在未来几年降低人口增长速度。

上述因素加起来就是说，中国的经济也许继续会在许多年中缓慢发展——但其健康的状态不会获得显著的改善——也就是说，不会恢复一般经济势头，但也不会遭到另一次与1960～1961 年一样的经济灾难。就国民生产总值来看，经济增长也许最多达到每年 3％[①]。在这种情况下，北京可能会继续缓慢地扩大其军费开支[②]。而如果要维持食物的消费水平，这将提高增加当前的农业进口水平。

上述的经济趋势将会是不稳定的，特别是因为中国粮食剩余的持续不足将使得经济对于坏的天气非常脆弱。这一可能的发展与其他因素将在下面部分进行讨论。

3. 其他可能的经济预测

上述诊断十分依赖上述假设、就食物-人口问题前景所得出的结论以及军事计划对资源的抽取。虽然看起来是最有可能以这一系列因素为基础来预测中国未来十年经济发展，但未来的可能事件也会变得更加有利或者不利，因为这些假设和/或结论也许会与上面提到的非常不同，在这种情况下，经济将会增长的更快或者更慢。

如要较为乐观地来看，就需要一些或者所有关键增长因素都要变得比当前要有利得多。例如，天气要好过平均水平，或者该政权的政策变得更加有利于获得大规模外来援助，或者政策能刺激农业的个人生产。但是即使考虑到所有这些可能的有利因素，要让国民生产总值增长速度超过每年 4％～5％是不可能的。但是，如果中国能够幸运到获得每年 4％～5％的增长速度——而食物的生产至少要赶上人口的增长与工业生产而达到每年大约 7％～8％，这将使得食品-人口问题更加容易得到解决，并同时允许军事计划的扩大要超过其他最有可能的项目。

悲观地看，一些或者全部关键增长因素也许都会变得更加不利。例如，天气劣于一般水平——至少在很重要的一段时期，或者政权采取了损害经济的新政策，这其中包括尝试榨出更多资源用于军事计划。在这种情况下，经济的增长速度将甚至会低于人口增长速度，而如果运气特别不好的话，经济生产甚至会下降。这种情况将会导致很难维持食物消费水平，即使是增加粮食的进口也不行，也许——特别是在令人沮丧的条件下——会导致该政权不得不削减武器计划。这一预测在潜在意义上不如最可能的估计那样稳定，因此看起来只能在短期内使得政策的调整集中在将资源更多的用在中国基本经济问题上，甚至是以军事计划为代价。这些政策调整也许会因为一个像 1960～1961 年那样的食物紧急状况而被启动，或者是被中国未来的领导者所执行，他们认识到需要直接面对这些长期的问题。[③]

DDRS, CK 3100127137 – CK 3100127200

姚昱译、校

---

① 原注：作为对比，"一五"计划期间国民生产总值与工业生产的增长速度分别为 6％和 13％。

② 原注：将资源从民用转到军用是中国高层领导人作出的决定，在某种程度上即使经济停滞也可以对武器计划提供更多的分配，当然必须以产生很严重的国内不稳为代价。

③ 原注：这一判断也适用于上述最有可能的预测。

中情局关于"文化大革命"对中国经济影响的评估

（1967 年 1 月 10 日）

绝密，13 页

中情局研究与报告司备忘录："文化大革命"对中国经济的影响①

（1967 年 1 月 10 日）

1. 关于"文化大革命"对中国的经济影响的判断在当前只能是尝试性的。首先，"文化大革命"现在才刚刚开始制定其在经济领域中的方针。直到 12 月中旬，中国政权在限制"文化大革命"对经济产生影响方面还是相当成功的。只是在 12 月中旬，政权发出了让这一运动扩展到经济企业中的信号。第二，虽然有大量多来源的报告，但是这些报告是零散的，非常难以证实的，不适合进行量化分析或者作出总体判断。但是，"文化大革命"对经济产生的一些不良影响已经很明显，而且有迹象表明还会产生其他损害。如果中国政权允许这些趋势继续的话，中国经济可能会比"大跃进"之后 1960～1961 年出现的"困难时期"要更糟。

2. "文化大革命"最初的经济影响一直集中在非农业部门——工业、运输、交通，以及在更小程度上的科技与外贸。② ……③很少有对农业方面产生不利影响的报道。

3. 中国绝大多数工业地区的许多工厂都在生产上出现了停产。就我们所知，这些停产都是短期的，对任何一个工业的总体生产来说并没有产生很大的影响。同样，上海港口的运作与一些铁路线的运输也出现了一些问题。……④红卫兵在全中国的持续运动的确是运输方面出现这些困难以及一些铁路线暂时停开的一个主要原因。到目前我们还没有看到有证据证明出现了普遍的食物短缺，虽然暂时的与地方性的食物分配问题也许已经发生。

4. 科技工作与对外贸易也受到了影响。作为对 1966 年中要求关掉中高等教育院校的命令的响应，各工业部的绝大多数技术学校看起来已经关闭。也有一些例子说明工业研究人员被强迫花更多的时间从事"革命"而不是他们通常的任务。在外贸方面，至少一些中国官员已经不愿意与自由世界的工业设备生产商——像来自西德的钢铁精加工设备生产商——达成合同……⑤

---

① 本译文为节选。——译注
② 原注：见附表。（附表略去。——译注）
③ 原文此处一句未解密。——译注
④ 原文此处数句未解密。——译注
⑤ 原文此处数句未解密。——译注

5. 由于中国所有主要城市都有持续的骚乱,以及中共政权宣布要用革命热情代替物质刺激,非农业领域的工人生产率很可能受到了影响。除了 1956 年全面的增长了工资以及 1963 年有选择的增长了工资之外,北京政权一直再未提高工资。要求增长工资的压力随着时间的流逝而越来越大,并与政权要让工资差别缩小而不是扩大的长期态度相冲突。

该政权坚持认为,增长工资的需要是被"修正主义"管理方式所激发的,但中国工人渴望高工资的愿望是真实的,虽然缺乏证据,但几乎可以确定这对生产率产生了影响。

6. 共产党中国经济生活中权威的主要来源一直是中国共产党。而"文化大革命"的一个显著特点就是对在各个层面上监督经济活动的党的官员进行了攻击。一些高级的与大量较低等级的经济计划官员也许已经被清洗。就现在而言,该政权关于用何种权威来最终取代共产党在经济事务上的权威,或者是共产党的权威如何恢复,还不是很清楚。同时还缺乏合理管理,而劳动纪律也很难执行。

7. 即使该政权尝试要在现在停止"文革"来减少其损失——现在几乎没有出现这样的迹象,1967 年的经济表现仍将会受到迄今已经发生的事情的影响。非农业部门的前景并不乐观。如果当前的趋势继续,甚至是具有高度优先性的军事工业也会遇到麻烦。而如果"文革"深入到农业部门,食物短缺可能发生。如果学校重新开课,而入学标准与课程发生将根据更加"革命"的路线而发生极大的变化。这些变化的长期影响现在还难以衡量,但只能是对中国的经济发展造成损害。

8. 迄今为止,经济的各种混乱相对来说在影响上现在还是彼此孤立的,还没有互相加强。但随着时间的发展,反馈与互动将很可能发生。

(第 1~3 页)

DDRS, CK 3100165559 - CK 3100165573

姚昱译、校

中情局关于中国经济发展的评估

(1967 年 6 月 29 日)

NIE 13-5-67

机　密

国家情报评估：共产党中国的经济前景

(1967 年 6 月 29 日)

该文件由中情局提交,国务院、国防部与国家安全局的情报机构参与了准备工作。

结　　论

(1) 中国的经济活动,特别是在工业部门,正由于"文化大革命"而放缓。但是,军事生产与开发仍享有高度优先性,并一直得到了来自自由世界进口的援助。

(2) 对外贸易增长,其中与非共产党国家的贸易占了四分之三。中国的贸易收支平衡状况在过去两年中有了改善。对北越的支持在去年有了很大的增长,但是对中国的经济并未产生过分的压力。

(3) 经济前景十分依赖政治局势的发展。在未来一两年中,如果假设当前的政治混乱仍然继续的话,经济看起来可能会进一步恶化,虽然不可能到达引起工业生产急剧下降、大范围失业或者是食物十分缺乏的地步。武器计划将会继续,虽然在某些产品的生产上出现紧张是在所难免的。

(4) 我们认为,毛不太可能在"文化大革命"中获得足够的政治胜利,来让他发动一次像"大跃进"那样的经济运动。毛消失的时候,很可能就是复杂的权力争夺时期,而那时经济恢复既不会迅速,也不会确定。

(5) 不利的食物-人口比例,经济费用与内在于军事计划的不平衡,以及教育体系的缺陷,都是可能持续至少十年的问题。一个实用主义的政权很可能会克服它们,但当前政权的任何继承者也都将继承前人一些野心勃勃的政治目标。这将强烈影响资源的分配,很可能会以自我持续的经济发展的基础为代价。

讨 论

一、政 治 背 景

1. 中国的政治动荡使得对中国经济的表现、政策和目标进行分析变得非常复杂。"三五"计划原准备在 1966 年开始,但是到现在为止官方还没有正式宣布一个完整的计划,而在"文化大革命"期间经济表现很少被提及。相反,注意力集中在政治与社会革命上。领导层已经被打乱,年轻人正开始表达自己的意见。年轻人与老年人、学生与工人、城市与农村、地区与中心之间的分裂正在出现。除非新的秩序与共识建立起来,否则经济可能处于次要地位。

2. 这一局势反映了毛关于社会发展的理论。毛害怕官僚与技术人员利用其任务与教育来强调稳定,并找到理由反对革命变革。这体现"毛泽东思想"强调培养外行,更加强调激发普通人的才智与动力,而不是仅仅听从受过高等教育的专家的建议。毛还鄙视物质刺激,强调意识形态刺激能产生更强大——但很短暂——的力量,并坚持政治热情要重要于技术专业知识。而毛经常攻击精明的企业管理所采取的谨慎政策。简而言之,毛是一个革命领袖,而不是一个经济计划者。

3. "大跃进"是毛思想被极端执行的最好例子。根据毛的"政治挂帅"命令,源自意识形态狂热的群众运动引发了全国范围内的劳动热情的大迸发。虽然这导致戏剧性的但是是暂时的生产突飞猛进,缺乏计划与协调决定了这一运动要击败自我。因此,当 1960 年面对极度的食物短缺、苏联援助的停滞以及泄气与不满的人口,北京除了走回头路而别无选择。

4. 从 1960 年中到 1962 年末,北京遵循了后退与紧缩的政策来恢复秩序与稳定,采取了削减投资、减少或者结束工业补助、将多余的城市劳动力遣返农村、恢复自留地、重新建立自由市场、将人民公社分权的措施。这些实用主义的政策带来了持续到 1966 年的工业与农业恢复。

5. 我们不知道毛是否被迫进行这些调整,或者是否他认识到局势的严重性并愿意对这些调整采取默许态度。最近的材料证实在 20 世纪 60 年代毛的领导层中一直存在着不满。看起来还很有可能的是一些高层领导人在没有首先征得毛的批准后就作出了决策。就毛来说,当他感觉到自己被摆在一边而自己的政策也被忽略时,很明显他变得越来越愤怒。因此,"大跃进"的崩溃以及随后为了恢复而进行的努力,导致了政治紧张并在"文化大革命"期间爆发出来。

6. "文革"的激进政策制造出了一种有利于激进的、类似于"大跃进"那样的经济积极性。这将与毛的一般看法一致;的确,政治运动在 1966 年末、1967 年初进入工厂与郊区。但是,这干扰与破坏了生产,为此政权非常迅速采取了后退措施以免引起严重的经济混乱。随着经济计划工作处在暂时搁置的状态,看起来可能除非对政治斗争进行某种解决,才能利用各种重要的经济积极性。

7. 无论怎样,党的清洗与对谁在掌权的疑惑已经削弱了对经济的指挥和控制。虽然已经命令在党与管理机构已经被打到的地方,由人民解放军帮助传递与执行经济命令,但结果并不乐观。解放军虽然有能力维持秩序与纪律，但是缺乏必要的技巧来管理负责的经济活动。在高层，总理周恩来继续维持政府与经济机构的日常运作，但是他的 15 个副总理中只有三个还保持较好的政治状态。在高级经济管理者中，只有周恩来和李富春看起来在当前可以被毛主义者接受。管理与行政工具的削弱是"文革"对中国经济造成的最大伤害之一。

二、表　　现

8. 似乎毫无疑问，今年的经济表现已经下降，但是很难对这一下降进行量化[①]。关于经济效率逐渐下降的零散数据得到了红卫兵大字报的证明，后者引用了官方对 1、2、4 月生产下降的承认。但是，没有证据说要发生经济危机。

（1）农业

9. 到目前为止，"文革"对农业没有多大的影响。1966 年粮食产量大约等于 1964、1965 年的水平。虽然粮食生产已经从 1959～1961 年的低水平恢复过来，但是仍未达到 1958 年的高水平。同时，人口以每年 1 500 万～2 000 万的速度增长。当前关于配给数量下降与国家和自由市场上食品价格上升的报道，意味着供应会逐渐缩紧。人均摄入卡路里很可能要少于 1957 年，但是没有证据说出现了营养不良或者是严重的食品短缺。自 1961 年以来，北京一直通过平均进口将近 500 万吨粮食来扩大国内的食物供给。我们预计进口将大约保持在这个水平上。

（2）工业

10. "文革"已经导致工业恢复的停滞。1963～1966 年间工业生产的稳定增长达到了高于 1958 年的水平，但仍低于"大跃进"高峰时期 1960 年的水平。这一增长主要源于对已有生产能力更充分的使用。仍然有一定的生产能力过剩，特别是在轻工业，但是在其他生产像成品钢铁这样具有优先性产品的工业中生产能力却不足。从"大跃进"以来第一次中国所有主要水泥工厂都处在开工状态的这一事实说明，1966 年建筑工业已经恢复活力。军事研究与生产设施、电厂、化工厂、石油设备与采矿点正在进行新的建设。"文革"的扰乱很可能导致了 1966 年第四季度工业产量的缓慢下降。

11. 过去几年的工业政策一直针对的是增加成品的范围以支持主要计划，而不是扩大基础工业。现代武器、钢铁精加工设备、电子设备、石油与化肥获得优先性。钢铁产量已经恢复到很可能满足对绝大部分普通钢产品的需求的程度。而难溶金属、高质量合金以及许多成品钢的生产与制造能力还不足。中国一直以来都在与西欧和日本进行谈判要求获得能解决这些问题的工厂与设备。在石油方面，原油的产量自 1966 年以来已经翻了一番，中国现在已经在石油产品上实现了自给自足；1966 年只进口了提高国产飞机汽油与润滑剂所需

---

① 原注：北京自 1960 年以来很少出版有用的信息。虽然因此不能对经济进行详细的统计分析，但仔细地检查所有可用的信息让我们有信心探测经济的总体运动。除了外来援助可以获得很好的统计资料这个例外，本部分的结论来自于对不完全的信息进行的分析。

的化学添加剂。化肥工业的生产能力从 1962 年的大约 300 万吨增加到 1966 年的 600 万～700 万吨。当前的重点是建设中小型化肥厂，它们将在 1967 年增加 50 万吨的产量。

（3）运输

12. 在"文革"期间已经过度负载并且出现阶段性阻塞的中国运输系统，在过去几年中已经能够满足基本的经济需求而没有产生过度的拖延。"文革"只是引起了干线枢纽与站点暂时性的货运混乱与阻塞。这些困难以类似当前农、工业混乱的方式对经济制造一定的麻烦，但是还没发现产生严重的经济后果。

（4）军事生产

13. 因为军事生产被赋予了高度优先性，中国开发了从苏联获得的武器技术，并且开始取得迅速的进展。中国人已经爆炸了六个核设施，正在进行一项雄心勃勃的导弹计划，并尝试自己研发各种武器系统。现在正在进行战略导弹系统的研发工作；米格 19 战斗机正在生产，一个改进机型很可能会很快出现；而扩大部署地对空导弹也许将很快进行；中型轰炸机与潜艇发射用导弹也许正在生产；最后，早期雷达预警系统、常规陆海军武器也持续取得进展。

14. 中国一直谨慎地利用世界市场来获取最新的技术信息与工业设备。北京购买清单的增长，其中很大一部分是与先进武器计划有关的产品。巴统的规定在一般程度上阻止了中国购买军事设备，但是巴统的清单并没有涵盖许多对中国军事计划有着直接或者间接价值的工业设备……[1]。自 1961 年以来，中国已经从日本、西欧购买了价值超过 5 000 万美元的机械、设备与科学仪器，而且对这些来源的依赖将继续增长[2]。这些进口不仅帮助了武器计划，还有助于减轻对整个工业中技术人力资源与设备的压力。

年　份	总　　数	机械与设备	科学仪器
1962	13.4	12.6	0.8
1963	16.6	14.3	2.3
1964	54.4	46.7	7.7
1965	156.9	138.2	18.7
1966（估计数）	195.0	170.0	25.0

（5）外贸

15. "文革"对外贸并没有产生严重的影响。外贸在 1966 年增长了大约 10%，达到了 42 亿美元的水平，几乎与最高水平的 1959 年持平。虽然运输混乱拖延了 1967 年初的进出口

---

[1] 原文此处一句未解密。——译注
[2] 原注：下表说明了中国从日本与西欧进口的机械、设备与科学仪器的价值（以百万美元为单位）。未包括运输设备的进口。

计划,但中国人已经想方设法来实现其贸易承诺。

16. 1965、1966 年外贸的增长很大程度上归功于与自由世界贸易的增长,后者占了中国外贸总额的四分之三。日本取代苏联成为中国 1965 年最重要的贸易伙伴,并在 1966 年扩大了这一地位。中日贸易的增长速度令人印象深刻——1965 年为 52％、1966 年为 32％,中日贸易总量已经大致等于中国与西欧贸易的总和。香港仍然是中国获得硬通货的最好来源。1966 年中国从对香港的贸易中收益 4.75 亿美元,并获得了大约 750 万美元的非贸易收益,尽管由于"文革"导致了汇款数量下降。1966 年中国与共产党国家的贸易继续了自 1960 年以来的下降趋势。与苏联的贸易跌至大约 3.2 亿美元,比 1965 年下降了 23％。

17. 中国的贸易收支状况在过去两年有了很大的改善。1965 年外汇与黄金持有量大约增长了 5 000 万美元,达到了 4.5 亿～5.5 亿美元的水平。1965、1966 年中国从自由世界分别购买了总值大约为 1.35 亿和 4 000 万美元的黄金。中国对西方国家的债务到 1965 年底总计达 2.65 亿美元,到 1966 年很可能没有多大的变化。中国并没有选择要求获得长期信贷,但如果中国提出要求,就非常可能会获得。

18. 中国对非共产党国家的援助承诺从 1964 年的大约 3.1 亿美元跌至 1965 年、1966 年的每年大约 1.2 亿美元。1966 年最大一笔对外援助是提供给柬埔寨的 4 300 万美元与给几内亚的 2 800 万美元贷款,以及给尼泊尔的 2 000 万美元赠款。这些援助的实际提取仍然很低,过去三年大约为平均每年 6 000 万美元。1965 年中国停止了对共产党国家的援助声明,但是我们相信这类援助在 1965、1966 年都有增加。

(6) 对北越的支援

19. 中国对北越的援助在过去一年中稳步增长。中国已经提供了小型武器与军火、卡车、工业原料、工业半成品以及其他消费物资。中国还向北越派出了四个防空营以及数千名工程部队,也许还提供了一些战斗机。中国已经增加了许多产品的输送以弥补北越在轰炸中受到的损失,包括铁轨、建筑材料、零配件以及医药。中共提供这些原料与人力的能力远远超过至今已作出的承诺。这一援助,加上苏联经中国转运的援助,已经增加了中国铁路网的负担,但是只占了中国铁路运输能力的很小一部分。就我们所知,援助的输入一直得到有效的维持,中国的内部政治动乱对此只产生了很小的扰乱。

20. 北京也对中国南部的国防与相关建设进行了相当大的投资。作为加强边界国防的总计划中的一部分,这一建设集中于建设新的飞机场和铁路干线上。云南省现在已经与中国主要铁路网连接起来,因此可以不经北越就可以实现对那里的直接运输。新的建设还为对北越的供应提供了新的一条路线。

三、问题与前景

(1) 短期前景

21. 在过去的 17 年中,北京政权最令人印象深刻的成就是它将共产党用作政治与经济工具来动员中国广大人口的能量。现在,随着党陷入了无秩序状态而政府官僚机构遭到攻击,这种控制已经衰弱了。在这种情况下,农业与工业很难被协调成为一个整体。已经很明显的是经济效率已经降低。计划与管理可能随着清洗的进一步加剧而被削弱,而军队并无能力接管已经失灵的党的各项功能。

22. 因此,任何对中国经济总前景的估计,都必然受到政治前景的影响。在未来一两年里,如果当前的政治动荡继续的话,经济看起来可能会进一步恶化,虽然不太可能引起工业生产急剧下降,出现大规模失业,引发严重的食品短缺。武器计划可能继续,虽然一些特别产品的研发生产不得不被延迟。除非政治发展阻碍了正在发展的外贸模式,外贸将很可能继续增长。资源分配的选择,特别是在军事、出口与工农业投资方面,将会由于普遍的政治混乱与中央权威的下降而变得更加困难。

23. 如果毛泽东能够尽早建立起充分的控制,当前未定型的政治局势将会结束,并由此开始"文革"的经济阶段。如果毛泽东获得成功,我们将预计这一经济阶段与"大跃进"类似,包括减少物质刺激、强调工作热情。如果这一点过了头,毛将可能废除自留地与自由市场。但是这将几乎不可避免地产生严重的食物问题并从此导致人民的冷漠与土气和效率的下降。

24. 虽然我们不能排除这一经济局势发展的可能性,但我们认为这不太可能。我们不相信毛将会十分清晰地解决政治斗争;当然,毛可能愿意让斗争持续。即使他认为时间将会把革命带入一个新阶段,但任何朝向激进经济学的迈进将计划确定无疑地引发像周恩来以及许多解放军领导人新的反对,后者到现在为止一直支持毛。

25. 即使毛从视野中消失,政治也不太可能出现稳定。对权力的争夺将需要很长的一段时间;在新的领导权被稳定下来之前至少会出现一个中断期。如果一个团结的领导层出现,它也许会采取较小的全国目标,对社会需求作出更多的让步,并试图恢复某种管理秩序。也许会在某种程度上缩小并推迟中国的军事计划。但是很可能会给先进武器以优先性,而中国对美国的敌对态度可能会继续。

（2）对经济的长远考虑

26. 一个国家追求工业化和现代化所面临的普遍问题现在也出现在中国,但是经常由于中国的野心而被极度扩大。之前从没有一个如此在工业上落后、并有如此之大与如此贫穷人口的国家,如此努力地要获得军事力量与世界大国的地位。中国的国民生产总值比日本或法国小了很多,人均国民生产总值以及工业产量在国民生产总值中的比重与印度差不多。在追求实现其目标的过去17年里,中国将其国民生产总值的超过四分之一用于投资与军费,并为了增加这一努力的影响而抄近路。农业一直被轻视,工业却被不合比例地导向军事生产。中国在先进武器开发方面取得了令人震惊的进步,但是这一成就耗尽了中国的资源与才智,并引起了要采取新的捷径的要求。中国深刻的经济问题必须放在这种背景中来理解。

27. 食物-人口比例。中国充其量也只能在减少人口增长速度方面取得缓慢的进展。在减少城市出生率方面取得了一些成就,但要在构成中国人口80%的农民中实现重大的人口减少却为时尚早。此外,即使一个高度成功的农村计划生育计划也只能保证出生率的有限减少,这将被人口寿命的增长而抵消。因此至少未来十年之中人口增长速度不会出现任何明显的改变。

28. 中国人将在未来十年中努力提高农业产量,这主要通过施用更多的化肥来实现。北京已经急剧增加了化肥的国内与进口供应。为了增加农业生产以跟得上人口增长,中国需要每年增加200万吨化肥供应,除非新的工厂被很快投入生产,这一需求将主要由进口来满足。此外,中国将在1970年之前面对急剧增加的农业投资需要以利用这些化肥,这包括增加灌溉、改善运输与分配、采取更复杂的技术方法。如果没有准备好将必要的资源用于这些投入并监管农业生产组织进行合适的改变,中国也许会面临麻烦。

29. 军事计划的经济费用。武器计划的成功一直是以抽取民用部门资源和推后能够满足经济更大需求的一般工业基础的增长为代价的。民用工业将从武器领域的研发工作中得到一些溢出的好处,并能刺激军事辅助领域的发展。但是这些获得的好处要远远少于由于武器计划获得高度优先性而不可避免导致的经济总体发展的损失。无论怎样,军事计划的费用现在为中国国民生产总值的大约10%。随着先进武器系统进入生产与部署阶段总的费用将会极大的增长,而随着中国进一步向苏联提供设计之外的其他领域前进,研发费用也会进一步增长。生产费用将会很高,因为中国将不得不在机械与技术方面建立其他国家已经拥有的工业支援。此外,中国有限的科技人员供应将已被集中用于军事的研发,而一般科学研究由于稀有的人才被用于解决军事生产中紧要的实际问题而遭到损失。

30. 缺乏受教育的人力资源。北京已经极大地扩大了中小学的设备与学生的招收,并第一次为其年青一代提供义务教育。但是同时它也通过不断的政治运动干扰教育。最近与最极端的例子就是关闭了中国的大学并提出要停止全国中小学的课程而集中于毛的著作。此外,高等教育体系由于专业人员被高度优先的军事计划抽走而遭到损害,而各种专业与技术训练之间的平衡与中国的特殊需求不一致。随着中国经济试图前进至需要专业能力与技术的水平时,这些缺点将必然阻碍经济效率的实现。

31. 这些问题——不利的食物人口比例、军事计划的经济费用与不平衡、教育体系的不足——看起来可能会至少持续十年。统治中国的任何政权都不得不既要处理由"文革"引起的破坏,又要面对这些经济生活中非常棘手的事实。一个实用主义的政权很可能会这样来动员中国的资源:将经济保持在一种适当的发展速度上,并适当提高当前很低的生活水平的方式。

32. 但是任何政权都将继承前人的一些政治目标与经济问题。它可能会尝试继续军事计划,继续与苏联竞争在共产主义世界的影响,并与美国保持敌对。这些将强烈地影响资源的分配,很可能会以经济自我持续发展的基础为代价。

National Intelligence Council (ed.), *Tracking the Dragon National Intelligence Estimates on China During the Era of Mao, 1948 - 1976*, Washington, D. C.: Government Printing Office, 2004, pp. 473 - 485

姚昱译、校

中情局关于到 1970 年中国经济的评估与预测

（1967 年 8 月）

RR IR 67 - 21

机　密

中央情报局情报报告：到 1970 年时共产党中国的经济前景

（1967 年 8 月）

前　言

　　本报告评估到 1970 年为止中国的经济表现及其前景。但是本报告并无意于要囊括关于最近生产停滞或者运输拖延的细节。本报告假设，到 1970 年为止中国将不会参加一场大战，而这一时期苏联的经济与技术援助不会恢复。本报告并没有对毛泽东是否会继续作为国家领导人作出假设。但是中国经济政策将极大地依赖于毛将在政治舞台上停留多长时间以及其继任者或继任者们的身份。

　　共产党中国自己出版的经济信息是零散的、不可靠的。"一五"计划期间建立起来的苏联式统计系统成为狂热的"大跃进"的受害者。自 1960 年以来，统计系统很可能已经恢复，但是年度统计报告的出版并没有恢复。研究中国经济事务的学者们一直不得不使用零散的官方信息。相应的，本报告中的数字估计来自于许多来源，应当被看作是近似的。在这些估计中，关于外贸的数据在一般意义上是最可靠的。本报告中的数据为小数点后三到四位，以展示每年的波动规模并便于计算年增长率。尽管这些信息有质量上的缺陷，据信数字系列的趋势以及本报告的结论提供了一个内在一致并且相当正确的中国共产党经济事务状态的图景。

概　要[①]

　　中国到 1970 年为止的经济前景继续由下列因素决定：食品-人口问题、先进武器计划进入下一阶段的尝试，以及"文革"的起伏。手段与目的之间的经济平衡现在仍然不确定，这与

---

① 原注：本报告由中情局作出提交。本报告由经济研究署准备，国家评估署、当前情报署（the Office of Current Intelligence）与战略研究署（the Office of Strategic Research）协助。本报告的估计与发现是情报委员会（the Directorate of Intelligence）到 1967 年 8 月为止最好的判断。

其说是因为缺乏资源，不如说是因为中国的军事野心和年迈的毛试图将他的共产主义强加于不顺从的国家之上。

中国庞大的人口——1967年中达到将近7.9亿人口——继续以每年2%或者2.25%的速度增长。虽然没有关于食物摄入量的精确信息，但是下列猜想看起来基本正确：（1）作为"一五"计划最后一年的1957年，人均卡路里每日摄入量为大约2 200，根据中国的标准已经足够维持生产效率。（2）在1960年"大跃进"结束之后，人均卡路里的每日摄入量降到了大约1 700，只有经济政策完全的转变才将共产党政权从灾难中拯救出来。（3）今天，人均卡路里每日摄入量也许为2 000，比1957年的水平仍低10%。

尽管农业有了恢复，但中国仍要每年平均进口500万～600万吨的粮食①。在不远的将来，中国必须将国内粮食产量每年增产400万吨来才能跟上不断增长的人口。根据过去的表现来判断的话，这一增长对中国农业资源来说是一个挑战，甚至不允许当前刚刚能忍受的饮食有任何改善，也不允许粮食进口有任何减少。食物-人口的模式表现在表一中。　**表一②**

过去四年工业生产的收获主要来自于对"大跃进"产生的闲置能力的更充分利用，部分来自像化学、石油与现代武器等优先工业的投资。工业生产的未来收获将不得不越来越依靠新增生产力与对先进武器计划早期成果的成功利用。中国才刚开始从核设施的爆炸与发射实验性导弹转向先进武器的成批量制造与部署。这一新的阶段将不可避免地产生对中国稀缺的科技与管理资源的更大需求，并将会继续从民用部门抽取这些资源与拖延满足经济更大需求所必需的工业基础的增长。

中国决定要坚决进行先进武器的研发。在苏联支持的阶段，这一研发已经由苏联完成，中国可以以原来费用的一小部分来获得。现在，由于日本与西欧供应了关键设备、原料和技术来支援中国的先进武器计划，中国因此能保持将该计划维持在一个更加宽广与快速的基础之上，否则将会出现费用的急剧增加。

就"文革"来说，其对经济的影响只有在1966年的最后一个季度表现得比较明显。工业、农业、运输与外贸遇到暂时的混乱，但是并未引起严重的、自我加强的经济活动下降。但是，生产效率已经降低，还很可能出现工业生产的缓慢降低，这已经从1966年最后一个季度开始并持续到1967年上半年。

到现在为止，越南战争还没有对中国的经济产生很大的影响。支援北越的绝大多数资源——小型武器、建筑原料、工程部队的服务——都不是中国稀缺的资源。此外，由铁路运往北越的苏联物资并没有在中国制造特别的经济问题。越战的一个结果是中国国内铁路网的投资加速，特别是在西南部分。

到1970年时中国的经济前景将会受到政治发展的强烈影响。如果政治混乱仍以当前的水平继续，经济看起来可能会进一步恶化；如果当前的混乱状况持续很长一段时间或者是

---

① 原注：吨为公吨。
② 表一略去。——译注

加重,也许会发生工业生产的严重下降或者严重的食物短缺。

一个可能——虽然不太可能——是,当前不确定的政治局势随着毛重新建立控制并将"文革"领入类似大跃进那样的经济阶段而迅速结束。在这种情况下,可以预测政治与意识形态刺激将取代物质刺激,并且会废除农业中的自留地与自由市场。这一模式将会极大地引起纪律与士气的恶化、生产与运输的混乱以及大范围的饥饿。

也可能,虽然也不太可能,毛将会被一群思想冷静的实用主义者代替,他们将采取更小的目标,并以一种不那么教条的方式来实现这些目标。重新获得苏联的支持也有可能。结果将会是严肃的解决人口问题,而生产与生活水平将会出现持续的提高。

即使这两种可能性都被排除,也不可能对中国经济的未来作出肯定的估计,特别是考虑到当前的政治混乱与过去经济政策的反复。但可以作出一些大胆的一般性结论。几乎可以确定,使得中国进行先进武器计划的野心将持续存在,军事工业的产量将很可能继续以相当快的速度增长。同时,工业中很大的一部分将继续使用过时的设备与技术而处在停滞不前的状态。食物-人口问题将不会被解决,至少在未来几年中是这样。除非有特别好的天气与运气,农业产量将不得不继续补充以粮食进口才能以现在的低水平来喂养人口。外贸将继续增长并继续指向日本与西欧。与苏联相比,中国仍是一个在经济上极端对立的国家,一个饥饿的国家拥有士气低落的人口,但其先进武器的武库却不断增加。

介　　绍

1. 自 1949 年共产党统治中国大陆之后,毛泽东与他的副手们一直试图将中国急速改变成为一个现代的工业国家。毛经济政策的根本目标是获得政治与军事力量。因此共产党中国的工业化意味着基本重工业——钢铁、煤炭、电力与石油——的建立与发展,以及能生产现代机械与武器。

2. 在实现工业化的目标方面,中国在共产党统治的最初八年中取得了长足进步。但自 1957 年以来,进步就变得反复无常。在经济恢复时期的 1949～1952 年间,新政府巩固了它对经济的控制,恢复了当时还很小的工业基础,并为人口提供了最小限度的食物与衣服。在"一五"计划期间,该政权在以苏联的方式为强力进行的工业化开了个好头。重要的基础工业的生产与能力翻一番甚至增长了四倍。

3. 到 1957 年,共产党中国在经济发展方面取得了令人羡慕的势头,但是这一进展并未令雄心勃勃的领导集团满意。因此第二个五年计划很快于 1958 年被"大跃进"(1958～1960)所代替。中国经济政策发生这一彻底转变的目的是要以一种疯狂的、几乎不考虑人力与设备费用的速度来推动中国经济前进。苏联以细致的经济计划与物质刺激为特点的较为乏味的模式被抛弃,以有利于政治口号与"精神刺激"。

4. "大跃进"被证明是中国一场人为的灾难。在农业方面,新的公社打乱了已被证明是有效的生产模式，导致了农业歉收；在工业方面，生产上的跃进因为设备被使用过度、劳动力被耗尽以及苏联援助的撤回而不能维持。此外，许多新的产品质量低下，等同于无用。

5. 随着 1961～1965 年采取更加实用主义的政策以及更为有利的天气的到来，工农业逐渐恢复。在核武器领域取得了令人震惊的成功。到 1966 年，经济已经完成从 1960～1961 年最低点的恢复，并预示未来几年会出现缓慢但却稳步的经济发展。"文革"打断了这一趋势，为未来几年的经济前景带来了阴影。

6. 下面是对中国当前经济表现与到 1970 年为止的前景的估计。对经济表现的讨论是由各经济部门构成的——农业、工业与建筑业、运输和交通、对外经济关系。对经济前景的分析在四个主要题目下进行——食物-人口问题，支持先进武器计划的能力，越战的影响，"文革"的经济影响。

经 济 表 现

（一）农业

7. 中国农业产量很可能由于不利的天气而在 1966 年出现轻微的下降。粮食生产也许比 1965 年少了 200 万～500 万吨，即使化肥的供应增长了 160 万吨①。棉花生产增长了大约 20 万吨，而大豆生产只有轻微增长。同时，人口增长了至少 1 500 万。由于缺乏农业原料，许多轻工业生产力仍然处于闲置状态。

表二　中国：1957～1966 年主要农产品的估计产量

（单位：百万公吨）

年　份	粮　食	大　豆	轧　棉*
1957	180	10.2	1.6
1958	195～200	9.1	1.8
1959	165～170	7.6	1.3
1960	160～165	6.7	1.2
1961	160～165	7.0	1.0
1962	175～180	6.5	0.8
1963	170～185	6.9	0.8

---

① 原注：见表二与表三。（表三略去。——译注）

年 份	粮 食	大 豆	轧 棉*
1964	180～190	6.5	1.0
1965	185～195	6.7	1.0
1966	180～195	6.8	1.2

* 仅包括皮棉。

8. 由冬小麦、冬杂粮与早稻构成的早季粮食的收获低于 1965 年的水平。冬小麦的产量之所以下降是因为华北与西北在 1965～1966 年冬春出现了持续的大规模干旱，这导致亩产量减少与播种面积缩减。而早稻产量也低于 1965 年。6 月持久的大雨使得华南主要生产区产生了严重的洪水。但是由之产生的产量下降却因为华中、华东、西南地区的收成好于平均水平而被抵消。

9. 由春小麦、杂粮、中稻、晚稻、植物块茎组成的秋作物的收获也低于 1965 年的水平。杂粮的亩产量由于华中、华东与华北在夏秋时期出现的干旱而下降，这超过了耕种面积增加带来的增长。中稻、晚稻在华中与华南地区自 8 月开始受到了为期三个月的严重干旱的打击。产量比去年低。

10. 1966 年工业作物的产量相比 1965 年并没有很大的变化。棉花是一个例外，增加了 20 万吨，达到总数 120 万吨。由于棉花主要种植在灌溉土地上，因此在 1966 年夏秋的干旱时期长势要好于粮食。1966 年大豆的生产估计达到 680 万吨，比 1965 年的水平略高。中国政府 1966 年 9 月宣布，东北大豆取得了丰收。但是 9 月末东北出现了严重霜冻并减少了产量。

11. 1965/1966 消费年度粮食的净进口达到 550 万吨，而前一年只有 450 万吨，这为中国自 1960/1961 消费年度开始进口粮食以来的最高水平[1]。加拿大、阿根廷、澳大利亚依次向中国提供了大量的粮食。粮食的净进口估计在 1966/1967 消费年度只有大约 440 万吨，因为这一收成年度世界小麦供应比较紧张。中国粮食的出口在 1966/1967 消费年度估计只有 80 万吨，而 1959/1960 消费年度高达 200 万吨。

12. 虽然 1965/1966 消费年度人均粮食消费水平为大约每天 2 000 卡路里，仍低于 1957/1958 年的每日 2 200 卡路里的水平，但要比全国都经历着影响不良的 1960/1961 年度的每日 1 700 卡路里水平要好了很多[2]。自 1960/1961 年以来的改善主要是因为像猪肉、家禽、水果与蔬菜这样的副食生产有了很大增长。这些食物主要由农民的自留地生产，这些自留地在灾难性的"大跃进"之后被重新恢复。非粮食食物在卡路里摄入中的比例现在很可能

---

[1] 原注：见表四。
[2] 原注：见表五。

至少为 20%，而 1960/1961 年只有大约 10%。

13. 关于到 1967 年为止食物情况的绝大多数报告都暗示了食物价格上涨以及许多地区的食物配给量也有所减少。虽然城市地区的食物高价与配给量减少可能部分是因为"文革"破坏了运输与分配体系，但中国很多地区秋收不好看起来是一个主要因素。官方大米价格与自由市场上大米的价格较之 1966 年同期都有上涨。受影响地区的食物供给在 1967 年夏收之前很可能会进一步恶化，但是局势预计不会变得非常严重。1966/1967 年卡路里的摄入量看起来为 1 900～2 000 卡路里之间，比 1957/1958 年的水平低大约 10%。

表四　共产党中国 1957/1958～1965/1966 年几个消费年度粮食净进口*

（单位：百万公吨）

	1957/1958	1961/1962	1962/1963	1963/1964	1964/1965	1965/1966
进口						
加拿大		2.5	1.7	1.3	1.8	2.3
澳大利亚		2.1	2.0	2.7	2.2	1.8
阿根廷		0.2	0.3	1.2	0.7	2.2
法国		0.5	0.9	0.3	0.1	0
其他		0.7	0.5	0.4	0.5	0
总计	0	6.0	5.4	5.9	5.3	6.3
出口	0.7	1.1	0.8	0.9	0.8	0.8
净进口**	−0.7	+4.9	+4.6	+5.0	+4.5	+5.5

* 消费年度指 7 月 1 日到 6 月 30 日。

** 减号代表净出口，加号代表净进口。

14. 1966 年"文革"对农业生产影响不大。但在 12 月，毛主义者进入工厂与农村，对农业的管理结构产生了虽不能量化但却很大的破坏。幸运的是，正好是农闲时期。结果是，从 1967 年 2 月开始，北京大力号召立刻进行一个春耕高潮。这一转变意味着中共政权害怕春夏作物的生产会受到"文革"的负面影响。该政权利用人民解放军来加强农村的行政结构，并向农民保证不会采取激进政策来支持它的号召。在 3 月，两个省的当局再次保证自留地体系以及个人家庭饲养猪的政策将会被保留。考虑到这些对既定状态的强调，春耕工作进展得相当不错，没有出现严重的打断。

表五 共产党中国 1957/1958~1966/1967 消费年度估计每日人均粮食消费量

（单位：每日卡路里*）

消费年度	粮食与块茎	其他食物	总计
1957/1958	1 760	440	2 200
1958/1959	1 850~1 900	330~340	2 180~2 230
1959/1960	1 520~1 570	170~180	1 690~1 740
1960/1961	1 480~1 520	180~190	1 660~1 710
1961/1962	1 490~1 540	220~230	1 720~1 770
1962/1963	1 600~1 620	280~290	1 880~1 930
1963/1964	1 520~1 660	310~340	1 840~1 990
1964/1965	1 580~1 660	340~360	1 920~2 020
1965/1966	1 590~1 670	370~390	1 960~2 060
1966/1967	1 500~1 620	380~410	1 870~2 030

＊ 数据进位到 10，由于进位，各部分数据之和也许不等于总值。

（二）工业与建筑业

15. 1966 年，中国的工业继续其自大跃进瓦解以来的恢复，工业生产比 1962 年的低水平高了将近 50%。但据信在 1966 年的第四季度与 1967 年上半年，"文革"导致了工业生产出现缓慢的下降。无休止的政治会议与工人成群结队的"革命旅行"导致一些工厂生产的降低。在其他例子中，原料的分配运输由于铁路停工与供应工厂的混乱而停止。在几个例子中，这种无秩序甚至影响到令工人们停工。此外，在工业部门，对管理者与官员的攻击以及他们中的一些被没有经验的"革命"管理者取代破坏了权威与劳动纪律。

16. 在 1967 年 1 月，仅仅在宣布要将"文革"深入到工业之后六个星期，该政权就要求行动适可而止。在去年冬天与今春，工人看起来较少参与政治活动，军队开始被用来支持工业中的权威。但是，混乱仍在继续，并从 5 月底变得更加严重。工业生产在 1967 年剩下的时间中不太可能恢复过去四年的增长模式。

17. 过去四年工业生产的增长一直主要依赖对已有生产能力的充分利用以及对新生产能力的投资，后者包括了从日本与西欧进口的工厂。许多工业中仍然存在过剩的生产力，特别是在需要农业原料的轻工业。在生产具有优先性成品——例如扁钢与轧钢产品——的工业中，生产能力不够。特别的成就主要在军事工业中取得——例如 6 个核设施的爆炸、战略导弹系统工作的开始以及飞机与海军领域的其他现代武器计划。此外，原油生产自 1962 年以来已经翻倍，而像尿素、维纶纤维与特氟纶这样化工品已经以较小的规模开始生产。

18. 在过去几年中，中国人经常公开宣布要增加其设计复杂工业机械与掌握先进生产技术的能力。由于缺乏与其表现有关的信息，所以很难正确的判断这些声明是否正确。有记录可查的只是那些来自于其他共产党国家或者西方国家援助的能力。在基础产品——特别是煤炭、钢铁与有色金属工业——的质量与种类上进展一般。

19. 绝大多数主要产品现在的生产水平要高于1958年，**表**① 而像电子设备、石油与化肥这样具有优先性的商品的生产已经远远超出"大跃进"时期取得的历史最高水平。但下列商品的生产仍低于1958年水平：主要用于出口的有色金属，像火车机车、运输卡车、灌溉设备这样的一些机械。

20. 共产党中国现在在石油产品的供应商几乎自给自足。1966年进口的石油只占了全部石油供应量的大约1%。 **表**② 原油的产量从1962年以来几乎翻倍，而未来国内产量的增长将很可能满足国内消费者增长的需要。中国现在能生产航空燃料、低等级航空汽油与绝大多数润滑油，以及像内燃机汽油、煤油与柴油等基本产品。但在提高国内生产的飞机燃料与润滑油质量所必需的化学添加剂以及一些特殊产品方面，仍然依赖进口。

21. 中国的钢铁工业当前比自"大跃进"结束以来的任何时候都得到了重视。今年年产量1 200万吨的水平接近1960年中国大中型钢铁厂的历史最高水平。这些工厂的持续扩大很可能会满足近期对普通钢铁的需要。但是在生产与加工难溶金属、高质量合金以及其他成品钢产品方面——这些主要满足逐步扩大的国防、石油与化学工业的需要——仍存在着不足。为解决这些问题，过去两年一直与日本和西欧就所需的工厂与设备进行谈判。

22. 1966年化肥工业的生产能力估计达到每年600万～700万吨，比1965年增长了大约100万吨。这一生产能力的大约三分之二是用于生产氮肥，剩下的生产磷肥。虽然这一生产能力的将近三分之二是由大型化肥厂构成的，但最近的重点似乎放在了中小型工厂上。到1967年底，估计安装好的生产能力会增长大约50万吨，主要通过建立小化肥厂实现。

23. 中国在加速其化学纤维工业发展方面严重依赖对西欧工厂设备与技术的进口。自1963年以来，中国从西方购买了将近4 000万美元包括生产维纶、尼龙、聚丙烯与丙烯酸纤维在内的工厂。此外，中国自己建造的几个人造丝工厂与一个维尼纶（virylon）工厂现在已经开工。这些工厂的产量将帮助中国人均布料生产恢复到50年代末的水平。

24. 产品的生产依赖农业原料的轻工业，像棉布、食品与食糖，其产量增长一般，这是因为自1960年以来农业恢复缓慢。但棉花与基本食品的产量仍低于50年代末的水平。纸张的生产很可能已经恢复到1959年的水平。

25. 军事与民用部门的基本建设在1965～1966年间有了相当大的增长。从1964年下半年开始的这一转变很明显是为了"三五"计划（1966～1970）做好准备工作，并加速将西南

---

① 表略去。——译注
② 表略去。——译注

整合进全国运输体系。到目前为止,没有证据说明"文革"打乱了建设活动,虽然红卫兵的活动引起了一些得到西方专家援助的工厂的短期建设延误。

26. 正在进行的主要建设活动主要是那些大型项目,如西南的铁路,内蒙与甘肃的先进武器设施,全国范围内的飞机场。建设活动也在军事研发设施、电厂、化学工厂、石油精炼与储存以及其他采矿设施方面展开。此外,中国已经开始为许多最近从西方购买的整套工厂建设厂址。

27. 自"大跃进"结束以来,所有主要水泥厂第一次在1966年全部开工。这35个主要工厂的生产能力在900万~1100万吨之间,等于1960年的水平。全面开工后的生产能力比1960年增长了大约25%。中国因此能够进一步增加产量而无需耗尽生产能力。中国还继续建设小型竖窑来生产低质量的水泥用于地方小型项目。由于这些工厂很多并且分布广泛,其生产很难估计,但很可能达到200万吨。

28. 中国一直依赖进口重型设备与木材来支持其扩大了的建设计划。中国只能制造少量的重型建筑设备,像推土机、铲土机、挖掘机、压路机。自1964年末以来,中国已经签订了合同进口价值大约为4100万美元的超过2500件重型设备,而大跃进期间只进口了价值2500万美元、1961~1963年只进口了250万美元的设备。

29. 与急剧增加了的建筑设备购买平行的是木材购买的急剧增加。在"大跃进"结束之后,中国开始从苏联进口圆木来补充水平一般的国内生产。自1960年以来,中国的购买逐渐上升到1964年的47.8万平方米、但在1965年,中国突然将其购买量增加了3倍,超过150万立方米。1966年进口的数量与1965年差不多。此外,在主要林区东北与内蒙的投资稳步增长,例如为了更好地开垦,森林公路与铁路的网络已经延伸之前很少进入的区域。

(三) 运输与交通

30. 最近中国铁路、公路与内陆水运的发展趋势反映了越南战争的影响与中央政府在边远地区实行长期计划的持续努力。

31. 1965~1966年中国铁路系统的发展集中在西南与东北地区。在西南,中国完成了从重庆到贵阳以及从贵阳到昆明的铁路,而从成都到昆明的铁路正在建设之中。后者让中国第一次能通过国内铁路将云南省连接起来,并使得不必要经过北越就可将铁路物资转运云南。这使得中国可以不经过外国就能方便地进入一个中国想要发展其潜在矿产与农业的地区。这些建设也提高了中国布置在云南省南部边界上的主要军事物资供应批发点的能力,并为进入北越提高了另一条铁路线。

32. 在已经工业化的东北,石油与森林工业的扩大已经决定了铁路发展的模式。1966年一条新的铁路线完成:从靠近大庆油田的萨尔图到通辽。这一新的支线绕过了哈尔滨这个铁路中心,减轻了大庆油田到哈尔滨之间沉重的运输压力。中国也扩大了靠近北朝鲜与苏联的边界森林地区的铁路网络,因此来获得更多的木材。

33. 1965~1966年公路建设计划主要用来支持农业与军事。改善通往农业地区的交通服务于双重目的:便利农村与城市地区的物资流动,加强中央政府对孤立地区的控制。军事考虑有时占了主导地位,特别是在华南与西南,那里的高速公路建设是为了加强边境的防御。

34. 在过去几年中,中国水路的建设活动一直集中在维持、扩大与改善已有的设施。例如,花了很大的工夫来改善长江的航运,特别是从宜昌到重庆。这一部分河段现在已经能全年航行。此外,一些港口设施也有了改善,特别是在华南。海港运河与港口设施已经扩大和改善,以适应与日本以及其他海洋国家之间越来越大的贸易。

35. 中国运输体系的表现在 1966 年有了改善,但是由于缺乏数据,只能对铁路作出数字估计。但这些估计也是不精确的,因为它们是以粗略估计的工业与其他活动的一般水平为基础的。在这些限制之下,可以估计 1966 年铁路运输了大约 4.6 亿吨的货物,比 1965 年的 4.3 亿吨增长了大约 7%。这一水平高于 1958 年,但仍比 1959 年的水平低了大约 15%。

36. 在过去两年,没有迹象表明中国出现了严重的机车车辆短缺;但是"文革"使得 1966 年末与 1967 年上半年不时出现了铁路运输混乱。这些混乱在每个主要线路上都有所发生,据报告自 5 月以来其发生频率增加,但没有卡车或机车被破坏。客运服务现在只能偶尔进行,但货运看起来运行良好,没有严重的阻塞出现。

37. 到 1966 年底,铁路货运车皮的总数比 1964 年底的大约 13 万辆没有太多增长。1966 年只生产了 4 400 个货运车皮,车皮的类型说明了政府的基本经济目标。例如,与石油工业获得的优先性一致,铁路油罐的数量增加。篷车的数量也扩大,由一种低等合金钢制成的敞篷车厢也被引进。1965~1966 年进口的机车车辆估计只有 200 个,出口达到 450 个。

38. 到 1966 年底中国很可能有 25 万~30 万辆卡车,大约一半属于军事部门。卡车总量在过去三年有了快速增长,主要是因为国内生产的增长。估计 1964 年生产了大约 17 700辆,1965 年生产了 28 000 辆,1966 年生产了 36 000 辆。主要来自于苏联的进口也极大地增加了这一总量。1964~1966 年进口了大约 15 900 辆卡车,而同一时期出口了——主要向北越——3 500 辆。过去三年生产的卡车中大约 85% 是由长春第一汽车厂生产的 4 吨解放卡车,剩下的绝大多数是由南京汽车厂生产的 2~2.5 吨跃进牌卡车。济南汽车厂生产了一些8 吨黄河牌卡车。

39. 对于主要依赖铁路进行长途运输的中国来说,现在集中生产 4 吨解放牌卡车是容易理解的。这一卡车在与工业、农业、商业以及军事供应方面有关的短途运输活动中是很有用的。

40. 尚处于起步阶段的中国电子通讯系统在近几年中没有太大改善。全国的通讯需要仍然主要由敞开的电线线路与高频点对点无线电网络来满足,但这两个系统都能力低下而且可靠性差。即使是在普通运行期间,这些网络运行的低下效率也难以满足民用与军用需要。电子通讯系统不能与军事部门有效的争夺设备。电子工业强调军事用途产品的生产,而不是普通载波通讯系统的设备的生产。

41. 至少在过去三年中,共产党中国一直试图从自由世界购买现代电讯设备。日本一直是中国这些努力的首要目标,但是中国也向英国、法国、西德和瑞典提出了要求。由于存在巴统的禁运限制,即使双方的谈判包括了许多设备,但不会达成重大的购买协议。中共将继续努力来从日本与西欧技术先进的电讯系统那里获得电讯设备,其成功将在很大程度上依赖巴统限制的放松。

(四) 对外经济关系

42. 共产党中国的对外贸易在 1965 年增长了 18%,达到了 38 亿美元,在 1966 年增长了大约 12%,达到了 42 亿美元,为中共夺取政权以来历史第二高纪录,接近最高纪录的 1959 年的 43 亿美元。中国的内部政治动荡对 1966 年对外贸易没有太大的影响,到 12 月为止接近正常的贸易关系仍在持续。

表①

43. 1950 年,中国的贸易主要是与非共产党国家进行的,这是与共产党国家进行贸易之前的模式的继续。到 1952 年,与其他共产党国家的紧密经济联系使得中国与其他共产党国家贸易在总贸易额中的比例占到了超过三分之二。自从 1960 年与苏联公开决裂以来,中国的外贸迅速转向西方。中国 1965~1966 年贸易的增长完全是因为与西方贸易的持续增长。由于与日本、西德和法国的贸易,自由世界在 1966 年中国外贸中的比例大约为四分之三。中苏贸易有很大的下降。

44. 1965、1966 年西方在中国贸易中增长了的份额是中国从日本与西欧购买更多的化肥、机械与工业原料的缘故。中国对这些国家的出口,特别是农产品,有所增加,但是不如进口那么快。结果是,中国与日本和西欧的贸易,在 1964 年取得了不寻常的剩余之后,在 1965 与 1966 年再次出现不太严重的赤字。

45. 日本在 1965 年取代苏联成为中国头号贸易伙伴。中日贸易 1965 年增长了 52%,1966 年增长了 32%。虽然日本在中国贸易中的比例在 1966 年达到了 15%,中国在日本贸易中却不到 4%。中国与西欧的贸易在 1965 年增长了 52%、1966 年估计增长了 40%,进口连续第二年超过出口。

表②

46. 1965 年中国对香港的出口达到 4.06 亿美元,其中包括了估计为 9 800 万对自由世界的再出口。1966 年对香港的出口总值达到 4.85 亿美元,包括了大约 1.1 亿美元的再出口。此外,中国还从香港或者经香港获得了非贸易收益——主要是海外汇款,估计 1965 年为 9 000 万美元、1966 年为 7 500 万美元。来自香港的报告显示,在 1966 年最后四个月,外汇的流动受到了中国内部政治动乱的影响;全年外汇估计只有 4 800 万美元,而 1965 年有 6 000 万美元。

---

① 表略去。——译注
② 表略去。——译注

47. 中国对自由世界不发达国家的贸易增长率在 1965 年急剧下降，1966 年没有增长。1965 年与 1966 年中国对这些国家的出口比进口要快，这很可能减少了中国在这一领域的赤字。

48. 根据初步的资料判断，中国与共产党国家的贸易在 1966 年有轻微的下降。与北越、阿尔巴尼亚以及东欧国家贸易的增长，被估计与苏联和古巴贸易的减少所抵消。中苏贸易 1966 年下降了 23％，只有 3.2 亿美元，为 1950 年以来的最低点。

49. 1965 年中国外贸的商品构成反映了国内工业的进一步恢复与农业贸易平衡的改善。虽然食品的进口水平依然很高，但自 1960 年以来第一次食物出口的价值超过了进口的价值。和过去一样，中国出口大量纺织品、原料与半制成品，而进口制成的工业品、化肥、机械与设备。

50. 出口方面最重要的发展是农产品出售的增长与纺织品出售的继续下跌。1965 年食物出售增长了 31％，达到了 5.45 亿美元，而石油、动物油脂与油籽的出售增长了 25％，达到了 1 亿美元。纺织品仍然是第二大出口类型产品，但是在绝对数与相对数上连续第三年下降。现在纺织品出口只有 4.25 亿美元，为六年来的最低点。工业原料的出售没有什么变化。

51. 中国 1965 年的进口包括了机械、设备、化工品与其他工业原料的继续增长，而食物进口在价值上减少了 14％。1965 年中国进口了 620 万吨粮食，1964 年则为 680 万吨。化肥进口的价值增长了 123％，达到历史新高纪录 2.9 亿美元。矿物与金属增长了 81％，达到 2.9 亿美元，主要是从西欧增加购买了有色金属与铁金属。1965 年机械与设备进口比 1964 年增长了 82％，达到 3.55 亿美元，但仍不到 1959 年的一半。1965 年从西方定购的整套工厂总值超过 7 500 万美元，略高于 1963 年与 1964 年。其重点从化工厂转向钢铁厂。

52. 中国 1966 年进口物资的构成继续了 1965 年的模式与趋势。中国继续增加机械、制成金属与化肥的进口量，而粮食合同则显示进口进一步下降到大约 580 万吨。农业产品很可能再次成为中国 1966 年出口增长的主要因素，而食物出口的价值再次超过了进口食物的价值。1966 年报告的中国定购的工厂与设备比前两年低了很多，主要是因为购买德国机器制造公司（Deutsche Maschinenfabrik Aktiongesellschaft，DEMAG）钢铁复合工厂的谈判——价值 1.5 亿美元——未能达成。纺织品的出售也许再次下降，因为对苏联的出售减少。

53. 中国对自由世界不发达国家的经济援助承诺从 1964 年的大约 3.1 亿美元降到了 1965、1966 年平均每年大约 1.2 亿美元的水平。中国 1966 年最大的对外援助是给柬埔寨的 4 300 万美元贷款，接下来是给几内亚的 3 100 万美元贷款，以及给尼泊尔 2 000 万美元的赠款。　表① 中国还同意向也门提供价值 1 400 万美元的商品援助、向马里提供价值 300 万美元的硬通货。还向索马里与坦桑尼亚提供了赠款援助。而实际提款仍然很低，过去三年平均每年只有大约 7 500 万美元。

54. 估计 1965、1966 年中国对共产党国家的经济援助有所增加。1966 年给北越的援助

① 表略去。——译注

估计达到 7 500 万美元,比 1965 年增加了 2 500 万美元。这一增长大致等于对古巴援助的减少部分;古巴划走的贷款在 1966 年为零,双方贸易接近平衡。很可能 1966 年中国对阿尔巴尼亚的贷款有轻微增加。与之前相反,中国并未公开宣布其在 1965、1966 年给共产党国家的援助数量。

55. 中国在 1965～1966 年明显地改善了其总的财政状况。1965 年外汇与黄金持有量增长了大约 5 千万美元,总数达到 4.5 亿～5.5 亿美元。1966 年中国继续从西方购买黄金,但是相比前几年有所减少,只有大约 4 000 万,而 1965 年为 1.35 亿美元。到 1965 年底中国对西方国家的欠债总计为大约 2.65 亿美元,1966 年很可能没有什么变化。随着中国在 1965 年停止支付所欠苏联债务,中国在与共产党国家贸易中获得的出口剩余在 1966 年只有轻微下降,这使得 1966 年中国在这一贸易中收支平衡变得更好。中国对其他共产党国家的贷款在 1966 年只有轻微上升。

56. 贷款在资助中国从西方的进口中起了很重要的作用,但是由于中国的保守政策与不愿意依赖外国援助,到目前为止中国所有的借贷都是中短期的。其结果是,中国每年都面对大笔的需要支付的债务。而在 1966 年,随着一大笔粮食贷款到期,中国需要支付的额度很可能会超过取得的贷款额度。即使中国决定大幅度扩大中期工业贷款,这一政策也不能在几年内让新的贷款划拨额度超过支付额度,因此支付额度仍将急剧增加。

57. 可以以十年或者更长期限支付的长期贷款对中国有很多好处。但是,中国一直没有要求从西方获得长期贷款,这很大程度上是因为中国领导人在推动经济发展时想要尽可能少地依赖外国资本。此外,中国领导人还有这样一个实际的担心,即中国的长期支付状况,以及特别是近期对西方粮食的需要量可能会增加。这一保守的财政政策与其他主要不发达国家——如印尼、印度与埃及——愿意借贷形成了强烈的对比。如果中国转变了它的态度并寻求获得长期贷款,西欧国家与日本很可能会提供这类贷款。

58. 关于 1967 年上半年零散的反馈信息显示,过去四年中国对外贸易的稳步增长已经停滞。来自西欧国家的关于第一季度的信息显示,来自中国的进口比 1966 年第一季度还有继续的增长,但是出口实际没有增长。但关于 1967 年上半年中日贸易的信息显示,相比 1966 年同一时期,中国的进口与出口分别减少了 19% 与 7%。

59. 自 1967 年 5 月开始在香港出现的混乱对中国与香港的贸易有很明显的影响。中国的出口在 1967 年第一季度平均每月为 4 300 万美元,但是第二季度平均每月则跌至 3 400 万美元,7 月只有 2 100 万美元。中国从香港的进口为零。除了直接影响之外,香港的混乱也许对中英贸易产生了负面影响。

60. 因此,除非这一趋势发生逆转,中国 1967 年的对外贸易就会下跌。但是西方在中国贸易中的比重将很可能不会发生变化,因为可以预计中苏贸易会进一步下降。中日贸易将不会保持过去几年的快速增长,因为日本的市场已经不能在吸收更多的中国物资。事实上,日本已经报告在 1967 年的头五个月中,对华贸易已经比 1966 年同期下降了 14%。

61. 相比 1966 年,中国 1967 年对外贸易的构成估计没有什么大的变化。头六个月达成的粮食合同比 1966 年同期略有下降。1967 年定购的化肥比 1966 年增长了超过 50％；但是由于中国与西欧和日本的生产商进行了精明的谈判，这些化肥合同的价格只有轻微增长。而 1966 年购买、1967 年交付的整套工厂与其他资本设备的价值量要比前两年低了很多。1966 年下半年关于购买西德德国机器制造公司钢铁复合工厂的谈判暂停，在 1967 年 4 月短暂恢复后又再次暂停。但 1967 年机械与设备进口因为 1965 年的定购预计要高于 1966 年。从早先与日本达成的合同以及与西欧几个国家进行贸易获得的回报来看，1967 年中国农业出口的增长速度放缓。

62. 当前的政治动荡对最近几个月的对外贸易产生了越来越大的影响。如果这一动荡继续以当前的水平继续或者是加剧的话，而且如果香港的动荡也持续影响香港的正常贸易与受益的话，中国的贸易与支付状态将会出现严重的问题。

经济问题与前景

（一）食物-人口问题

63. 食物-人口问题继续是中国最严重的经济问题。1966 年粮食生产很可能比 1957 年 1.8 亿吨的产量略高一些，但是估计人口却比那时多了 1.3 亿人。其结果是，中国人口现在的饮食不如 1958 年，即使副食产量自 1960 年以来已经有了很大的增长而粮食进口保持在每年 500 万～600 万吨的水平。

64. 据信，要达到 1957/1958 年的人均粮食供应水平所需的 2.16 亿吨，1966 年粮食生产还差 2000 万～3000 万吨。如果中国的人口继续以当前估计的每年 2.25％ 的速度增长的话，要在 1970 年保证人均粮食供应水平达到 1957/1958 年的水平，则中国需要生产 2.36 亿吨粮食。仅仅是要跟上人口的增长，粮食的生产就需要每年增长大约 400 万吨，但是要在 1970/1971 年达到 1957/1958 年的水平，则需要粮食生产每年增加 1000 万～1400 万吨。

65. 中国在未来数十年进行的强制性计划生育可以减轻人口对食物供应的压力。早在 1963 年中就在大城市中心开展了依靠经济与社会压力进行的计划生育运动。在全国，政权一直尝试教育人民晚婚，通过使用避孕或者流产的办法将每胎之间的间隔时间拉长到 3 年，并在有三个孩子之后进行绝育。

66. 当前计划生育措施的影响很难判断。但看起来至少在一些城市地区，特别是在年轻人中，传统的观念开始变化。占中国总人口 80％ 的农民仍然是进行任何计划生育运动的关键因素。即使中国人进行了一场非常成功的农村计划生育计划，但是这只能保证未来 10 年的出生率有一些减少，但容易被人口寿命的增加而抵消。因此现在还看不到中国人口模式会发生急剧转变，在 1970 年之前也不会出现。

67. 但是有三个因素能够相对大地改变当前的模式与趋势。虽然任一个都不太可能，但是都有可能：

(1) 灾难性的食物供应减少,也许会带来与 1960/1961 年一样甚至更糟的局势,从而引起死亡率极大的变化。

(2) 西方技术的快速发展也许能生产出一种避孕措施,使得中国政府能以一种前所未有的高速度减少出生率。但如何使用这一措施将视政府给予计划生育以及这样做的代价以何种优先性而定。

(3) 中共政府也许选择使用其行政机构来阻止任何男性在 30 岁以前、女性在 25 岁以前结婚;即使每对夫妻生产的小孩数量不变,这一政策也将产生很大的影响。其短期影响是在从当前结婚年龄向更大年纪的结婚年龄的转变时期会出现出生率下降。其长期影响是由于每代人之间时间距拉大而导致人口年增长速度减少。

68. 中共领导人意识到农业产量的增长将不得不主要来自于产量的提高,而不是耕种面积的扩大。自留地产量出现很大增长是可能的,但是除非政府解放它对私有活动的政策并扩大自留地的面积,后者现在在全部耕种面积的比重不超过 5%。虽然不知道当前自留地的确切产量,但自留地供应了在中国全部可用食物大约 20% 的非粮食食物的绝大部分,这包括了大约 80% 的肥猪、家禽与绝大多数水果、蔬菜。

69. 由于该政权不太可能增加用于私人生产的土地,任何扩大食物供给的努力将不得不集中在增加集体土地生产的粮食产量上。到 1970 年之前,这一增长将主要依靠更多的使用化肥。虽然中国需要更多的补充因素来使得化肥的施用更加有效,但是中国现在施用的化肥还很少,增加施用将会很大地提高产量。

国　　别	平均每公顷已开垦土地化肥施用公斤数(以营养内容计)
中国(1966 年)	13
日本(1965 年)	250
台湾(1965 年)	116

70. 到 1970 年,化肥的总供应量预计为 1 100 万～1 500 万吨。这一数量预计将由国内产量与进口构成。

(单位: 百万吨)

化肥类型	可　用　量	生　　产	进　　口
全部	11～15	7～9	4～6
氮肥	8.5～12	4.6～6	4～6
磷肥	2.5～3	2.5～3	0

71. 如果 75% 的可用化肥被用于粮食作物,而天气又处于平均水平,那么 1970 年的粮

食产量将达到2亿～2.1亿吨。这一数量最好也只能将人均供给量维持在1966年的230～250公斤的水平。在此基础上,估计当前较低的人均消费水平将不会改善,而粮食进口将至少会维持在当前水平。到1970年食物供应将会继续十分紧张并十分依赖天气状况。人均食物分配将很可能不会有很大变化,除非中国经历了很好的天气,或者自留地有了很大的扩大。

（二）先进武器计划产生的压力

72. 尽管有"大跃进"的干扰以及苏联援助的撤走,中国还是在现代武器系统的发展方面取得了很快的进步。中国已经能够爆炸六个核设施,进行了一项让人吃惊的多样性武器计划,并开展了其他军事研究与开发活动。他们的计划到目前为止还在很大程度上依赖苏联在1960年之前提供的过时技术。很明显正在进行的研究是要超过苏联提供的技术。毫无疑问,中国在战略导弹上的工作将继续获得高度优先性。战斗机很可能是仅次于之的优先项目,像米格-21（MIG-21）这样的米格-19（MIG-19）的后续型飞机可能会很快在中国亮相。

73. 中国在工业生产与技术方面远远落后于世界主要工业国家。但是,通过将工业科技资源集中在武器开发上并进口关键设备与原料,中国在具有高度优先性的军事硬件方面取得了稳步的前进。这一进步之所以取得,是因为从民用经济部门抽取资源,并延后了能满足国民经济更多要求的一般经济基础的发展。而现代工业基础发展的拖后将反过来影响武器计划未来的发展速度、范围与影响。

74. 在苏联支援的时期,中国的重点放在了基础工业增长上。但自1960年以来,中国却强调生产像某些电子产品、特种金属、塑料、合成纤维以及其他化学产品这样的复杂商品的生产,这在很大程度上是因为武器计划的需要。而关键性的机器制造工业的扩张也获得了高度优先性。自苏联撤回援助之后,中国已经转向西方国家来获得先进的机械、科学设备、关键原料与技术信息。

75. 中国工业技术中的关键弱点是缺乏受过良好训练的中高级工程师与技术人员。中国领导人一直选择了要支持哪种技术工作而忽略哪些技术工作。现在,中国科技工作主要与紧急的实用问题相关,而不是与一般的科学研究相关,并在很重要的程度上集中在军事领域。中共政权可以组织研究者与工程师队伍来集中解决少数几个具有高度优先性的问题,但是它在军事计划上的努力是以基础工业计划的发展为代价的。一个改善了的因素是,许多在国内接受训练并有五至十年经验的研究者现在具有了较高程度的能力。

76. 中国的军事计划也许耗费了其国民生产总值的大约10%。这一耗费在国民生产总值的比例以及在工业生产中的比例要大于法国与英国。更重要的是,中国武器计划使用的人力、设备与原料都是最高质量的,是可以用来促进民用经济部门发展的稀缺资源。

77. 其他国家的历史经验说明军事研究与开发的费用将会一年比一年多,特别是随着中国将各种武器系统投入生产与部署。此外,中共政权还面临着迅速增加的研发费用。现在正在开发的武器系统是以苏联的设计为基础的,因此许多基础研究已经由苏联完成。中国当然能将研发费用的增长变得最小,如果他们情愿满足于采用已有的苏联武器系统与50年代的技术。但是中国已经用了数年的时间来进行自己的研发,例如像洲际导弹(ICBM)计划所需的研发工作。

78. 随着中国尝试将各种武器系统投入系列生产并进行实际部署,费用将会急剧上升。即使在未来几年中国仅仅生产苏联武器系统的改善版本,在控制生产技术与再生产专门零配件或者部件时也会遇到很严重的问题。相对于研发费用,生产费用对于中国来说要比对英国与法国高得多,因为后两国已经获得能支持其武器生产计划的工业机械、生产程序与技术。此外,中国将不得不解决部署了这些武器的军事单位每年所需的庞大操作与维修费用。

79. 在缺乏深度的外来援助的情况下,几乎可以确定无疑的是,中国技术人员的供应,是不能满足一个具有高度优先性的现代武器计划的需要,也不能为民用经济的发展提供必要的研发支持。在未来几年,中国将继续面对严重的科技、管理、工程人员的短缺,并被迫将其努力集中在范围很窄的一些优先工业中。绝大多数最重要的技术人才将继续是在外国——西方与苏联——受教育的华人。国内博士水平的训练现在正在进行,已经有数百人毕业。"文革"导致的中国大学的关闭正在延误这一计划。

(三) 日本与西欧对武器计划的援助①

80. 中国军事生产潜力的一个主要因素是其从西方进口设备与技术信息的能力。自1961年以来,中国从日本与西欧购买了价值超过5亿美元的机械、设备与科学仪器。这一数字并未包括购买的运输设备与技术信息。下表说明了自1963年以来中国从日本与西欧进口的机械、设备与科学仪器有迅速增长。

(单位:百万美元)

年　份	总　　计	机械与设备*	科　学　仪　器
1961	20.6	18.6	2.0
1962	13.4	12.6	0.8
1963	16.6	14.3	2.3
1964	54.4	46.7	7.7
1965	156.9	138.2	18.7
1966**	195	170	25

* 不包括进口的运输设备。
** 以头六个月的数据为基础。

① 原注:更多的信息见 CIA/RR IM 67-21,1967年5月。

81. 中国进口清单上的产品现在正在增加,而与先进武器计划有直接或者间接关系的产品所占比重越来越大。中国正在加大购买轧钢厂、特殊用途车床与其他机床、科学仪器、计算机与其他电子设备这样的产品。

82. 列入中国购买清单的许多战略设备属于巴统管制之内,中共政权在得到所需机械的种类与数量方面遇到困难。……①巴统管制清单不包括许多对中国军事计划很重要的产品。

83. 自1963年中期以来,中国已经扩大了对日本与西欧的整套工厂的购买。这些工厂的价值总计达到大约2亿美元。这些购买的一大部分主要是为了支持民用经济,例如像化纤、化肥、塑料工厂。但是,这些工厂中的一些对中国军事-工业基础的建设发展很重要。此外,为民用经济中的优先部门——像化学与石油——购买先进的西方技术与设备,减轻了武器计划中使用稀少的研发人力资源的压力。

84. 以很少的花费甚至是没有花费来获得外国技术信息,是中国武器生产中非常独特的一点。中国通过日本与西欧的公开信息来源——如图书馆、书店、大学与科技出版社——来系统地搜集技术文献信息。中国的科技代表团通过访问西方工厂、实验室与大学以及其他直接的个人联系来获取技术信息。访问中国的科学家与工程师经常就技术问题被再三追问。

85. 中国还直接购买一些技术信息或者在就设备进行谈判或购买时获取信息。当购买现代工厂或设备时,中国人通常从生产厂家那里获得这类同意:监督相关设备在华安装,训练中国技术人员使用这些设备,保证持续运作与维修。在一些情况下,中国购买技术知识而不是设备。例如,在1965年末,中国人与瑞士一个大型柴油机生产商签订了一项这样的合同。

86. 在未来几年中,中国将在实现其工业化方面更加依赖日本与西欧。现代武器生产的增长,与中国被迫更加依靠自己的研发力量与工程资源来支持新的武器计划,这迫使中国不得不从西方获得更多类型与数量的特殊原料、先进设备与现代技术。现代设备与技术的进口将不仅服务于武器计划,也将减轻对整个工业技术人力与设备供应的压力。因此,这类进口的很大增长与为更多种类的设备与原料进行谈判都是可能的。

(四) 越南战争的影响

87. 中国对北越的援助在过去一年稳步增长。根据中国的援助计划,小型武器与军火、开车、工业原料、半制成品、食物与其他消费物资被提供给北越。……②也许还提供了一些战斗飞机。中国人还增加了许多产品以补充北越在轰炸中的损失,包括铁轨、建筑原料、零配件与医药。

88. 中共提供上述原料与人力的能力远远超过迄今所承诺的。援助水平将不得不急剧上升,直到钢铁产品(包括铁轨)、医药和卡车等产品出现了短缺为止。中国对北越的援助,

---

① 原文此处数句未解密。——译注
② 原文此处数句未解密。——译注

加上经中国转运的苏联援助,已经加大了对中国铁路网的负担,但是援助运输仍然只占了中国铁路运输能力的一小部分。就目前所知,这一援助的流动一直维持着,尽管中国内部政治动乱导致了很小的中断。

89. 也许越南局势使得中共政权采取的最重要的步骤是在华南与西南建设了高度优先的国防项目以及与国防有关的项目,特别是飞机场与铁路干线。1965、1966 年重庆-贵阳与贵阳-昆明两条铁路线开始运营,而第三条成都-昆明铁路正在进行修建。在华南与西南的建设部分是共产党政权开发中国内陆人力与自然资源长远政策的加速,但越南的局势是当下主要的刺激因素。已经在这些地区使用了相当大数量的重型设备与高质量原料和工程技术,但却牺牲了民用工业部门的建设。

(五)“文革”的经济影响

90. 当前中国的“文化大革命”在精神上很像“大跃进”。“文革”是年老的毛泽东要重新点燃“不断革命”——与不断牺牲——的尝试。“文革”按阶段进行。在 1966 年 12 月之前好斗的青年红卫兵们相当服从周恩来总理的不进入工厂与农村的警告。但到 12 月“文革”被正式扩大到工业与农业企业。在六个星期之内农业、工业与运输行业出现了非常严重的混乱,迫使北京政权要求暂停“文革”。

91. 1967 年 1 月,政府发布命令要求限制“文革”对经济的影响,并在继续扫除“资产阶级”与“修正主义”倾向的同时恢复经济秩序。从 2 月到 5 月底,对有产生严重经济混乱危险的 12 月与 1 月的过分行动,该政权逐步进行补救。但是自 5 月末起,不定期的混乱再次突然出现并在工业、农业、运输业中引起了混乱。如果这些新的革命动荡继续的话,将很可能变得比年初要更严重。

92. 虽然自 1966 年末以来“文革”对经济产生破坏作用难以量化,但是还是很明显的。担心会产生进一步损失是北京政权在 1967 年 1 月决定放缓其政策的原因。运输交通、食物与分配、外贸看起来只受到了短暂的影响。但是工农业也许受到了更严重的影响。由于工业运行被干扰,1966 年第四季度的产量很可能开始逐步下滑,而这一下滑看起来已经持续到 1967 年的上半年。在农业方面,在冬天与早春的混乱也许已经影响到春耕工作的计划与准备,虽然后来的一场集中进行春耕工作的运动也许弥补了准备工作中的延误。

93. 当前经济之所以缺乏增长势头,部分是因为工人与农民对由现在不受信任的中共党组织转发的命令没有作出令人满意的反应。因此,毛泽东越来越依靠解放军作为传达与执行经济命令的主要工具。但解放军在阻止生产无秩序与混乱方面的能力一直受制于中央领导人互相冲突的指令。在让工人与农民实现生产的稳步增长方面,解放军并不成功。

(六)“三五”计划的情况(1966～1970)

94. 中国“一五”计划跨度为 1953～1957 年,“二五”计划为 1958～1962 年,但是很快就被“大跃进”所取代。之后经济计划的执行不再以长期计划的形式出现。

95. 在1964年12月第三届全国人大第一次会议上，周恩来宣布，再经过一年恢复，就要执行"三五"计划。但后来却没有听到任何关于这一计划的消息。应当在1965年举行的第三届人大第二次会议应该对经济计划的特定目标与指导路线进行宣布，但是这次会议并没有举行。1966、1967年初搜集到的零散信息说明，并没有一个内容详细的五年计划。相反，各部、局与经济单位继续像1961～1965年那样继续工作。

96. "三五"计划的不稳定状态在很大程度上要归因于1965年11月出现的"文革"。该计划应当被宣布与执行时正好是"文革"酝酿并吸引了毛与他的首要副手的注意力的时候。1967年仍有很明显的证据说明存在一个很详细的"三五"计划。"文革"继续将经济计划者与管理者们作为它的受害者。同时，没有证据说明，"文革"已经用类似于取代了"二五"计划的"大跃进"那样横扫一切的方式取代了技术性的经济计划工作。

（七）前景

97. 共产党中国持续存在了将近18年，已经经历了五个非常不同的经济发展时期——经济恢复、苏联模式的五年计划、"大跃进"、恢复调整与现在的"文革"。发生了各种重大事件的这些岁月的特点，也许可以被概括为以下几点。

（1）中共政权已经创造了一个单一的全国经济体，该经济体不仅被全国的运输交通体系联系起来，而且还被现代的经济、政治与军事管理手段联系起来。也许当前"文革"最重要的一方面就是，在很大程度上是由共产党这个工具创造并维持的这一经济体，现在却处在危险之中。

（2）作为一个整体来看，中国经济的当前工业与技术水平要比共产党上台时高得多。自1949年以来，中国已经建设起来了重要的工业与军事生产能力，并能生产许多工业品。

（3）中国经济不能有秩序地发展并不是因为缺乏资源，而是由于领导人的军事野心与意识形态偏见。出于意识形态的与政治的考虑，毛与他的同事否定了许多有助于经济增长并能提高人民生活水平的政策，例如更多地依赖外国援助、对农民工人使用更多的物质刺激、采取坚定的计划生育措施、推后现代武器的发展。

98. 当前不稳定的政治局势可能会很快结束，而毛将重建其控制并将"文革"领进与大跃进相似的经济阶段。和"大跃进"一样，我们可以预计政治与意识形态刺激将取代物质刺激，在更广的经济战线上实现急速推进，也许要废除农业的自留地与自由市场。如果这一事件演进的模式继续的话，几乎可以确定将会导致纪律与士气恶化，生产与运输出现混乱，并出现大范围的饥荒。虽然这一结果不能被排除，但看起来不太可能，因为难以相信毛会以一种非常清晰的方式解决政治斗争，或者他能实施上述激进的经济政策而不会遇到现在还支持他的人的反对。

99. 也可能毛会被一群思想更加冷静的实用主义者所代替，后者将采取不太宏大的目标，会识别哪些经济任务是可行的，并以非教条的方式来实现这些目标与任务。甚至也可以重新获得苏联的支持。这一结果将对人口问题的解决带来好消息，并能带来生产与生活水平的持续上升。但是这一结果看起来不太可能。在毛消失之后的阶段中,可能会出现复杂的权力斗争。因此也可能新的领导人会继续非常强调政治与意识形态,并继承了毛的一些政治目标。几乎可以肯定,经济上的考虑将经常会被政治目标所牺牲。先进武器将很可能会继续获得高度优先性,虽然也许有一些拖延,可能中国对美国的敌对也将持续。

100. 甚至这两种可能性都被排除,也不能对中国经济前景作出肯定的估计,特别是考虑到当前的政治动荡与过去经济政策大幅度摇摆。要生产先进武器计划的野心肯定仍将存在,与苏联在共产党世界的竞争也会存在。这些都将对资源的分配产生很大的影响,很可能要以那些实现持久的经济增长的各种手段为代价。同时,中国将不得不处理像不利的人口-食物比例、先进武器引起的费用与不平衡、教育系统的缺陷等基本问题。

101. 可能到 1970 年,中国经济将继续会以不同经济部门的不同增长速度为特点,这反映了领导人的倾向与资源之间的不平衡。军事工业的产量将很可能继续以相当快的速度增长,其他优先工业也是同样。同时,工业中很大一部分将继续使用过时的设备与技术。工业生产的总增长率可能低于 1961~1966 年水平,因为"大跃进"时期闲置的生产能力的大部分现在已经被利用起来。食物-人口问题在未来几年将继续存在。除非有特别好的天气与特别好的运气,仅仅要维持当前低水平的人口食物摄入量,除了国内生产的食品外还不得不继续进口粮食。中国将继续是这样一个国家:有着庞大的、士气低落的饥饿人口,尽管其先进武器库存量在不断增加。对外贸易将很可能增长,并主要指向日本与西欧。

DDRS, CK 3100420471 – CK 3100420527

姚昱译、校

第二部分　中国对不发达国家的贸易与援助

4－12

经济情报委员会关于中国在不发达国家经济活动的情报评估

（1956 年 3 月 5 日）

机　密

经济情报委员会中苏集团在不发达国家经济活动工作小组
双周报告第 2 号：中苏集团在不发达地区的经济活动①
（1956 年 3 月 5 日）

在远东，中国第一次签订了在非集团国家安装一座完整工厂的合同——缅甸的一座纺织厂。所提议的中印贸易协定的一个值得注意的特点是，中国提供钢铁、水泥、苏打灰。（第 1 页）

中国与锡兰大米-橡胶协定

锡兰政府已经同意允许中国向锡兰出口物资，以支付大米-橡胶协定下中国对锡兰出口的不足部分。根据 1952 年 10 月 4 日签订的五年协议，中国所欠锡兰的任何不足部分将以锡兰可以接受的英镑或者商品偿付。这是第一次条款允许使用物资进行偿付。到 1956 年初，据估计中国欠锡兰大约 2 500 万美元。1956 年中国向锡兰出口的大米将使得这一欠款大幅度减少，但是锡兰同意接受商品，而不是坚持至少让剩下的其中一部分用英镑偿付。

1952 年的交换确定无疑对两国都有好处。1951 年联合国禁止向中国运送战略物资的禁令切断了中国的橡胶供应。作为高费用橡胶生产者的锡兰，当时面临非常明显的橡胶价格下跌，并不得不以世界市场高价购买大米。尽管违反了联合国的禁运并失去了美国的援助，但锡兰接受了与中国贸易所获得的好处。

这几年中国与锡兰签订的大米-橡胶协定，已经成为锡兰的一个经济负担，因为可以从东南亚这一传统来源获得越来越多的大米，而且世界自然橡胶价格也恢复了。因此，在 1953 年，锡兰与缅甸签订了一项协议，该协议将使得锡兰在 1954～1957 年四年内每年获得 20 万～60 万吨大米。

---

① 本译文为节选。——译注

但是到 1954 年底,作为两个协定的结果,锡兰有了大约 10 万吨的大米剩余。锡兰尝试将一些大米再卖给香港和日本。此外,之前锡兰从交换中获得的价格好处由于 1955 年世界橡胶价格上升到比中国的价格更高的水平而减少。在 1955 年,中国根据变化了的世界市场价格而为橡胶支付了各种补贴。但是由于这些未曾预料到的世界市场橡胶高价,锡兰出口给中国的价值要高于中国出口大米给锡兰的价值。(第 3~4 页)

锡兰已经同意接受中国作为部分偿还欠款的 7 000 吨白糖。这些白糖是中国与法国进行以货易货贸易获得的。除了这一交易,还没有被证明了的报告说第三国的物资被用来支付。

大米-橡胶交换将在 1956 年继续进行。这一事实部分解释了锡兰决定将从缅甸购买的大米从 20 万吨减少到 10 万吨。在 1955 年,锡兰除了根据与缅甸达成的直接协议所获得的大米之外,还获得了 5 万吨中国再出口的缅甸大米。(第 19 页)

DDRS,CK 3100447751－CK 3100447766

姚昱、郭又新译,姚昱校

中情局关于中国对不发达地区的政策的评估

(1956 年 4 月 24 日)

NIE 100－3－56

机　密

国家情报评估：中苏对不发达地区的政策与可能的影响

(1956 年 4 月 24 日)

　　该文件由联邦情报局局长提交,下列情报组织参与了这份评估的准备工作：中央情报局,以及国务院、陆军、空军和参谋长联席会议的情报组织。该评估 1956 年 4 月 24 日得到了情报顾问委员会的赞同。同意的有：国务院情报与研究局局长、陆军部司令情报助理、海军情报局局长、美国空军司令情报助理、参谋长联席会议情报副局长。原子能委员会驻国防部情报分析中心代表和联邦调查局局长助理放弃发表意见,因为不在他们辖权之内。

问　　题

　　定义中苏集团与不发达地区有关的对外政策的本质及其可能的发展;评估该集团为其扩大与这些地区经济联系的政策提供支持的能力;评估不发达地区对这些政策的易受影响性。

结　　论

　　1. 中苏集团的新政策自 1955 年春天以来其活力就日益增长。这标志着该集团成为一个在政治、经济和文化领域与西方竞争对不发达国家地位和影响的强大对手。该集团将自己描绘成和平的捍卫者和与外部世界保持互惠联系的拥护者。

　　2. 当前该集团政策一个关键因素是它正在前所未有地努力与不发达国家建立广泛的经济联系。该集团正在利用不发达地区的两个基本情况：(1) 绝大多数不发达国家的经济民生很大程度上依赖于原材料和食物的生产与出口;(2) 不发达国家的绝大多数政府愿意加快经济发展,同时希望提高经济福利和消费水平。

　　3. 在过去的一年中,该集团与不发达地区的贸易有了显著的增长。该集团正通过提供固定资本设备和技术服务来交换大笔原材料和食物。该集团还提供一些低息的、中长期的贷款来资助资本物和军火的出口。

4. 我们还不能确切地估计在多大程度上该集团将愿意或者能扩大它与不发达地区的经济联系。该集团有能力提供众多资本物和技术,并已经达到了这样一个经济阶段,即用资本物来换取原材料和食品将能为其带来经济上的纯利。到 1960 年,该集团与不发达地区的贸易很可能达到每年大约 20 亿美元的水平,大约是 1955 年数字的两倍。

5. 如果该集团的经济计划以现在的速度继续扩张并继续现在这样的一般关注模式,这将减轻许多不发达国家当前的经济困难,特别是对缅甸、阿富汗、阿根廷和土耳其。但很可能除了缅甸和阿富汗之外,该集团的贸易和信贷将不会对任何不发达国家的经济发展带来很大的帮助。许多不发达国家经济的很重要一部分是由几个经济活动组成的,这也许会使得这些国家由于其与该集团的贸易而产生经济依附。但是,该集团对不发达地区新政策的整体政治影响并不必然与该集团和这些国家的经济联系相对应。

6. 总的来说,该集团的策略在阿拉伯和亚洲地区已经产生了很重要的政治影响。该集团作为和平和裁军的主要支持者和不发达地区恩惠者的形象,对这一地区的许多人来说已经变得十分可信。已有的中立主义倾向被加强,一些曾经与西方保持一致的国家已经开始衡量更为"独立"的姿态所能带来的好处。可以获得该集团的援助使得一些国家相信他们正处在一个更为有力的地位来与西方就援助问题讨价还价。可以获得该集团的援助导致了阿拉伯国家与以色列冲突的加剧。美国对苏联对中立地区威胁的担心,导致了美国忽略了巴基斯坦和菲律宾的要求。一些与西方保持一致的国家已经对该集团关于和平的声明产生了非常深的印象,并对美国对军事援助的强调提出批评,而且还要求增加经济援助。该集团的策略还已经使得西方贸易管制的维持面临沉重的压力。

7. 如果该集团在未来几年继续它现在的策略,当前不发达国家的政治趋势将很可能被加强。特别是,中立主义的吸引力将很可能在亚洲增长,而泰国和巴格达条约组织的参加国对地区安全安排的承诺将很可能被削弱。而区分东西方的各种问题在许多不发达国家领导人的思想中将进一步被模糊。对重大战争的威胁和对共产主义的担心将很有可能减少,而对地区和地方问题的关心将加大。

8. 但是,也存在着对中苏集团影响或者控制不发达国家政策的重要限制。相对于不发达国家与非共产党地区的贸易,很可能除了阿富汗之外,不发达国家与该集团的贸易仍将很小。此外,美国在战后时期的经历说明,与不发达地区保持紧密的经济联系除了能获得政治收获,却也有可能成为双方发生摩擦的源泉。虽然一些不发达国家的人民和领导人也许不相信美国甚于苏联,但即使是中立国家的领导人也已经在回击共产主义夺取政权的挑战,并将根据他们与该集团打交道的后果所获得的看法而保持警惕。如果该集团过早地尝试利用缅甸、埃及或者阿富汗对其不断增长的经济依赖来进行违背当地领导人意愿或者利益的政治行动,那么这些政府将很可能会尝试减少或者取消与该集团的各种安排,特别是当西方国家让这些国家知道他们愿意在这种调整时期帮助他们。这些考虑将很可能使得该集团小心从事,并强调各种能获得地方土著团体和领导人良好意愿和信心的努力。

美国对华情报解密档案（1948～1976）（贰）

9. 通过衡量中苏集团的总资产和局限，我们相信该集团影响阿拉伯-亚洲地区发展的能力很可能在将来的几年中有显著增长。通过在殖民地问题上与这些国家联合，以及通过扩大经济联系和利用其他心理与政治状况，该集团将能增加其在这些地区的共产主义影响并极大地削弱西方的作用。虽然这些策略并不具有将这些国家立刻正式拉入该集团的危险。从长期来看，越来越多的阿拉伯和亚洲国家也许会达到这种地步——已经有一些国家达到：他们的对外政策在许多关键问题上平行于或者实际上支持该集团。在一些个案中，中苏集团的这种方式或许是真正为了让共产主义通过强力或者内部颠覆的方式来夺权而做的准备。

10. 如果该集团继续当前的政策，许多不发达国家将很可能越来越认为苏联和中国是国际团体中可以接受的成员。不发达国家将很可能与该集团建立各种经济或者政治联系，虽然这种联系看起来是为了他们国家的经济利益。但是不发达国家将继续在各种程度上对西方仍很敏感，因为有长期以来建立起的个人、文化、军事、经济和政治纽带。中苏集团新政策对不发达国家所能产生的长久影响如何，将主要依赖于西方在多大程度上对不发达国家的问题真正感兴趣，并在多大程度上理解他们的动机并作出回应。

一、最近中苏政策的演变

11. 一直以来，特别是自 1955 年春天以来，中苏集团以不断增长的活力和自信来尝试将该集团描画为一个和平的捍卫者，愿意与外国发展互利政治、经济和文化联系的拥护者。该集团采取了范围十分广泛的外交和宣传行动，其目标在于减少对大战可能性的担心，并使该集团的政策摆脱了颠覆、暴力、军国主义和侵略这些污名，后者使得战后西方国家联合采取了许多措施。该集团也试图将当前世界斗争展示为过时与削弱了的资本主义力量与不断变强和进步的社会主义力量之间的和平竞争。

12. 越来越明显的是，中苏集团新政策的逐步发展主要源于共产党领袖对世界局势的重新基本评价。共产党很清楚地进行了这样的概括：（1）在当前情况下，大战的危害是如此之大，以至于任何有这种大战风险的军事压力或者局部侵略都不能成为理性政策的一部分；（2）相比面对暴力和武力威胁，在面对各种政治和经济诱惑时，自由世界的同盟和不结盟地区要脆弱得多。苏共二十大上之所以重复战争不可避免性、共产主义革命中暴力的角色、允许通向社会主义的其他道路这些论调，很可能正是以这些判断为基础。考虑到共产党政策当前形成的条件将在可见的将来不会发生改变这一点，再加上为了证明新政策而从理论基础上花费的大量努力，这些都说明显示当前共产党的策略很可能要持续相当长的一段时间。

13. 此外，自斯大林死后，苏联领导人已经重新评估了他们的经济状况。在重新评估中，他们很可能认识到苏联的经济发展已经达到了这样一个阶段，即贸易的扩展，特别是与不发达地区的贸易，将能帮助满足集团不断增长的对农业和其他原材料的需求。同时他们还意识到扩大贸易可以是这种说服性新政策的有效工具。

14. 中苏集团政策的当前阶段目的在于在自由世界培养允许共产主义影响扩大的各种

条件。集团领导人的一个初步目标是让西方联盟的成员们相信,新的共产党政策已经消除了共产主义侵略的危险,因此将消除这些联盟存在的基本动机。因此在剥夺了结盟的基本存在理由之后,中苏集团领导人希望西方国家的联盟将因为其联合军事行动不能自圆其说而不得不解散。共产党人也希望他们现在的姿态能在不发达国家中削弱西方而增强共产主义的影响。当前共产党的策略目的是,要在没有大战的风险下推进共产党的长期目标。

二、中苏集团对不发达地区的策略

15. 当前备受共产党集团青睐的世界不发达地区占世界人口的40％和除中苏集团之外人口的60％。这一地区的部分地区环绕了该集团南部边界,即从直布罗陀到新加坡的航线,并包括了重要的西方防御设施。虽然这一地区在世界工业产量中所占比重很小,但是它们却占世界贸易总量的20％。通过贸易,一些不发达国家在自由世界的经济中扮演着重要角色。

16. 虽然这些国家在经济、社会、政治情况上有着很大的不同,但是他们共同具有的一个情况就是经济和文化快速变化的复杂过程导致了政治不稳定。这些国家的民族感情很强烈,对外来干涉或控制的反应很强烈。随着对社会不平等、贫穷和经济落后的越来越深入的了解,这正在这些国家引起不稳定和动乱,并且其人民普遍渴望生活水平的提高。在许多地区,压迫性或者虚弱的政权越来越不能处理他们面对的复杂问题。从这些共同的问题中并以种族和地理为基础,这些国家发展出了一种认同感,这些国家愿意在许多国际问题上站在一起。

(一) 政治策略

17. 中苏集团通过将自己认同于反殖民主义和民族主义的期望而诱惑不发达国家。几乎所有不发达国家在其历史上都曾被西方国家控制。即使在经验、意识形态或者普遍利益上一直跟随西方国家的一些国家,也很容易对西方的意图产生怀疑。相反,苏联和中国虽然在一些地区由于其过去对共产党武装造反的支持而受挫,但是现在却在很大程度上摆脱了其帝国主义恶名。不发达国家并不十分理解苏联在巴尔干地区、东欧和亚洲的帝国主义历史。只有几个不发达国家曾经经历了该集团的直接威胁,而该集团对西方的恶毒宣传攻击已经使得一些不发达国家相信,与该集团加强联系可以作为平衡西方影响或者侵蚀西方威胁的反制力量。

18. 中苏集团正在通过表达对不发达国家民族利益的关心,来尝试培养与已有政府——包括一些在共产党宣传中被称为"反动"政府——的友好关系。特别是该集团已经向卷入地区冲突、进行独立斗争或者进行民族统一的国家——特别是当反对党追随西方国家时——提供了支持或者鼓励。不像美国,中苏集团在这些情况下有很大的机动性,因为它没有对殖民国家的义务,也因为苏联的帝国主义历史还没有被很好地了解。

19. 该集团也已经加大了将美国政策等同于战争危险、将苏联等同于和平的希望的努力。该集团强调当前国际形势——特别是苏联力量的增长——为国际关系的持久正常化带来了前途。绝大多数不发达国家对大战有很严重的恐惧,希望远离国际权力斗争而将其精力投入到国内发展和地方事务上。他们倾向于批评美国扩展地区军事合作的行为，并接受该集团和平意向的声明。

20. 该集团正在强调其在过去和现在经济问题上与不发达国家之间的相似性。共产党人曾经宣布，他们的体系成功地通过社会主义组织和充分动员国内资源而将他们落后的国家迅速转变为工业强国。共产党经验的吸引力在亚洲尤其强烈，因为那里许多受过教育的精英曾经思考过马克思主义。此外，许多国家中个人自由和民主原则的传统很弱，因此不能有效地防止该国对集权体系的接受。即使是那些已经认识到共产主义会引起的人类痛苦的国家，仍然有着这样的诱惑：该体系中的正确因素可以被利用而不会对政治和人类自由产生严重破坏。私人企业体系很容易被人们将之与殖民统治的不平等和剥削联系在一起。在绝大多数国家之中，国家控制经济的许多方法都被认为是值得的和必不可少的。

21. 共产党人正在试图降低其计划中的反民主部分。通过将他们的理论解释为进步性社会变迁的理论，他们希望获得其他社会变迁拥护者的支持，特别是社会主义政党的支持。而其目标是要结束共产党的孤立，并为与社会主义和民族主义者的"联合战线"建立基础。

22. 该集团对不发达国家产生吸引力的一个重要因素是该集团没有对有色人种歧视的污点，这一点特别因为该集团中两个重要伙伴是有色人种国家而得到证明。相反，西方在殖民地和美国有些地区的种族壁垒被许多亚洲人和非洲人所憎恨。

（二）经济策略

23. 当前该集团政策一个关键因素是它正在前所未有地努力与不发达国家建立广泛的经济联系。该经济计划包括了新的和扩大了的贸易，一个适度而有选择性的贷款计划，和越来越强调技术人员的训练和顾问的提供。该集团正在利用不发达地区的两个基本情况：（1）绝大多数不发达国家的经济民生很大程度上依赖于原材料和食物的生产与出口；（2）不发达国家的绝大多数政府愿意加快经济发展，同时希望提高经济福利和消费水平。

24. 即使是在非常有利的经济条件下，不发达国家在国内和世界市场都缺乏资源来实施一项快速的经济发展计划。他们一般缺乏足够的受训人员来（1）计划和整合一项发展计划；（2）将其货币和财政体系现代化来将内部资源导向国内投资；（3）安装和操作现代运输和制造设备。为实现经济发展而所需的投资应当是在所有基本经济部门同时进行的，这种投资对于打破人口与消费需求增长所带来的压抑性影响、为其他投资和增长带来边际利润起着非常重要的作用。但几乎没有哪个不发达国家拥有大规模投资所需要的充足资本资源。特别是他们的出口收入能力并不足以平衡其资本设备的进口，从而不得不为了限制通货膨胀和安抚国内不稳定而维持必须的最低程度消费品进口。仅仅依靠国内资源，即使采取严厉的和集权的方式来限制消费并将所有可得资源用于资本投资，能在经济发展上取得的进步也将会是缓慢的。许多国家也并不情愿采取实现有效经济计划所必需的国内措施。

25. 到现在为止，不发达国家还未能从西方国家那里获得充足的发展资本。此外，自1954年以来，由于二战结束后出现的对食物和原材料十分需要的国际景气时期——被朝鲜战争激活并扩大——的结束,不发达国家自己形成资本的能力已经减小。特别要指出的是,这些国家农产品价格承受着压力,出口国的库存日益积压,而非共产主义市场没有能力吸收所有这些库存——事实上一些西方国家自身也承担着这些物资的剩余压力。

26. 作为世界第二大工业国的苏联及其欧洲卫星国,有能力向不发达地区提供范围广泛的资本物和相关知识。因此,该集团处在较有力的位置来利用这些情况。在过去的几年里,该集团加大力度发展在东南亚、南亚、近东、非洲和拉丁美洲的贸易。该集团还更进一步地提供资本设备作为交换来从有选择性的国家那里大批购买食品和原材料。以低息、可以以当地货币或者货物偿还的中长期贷款为基础,该集团也已经提供了不发达国家经济发展所需的资本物、技术服务以及军火。在满足不发达国家当地条件方面,该集团显示出了非常大的弹性,并慷慨地表示愿意不需要十分花费时间进行谈判就达成协定。该集团偶尔还支持具有边际经济重要性的、受欢迎的当地项目。该集团不需要不发达国家进行公开的政治承诺来作为签订贸易或者贷款协定的条件,但是它在很多情况下向不发达国家建议,如果后者采取中立主义立场将有利于双方建立对后者有好处的经济联系。

27. 从该集团的角度来看,这些经济策略以经济好处为其理性基础。对中苏集团来说,用自己的资本物来交换不发达国家的原材料和食品,将很容易其获得经济上的纯利而不是形成一种经济负担。作为生产扩大、技术提高和额外资本投资的结果,社会主义国家资本物的生产费用一直在下降。同时,随着需求的增加和低费用生产机会的耗尽,其食物和一些原材料的国内生产费用一直上升。

28. 苏联及其欧洲卫星国都于1954年第一次成为食物的纯进口国,考虑到集团内部额外生产的高额费用、人口增长、生活水平提高和相对费用为了便利生产而继续转变,这种进口有可能会继续扩大。另一方面,1954年卫星国成为了对非集团国家的纯资本货物出口国。虽然苏联仍然从非集团国家进口相当多的资本物,但是其资本物出口——虽然数量较少——在过去的三年中已经有了很快的增长。此外,集团国与非集团国的贸易总价值已经从战后最低点的1953年30亿美元上升为1955年的估计为44亿美元。

29. 作为新的贸易协定的结果,中苏集团与不发达国家之间贸易协议定额已经出现了增长,而中苏集团对不发达国家的信贷以及该集团国与不发达国家贸易总量——包括军火输出——已经在过去两年中有显著增加。

1953～1955 年中苏集团与非集团地区的贸易*

	百 万 美 元			增 长 百 分 比	
	1953	**1954**	**1955****	**1954/1953**	**1955/1954**
不发达地区					
近东非洲	193	244	310	26	27
远东***	229	244	295	7	21

续　表

	百万美元			增长百分比	
	1953	**1954**	**1955** **	**1954/1953**	**1955/1954**
拉美	69	252	280	265	11
小计	491	740	885	51	20
其他国家					
美国加拿大	46	61	83	33	36
澳大利亚新西兰	86	88	70	2	—20
日本	42	72	129	71	79
香港	245	189	190	—23	0
西欧	2 089	2 440	3 023	17	24
小计	2 508	2 850	3 495	14	23
总计	2 999	3 590	4 380	20	22

　　* 所有数据都以西方国家发布的官方统计数字为基础。中苏集团进口与出口数据直接来自于西方相应的进出口数据。通常，西方的出口属于以离岸价格为基础，而进口以到岸价格为基础。所有数字都进位到百万。
　　** 1955 年数字根据到 1956 年 3 月 1 日可得信息的年平均率进行了部分估算。关于近东与非洲的数据可能偏低。
　　*** 未包括日本与香港，但是包括印度。

　　30. 尽管在近期有了增长，但中苏集团在绝大多数不发达国家的整体贸易中所占份额仍然很少。1955 年，在所有不发达国家中，只有八个国家与集团国家的贸易额超过其总体贸易额的 5％。

国　家	在与中苏集团贸易中的比例（％）	
	1954	**1955（前 11 个月）**
缅甸	0.7	5.3
锡兰	11.9	6.1
印度尼西亚	1.6	5.2
巴基斯坦	5.6	6.7
伊朗	12.6	12.9
埃及	9.7	14.1
土耳其	12.0	20.0
阿根廷	8.6	8.6

31. 几乎可以确定地说,中苏集团与不发达国家进行贸易所得的收获在 1956 年大于 1955 年。就短期而言特别重要的是,对于那些一直作为中苏集团挑选的最有机会的目标国家,该集团与这些国家之间的贸易将很可能出现极大的增长。这些国家有印度、缅甸、埃及、印尼、阿富汗和土耳其。而对缅甸,苏联最近已经同意在未来四年每年购买其 40 万吨大米,这等于缅甸 1955 年全部出口的大约六分之一①。虽然 1955 年埃及从中苏集团的进口只占其进口总额的 7％,但是中苏集团的购买则占了埃及出口的 27％。埃及与中苏集团的贸易总额将很可能会在 1956 年出现很大的增长,因为集团将购买更多的棉花并运给埃及该集团的物资与武器。

32. 此外,集团已经给予不发达国家的贷款将导致集团与该国贸易的增加。中苏集团向不发达国家提供的贷款在规模上并不大,到 1956 年 3 月为止总额超过 5 亿美元——这一总数不包括南斯拉夫与芬兰。在这一总数中,埃及——主要是武器、阿富汗和印度接受了总额约为 4.5 亿美元的中长期贷款。

已知中苏集团向不发达国家提供的贷款与可能贷款的最小值
(1954 年 1 月 1 日～1956 年 3 月 1 日*)

（单位：百万美元）

接 受 地 区	苏 联	不包括苏联的集团其他国家	中 苏 集 团
中东			
土耳其		7.0	
埃及		174.7	
伊朗		1.5	
约旦		0.2	
叙利亚		13.9	
总数		197.3	
南亚与东南亚			
阿富汗	106.8	15.0	121.8
印度	125.0	32.8	157.8
印度尼西亚		7.9	7.9

---

① 原注：1955 年缅甸共生产了 630 万吨大米,出口 160 万吨。

续　表

接受地区	苏　联	不包括苏联的集团其他国家	中　苏　集　团
总数	231.8	55.7	287.5
拉美			
阿根廷	4.0	15.0	19.0
总数	4.0	15.0	19.0
总计	235.8	268.0	503.8**

＊ 本表来自附录 A。总数代表了最小估计值,并不包括那些没有得到价值估计的项目。

＊＊ 除此之外,中苏集团还向芬兰提供了 2 000 万美元贷款、南斯拉夫 2.99 亿美元贷款。

33. 集团经济策略的将来趋势。我们相信,中苏集团将会寻求极大地扩大它对不发达国家的贸易和贷款,并会竭尽全力地实现其承诺。在其行动过程中,该集团将会寻求与更多不发达国家发展出很重要的经济联系,但是很可能会继续将其努力放在相对较少的几个国家,特别是那些有可能取得政治成功的国家。在较小的程度上,中苏集团的对不发达贸易将受到对几个选择性的战略原料需要增长的影响;例如矾土与工业钻石。

34. 几乎可以确定,除了像缅甸与阿富汗这样与社会主义国家接壤的国家,中苏集团之所以以现在这样的规模与内容进行对外经济计划,其动机并不是为了刺激任何不发达国家经济的巨大发展。在缅甸与阿富汗,该集团也许希望能将这些国家树立为从与该集团建立紧密关系后可以获利的典型。此外,许多其他因素也许对该集团未来几年经济计划的规模会产生有限的影响。中苏集团在与一些不发达国家打交道的时候,将会遇到行政管理与心理上的麻烦。在某种程度上该集团各种计划的提出,也将依赖于该集团能在多大程度上与西方企业与技术在这些地区进行成功的竞争。另外,因为强调完成这些承诺的政治重要性,该集团将很可能希望避免在该计划的早期阶段给予太多。最后,在某些情况下,苏联必须衡量对集团之外的经济承诺与该集团内部经济发展的需要之间所需的平衡。

35. 我们还不能精确地估计该集团扩大其与不发达地区经济联系程度的意愿与能力。看起来可能到 1960 年,该集团与不发达国家的贸易总量——包括武器——将会达到每年 20 亿美元,比 1955 年的数字翻一倍。为了达到这一水平,这将需要将该集团与非集团国家贸易总量增长率维持在 1953～1955 年的水平。无论怎样,很清楚的一点是,作为不发达国家的出口产品消费市场及其资本和技术援助的来源,该集团将向西方提出越来越严重的与持久的竞争。

三、该集团策略很可能产生的影响

36. 该集团的新政策标志着在经济、政治与心理领域,该集团已经成为与西方争夺在许多不发达国家的地位与影响的一个强有力竞争者。该集团现在正在鼓吹其和平姿态、对不发达国家的需要与期望所持有的同情理解态度,以及对许多亚洲知识分子与政治精英极具吸引力的社会主义文化与政治价值体系。该集团还将令人印象深刻的苏联工业增长纪录作为不发达地区经济发展的一个样板。此外,该集团还将自己扮成能够向不发达国家提供资本物、信贷与技术援助。虽然该集团的基本目标没变,但其当前目标很可能只是要增加中立主义的吸引力并扩大该集团的影响。

(一) 经济效果

37. 在扩大与许多国家——最著名例子是缅甸、印度、埃及、土耳其和阿富汗——的经济联系方面,中苏集团已经取得了重大进步。这一成功的原因在各国有所不同。例如,缅甸之所以接收集团的订货,主要是因为它没有能力在西方市场上处理其大米剩余;印度则是因为可以从集团那里获得条件比西方更为优厚的资本物;埃及是因为它不能从西方获得它想要的军火;而阿富汗则想提高其对抗巴基斯坦的地位。

38. 其他国家是否接收集团的要求将由类似的因素决定。与西方保持一致、或者与西方有紧密经济联系、或者从美国那里得到大量援助的国家,将希望避免危害这些关系。但是即使是这些国家,也可能会增加其与集团的贸易,特别是当中立国表现出来因为与中苏集团不断加强的经济联系而获得了好处。土耳其和伊朗已经因为其国内经济困难而这样做了,巴基斯坦、柬埔寨、希腊、泰国,许多拉丁美洲国家以及菲律宾都很有可能调查增加与中苏集团进行贸易的可能性。在某些情况下,不发达国家这种作的主要动机是要扩大出口市场,而在其他情况下其目的也许是要从美国获得额外的支持和注意。

39. 在同等机会和信贷便利的情况下,不发达国家宁愿与自由世界进行贸易而不愿意与集团贸易。这是因为不发达国家与西方进行贸易可以获得在其他市场上可以使用的外汇,而与中苏集团的贸易主要是以物易物。因此中苏集团的市场所具有的吸引力基本上是这样的:当一种作为不发达国家出口创汇重要来源的物资不能从自由世界获得外汇时,不发达国家会将之作为获取集团国家资本物的一种来源。因此,如果中苏集团准备将其从不发达国家那里获得的大批物资再次出口的话,那么不发达国家接受中苏集团提出的贸易要求的可能性将会被削弱。

40. 但是如果中苏集团履行了协定,提供了货物,并在介入其他国家内部事务时十分小心,绝大多数不发达国家将会越来越从表面上接受集团的建议。不发达国家很有可能将逐渐的——在有时会相当大的——增加与集团的正常贸易,增加对苏联技术的依赖,各不发达国通过对集团长期贷款而抵押其未来的意愿也会增加。此外,中立和独立国家准备从集团国购买军火的可能性将会增加。

41. 如果中苏集团的各种经济计划将继续以现在的速度扩张并继续当前的关注模式，那么这些将减轻许多不发达国家——例如缅甸、阿富汗、阿根廷、土耳其——当下面临的经济问题。在这些国家以及可能的其他几个国家中，中苏集团的购买将会对其出口价格起到稳定作用，并能支援关键产业的收入和就业。在几个经济活动构成其经济重要部分的许多不发达国家，他们也许由于他们与集团的贸易所占的份额而对集团产生依赖。但是同时，集团贸易和信贷将很可能不会促进任何不发达国家的经济发展，但可能不包括缅甸和阿富汗。这主要是因为不发达国家经济发展所需资本的数量，一般大大超过我们估计的以当前中苏集团贸易和信贷为基础可能积累起来的数量。

(二) 政治影响

42. 中苏集团对不发达国家的新政策所产生的总的政治影响，并不必然地等于该集团与不发达国家的经济联系发展的程度。在一些例子中，像土耳其，虽然与该集团有很大一部分贸易，但是其取向与国内政治方面没有任何重大的变化。但是，在其他情况下，也可能出现相反的情况，也就是说，虽然经济联系也许在比例上或者是数量上很小，但政治结盟也许会发生重大变化转变。

43. 总的来说，该集团的策略已经对阿拉伯-亚洲地区产生了重要的政治影响。该集团作为和平与裁军首要拥护者以及不发达国家的施恩者的形象，已经被这些地区的许多人认为是可信的。已有的中立主义倾向被加强，几个与西方结成同盟的国家现在已经开始衡量采取更加独立的姿态所能获得的好处。阿拉伯-以色列冲突升级与阿拉伯国家可以得到中苏集团的援助有关。美国对中苏集团威胁中立主义地区的担心导致对巴基斯坦与菲律宾要求的忽略。几个与西方国家结盟的国家已经产生了该集团是拥护和平的这样深刻印象，因此对美国强调军事援助持批评态度，并要求增加经济援助。该集团的策略还增加了对维持西方贸易管制的压力。

44. 如果该集团在未来几年继续其当前的策略，不发达国家当前的政治趋势将可能会被加强。特别是，中立主义的吸引力将很可能在亚洲增长，而泰国与巴格达条约组织参加国对地区安全安排的承诺将很可能被削弱。很可能在许多不发达国家领导人的思想中将东西方加以区分开来的各种问题将被进一步模糊。这些领导人还很可能更加不了解世界大战或共产主义的威胁，而更加关注地区与当地问题。

45. 该集团新的外交政策及其经济计划将会为该集团提供越来越多的机会通过直接的个人联系来影响政府官员与知识分子领袖。因为社会主义被许多不发达国家认为是有利的，特别是在亚洲，因此中苏集团经济政策产生的心理与意识形态影响比西方的援助计划要复杂得多。虽然共产主义作为一种公开的政治力量在不发达地区的许多国家中并不危险，但战后出生的年轻知识分子也许忽略了共产主义的历史，接受了当前的宣传路线，并发展出一种认同中国与苏联的亲密感觉。同时，苏联外交的新面貌，对被人们认为是社会主义暴行代表的斯大林进行贬低,共产主义对世界社会主义运动的提议,也许会有助于增强当地共产党的影响。在印尼、叙利亚以及中东和非洲的其他国家,民族主义者也经常认为,只要这符合他们的追求他们就可以与共产主义者进行合作,并能在此之后甩掉。在这一过程中暗藏着这样的危险,即共产党也许在合作时就能够渗透到军队、官僚机构与知识分子的各级之中。

46. 但是,仍然存在着限制该集团影响不发达国家政策制定的因素。除了阿富汗,与中苏集团的贸易将很可能非常小于这些国家与非共产党国家的贸易。此外,美国战后经验显示了与不发达国家建立紧密的联系可能会带来政治上的好处,但也可能成为产生摩擦的源泉。虽然一些不发达国家的领导人与人民也许会更不信任美国,但即使是中立主义国家的领导人在权力方面也不得不面临共产党的挑战,他们也许会根据他们看待与该集团打交道的结果的角度而保持警惕。如果该集团过早地利用缅甸、埃及、阿富汗的经济依赖而采取与当地领导人愿望或利益相仿的政治行动,这些政府将很可能通过尝试减少或者中断他们与该集团的联系来进行回击,特别是如果西方国家公开表示愿意援助这些正在经历调整阶段的国家。这些考虑将很可能使得该集团小心翼翼地进行,并强调各种努力来获得地方关键群体与领导人的良好意愿与信心。

47. 同时,一些重要的因素将限制当地共产主义运动力量的增长。地方共产主义者要求的合作在北非、亚洲与拉美已经被民族主义运动所拒绝。地方共产主义者将很可能不会完全摆脱民族主义者从许多与他们的公开冲突中引发的对其动机的怀疑。可能转向和平联合阵线的策略在某些情况下会削弱地方共产主义政党的活力,并使他们平息国内争吵。此外,该集团援助带来的经济进步所获得声誉中的主要部分,可能都由民族主义的非共产党政府拿走。就出现了经济进步而言,这可能会减轻地方共产主义者习惯利用的长期不满,并为年轻知识分子提供了建设性的就业,而这些知识分子是所有不发达国家中对已有状况最为不满,是共产主义宣传的主要目标。

48. 就中苏集团在其他国家争吵中采取的立场问题,该集团将倾向于与一方疏远,并减少其在国外的影响。苏联已经发现它在法国与北非的冲突中很难采取立场。而虽然看起来中苏集团支持阿拉伯而不是以色列,但是该集团一直避免自始至终的这样做。中苏集团也许发现将来不重复在克什米尔与普什图尼斯坦(Pushtunistan)①问题上的坚定立场是有利的。几乎不可避免,随着中苏集团越来越深的卷入其他国家的事务,苏联将会发现就像它现在正在实现的许多希望一样,也有许多失望。

49. 如果衡量中苏集团的一般资源、各种限制以及下面讨论的主要变量时,看起来中苏集团影响阿拉伯-亚洲地区发展的能力可能在未来几年会有很大的增长。在殖民地问题上与这些国家保持一致,利用其他心理与政治条件,该集团也许能极大地削弱西方在这一地区的作用。虽然不会出现不发达国家被这些策略拉入该集团的当下实质性危险,但是从长期

---

① 普什图尼斯坦地区为阿富汗与巴基斯坦两国接壤地区,自 20 世纪 40 年代末,两国就这一地区的归属问题一直存在着不同看法,并对两国关系产生了严重影响。——译注

来看越来越多的阿拉伯-亚洲国家也许会达到这一点——已经有一些国家这样，其对外政策会在许多重要问题上与中苏集团保持平行或者支持该集团。在一些例子中，这种方式将会为真正的共产党通过暴力或者内部颠覆夺权做好准备。

50. 共产党夺权的影响。如果共产党人在不发达国家夺权，对共产党的总体影响将会根据特定环境的不同而不同。如果一个合法的政府被暴力或者颠覆推翻，该集团如此努力建立起来的形象将会严重受损。在被共产党推翻的政权被认为是西方傀儡或者不是民族主义群体代表的情况下，或者是在共产党仍通过很明显的合法选举过程上台的情况下，这一影响将会小得多。在时间上，其他政府的反应将很可能主要由共产党主导的新政权处理与各种非共产党国家的利益时的方式决定。

51. 美国与西方政策的影响。如果当前该集团的政策继续的话，许多不发达国家将很可能会越来越将苏联与中国看做是国际社会可以接受的成员。不发达国家将很可能与该集团建立经济或政治联系，以作为平衡来进一步实现自己的国家利益。但是，它们将在不同程度会对西方作出响应，这是因为长期以来建立的个人、文化、军事、经济与政治纽带。该集团新政策对不发达国家持续的政治影响将极大地依赖于西方对不发达国家利益真正感兴趣的程度，以及对其需要进行回应的程度。

CIA NIE Box3，NIE 100 - 3 - 56，The National Archives，U. S.

姚昱、郭又新译，姚昱校

经济情报委员会关于中国对
不发达地区经济政策的评估

（1956 年 8 月 8 日）

EIC - R - 14

机 密

美国经济情报委员会经济情报报告：
战后中苏集团在不发达国家的经济活动

（1956 年 8 月 8 日）

前 言

本报告是回应 1956 年 1 月 23 日总统的对外经济政策特别助理约瑟夫·M. 道奇 (Joseph M. Dodge)①向国务卿提出的要求。道奇要求：

1. 将迄今为止关于中苏集团冷战经济活动的已有信息进行整理。

2. 建立一种机制，来整理、概括这些信息，并每两周报告一次。

道奇要求的第二个部分已经由经济情报委员会的"中苏集团在不发达地区的经济活动"双周系列报告满足。该双周系列报告一直对从 1956 年 2 月 1 日以来中苏集团这些活动进行报告。这一双周报告并得到了一个季度报告的补充，后者的第一部分负责审查 1956 年 2～4 月这一时期。

本报告是要响应道奇的第一个要求。本报告负责到 1956 年 4 月为止中苏集团的经济活动，因此取消了原来的从 2～4 月的季度报告。在东欧卫星国与共产党中国成为该集团成员之前，共产主义在这些国家的经济活动未被包括在内，因为这些活动与当前该集团在不发达地区的经济进攻不一样。苏联于 1946～1948 年获得对东欧国家控制的技巧很大程度上是依靠军队，与现在主要是依赖贸易进攻十分不同，不能对当前该集团在不发达地区的经济活动提供借鉴。

本报告主要是对共产党人扩大其与自由世界不发达地区经济联系的各种行动进行事实

---

① 约瑟夫·道奇为艾森豪威尔第一届政府(1953～1957)时期重要成员。道奇原为底特律银行家，在艾森豪威尔 1953 年 1 月上台后，他于 1953 年 1 月 22 日至 1954 年 4 月 15 日期间担任预算局局长，1954 年 12 月至 1956 年 7 月担任总统的对外经济政策特别助理，并主持对外经济政策委员会的工作。1956 年 7 月辞职，返回银行界。——译注

陈述。对其动机的讨论仅限于这一点,即经济因素在决定中苏集团当前这一经济政策中的作用。关于中苏集团的政治动机的讨论见 NIE 100-3-56,"中苏在不发达地区的政策及其可能的影响",1956 年 4 月 24 日,机密。

本报告由经济情报委员会的"中苏集团在不发达地区经济活动工作小组"(the EIC Working Group on Sino-Soviet Bloc Economic Activities in Underdeveloped Areas)准备,由经济委员会审查并同意。

概　　要

到 1956 年 4 月底,中苏集团的对外经济计划导致了该集团向非集团的不发达国家提供了价值超过 10 亿美元的长期信贷提议,其中超过 8.2 亿美元已经被接受。除了提供这些贷款用以资本发展和军火购买,中苏集团还尝试通过提供技术援助、扩大已有的贸易协议并就新协议进行谈判、参加贸易博览会,来扩大与不发达国家的经济联系。

到 1956 年 4 月为止中苏集团所提供的贷款中,超过 90% 是给予了四个国家——埃及、南斯拉夫、阿富汗和印度,其中超过 55% 的贷款是由苏联提供的。捷克斯洛伐克已经向埃及和叙利亚提供了价值为 1.5 亿美元的军火购买贷款。

根据技术援助计划,该集团向不发达国家提供了科学和专业顾问,以及建设和生产技术人员。这些不发达国家中的 14 个国家接受了一种或几种这类技术援助。绝大多数技术顾问是由苏联和捷克斯洛伐克提供给相对较少的几个国家——阿根廷、埃及、叙利亚、阿富汗和印度。在印度、缅甸和埃及还建设了用于技术训练和研究工作的设施,还有几百人——不包括海外华人返回中国——也被派往该集团国家进行训练。超过 300 名埃及军事人员在苏联、捷克斯洛伐克和波兰接受了训练。

该集团扩大贸易的愿望使得该集团与外国贸易和支付协议的数量从 1953 年 12 月的 98 个急剧增加到 1955 年底的 175 个,而 1956 年 1～4 月底之间又签订了 15 个协议。大约 75% 的新协议是与不发达国家签订的。

中苏集团积极参与国际贸易博览会和展览会,他们在 1955 年参加了 32 个国家的博览会,费用为大约 1800 万美元。该集团国家之所以积极参加该集团国家举行的博览会以及许多自由世界国家举行的博览会,其目的是要吸引不发达国家。

从 1950 年以来,中苏集团的所有国家已经在集团内部进行了大规模的外贸活动,与自由世界的贸易主要是与西欧进行的。但从 1953 年以来,中苏集团与中东、非洲、亚洲和拉美国家的贸易在该集团对自由世界贸易总量中的比重,从 29% 上升到 33%。到 1955 年,该集团欧洲国家与自由世界的贸易流通量比 1953 年几乎翻了一倍,达到 9 亿美元。虽然中国与这些地区的贸易在 1953～1955 年间只增长了 15%,但是它与这些地区的贸易仍然是该集团内单个最大的。中国与这些地区 1955 年贸易流通额为 5.5 亿美元。

该集团此类对外贸易中增长最快的是与拉美的贸易,比 1953 年的水平增加了 400％,1955 年达到了 3.41 亿美元。与中东和非洲的贸易在 1953～1955 年间增加了 94％,达到 5.11 亿美元。与南亚与远东的贸易,其中中国是该集团最重要的贸易者,1953～1955 年间增加了 21％,达到 6.23 亿美元。

该集团与不发达国家贸易中,其商品构成的最明显变化是食物进口和制成品出口越来越重要。整体来说,该集团虽然仍是自由世界的一个纯资本物进口者,但是该集团向不发达国家出口这些物资已经急剧增加。1953～1955 年间该集团向不发达国家出口增长的大约一半来自于制成品。该集团从不发达国家的进口,主要是食品和原材料,从 1953 年以来一直稳步上升。

预计该集团的经济计划将会要求进一步增加与不发达国家的贸易。特别是苏联的工业增长将减轻许多苏联计划者的这一担心,即会因为对外国供应来源的依赖而丧失经济独立。相应的,对于他们来说,一个主要以实现自给自足为目的的贸易计划不再是恰当的。与农业物资相比,该集团欧洲部分制造物资的费用看起来正在下降。如果这一趋势继续下去的话,该集团很可能将从扩大制造产品的出口并增加原材料进口这一形势中获利。很可能增加与不发达国家的经济驱动对于卫星国来说要比苏联更为强烈,因为苏联的自然资源并不是非常紧张。

毫无疑问,政治与经济目标刺激了该集团在不发达地区的活动。在一些例子中,接受该集团援助的国家并不生产该集团需要的原材料。此外,以非常优惠的条件提供援助,在某些例子中是处于政治考虑。该集团对外贸易的进展毫无疑问将继续由政治因素驱动。

到 1960 年中苏集团向自由世界的出口将增长到每年 40 亿美元,而 1955 年只有 25 亿美元,这一点完全符合该集团的能力。在一个相当宽泛的范围之内,该集团的进口能力将只受制于该集团向自由世界出口的能力和意愿。该集团看起来能够履行其现在尚未实现的 10 亿美元放贷,甚至可以再扩大其贷款计划。

要求实现快速经济增长和寻求稳定的出口市场的愿望,使得不发达国家非常容易接受苏联的贷款和贸易提议。集团的贷款条件要求不发达国家通过出口进行偿付,这使得该集团的贷款非常具有吸引力。在一些例子中,该集团已经同意收购不发达国家在其常规市场很难处理的剩余产品。

介　　绍

中苏集团扩大与不属于该集团的不发达国家的经济联系的努力,在 1953 年中期就变得很明显。这些努力虽然起初很少,但是在 1955 年却获得了相当大的势头。该集团这一运动的主要目标是亚非那些中立的国家。此外,该集团还向参加了自由世界军事条约的国家,例如土耳其、巴基斯坦、伊朗和日本作出了主动表示。

与早先没有实质内容的姿态相反,现在共产党国家的进攻都一直伴随以许多具体措施来促进它们与不发达国家之间的经济联系。该集团一直积极寻求与不发达国家达成贸易安排，通常是用苏联和卫星国的机械与设备交换不发达国家的食品和工业原材料。这样做的结果之一就是，该集团与不发达国家的贸易协议从 1953 年初已经增加了三倍。条件优厚的长期贷款也以相当大的数量第一次提供给不发达国家，甚至少量的赠款援助——主要是通过联合国的技术援助计划——也提供给不发达国家。除了赠款援助之外，该集团已经大肆宣扬它的一些馈赠项目——例如在缅甸，但是这却要将馈赠项目还给该集团。

这些活动反映在该集团对外贸易的统计数据上，虽然这些数据——至少到 1955 年——并没有完全受到最近贸易协议和贷款的影响。但是，对外贸易是该集团对外经济活动真实状态最具体和可靠的手段，该集团的进出口是对自由世界施加经济影响的首要手段。

本报告包括了共产党经济外交的下列几个方面：该集团运动——包括各种提议的执行——时机，数量，方向；对该集团与不发达国家贸易的水平、模式和构成的影响；该集团扩大与不发达国家经济联系的能力；不发达国家面对该集团提议时的经济脆弱性。

中苏集团经济进攻

自 1953 年中期以来，中苏集团运用了许多技巧来扩大与自由世界的经济联系，部分是为了其内部的经济收益，部分是作为增加该集团在海外声望和影响的手段——特别是在传统西方市场上面临出口问题的国家和卷入了国际争端的国家。这一经济进攻的首要工具一直是双边贸易与支付协议。根据一些协议，该集团提议购买——有时是以补贴价格——不发达国家发现难以在西方市场上出售的商品。该集团对自由世界贸易博览会的参与已经有了极大的扩大。

许多提供中长期贷款的计划也是该集团在不发达国家进行经济外交的一个主要特点。通常这些贷款与使用该集团的物资和服务绑定在一起。因此，当这一计划主要是为了非经济原因而被执行时，这对增加不发达国家从该集团进口物资与技术服务有着直接的影响，并在相关项目得到成功资助的情况下，能导致对该集团产品的需要的长期扩大。

该集团的运动在核心上主要由苏联领导，它有时利用卫星国作为中介，就像捷克斯洛伐克与埃及达成协议的例子一样。但是在总体框架内，卫星国被鼓励开发他们自己的援助计划，这使得有时西方国家减少投标，甚至导致该集团内部成员之间的竞争。

虽然在有些例子中，不发达国家购买中苏集团产品的价格被认为比西方国家的最低价还要低很多，但是对苏联倾销的指责却很难落实。该集团的官方汇率的人为性意味着用它们来比较该集团出口价格与该集团内部价格没有意义。

该集团向自由世界出口的有效价格还受到这一问题的影响：许多这类贸易是通过以货易货的形式进行的。自由世界国家虽然在出售货物上获得了补贴，但是这一补贴却有可能因为该集团出口物资的高价而被抵消。在一些例子中，例如像土耳其和缅甸，这些进出口价格比重导致了该集团有效出口价格比西方价格要高。

该集团整个的计划的协调应当在苏联领导的经互会 1956 年春的讨论会议之后有所提高。作为苏联在东欧建立的与欧洲经济合作组织相针对的组织,经互会在 1956 年 3 月初于东柏林开会,据报道其目的在于协调该集团在自由世界的经济进攻。在同一次会议的扩大会议上,该集团的成员制定了进一步协调他们内部经济的计划。各国将增加各自在生产上的专业化,希望能通过在自由和技术带来好处的地区发展规模经济和生产集中的方式来增加效率。该集团在不发达国家贸易与信贷的模式与取得的影响也许就反映了这一协调的结果。

一、贷 款 计 划

中苏集团新的经济运动中最显著的特点是,该集团愿意向非集团地区以条件优厚的贷款形式提供资本设备、技术服务、整套工业设施——以及武器。甚至是它们的援助未能对不发达国家经济发展计划所制定的目标有所助益,该集团的援助也对受援国产生了很大的心理影响。至少在阿富汗和南斯拉夫,该集团的贷款让这两个国家获得了很大的投资资源。为了维持该集团已经增长了的国际声望和国际社会上对它的尊敬,中苏集团在许多方面对这一运动增加了投入。

这一贷款计划的扩展速度令人印象深刻。到 1955 年,该集团给非集团地区的贷款几乎为零。但是到 1956 年 4 月 30 日,该集团向不发达国家提供贷款的协议估计已经达到了 7.29 亿美元,其中 62% 的贷款由苏联提供,还有包括贷款在内的贸易也达到 9 200 万美元,两者合计为大约 8.21 亿美元。其中苏联占了 55%,欧洲卫星国占了剩余部分。到 1956 年 4 月为止,中国并没有向中苏集团之外的国家提供贷款,虽然正在与柬埔寨讨论一项贷款提议。

许多贷款协议包括了就专项合同进行谈判时普遍承诺的要提供资本物和技术服务的规定。还没有充分的数据可以说明到目前为止这类合同的总体数量,但是该集团在此方面一直积极推进,而该集团的行动也意味着许多贷款(除了向阿根廷与冰岛)将会被很快执行。该集团很明显已经采取了一种政策来向不发达国家迅速提供它们想要的项目类型。通常在不发达国家接受了贷款提议后,该集团会派出技术人员来在一个很短的时间内进行计划与其他准备工作。

阿富汗提供了一个关于苏联迅速提供贷款的例证。1955 年 12 月底赫鲁晓夫与布尔加宁访问阿富汗期间,宣布了苏联向阿富汗提供一笔 1 亿美元的经济与技术援助。到 1956 年 1 月初,工作水平上的双边谈判就已经在喀布尔进行。三个星期之后一个高级苏联代表团达到阿富汗,就援助活动一般领域的协议问题进行谈判,而到 1 月 28 日双方已经签订了一项对这笔贷款条件进行概括的宽泛协议。3 月 2 日双方达成了苏联为一系列特定项目提供技术专家与设备的协议。所有迹象都表明,就像早先苏联援助的项目一样,实际建设工作也将迅速进行。同样的速度也表现在苏联对缅甸的社会福利与经济援助项目的执行上。苏联的建筑设计师、工程师与其他技术人员在几个星期内就达到缅甸,开始建设作为馈赠项目的一所医院与技术学校。该集团在印度与埃及的许多项目也是在最初的协议签订后不久就开始建设。

在许多国家,该集团援助的项目所需物资与服务的转让将历时数年。到现在为止,这类转让只是该集团同意提供的全部贷款中很小的一部分,但是这类转让将扩大该集团的影响,并将推动该集团与受援国在此后几年中贸易水平的增长。

三个金额超过1亿美元的大的协议,占了苏联所提供的贷款的大约80%。卫星国的协议——除了捷克斯洛伐克-埃及武器协议——数额较小,平均每个合同通常不超过500万美元。贷款所收的利息通常为2%～2.5%,这大约是西方机构所收利息的一半,与中苏集团内部贷款利息相近。苏联的主要贷款一般为期十年到三十年,卫星国的协议通常是短期的,为五到十年。此外,该集团这类协议的一个重要吸引人之处是,贷款可以以当地产品——有时是剩余商品——或者当地货币进行偿付。在一些例子中,该集团还提出要在特别短的时间内完成项目。

该集团贷款的首要接受国是南斯拉夫,获得了36%;埃及获得了21%,印度获得了19%,阿富汗获得了15%。其他八个国家获得了9%。到4月30日,该集团提议的将近3亿美元系列贷款仍在考虑之中,其中最大部分提供给埃及、约旦、叙利亚与印度。如果这些提议被接受,该集团提供的贷款总额将达到至少10亿美元。见表一。

上述为已经达成或正在被正式考虑的贷款安排。该集团还向不发达国家——包括向参加了西方防御条约的国家——提出了其他许多专门的与一般的提议。在一些例子中,例如利比亚,该集团的提议已经被拒绝。但是在许多其他例子中,该集团的提议并不需要而且也没有得到明确的回复,从而为将来接受这些提议留下了余地。该集团的提议通常被大肆宣扬,并且在不发达国家激起了要求接受这些援助的压力。例如在土耳其,这类压力非常强大,尽管该国对苏联动机的怀疑根深蒂固并且存在着十分亲西方的结盟。绝大多数这类国家对该集团的提议没有作出反应,或者是只愿意接受数量有限的援助,它们都希望继续维持这一立场。但是如果他们的经济局势出现了明显的恶化,如果他们感到美国对他们的问题不抱同情,很可能该集团的援助将会被一些国家在更多的领域中接受。

表一　1954年1月1日到1956年4月30日中苏集团向不发达国家提供的
贷款以及到1956年4月30日为止正在考虑的贷款提议*

（单位：百万美元）

接受地区	整个苏联集团		苏　联		不包括苏联在内的集团国家	
	已接受与正在考虑的提议	已接受	已接受	正在考虑	已接受**	正在考虑
总数	1 090.5	821.1	449.8	200.1	371.3	41.4
中东与非洲	443.8	202.4		200.0	202.4	
埃及	374.7	174.7			174.7	

续 表

接受地区	整个苏联集团		苏 联		不包括苏联在内的集团国家	
	已接受与正在考虑的提议	已接受	已接受	正在考虑	已接受**	正在考虑
埃塞俄比亚	1.5					1.5
伊朗	1.5	1.5			1.5	
约旦	0.2	0.2			0.2	
黎巴嫩	1.0					1.0
沙特阿拉伯	5.0					5.0
叙利亚	46.5	14.0		0.1	14.0	32.5
土耳其	13.4	12.0			12.0	1.4
南亚与东南亚	317.1	289.1	231.8		57.3	28.0
阿富汗	121.8	121.8	106.8		15.0	
印度	181.8	157.8	125.0		32.8	24.0
印尼	13.5	9.5			9.5	4.0
拉美	19.0	19.0	4.0		15.0	
阿根廷	19.0	19.0	4.0		15.0	
欧洲	310.6	310.6	214.0		96.6	
芬兰	20.0	20.0	20.0		1.6	
冰岛	1.6	1.6			95.0	
南斯拉夫	289.0	289.0	194			

* 未包括那些不能评估价值的下面。各项目的具体情况见附 B。

** 包括大约 9 170 万美元的合同,其支付条件未知,但包括贷款。

根据该集团的贷款计划,要提供许多物资。军事物资是几个重要的协议的主要组成部分。在一些例子中,贷款中的一定比重是由该集团的资本物、原材料与技术服务提供的。但是对于贷款的绝大部分来说,贷款包括了关于许多发展项目的"一揽子交易",苏联和卫星国要为当地的被雇佣者提供规划、建设设施、资本设备、训练计划上的技术援助。这类项目的例子包括钢铁厂、水泥厂、食糖加工厂、航空与公路运输项目、纺织厂、陶器厂、化肥厂、矿产资源开发、发电设备、健康医疗设施与原子能研究设施。

该集团提供贷款的时机与模式说明其中的政治动机,即要加强中立主义的吸引力,并为苏联的下述宣传提供了实质性的支持内容：苏联宣称在支持各个国家经济发展目标或者实现民族愿望上完全是无私的。该集团的贷款计划在许多不发达国家受到了极大的欢迎，并对提升苏联和卫星国在中东和亚洲的地位颇有助益。在拉美，贷款现在还局限在阿根廷，拉美国家对该集团的动机还有更大的怀疑，并有些害怕冒犯美国，因此该集团的贷款提议并未对这些国家留下更深的印象，但是这些提议使得这些国家获得了向美国要求更多援助的讨价还价力量。

二、技术、职业和科学服务

作为中苏集团贸易和信贷运动的一部分，该集团已经提出要提供不发达国家非常缺乏的技术服务和训练。被派往外国的该集团技术人员以及在该集团国家受训的外国人的人数现在还不知道，但是该计划已经在一些国家达到了相当重要的地步——特别是在印度、阿富汗、缅甸和埃及，而且其一般特点和模式的某些方面也值得注意。中苏集团教育系统的组织与人力资源的利用是非常方便向非集团地区提供科技援助的。该集团国家内部对技术和专业知识的需要与不发达国家的需要类似——虽然这类训练经常仅限于比较狭窄的专业中。此外，该集团国家已能确保通过要求各类专业学校的毕业生服从政府分配给他们的职业而从教育投资中获得生产性回报；这些毕业生因此也能被分配到外国，而无须依赖自愿的办法。

中苏集团的技术人员已经被派往 14 个不发达国家。在每一个地理区域内，该集团都将注意力集中在几个国家——例如，中东的叙利亚和埃及，南亚的印度和阿富汗，拉美的阿根廷。单单是在阿富汗，苏联技术人员估计就达到了 460 人。人员既有高水平的科学和专业顾问，也有建筑技术人员。在一些例子中——印度、缅甸和埃及，还提供了技术学校或者是用于科学研究的设施。除了很少的例外之外，该集团每个成员国都向自由世界派出了技术人员。但是绝大多数主要来自那些最有能力派出这些人员的国家，即苏联与捷克斯洛伐克。

在集团内部，过去的一年向自由世界不发达国家的国民提供技术和科学训练的努力得到了更多的强调。来自一些亚洲和拉美国家的技术人员与科学家已经被邀请到集团国家做访问旅行和出席专业会议，经常是该集团国家负责全部费用。该集团国家与不发达国家的开发合同有时也包括了在集团国家训练人员并向不发达国家派遣集团国家的技术人员的内容。

由于要在埃及建设核物理实验室的原因，埃及的科学家将在苏联的研究机构中学习。而且苏联将为孟买技术学院的 20 名印度教授提供训练设施。在执行 1955 年 9 月签订的向南斯拉夫提供工业援助的协议时，南斯拉夫的专家将在苏联对等的工厂中受训。由于苏联在阿富汗建设的面粉厂、升降机和面包店的项目，阿富汗的工人和专家将在苏联学习和实践。苏联关于训练印度钢铁工业工人的计划已经开始组织。该计划要求 300 名熟练技术工人和 135 名工程师与技术人员到苏联接受进一步的训练。捷克斯洛伐克已经建议印尼的学生到捷克去接受学徒技术训练。苏联已经提议接受阿富汗的医生进行进一步的训练。

一种改善类型的专业训练就是当前正在该集团进行的军事训练。据报告大约有超过300名埃及军事人员在苏联、捷克斯洛伐克和波兰受训。

苏联和欧洲卫星国也要求联合国扩大了的技术援助计划和专业化机构项目向该集团派出技术人员接受训练。该集团还通过地区经济委员会来邀请技术团体进行访问旅行,相关的例子就有来自亚洲与远东经济委员会的矿产资源团体。

在最近十年中,该集团——不包括中国——的学术机构,在训练来自自由世界的学生方面经验有限。据了解,在1954、1955年,只有大约100名这类学生被苏联和欧洲卫星国的学校招收。并不清楚这些学生中有多少正在学习科技专业。去苏联学习的绝大多数是亚洲人,其中主要是印度人。据了解许多学生与共产主义有联系,并因此被认为是他们之所以去学习,除了有经济、科学或者其他训练目的之外,还有政治目的。因此到1956年,据报告仅印度就有435名学生到苏联接受训练。

在该集团受训的自由世界人员的增长为该集团提供了一个机会来教化不发达国家人民中一小部分但却是有影响的群体。这些来自不发达国家的学生可能对苏联技术与工业发展的水平产生十分深刻的印象。特别是那些从未访问过西欧或者美国的学生会发展出一种对共产主义的同情。

中国虽然是一个相对而言不发达的国家,但是却做了很大努力来鼓励其他国家的华人到大陆学习。并不知道有多少学生在中国学习科技专业,而不是一般或者文化专业。在中国学习的来自非共产党国家的学生中,绝大多数来自南亚和东南亚。中国共产党估计从1950~1954年末,有2万名学生从这些地区的华人社团到中国学习。最近的报告认为海外华人学生正在对中国的住房造成严重的压力,中共当局现在在接受这些学生时变得更加挑剔。

在中国进行的这一学生训练在何种程度上可以被看做是对其他地区的技术援助难以确定,这不仅是因为这一计划中的许多部分是文化学习,还因为许多学生很可能将不返回他们的国家。

三、贸易与支付协议

1953年中苏集团开始大力增加与自由世界国家之间的贸易与支付协议。从1953年底到1955年底,这类有效协议的数量从98个增加到175个。在1956年头四个月中,签订了15个新协议,而1955年签订的四个协议已经生效。

这些协议在地理分布上的转变很清楚地显示了该集团对不发达国家的关注越来越多。1953年12月时已经生效的协议数量中不发达国家仅占到33%,但是到1955年就占到51%,估计其比重到1956年会进一步上升。在那些从1953年以来第一次签订的协议中,75%是与不发达国家缔结的。捷克斯洛伐克、波兰和东德是该集团中最积极与不发达国家达成贸易协定并增加贸易的。

表二　1953～1955 年中苏集团与非集团国家的贸易与支付协定*

	1955 年生效的协定		1954 年生效的协定	1953 年生效的协定
	数　量	较 1953 年增长数**		
总数	175	77	138	98
西欧	78	20	68	58
欧洲其他部分	16	8	9	8
芬兰	8		8	8
南斯拉夫	8	8	1	
中东与非洲	38	27	27	11
埃及	7	6	4	1
希腊	7	3	7	4
伊朗	3	2	2	1
以色列	5	5	5	
黎巴嫩	4	3	3	1
苏丹***	4	4		
叙利亚	2	1	1	1
土耳其	6	3	5	3
南亚与东南亚	25	14	19	11
阿富汗	2	1	2	1
缅甸	6	6	1	
锡兰	2	1	1	1
印度	8	4	8	4
印尼	7	4	7	3
巴基斯坦		2		2
拉美	18	8	15	10
阿根廷	6		6	6
巴西	3	1	3	2

续 表

	1955 年生效的协定		1954 年生效的协定	1953 年生效的协定
	数 量	较 1953 年增长数**		
哥伦比亚	1	1		
墨西哥	1		1	1
巴拉圭	3	3	2	
乌拉圭	4	3	3	1

　　* 从 1 月 1 日到 1956 年 4 月 30 日,中苏集团签订的新协定包括:葡萄牙 4,加拿大,埃塞俄比亚,黎巴嫩 2,叙利亚,也门,苏丹,缅甸,柬埔寨,锡兰与南斯拉夫。

　　** 这些数字代表新签订协定加上重新签订失效的协定,减去已经失效而未更新的协定。1955 年签订的四个协定(叙利亚 3,锡兰 1)直到 1956 年才能生效。

　　*** 不包括支付协定。

　　此外,根据贸易协议而达成的每年具体协议使得这种贸易进一步扩大。但是在已经计划好了的贸易中,1955～1956 年间增长规模最大的却基本上是该集团与西欧国家的贸易。而捷克斯洛伐克和东德再次在其中占了主导地位。

　　这类协议的绝大多数说明了交换的数量与类型以及支付的手段与方式。但是协议详细要求的数量,或者是金额或者是销售量,并未保证贸易实际上一定要达到这一水平。贸易协议仅仅要求提供官方便利以允许交易的金额或者销售量达到要求的水平。但是,与不发达国家达成的正式贸易协议数量的极大增加,预示着与这一地区的贸易将会增加。

　　许多与不发达国家的协议提供了以工厂整套设备和机械以及该集团人员训练受援国工人为形式的技术援助。在许多例子中,贸易协议中要求该集团国家提供贷款来资助贸易和服务项目。

　　贸易协议说明,集团的成员国希望进口各种物资——从可食用和不可食用的动物和动物制品,到机械和交通工具。与西欧签订的协议则要求进口种类繁多的商品,从食物和原材料到工业设备。与拉美的协议却集中在相对较少的一些进口上——亚麻油、肉类、皮革、咖啡、可可、棉花和羊毛。与近东和亚洲的协议则主要进口食品、烟草、羊毛、棉花、橡胶和矿石。

　　这类协议要求该集团出口的主要是制成品和一些原材料。各种制成消费品,包括纺织品、化学品和药品、玻璃、陶瓷,都包括在捷克斯洛伐克、波兰、东德和罗马尼亚与不发达国家的协议中。

　　机械是该集团与近东和亚洲国家贸易协议中提到的该集团主要出口物资。这类物资中有加工设备、各种车辆、汽车、卡车、农用车辆。其他重要的出口物资有非金属矿产(汽油和汽油制品、水泥、玻璃与玻璃制品)金属和金属制品,纺织品。

　　该集团用于扩大贸易的另一个手段就是提出看起来比世界市场价格要高的收购价格。

404 美国对华情报解密档案（1948～1976）（贰）

例如,捷克斯洛伐克向埃及提出的棉花收购价格要比西欧市场的要高,中国收购锡兰橡胶的价格也比世界市场价格要高。在商品出口过出现过剩积压时,这类高价格具有特别的吸引力。但是这类提议对于不发达国家的好处却依赖于他们支付该集团国家出口物资的价格,因为这类贸易基本上是以货易货的。出口和进口价格之间的联系并不完全清楚。在锡兰-中国的以货易货贸易中,锡兰的确获得了真正的价格补贴,因为中国提供大米的价格接近市场价格。但是在许多例子中,虽然该集团提出了收购价格补贴,但是他们在自己出口物资方面也要求的是价格补贴,与土耳其的贸易就是例子。

四、贸易博览会和展览会

该集团对国际贸易博览会和展览会的参与作为该集团经济运动的一部分一直在进行着极大的扩张。1955 年该集团在集团以外的 32 个国家展出了自己的产品,而 1954 年只在 23 个国家进行,因此在这类博览会上的展出增长了 81%。此外,该集团国家举行的贸易博览会已经得到专门设计以吸引自由世界的不发达国家。最近值得注意的例子就是在波兹南和莱比锡举行的博览会。

该集团在自由世界国家博览会上进行展览所花费用 1955 年已经达到大约 1 800 万美元,比前一年增加了 1 000 万。其中超过一半用于不发达国家。单是在印度所花费的 290 万美元就接近在西欧花费的一半,而后者是该集团在自由世界中最重要的贸易地区。其他主要花费为:南斯拉夫 160 万,巴基斯坦 120 万,叙利亚 110 万,印尼 100 万,土耳其 90 万。

捷克斯洛伐克在不发达国家贸易博览会上的花费比该集团其他国家都大,占了整个集团花费的 32%,苏联占了 25%,中国占了 16%。此外,东德、波兰和匈牙利在中东和亚洲国家那里的不发达国家一共花费了 200 万美元。

关于该集团参与 1956 年贸易博览会的信息说明该集团在下列国家的花费增加:叙利亚、土耳其、希腊、意大利、南斯拉夫、突尼斯、法属摩洛哥、乌拉圭、巴西和日本。1955 年在印度、巴基斯坦和印尼的类似花费还未宣布,但是估计该集团将加大在阿富汗工业和贸易博览会上的努力。

中苏集团 1953 年之前的贸易与贸易政策

一、苏　　联

在第二次世界大战前,苏联对外经济政策由以下计划决定的:扩大工业,消除对被认为是敌视苏联的外部世界的依赖。20 世纪 20 年代末 30 年代初,这一自给自足的政策使得苏联大规模进口机械和设备以及外国技术服务。在 30 年代末,随着苏联工业设备国内生产能力的增长,这些进口下降。因此,虽然苏联的工业力量增强,但是进口却是为了减少对进口的需要。可以推测,苏联在与西方经济联系上的目的是实现和维持对西方供应来源的不依赖地位。

第二次世界大战后,苏联对外贸易有所增长,但是其指向却是中苏集团内部。苏联的经济自足政策被扩大成为将该集团所有国家作为一个地区以实现自给自足。虽然仍与西方进行贸易,但是却从未恢复到战前水平,1948 年这种贸易达到战后高峰期也仅有将近 48 亿美元,而与集团国家的贸易却从 1948 年的不到 10 亿美元增长到 1954 年的 48 亿美元,占到当前苏联整体外贸的 81%。

从 1948 年以来,苏联在自由世界的首要贸易伙伴是西欧国家。直到最近苏联与集团外国家的贸易其构成并无太大变化。谷物至今仍是最大的出口产品,其余的为农业产品;进口中相当大一部分是制成品,其中最主要是机械和金属,其次是工业原料。因此苏联与外部世界的贸易与不发达国家对外贸易很相似,虽然它与集团内部国家的贸易更加多样化。主要来说,苏联从欧洲卫星国进口制成品,向这些国家出口原材料和资本物。

二、欧洲卫星国

由于苏联施加压力要求他们限制对自由世界的经济联系,欧洲卫星国惊人地完成了将其战后对外贸易从西欧贸易伙伴转向该集团——主要是苏联——的转变。虽然该集团内部经济和政治政策一直是卫星国贸易东转的决定性因素,但西方于 1949、1950 年建立起来的出口管制也起了作用。

卫星国与中苏集团内部国家的贸易在其总贸易流量的比重,从 1937 年的只有 5%,上升到 1948 年的 43% 和 1953 年的 76%。即使是波兰这个因为其煤炭和动物产品而在东西方贸易中仍是最大的潜在贸易者,其 70% 的贸易也是与该集团国家展开的。这一时期仅与苏联的贸易就占了卫星国与该集团国家贸易量的一半多,而与中国的贸易很少。

三、中　国

到 1952 年,中国大陆政治上的统一与中共在经济恢复上取得的进步导致了中国对外贸易总量比 1950 年增长了两倍。中国对外贸易在 1952 年超过 28 亿美元。同一时期,中国的贸易关系也转向苏联集团,1952 年占到中国对外贸易量的 72%,而 1950 年只有 26%。苏联集团因此成为中国扩大了的资本物需求和军事需求的主要供应者。中国通过出口大量谷物、豆类、油类、丝、茶和有色金属进行偿付。非共产党国家仍然向中国提供原棉、橡胶和化学品,而中国继续向非共产党世界出口各种食用油、油籽、食物和各种土特产,如猪鬃、桐油和羽毛,虽然中国在适应因为美国贸易管制而丧失了美国市场方面遇到了困难。

中国与非共产党世界的贸易在 1952 年下降,因为西方在 1951 年进行了贸易管制。但是在这一时期,中国采取措施发展了与非共产党亚洲国家的贸易关系。例如,1951 年向印度出口粮食,在莫斯科经济会议之后中国开始增加东西方贸易。之后与锡兰达成五年大米换橡胶协议,这部分是因为中国想要颠覆西方的贸易管制。

自 1953 年以来中苏集团与自由世界的贸易

1953 年斯大林之死,加上当时东欧遇到了严重经济问题,导致了对该集团某些经济政策重新思考。在苏联,斯大林的继承者希望通过增加消费物资——特别是食品——来向人民作出让步。此外,据信忽视农业的积累效应已经达到这样一种程度,即食物和纺织品的不足已经制约了工业的生产率。

苏联集团的国家,在不同程度上修改了其生产计划来在一般意义上更多的强调农业、原材料和消费。苏联和东欧都增加了他们从自由世界的粮食和相关产品的进口。苏联对这类产品的需求与卫星国的需求都一直在增长,但苏联很明显不愿意维持其对卫星国出口的增长率,因为 1954、1955 年,苏联与卫星国的贸易仍然稳定,但东西方贸易扩大。

一、贸易的水平和地理模式

到 1955 年底,中苏集团扩大与不发达国家的经济联系的努力,在某种程度上改变了该集团与工业化国家和不发达国家贸易的地理分布。虽然该集团与非集团国家贸易的总量比1953 年战后最低水平有了相当大的回升,但是贸易额最大的增长来自与欧洲的贸易。与中东、非洲、亚洲和拉美的贸易在其与自由世界贸易总量的比重只从 28％增长到 33％。考虑到要有充分的时间来执行最近该集团与这些国家的贸易协议,这一比重将会进一步增加。

1953～1955 年该集团欧洲国家与中东、非洲、亚洲和拉美的贸易流通量增长了几乎两倍(其价值超过 9 亿美元),而中国的比例只增长了 15％。

1. 拉美

该集团与非集团国家贸易增长比重最大的部分增加来自拉美,这事实上全部是苏联和欧洲卫星国的行动。这一急剧增长可以归因于后斯大林时期的消费物资政策和当前该集团的经济进攻。与拉美的贸易在 1953～1955 年之间增长了五倍,使得拉美与该集团的贸易达到了 3.41 亿美元,为 1948 年的两倍。其结果之一就是拉美在该集团与自由世界贸易量中的比重从 2％上升到 8％。绝大多数增长发生在阿根廷、巴西、智利和乌拉圭。尽管有这一增长,拉美与该集团的贸易在 1955 年仍然在其整个贸易总量中比重很小,只有阿根廷与该集团的贸易量在其贸易总量的比重超过 5％。

2. 中东和非洲

中苏集团与中东和非洲的贸易在 1953～1955 年扩大了 93％,使得双方贸易流通量达到超过 5 亿美元。这一增长再次集中在少数几个国家，即埃及、土耳其和在较小程度上的伊朗。欧洲卫星国与苏联的增长接近 97％和 80％，而中国获得了 112％的增长。

3. 南亚和东南亚

中苏集团与南亚和远东的贸易在 1953～1955 年间增长了 21％，比与拉美和中东、非洲要低得多。最重要的收获是欧洲卫星国取得的，他们让其与南亚和远东的贸易在 1953～1955 年间增加了 2 倍。中国的贸易量占了该集团与南亚和远东贸易量的 80％，根据 1955 年部分数据，其增长低于 10％，但是预期如果获得更完整的 1955 年数据其增长率将达到大约 20％。虽然苏联取得了相当大的增长，但是其在这一贸易中绝对比重很小。

与该集团贸易取得相当大增长的国家有缅甸、印尼和阿富汗。如果最近达成的协议得到充分执行，这一贸易将至少占到缅甸贸易总量的三分之一。但是在锡兰，与该集团的贸易在 1954、1955 年间有所下降。虽然关于阿富汗的官方统计现在还没有得到，据信该国 1955 年贸易总量的一半是与该集团进行的，而前些年只有大约三分之一。当前与该集团的贸易在该国贸易总量中的比重很可能为 60％或者更多。

二、贸易的商品构成

近年来，该集团与自由世界贸易的商品构成发生了相当大的变化，这部分是因为苏联需求和供应的变化。最重要的变化是该集团食物进口越来越重要，而制成品出口的比重越来越大。

这些在贸易商品构成中的变化反映了该集团与不发达国家贸易中的互补特点——后者是食物和原材料的供应者与资本物和消费品的市场。例如，苏联和卫星国从印尼进口的食物、饮料、植物油和原材料在 1953～1955 年间增长了 4 倍，而他们向印尼的出口，主要是制成品和机械，在这一时期增长了 10 倍。一般来说，很可能 1953～1955 年间该集团与自由世界贸易增长的 30％来自于该集团用制成品交换不发达国家的基本物资。中国是一个部分例外，因为自 1953 年以来它对自由世界的原材料净出口一直增长。虽然食物进口减少，但中国制成品的出口增长了 67％，中国从自由世界的制成品进口下降了 31％。

中苏集团对自由世界的制成品出口其增长速度不慢于其食物进口的增长速度。其中总量增长最快的是欧洲卫星国，而比例增长最快的是苏联。

虽然中苏集团对不发达国家来说是净资本物出口国，但是总的来说他们还是自由世界这类物资的净进口国。但是从 1952 年起，该集团向自由世界出口的资本物开始快速增加，而进口则有所下降。1954 年欧洲卫星国地区成为一个小的对自由世界的净资本物出口国，但是苏联仍然从自由世界进口了超过 1.3 亿美元的资本物。

机动车辆、农业机械（包括拖拉机）和办公机械占了该集团 1954 年资本物出口的一半以上，而这些商品的任何一类出口都在边际效益上要比进口大了许多。在金属加工机械和铁路车辆方面也是如此。该集团的首要进口——船只、电力设备和发电设备——占了其资本设备进口的一半以上。

该集团在自由世界的工业原材料和燃料贸易上并没有出现重要的转变。这一组物资在该集团自 1952 年以来的贸易中的进出口比例一直稳定。但是这一贸易类别中的商品有一些变化。

1952～1954 年期间，除了矿物燃料之外，中苏集团是许多工业原材料的净进口国。像橡胶和棉花这些商品的进口额在这一时期逐渐减少，而其他商品例如纺织品和化学制品的进口值增加。

中苏集团一些工业原材料的出口，特别是矿物燃料，在 1952～1954 年期间有了增长。但除了汽油之外，这些增长并没有改变该集团在这些原材料上的净进口地位。

未来发展的迹象

从 1953 年到现在，东西方经济联系的增长说明中苏集团在追求经济和政治上的收益。任何一个国家在成为该集团经济进攻的目标后，都可以为该集团成员国带来政治和经济上的好处。因此要将该集团的目的区别或者分辨出来经常会遇到各种困难。在苏联的对外政策中，政治和经济因素是混在一起的。但是，如果对未来东西方经济关系进行分析，这会有助于区分这两个因素。

一、中苏集团对外政策中的经济目标

该集团在未来几年中最可能的经济立场是要适当的和持续的增加东西方贸易。这一结论的根据是共产党国家关于贸易政策的考虑的若干迹象，该集团关于未来的经济计划，以及该集团当前与未来经济状况。没有证据说明使得该集团过去采取自给自足政策的基本哲学和目标——经济增长、政治和军事力量——已经有了任何变化。但是有理由相信这些目标将会由贸易政策来实现，而贸易政策正在因为变化了的条件而随着时间发生某种变化。

经济自给自足一直被认为不是最终目的，而是一个恰当的政策，来在各种限制之中实现军事安全并由此实现不依赖于外部供应来源的工业发展。到现在为止，该集团已经获得了可以与西方较量的军事力量；很可能该集团的计划者们估计战争的可能性已经随着核武器的开发而逐渐减少。工业增长已经以这样一种规模和方式实现，能让苏联领导人确信工业增长是可以持续的，而不会有被经济波动或者现在西方实行的贸易管制所打断的危险。此外，斯大林之死看起来减少了在过去一直影响苏联政策的恐惧和古板的感情因素。

因此，苏联的计划者很明显认为，狭隘的自给自足作为一种政策只适合于经济建设时期和脆弱的状态，他们认为增加贸易和专业化对他们当前的发展阶段来说是恰当的。事实上苏联领导人过去已经发表了许多这类言论，虽然这些言论的重要性不能被夸大。例如，早在该集团普遍扩大对外贸易之前，它们在 1951 年就发表了要求开展东西方贸易的宣传声明。在当前阶段，可以预料在经济刺激下其对外贸易将进一步扩大，但是贸易不太可能会达到这样一点，即任何一种重要的产品，或者是中等优先级物资消费的一大部分，苏联都避免依赖于自由世界。

苏联和东欧当前的计划意味着他们对待东西方贸易的方式是谨慎但不必是否定的（贸易计划的详细内容还未公布）。现在苏联和许多东欧国家公布的 1956～1960 年经济计划反映了他们要增加农业产出与化肥和农业机械生产的愿望。苏联已经大规模开垦荒地。虽然这些计划毫无疑问是过于乐观的，但是对农业越来越重视将会使农业产量增加。因此该集团将肯定会决心限制其对自由世界供应的依赖。

此外，有证据表明，由于该集团的工业扩张，其比较成本已经发生转变，相对来说工业品的费用已经变得比农业和原材料产品更便宜。这一过程将持续下去，只要工业变得更有效率，而农业活动在绝大多数情况下只能以增加实际成本的方式扩大。对这一转变越来越了解也许会导致苏联与东欧对不发达国家贸易的持续扩大，并会对贸易的整体水平产生不确定的影响。但这并不必然意味着不发达国家将会比中国受到优待。

迄今为止，该集团正在计划满足主要由集团内部生产的持续工业化所产生的需求。目的是要增加原料供应的计划也许最后会被证明是不充分的，而与自由世界进行贸易所获得的好处也许会对集团的计划者越来越具有吸引力。此外，当前计划的、几乎与 1948～1953 年增长速度相当的工业增长，将几乎肯定会产生更多的对许多农业原料的需求，而对这些需求国内生产将不能经济的加以满足。因此，很可能东西方贸易将会比当前水平有所增长而不是下降，因为当前水平相对该集团整体产出水平来说是相对较低的。

很可能创造了刺激对外贸易的力量在欧洲卫星国要比在苏联强烈得多。因为欧洲卫星国的农业资源更加有限，并且现在十分依赖苏联在矿石、木材、谷物和其他基本产品上的供应。随着这些地区都出现了类似的工业增长类型，卫星国对苏联自然资源的需求将会使苏联的负担越来越沉重；苏联也许因此会越来越不愿意满足卫星国日益增长的需要。当然，如果加强了东西方贸易，卫星国也许在经济价值上对苏联更加重要。考虑到这些，苏联的计划者也许会认为，在战略重要性上，地处苏联边缘的卫星国在经济自足的必要性不如苏联自己的经济自足。因此，卫星国的东西方贸易增长率将很可能超过苏联并比它稳定，因为后者的贸易更容易受到由计划改变或者对外政治考虑所产生的波动的影响。

二、中苏集团对外政治目的对经济政策影响

很明显，该集团未来与自由世界贸易在地理上的分布，不能单从其经济动机上来推测。苏联和卫星国在 1953～1954 年期间进行的最初大规模购买活动可以主要由商业考虑来解释。但是从那时起，该集团贸易进攻已经转向了那些不仅出口食物和原材料而且还是潜在的政治同情者和支持者的国家。

该集团之所以挑选南斯拉夫、埃及、印度和阿富汗作为其提供援助的主要国家，这主要是出于政治和战略的考虑。虽然这些国家的确提供对集团有用的原料，但是在所有个案中它们并不是这类物资最重要的生产者。一个例外是埃及。埃及棉花自从第二次世界大战以来一直是该集团的常年进口物资。要获得埃及棉花的愿望并不能说明苏联为什么要提议提供贷款建设阿斯旺大坝。同样，像南斯拉夫和阿富汗提供大笔低息贷款也不能看做是该集团打开新市场所必须的费用，而毋宁是推进其政治战略的费用。

东西方贸易未来将会扩大，并将会越来越转向不发达国家，但是这些转变的速度将可能会受到政治考虑的极大影响。例如，如果该集团认为，增加集团在自由世界特定地区影响的运动将会产生相反的结果，那么苏联的计划者将不太可能仅仅是为了寻找一个资本物的市场而扩大他们对这一地区的贷款计划。

三、贸易和援助的潜力

当前中苏集团已经有了相当的潜力来增加贸易和援助。估计该集团整体国民生产总值大约为2 500亿美元。苏联的国民生产总值占了其中的将近60％。

该集团的经济将在未来几年内有相当大的增长。1956～1960年期间，该集团整体国民生产总值估计将会增长大约35％。仅苏联，其国民生产总值将增长大约40％。因此，即使该集团与自由世界的贸易只维持在1955年在该集团总产量中的比例，这一贸易也会有相当大的增长。但是事实上该集团最近的经济进攻预示了这一贸易的增长速度会很高。

没有经济或者物理原因会导致东西方贸易的总量在未来几年不会实现增长两倍。据估计到1960年，该集团向自由世界出口的能力能够达到每年超过40亿美元商品——不包括武器——的水平。该集团越来越大的出口潜力主要来自于基本类型的机床、工业产品、工业设备、机械与机动运输设备。潜在的军事硬件出口剩余很可能比潜在的出口需要要多。就技术服务而言，苏联、东德和捷克斯洛伐克都拥有高水平的科技人力资源，可以对此加以利用来服务出口市场。如果苏联愿意，它就能出口相当大数量的黄金，因此就可以实现高于需要的进口水平以平衡商品出口。

相对于其整体生产水平来说，中苏集团从自由世界的进口比较小——除了一些重要的例外，在许多工业供应中这些进口的地位是边际性的。但是该集团的经济能够吸收更多的机械、工业原料和食物。该集团可以很容易通过更加强调原料和食物就将其当前的进口水平扩大两倍。

中苏集团中三个主要地区中，欧洲卫星国在农业问题上压力最大。最近，这些国家作为一个团体已经成为苏联食品的净进口国，但是从长期来看，这一来源是有问题的。在未来几年中，卫星国如果要维持生活标准，就将继续需要从非共产党世界进口大量谷物和其他食物。在矿物产品和橡胶问题上也出现了同样的考虑。苏联也将需要增加其工业原料的进口。

总的来说,该集团的进口能力主要受制于该集团向自由世界出口的能力与意愿,以及共产党国家政策制订者认为东西方贸易在多大程度上是有利的。通过其国有贸易组织和集权化的决策,该集团将能轻易地满足或者提高西方出售者要求的条件,并/或者能出于经济战目的而管制经济关系。当该集团发现提供慷慨的贷款是有利的时候,它完全有能力扩大其当前的计划。

当前该集团提议的大约 10 亿美元,只占到该集团年工业产值的大约 1%。如果这些提议全部变成被完全利用的真正贷款,绝大多数项目的建设将会持续大约 5 年时间。

出口给不发达国家的资源不能被用于国内投资这一点是真的。在印度建设一个百万吨钢铁厂,这意味着苏联必须在建设期间放弃该项目使用的物资和人力资源。其他工厂的出口,如发电厂、水泥厂、糖厂和其他设施,使得中苏集团不能使用这些资源。但是相对来说这些出口只是该集团每年生产的产品中较少的一部分。该集团援助计划的数量显示该计划对该集团的影响是很轻微的。此外,当项目建设阶段完成之后而国内投资开始产生回报之后,在海外安装的资本设备就开始以偿还贷款利息的方式产生汇报。

但是从已经宣布的利息率来判断,该集团贷款的回报率很可能比国内投资的回报率要低。但是通过出口机械和其他资本物而获得原料,该集团资源的整体生产率很可能有了提高。该集团将会从国际专业化和交换中获得好处。长期和中期贷款将会扩大很多,而与不发达国家的贸易将会扩大很多以便苏联获得经济好处。

导致不发达国家面对中苏集团贸易和 贷款提议时脆弱的经济因素

不发达国家的经济问题使得这些国家倾向于接受中苏集团关于建立更加紧密的经济关系的提议。但是这并不是说,不发达国家在决定回应苏联集团的引诱时,经济上的考虑是极为重要的,或者是接受这些提议就必然意味着该集团将能够对该国成功施加压力来获取政治上的让步。后一种意义上的脆弱性依赖于政治、战略、地理、文化和其他因素的混合,而这超出了本报告的范围。

总的来说,不发达国家政策的一个基本动机是希望加快经济增长和工业化并希望摆脱大规模贫困。这些国家的国内生产主要是农业和天然生产业——矿业、渔业、农业等。制造业主要局限在满足国内市场需要的消费物资轻工业,虽然也有一些例外。这一工业结构意味着,如果他们要获得工业生产资料以及很大程度上管理和技术知识,就必须进口。有三种进口方式:用出口进行交换,官方贷款或者赠款形式的外援,私人投资。这几种方式中的最后一种在规模上有限,并且很明显不受许多不发达国家的欢迎。外援在不受复杂的政治考虑影响时,是受到欢迎的。通常购买开发物资和服务所需的基本必要资金来自出口收入,这也就是该集团的提议变得最吸引人的地方。

　　由于不发达国家国内经济的本质，不发达国家的出口通常是由数量相当有限的初级产品构成，而直到最近几年他们一直处在卖方市场的有利地位。总的来说，他们并没有压力要寻求新的消费者或者是寻求价格让步。但是当前，许多产品的价格正面临压力，而出口国的库存已经变得难以承受。在许多情况下，出口价格水平由于国内通货膨胀和政治状态而难以调低。

　　对于许多不发达国家来说，该集团以大规模购买为形式的贸易看起来提供了一个打开僵局的办法。就贸易条件和初级产品出口的数量和价值而言，新的市场机会被看做是一个稳定力量。在像棉花和大米这样的商品，该集团正在定购的数量——虽然在该集团庞大的经济基础中这显得无足轻重——占到了特定国家出口数量的相当大一部分，因此对其国家收入意义重大。

　　不发达国家之所以容易接受还因为用以交换他们初级产品的物资和服务的特点，以及在某些例子中提供很明显的价格补贴。该集团提议提供资本物和技术人员；在那些希望得到军事力量的国家，该集团就提供武器，就像埃及的例子一样。进行贸易的诱惑因为以优厚条件提供的贷款而更加增加。

　　此外，甚至是在该集团提议的吸引力是非常小的情况下——就像在绝大多数拉美国家和一些与西方结成军事同盟的国家——该集团的提议至少作为一个提高该国与西方在经济问题上讨价还价权力的策略手段也是有吸引力的。在埃及和阿富汗最近与该集团进行了交易之后美国增加了对其的经济援助这一点，在其他国家看起来说明得到西方援助和贸易并不会丧失，也许会因为接受了该集团的提议而被进一步刺激起来。

　　该集团已经在扩大其与许多国家——特别是缅甸、印度、埃及和阿富汗——的经济关系上取得了重要的进展。这一成功的原因每个国家都不一样。例如，缅甸之所以接受该集团的提议，是因为它在处理其大量大米积压时遇到了困难。印度之所以接受该集团一些资本设备是因为该集团的条件比其他国家更优厚；埃及不能以它能接受的条件从西方获得它想要的武器。甚至是那些与西方结盟的国家很可能增加他们与该集团的贸易。土耳其和伊朗已经这样做了，因为他们遇到了内部经济困难，而巴基斯坦、柬埔寨、锡兰和许多拉美国家很可能将会研究增加与该集团进行贸易的可能性。

DDRS，CK 3100443677 - CK 3100443765

姚昱、郭又新译，姚昱校

中情局关于中国对不发达地区经济政策的评估

（1957 年 3 月 26 日）

NIE 100－57

机 密

经济情报报告：战后中苏集团在不发达国家的经济活动

（1957 年 3 月 26 日）

（节选）

问 题

评估中苏集团对不发达地区的经济政策的目标及其可能的影响。

结 论

1. 在过去的两年中，中苏集团促进与不发达国家经济联系的努力有了很大的增长。我们相信该集团的贸易、信贷和技术援助计划目的在于增加该集团的声望和影响，消除西方的影响，并削弱西方联盟的结构，但不会在实质上增加全面战争的风险。（第 8～16 段）

2. 虽然该集团在大多数不发达国家的贸易总量中份额相对较少，但是该集团与这些国家的贸易在过去两年中急剧上升。如果当前的计划获得了势头，这种贸易很可能进一步扩张，特别是由于这种贸易为集团带来了在经济上获得好处的前景。（第 21、44 段）

3. 集团的信贷和技术援助计划已经在过去一年中有了很大的扩大，虽然这些信贷和技术援助集中在相对较小的国家。虽然集团扩大这些计划的能力相当大，但是由于其国内需要，再加上从新计划中获得重要政治好处的机会有限，因此认为集团在下一年或者两年中提供新的贷款的数量将很可能以比 1956 年慢的速度扩张。（第 17、25、45 段）

4. 我们相信，在不远的将来，几乎没有额外的国家可能进入到集团重要的对外信贷和技术援助计划中。但是，集团将继续对能通过对经济援助和扩大贸易回报以政治收益的局势保持警惕。对特定不发达国家产生负面影响的西方经济政策或者状况，将几乎确定无疑地加大集团采取行动的机会。（第 46、55 段）

5. 已经成为该集团主要经济计划接受者的中东和亚洲国家，苏联的声望和施加影响的机会将很可能得到维持或者继续增加。但是，与该集团的经济纽带自身不太可能让任何一个国家服从该集团的政治控制，除非是在那些与集团接壤的、未能维持同样的与西方经济纽带的小国家。（第48段）

6. 从长期来看，集团的经济活动将为在政治不稳定国家宣传共产主义思想和教义提供机会。在那些随着发展和现代化其经济而国内局势变得越来越紧张的国家，该集团的出现正在变得比以前大。（第49段）

7. 不发达国家可以获得该集团的援助已经削弱了西方通过对外援助所能施加的影响。接受集团的贸易和援助使得许多国家能够实现其与两个大国集团关系的某种平衡——这一地位是他们所欢迎的。可以获得该集团的援助将不仅会提高西方通过对未结盟国家提供援助而施加影响的代价，还使得这些援助在维持西方与盟国的地位时变得更为必须和昂贵。（第54段）

（第1～2页）

27. 中国正在增加其在该集团经济运动中的参与，特别是对非共产主义亚洲。据报告1958年中共向缅甸出口了一个完整的工厂，并在柬埔寨着手建造无偿赠与的四个小工厂。中国出口资本物资的能力是很小的，但是在今后几年中其工业化的进步及其展示这一进步的热情意味着中国将很可能向东南亚市场提供更大数量和更大范围的机械与轻工业制品。

（第6页）

38. 东南亚。由于较低的生活水平和热切期望提高生活水平，许多东南亚国家十分希望可以从来源获得发展援助。这一地区在过去几年中的经济增长是相对缓慢的。中国增长的力量和快速经济增长产生了越来越强的吸引力来让东南亚国家接受共产主义方式与援助。共产党国家表面上愿意提供经济援助而不需要政治联系或者损害这些国家中立性，这一点增加了该集团作为一个援助来源的吸引力。但是，虽然整个地区看起来很容易接受该集团的经济提议，但是不论是在放松贸易管制还是在贸易的整体利益方面，该集团的经济外交至今只在缅甸、印尼和柬埔寨取得了重要进展。

39. 1953～1955年间世界市场上大米价格相对不利的地位对缅甸发展计划产生的影响，再加上缅甸政府的中立主义政策，导致了与该集团国家达成了各种长期贸易协定。如果将这些协定完全执行，这些协定将占缅甸贸易的几乎40％并将严重影响该国与非共产党国家的经济联系。但是，自由世界市场上大米价格的改善使得缅甸大幅减少向该集团出口的目标。最近，缅甸已经同意接受苏联建设六个重要的公共建筑，包括一个科技所、剧场、用于展览苏联工业品的长期展览馆。虽然这些苏联援助建设的这些纪念性建筑以及该集团专家在缅甸的出现可能有某些影响，但缅甸当前政府看起来避免在经济上过度依赖中苏集团国家。

40. 要求发展的愿望和中立主义的吸引力使得印尼和柬埔寨倾向于接受该集团的援助。除了接受了中国2 200万美元的赠款援助之外，柬埔寨政府正在执行一项贸易协定，如果该协定得以实现，这将使得它与中国的贸易达到其贸易总额的35％多，尽管事实是柬埔寨现在并未在向西方出口方面遭遇经济困难。但是,看起来该贸易协定不太可能被完全执行,而且除非西方援助显著减少或者柬埔寨向自由世界的出口遇到困难,柬埔寨很可能将不会在未来几年对中苏集团产生经济依赖。印尼已经与苏联签订了一份价值1亿美元的援助贷款,虽然该协定还未批准,而且仍然很容易接受该集团提供的援助。印尼对外援的需要由于印尼独立后可获得的荷兰资本和荷兰技术专家突然急剧减少而大大增加。但是该集团不太可能通过经济手段在印尼经济中获得重要地位,并对西方市场进行严重的干扰,在其他东南亚主要贸易国家的经济中也是如此。

（第9页）

DDRS，CK 3100281032－CK 3100281044

姚昱、郭又新译,姚昱校

国务院情报研究和分析所关于中国在远东经济活动的评估

（1958 年 2 月 28 日）

IR 7670

情报报告：中苏集团在远东的经济攻势

（1958 年 2 月 28 日）

摘 要

中苏集团加强了的对远东自由国家的经济活动是该集团的一个主要政治武器。该集团在这一地区的经济攻势就像在世界其他地区一样，集中在这些国家，那里最近或者当前出现政治不稳定、有中立主义情绪并且经济落后，这些都为该集团"无条件"的援助与贸易进行和平渗透提供了肥沃土壤。

该集团到目前为止已经向远东国家许诺提供总数为 1.74 亿美元的援助，其中苏联提供了五分之四。所有这些援助都将提供给缅甸、柬埔寨和印度尼西亚，这些国家是这一地区唯一接受该集团援助与技术援助的国家。该集团与这一地区的贸易从 1954～1956 年增长了 59％，并在 1957 年继续增长。香港与日本占了这一贸易的一半多。

中国共产党人尽管自己还在从事着发展经济的斗争，但是在该集团在远东地区的攻势中扮演了重要角色。中国提供了该集团对这一地区援助的 15％——但在该集团对全世界的援助中的比重仅为 3％——并占了与远东地区总贸易额的四分之三。

最近该集团重新提出要提供援助与发展长期贸易说明，该集团准备通过在这些关键地区进行直接与持久的竞争而来加大其挑战。

一、经济攻势的目标

过去几年中苏集团在远东自由世界①的经济活动的加剧，是该集团自 1953 年开始的全世界经济进攻的一部分。而这一攻势又是自斯大林死后苏联对外政策"新面貌"很重要的一

---

① 原注：本文中的远东为缅甸以东的亚洲部分。

部分。该集团与不发达国家的对外经济联系被引入了新的灵活性与技巧。贸易已经增加，援助已经大量提供或者提出，技术专家已经派出。但是，作为该集团外交中内在的一部分，经济攻势在动机上主要是政治的。这反映了中苏决定在援助与贸易方面进行作战。

总的来说，经济攻势在短期来说是要增加该集团的声望与影响、减少西方的影响并削弱自由世界的防御力量。该攻势寻求加强对世界上采取中立主义立场或者与该集团保持更紧密同盟关系的国家的援助。该集团希望让不发达国家确信，这是一场争取经济发展反对所谓西方经济帝国主义的竞赛。提出要扩大援助与贸易，其目的是要公开宣传该集团在经济力量建设方面取得的胜利，并证明该集团对不发达国家发展能有所贡献的能力。虽然到现在为止经济攻势的目标还相对有限，但从长远来看政治统治仍是该集团的主要目标。

苏联与欧洲的卫星国到目前为止承担了整个世界范围内援助与贸易的大多数负担。他们供应了该集团自 1954 年以来所有军事与经济援助——总数大约为 20 亿美元——的大约97％，并占了 1956 年该集团与自由世界不发达国家整个贸易的超过四分之三。但是，在远东，共产党中国在该集团的经济活动中正扮演着重要角色，并承担了该集团对这一地区援助的 15％。1956 年中国占了整个集团与远东地区贸易的大约四分之三。中国大陆与各个周边国家一直有着传统贸易联系，因此毫无疑问的有很好的理由来恢复这些联系。但是。共产党中国一直利用贸易与援助——后者主要是中国很难负担的赠款形式——作为政治工具。很明显中国不仅尝试要发挥其作为远东地区唯一共产党大国的作用，而且还将自己宣称为亚洲最重要的国家。

二、该集团在远东地区进行援助与贸易的气氛

在全世界范围内，该集团的援助与贸易活动在数量上与美国及其盟国相比是很小的。但是由于该集团将其努力集中在一些他们认为对其攻势是最脆弱与最容易接受的关键地区，从而形成了一个严重的挑战。

远东的政治与经济环境使得许多国家都面临该集团的经济渗透。新近独立的国家中强烈的民族主义有时就是对刚刚摆脱其殖民统治的西方的普遍不信任。殖民主义的遗产使得一些国家采取了"中立主义"的立场，而这一立场实际上意味着与西方的疏离以及避免反对该集团的正面措施。该集团一直努力促进亚非联合这一吸引人的概念并认同这一概念；在去年 12 月的开罗会议上，苏联与共产党中国重新加强了他们主导亚非运动的努力。共产党中国在让远东国家对该集团的颠覆敞开大门方面起到了特别作用，这体现在它将自己认同为一个亚洲大国。此外，华人少数民族在东南亚一些国家的存在便利了共产党中国通过施加压力来扩大这些国家与中国大陆的联系。

经济因素加强了远东国家在面临该集团经济渗透时的脆弱性。事实上所有远东不发达国家都认为快速经济发展——特别是工业化——是减轻该地区极度贫困的手段。但是，这些国家缺乏资本与技术来实现他们所期望的快速进步。苏联宣传利用了这些国家对美国与

其他西方国家提供援助数量与条件的不满，将来自西方的援助当作经济帝国主义的新形式，并将中苏集团的援助宣称为"没有条件"。

在一些不发达国家，知识分子与政治领导人对资本主义的不信任，这至少部分来自于反西方主义，已经发展成要求进行某种社会主义计划与发展类型的感情。这些人们可能对苏联与共产党中国工业增长特别印象深刻。

许多不发达的远东国家十分依赖几种基本产品对西方工业化国家与日本的出口所换取的外汇。而这些产品需求以及贸易条件方面的周期性波动已经使得这些国家十分不满已有的贸易模式。而中苏集团通过将贸易困难嫁祸在西方的"新垄断经济帝国主义"上以及预测美国会出现更严重的经济衰退而趁机火上浇油。中苏在这些宣传之后一直紧接着提出要在一段时期内大量购买这些关键出口商品，包括以优惠价格进行购买。

虽然远东绝大多数自由国家潜在的都很脆弱，但是缅甸、柬埔寨与印尼是中苏集团经济攻势的首要目标。这些国家中立主义情绪很强，而且中苏集团认为可以在这些国家实现最有利的政治目标。在印尼，对该集团经济攻势的易接受性由于该国国内政治分歧导致的日益经济紧张以及与荷兰在新几内亚西部问题上的争端而加大。缅甸、柬埔寨与印尼是远东地区唯一接受该集团经济援助的国家。这三个国家也是远东地区接受该集团技术援助的唯一国家。虽然这些国家与该集团的贸易在该集团与远东地区整个贸易中比重不大，但是他们却是唯一与该集团国家签订官方贸易协定的远东国家——除了在去年12月签订日苏协定的日本之外。

另一方面，远东绝大多数国家到目前为止拒绝了中苏集团经济诱惑，这主要是因为过去惨痛的经历而作出的自由决定。

中华民国、大韩民国与南越一直遭受到共产党人的军事侵略，对该集团的"和平共处"并不抱希望。菲律宾、泰国、澳大利亚和新西兰，是东南亚条约组织的成员，坚定的与西方站在一起。而新的马来亚联邦由于其大量的、未同化的华人少数民主以及对华贸易诱惑而面临严重的问题，但是在政治与经济上都与西方结盟。老挝现在正在为了实现在亲西方政府下的民族团结而进行战斗。香港其人口主要是华人并与大陆有传统的联系，但却在英国的统治之下。日本面临的问题与其远东邻国不同。日本承受着很大的压力要扩大其海外市场与供应来源，而与中国大陆恢复战前庞大贸易的诱惑也很大，即使是不太可能。但是，日本政府对共产党的经济诱惑有着清醒的认识。日本仍然是自由世界中很有价值与重要性的成员。

上述一些国家现在与西方正在进行大规模的贸易。许多国家正在通过信贷与赠款接受来自美国及其盟国的物资与技术援助来帮助发展其经济。所有国家都寻求通过与西方的合作来满意地解决其各种问题。

三、该集团的援助

（一）在远东的贷款与赠款

该集团自1955年以来已经同意向远东的国家提供价值为大约1.74亿美元的经济援

助。这一援助概况如下：

（单位：百万美元）

缅　甸	苏联 38 共产党中国 4
柬埔寨	共产党中国 22
印　尼	苏联 100 东德 8 捷克 2
总　　计	174

苏联向印尼提出的 1 亿美元援助是由 1956 年 9 月一份协定规定的。对这一援助的严重怀疑使得印尼议会直到 1958 年 2 月才最后批准了这一贷款，其时印尼的经济困难变得更加严重。

除了上述各项援助，苏联根据 1957 年一项协定规定的价值估计为 700 万美元贷款而供应给印尼大约 3 500 辆军用汽车。这是所知道的该集团第一次向远东自由国家提供军事援助。

该集团的经济援助内容较为广泛。欧洲卫星国现在正在印尼建设一个糖精炼厂与轮胎工厂，而苏联根据其 1 亿美元贷款设计其他工业建设、运输设施以及工业资源的开发。共产党中国给予柬埔寨的赠款其使用协定还未完成，但是这一援助指定要用于农业发展、社会福利项目以及各种轻工业建设。苏联对缅甸的援助主要用于苏联集团估计能够产生预计心理影响与宣传价值的一些挑选项目，包括一个技术学校、旅馆、医院、文化运动复合中心、长期农业-工业展览馆、剧院与会议厅。共产党中国最近给缅甸的贷款用于建设一个纺织厂。

据报告所有援助都是贷款，除了共产党中国给柬埔寨的 2 200 万美元的赠款。苏联向缅甸提供了估计为 3 000 万美元援助的"礼物"，但是这一援助需要随后由缅甸以大米作为礼物支付。绝大多数贷款的利率为 2.5%。一些数额较小的贷款其偿付期限为五到六年，但是主要贷款的期限为十二到二十年。绝大多数协定允许以当地货币进行偿付。由于该集团并不关心促进远东地区在当前政府下的经济健康增长，因此在提供援助时并不需要这些国家提供经济证明。各个项目都是单独管理，并没有建立全国范围的、由该集团公民负责的援助管理机构。该集团已经竭尽所能地将援助与其政治控制内涵分开。

总的来说，该集团的援助一直都被接受。这些贷款最初提供的条件通常被受援国认为是非同寻常的有利。各种援助项目中所展现出来的工作质量一般来说是令人满意的，但是东德在印尼建设的糖厂遇到了技术困难与拖延。但是，作为支付贷款的当地物资的价格与数量并未确定，很可能支付将会变得比受援国现在预计的要沉重得多。

（二）共产党中国在世界范围内的经济攻势中的作用

自 1956 年以来，共产党中国已经同意向自由世界国家提供价值 7 600 万美元的经济援助,受援国与同意援助的金额见下：

（单位：百万美元）

缅　甸	4	埃　及	5
柬埔寨	22	尼泊尔	13
锡　兰	16	也　门	16
总　　　计			76

苏联及其东欧卫星国的援助主要是贷款,而共产党中国提供的援助都是赠款,促成了1957年给缅甸的贷款以及1958年1月给也门的瑞士法郎贷款。中国对缅甸与柬埔寨提供援助的目的在上面已经讨论过。中国向埃及提供瑞士法郎赠款恰逢苏伊士运河危机之时。共产党中国将会援助锡兰进行橡胶翻种,将其给尼泊尔的援助分成当地货币与商品两部分,并帮助也门建立轻工业。

共产党中国到现在为止根据协定所提供的援助在数量上不大,只占该集团向自由世界提供的援助总数的大约3％。但是,这对中国共产党来说是真正的经济牺牲,因为他们正在其国内计划上遭受着严重的资本与物资短缺。对共产党中国给几个小的与特别的不发达亚洲国家的经济援助进行的政治渲染,看起来十分引人注目。

（三）技术援助

在过去一年中该集团在缅甸、柬埔寨与印尼的技术人员的数量有了明显的增长,估计1957年底达到了221名：

缅　甸	苏联 62 共产党中国 15
柬埔寨	苏联 10 共产党中国 30
印　尼	东德 76 捷克斯洛伐克 20 苏联 8
总　　计	221

总的来说,技术人员都是隶属于该集团经济援助中的特殊项目。最大的专家组包括了在印尼建设的糖精炼厂的东德专家与在缅甸建设的技术研究所的俄罗斯专家。苏联在缅甸的农业专家队去年正在为两个援助项目做勘探项目。中国在缅甸与柬埔寨的45个技术专家占了中国在自由国家活动的专家的一半多。

只有在印尼的苏联专家与根据去年援助协定提供的军事车辆有关——现在还不知道其

他该集团军事援助专家在远东自由国家的部署情况。人们假设随着已经被批准了的苏联1亿美元贷款的执行,更多的苏联专家将进入印尼。

看起来该集团技术人员一般都被认为是有能力的,并一直避免与当地人口发生摩擦。但是,他们所具有的进行颠覆活动的潜力甚至被最愿意接受该集团援助的国家都认识到,这也许是印尼长时间拖延苏联1956年援助协定的批准的一个因素。

印尼是远东国家中唯一派遣很多公民去该集团接受技术训练的国家。估计超过100名印尼人正在该集团各国学习,主要是在东欧各国,但是在苏联与中国也有。

(四) 援助的最近发展

虽然在执行之前谈判好了的援助协定方面取得了进步,但是该集团新贷款的数量与规模在1957年上半年在远东与世界各地都有所下降。但这并不是说明该集团的政策发生了任何的转变,而是反映了该集团在自由世界不发达国家要辨别出新的利用机会的愿望,这一点在1957年下半年出现了新的大规模援助提议这一点上表现得非常清楚。

该集团对远东持续的兴趣在两笔新贷款中表现得很清楚:1957年末苏联向缅甸提供的农业发展援助与中国向缅甸提供的棉纺织厂贷款。中国1957年向锡兰提供的赠款以及1958年1月向也门提供的贷款也强调了中国在该集团攻势中重要性的增长。

印尼越来越大的政治与经济困难吸引了该集团更大的兴趣。苏联与波兰最近提出要向印尼提供船只以取代之前荷兰人的船只。据报道捷克斯洛伐克与东德还提出要提供援助或者技术援助。而1958年初披露共产党中国提出提供一笔2 000万美元贷款来主要用于纺织工业的发展,但是这一提议并未被接受。

苏联在由共产党主导的1957年12月开罗举行的亚非团结会议上的声明说明,该集团也许正在准备加大其经济攻势的势头。苏联向该会议提交的一份报告强调,该集团有能力来向不发达国家提供机械、信贷与技术经验这样的援助。苏联的发言人许诺说:"已经做好准备像兄弟帮助兄弟那样帮助你们……我们的唯一条件就是根本不要任何条件。"

在1958年1月曼谷举行的亚洲与远东经济委员会(ECAFE)贸易委员会会议上,苏联代表指责美国应当为这一地区正在经历的支付与贸易困难负责。他说苏联已经准备向这些国家提供最高期限为5年的贷款来购买机械与其他设备。作为对各个亚洲代表关于需要稳定基本商品价格的声明的回应,苏联代表说苏联提议研究签订购买这些商品的长期协定的可能性。捷克与匈牙利的观察员也发言说他们愿意将工业机械出售给亚洲国家,并提议讨论各种长期协定以便他们可以直接购买这一地区的原料而无需经过传统的国际市场。

四、该集团的贸易

扩大与自由世界——特别是与不发达国家——的贸易的运动是该集团经济攻势的一个重要特点。经济攻势的这一方面已经通过外交渠道以及经常包括高级政府官员的访问团而得到了积极推进。

到目前为止该集团努力所取得的成功反映在该集团与自由世界的贸易已经从1954年的35亿美元增长到1956年底的54亿美元。贸易在1957年还继续扩大。但是，并没有证据显示该集团的计划者已经放弃了其传统的自给自足的目标。该集团在贸易策略上出现的新灵活性主要来自政治上的考虑。

中苏集团与远东自由国家的贸易从1954年的4.42亿美元增长到1956年的7.01亿美元，增长了59％。部分报告显示1957年会进一步增长。共产党中国占了1956年该集团在这一地区贸易总额的73％，而且很可能在1957年占了同样的比重。剩下的该集团在远东地区贸易额主要由东欧国家进行，但是苏联的比重看起来在1957年有所上升。该集团与远东地区自由国家的贸易概括如下：

（单位：百万美元）

	1954 年	1956 年
共产党中国	313	509
东欧卫星国	83	143
苏　联	46	37
总　计	442	701*

＊ 包括了与北越的价值1 200万美元的贸易。

共产党中国与自由世界的贸易总额从1954年的6.56亿美元增长到1956年的10.66亿美元。这一高达63％的增长等于共产党中国与远东自由国家在同一时期的贸易增长率。1954～1956年间，共产党中国对远东不发达国家的出口——不包括该集团、但包括香港——增加了76％，是对日贸易增长速度的3倍多。1956年共产党中国对远东国家的出口几乎是其从远东不发达国家进口的2倍，而1957年这一进出口比率看起来更高。除了中国在该集团与远东贸易中占了重要比例之外，共产党中国还有一点不同，那就是它不像苏联与东欧国家一样一般出口资本物。共产党中国过去几年对远东市场的主要出口部分是食品与其他原料，包括棉纺织品、棉纱、钢笔、手电筒、缝纫机以及瓷器。出口之所以增长是因为一些产品的价格下降、中国对海外华商的优惠贷款、中国与缅甸和印尼达成的官方贸易协定以及共产党中国1957年对柬埔寨的援助计划。

香港与日本占了该集团与远东贸易的超过一半。马来亚、缅甸与印尼是远东国家中唯一1956年与该集团贸易在其外贸总额中比重超过3％的国家。到1958年底缅甸、柬埔寨与印尼与该集团国家达成了20个官方贸易与支付协定，而1954年底只有7个。而已有的协定中只有5个是去年达成的。

远东地区与该集团贸易最近一些重要的发展概括如下：

香港自 1954 年以来极大地增长了它从中国的进口,这加大了香港的贸易不平衡,从而使得中国获得了大量的外汇。共产党中国占了香港这个殖民地 1956 年进口总量的 23％,其中传统的从大陆进口的食品占了很大一部分。在过去三年中,香港看起来已经成为共产党中国与日本在各种棉纺织品与其他制成消费品方面进行激烈竞争的焦点。共产党中国很明显已经在香港原色棉布与各种棉纺织制成品市场上夺取了日本份额的很大一部分,并且占据了水泥、平板玻璃、砖瓦市场。中日在其他轻工业产品上的竞争现在正十分激烈,包括了陶器、钉子与钢笔。各种从中国进口的制成品又由香港出口到东南亚的其他国家。

日本。作为远东最大的工业化国家与唯一的原料主要进口国,日本面临的问题在这一地区是独一无二的。尽管日本最近与苏联达成了商业协定,日本看起来并不希望从对苏贸易中得到很多,除非它被允许作为西伯利亚发展所需资本物的一个供应商。日本对与该集团贸易的关心主要来自于它对中国的熟悉以及与中国的传统贸易,中国在第二次世界大战前是日本进口食物与原料的主要提供者并是日本制成品的主要市场。由于想促进中日贸易,日本 1957 年放松了对中国的出口限制,并不成功地尝试了要与中国共产党达成一项新的非官方贸易协定。在 1956 年中日贸易出现很大增长之后,对对华贸易在去年出现了 19％的下降,日本人感到失望。

缅甸。缅甸与该集团的贸易在 1955 年之前几乎为零。而在 1954 年有了急剧增长,因为缅甸与该集团达成了许多以货易货贸易协定,其中最重要的是用缅甸的大米换取苏联与欧洲卫星国的资本物以及共产党中国的各种消费品。1956 年缅甸与该集团贸易在其贸易总额中的比重增加到 17％。但是缅甸已经对与该集团贸易与价格安排不满,对未能利用出口大米积累起来的信贷获得该集团足够的、合适的物资而感到失望,特别是对苏联。结果是,缅甸结束了它对所有除苏联之外所有中苏集团国家大米出口的承诺,对苏联的大米出口份额也急剧下降。部分报告说明缅甸与该集团 1957 年贸易有很大的下降。

印尼。印尼自 1954 年以来已经很大地增加了它与该集团的贸易。最初扩大贸易的刺激来自于印尼与许多集团国家签订的以货易货协定。但是自 1956 年以来,印尼在以货易货方面已经有了清醒的认识,并取消了与除中国之外其他集团国家的以货易货协定。印尼与共产党中国的贸易增长最快,现在已经占了印尼与该集团贸易的很大一部分——1957 年上半年为 86％。印尼对该集团的首要出口是橡胶,特别是自 1956 年以来印尼解除了对中国橡胶出口的限制。看起来随着印尼经济困难越来越严重,印尼作为该集团商业目标变得越来越重要。该集团各种代表团纷纷访问印尼,最新的一次访问是捷克斯洛伐克总理在 1958 年1 月访问雅加达,并作出了强有力的保证要在两国之间建立更加紧密的经济合作。

马来亚与新加坡与该集团的贸易的特点是其出口——主要是橡胶——主要是向欧洲卫星国,其进口主要是来自共产党中国。它们与该集团的贸易在 1954～1956 年间增长了83％,这一增长主要来自于它们对该集团的出口增长超过了 150％。1957 年 10 月马来亚向中国出口橡胶数量要多于之前该年的前九个月,也多于 1956 年全年。许多马来亚人相信中国大陆为其橡胶提供了一个巨大的市场。如果世界橡胶市场进一步虚弱的话,与该集团进行贸易的吸引力可能会变得更大。

　　柬埔寨。柬埔寨出口很少，其进口的很大一部分是美国援助。尽管它与许多中苏集团国家签订了贸易协定，但是它与该集团的贸易几乎没有。但是，根据它1956年与中国签订的援助协定，中国第一批物资已经在1957年运达，其他援助出口预计将很快达到。

　　老挝，像柬埔寨一样，除了美国资助的进口之外对外贸易数量很少。与中苏集团的贸易并不很大。当前将共产主义倾向的巴特寮整合进政府的努力是否会改变其贸易模式还有待观察。

　　该集团与中华民国、大韩民国、菲律宾、泰国与南越的贸易或者没有或者很少。这些国家的政府都坚定地与西方结盟，禁止或者反对与中苏集团进行贸易。

　　澳大利亚与新西兰与该集团的贸易在其外贸中的比例不到2%。他们的贸易是传统型的，主要是向中苏集团出口羊毛来交换价值更小的制成品。

　　表①

O. S. S/State Department，Intelligence and Research report，part Ⅺ，Soviet Union，1950－1961 Supplement，Washington，D. C.：University Publication of America，1979，pp. 1－11

姚昱、郭又新译，姚昱校

---

① 表略去。——译注

中情局、国务院关于中国在不发达国家经济活动的情报评估

（1958 年 3 月 31 日）

机 密

中情局、国务院给对外经济委员会第 4 号季度报告：
中苏集团在不发达国家的经济活动，1958 年 1 月 1 日～3 月 31 日

（1958 年 3 月 31 日）

中苏集团在印尼危机中的经济角色

中苏集团对印尼中央政府提出请求获得援助很快作出回应，特别是对苏加诺政权对军事装备和运输方面提出的紧急请求。中苏集团已经作出了安排来满足——至少是部分满足——印尼的这些需要。此外，该集团还提议进行经济援助。

......①

该集团迄今为止所知的最大一笔贷款是苏联 1956 年同意提供的 1 亿美元贷款，但是直到 1958 年 2 月才被印尼议会批准。苏联出售给印尼的船只就得到了该贷款大额资助，但是双方还未签订经济发展项目合同。除了这笔贷款，苏联还提出建设一个玻璃厂，其外汇费用将由一笔 250 万美元的贷款资助。此外，据报告苏联还提议与波兰一起根据一笔 1 500 万美元的贷款提供道路建设设备。中国已经提出要提供一笔 2 000 万～4 000 万的贷款来建设一个纺织厂，并向印尼提供 2 万吨大米和 7 000 万码纺织品。

自从 1949 年获得独立以来，印尼一直面临恢复经济、减少第二次世界大战和独立战争造成的损害并实现经济增长的任务。自 1949 年以来，政府的经济政策一直是以消除荷兰对印尼经济活动的影响为目标，而不是以经济发展为目标。此外，其国内财政和技术资源不能满足经济快速恢复和增长的需要，而且这些资源也没有得到有效的利用。结果是，经济迟迟未能恢复，尽管从国外获得了大量的财政援助，但是并未取得经济发展。经济的改善，甚至是维持当前低水平的生活水平，都严重依赖外来援助。对这类援助的长期需要是该国在面对该集团提出经济和军事援助时表现脆弱的一个基本因素。

---

① 原文此处数段与中国无关，略去未译。——译注

印尼在根本上的经济虚弱由于其反对荷兰的运动以及中央政府与巴东（Padang）叛乱的斗争而进一步严重化。这一危机还因为其外汇收入与政府收入下降而进一步恶化，使得雅加达政府十分有限的财政资源承受了更多的压力。此外，西方对雅加达政权的信心已经削弱。美国和绝大多数西欧国家到现在已经拒绝回应印尼最近要求援助的请求。结果是，来自中苏集团的援助提议所具有的吸引力有了很大的增加。该集团宣称的其援助不需要政治承诺，以及印尼政府可以对援助项目进行完全的控制，也许减少了印尼对接受该集团大规模援助的疑虑。

该集团已经严重地打击了西方，并同时设法让自己更被印尼的民族主义所认同。这之所以能实现，是因为他们鼓励印尼政府采取中立主义立场，支持印尼政府消除荷兰经济利益的尝试，并支持印尼政府对革命运动的军事镇压。

DDRS, CK 3100160344 - CK 3100160347

姚昱、郭又新译，姚昱校

中情局、国务院关于中国在不发达国家经济活动的情报评估

（1958 年 9 月 30 日）

机　密

中情局、国务院给对外经济委员会第 6 号季度报告：

中苏集团在不发达国家的经济活动，1958 年 7 月 1 日～9 月 30 日

（1958 年 9 月 30 日）

（节选）

总　　论

在 1958 年第三季度，中苏集团继续其在不发达地区的经济势头。苏联许多对外经济计划中都体现除了机会主义和灵活性的特点，并在最近几个月继续加大在拉美的贸易活动，并利用一些国家的政治不稳定和严重的经济危机。虽然苏联一直试图利用各种机会以扩大其在新地区的影响，但是并未减弱它对中东地区的兴趣。

该集团在 1958 年 7 月到 9 月这一时期提供新的工业贷款和赠款总价值 4 530 万美元……①这些新贷款和赠款使得自 1954 年以来该集团向自由世界不发达国家提供的援助达到 21.67 亿美元，其中 6.45 亿美元是军事贷款。（第 1 页）

其他值得注意的变化

最近该集团在印尼的活动包括了苏联提出要提供一笔长期贷款而供应 20 万公吨大米，而中国则提出要提供 5 000 万美元的贷款。印尼较早时间从中国购买了一大批大米，来减轻国内生产不足引起严重短缺。一个苏联技术代表团现在正在雅加达讨论利用苏联贷款剩下的 1 亿美元。这一贷款的最近分配用于为印尼沿海货运服务的 12 艘船只。印尼最近还向波兰定购了 24 艘船只。

---

① 原文此处一句未解密。——译注

　　中国的经济活动规模不大,提议为之前给柬埔寨的 2 240 万美元赠款再增加 560 万美元的赠款,以用以小的发展企业。锡兰 9 月从中国那里接受了一笔 1 050 万美元的长期贷款,使得该集团给锡兰的援助增加到大约 5 900 万美元。(第 4 页)

　　DDRS,CK 3100160348 - 3100160352

姚昱、郭又新译,姚昱校

经济情报委员会关于中国在不发达国家
经济活动的情报评估

（1959 年 8 月 28 日）

EIC－R14－S7

机 密

经济情报委员会经济情报报告：
中苏集团在不发达国家的经济活动，1959 年 1 月 1 日～6 月 30 日

（1959 年 8 月 28 日）

中 东 和 非 洲

该集团在也门的活动相当重要，在那里中国参与了一项公路建设计划，以及在圭亚那，那里很明显是该集团现在经济攻势的重点所在。尽管这一时期该集团在也门进行了大量的活动，包括将小麦运往正在遭受饥荒的该国，但是该国与中苏集团国家、特别是与中国的关系出现了明显的降温。这一趋势来自于纳赛尔在其批评阿拉伯国家共产主义的十月讲话之后对中苏集团的态度。也门现在看起来想要限制与中苏集团的贸易而加强与西方的经济联系。

南亚与东南亚

柬埔寨并没有接受该集团更进一步的援助，但是根据与中国的援助协定而进行的活动已经加速，三个工厂的建设工作已经开始。

这一时期，中国在东南亚地区的贸易攻势的势头已经减弱，因为中国大陆出现了供给困难，而泰国依然全面禁止从中国的进口。马来亚放松了它最近关于从中国进口的限制，但是从中国向马来亚联邦和新加坡的出口持续下降，而且中国并没有在购买马来亚橡胶方面采取重大举措。但是苏联在马来亚橡胶市场上获得了领导地位，获取了马来亚 1959 年第一季度橡胶出口的将近五分之一。在 1958 年底，中国通过根据之前一笔贷款而购买印尼橡胶并出口大米和棉纺织品加大了与印尼的贸易联系。印度在这一时期与集团国家签订了几个新的贸易协定，这将使得印度与该集团的贸易有相当大的增长。中国继续主导着这一时期该集团与锡兰的贸易。在 1958 年间，锡兰与中国的贸易，主要是大米换橡胶，占了锡兰总贸易

的7%。在整个地区的外贸总额中,与该集团国家的贸易所占份额看起来有了一定的增长。

拉　美

中国在1958年大量购买了巴西和古巴的糖,以及乌拉圭的羊毛,但是在1959年上半年并没有进入糖市场,但是继续购买乌拉圭的羊毛。

......①

DDRS,CK 3100196920 - CK 3100196931

姚昱、郭又新译,姚昱校

---

① 原文此处数段与中国无关,略去未译。——译注

经济情报委员会关于中国在不发达国家经济活动的情报评估

(1960 年 2 月 29 日)

EIC - R14 - S8

机 密

经济情报委员会经济情报报告：
中苏集团在不发达国家的经济活动，1959 年 7 月 1 日～12 月 31 日

(1960 年 2 月 29 日)

(节选)

南亚与东南亚

1959 年下半年,中苏集团继续努力增加其在南亚与东南亚的影响,但是成功的程度非常不同。印度与中国的边界冲突,以及中国尝试迫使印尼放弃其消灭华人对农村贸易的控制的运动,对这几个国家之间的关系造成了严重的损害。

苏联看起来正在尝试让自己与中国的不受欢迎区别开来,并取得了相当的成功。印度继续对苏联集团的贸易和援助提议非常敏感,尼赫鲁仍然坚持不结盟政策。在此时印度比以前任何一个时期都要多地接受了苏联集团的援助。苏联集团看起来已经在印尼取得了成功,但是未能在这一时期将之转变成为政治上的好处。印尼将其绝大多数军事购买转向了西方,而强大的当地共产党在实现其策略目标上斩获甚少,而印尼与该集团的贸易有所减少。锡兰政府的变动看起来减少了那里共产主义的影响;缅甸将其传统的中立主义外交政策略微转向了西方;柬埔寨的中立主义相比以前现在变得更加不亲共产主义。但是该集团的技术人员在实施这些国家的技术项目中非常活跃。

印度在其第三个五年计划中接受了总额为 4 亿美元的两笔信贷,此外还从捷克斯洛伐克那里获得了价值 4 650 万美元的项目。苏联还提出要在苏联为印度训练 500 名技术人员,但是印度政府迟迟未答复。苏联 1958 年提供给印度的最高限额为 1.26 亿美元的贷款所支持的项目进展缓慢。

在 1959 年下半年,印尼未与中苏集团国家签订新的贷款协定。印尼雇佣的集团技术专家急剧下降,只剩下 40 名技术专家集中在一起工作,剩下的分散进行着勘探工作或者负责剩下的该集团项目。

东南亚其他地区也没有达成新的贷款协议。在尼泊尔，去年4月尼泊尔-苏联价值750万援助协议中五个项目中的三个已经开始执行。

在缅甸，一些因素继续反对该集团在缅甸经济活动的增长，其中包括了缅甸坚持获得赠款而不是贷款，以及对之前与该集团国家进行的以货易货贸易协议的不满意，以及对已经执行了的项目的效用的失望。

根据之前3 000万美元苏联对锡兰贷款计划所进行的项目进展缓慢，锡兰并没有同意在此这一贷款计划下进行新项目。其他4个根据合同执行的项目的进展还处在计划水平。而与中国的协议进展更慢。

虽然该集团对柬埔寨的援助承诺并没有增加，但是由中国资助的工厂的进展稳定。这类工厂中的三个聚集在1961年初运行。当地对这些项目的反应一直是良好的。

南亚与东南亚国家与该集团的贸易整体上来看在该地区整个贸易量中的比例与1959年和1958年一样，虽然每个国家的情况不一样。1959年最重要的贸易发展之一是苏联进入了泰国的橡胶市场，并在马来亚和新加坡大量购买橡胶。这些购买很大程度上导致了自然橡胶的陡然提价。1959年上半年印尼与该集团的贸易在数量和相对重要性方面都有所降低。中国这个印尼的首要贸易伙伴，在提供大米方面远远落后于原来所计划的。没有证据说明中国会重新恢复在东南亚的贸易攻势。

（第5～6页）

DDRS，CK 3100202413－CK 3100302425

姚昱、郭又新译，姚昱校

中情局、国务院关于中国在不发达国家
经济活动的情报评估

（1960 年 4 月 1 日）

机　密

中情局、国务院给对外经济政策委员会第 12 份季度报告：

中苏集团在不发达国家的经济活动，1960 年 1 月 1 日～3 月 31 日

（1960 年 4 月 1 日）

（节选）

首 要 发 展

1960 年第一季度，中苏集团清楚地展示了它们对自由世界不发达国家的经济援助计划将继续在该集团对外政策中扮演十分活跃的角色。总数为 5.63 亿美元的新贷款和赠款，都是非军事性的，为该集团开始经济援助计划以来数量最大一次的单个季度援助。中苏集团对不发达国家的援助现在已经累计达到 38 亿美元，其中超过 80％是经济援助。

该集团在不发达国家的经济进攻继续以稳定过去的成果并利用新的机会为目标。通过为阿斯旺大坝的完成而向埃及提供的一笔 1.87 亿美元的贷款，苏联显示了它急切地想要维持它对这一声望很高的项目的垄断。虽然印尼取消了中国 1959 年提供的 3 000 万美元的发展贷款，但是它从苏联得到的 2.5 亿美元的贷款保证了该集团在印尼经济发展中的重要作用。由于之前苏联给印尼的 1.18 亿美元的贷款中只有四分之一得到使用，因此新的贷款在一段时间内不会被提用。同样，中国向尼泊尔提供了 2 100 万美元的赠款，但是 1956 年中国给该国的 1 300 万美元赠款中只有三分之一得到使用。

该集团在对其他关键地区发动经济进攻的灵活性再次在这个季度中展现出来。在几内亚，该集团的技术和管理人员现在在该国发展规划、财政、运输和交通方面占据了关键地位。苏联第二笔小麦赠款已经提供给阿富汗，以满足苏联援助项目的地方费用。为了推动其经济进攻达到美国的周围，苏联通过与古巴签订了一项长期贸易条约和一项援助协议从而非常敏捷地利用了古巴不确定的国际态度，并与之建立了能够持续数年的经济联系。1960 年第一个季度正在进行的谈判说明苏联在扩大与古巴的经济与政治联系方面正在与卫星国一起进行一项互相协作的计划。中国在古巴的活动也越来越多，但是它

的角色主要是独立的。

（第1～2页）

DDRS，CK 3100015465 - CK 3100015468

姚昱、郭又新译，姚昱校

经济情报委员会关于中国在不发达国家
经济活动的情报评估

（1964 年 8 月 1 日）

EIC－R 14－S17

机　密

经济情报委员会经济情报报告：共产党国家在自由世界不发达国家中的
援助与贸易活动：1964 年 1 月 1 日～6 月 30 日①

（1964 年 8 月 1 日）

当 前 趋 势

在 1964 年上半年，共产党国家对不发达国家新的援助承诺在所有方面——除了军事方面——都有所增加，这不同于从 1962 年开始的该集团援助下降的模式。其中最有名的收获是对就经济援助方面进行了新的承诺。但是提供的援助只是边缘性的。在 1962、1963 年发生了急剧收缩之后，共产党国家向不发达国家提供新的经济援助达到了新的半年纪录——8.83 亿美元。绝大多数援助是由苏联提供的，因为莫斯科决定要继续侵蚀西方国家在不发达国家的政治影响，并遏制中国对其在亚非地区地位的挑战。

超过 90％的苏联新经济援助集中在三个国家：联合阿拉伯共和国、印度和阿尔及利亚。联合阿拉伯共和国长久以来都被苏联认为是扩大苏联在非洲和中东地区影响的关键国家。苏联在印度这个最有影响的亚非不结盟国家中的传统利益，由于苏联与中国的斗争以及中印冲突而大大加强。苏联给阿尔及利亚的贷款说明在苏联看来，阿尔及利亚是对苏联亚非世界政策的一个有前途的潜在支持者，尽管它与法国存在着经济联系。苏联采取了一项十分主动的运动来利用本·贝拉（Ben Bella）的中立主义立场，希望能够给阿尔及利亚与法国的关系制造麻烦，并在与中国人的竞争中取胜。

中国在 1964 年上半年对不发达国家经济援助接近历史纪录，达到 9 200 万美元，这可能反映了中国对其语言上支持新生国家但未能提供很多援助上这一差距很敏感。但是，由于中国不能在援助数量上与苏联竞争，所以中国已经开始发动一场运动，通过贬低苏联援助计划的质量和意图来打击苏联。北平已经将苏联的援助行为等同于"帝国主义"行为，并警告

---

① 本译文为节选。——译注

不发达国家如果他们接受莫斯科的援助,他们将屈从于苏联的控制。苏联反过来指出,中国对不发达国家援助数量有限,在执行其援助承诺时行动迟缓,中国工厂与设备技术水平低下。

　　苏联的对外援助在经过两年收缩之后重新获得势头,说明了经济援助是苏联对外政策中内在的一部分这一事实。毫无疑问,莫斯科知道不能维持高水平的提供新援助,就将导致它在那些作为苏联援助主要接受国的不发达国家中的活动极大的减少,并将失去已经获得的好处。这还将破坏苏联在与北平争夺对亚非地区影响的一个最有效的武器。

一、经济贷款与赠款

　　共产党国家向不发达国家提供的新经济援助在 1964 年上半年达到了新的纪录:六个月内累计达到 8.83 亿美元,这使得他们在从 1954～1964 年中期这一阶段提供的经济援助累计达到 58 亿美元。接受援助国家的数量也增长到 30 或者 32 个,其中肯尼亚与坦噶尼喀桑给巴尔联合共和国(坦桑尼亚)刚成为共产党国家援助的接受国。新的援助提供给非洲、亚洲和中东国家,但是和前几年一样,没有提供给拉美国家。

　　所有新援助的大约四分之三(6.62 亿美元)由苏联负担,已经达到了自 1954 年以来苏联在六个月内提供援助的最高水平。它在 1964 年上半年提供的援助主要集中在三个国家:阿尔及利亚、印度和联合阿拉伯共和国,这三个国家各自得到了 1.28 亿、2 亿、2.8 亿美元的援助。东欧和中国也在 1964 年前半年大幅增加了他们的新援助。东欧向七个国家提供了 1.29 亿美元的援助,其中三分之二是捷克斯洛伐克给印度提供的价值 8 400 万美元的贷款。中国向肯尼亚、坦桑尼亚和也门提供了价值 9 200 万美元的经济贷款和赠款。

　　共产党国家根据经济援助计划提供的物资和服务在 1964 年上半年增加到 2.71 亿美元,比 1963 年下半年略有增加。这些额外的供给使得所有共产党经济援助计划中信贷和赠款的提款额达到了 19 亿美元。

二、经济技术专家

　　1964 年上半年不发达国家雇佣的共产党国家经济技术专家比之前的六个月增加了 12％,达到大约 13 365 人。这一增长主要是因为阿尔及利亚、尼泊尔和联合阿拉伯共和国扩大了的援助项目而增加了的需求。来自共产党国家的技术专家第一次在肯尼亚和坦桑尼亚被提到。这一时期特别重要的是在不发达国家的共产党国家管理和顾问人员数量的很大增长,特别是在阿尔及利亚、加纳、几内亚、马里和赞比亚。共产党国家提供的所有经济技术专家中大约 60％是在阿富汗、阿尔及利亚、几内亚、印度和联合阿拉伯共和国雇佣的。但是伊拉克、也门这两个 1963 年后半年共产党经济技术专家的主要分配国,在 1964 年上半年将他们雇佣的技术专家减少了将近一半。

三、学术学生与技术受训者

大约 250 名来自不发达国家的国民被共产党国家的学术机构在 1964 年上半年招收，使得到 1964 年 6 月底受训的人数累计达到将近 13 000 人。苏联招收了大约 60％，捷克斯洛伐克、东德和保加利亚一共招收了 25％，中国只招收了 2％。15 000 名接受了共产党高等教育邀请的学生的绝大多数来自非洲和中东。1964 年上半年，非洲学生再次占了增长人数的绝大部分，但与在西方学习的人数相当。

大约 1 650 名来自不发达国家的国民在这一时期在共产党国家参加了技术训练项目，远远超过之前任何半年。三个国家——阿尔及利亚、印度和联合阿拉伯共和国——占了增长人数的超过 90％。到现在为止，大约 8 500 名来自不发达国家的人在共产党国家接受了训练。

四、军事贷款和赠款

据了解，共产党国家已经于 1964 年上半年向不发达国家提供了大约 7 100 万美元的军事贷款。苏联与阿富汗、柬埔寨、伊拉克和也门签订了协议，捷克斯洛伐克和中国向柬埔寨、苏联和中国向赞比亚提供了有限赠款。相比 1963 年下半年大约 1.8 亿美元的数额，这些新的承诺有很大的减少。1955～1964 年 6 月底共产党国家提供的军事援助累计达到大约 33 亿美元。如果共产党国家与印度、印尼、叙利亚和联合阿拉伯共和国在谈判后达成协议，那么共产党国家在 1964 年上半年提供军事援助的数量也许要再增加。根据早先的协议而提供的军事设备，特别是向阿尔及利亚、印尼和联合阿拉伯共和国，在本文件审查的这一时期仍然保持很高的水平。

五、军事技术援助

在 1964 年上半年，大约有 3 215 名来自共产党国家的军事技术人员在不发达国家工作。这比 1963 年下半年增加了 14％。这些军事技术人员在阿尔及利亚、印尼和叙利亚的人数增加，但是在也门的人数因为一些军事建设项目的完成而下降。

在 1964 年上半年，来自九个不发达国家的大约 740 名公民被苏联和东欧的军事计划所雇佣，使得在共产党国家军事机构中受训的人数总数达到 2 830 人。主要来自阿富汗、阿尔及利亚、印尼、索马里和联合阿拉伯共和国。

六、贸　易

1964 年春，共产党国家参加了 3 月 23 日举行的联合国贸易与发展大会（Conference on

Trade and Development)。总的来说,共产党国家代表的讲话包括了那些人们已经熟悉了的争论和高声宣称的良好意愿,例如苏联估计,到1980年它从不发达国家购买的原材料和制造品数量将翻8番,达到超过110亿美元。同时,共产党国家强烈反对可能会改善他们对不发达国家进行援助和贸易的条款和条件的各种建议。

除了古巴,共产党国家与不发达国家之间的贸易在1963年达到了大约28亿美元,比1962年增长了11%。不发达国家在共产党国家1963年整个贸易额中的比重为大约7%,与前一年一样。但这一贸易在不发达国家整体贸易额中的比重仍然只有大约5%。尽管这些比重较小,与共产党国家的贸易在不发达国家整个商业中的比重仍然很重要,共产党国家已经再次购买了一些不发达国家主要创汇产品的相当大一部分。

就地区而言,亚洲在共产党国家与不发达国家贸易中占了最大比重——大约五分之二,接下来是中东,占了31%,拉美的比重稍有下降,为11%。欧洲的不发达国家占了不到3%。

(一) 非洲

在所审查的时期共产党国家在非洲——特别是东非——的经济活动急剧增加。肯尼亚和坦桑尼亚是苏联和中国经济援助提议的主要对象。作为中苏之间在非洲竞争的一个方面,中苏双方对阿尔及利亚的重视也越来越大。在阿尔及利亚总理本·贝拉在5月初成功访问了莫斯科之后,苏联和阿尔及利亚宣布达成了一项经济协议,苏联同意提供一个价值1.28亿美元的钢铁厂并帮助阿尔及利亚建设一个石油研究所和技术学校,并扩大技术援助项目。1964年初,中国总理周恩来访问阿尔及利亚,确认了之前中国的经济支援,特别是执行中阿之间1963年达成的一项价值5 000万美元的贷款。

苏联同意向肯尼亚提供估计价值为330万美元的经济贷款和一笔估计为430万美元的赠款,并向这一最近独立的国家保证根据苏联军事援助提供给索马里——肯尼亚的传统敌人——的设备将不会被用来针对肯尼亚。苏联很快的承认了造反的桑给巴尔拉希德·卡鲁姆(Rashid Karume)政权,并在后者成功推翻桑给巴尔苏丹之后迅速为新的赞比亚军队提供了军火。苏联开始限制根据1963年军事援助协议提供给索马里共和国的武器,而重新提出要供给埃塞阿比亚军事装备。

在非洲的其他部分,苏联在执行早些年答应的贷款方面继续遇到困难。新项目进展缓慢以及许多非洲技术人员的低效率,削弱了苏联经济援助在许多西非国家的影响,特别是在几内亚和马里。

中国的活动也集中在东非和阿尔及利亚。在索马里共和国,除了将1963年中国保证的300万美元的财政支持部分实现之外,中国再没有其他实际行动。尽管加纳还没有提取1961年中国提供的1 960万美元贷款,但是周恩来答应加纳要再提供2 240万美元的贷款。这项协议在1964年7月签订。中国的经济援助和技术援助看起来在几内亚和马里运作良好。绝大多数项目由中国技术人员的小团体执行,这些小团体朴素的融入地方人民中。中国继续对东非表示越来越多的关注。起初,北平同意向桑给巴尔提供一笔1 400万美元的贷款和 50 万美元的财政赠款。后来,又向刚成立的坦桑尼亚共和国提供了一笔 2 800 万美元的贷款和 300 万美元的赠款。肯尼亚获得了一笔 1 520 万美元的长期免息贷款和 280 万美元的财政支持赠款。据报告中国向苏丹提出一笔 4 760 万美元的经济贷款。

其他共产党国家继续将他们的经济活动维持在 1963 年的水平上。捷克斯洛伐克表现出对坦噶尼喀与肯尼亚的信息项目的兴趣。波兰讨论要与东德合作扩大它在西非的船运活动。在 1964 年 1 月 26 日桑给巴尔政变后,东德在桑给巴尔发动一场经济渗透,并且承诺要向桑给巴尔提供估计为 650 万美元的贷款。东德不愿意将它驻桑给巴尔的大使降格为领事,这令最近桑给巴尔与坦噶尼喀建立的联邦感到为难。

(二) 亚洲

苏联对印度的兴趣依然不减,其表现是苏联宣布向印度的波卡罗(Bokaro)钢铁厂第一期工程提供援助。该钢铁厂将使苏联花费至少 2 亿美元,除此之外,苏联还表示愿意向印度的"四五"计划(1966～1971)提供尚未详细说明的援助。就苏联提供萨姆地对空导弹(SAM)以防卫新德里和加尔各答这一项目,印度和苏联已经达成一致意见,苏联援助的米格 - 21(MIG - 21)飞机生产设备正在运送之中。捷克斯洛伐克也向印度提出一项 8 400 万美元的贷款用于重工业项目上。

社会主义国家对印度两个邻居——巴基斯坦和尼泊尔——的活动略微增加,这与中苏在这一地区的竞争有关。巴基斯坦一直是中国提出经济和政治提议的目标,从苏联那里获得一笔 1 100 万美元的贷款,将主要用于购买农业设备。苏联和中国将各自建设尼泊尔的东西高速公路的各个部分,两国都同意提供几个小型援助项目。中国承诺重新建设之前被从 1960 年赠款计划中去掉了的造纸厂和水泥厂。苏联提供了一项估计为 1 050 万美元的赠款,来负责公路和农业机具工厂的费用。

苏联在阿富汗的援助计划继续以令人影响深刻的速度执行着,但是除了一项提供价值 2 000 万美元军事零配件的协议之外,没有宣布新的援助。

在东南亚,经济领域的发展很大程度上被政治因素所掩盖。缅甸的奈温政权到 1964 年中期正朝向建立一个集权的社会主义体系前进,缅甸现在正在将共产党国家看做是经济援助的一个重要来源。但是中国提供的 8 400 万美元贷款的执行情况正在拖后。虽然苏联援助的 Kyetmauktaung 大坝正在取得令人满意的进展,但是苏联和捷克斯洛伐克的农业拖拉机项目遇到的困难仍在继续。在柬埔寨,共产党国家对西哈努克王子在 1963 年底对美国援助的谴责所进行的反应,是提供了军事设备和发表政治支持上的声明。但是无论是苏联还是中国,看起来他们都倾向于提供一项复杂的援助计划。到 1964 年中期,西哈努克又摆向了半中立主义的立场,并将法国培植成为一个援助的来源。印尼继续关注它与马来西亚的对抗。据说印尼已经与苏联在 1963 年 11 月达成了一项协议,后者向印尼提供 5 500 万美元的军事设备和零配件。苏联援助的经济项目进展继续缓慢,但是东欧共产党国家提供的信贷在 1964 年上半年加速。

（三）拉美

1964 年上半年共产党国家并没有向拉美国家提供新的援助，虽然有报告说它们向一些国家提出了建议。中国在拉美进行了几次重要的购买，包括从墨西哥和阿根廷购买 150 万吨的粮食，从墨西哥购买了价值可能为 2 800 万美元的棉花，以及从智利购买的铜和硝酸盐。①

（四）中东

中东地区是共产党国家在 1964 年上半年进攻的一个重要目标。该地区收到了共产党国家全部新经济援助的大约 40％，军事援助的三分之二，和大量的技术专家。在赫鲁晓夫 5 月访问联合阿拉伯共和国出席阿斯旺大坝第一期完成的纪念会上，他宣布为联合阿拉伯共和国第二个五年计划（1965～1970）提供一笔 2.8 亿美元的贷款。这使得共产党国家自 1955 年以来给联合阿拉伯共和国的经济援助超过 10 亿美元。

苏联和中国在 1964 年上半年都向也门作出了额外的经济援助承诺，在该国总统萨拉勒（Sallal）于今年初访问了这些国家之后。苏联为也门的渔业、土地开垦、一个水泥厂和一条公路提供了总价值至少为 2 100 万美元、很可能为 7 200 万美元的经济援助。中国提供了 2 800 万美元来建设公路、一个纺织厂。苏联还提供了 1 000 万美元的军事援助。

共产党国家在不发达国家活动的类型

一、当前经济趋势

在 1962、1963 年急剧收缩之后，共产党国家提供给不发达国家的新经济援助在 1964 年上半年上升到 8.83 亿美元。这一数字是 1963 年共产党国家对不发达国家所有援助总量的大约三分之二，为自 1954 年共产党国家援助计划开始以来的最高水平。几乎四分之三的新援助由苏联提供，因为苏联继续其破坏西方在不发达国家的影响并对来自中国的挑战进行遏制。

苏联新的经济援助超过 90％集中在三个国家：联合阿拉伯共和国、印度与阿尔及利亚。苏联一直认为联合阿拉伯共和国是苏联扩大在非洲与中东影响的一个关键国家，而赫鲁晓夫对该国的深入访问证明了莫斯科十分重视维持或加强它在那里的地位。苏联对印度的兴趣由于苏联与中国的斗争以及中印冲突而大大加强。莫斯科希望印度能够有效的反制中国在亚洲的意图。联合阿拉伯共和国与印度正在准备其野心勃勃的、十分依赖外国援助的新五年计划。苏联因此已经获得了一个以大肆宣传的援助保证来进入联合阿拉伯共和国的机会，同时，苏联还表示愿意向印度提供大笔贷款。

苏联给阿尔及利亚的 1.28 亿美元贷款（这是苏联在七个月内对阿尔及利亚的第二大贷

---

① 原文此处数段与中国无关，略去未译。——译注

款)贷款说明,在苏联看来阿尔及利亚是对苏联亚非世界政策的一个有前途的潜在支持者,尽管它与法国存在着经济联系。早期苏联与阿尔及利亚政权打交道时的小心翼翼已经让位于一项十分主动的运动来利用本·贝拉(Ben Bella)越来越左的倾向。在这一过程中,苏联希望能够给阿尔及利亚与法国的关系制造麻烦,并在与中国人的竞争中取胜。

中国也加大力度来赢取发展中国家的支持,特别是那些非洲和中东国家。中国在1964年上半年向不发达国家提供了9 200万美元的新经济援助。这一接近历史最高纪录(仅次于1961年上半年)的水平,以及年初周恩来对亚非的公开访问,也许反映了中国方面对其言词上要支持新国家但在援助行动上落后的这一事实的敏感。由于不能在数量上与苏联提供的援助进行竞争,中国已经开展了一项重要运动,通过贬低苏联援助计划的质量与意图来削弱苏联。中国代表团团长在朝鲜举行的第二次亚洲经济论坛(second Asian Economic Seminar)上——绝大多数亚非国家都派出了代表团和观察员——发表的演说中,中国将苏联援助行为等同于"帝国主义"行为,并警告不发达国家如果他们接受苏联的援助他们将屈服于苏联的控制。此外,该演说提出,苏联当局"并没有以负责任的价格来开展贸易",苏联"有时提供设备但是不提供技术,因此来让亚非国家在经济上依赖他们"。苏联反过来回击这类指责,即中国对不发达国家的援助只是苏联和东欧国家提供援助的"8%",中国还在执行其许多援助保证时非常拖拉,中国的工厂和设备技术水平非常低。

在削减了援助的两年后,苏联经济援助的重新获得的势头说明这一事实,经济援助是苏联对外政策的内在部分。莫斯科知道不能维持高水平的提供新援助,就将导致其在那些作为苏联援助主要接受国的不发达国家中的活动极大的减少,并将失去已经获得的好处。这还将破坏援助这个苏联在与北平争夺对亚非地区影响的最有效武器。

二、经 济 援 助

1. 贷款和赠款

中国在1964年上半年也增加了它的援助承诺。提供的新经济援助达到了大约9 200万美元,而1963年一整年只有大约9 000万美元。中国援助的地理分配也显示了在过去18个月有了明显的变化。在1963年之前,中国经济援助的超过75%一直分配给亚洲国家。从那时起,中国经济援助的主要部分给了非洲和中东国家,这主要是因为北平决定要与苏联在这些地区的出现进行竞争。中国在苏联向肯尼亚和也门作出承诺后也向他们提出要提供援助,中国给坦桑尼亚的贷款也与苏联在这一国家的利益冲突。

1964年上半年共产党国家向不发达国家提供的新的经济援助达到了六个月8.83亿美元的纪录,并接近1961年一年的将近11亿美元的最高峰。向12个国家提供的新贷款和赠款使得1962、1963年的低水平有了急剧增长。援助接受国的数量增加到30个,加上了肯尼亚和坦桑尼亚。由于这些新的承诺,共产党国家的经济援助从1954～1964年中期已经累计达到58亿美元。

苏联半年提供 6.62 亿美元的最高纪录占了这一时期整个共产党国家提供经济援助总数的大约四分之三。事实上所有新的苏联经济援助集中在三个国家：给阿尔及利亚的 1.28 亿美元贷款用于建设一个钢铁联合厂；给印度至少 2 亿美元的贷款用于波卡罗钢厂的第一期工程，印度希望该项目在 1965 年建成；给联合阿拉伯共和国一笔最高额为 2.8 亿美元的贷款，用来建设其"二五"计划(1965～1970)中的一个钢铁联合厂与一个水电站。苏联还向肯尼亚、尼泊尔、巴基斯坦、突尼斯与也门提出了较小数额经济援助的承诺。而苏联给印度计划于 1966 年开始的"四五"计划的额外援助看起来也是可能的。

苏联提出的新援助对苏联经济产生的进一步影响可能是相对较小的。到 1964 年中期，给不发达国家贷款的提款预计会在未来几年继续增长，并可能会在 1966～1968 年间达到每年 4.5 亿～5.5 亿美元的水平。这一贷款对苏联经济的压力应当在某种程度上因为偿付的增加而减轻。假设受援国能够完成其计划好了的义务，那么估计每年对苏联的偿付数额会超过 2 亿美元。因此 1966～1968 年期间的纯支出为 2.5 亿～3 亿美元，与当前的纯支出水平相近。此外，许多新的援助是针对钢铁厂项目，而最近苏联自己对钢铁工业强调的减弱使得苏联能够在冶炼设备的提供方面要比其他工业——例如化学工业——容易。但苏联在向印度的波卡罗钢铁厂提供氧气吹顶炼钢设备、先进的轧钢与精加工设备方面可能会遇到困难。苏联在生产这些类型的设备方面能力并不强，在完成自己国内类似项目时都落后。

相比 1963 年的水平，东欧国家也大幅度提高了他们的新援助数额，在 1964 年上半年承诺了 1.29 亿美元。捷克斯洛伐克给印度的 8 400 万美元贷款是目前为止东欧国家向不发达国家提出的最大数额贷款。此外东欧几个国家还向阿尔及利亚、印尼、伊朗、叙利亚、也门与桑给巴尔提供了总价值为 4 500 万美元的几笔较小数额贷款。

中国在 1964 年上半年也增加了它的援助承诺。中国提供的新经济援助达到了大约 9 200 万美元，而 1963 年一整年只有大约 9 000 万美元。中国援助在地理分配上在过去 18 个月中也发生了明显的变化。在 1963 年之前，中国经济援助中超过 75％一直分配给亚洲国家。从那时起，中国经济援助的主要部分给了非洲和中东国家，这主要是因为北平决定要与苏联在这些地区的出现进行竞争。中国在苏联向肯尼亚和也门作出承诺后也向他们提出要提供援助，中国给坦噶尼喀的贷款也与苏联在这一国家的利益冲突。

共产党国家根据援助计划提供的物资和服务在 1964 年上半年达到 2.71 亿美元，使得自 1954 年以来这些国家援助的提款额达到将近 19 亿美元。1963 年下半年提款额仅为略超过 2.65 亿美元，反应了对苏联贷款的提款未能保持之前的势头。1964 年上半年苏联的贷款和赠款只有 1.96 亿美元被提取，而 1963 年下半年则提款大约 2.15 亿美元。和过去一样，许多国家项目的执行继续托后，主要是因为缺乏当地资源。这一时期东欧国家贷款的提取额扩大到 3.65 亿美元，主要是因为向印度、印尼和联合阿拉伯共和国提供物资的速度加快。这一时期中国贷款中只被提取了 3 900 万美元，比 1963 年下半年略低。①

---

① 原文此处数段讨论不发达国家偿付贷款能力问题，与中国无关，略去未译。——译注

2. 技术援助

(1) 经济技术专家

尽管 1964 年上半年共产党国家贷款的提取速度减缓,但是在不发达国家工作的经济技术专家的数量比前六个月增加了 12%,达到了大约 13 365 人。自共产党国家援助计划开始的 1954 年以来,共产党国家经济技术专家在不发达国家人数的增长反映了不发达国家"人力资源差距"的方面。

这一时期共产党国家在不发达国家工作的技术专家的增长,主要是由阿尔及利亚、尼泊尔和联合阿拉伯共和国扩大了的援助计划所导致的。随着项目和非项目活动的增加,在阿尔及利亚工作的技术专家人数增长了大约 650 名。在尼泊尔,大约 700 名中国技术专家和劳动者到达那里以推动加德满都——科达里(Katmandu-Kodari)公路的建设。这一时期苏联在联合阿拉伯共和国技术专家的人数增加了大约 345 名。其中将近三分之一服务于阿斯旺大坝,使得这一项目在 1964 年上半年雇佣的人数达到了 2 000 人。来自共产党国家的技术专家第一次被提到出现在肯尼亚和坦桑尼亚。

……①

3. 贸易

(1) 1963 年贸易值

不包括古巴在内的共产党国家与不发达国家之间的贸易在 1963 年达到了将近 28 亿美元,比 1962 年的水平增长了 11%,而 1962 年水平比 1961 年增长了 9%。1963 年苏联与不发达地区贸易额达到 10.37 亿美元,东欧为 12.2 亿美元,中国为 4.45 亿美元。

……②

(第 1~19 页)

DDRS,CK 3100507308 – CK 3100507479

姚昱、郭又新译,姚昱校

---

① 原文此处以下数段与本文"当前趋势"部分一样,略去未译。——译注
② 原文此处以下数段与本文"当前趋势"部分一样,略去未译。——译注

中情局关于 20 世纪 60 年代中国对
非洲援助的情报备忘录

(1968 年 9 月 1 日)

机　密

情报备忘录：中国对撒哈拉以南非洲援助的新景象

(1968 年 9 月 1 日)

一、简　　介

在过去一年,中国帮助建设坦赞铁路和几内亚–马里铁路的协议签订反映了中国加强其在撒哈拉以南①非洲影响的相当大的努力。坦赞铁路将是撒哈拉以南最大一笔外来援助。这些协议已经为北平赢得了一些宣传收益,也许也影响了坦桑尼亚和赞比亚最近在联合国投票反对核不扩散条约;另外两个反对者是阿尔巴尼亚与古巴。

特别自从周恩来在 1964 年初对非洲进行了深入的访问之后,中国已经利用经济援助计划来扩大它在非洲的影响。虽然一开始取得了成功,但是这些援助项目在 1965～1966 年遇到了某种程度上的困难,因为北平鲁莽对待一些国家以及其他几个国家的军事政变导致了与中国外交关系的破裂。其结果之一是,中国将它的经济援助集中在那些倾向于社会主义的国家,如几内亚、马里、坦桑尼亚与刚果(布拉扎维 brazzavill)。这些铁路协议的签订现在使得中国对撒哈拉以南非洲的援助总额达到了大约 6.65 亿美元,这占了北平向所有非共产党国家提供的援助的将近一半。大约五分之四的对非洲援助——大约 5.5 亿美元——已经承诺用于特殊用途。

就绝大部分而言,中国的经济援助已经被非洲国家接受。中国援助的条件相比西方与苏联的要更加优惠。绝大多数中国赞助的项目其运作情况令人满意,并看起来为受援国带来了净收益。但是,到现在为止中国援助的实际花费——到 1968 年中期为大约 1.2 亿美元——很小,难以产生大的经济影响。尽管这两条铁路需要很大的费用,其建设在许多年里对各国整体经济发展的贡献将会相对较少。所提议的路线经过的地区资源和人口稀少,缺乏可以获利的投资机会,即使是运输费用较低。

---

① 　原注：撒哈拉以南指的是,除了阿尔及利亚、利比亚、摩洛哥、突尼斯和阿拉伯联合共和国以外的所有非洲国家。

二、介　　绍

1. 中国最近宣布将要帮助建设坦赞铁路与几马铁路,这极大地扩大了北平在撒哈拉以南非洲经济援助活动。因为这些项目,撒哈拉以南非洲将接受北平向非共产党国家提供的全部援助的将近一半。通过进行铁路项目,中国很明显希望要在非洲树立并改善其形象。在任何情况下,这一对撒哈拉以南非洲地区的强调很明显为北平赢得某些收益。北平愿意建设坦赞铁路也许使得这两个国家在联合国投票反对核不扩散条约,另外两个反对的联合国成员国是阿尔巴尼亚与古巴。

2. 这并不是中国第一次尝试通过急剧增加其经济援助计划来增加它在撒哈拉以南非洲的地位。北平的援助计划最初是被设计用来支持共产党国家在非洲的整体经济援助行动,并要实现这些国家对共产党中国的承认。但是到 1963 年,中国利用经济援助作为竞争工具来回击苏联与西方在非洲的政策。作为这一努力的一部分,并为了发展与非洲国家在官方水平上的关系,周恩来总理在 1963 年 12 月末到 1964 年 2 月初对非洲进行了一次深入的访问。他访问的目标是要传达中国这一形象,即中国是一个强大的国家,比苏联和西方国家与非洲国家有更多的相同地方。

3. 紧随着周恩来的访问,北平向几个撒哈拉以南国家提出要给予援助。1964 年接受中国援助的国家的数目从四个上升到八个,援助数量增长了大约 160%。尽管有这些努力,北平在 1965、1966 年还是遇到了许多政治逆转,这部分是因为中国的鲁莽方式,这一点在周恩来不断提到的非洲"革命前景非常好"以及中国对一些国家反政府活动的支持中表现得很清楚。1966 年一些中国外交官被肯尼亚驱逐,因为他们向左翼分子提供资助。此外,许多国家——如在加纳和中非共和国——的军事政变使得保守主义者上台,结果导致与北平的外交关系破裂。

4. 虽然这些外交挫折限制了中国在非洲部分地区的影响,但北平已经在许多倾向于社会主义的国家那里保持了一个强有力的地位。中国也在几内亚和马里已经很好地建立了形象,并正在加强在刚果(布拉扎维)的地位。北平在坦桑尼亚大陆的地位在过去几年中已经逐步改善,中国也正在继续加强对附近的桑给巴尔岛的影响。北平最近也向毛里塔尼亚和赞比亚提供了援助。甚至在两条铁路项目宣布之前,中国对自由世界的援助的大约三分之一都给了撒哈拉以南国家,1967 年其对非共产党国家的经济技术服务的三分之二也集中在这一地区。

5. 非洲政府出于各种原因已经接受了中国的援助。最重要的是,看起来这是这些国家用来减少他们对前殖民宗主国财政和经济依赖并取代来自非共产党国家的逐渐减少的援助的一种手段。一些非洲领导人,如几内亚总统图雷(Toure),以及较少程度上坦桑尼亚总统尼雷尔(Nyerere)在意识形态上与中国人类似,并愿意接受北平的经济援助。一些国家,包括乌干达和肯尼亚,一开始接受中国援助是要以此为手段表示其不结盟政策。

三、中国经济援助的范围和本质

6. 自 1959 年中国开始对撒哈拉以南进行援助计划以来,北平已经提供了或者同意提供估计为 6.65 亿美元的援助。其中大约五分之四——估计有 5.5 亿美元——已经被承诺用于专门目的。而自 1959 年以来美国对这一地区的援助承诺已经超过了 20 亿美元。但是中国的援助主要集中在相对较少的几个国家。中国援助——包括铁路援助——的超过 90% 集中在五个国家,几内亚、马里、坦桑尼亚、赞比亚和刚果(布拉扎维)。虽然加纳是中国援助的一个主要接受国,但是中国所有的援助项目在恩克鲁玛(Nkrumah)1966 年初被驱逐后暂停。北平在中非的较少一部分援助在双方关系破裂之后也暂停。中国的援助扩展到肯尼亚、乌干达、索马里和毛里塔尼亚,但是对这些国家的援助承诺只有 2 000 万美元。

7. 北平援助的超过一半用于两个地区性铁路项目。长 1 250 英里的坦赞铁路估计费用为 3 亿美元,将是在撒哈拉以南最大一笔外来援助,也是中国向自由世界提供的最大一笔援助。200 英里的几内亚-马里铁路将耗资超过 5 000 万美元,是这些国家最大的外国援助计划。北平其他的援助项目较小,可以很容易地被当地不发达经济所吸收。绝大多数项目援助都用于小规模的工厂,以生产轻工业消费品或者是加工相关农业计划生产的作物。最大的工厂是几个纺织厂,每个价值大约 700 万～800 万美元。中国的援助项目也用在提高经济基本设施上,例如电力设备和道路。

8. 北平通常提供商品贷款来支付它的援助项目的地方费用,包括了当地物资和劳动力,大约 10% 这类国对国援助是为了这一目的。北京提供的绝大多数技术援助被用来建设或者运作中国赞助的项目。只有相对较少的大约 3 000 名中国经济技术人员在 1967 年被用来支援撒哈拉以南各国例如医疗和教育这样的社会服务。除此之外,北平还同意提供将近 6 000 万美元的现金和商品援助来减轻这些国家的贸易赤字和减少预算赤字。

9. 基本上,非洲国家对来自中国的援助比较满意。几乎所有工业项目都是劳动密集型,因此雇用了大量的、难以找到工作的非熟练工人。农业计划强调生产必须的粮食作物,特别是大米和糖。非洲人还对中国的技术援助印象非常深刻。北平在援助一项项目时利用了自己的大量的技术人员,因此减少了受援国有限的技术人力资源所承担的压力。此外,中国技术人员愿意生活得比其他外国技术人员更加俭朴也在非洲人中为中国树立了良好的形象。

10. 受援国还对北平进行援助时的慷慨条件印象深刻。中国的贷款通常是无息的,并有十年的宽限期,允许将支付时间延长十年。不像西方国家援助的规定条件,中国援助的偿还可以使用受援国的商品。与西方与苏联通常的程序相反,中国通常资助他们援助项目的地方开支的一大部分。这些慷慨的条件对非洲国家有限的财政资源压力很小。

四、中国援助的经济影响

11. 中国对非洲的经济援助是非常有用的,但是援助的水平太小难以产生重要的经济影响。到 1968 年中期为止,在中国答应的 3.15 亿美元国对国援助中——不包括两个地区性铁路,大约 1.2 亿美元被实际提取,而花费的一半是由现金和商品构成。只有大约 5 500 万美元被直接用于发展项目上,但是其中的许多仍在建设当中。

12. 在几个国家中,中国的长期贷款已经几乎被完全利用,而在其他一些国家,中国援助的相当一部分已经被提取。例如在乌干达,执行 1965 年提供的 1 200 万美元贷款的计划工作现在才刚刚开始,而在肯尼亚 1964 年的 1 500 万美元贷款下的项目没有一个启动,很可能在该贷款明年失效前也不会有项目开始进行。但给乌干达和肯尼亚的小数量现金贷款,已经在很大的程度上被利用。相反,几内亚、马里和坦桑尼亚(包括赞比亚)已经收到了许诺的援助的很大一部分。这三个国家加起来占了迄今为止中国在撒哈拉以南全部援助的超过80%,也是重要的项目正在进行或者已经完成的唯一三个国家。

13. 已经完成了的中国资助项目现在运作情况相当良好。但是一些工厂现在遇到了原料短缺的问题,这只能通过进口才能解决。设备故障也发生过,而且中国建设的一些工厂很可能需要政府的补贴,但这在非洲都是常见的。无论哪种情况,中国项目所遇到的困难并不比其他国家在撒哈拉以南国家或者其他地方的绝大多数援助项目所遇到困难要多。此外,中国人已经是在一个很困难的气氛中工作。中国人非常积极工作的那些国家缺乏经济基础设施,国内市场不发达,缺乏受过训练的人员来执行发展项目。这一情况由于马里、几内亚和赞比亚政府要对经济实施更大的控制而导致整体经济恶化而被加剧。

14. 马里很可能从中国援助中收获最多。中国提供的所有 5 300 万美元的援助都被用于专门目的,大约 3 400 万美元已被使用。几个中国建设的工厂现在正在运作之中,其中包括了一个火柴厂、一个香烟厂、一个糖厂。香烟厂的运作很明显是赢利的,但是糖厂遇到了困难。中国在马里最大的项目是一个 780 万美元的联合纺织厂,于 1968 年投产,将最终使得该国每年能够减少至少 100 万美元的纺织品进口。中国在农业部门的努力,特别是大米栽种方面,看起来是相当成功的,基本上是因为利用了大批中国技术专家。大米产量从 1960年的估计 18 万吨增长到 1965 年的 21 万吨,但是由于天气影响在 1966 年有所下降。北京也向马里提供了 1 100 万美元的外汇来支付进口费用。

15. 中国向几内亚支付的将近 4 000 万美元中的超过四分之三是由现金和商品构成。已经完成了的 200 万美元项目是金康(Kinkon)的水电站和靠近科纳克里、雇用了超过 600人的 280 万美元的火柴和香烟联合工厂。香烟工厂的生产 1967 年达到其设计能力,其表现相比几内亚其他工厂相当不错。火柴厂现在只使用了大约 30% 的设计能力,这与许多几内亚工厂的平均水平一样。几内亚其他重要项目包括了在 1966 年完成的一个茶叶加工厂,一个正在建设的纺织厂。虽然中国计划了许多属于 1966 年末提供的 2 240 万美元贷款的小型项目,绝大多数属于农业部门,只有少数几个已经开始。

16. 除了北平以现金和商品提供的 1 300 万美元,坦桑尼亚至今从中国的援助中并没有得到多少经济上的好处。大约 1 500 万美元已经提取用于各种项目,其中大约 840 万美元用于一个今年投入生产的大型纺织厂。许多其他项目或者正在建设或者完成,但是都不具有经济上的重要性。北平在坦桑尼亚花费的大约 2 800 万美元中将近四分之一都给了桑给巴尔，中国是那里的主要施援国。虽然中国给桑给巴尔的援助在人均水平上要比其他非洲国家要高，但是在扭转该岛的经济恶化趋势方面无能为力。

五、铁 路 项 目

17. 中国对坦赞铁路和几内亚-马里铁路的援助在其规模和复杂性上是独一无二的。这两个项目都是费用巨大而且难以执行，虽然中国在技术和财政能力上能够执行它们。这两个项目的建设将需要大量的中国技术人员，即使绝大多数劳动力来自当地。坦赞铁路的完成将很可能需要至少到 1975 年才能完成。不像中国人在其他项目上的表现，他们以相当快的速度执行了 1967 年 9 月签订的建设坦赞铁路的协议。在协议签订之后的第四个月，一个初级勘探队已经开始工作，到 1968 年中期 680 名设计和工程调查技术人员中超过一半的人已经到达，勘探工作进展良好。

18. 虽然中国提议的铁路计划引起了相当大的注意力，但是这些项目对当地经济并不会带来多大的好处。这些铁路取代了已有的铁路并很可能不会减少运输费用。坦桑尼亚从坦赞铁路中的首要经济收益将会是从赞比亚出口运输中所获得的收入。虽然政府希望发展铁路将穿过的西南部荒芜的基隆贝罗河谷（Kilombero Valley），但是这需要大量的投资和许多技术人员，而这在坦桑尼亚都非常缺乏。在西南部是有一些相当丰富的矿产，但是由于其品质低下，对之加以开发在经济上是不可行的，即使是有较低的运输费用。无论怎样，在可预见的未来，正在改善的大北方公路（Great North Road）可以完全满足坦桑尼亚内陆运输的需要。赞比亚的收获将主要是政治上的，因为新的铁路将为其对外贸易提供一条运输路线，不用穿越白人控制的罗德尼西亚、莫桑比克或者是安哥拉。该铁路将经过的赞比亚北部地区没有什么发展潜力而且人口稀少。该地区绝大多数地方土地贫瘠，除了维持生存的农业之外不能进行其他经济活动，而铁路沿线的锰、煤、铜和其他几个矿物的储存量很少。

19. 几内亚-马里铁路不会带动当地经济发展。铁路沿线没有可以发展的潜力工业或资源，马里与几内亚之间的贸易很少，不能说明这一建设是值得的。马里 1966 年的外贸总量少于 30 万吨，其中几内亚只占了大约 1 500 吨。此外，提高已有的科纳克里和库鲁萨（Kouroussa）两个港口之间的铁路将需要相当的费用，而这一铁路将是新铁路将要进行连接的。但是，两国都认为铁路在政治上是必须的。马里的主要原因是因为需要一条替代目前通过塞内加尔（Senegal）的出海路线。这一线路在 1960 年 9 月到 1963 年 7 月间被关闭，在此期间该国对外贸易的绝大部分不得不通过经过象牙海岸的公路。马里还希望新的道路能够减少其运输费用。几内亚总统图雷希望新的铁路可以作为加强几内亚和马里之间政治与经济联系的手段。

六、前　　景

20. 中国在撒哈拉以南援助的使用到大约 1970 年之前仍将是相对较小的，而坦赞铁路的实际建设预计将开始。同时,援助的许多将集中在几内亚、马里和坦桑尼亚。随着现有贷款被使用,很可能北平将向这三个国家提供新的贷款。虽然中国将尝试向其他国家提供贷款以利用变化了的政治发展,但贷款的实际提取数量很可能在许多年内仍将很少。

21. 中国的援助将对非洲受援国只产生边际性的好处,即使这些现在正在建设的项目完成之后。虽然北平的援助一般来说将是有用的,但对于克服缺乏自然和人力资源这一阻碍经济迅速发展的问题来说作用不大。此外,几内亚、马里和赞比亚的国内政策对经济的损害将会破坏中国经济援助可能产生的好处。

22. 北平将会继续从它的援助努力中获得相当大的宣传好处。完成铁路建设所需的时间以及其在政治上的重要性也许有助于加强中国在非洲受援国的地位。北平也许能够对它成为其重要的施援国的国家的对外政策某些方面施加更大的影响。许多非洲政府,无论接受了中国的援助与否,都将利用中国的援助提议来要挟西方施援国来资助他们认为在政治上是很重要的项目。例如,刚果(金沙萨)已经要求几个国家,包括美国和苏联,资助建设一个 500 英里的铁路,这将减少它对穿过葡属非洲运输路线的依赖。

DDRS，CK 3100127315 - CK 3100127334

姚昱、郭又新译,姚昱校